Magie und Strafrecht
in Südafrika

Europäische Hochschulschriften
Publications Universitaires Européennes
European University Studies

Reihe II
Rechtswissenschaft

Série II Series II
Droit
Law

Bd./Vol. 3218

PETER LANG
Frankfurt am Main · Berlin · Bern · Bruxelles · New York · Oxford · Wien

Joachim Kaetzler

Magie und Strafrecht in Südafrika

PETER LANG
Europäischer Verlag der Wissenschaften

Die Deutsche Bibliothek - CIP-Einheitsaufnahme

Kaetzler, Joachim:

Magie und Strafrecht in Südafrika / Joachim Kaetzler. - Frankfurt am Main ; Berlin ; Bern ; Bruxelles ; New York ; Oxford ; Wien : Lang, 2001
(Europäische Hochschulschriften : Reihe 2, Rechtswissenschaft ; Bd. 3218)
Zugl.: Augsburg, Univ., Diss., 2001
ISBN 3-631-37913-7

Gedruckt auf alterungsbeständigem,
säurefreiem Papier.

ISSN 0531-7312
ISBN 3-631-37913-7

Printed in Germany 1 2 3 4 5 7

www.peterlang.de

Vorwort

Als Professor Dr. Joachim Herrmann im Jahre 1995 mir die Bearbeitung des Themas „Magie und Strafrecht in Südafrika" vorschlug, ahnten wir beide nicht, welch weites Feld sich hier eröffnen sollte. Aus einer vermeintlich punktuell abzuhandelnden strafrechtsdogmatischen Arbeit entwickelte sich schließlich in jahrelanger Zusammenarbeit mit interdisziplinären Partnern das vorliegende Werk, welches aber wiederum nur einen kleinen Ausschnitt eines ungeheuer wichtigen afrikanischen Phänomens beschreiben kann. Ziel dieser Arbeit sollte es deshalb sein, die Augen für ein wesentliches, aus afrikanischer Sicht kaum zu überschätzendes Problem zu sensibilisieren und dadurch einen Beitrag zur Integration der beiden in Südafrika aufeinandertreffenden Rechtskulturen zu leisten.

Während der gesamten Zeit hat mich Professor Joachim Herrmann überaus nachhaltig unterstützt. Ihm gebührt allein schon deshalb besonderer Dank, weil er mir die Tür zu einer zunächst fremden Kultur geöffnet hat. Professor Herrmann hat mich nicht nur durch tatkräftige fachliche und logistische Mithilfe, sondern auch mit menschlichem Beistand durch einen wichtigen Lebensabschnitt begleitet, der in der vorliegenden Arbeit seinen Abschluss findet.

All denjenigen, die mich beim Erstellen dieser Arbeit unterstützt haben, einzeln zu danken, würde an dieser Stelle zu weit führen. Deshalb seien nur einige Personen (beispielshalber für die große Freundlichkeit und das Interesse, welches meiner Arbeit von allen möglichen Seiten, vor allem in Südafrika, entgegengebracht wurde) genannt:

Ich danke den Professores Labuschagne (Pretoria), Morkel (Bloemfontein), Van der Heever (University of the North) und Verschoor (Bloemfontein), die nicht nur durch zahlreiche Hinweise in der Sache zum Erfolg dieser Arbeit beigetragen haben, sondern auch den teilweise erheblichen logistischen Aufwand mitgetragen haben. Mein besonderer Dank gilt hier der Rechtsfakultät der University of the Orange Free State in Bloemfontein, die mir während meiner Aufenthalte in Südafrika stets eine überaus angenehme Ausgangsbasis war und deren Mitarbeiter sich wesentlich für den Erfolg dieser Arbeit eingesetzt haben.

Herr Rechtsanwalt Walter Hepple (Pretoria), der mir als Freund und Ratgeber in unzähligen Situationen Beistand geleistet hat, danke ich ebenso wie den vielen Sozialarbeitern, Sangomas, traditionellen Heilern, Ärzten und Polizisten in Südafrika, die durch bereitwillige und engagierte Mitarbeit zum Erfolg der Arbeit beigetragen haben.

Herr Professor Dr. Wilfried Bottke danke ich für die Zweitkorrektur.

Herzlichen Dank auch an meine Eltern, die mit großer Geduld und mit großem Engagement die Erstellung dieser Arbeit unterstützt haben.

Besondere Erwähnung verdient meine „Muse“, die mich durch alle Phasen der Entstehung begleitet hat und die mir stets eine wesentliche Stütze gewesen ist.

Inhalt

Literaturverzeichnis

Monographien

Abrahams, Ray (ed.): Witchcraft in Contemporary Tanzania, Cambridge, 1994

Ashton, E.H.: Medicine, Magic, and Sorcery among the Southern Sotho, Cape Town, 1943

Austin, John: Province of Jurisprudence determined, London ,1971

Bekker, J.C.: Seymour's customary law in South Africa, Cape Town, 1982

Benda-Beckmann, Franz von: Rechtspluralismus in Malawi, München, 1970

Bennett, T.W.: A sourcebook of African Customary Law of Southern Africa, Cape Town, 1990

Berglund, Axel-Ivar: Zulu Thought-Patterns and Symbolism, London, 1976

Bornman, E. / van Eeden, R. / Wentzel, M.: Violence in South Africa, Pretoria, 1998

Broster, Joan A.: Amagqirha - Religion, Magic and Medicine in Transkei, Goodwood, 1981

Bryant, A.T.: Zulu medicine and Medicine-Men, Cape Town, 1970

Burchell, J.M.: South African Criminal Law and Procedure, Vol I , 3. Auflage, Cape Town, 1997

Clark, Henry A.: Witchcraft and Murder in Zimbabwe, Dalbridge, 1985

Comaroff, Jean / Comaroff, John (eds.): Modernity and its malcontent, Chicago, 1993

Cortze, P.J.: Die familie-, erf- en opvolgingsreg van die Bafokeng van Rustenburg, Pretoria, 1971

Crawford, J.R.: Witchcraft and Sorcery in Rhodesia, Oxford, 1967

Cronje, D.S.: South African Law of Persons and Family law, Pretoria, 1999

Douglas, Mary (ed.): Witchcraft confessions and accusations, London, 1970

Driver, G.R.; Miles, John C.: Hammurabi: The Babylonian Laws, Vol. II, Oxford, 1955

Eibl-Eibesfeldt, Irenäus: Die !Ko-Buschmann-Gesellschaft, München, 1972

Elias, Taslim Olawale: The Nature of African Customary Law, Manchester, 1962

Evans-Pritchard, E.E.: Witchcraft, Oracles and Magic among the Azandé, Oxford, 1976

Fikentscher, Wolfgang: Methoden des Rechts in vergleichender Darstellung, Band I: Frühe und religiöse Rechte, Tübingen , 1975

Fingarette, Herbert: The meaning of criminal insanity, University of California Press, 1972

Fisiy, Cyprian F.: Law out of Context: Witchcraft trials in Cameroon, Toronto, 1994

Fortes, M. / Dieterlein, G.: African Systems of Thought, London, 1965

Frazer, James G.: The magic Art and the evolution of kings, London, 1911

Gelfand, Michael: Shona Religion, Cape Town, 1962

Gelfand, Michael: The African Witch, London, 1967

Geschiere, Peter: The modernity of witchcraft, Charlottesville, 1997

Glatzel, Johan: Mord und Totschlag - Tötungsdelikte als Beziehungsdelikte, Heidelberg, 1987

Gluckmann, Max: The Ideas in Barotse Jurisprudence, London, 1965

Gluckmann, Max: The judicial process among the Barotse of Northern Rhodesia, 2. Auflage, Manchester, 1973

Haase, Richard: Die Keilschriftlichen Rechtssammlungen in deutscher Fassung, 2.Auflage, Wiesbaden, 1979

Hammond -Tooke, W.D. (ed): The Bantu-speaking tribes of Southern Africa, London, 1974

Hammond-Tooke, W.D.: Boundaries and Belief: The structure of a Sotho world-view, Johannesburg, 1981

Hart, Herbert L.: The concept of law, Oxford, 1967

Henneke, Sebastian: Eingeborenenrecht vor südafrikanischen Gerichtshöfen, Diss. Münster, 1999

Hiltunen, Maya: Witchcraft in Ovambo, Helsinki, 1986

Hobbes, Thomas: Elementa Philosophica De Cive, Amsterdam, 1647

Hobbes, Thomas: Leviathan, London, 1651

Hobley, C. W.: Bantu beliefs and Magic, London, 2. Auflage, 1938

Hoebel, E.Adamson: The Law of Primitive Man: a study in comparative legal dynamics, New York, 1976

Horder, Jeremy: Provocation and responsibility, Oxford, 1992

Howe, M. deWolfe (ed.): Holmes-Laski letters: The correspondence of Mr.Justice Holmes and Harold J.Laski; 1916 - 1935, Cambridge (Mass.), 1953

Hunter, Monica: The reaction to conquest, London, 1979

Junod, Henri A.: The life of a South African Tribe, Vol II, London, 1927

Kenny, Courtney S.: Outlines of Criminal Law, Cambridge, 1966

Krige, Eileen: Social systems of the Zulus, London, 1936

Krige, J.D. and Jensen-Krige, E.: The realm of a Rain Queen, Oxford, 1943

Lan, David: Guns and Rain - Guerillas and Spirit Mediums in Zimbabwe, London, 1985

Leistner, Marc Erich: Der Irrtum über das Verbotensein der Tat im Südafrikanischen Strafrecht, Baden-Baden, 1985

Louw, Johan Kriel: Witchcraft among the Southern Bantu - Facts, Problems, Policies, Dissertation Yale University, 1941

Lowie, Robert H.: Primitive Society, London, 1921

Marwick, Briant: The Swazi, London, 1966

Marwick, M.G.: Sorcery in its social setting, Manchester, 1970

Melland, Frank H.: In witch-bound Africa, London, 1923

Merten, Victor: Eine gezielte Beschreibung: E.E. Evans-Pritchards Beitrag zur Theorie der Magie, Zürich, 1996

Milton, J.R.L. / Fuller, N.M.: South African Criminal Law and Procedure, Vol . III Statutory Offences, Cape Town, 1971

Milton, J.R.L. / Fuller, N.M.: South African Criminal Law and Procedure, Vol . III Statutory Offences, 2. Auflage,Cape Town, 1988

Minnaar, Anthony: Patterns of Violence - Case studies of conflict in Natal, Pretoria, 1992

Minnaar, Anthony (et alii): To live in fear - Witchburning and medicine murder in Venda, Pretoria, 1992

Mittlebeeler, Emmet V.: African Custom and Western Law, New York, 1976

Moennig, H.O.: The Pedi, Pretoria, 1967

Mutungi, O.K.: The legal aspects of witchcraft in East Africa, Nairobi, 1977

Myburgh, A.C. (ed.): Indigenous Criminal Law in Bophuthatswana, Pretoria, 1980

Myburgh, A.C. / Prinsloo, M.W.: Indigenous Public Law in KwaNdebele, Pretoria, 1985

Okonkwo, C.O.: Okonkwo and Naish on Criminal Law in Nigeria, 2. Auflage, London, 1980

Post, Albert H.: Afrikanische Jurisprudenz, Oldenburg, 1887

Prinsloo, M.W. / Myburgh, A.C.: Inheemse publiekreg in Lebowa, Pretoria, 1983

van Rooy, J.A.: The traditional world-view of black people in Southern Africa, Potchefstrom, 1978

Ross, Robert: A conscise history of South Africa, Cambridge, 1999

Roxin, Claus: Strafrecht Allgemeiner Teil. Band I, 3.Auflage, München, 1997

Schapera, I.: A handbook of Tswana Law and Custom, Oxford, 1955

Schmidt-Jortzig, Edzard A.: Die Stellung der Traditional Leaders in der Neuen Südafrikanischen Verfassung, Baden-Baden, 1998

Schwindt, Hans-Dieter: Kriminologie, 9.Auflage, Heidelberg, 1998

Scobie, Alastair: Murder for Magic, London, 1965

Seidman, Robert B.: The state, law, and development, London, 1978

Smith, J.C. / Hogan, Brian: Criminal Law, London, 1988

Snyman, C.R. : Strafreg, 4. Auflage, Durban, 1999

Stafford, W.G. / Franklin, Emanuel : Principles of Native Law and The Natal Code, Pietermaritzburg, 1950

Stayt, Hugh A.: The BaVenda, London, 1968

Vasdev, Krishna: Law of Homicide in the Sudan, London, 1978 *van Warmelo, N.J. / Phophi, W.M.D.*: Venda Law, Part 4 Inheritance, Pretoria , 1949

Weber, Max: Wirtschaft und Gesellschaft, Ausgabe Tübingen, 1976

Werbner, Richard / Ranger, Terence (eds.): Postcolonial Identities in Africa, London 1996,

Wesel, Uwe: Frühformen des Rechts in vorstaatlichen Gesellschaften, Frankfurt / Main, 1985

Wesel, Uwe: Geschichte des Rechts, München, 1997

Williams, Glanville: Criminal Law, The general Part, 2.Auflage, London, 1961

Williams, Glanville: Textbook of Criminal Law, 2.Auflage, London, 1983

Aufsätze

Anonymous: The cultural defence in the Criminal Law
99 Harvard Law Review 1293 (1996)

Aremu, L.O.: Criminal responsibility for homicide in Nigeria and Supernatural beliefs
29 International and Comparative Law Review 112 (1980)

Austen, Robert A.: The moral economy of witchcraft
In Comaroff / Comaroff (eds.), Modernity and its malcontent 89 (1993)

Balic, S.: Change brings muti-murders
272 New African 32 (1990)

Bekker, J.C.: Die Zoeloe Genees- en Kruiekundige in die Hedendaagse Reg
9 De jure 89 (1976)

Bekker, J.C. & Maithufi: Official versus non-official customary law
17 Tydskrif vir Regswesenskap 47 (1992)

Bennett, T.W. und Scholtz, W.M.: Witchcraft: a problem of fault and causation
12 Comparative and International Law Journal of South Africa 228 (1979)

Bergenthuin, J.G.: Provokasie in die Suid-Afrikaanse strafreg
1986 De jure 98, 263

Berger, D. : Der traditionelle Rechtsbegriff bei den Sotho-Tswana
9 De jure 101 (1976)

van Blerk, Adrienne: Sorcery and Crime
11 Journal of Comparative and International Law of South Africa 330 (1978)

Bogomas, E.G.: The witch-doctor in central Africa
1967 The Southern Rhodesia Native Affairs Department Annual 44

Boonzaaier, C.C.: Ondersoek en straf van misdade by die Nkuna van Ritavi (Gazankulu)
9 (3) South African Journal of Ethnology 112 (1986)

Boonzaaier, C.C.: Die persoonlikheidsreg van die Nkuna van Ritavi
15 (3) South African Journal of Ethnology 68 (1992)

Boonzaaier, C.C.: Individualisering en die reg by die Nkuna van Ritavi
17 (1) South African Journal of Ethnology 17 (1994)

Booyens, J.H.: Traditional Health Care in South Africa - Diverse Ideas and Convergent Practice
56 (3) Koers 479 (1991)

Booyens, J.H.: Holisme of menswaardigheid: houdings van Tswanasprekende stedelike teenoor biomedisyne en traditionele medisyne
17 (2) South African Journal of Ethnology 54 (1994)

Brain, J.L.: Witchcraft and development
81 African Affairs 371 (1982)

Brantley, Cynthia: An historical perspective of the Giriama and witchcraft control
49 (2) Africa 112 (1979)

Brietzke, Paul H.: Witchcraft and Law in Malawi
1972 East African Law Journal 1

Brindley, Marianne: The role of old women in Zulu culture: The old woman and adolescence
9 South African Journal of Ethnology 120 (1986)

Brion, Denis J.: The hidden persistence of witchcraft
4 (2) Law and Critique 227 (1993)

Brown, Bernard: The "ordinary man" in provocation: Anglo-Saxon attitudes and "unreasonable non-Englishmen"
13 International and Comparative Law Quarterly 203 (1964)

Buehrmann, M. Vera: The Inner Reality of the Black Man and his Criminal Responsibility
1980 South African Medical Journal 817

Buehrmann, M. Vera: Some psychological factors in particular crimes of violence in the Black Man
7 South African Criminal Law Report 252 (1983)

Burbridge, S.J.: The Witch Doctor's Power
1940 The Southern Rhodesia Native Affairs Department Annual 8

Burchell, E.M.: Unreasonable mistake of fact as a defence in criminal law
80 South African Law Journal 46 (1964)

Burchell, J.: Non-pathological incapacity- evaluation of psychiatric testimony
8 South African Criminal Law Journal 37 (1995)

Burke, Charlanne: They cut segametsi into parts: ritual murder, youth, and the politics of knowledge in Botswana
73 (4) Anthropological Quarterly 204 (2000)

Cant, C.S.: Deviance in Rhodesian society: The impact of European Values on African culture as a cause of crime
13 The Rhodesian Law Journal 47 (1973)

Caudill, David S.: Social hysteria and social psychoanalysis: A response to Brions "The hidden persistence of witchcraft"
5 (1) Law and Critique 31 (1994)

Chavunduka, G.L.: Witchcraft and the Law in Zimbabwe
8 (2) Zambesia 129 (1980)

Chukkol, K.S.: Supernatural believes and the Criminal Law in Nigeria
25 Journal of the Indian Law Institute 444 (1983)

Dhlodhlo, A.E.B.: Some views on belief in witchcraft as a mitigating factor
1984 (9) De rebus 409

Dlamini, C.R.M.: African medicine and the Law
1985 Obiter 80

Douglas, Mary: Witch beliefs in Central Africa
37 Africa 72 (1967)

Dugard, C.J.R.: Provocation: No more rides on the Seapoint bus
83 SALJ 261 (1966)

Dugard, C.J.R.: Whither insane automatism ?
1967 SALJ 131

Dulcken, Albert G.: Appeals in native cases
7 The Cape Law Journal 204 (1891)

Elias, T.O.: Customary Law: The limits of its validity in colonial law
13(3) African Studies 97 (1954)

Elias, T.O.: Form and Content of Colonial law
3 International and Comparative Law Quarterly 645 (1954)

Elliot, J.: Black medical students and African cosmological beliefs
14 (2) Africa Insight 109 (1984)

Ellis, Jan: Emotional Stress - 'N nuwe handelingsuitsluitingsgrond ?
1986 De jure 340

Evans, Jeremy: Muti murders: Ritual responses to stress
8 (4) Indicator South Africa 46 (1991)

Evans-Pritchard, E.E.: Witchcraft
8 (4) Africa 417 (1935)

Feltoe, G.: Witch murder and the Law
15 (1) Rhodesian Law Journal 12 (1975)

Feltoe, G.: Dreaming, Day-Dreaming and the Defence of Automatism
19 (1) Zimbabwe Law Journal 12 (1979)

Feltoe, G.: Extenuating Circumstances: A Life and Death issue
4 Zimbabwe Law Review 60 (1986)

Fisiy, Cyprian F./ Geschiere, Peter: Judges and witches, or How the State to Deal with Witchcraft ?
118, 30 (2) Cahier d'Etudes Africaines 135 (1990)

Fisiy, Cyprian F./ Geschiere, Peter: Witchcraft, violence, and identity
in: Richard Werbner/ Terence Ranger (eds.): Postcolonial Identities in Africa, London, 1996, Seiten 193ff

Fortes, Meyer: Some reflections on ancestor worship in Africa
in: M.Fortes / G. Dieterlein: African Systems of Thought, London, 1965, Seiten 122ff

Geschiere, Peter: Sorcery and the State
8 (1) Critique of Anthropology 35 (1988)

Hammond-Tooke, W.D.: Urbanization and the interpretation of misfortune: A quantitative analysis
40 (1) Africa 25 (1970)

Hayes, Stephen: Christian Responses to Witchcraft and Sorcery
23 (3) Missionalia 339

Heald, Suzette: Witches and thieves: Deviant motivations in Gisu society
21 (1) Man 65 (1986)

van den Heever, J.A. und Wildenboer, H.du.P.: S. v. Modisadife - Geloof in toorkuns as æn versagtende omstandigheid in die Suid-Afrikaanse Reg
1983 (1) Tydskrif vir regwesentskap 82

van den Heever, J.A. und Wildenboer, H.du.P.:Geloof in toorkuns as versagtende omstandigheid in die Suid-Afrikaanse reg
18 De Jure 105 (1985)

Herrmann, Joachim: The Anglo-American as opposed to the Continental Approach to Criminal Law
14 De Jure 39 (1981)

Heyns, Christof: Reasonableness in a divided society
107 (1) South African Law Journal 279 (1990)

Holmes, Oliver Wendell: Law in Science and Science in Law
12 Harvard Law Review 443 (1899)

Howman, Roger: Witchcraft and the Law
25 NADA 7 (1948)

Hund, John: Witchcraft and accusations of witchcraft in South Africa: ontological denial and the suppression of African justice
33 CILSA 366 (2000)

Hund, John / Kotu-Rammopo, Malebo: Justice in a South African township: the sociology of Makgotla
16 CILSA 179 (1983)

Jonck, Johann: Geloof in toorkuns as versagtende omstandigheid
22(1) Tydskrif vir Regwesentskap 206 (1997)

Kerr, A.J.: The reception and codification of systems of Law in Southern Africa
2 (2) Journal of African Law 82 (1958)

Kgatla, S.T.: Church's responses to witchcraft related killings in the Northern Province
23 theologia viatorum 140 (1996)

McKnight, J.D.: Extra-descent group ancestor cults in African societies
37 (1) Africa 1 (1967)

Kriel, J.D.: Lewendes, gestorwenes en voorouergeeste in die Noord-Sotho-onthologie
18 (3) South African Journal of Ethnology 106 (1995)

Krige, Eileen Jensen: The place of the North-Eastern Transvaal Sotho in the South Bantu complex
11 (3) Africa 265 (1938)

Krige, J.D.: The social function of witchcraft
1 theoria 8 (1947)

Labuschagne, J.M.T.: Geloof in toorkuns: 'n morele dilemma vir die strafreg ?
1990 (3) South African Criminal Law Journal 246

Labuschagne, J.M.T.: Noodwer, die redelike man en misdaadelementologiese dinamiek
59 Tydskrif vir die hedendaagse romein-hollandse reg 661 (1996)

Labuschagne, J.M.T.: Die Geregtigheidsalliansie van Etnologie en Strafreg
20 (2) Suid Afrikaanse Tydskrif vir Etnologie 55 (1997)

Labuschagne, J.M.T.: Geloof in towery, die regsbewussyndraende persoonlikheid en die voorrasionale onderbou van die regsordre: 'n Regsantropologiese evaluasie
21 (2) Suid Afrikaans Tydskrif vir Etnologie 78 (1998)

Labuschagne, J.M.T und van den Heever, J.A.: Die groepskonsep by deliktuele aanspreklikheid in die inheemse gewoontereg van Suid-Afrika
17(2) Tydskrif vir Regwesentskap 126 (1992)

Labuschagne, J.M.T und van den Heever, J.A.:Deliktuele remedies in die inheemse reg
1993 (4) Tydskrif vir die Suid-Afrikaanse Reg 561

Labuschagne, J.M.T und van den Heever, J.A.: Liability arising from the killing of a fellow human being in South African indigenous law
28 Journal of Comparative and International Law of South Africa 422 (1995)

Labuschagne, J.M.T. and van den Heever, J.A.: The effect of provocation and drunkenness on criminal and delictual liability in indigenous law
16 Obiter 51 (1995)

Labuschagne, J.M.T. und Schoeman, N.S.: Die inheemse ukuthwala-gebruik, wederregtelikheidsbewussyn en strafregtelike aanspreeklikheid weens onvoering
13 (1) Tydskrif vir Regwesentskap 33 (1988)

Lambo, T. Adeoye: The role of cultural factors in paranoid psychosis among the Yoruba tribe
101 Journal of Mental Science 239 (1955)

Larson, Thomas J.: Sorcery and Witchcraft with the Bayeyi and Hambukushu
12 (4) South African Journal of Ethnology 131 (1989)

Lee, Cynthia Kwei Yung: Race and Self-Defence: Toward a normative conception of Reasonableness
81 Minnesota Law Review 367 (1996)

Lewin, Julius: The recognition of Native Law in British Africa
20 (1) Journal of Comparative Legislation and International Law (3rd) , 16 (1938)

Lewis, Gilbert: Fear of sorcery and the problem of death by suggestion
24 (12) Social Sciences and Medicine 997 (1987)

Lex, Barbara W.: Voodoo Death: New thoughts on an old explanation
76 American Anthropologist 818 (1974)

Lienhardt, Godfrey: Some notions on witchcraft among the Dnka
21 (4) Africa 303 (1951)

Llewellyn, Karl: Some realism about realism- responding to Dean Pound
44 Harvard Law Review 1222 (1931)

Mabiriizi, D.: Reflections on the socio-economic content of medicine murder in Lesotho
4 Zimbabwe Law Review 32 (1986)

Marwick, M.G.: Another modern anti-witchcraft movement in East Central Africa
20 (1) Africa 100 (1950)

Marwick, M.G.: The social context of Cewa witch beliefs
22 (1) Africa 120 (1952)

Marwick, M..G.: Some problems in the sociology of sorcery and witchcraft
in: M.Fortes / G. Dieterlein: African Systems of Thought, London, 1965, at 171

van der Merwe, N.J.: S. v. Mokonto (1971 (2) SA 319 (A)
35 Tydskrif vir die hedendaagse romeins-hollandse reg 193 (1972)

Mestrovic, Stjepan G.: Magic and Psychatric Commitment in India
9 International Journal of Law and Psychatry 431 (1986)

Meyer-Fortes, M.: Some reflections on ancestor worship in Africa
in: M. Fortes / G. Dieterlein (eds.) African Systems of Thought, London, 1965 Seiten 122ff

Mihalik, Janos und Cassim, Yussuf: Ritual murder and witchcraft: A political weapon?
110 South African Law Journal 127 (1993)

Milner, Alan: Hexenwesen, Ehestand und Peitsche - Einige Kulturprobleme im afrikanischen Strafrecht
84 ZStW 254 (1971)

Modipane, Trott: Primitive practices bedevil modern society
1995 Rights 33

Motshekga, Mathole S.: The ideology behind witchcraft and the principle of fault in criminal law
25(2) Codicillus 4 (1984)

Mwansa, Kalombo T.: The status of African customary law and Justice under the received English Criminal Law in Zambia: A case for the integration of the two systems
4 Zimbabwe Law Review 23 (1986)

Myburgh, A.C.: Perspectives of South African Bantu Law
6 (2) Codicillus 6 (1965)

Nadel, S.F.: Witchcraft and anti-witchcraft in Nupe society
8 (4) Africa 423 (1935)

Nel, C.J. et alii : Die belang van æn Antropologiese perspektief by toepaslike verhore van oenskynlike motieflose moorde
15 (3) South African Journal of Ethnology 85 (1992)

Ngxakaxa: On witchcraft
7 The Cape Law Journal 210 (1891)

Niehaus, Isak A.: Witch-hunting and political legitimacy: Continuity and change in Green Valley, Lebowa, 1930-1991
63 (4) Africa 498 (1993)

Niehaus, Isak A.: The ANC's dilemma: The symbolic politics of three witch-hunts in the South African lowveld
41 (3) African Studies Review 93 (1998)

van Niekerk, Barend : A witches brew from Natal - Some thoughts on provocation
89 South African Law Journal 169 (1972)

van Niekerk, Barend: The administration of indigenous criminal law in Southern Africa
24 De jure 277 (1991)

Nsereko, Daniel D.N.: Witchcraft as a criminal defence: From Uganda to Canada and back
24 (1) Manitoba Law Journal 38 (1996)

Offiong, Daniel: Social relations and witch beliefs among the Ibibio
53 (3) Africa 71 (1983)

Paizes, Andrew: Mistake as to the causal sequence and mistake as to the causal act: Exploring the relation between mens rea and the causal element of the actus reus
1993 South African Law Journal 493

Pauw, B.A.: Ancestor beliefs and rituals among urban Africans
33(2) African Studies 99 (1974)

Peacock, F.: Witchcraft and its effects on Crime in East Africa
2 Police Journal 121 (1929)

Du Plessis, J.H.: Hans Welzel's final conduct doctrine - An inportation from Germany we could well do without
1984 South African Law Journal 301

Porterfield, Amanda: The impact of early New England missionaries on women's roles in Zulu culture
66 (1) Church History 67 (1997)

Prinsloo, M.W. und du Plessis, J.H.: Towenaarmorde, rituele doding en medisynemoorde in Venda
1989 (4) Tydskrif vir die Suid Afrikaanse Reg 617

Rathbone, Richard: A murder in the colonial Gold Coast: Law and politics in the 1940s
30 Journal of African History 445 (1989)

Redding, Sean: Government witchcraft: Taxation, the supernatural, and the Mpondo revolt in the Transkei
95 African Affairs 555 (1996)

Redding, Sean: Sorcery and sovereignty: Taxation, witchcraft, and political symbols in the 1880 Transkeian Rebellion
22 (2) Journal of Southern African Studies 249 (1996)

Redmayne, A.: Chikanga, an African Diviner
in Douglas (ed.)Witchcraft - Confessions and Accusations, Seiten 114ff

Richards, Audrey I.: A modern movement of witch-finders
8 (4) Africa 448 (1935)

Rowlands, Michael / Warnier, Jean-Pierre: Sorcery, power, and the modern state in Cameroon
23 (1) Man 118 (1988)

Sagan, Eli: Religion and Magic: A developmental view
49 Sociological Inquiry 87 (1979)

Schapera, I.: The Crime of Sorcery
1969 Proceedings of the Royal Anthropological Institute Great Britain and Ireland 16

Schmidt, CWH.: Laying the foundation for a Defence of Sane Automatism
90 SALJ 329 (1973)

Seidman, Robert B.: Witch murder and mens rea: A problem of society under radical social change
28 The Modern Law Review 46 (1965)

Seidman, Robert B. : Mens rea and the reasonable African: The pre-scientific world-view and mistake of Fact
15 International and Comparative Law Quarterly 1135 (1966)

Snyman, C.R.: Is there such a defence in our Criminal Law as "emotional stress" ?
1985 South African Law Journal 240

Stadler, Jonathan: Witches and witch - hunters: Witchcraft, Generational Relations and the Life Cycle in a Lowveld village
55 (1) African studies 87 (1996)

Stott, Nigel C.H.: Do witchdoctors practise clinical pattern recognition ?
1973 South African Medical Journal 334

Strauss, S.A.: Opmerkings oor Toorn as Faktor by die Vasstelling van Strafregtelike Aanspreeklikheid.
22 THR-HR 14 (1959)

du Toit, Rijn Theron: Provocation to killing in domestic relationships
6 (3) Responsa Meridiana 230 (1993)

Turner, Victor W.: Witchcraft and sorcery
34 (4) Africa 314 (1964)

Twining, Williman: Two works of Karl Llewellyn - II
31 Modern Law Review 165 (1968)

Verschoor, T.: Die Billike Beregting van Epileptici, Vrywillige Dronkes en ander Geestesongesteldes in die Suid-Afrikaanse Strafhowe
1983 Tydskrif vir Regswetenskap 20

Vorster, L.P.: Towery by die !Xu van Schmidtsdrift: 'n verklaring
17 (3) South African Journal of Ethnology 69 (1994)

W., N.H.: Note on Darwin ritual murder
4 NADA 61 (1926)

Williams, Glanville L.: Homicide and the Supernatural
65 The Law Quarterly Review 491 (1949)

Williams, Glanville L.: Offences and Defences
82 Columbia Law Review 209 (1982)

Willis, R.G.: Kamcape: An anti-sorcery movement in South-West Tanzania
37 (1) Africa 1 (1968)

Wilson, Monica (Hunter): Witch beliefs and social structure
56 (4) The American Journal of Sociology 307 (1951)

Sonstiges

Report of the Commission of Inquiry into Witchcraft Violence and ritual murders in the Northern Province of the Republic of South Africa
Member of Executive Council for Safety and Security , N.P., Pietersburg, 1996

Report of the Commission of Enquiry into the causes of the unrest in Venda during August 1988 and the investigation of ritual murders
("Le Roux Commission Report")
The Chief Justice of the Republic of Venda , *Daniel Johannes Haarhoff le Roux*, Venda, 1989

Report on the Recent Outbreak of "Diretlo" Murders in Basutoland "Basutoland Medicine Murder", Presented by the Secretary of State for Commonwealth Relations to Parliament by Command of His Majesty, London, 1951 (Reprint 1958)

The Tohoyandou Declaration on Ending Witchcraft Violence, Abschlusscommuniqué der National Conference on Witchcraft Violence in the Northern Province, Thohoyandou (ehem. Venda), 6.-10. September 1998, geleitet durch die Commission on Gender Equality; durch den ANC entgegengenommen am 29.3.1999 in Pietersburg

British South Africa Company, Reports of the Administration of Rhodesia, 1897-1898

British South Africa Company, Reports of the Administration of Rhodesia, 1898-1900

Hammond-Tooke, W.D.: Creed and Confession in South African Ancestor Religion
Margaret Shaw Lecture No 4, Veröffentlicht vom South African Museum, Cape Town, 1994

van den Heever, J.A.: The lego-ethnological aspects of witchcraft in Southern Africa
Inaugural lecture, University of Venda ; unveröffentlicht

Dirk Kohnert:"Indicators of Social and Political Conflict in African Societies: On the Articulation of Witchcraft among the Nupe, Northern Nigeria", Working Paper No. 32, Sociology of Developement Research Centre, Universität Bielefeld

Mayer, Philip: Witches
Inaugural lecture, Grahamstown, Rhodes University, 1954

Mordin, P.H.: An outlook for the devil in criminal law: An appreciation of the role played by witchcraft in the criminal codes of both emerging and emergent societies, L.L.B., University of Natal, Pietermaritzburg, 1974

Niehaus, Isak A.: Witchcraft, Whites and the 1994 South African Elections
Seminar Paper, Institute for Avanced Social Research No. 371, University of the Witwatersrand, 27.2.1995

M.W. Prinsloo: Die inheemse strafreg van die Noord-Sotho,
Antrittsvorlesung Raandse Afrikaanse Universiteit Johannesburg 27.9.1978

Ritchken, Edwin: Comrades, Witches and the State: The case of the Brooklyn Youth Organisation
African Studies Seminar Paper No. 220, African Studies Institute, University of the Witwatersrand, 28.9.1987

Robert Tredgold: The concept of justice in western civilisation and its application to the federation
Ansprache in der Conference on the multi-racial state, Rhodesian National Affairs Association; University of Rhodesia and Nyasaland, 20.Februar 1960, unveröffentlicht

Abkürzungsverzeichnis

A	Appèlafdeling (Appellate Division)
A.J.	Appeal Justice
A.J.P.	Appeal Justice President
AC	Appeal Cases
AD	Appellate Division Reports
All ER	All England Law Reports
ALR	American Law Reports
Am J Comp L	American Journal of Comparative Law
ANC	African National Congress
Anm.	Anmerkung
Aufl.	Auflage
BGH	Bundesgerichtshof
BGHSt	Entscheidungen des Bundesgerichtshofs in Strafsachen
bzw.	beziehungsweise
CA	Court of Appeal (England)
C.A.	Court of Appeals (andere Staaten)
CILSA	Comparative and International Law Review of Southern Africa
CLJ	Cape Law Journal
CLR	Criminal Law Review (England)
Cox CC	Cox's Criminal Law Cases
CPD	Cape Provincial Division
Cr.App.Rep.	Criminal Appeal Reports
CrimLR	Criminal Law Review
D	Durban
D.P.P.	Director of Public Prosecutions
E	Eastern Cape
EACA	East African Court of Appeals
ECD	Eastern Cape Division
ed.	editor
eds.	editors
f	folgende (Seite)
F.C.	Federal Court
FAZ	Frankfurter Allgemeine Zeitung
ff	folgende (Seiten)
Geo.	(Laws of King) George
GWLD	Griqualand West Local Division
HCSwa	High Court of Swaziland
Hen.	(Laws of King) Henry

ICLQ	International and Comparative Law Quarterly
Jac.	(Laws of King) Jacob
KB	King's Bench
KLR	Kenya Law Review
LQR	Law Quarterly Review
m.w.N.	mit weiteren Nachweisen
MEC	Member of Executive Council
Minn LR	Minnesota Law Review
MLR	Modern Law Review
N	Natal
NAC (C&O)	Reports of the Native Appeal Courts (Cape and Orange Free State)
NAC (N&T)	Reports of the Native Appeal Courts (Natal and Transvaal)
NADA	Southern Rhodesia Native Affairs Department
NCD	Northern Cape Division
NCPA	Noord-Kaapse Provinsiele Afdeling
NK	Noord-Kaapse Afdeling
NPA	Natal Provinsiele Afdeling
NPD	Natal Provincial Division / NPD-Reports
NStZ-RR	Neue Zeitschrift für Strafrecht - Rechtsprechungsreport
O	Oranje-Vrystaatse Provinsiale Afdeling
OFS	Orange-Freestate Provincial Division
OK	Oos-Kaapse Afdeling
Ont.R	Ontario Reporter
P.H.	Prentice - Hall Weekly Legal Service
QB	Queen's Bench
R	Rhodesia
R.	Rex / Regina
R. & N.	Rhodesia and Nyasaland
R. & N. LR	Rhodesia and Nyasaland Law Reports
RAD	Rhodesian Appellate Division
RdNr.	Randnummer
RFedSC	Rhodesian Federal Supreme Court
RHC	Rhodesian High Court
RLJ	Rhodesian Law Journal
S	Staat / State
S.	Seite
S.Afr.J.Ethn.	South African Journal of Ethnology
SACR	South African Criminal Law Reports
SA	South African Law Reports
SALJ	South African Law Journal
SAMedJ	South African Medical Journal

SAPS	South African Police Service
SASV	Suid-Afrikaanse Strafregsverslae
sec.	section
SLJR	Sudan Law Journal Review
SR	High Court of Southern Rhodesia
StV	Strafverteidiger
T	Transvaal'se Provinsiale Afdeling
TkSC	Transkei Supreme Court
TPD	Transvaal Provincial Division
THRHR	Tydskrif vir die Hedendaagse Romeins-Hollandse Reg
TSAR	Tydskrif vir die Suid-Afrikaanse Reg
v.	versus
vgl.	vergleiche
VSC	Supreme Court of Venda
WACA	West African Court of Appeals
WCD	Western Cape Division
WLR	Weekly Law Review
WSA	Witchcraft Suppression Act
z.B.	zum Beispiel
ZAD	Zimbabwe Appellate Division
ZSC	Zimbabwe Supreme Court

„We natives suffer from a great difficulty, one we are unable to make you white people understand. You tell us there is no such thing as witchcraft; that we must remove the belief from our minds; and if we encourage it, punishment will follow. Good Sir ! What are we to do ? We feel that a white man knows nothing of witchcraft; that he has no medicines of the potent and marvellous nature of those possessed by our doctors, and our wizards and witches."

Häuptling Ngxakaxa, "On witchcraft", 7 Cape Law Journal 210 (1891)
Der Abdruck dieses Aufsatzes verursachte einen Skandal. Die Herausgeber des Cape Law Journal mussten sich einige Ausgaben später für den Abdruck dieses Textes bei der Leserschaft entschuldigen.

Einleitung

Der Titel dieser Arbeit bedarf einer Erläuterung: Untersucht wird nicht das Verhältnis zwischen Magie und Strafrecht insgesamt; Gegenstand der Abhandlung sind lediglich die Teile der traditionellen magischen Weltanschauung in Südafrika, die sich auf die später zu schildernden weltanschauungsbedingten Straftaten auswirken. Dabei handelt es sich im wesentlichen um die traditionellen afrikanischen Vorstellungen über Hexerei und über traditionelle (Zauber-)medizin. Weitergehend wird auf die einzelnen Bestandteile der südafrikanischen Magie nur insoweit eingegangen, als sie sich auf die kosmologiebedingten Straftaten auswirken, bzw. nötig sind, um diese zu verstehen. Okkultismus, Satanismus und die weiteren von den europäischen Einwanderern nach Südafrika gebrachten Weltanschauungsformen wurden in der vorliegenden Arbeit nicht berücksichtigt.

Nach der friedlichen Befreiung Südafrikas aus den Fesseln der Apartheid begann dort ein Übergangsprozess hin zu einem Rechtsstaat europäischer Prägung. Mit den politischen und rechtlichen Veränderungen gingen wesentliche soziale und wirtschaftliche Verschiebungen innerhalb des Landes einher, die bis heute noch nicht abgeschlossen sind. Die vormals überwiegend kolonial orientierten Werte des Apartheidstaates treten heute immer mehr in den Hintergrund. Parallel dazu erlebt Südafrika derzeit eine Renaissance ursprünglich-afrikanischer Wertvorstellungen.

Während der Zeiten des spektakulären Umbruchs im Lande begann ein enormer Anstieg von Straftaten, die auf den traditionellen afrikanischen Weltanschauungsmodellen wie dem Hexenglauben beruhen. Vor allem zu Beginn der Umwälzungen im Lande gegen Ende der Achtziger und zum Beginn der Neunziger Jahre wuchs die Zahl der Hexenmorde und der sonstigen rituellen Tötungen dramatisch an und verblieb auf ungemein hohem Niveau[1]. Diese Entwicklung hatte vorher in den benachbarten Ländern nach deren endgültiger Entkolonialisierung ebenfalls stattgefunden; die noch junge Republik Südafrika geht diesen Weg entsprechend später. Während bereits in den vergangenen Jahrzehnten Wellen von Hexenjagden über die zentralafrikanischen Staaten, das heutige Zimbabwe, Zambia oder Tansania wogten, so trifft man diese kulturell bedingten Straftaten heute in Südafrika in großer Zahl an.

Die zum besseren Verständnis der kosmologiebezogenen Straftaten folgend geschilderten traditionellen Weltanschauungssysteme sind innerhalb der schwarzen Bevölkerung immer noch fest verwurzelt. Daran haben auch wirtschaftlicher Fortschritt und soziale Umbrüche, wie etwa die zunehmende Verstädterung, nichts geändert. Aus die-

[1] Vgl. die Thohoyandou Declaration, September 1998, Seite 1.

ser traditionell-afrikanischen Weltsicht entwickelten sich soziale Mechanismen, die durch die weißen Südafrikaner vorschnell in die Nähe von barbarischen, verachtenswerten Straftaten gerückt wurden. Die Kolonialmacht versuchte aus diesem allgemeinen Fehlverständnis afrikanischer Weltanschauung heraus, Phänomenen wie den Hexenmorden mit den Mitteln des aus Europa importierten Strafrechts beizukommen. Bisher ist noch nicht einmal ansatzweise ein Erfolg dieser staatlichen Maßnahmen zu erkennen.

Die dieser Arbeit zugrundeliegenden anthropologischen und ethnologischen Informationen wurden nicht nur aus den veröffentlichten Studien im südlichen Afrika des letzten Jahrhunderts gezogen. Um die für den juristischen Teil dieser Arbeit enorm wichtigen Grundprinzipien der südafrikanischen Kosmologie zu untersuchen, verbrachte der Autor in den Jahren 1997 und 1998 mehrere Monate mit der Sammlung von Hintergrundinformationen in der Stadt Botshabelo (vormaliges Homeland Bophuthatswana, heute Free State) sowie in einigen entlegenen Dörfern in Qwa-Qwa (nördlicher Free State) und Tzaneen (Nordprovinz). Diese Nachforschungen waren nicht darauf gerichtet, eine allumfassende und detaillierte Beschreibung der kosmologischen Vorstellungen der einheimischen Bevölkerung im südlichen Afrika zu erstellen; vielmehr erheben sie einen Anspruch auf Verlässlichkeit nur für die Bereiche, die für das Verständnis der später behandelten juristischen Grundfragen hilfreich sind. Mit der Hilfe von Sozialarbeitern, Angehörigen der Kirchen und nicht zuletzt der südafrikanischen Polizei wurden Interviews mit Spezialisten auf dem Feld der traditionellen Kosmologie, aber auch mit Laien geführt. Neben diesen Interviews gelang es dem Autor nach wochenlangen Versuchen, einige typischerweise für Weiße unzugängliche magische Riten zu beobachten, so z.B. eine Hexenausschnüffelungsprozedur in der Nordprovinz oder eine Beschneidungsschule, in der nicht nur die Initiationsrituale durchgeführt, sondern auch magische Kenntnisse von einer Generation an die nächste weitergegeben werden[2]. Abgerundet wurden diese Feldforschungen durch eine schriftliche Befragung

---

[2] Bei den Initiationsschulen handelt es sich nicht um „Schulen" im europäischen Sinne. Gegen Bezahlung eines hohen Geldbetrages, der aber von den Eltern auch in Naturalien beglichen werden kann, nimmt ein Sangoma (magischer Heiler) die jungen Männer und Frauen einige Monate zu sich, um sie in den wesentlichen Dingen des Lebens, wie Jagd, Kosmologie etc. zu unterrichten. Üblicherweise finden solche Initiationsschulen im Bereich der südlichen Sotho an Orten statt, die vier Voraussetzungen erfüllen müssen: Es muss sich um einen Berg handeln (Nähe zu den Vorfahren), der abgeschieden weit weg vom Dorf oder von der Stadt liegen muss (die Initiationsschulen unterfallen einem traditionellrechtlichen Tabu), und es muss Feuerholz und Wasser in der Nähe zu finden sein. Unter den meisten Bantustämmen ist es üblich, ein solches, mehrere Monate dauerndes Aufnahmeritual in die „erwachsene" Gesellschaft durchzuführen. Bei den Jungen ist typischerweise die Beschneidung das Endritual, bei den Mädchen ist die Beschneidung im Banturaum unüblich; obgleich vereinzelt Fälle der Genitalverstümmelung bei Mädchen bekannt werden, so hat sich hier weitgehend nur ein Simulationsritual (ohne Beschneidung der Klitoris) durchsetzen können. Für Einzelheiten zu den Beschneidungsschulen siehe van der Vliet, Grwoing up in a traditional society in Hammond – Tooke, The Bantu speaking people of South Africa, Seiten 211ff, insbesondere Seiten 227-234, Stadler, Generational Relationships, Seiten 134ff. Hexenausschnüffelungsprozeduren werden eingehender bei Kapitel II 1. a) bb) dargestellt.

von 357 schwarzen Jurastudenten in den Jahren 1998 und 1999 an der University of the Orange Free State, an der University of Pretoria und der VISTA University in Mamelodi, deren Ergebnisse ebenfalls zum Gegenstand dieser Arbeit gemacht wurden.

Aus ethnologischer Sicht trifft man in der heutigen Republik Südafrika im wesentlichen auf vier verschiedene Volksgruppen der Bantu[3], die ihrerseits in insgesamt 762 Stämme zerfallen. Diese Volksgruppen sind die Nguni, die Sotho-Tswana, die Venda und die Tsonga. Den größten Anteil unter den Nguni nehmen die Zulu und die Xhosa ein, des weiteren gehören neben den Ndebele, den Mpondo und den Swazi in ethnologischer Hinsicht noch eine Vielzahl kleinerer Stämme zu dieser Volksgruppe. Unter den Sotho unterscheidet man hauptsächlich zwischen den Tswana (auch: Bechuana), den Southern Sotho (manchmal auch „SeSotho“ oder „BaSotho“ genannt) und den Northern Sotho. Im bezug auf die magischen und kosmologischen Kulturen muss innerhalb der Northern Sotho nochmals differenziert werden; die Stämme des Lowvelds[4] entwickelten sich aufgrund geographischer Nähe zu den Venda anders als die Stämme des Highvelds[5], die eher von der gemeinen Sotho-Kultur beeinflusst wurden. Die Venda (manchmal auch „BaVenda“ oder „VhaVenda“) schotteten sich weitestgehend gegen den Einfluss anderer Stämme ab und entwickelten dadurch eine autonome magische Hochkultur. Die Tsonga (manchmal auch „Shangaan“ o.ä. genannt) lebten ursprünglich zwar ebenfalls lange ohne intensiven Kontakt zu anderen Volksgruppen, jedoch gerieten sie während der Wanderungsbewegungen anderer Stämme (bedingt durch den Bürgerkrieg in Mozambique) mit den Shona in Kontakt, was die magischen Traditionen der Tsonga stark beeinflusst hat.

Die anthropologischen Forschungen für diese Arbeit konnten nicht auf die Grenzen der heutigen Republik Südafrika beschränkt werden. Aufgrund der politischen Veränderungen im letzten Jahrhundert im südlichen Afrika wurden Staaten entkolonialisiert und neu gegründet, Grenzen verschoben sich. Daneben kam es zu teilweise ethnologisch und anthropologisch erheblichen Wanderungsbewegungen. Aus den heutigen Nachbarländern Zimbabwe und Mozambique drangen viele fremde Völker ins heutige Südafrika vor und brachten ihre eigenen kosmologischen Vorstellungen mit. Vor allem die im vormaligen Rhodesien lebenden Shona (die im südlichen Afrika seit je her als hochmagischer Stamm betrachtet wurden) beeinflussten die magischen und kosmologischen Praktiken im heutigen Südafrika nachhaltig. Die Auswirkungen der Kontakte zwischen den nördlichen Tsongastämmen und den Shona sind bis heute erkennbar.

[3] Ein Überblick über alle Völker und Volksgruppen im südlichen Afrika befindet sich bei Hammond-Tooke, The Bantu-speaking tribes of Southern Africa, Seiten 56ff.
[4] Hierbei handelt es sich um die Lovedu, Kgaga, Narene, Thabina und Sekororo. Letztere sind auch unter dem Namen BaRôka bekannt. Das Lowveld bezeichnet eine tieferliegende Gegend im nördlichen Südafrika, welche unterhalb des Highvelds an der großen Randstufe liegt.
[5] Hauptsächlich handelt es sich hier um die Tswana.

Deshalb mussten insbesondere die Bräuche der Shona insoweit zum Gegenstand der anthropologischen und ethnologischen Untersuchung und Darstellung gemacht werden, als sich dies in juristisch relevanter Weise auf das Vorstellungsbild bei den südafrikanischen Völkern und Stämmen auswirkte. Wo immer dies möglich erschien, wurden gemeinsame kosmologische Grundprinzipien aufgestellt, soweit sie die strafrechtlich relevanten Bräuche und Handlungen betreffen.

Ebenso wie der anthropologische Überblick konnten auch die Nachforschungen im juristischen Bereich nicht auf das Gebiet der heutigen Republik Südafrika beschränkt werden. Im Gegensatz zu insbesondere den kontinentaleuropäischen Rechtssystemen, die sich gegeneinander isolieren, wurde das südafrikanische Recht durch die Gesetze und Gerichtsentscheidungen der benachbarten Staaten stark beeinflusst. Der südafrikanische Law of Evidence Act sieht sogar ausdrücklich vor, dass die Gerichte Südafrikas das Recht anderer Staaten bei der Rechtsfindung berücksichtigen sollen[6]. Der in Südafrika bereits vor der Verabschiedung des genannten Gesetzes übliche Blick in andere Rechtsordnungen ging einher mit einem regen Austausch von Revisionsrichtern und sogar höchsten Bundesrichtern, deren juristische Auffassungen somit über Staatsgrenzen hinweg ihren Niederschlag fanden. Insbesondere mit dem früheren Süd-Rhodesien bestand über Jahrzehnte hinweg eine enge Verbindung. Die Einflüsse anderer Rechtssysteme auf die Rechtsfindung im südlichen Afrika wurden in der Darstellung also insoweit berücksichtigt, als sich daraus Konsequenzen für die Rechtslage in Südafrika ergaben.

Bei den Forschungsarbeiten wurden die verschiedenen Untersuchungsansätze von Juristen einerseits und Anthropologen andererseits deutlich. Auf dem Feld der Rechtsanthropologie, die systematisch eher den Sozialwissenschaften als der Rechtswissenschaft zuzuordnen ist, treffen beide Ansätze aufeinander und müssen angeglichen werden. Der Anthropologe beschreibt nach seiner Forschungstechnik die Vorgänge innerhalb einer abgeschlossenen Gruppe sehr detailliert. Der Rechtswissenschaftler hingegen ist darauf bedacht, allgemeingültige Regeln herzuleiten, die für den gesamten Geltungsbereich des betrachteten Rechtssystem Anwendung finden können. Hält man sich vor Augen, dass allein in der heutigen Republik Südafrika neben den eingewanderten Buren, Engländern, Indern und Malayen insgesamt 762 verschiedene afrikanische Stämme leben, so wird deutlich, dass zum Zweck einer juristischen Betrachtung eine Reduktion des gesammelten anthropologischen Materials auf den „kleinsten gemeinsamen Nenner“ erfolgen muss. Nur durch diese Reduktion wurde eine Harmonisierung der unterschiedlichen Standards in Rechtswissenschaft und Anthropologie in dieser Arbeit möglich. Wo immer die Darstellung auf regionale Besonderheiten oder andere Ausnahmen Bezug nimmt, ist dies ausdrücklich erwähnt. Die für die Rechts-

[6] Vergleiche hierzu den Wortlaut des Law of Evidence Amendment Act, Act No 45 of 1988, § 1 (1).

wissenschaft relevanten kosmologischen Grundprinzipien, insbesondere die Figur der Hexe betreffend, sind jedoch überall im südlichen Afrika gleich und sind darüber hinaus zum Teil sogar in Zentralafrika in ähnlicher Form anzutreffen. Die anthropologische Darstellung hat ihr Schwergewicht in der Kultur der Sotho, da ein Großteil der Feldforschungen unter den SeSotho und den nördlichen Sothostämmen durchgeführt wurde.

Obwohl der kosmologiebezogenen Kriminalität nicht in allen südafrikanischen Publikationen die angemessene Aufmerksamkeit zuteil wird, berichten doch die Tageszeitungen aller Sprachen in Südafrika regelmäßig über die Hexenmorde und die sogenannten Medizinmorde[7]. Immerhin finden sich von Zeit zu Zeit aber auch in deutschen Tageszeitungen Berichte über Hexenmorde oder ähnliche Phänomene[8]. Die Sozialwissenschaften hingegen haben sich dieser Form von Kriminalität schon seit längerem angenommen. In einzelnen afrikanischen Gebieten, so z.B. Kamerun[9], Nigeria[10], Kenya[11], Malawi[12] oder dem Sudan[13] wurden bereits große Forschungserfolge durch Rechtsanthropologen und Kriminologen auf dem Gebiet der weltanschauungsbedingten Straftaten erreicht.

Die Polizei steht den hier behandelten Formen der Kriminalität machtlos gegenüber. Das liegt jedoch nur zum Teil an der schwachen Infrastruktur des südafrikanischen Polizeiapparates. Viel häufiger werden die Ermittlungen dadurch behindert, dass die Mehrzahl auch der führenden Polizisten im Lande vorbehaltlos an Hexerei glaubt[14]. Auch aus Furcht vor Viktimisierung oder aufgrund eines eigenen Engagements im

---

[7] Aus der Vielzahl der Zeitungsartikel vgl. z.B. die repräsentativen Darstellungen von Chandler, N. "Killing of 'witches' increasing in Northern Province", The Star , 28th April 1997; Clarke, "Torment of the innocents", Sunday Tribune 30th March 1997 oder Ngqwebo, S. / Hlope , M. Shobashobane trail drama, Sowetoan 19. February 1997.

[8] Zuletzt: Ruth Franziska Hoffmann, Zwischen Wahn und Wirklichkeit, DIE ZEIT, 4.1.2001; vgl. auch Gerd Behrens, Aberglaube bricht Gesetzeskraft, Süddeutsche Zeitung vom 1.7.1999 über ein Massenstrafverfahren mit 66 Angeklagten in bezug auf eine Massen-Hexenjagd in der Transkei, die vier ältere weibliche Todesopfer forderte, oder Gerd Behrens, Wo die Blitze zucken, Süddeutsche Zeitung, 12.9.1998 über ein Massenstrafverfahren nach einer Hexenjagd bei Pietersburg, oder FAZ, 4.12.1996, Südafrika will die Hexen-Hatz beenden, Seite 14 über ein Massenverfahren gegen 94 Hexenjäger in Giyani.

[9] Vgl. z.B. Fisiy / Geschiere . Witchcraft, violence and identity: different trajectories in postcolonial Cameroon, in: Werbner/Ranger (eds.) Postcolonial identities in Africa, London / New Jersey 1996, Seiten 193 ff; dieselben in 118 , 30 (2) Cahier d'Etudes Africaines 135 (1990); Fisiy, Law out of context: Witchcraft trials in Cameroon; Rowlands/Warnier, Sorcery, Power, and the Modern State in Cameroon, 23 (1) Man 118 (1988).

[10] Okonkwo, Okonkwo and Naish on Criminal Law in Nigeria, 1980

[11] Mutungi, The legal aspects of witchcraft in East Africa, 1977

[12] M.G. Marwick, Another modern anti-witchcraft movement in East Central Africa, 20 (1) Africa 100 (1950)

[13] Lienhardt, Some notions of witchcraft among the Dinka, 21 (4) Africa 303 (1951)

[14] Vgl. z.B. die Stellungnahme von Seth Nthai (Minister for Police, N.P.) in: Behrens, Aberglaube bricht Gesetzeskraft, Süddeutsche Zeitung , 1.7.1999, Seite 3.

Feld der Magie betreiben die südafrikanischen Polizisten die Ermittlungen bei Hexenmorden sehr schleppend[15]. Die südafrikanischen Staaten haben deshalb zur genaueren Klärung einzelner oder massenhaft auftretender Vorfälle, teilweise sogar auch zur Untersuchung auffälligen Polizeiverhaltens, unabhängige Untersuchungskommissionen aus Anthropologen, Sozialwissenschaftlern und Juristen zusammengestellt. Nachdem man in Lesotho bereits anfangs der fünfziger Jahre zwei unabhängige Kommissionen eingesetzt hatte[16], beauftragte zum Beispiel der Staatspräsident des Homelands Venda, Präsident Ravele, gegen Ende seiner Amtszeit im Jahre 1989 den Chief Justice seines Staates mit der Durchführung einer breit angelegten Untersuchung[17]. Im Jahre 1995, nach Zusammenbruch des alten Systems in Südafrika, ernannte der Sicherheitsminister der Nordprovinz im Jahre 1995 eine weitere Untersuchungskommission[18]. Auch die Polizei reagierte; in Pietersburg wurde 1997 eine Sondereinheit für Hexenmorde gegründet, der einige fliegende Einsatzkommandos unterstellt wurden. Die Ergebnisse der Kommissionen und die Erkenntnisse der südafrikanischen Polizeisondereinheiten konnten ebenfalls Eingang in diese Arbeit finden.

In Europa wird das Phänomen der Hexenjagden oft mit dem Begriff des „finstersten Mittelalters" verbunden. Das ist nicht richtig. Als die Hexenverbrennungen in Europa ihren Höhepunkt erreichten, war Amerika entdeckt, das Weltbild der katholischen Kirche revidiert und der geistige Umbruch hin zur Aufklärung hatte begonnen. Auch im südlichen Afrika hat die Aufklärung heute weitgehend Fuß gefasst, wenngleich auch die einzelnen Bevölkerungsgruppen unterschiedlich weit entwickelt sind. Im südlichen Afrika findet man heute neben einfachsten Strukturen menschlichen Zusammenlebens (die an eine Sozialorganisation in der Jungsteinzeit erinnern) die aufgeklärten Sozialsysteme einer multimedialen High-Tech-Gesellschaft vor.

---

[15] Ein eindrucksvoll ehrliches Statement vom Lawyers for Human Rights Northern Transvaal Organiser, Trott Modipane, findet sich in 1995 Rights 33. Der Bericht reflektiert die Auswirkungen des Hexenglaubens auf den Polizeiapparat. Auf Seite 34 spricht der Northern Transvaal Police Commissioner zwar davon, die Polizei würde „tough" gegen hexereibezogene Straftaten vorgehen; die Polizeipraxis heute stellt sich allerdings viel weniger drastisch dar.

[16] Vgl. den "Report on the Recent Outbreak of "Diretlo" Murders in Basutoland ", " Basutoland Medicine Murder", Presented by the Secretary of State for Commonwealth Relations to Parliament by Command of His majesty, London, 1951 (Reprinted 1958) und den Report des „Committee Appointed by the Roundtable Conference on medicine murder", Maseru, 1953.

[17] Die Ergebnisse wurden veröffentlicht im "Report of the Commission of Enquiry into the causes of the unrest in Venda during August 1988 and the investigation of ritual murders, By the Chief Justice of the Republic of Venda, Daniel Johannes Haarhoff leRoux", 1989; fortan kurz bezeichnet als „LeRoux Commission Report".

[18] Sie verfasste den Report of the Commission of Inquiry into Witchcraft Violence and Ritual Murder in the Northern Province of the Republic of South Africa, fortan kurz zitiert als Untersuchungsbericht für die Nordprovinz, 1996.

Vergleicht man die Hexenjagden im südlichen Afrika mit den Hexenverbrennungen im aufgeklärten England, so stellt man fest, dass die heutigen sozialen Parameter in Südafrika denen des 17. Jahrhunderts in England ähneln: Insbesondere die Gräben innerhalb der Bevölkerung, der Übergang von einer streng hierarchischen zu einer egalitären Kosmologie und die Einflüsse von Modernisierungsprozessen bisher unbekannten Ausmaßes werden durch die Geschichtswissenschaft heute als die wesentlichen Gründe für die Hexenjagden in England genannt[19]. Die soziale Wirklichkeit in Südafrika am Ende des 20. Jahrhunderts weist ebensolche Grundzüge auf. Die instabilen politischen Gegebenheiten und die große Kluft zwischen Arm und Reich in England am Ende des 17. Jahrhunderts sind zum Beispiel durchaus mit der Situation Südafrikas heute vergleichbar[20]. In Europa waren diese Einflüsse eher regional begrenzt, in Südafrika sogar weit über die Landesgrenzen hinaus nachweisbar.
Mit den Hexenjagden in Deutschland sind die südafrikanischen Vorfälle des letzten Jahrhunderts hinsichtlich der sozialen Parameter sicherlich ebenso vergleichbar. Auf die Unterschiede des christlichen Unterbaus der sozialen Gefüge wird unten im ersten Kapitel unter einem eigenen Gliederungspunkt hingewiesen. Hinsichtlich der Zugehörigkeit der Opfer zu unterschiedlichen sozialen Gruppen lassen sich Parallelen aufgrund der unterschiedlichen Entwicklungsstufen sozialen Zusammenlebens im südlichen Afrika, verglichen mit der im Europa der Neuzeit, jedoch kaum feststellen.

Die folgende Darstellung ist in fünf Punkte untergliedert:
Im ersten Kapitel werden die wesentlichen Grundzüge der traditionellen afrikanischen Weltanschauung dargestellt, die für das Verständnis der kosmologiebedingten Kriminalitätsformen relevant sind. Die überwiegend mit weißen Richtern besetzten Gerichte hatten zu keiner Zeit Zugang zu diesen kosmologischen Prinzipien und konnten daher den gedanklichen Unterbau der damit zusammenhängenden Gewalttaten nicht einmal im Ansatz erfassen, geschweige denn im Rahmen des „weißen" Strafrechts angemessen würdigen.
Im zweiten Kapitel werden stereotype Formen der kosmologiebezogenen Gewaltkriminalität detailliert dargestellt und voneinander abgegrenzt. Neben den Hexenmorden werden auch andere Formen der rituellen Tötungen, vor allem die sogenannten Muti-Morde (Tötungen, um aus dem Körper des Opfers Zaubermedizin, das sogenannte „Muti" herzustellen) in den kosmologischen Kontext gebracht. In einem zweiten Schritt werden typische Tätergruppen, Tätermotivationen und typische Opferkategorien kosmologiebezogener Straftaten, insbesondere der Hexenmorde, aufgezeigt.
Das dritte Kapitel stellt die kosmologiebezogenen Traditionen der südlichen Bantu gewissermaßen „in Reinform" dar. Das neben dem importierten kolonialen Rechts-

---

[19] Vgl. Brion, The hidden persistence of witchcraft, 4 (2) Law and Critique 227ff (1993), Seite 238f m.w.N. sowie die Replik von Caudill, 5 (1) Law and Critique 31 (1994).
[20] Vgl. hierzu Austen, The moral economy of witchcraft, in: Comaroff / Comaroff (eds.) , Modernity and its malcontent, Seiten 97ff.

system noch heute bestehende traditionelle Banturecht[21] sah schon seit je her besondere Regelungen vor, wie mit Hexen, Hexenmördern und Muti-Mördern zu verfahren sei. Das traditionelle Banturecht, insbesondere das einheimische Strafrecht war weder von seinen Grundwertungen her noch in seinen Auswirkungen von den Kolonialen weißen Gerichtshöfen der Apartheidsära irgendwie berücksichtigt worden. Im Folgenden wird die harmonische Einheit von Kosmologie und Recht in den segmentären Bantugesellschaften am Beispiel der kosmologiebezogenen Kriminalität herausgearbeitet.

Als die weißen Einwanderer das Gebiet des heutigen Südafrika besiedelten, begannen sie nach ausreichender Festigung ihrer politischen und wirtschaftlichen Situation, der kosmologiebezogenen Kriminalität mit eigens dazu erlassenen Gesetzen entgegenzutreten. Die „Witchcraft Suppression Acts" im südlichen Afrika werden im vierten Kapitel in bezug auf deren Voraussetzungen sowie deren Zielrichtung und praktischen Auswirkungen beschrieben.

Neben eigens zur Unterdrückung des Hexenglaubens und der daraus resultierenden Gewaltkriminalität geschaffenen Gesetzen wurde der Kampf der Einwanderer gegen die afrikanischen kosmologischen Vorstellungen auch mit den Mitteln des einfachen Strafrechts geführt. Rechtsinstitute, wie z.B. die Notwehr, der Tatbestandsirrtum oder die Einrede der Geisteskrankheit wurden zu Lasten der Delinquenten eingeschränkt. Wie zu zeigen sein wird, wurden in den Fällen der Hexentötungen oder Muti-Morde die bestehenden Instrumente des Strafrechts durch die Kolonial- und Apartheidsgerichte gezielt dazu eingesetzt, das Land von der afrikanischen Kosmologie zu reinigen und europäisch-christlicher Werte durchzusetzen. Ebenso wie die Spezialgesetze war aber auch das Common Law unfähig, den Hexenglauben aus Südafrika zu vertreiben.

Die Arbeit schließt mit einer Betrachtung der Funktionen und Zielrichtungen des Strafrechts in einer radikal pluralistischen Gesellschaft.

Im Verlaufe der Arbeit wird ersichtlich, dass weiße und schwarze Kultur noch heute, sechs Jahre nach der friedlichen Befreiung des Landes vom Regime der Apartheid, weit von einer praktischen Integration entfernt sind. Das gilt auch für den Zusammenstoß des einheimischen mit dem importierten Rechtssystem, was hier am Beispiel des Strafrechts auf dem Gebiet der kosmologiebedingten Straftaten dargestellt werden soll. In Deutschland haben einige Rechtswissenschaftler damit begonnen, den Prozess des Zusammenwachsens der modernen, europäisch ausgerichteten Rechtskultur mit dem

[21] Sowohl die Verwendung der Bezeichnung „Bantu" als auch der Gebrauch des Begriffs „Banturecht" soll hier in keinem Falle diskriminierend verstanden werden. Auch ist keine Anknüpfung - weder inhaltlich noch begrifflich - an die in Südafrika durch Apartheid und Rassismus geprägten volkskundlichen Lehren des 20.Jahrhunderts beabsichtigt.

einheimischen Rechtssystem zu beobachten. Die Arbeiten von *Edzard Schmidt-Jortzig* über die Position der Häuptlinge im modernen Staatsgefüge[22] und die von *Sebastian Henneke* über die Anwendung insbesondere des traditionellen Bantu-Familienrechts vor den südafrikanischen Gerichtshöfen[23] stellen jeweils anhand von spektakulären und in Südafrika vieldiskutierten Themen das Spannungsfeld zwischen einheimischer und weißer Rechtsordnung dar. Ziel der vorliegenden Arbeit ist es, die Augen für ein weiteres, ebenso dringendes Problem im südafrikanischen Rechtsalltag zu öffnen und dadurch einen Beitrag zur Lösung der aufgeworfenen Probleme zu leisten.

---

[22] Edzard A. Schmidt-Jortzig, Die Stellung der Traditional Leaders in der Neuen Südafrikanischen Verfassung, Baden - Baden, 1998

[23] Sebastian Henneke, Eingeborenenrecht vor südafrikanischen Gerichtshöfen, Diss., Münster 1999

I. Die magische Weltanschauung im südlichen Afrika

Der Einfluss des Hexenglaubens auf bestimmte Kriminalitätsformen in Südafrika kann nur dann verstanden werden, wenn man die Taten vor dem Hintergrund der gesamten traditionell-afrikanischen Kosmologie sieht. Die südafrikanischen Strafgerichte haben sich bislang geweigert, den einheimischen Auffassungen über den Menschen, die Welt und den Kosmos in den diesbezüglichen Entscheidungen hinreichend Rechnung zu tragen. Vor allem der europäische Hintergrund der bis heute überwiegend mit Weißen besetzten Gerichte, verbunden mit postkolonialer Arroganz gegenüber den traditionell-afrikanischen Weltanschauungsmodelle verhinderte bisher die Berücksichtigung dieser Glaubensformen. Die weißen Richter während und kurz nach der Apartheid wollten sich überwiegend gar nicht erst auf traditionelle Glaubensfragen einlassen, die aber für die ausschließlich schwarzen Straftäter oftmals das wichtigste Motiv für die Begehung der Straftaten waren. Selbst diejenigen Richter, die dies wollten, konnten es nicht; mangelnde Information der Justizbehörden, teilweise bedingt durch die Politik der Apartheid, dürfte der Hauptgrund für letzteres gewesen sein. Traditionelle Vorstellungen, die noch heute alljährlich zum Tod von Hunderten von Menschen führen, werden von den Gerichten auch nach dem Zusammenbruch des Apartheidsystems noch als „primitiv“[1] bezeichnet und mit einer kaum verständlichen Beharrlichkeit ignoriert. Erst langsam brechen diese Schemata auf; es bleibt zu hoffen dass eine repräsentative Besetzung der Gerichte diesen bedauernswerten Zustand bald beendet.

Die meisten Grundsätze der Weltanschauung im südlichen Afrika sind jedoch durch die Feldforschungen der Anthropologen und der Ethnologen in den letzten hundert Jahren ausreichend belegt worden[2]. Die südafrikanische Kosmologie ist heute den Geisteswissenschaftlern bekannt wie kaum eine andere afrikanische Weltanschauung. Dies wurde insbesondere deshalb erreicht, weil sich in Südafrika (im Gegensatz zu den meisten zentralafrikanischen Staaten) noch Strukturen hielten, die sich für Feldforschungen durch Europäer nutzbar machen ließen, so z.B. die Polizei, die Kirchen oder die sozialen Dienste. Heute muss man davon ausgehen, dass ein im wesentliches komplettes Bild über die kosmologischen Vorstellungen der schwarzen Einwohner Südafrikas vorliegt. Der schon seit Jahrzehnten überfällige Brückenschlag zwischen Juristen und Anthropologen auf dem Gebiet der kosmologiebedingten Straftaten ist allerdings nie gelungen.

---

[1] Ausdrücklich z.B. in S. v. Franshishiko and others, 1977 (2) P.H. H. 170 (R) Seite 179; S. v. Phama, 1997 (1) SACR 485 (ECD) 488 b, S. v. Muchimbi and another, 1972 (2) P.H. H.83, Seite 138.

[2] Vgl. z.B. Hobley, Bantu beliefs and magic, London, 1967; Fortes / Dieterlein, African systems of thought, London, 1966; Ashton, E.H., Medicine, Magic, and Sorcery among the Southern Sotho, Cape Town, 1943; Berglund, Axel-Ivar: Zulu Thought-Patterns and Symbolism, London, 1976 Hammond-Tooke, W.D.: Boundaries and Belief: The structure of a Sotho world-view, Johannesburg, 1981.

Beschäftigt man sich näher mit der allgemeinen Weltanschauung im südlichen Afrika, so sieht man sofort, dass es sich hier um ein sehr fein differenziertes und ausgearbeitetes Weltbild handelt, welches sich alles andere als „primitiv“ darstellt. Einzelne Elemente, die aus europäischer Sicht nichts miteinander zu tun haben, werden im südlichen Afrika zu einer einheitlichen Vorstellung über den Menschen und seine Existenz in der Welt zusammengeschmolzen. Hexerei, Kräutermedizin, Wahrsagung, die ehrfürchtige Verehrung der Geister der Vorfahren - all dies hängt nach südafrikanischer Vorstellung fest zusammen und ergibt ein kompaktes Weltbild. Nach der Christianisierung des südlichen Afrika wurde auch die Christliche Religion bausteinartig in dieses Weltbild eingesetzt. Jedes der genannten Elemente übernimmt eine bestimmte kosmologische Funktion, die soziale Werte und psychologische Bedürfnisse reflektiert.

Innerhalb seiner Weltsicht versteht sich der südafrikanische Mensch als ein Lebewesen, welches neben der körperlichen Existenz noch zwei Attribute zum Leben braucht: „moya“ und „seriti“. „moya“ wurde von den Anthropologen wörtlich übernommen als „Atem“ - Attribut, „seriti“ sinngemäß als „Schatten“ - Attribut bezeichnet. Obwohl dieses Begriffspaar von Anthropologen vorschnell im Sinne von „Geist“ und „Seele“ verstanden wurde, treffen die beiden letztgenannten Bezeichnungen nicht zu[3].

Unter „moya“ versteht der Südafrikaner eine Art „Lebenskraft“, die positiv bewertet wird und sowohl als Voraussetzung des Lebens als auch als ständige Motivation dazu verstanden wird. „seriti“ hingegen wird im Sinne einer Aura verstanden. „seriti“ verbindet der Afrikaner mit unverständlichen, sozial geächteten und unbekannten Verhaltensformen oder Geisteszuständen, wie z.B. epileptischen Anfällen, Ohnmacht, Trunksucht etc.. Dadurch bekommt dieses Element einen leicht negativen Beigeschmack und wird allgemein auch mit böswilliger Magie in Verbindung gebracht[4]. „seriti“ ist frei übertragbar und kann mit Hilfe von berührten Gegenständen oder Teilen des menschlichen Körpers, wie z.B. Haaren, an andere Menschen weitergegeben werden.

Nach traditionell südafrikanischer Vorstellung lebt der Mensch unter dem Einfluss von verschiedenen spirituellen und weltlich-magischen Mächten. Neben einem übergeordneten Gott handelt es sich hierbei im wesentlichen um die Geister der Ahnen, die Hexen mit ihren Vertrauten und die Sangomas. Alle Vorgänge, die mit Magie zu tun haben, lassen sich auf diese Figuren zurückführen. Die Sangomas werden vollständig als

[3] Hier wurde das Begriffspaar aus der Sprache der nördlichen Sotho verwendet. Das Prinzip ist unter allen südafrikanischen Stämmen gleich, nur die Bezeichnungen unterscheiden sich. Die Nguni-Stämme nennen das Schattenattribut z.B. „isithunzi“ (Zulu). Dieses Selbstverständnis ist nicht auf das südliche Afrika beschränkt, sondern findet sich auch in Zentralafrika, vgl. Nadel, 8 (4) Africa 423 (1935), Seite 428. Für Details zu den Begriffen siehe Mönnig, The Pedi, Seite 48ff; Hammond-Tooke, Creed and confession in South African ancestor religion, Seite 2 oder Kriel, 18 (3) S.Afr.J.Ethn. 106 (1995) , Seiten 109ff.

[4] Diesbezügliche Details finden sich bei Hammond-Tooke, Boundaries and Belief, Seite 112.

Menschen betrachtet, wohingegen bei den Hexen einige Besonderheiten hinsichtlich der Menschenqualität bestehen[5]. Die Ahnen werden eindeutig nicht mehr als Menschen angesehen, ihnen rituell aber gleichgestellt. Richtigerweise wird man deshalb die Sangomas als „kosmologische Schnittstelle“ zwischen Mensch und magischen Kräften (Ahnen und Hexen) verstehen müssen.

1. Die Ahnen

Die wichtigste Rolle innerhalb der traditionell afrikanischen Kosmologie kommt den verstorbenen Vorfahren zu. Die Geister der Ahnen werden als omnipräsent betrachtet und von den traditionellen Afrikanern respektvoll verehrt. Hinter dieser Verehrung steht der Gedanke, dass die Ahnen Einfluss auf das Schicksal und das tatsächliche Geschehen unter den Lebenden haben. Diese Ansicht ist bis heute weit verbreitet[6].

Einzelheiten der Ahnenverehrung sind den weißen Südafrikanern kaum bekannt. Schon deren Bezeichnung als „Ahnen“ oder „Vorfahren“ in den europäischen Sprachen ist ungenau. In der Sprache der Zulu beispielsweise gibt es nicht weniger als 14 verschiedene Bezeichnungen für die Vorfahren, die jeweils eine eigene Beibedeutung hinsichtlich des Status oder der augenblicklichen Tätigkeit des Ahnengeistes haben[7]. Eine für den Europäer sehr augenfällige Eigenschaft der Ahnengeister ist deren Nähebeziehung zum christlichen Gott. Bei vielen meiner Befragungen wurde ich darauf hingewiesen, dass Gott mit den Ahnen zusammenarbeite. Dies schlägt sich zum Teil sogar in der Sprache nieder: Unter den Zulu bezeichnet man Gott mit dem Singular „iNkosi“, die Ahnengeister mit dem gleichen Wort in der Pluralform: „amaKosi“. Diese sprachliche wie kosmologische Nähe erwächst aus einem überaus positiven Grundverständnis gegenüber den Vorfahren: Die Vorfahren achten darauf, dass das

---

[5] Vgl. hierzu unten , Kapitel I 2. und ausführlich in Kapitel V 1. b) cc).

[6] Meine Kurzbefragung von 357 Jurastudenten im Jahre 1998/1999 in der University of the Free State, Bloemfontein, VISTA Mamelodi und in der University of Pretoria ergab, dass 57,7 % der Jurastudenten glaubten, dass die Geister der verstorbenen Vorfahren tatsächlich Einfluss auf das weltliche Geschehen nehmen könnten. 19,6 % wussten nicht, was sie antworten sollten und nur 21 % bekannten sich dazu, nicht an die Macht der Ahnen zu glauben. Angesichts der Tatsache, dass es sich hier um Jurastudenten, vorwiegend aus den fortgeschrittenen Jahrgängen handelte, muss angenommen werden, dass diese Ergebnisse mit denen früherer Forschungen übereinstimmen. Eine Umfrage Anfang der neunziger Jahre unter 195 unausgelesenen Einwohnern und 61 Mitarbeitern eines Krankenhauses des ehemaligen Homelands Lebowa im Norden der heutigen Republik Südafrika ergab, dass 95% der Männer, 96 % der Frauen und immerhin noch 67 % des Pflegepersonales an einen tatsächlichen Einfluss der Ahnen glaubten, siehe Kriel, 18 (3) S.Afr.J.Ethn 106 (1995), Seite 114. Pauw, 33 (2) African Studies 99 (1974), Seiten 100f nahm nach Umfragen an dass etwa 80 % der südafrikanischen Gesamtbevölkerung dies glaubten. Für weitere Nachweise siehe Mönnig, The Pedi, Seiten 54ff. Der tatsächliche Anteil an der Gesamtbevölkerung heute dürfte jedenfalls weit über 80% liegen.

[7] Einzeln erklärt finden sich diese Bezeichnungen z.B. bei Berglund, Zulu though-patterns and symbolism, Seiten 89-94.

Leben unter den Menschen harmonisch und friedlich abläuft; manchmal geben sie dazu sogar praktische Hinweise durch seltsame Erscheinungen und auffällige körperliche Zustände wie etwa lang anhaltenden Schluckauf oder ständiges Gähnen.

Nicht jeder Verstorbene wird in den Ahnenkreis aufgenommen. Unter den Ngunistämmen werden nur die patrilinearen Vorfahren berücksichtigt, diese jedoch nach Generationen unbegrenzt. Dieses Prinzip funktioniert in der partiarchalen Gesellschaft der Nguni dergestalt, dass immer der zuletzt verstorbene Vorfahre, der in den Ahnenstatus aufgenommen wurde, den meisten Einfluss besitzt. Mit der Zeit gerät er in Vergessenheit und rückt gewissermaßen bei jedem weiteren Todesfall in absteigender Linie weiter nach hinten. Unter den Sotho, Venda und Tsonga können die Ahnen aus patrilinearen wie matrilinearen Vorfahren rekrutiert werden; hier ist jedoch die Ahneneigenschaft dem Verwandschaftsgrad nach in der Seitenlinie begrenzt[8]. Hinsichtlich des Geschlechts der Ahnengeister gibt es eine weitere Einschränkung: Abgesehen von den weiblichen „amagqhirakazi“[9] bei den Nguni, können allgemein nur Männer in den Ahnenstand aufgenommen werden.

Stirbt ein Familienmitglied, welches als Ahnengeist in Betracht kommt, sind Rituale nötig, um den Verstorbenen in den Ahnenstand zu erheben. Nach traditionell-afrikanischem Verständnis verlassen moya und seriti den Körper, aber die Person als solche existiert weiter. Im übertragenen Sinne glauben die Afrikaner, dass die Leiche „nicht mehr atmen kann“, also die moya nicht mehr beim Körper ist und dass die Person mangels seriti ihre Aura nicht mehr verbreiten kann. (Daraus ergibt sich auch, dass ein totgeborenes Kind nicht in den Ahnenstand erhoben werden kann: Da dem Ungeborenen mangels Fähigkeit, selbst zu atmen, die moya fehlte, war es nach traditionell afrikanischer Weltanschauung nie eine Person.) Während der Trauerzeremonien, die bis zu einer Woche andauern können, werden Opfergaben dargebracht, um die Ahnen (teilweise auch den christlichen Gott !) davon zu überzeugen, dass hier ein wertvolles Glied der Gesellschaft darauf wartet, als Ahnengeist verehrt zu werden. Werden diese Opfergaben nicht erbracht, spricht man von einem „verlorenen Geist“, der keinerlei Einfluss auf das Geschehen auf Erden ausüben kann. Wird der Opferritus aber ordnungsgemäß durchgeführt, verwandelt sich der „neuverstorbenen Geist“ in einen echten Ahnengeist. Diese (vielfach von Weißen unverstandenen) Riten der „Ahnenweihe“ gehen einem christlichen Begräbnis voraus[10]. Nach traditionellem afrikanischem Ver-

---

[8] Für eine detaillierte Übersicht zu diesen Prinzipien siehe Hammond-Tooke, Creed and confession in South African ancestor religion , Seite 3. Extra-lineare Ahnenverehrung, wie z.B. in Ghana (vgl. dazu zum Beispiel McKnight, 37 (1) Africa 1 (1967)) gibt es im südlichen Afrika nicht.

[9] Xhosa; weibliche Form von „amagqira“(= Sangoma), vgl. Broster, Amagqira, Seite 20.

[10] Für einen Überblick über die genauen Opfervorgaben und Beerdigungsriten siehe Hammond-Tooke, Boundaries and Belief, Seiten 86ff oder Kriel, 18 (3) S.Afr.J.Ethn. 106 (1995), Seiten 112ff.

ständnis ist die Erhebung in den Ahnenstand weitaus wichtiger als die nach christlichem Verständnis eintretenden Todesfolgen.

Die Ahnengeister als „Personensubstrat" behalten sowohl ihre allgemeinen menschlichen Merkmale als auch ihre individuellen Charakterzüge. Wie die Lebenden sind sie Launen unterworfen und haben ihre eigene Meinung über die Geschehnisse auf Erden. In der Regel adressieren die Südafrikaner die Ahnengeister im Kollektiv[11]. Lediglich bei einigen ganz spezifischen Vorfällen, die sich auf eine bestimmte Person oder einen Lebenssachverhalt beziehen, die den einzelnen verstorbenen Vorfahren betreffen, wird ein Vorfahre direkt angesprochen. Im Fall einer anstehenden Hochzeit etwa werden zuerst der verstorbene Vater und später die Vorfahren im Kollektiv um ihre Erlaubnis befragt. Steht das Schicksal des Dorfes auf dem Spiel, müssen die Ahnen in der Gesamtheit angesprochen werden. Regelmäßige Verehrungsrituale werden an alle Ahnengeister zusammen gerichtet. Die streng patri - und matrilinearen Organisationsformen implizieren dabei, dass jede Familie von ihren eigenen Familienahnen beschützt wird und diese im Gegenzug von ihnen vorrangig verehrt werden[12].

Im Gesamtzusammenhang der afrikanischen Kosmologie nehmen die Ahnen die Rolle eines wohlwollenden Wächters der Vorgänge unter den Lebenden ein. Sie sind von der Grundeinstellung her dem Leben auf Erden positiv gestimmt und werden als „gute Geister" über alle Maßen verehrt. Bei den Zulu führt die Ahnenverehrung so weit, dass die Verstorbenen den noch lebenden älteren Menschen rituell gleichgesetzt werden[13]. Im Falle von Miss- oder Nichtachtung ihrer Person oder ihrer Interessen reagieren die Ahnen verärgert oder gar beleidigt. Oftmals sind die Ahnen darüber erzürnt, dass ein Ritual nicht eingehalten wurde, dass eine Opfergabe zu ihren Gunsten nicht erbracht wurde oder dass eine Entwicklung auf Kraal-, Familien- oder Dorfebene nicht nach ihren Wünschen verläuft. In diesen Fällen setzen sie Zeichen, um die Menschen auf ihr Fehlverhalten hinzuweisen und somit Einfluss auf die Vorgänge unter den Lebenden zu nehmen. Dies geschieht in der Regel in Form von kleineren Missgeschicken, Krankheiten, Träumen oder seltsamen Zufällen. Schneidet sich ein traditionell lebender Afrikaner z.B. in den Finger, wird er von mehreren Wespen gestochen oder leidet er etwa unter Alpträumen, so wird er dies als Warnung oder Hinweis der Ahnen betrachten. Missgeschicke dieser Art werden als konstruktive Kritik aufgefasst und stets entsprechend umgesetzt; aus der durchweg positiven Einstellung rührt es auch her, dass man die Ahnen zwar in höchstem Maße respektiert, aber nie direkt fürchtet.

---

[11] Xhosa: amathongo oder iminyanya; Zulu: amadlozi (teilweise auch amakhosi oder Gebrauch des Wortes mudzimu aus der Sprache der Venda), Tsonga: Swikwembu; Sotho: badimo; Venda: midzimu

[12] Siehe z.B. Krige/Krige, The realm of a rain queen, Seite 231; Meyer Fortes, Some reflections on ancestor worship in Africa in Fortes/Dieterlein, African Systems of thought, auf Seiten 122ff.

[13] Vgl. Berglund, Zulu thought patterns and symbolism , Seite 384.

Sofern sich die Ahnen in Träumen nicht genau ausdrücken, ein unbekanntes körperliches Leiden auftritt oder der Grund für die Unzufriedenheit der Ahnen nicht klar ist, sucht der traditionell lebende Südafrikaner den Sangoma („Hexendoktor") auf, der unter anderem als Medium zwischen Menschen und Ahnen fungiert[14].

Der Besuch beim Sangoma kann aber noch einen anderen, weitaus ernsteren Grund haben: Unglücke oder Krankheiten können nicht nur Kritik der Vorfahren, sondern auch Folge der böswilligen Verhexung durch einen anderen sein. Ein schwerer Autounfall, eine lebensbedrohende Krankheit oder Psychosen können nach südafrikanischer Kosmologie also einer böswillig handelnden Hexe zugeschrieben werden. Unglücksfälle dieser Art werden allgemein nicht als Schicksalsschläge verstanden, man hält vielmehr einen Dritten als Verursacher verantwortlich. Schon aus diesem Grund wird der Südafrikaner bei leisestem Zweifel über den Grund der Verstimmung der Vorfahren den Sangoma aufsuchen, in der Hoffnung, dass die aufgetretenen Besonderheiten nicht auf böswillige Hexerei eines anderen, sondern wirklich „nur" auf erzürnte Ahnengeister zurückzuführen sein mögen. Allein der Sangoma kann dies endgültig feststellen.

Wie bereits angedeutet sind die Ahnen mit den traditionellen Vorstellungen von körperlichen Gebrechen eng verbunden. Unter den SeSotho begreift man einige Krankheiten typischerweise als mahnende Äußerung der Vorfahren. Nach traditionellem Verständnis wohnen diese nämlich als Schlange („kokwana") im Körper des Patienten und fressen ihn bei einer Krankheit im schlimmsten Fall auf. (Die Art und die näheren Eigenschaften dieser Schlange sind schon sehr früh umfangreich untersucht worden[15]. Neben biologisch erklärbaren Phänomenen wie etwa Spulwürmern gibt es auch mystische Gründe dafür, dass sich die Ahnen ausgerechnet in eine Schlange verwandeln: Letztere werden unter den Bantuvölkern mit Schwangerschaft und Geburt und somit mit dem Lebenszyklus verbunden, weil die Häutung der Schlangen in der afrikanischen Magie mit der Plazenta assoziiert wird. Viele der sich häutenden Reptilien werden deshalb besonders mystifiziert[16].) Nur bei Behandlung durch den Sangoma kann die „kokwana" - Schlange als Ursache der Krankheit festgestellt werden. Diese besonders aggressive Äußerung der Ahnen bedeutet aber auch, dass sich hinter den Symptomen der Krankheit ein schwerwiegender sozialer Grund verbirgt, der ebenso vom Sangoma identifiziert werden muss. Neben einer traditionellen Medizin wird der Sangoma in einem solchen Fall deshalb auch eine sozialrelevante Handlung anordnen, etwa die Rückgabe von gestohlenen Gegenständen, um die Vorfahren zu beruhigen.

[14] Details siehe unten, Kapitel I, 3.
[15] Siehe zur Übersicht Bryant, 17 Man 140 (1917). Diese Form des Auftretens der Ahnengeister ist auch in Zentralafrika bekannt, vgl. z.B. Merriam, An African World, Seite 150 (für die BaSongue in Ost-Zaire).
[16] Berglund, Zulu thought patterns and symbolism, Seiten 94f.

Die Deutung von Alpträumen mündet ebenfalls oftmals in die Empfehlung einer Handlung, die entweder den Frieden mit den Vorfahren oder die Harmonie unter Familien- oder Stammesangehörigen wieder herstellt.

Auch unabhängig von auffälligen Vorkommnissen fühlen sich die meisten der in Südafrika ansässigen Bantu verpflichtet, den Vorfahren rituelle Opfer zu bringen. Regelmäßige Opferungen von Kleinvieh finden üblicherweise an Wochenenden statt; Anlassrituale werden bei Beerdigungen, Geburtsfeiern und Beschneidungen vorgenommen[17]. Im Extremfall betrachten die schwarzen Einwohner Südafrikas die Ahnen sogar als verantwortlich für den Tod eines Menschen. Stirbt jemand nach erfülltem, langem Leben, so betrachtet man diesen Tod als „natürlich" und durchaus nicht als Unglück[18]. Die Ahnen selbst, so glaubt man, holen in einem solchen Fall die „moya" aus dem Sterbenden, der nun seinerseits in den Ahnenstand erhoben werden kann.

Immer steht bei einem Todesfall aber der Verdacht der Hexerei im Hintergrund: Stirbt ein Mensch gar unter seltsamen Umständen, etwa durch Blitzschlag oder als junger Mensch, so wird dieser Tod, selbst wenn er durch Krankheit oder einen Unfall nach modernen Maßstäben erklärbar ist, als „unnatürlicher Tod" verstanden und der böswilligen Hexerei eines anderen zugeschrieben. Bei einem solchen „auffälligen" Tod muss ebenso zwingend ein Sangoma zur Todesursache befragt werden, um sicherzustellen, dass keine böswillige Hexe verantwortlich ist, sondern ein „natürlicher", von den Ahnen herbeigeführter Tod vorliegt. Geschäftstüchtige Sangomas nutzen heute die Sorge der Verwandten aus und raten eine Konsultation zur Todesursache in jedem Todesfall an.

Obgleich die Ahnen aufgrund ihrer wohlwollenden Attitüde kosmologisch nahe bei Gott stehen, wohnen sie nach afrikanischem Glauben nicht im Himmel, sondern an anderen heiligen Orten. Unter den SeSotho glaubt man, dass die Vorfahren im Wasser leben, vor allem in fließenden Gewässern, wohingegen die Tsonga und Venda geheiligte Wälder in der Nordprovinz als den Aufenthaltsort der Ahnen ansehen und verehren. Letzteres ist auch der Grund dafür, dass die Stämme aus dem nördlichen Südafrika ihre Häuptlinge nach traditionellen Regeln in diesen Wäldern begraben. Ob sich der Glaube an die „heiligen Wälder" erst durch die Bestattungen der Häuptlinge entwickelt hat, oder ob diese schon ursprünglich als „Ort der Ahnen" angesehen wurden, ist nicht

[17] Diese Formen der rituellen Vorfahrenverehrung kommen in allen Stämmen in Südafrika vor. Weitergehende Rituale sind vor allem in Venda bekannt, von wo Feldforscher berichtet haben, dass regelmäßig sogar Familienversammlungen einberaumt werden, bei denen die Ahnengeister direkt angebetet werden, vgl. Minaar et al., To live in Fear, Seite 8. Diese extreme Form der Verehrung ist bei den meisten südafrikanischen Völkern jedoch nicht üblich; unter den SeSotho hingegen ist eine direkte Kommunikation nur in Ausnahmefällen möglich; hier wird in der Regel sogar ein Sangoma gebraucht, um den Kontakt herzustellen.

[18] Minaar et al., To live in fear, Seite 18.

bekannt[19]. Die Zulu hingegen glauben, dass die verstorbenen Vorfahren unter der Erde weiterleben und zwar an einem unbekannten heiligen Ort, der in der Sprache der Zulu „emathunzini“ genannt wird[20]. Von dort beziehen die Sangomas ihre Kräfte und dies erklärt auch, warum die Initianten bei vielen Ngunistämmen ihre Körper mit Erde einreiben.

Alles in allem stellen sich die Ahnengeister somit als wohlwollende Wächter der Familien und Clans dar, die an den Geschehnissen unter den Lebenden genauso Anteil nehmen wie die Lebenden selbst. Das Wohlergehen der Familie liegt ihnen am Herzen[21], denn nur eine wirtschaftlich stabile Familie kann die nötigen rituellen Opferungen vornehmen und dadurch die Bedürfnisse der Ahnen befriedigen.

Schon nach dieser groben Beschreibung werden die wesentlichen psychologischen und sozialen Mechanismen hinter dem Ahnenglauben deutlich[22]. Auf psychologischer Ebene fügen sich die Vorfahren in ein komplettes kosmologisches Erklärungssystem ein. In Verbindung mit der Dreigliedrigkeit der menschlichen Existenz (Körper, moya und seriti) dienen vor allem die Zeichen der Vorfahren als Beweis dafür, dass es ein Leben nach dem Tode gibt. Ein natürlicher Tod wird den Vorfahren zugeschrieben und demnach weniger gefürchtet. Die demoralisierende Aussicht, eines Tages sterben zu müssen, wird - ähnlich wie in den christlichen Religionen - in eine Motivation umgekehrt; die Angst des Individuums vor dem unausweichlichen Lebensende wird kompensiert. Eine weitere Funktion der Ahnen besteht darin, für eine noch weitgehend unaufgeklärte Gesellschaft ungewöhnlich erscheinende Phänomene, insbesondere körperlicher Art, zu erklären. Ein Spulwurm wird zur „kokwana“; ein nicht enden wollender Schluckauf verliert seine Anormalität, weil er einem Urahn zugerechnet werden kann; Bewusstlosigkeit oder Träume werden als erklärbare, personifizierte Maßnahmen der Ahnen gedeutet. Insbesondere Unglücksfälle verlieren dadurch, dass man sie erklären kann, ihren Schrecken. Der Ahnenglaube trägt somit zur psychischen Stabilisierung einzelner Personen und somit auch zur Festigung der bestehenden sozialen Strukturen in der schwarzen Bevölkerung bei.

Im letzten Punkt überlagern sich die Funktionen der Ahnen mit denen der Hexen: Auch der Hexenglaube dient letztendlich dazu, antisoziales Verhalten aus der Gesellschaft zu verbannen und Frieden und Harmonie durchzusetzen[23]. Die ständige Angst

---

[19] Stayt, The Bavenda, Seite 241; Junod, The life of a South African tribe, Volume II, Seiten 375f
[20] Berglund, Zulu thought-patterns and symbolism, Seiten 35 und 90
[21] van Rooy, The traditional world-view of Black people in Southern Africa, Seite 13
[22] Siehe hierzu auch Hammond-Tooke, The meaning of misfortune, Seite 86 (Northern Sotho).
[23] Mutungi, The legal aspects of witchcraft in East Africa, Seiten 18ff; Gluckmann, The idea in Barotse jurisprudence, Seite 239

davor, als Hexe gejagt zu werden, zwingt das Individuum im südlichen Afrika ebenso zu sozialkonformen Verhaltensweisen wie auch zur Zurückstellung eigener Interessen.

Eine wesentliche Folge des Ahnenglaubens auf sozialer Ebene ist die Unterdrückung von Streitigkeiten bzw. die Wiederherstellung der Harmonie innerhalb eines Clans oder einer Familie. Sobald ein Streit ausbricht, so glaubt man, schicken die Ahnen Unglück zu den Lebenden[24]. Das schreckt vor Streitereien ab und stärkt den Zusammenhalt der Familien oder der Clan- und Stammeseinheiten, was vor allem in früheren Zeiten (in entlegenen Gebieten noch heute) überlebenswichtig sein konnte, bzw. kann. Des weiteren stützen die Ahnen das kulturelle Erbe, denn sie beobachten die Einhaltung von Ritualen, so z.B. die Durchführung der Beschneidungen, der traditionellen Hochzeitsrituale etc.. Auch werden auf diese Art traditionell afrikanische Werte durchgesetzt, wie z.B. gute Nachbarschaft und Freundlichkeit.

Während meiner Feldaufenthalte hatte ich hinreichend Gelegenheit, den großen Einfluss der Ahnen auf das Gemütsleben der schwarzen Südafrikaner kennenzulernen. Schuldgefühle werden erzeugt und das eigene Handeln in traditionell anerkannter Weise hinterfragt. Stellt das Individuum (nötigenfalls mit der Hilfe eines Sangomas) eine Überschreitung von sozialen Normen fest, hat es durch rituelle Opfergaben die Möglichkeit, kosmischen Frieden mit den Ahnen wiederherzustellen. Aufgrund der Tatsache, dass diese Schlachtungen regelmäßig in einen Festschmaus münden, wird auch der soziale Friede herbeigeführt.

Durch die Ahnen wird in religiöser Beziehung eine Art von Schuldverständnis geschaffen, welches dem christlichen Schuldverständnis vom Konzept her sehr nahe steht. Die Tatsache der Religionszugehörigkeit hat allerdings keinerlei Einfluss auf die Intensität des Ahnenglaubens. Forschungen unter schwarzen Christen in südafrikanischen Städten haben in den Siebziger Jahren ergeben, dass 89 % der Christen fest daran glaubten, dass die Vorfahren das Geschick auf Erden lenken[25].

Vereinfacht kommt man somit zu dem Schluss, dass die Ahnen nach europäischen Definitionen die Funktion eines Wertehüters in den sozialen Einheiten übernehmen und den Inbegriff eines „kollektiven Gewissens“ darstellen.

---

[24] Minaar et a., to live in fear, Seite 8; van Warmelo, The Venda ethnic group, Seiten 7 und 35; Stayt, The Bavenda, Seite 185

[25] Pauw, 33 (2) African Studies 99 (1974) , Seiten 100ff mit weiteren Statistiken und Übersichten.

2. Die Hexe

Die Hexe ist in der schwarzen südafrikanischen Kosmologie im Gegensatz zu den Ahnen eine durchweg negative, destruktive Figur, die für schwerwiegende Unglücksfälle verantwortlich gemacht wird. Selbst die weitgehende Kolonialisierung und Christianisierung des schwarzen Kontinents hat bis heute nichts an der Tatsache geändert, dass immer noch eine große Mehrheit der schwarzen Bevölkerung an Hexen glaubt. Insbesondere im südlichen Afrika ist die Furcht vor böswilliger Hexerei auch heute noch weit verbreitet[26].

Bei der Erforschung der Hexenkulte in Afrika durch weiße Anthropologen und Ethnologen traten von Anfang an definitorische Unstimmigkeiten auf, die in bezug auf das südliche Afrika einer dringenden Klarstellung bedürfen. Basierend auf der grundlegenden und verdienstvollen Arbeit von *Evans-Pritchard* über Magie bei den Azandé[27] hatte sich das gegensätzliche Begriffspaar Zauberei / Hexerei schon vor einigen Jahrzehnten fest etabliert. Viele Anthropologen sind dieser Differenzierung gefolgt und haben sie auf andere Völker Afrikas angewendet, ohne dies durch Feldforschungen zu hinterfragen oder gar an ihrer Allgemeingültigkeit zu zweifeln. Aus der anthropologischen Forschungsmethode, an einem kleinen Beispiel möglichst genau kulturelle Eigenheiten aufzuzeigen, ergibt sich rasch die Gefahr der unbedachten Verallgemeinerung. Die Methode forderte in Südafrika ihre Opfer: Viele (Rechts-) Anthropologen[28] hatten offensichtlich außer Acht gelassen, dass sich die Forschungen von *Evans-Pritchard* ausschließlich auf die Azandé bezogen (wenn nicht überhaupt nur auf ein kleines Dorf !) und hatten das Prinzip der strikten Trennung von Hexerei und Zauberei vorschnell im südlichen Afrika angewendet.

Im Wesentlichen ging *Evans-Pritchard* davon aus, dass Zauberei und Hexerei sowohl kosmologisch als auch in bezug auf soziale Parameter auf völlig unterschiedlichen Voraussetzungen aufbauten. Er machte diesen Ansatz für die Azandé hauptsächlich an folgenden acht Unterschieden zwischen Hexerei und Zauberei fest, die z.T. von den

[26] Bei meinen Feldforschungen in den entlegenen Gebieten der Nordprovinz und in QwaQwa, ebenso wie in der Townshipumgebung von Botshabelo fand ich unter der Durchschnittsbevölkerung kaum jemanden, der nicht an Hexerei glaubte. .In meiner Umfrage unter den 357 Jurastudenten in den o.g. südafrikanischen Universitäten , beantworteten immerhin noch 77,9 % der Befragten die Frage nach der Existenz von Hexen positiv. Nur 13,1 % verlegten sich darauf, dass Hexen lediglich in den Köpfen der Menschen existierten, 7 % wussten nicht, was sie antworten sollten und nur 2 % der schwarzen Jurastudenten glaubte eindeutig nicht an Hexen.

[27] Evans-Pritchard, Witchcraft, Oracles and Magic among the Azandé, Seiten 9f und 387.

[28] Vgl. Schapera, The crime of sorcery, Seiten 16f; Turner, 34 (4) Africa 314 (1964) , Seite 320; Willis, 38 (1) Africa 1 (1968), Seite 3, jeweils m.w.N.

folgenden Generationen von Anthropologen zunächst übernommen und schließlich weiter verfeinert wurden[29]:

1.) Hexerei sei die Anwendung rein immateriellen Übels. Während Zauberer Substanzen gebrauchen müssten, um anderen Leid zuzufügen, finde Hexerei allein durch die Willenskraft der Hexe statt.
2.) Das Konzept der Hexerei gehe von einer unbegrenzten Macht und von unbegrenzten Fähigkeiten der Hexe aus. Der Zauberer hingegen könne nur insoweit magischen Einfluss ausüben, wie seine Kenntnisse reichten. Insbesondere seien die Zaubermittel nur zu jeweils bestimmten Zwecken, nicht aber universell einsetzbar.
3.) Die Macht der Hexe ruhe in ihrem Körper. Schon kurz nach der Geburt sei die Hexe eine solche, wohingegen der Zauberer ein ganz normaler Mensch sei und seine Kenntnisse erst erlernen müsse. Der Zauberer stütze seine Macht zudem nur auf die verwendeten Zaubermittel.
4.) Hexen seien hauptsächlich weiblich, Zauberer hingegen fast ausschließlich Männer.
5.) Hexerei sei vom Grundkonzept her negativ und destruktiv. Zauberei hingegen sei wertneutral, berge lediglich die Gefahr des Missbrauches in sich.
6.) Eine Hexe bliebe ihr Leben lang eine (böswillige) Hexe, wohingegen der Zauberer sein Handeln umstellen könne. Grundsätzlich sei sein Handeln zwar wertneutral einzustufen, mit einem entsprechenden Willen könne er aber auch böswillig oder gutmütig handeln.
7.) Hexerei könne nur außerhalb der Abstammungslinien angewendet werden, wohingegen Zauberei sowohl innerhalb als auch außerhalb derselben funktioniere.
8.) Hexen würden auch ohne ihren Willen zu Hexen, wohingegen Zauberer schon beim Erlernen der Magie eine Eigenmotivation haben müssten. Diese Unterscheidung wirke sich auch auf die Form der Zauberei aus; Hexen seien in der Lage, auch unbewusst zu hexen, wohingegen sich ein Zauberer der Anwendung seiner magischen Kräfte stets bewusst sei.

Nachdem diese Differenzierung zwischen Zauberei und Hexerei von anthropologischer Seite für das südliche Afrika seit bereits fünfzig Jahren immer wieder angezweifelt wurde[30], muss man heute davon ausgehen, dass sie zumindest im Gebiet der Republik Südafrika unzutreffend ist, weil eine solche Unterscheidung nicht von entsprechenden Vorstellungen in der Bevölkerung getragen wird.

[29] Vgl. auch Berglund, Zulu thought-patterns and symbolism, Seiten 267f mit weiteren Nachweisen.
[30] Siehe z.B. Douglas, 37 Africa 72 (1967), Seite 72, die in ihrer Arbeit darlegt, dass die Differenzierung bei den südlichen Bantustämmen der Yao und Cewa unzutreffend ist. Desgleichen stellen sich gegen diese Unterteilung: Monica Hunter Wilson, 56 (4) American Journal of Sociology, 307 (1951), Seite 309 für die Pondo, Hammond-Tooke, 40 (1) Africa 25, (1970), Seiten 27f für die Xhosa. Auch für Tanzania wird die Unterteilung heute stark angezweifelt, siehe Abrahams, Witchcraft in contemporary Tanzania, Seite 10.

Eine der Ursachen für die falsche uneingeschränkte Anwendung der von *Evans-Pritchard* bei den Azandé entwickelten Grundsätze auf die südafrikanischen Gegebenheiten war das Begriffspaar „Tagmagie“ und „Nachtmagie“, welches bei den nördlichen Sotho in der heutigen Nordprovinz entdeckt worden war[31]. Die anthropologischen Untersuchungen setzten (ohne den Sinngehalt dieser Begriffe näher zu erforschen) die „Tagmagie“ mit Zauberei, die „Nachtmagie“ mit Hexerei im Sinne der Wertungen von *Evans-Pritchard* gleich.

Bei näherer Betrachtung sind einige der Einzelkategorien, die der britische Anthropologe in den Dreißiger Jahren bei den Azandé fand, offensichtlich nicht auf die südafrikanischen Gegebenheiten anwendbar: Zunächst ist die Differenzierung nach den unterschiedlichen Praktiken, insbesondere die Unterteilung in Magie durch Willenskraft und Magie durch Substanzen, in Südafrika kein verlässliches Anzeichen für eine bestehende Unterscheidung zwischen Zauberei und Hexerei. Magie mit Worten, unbewusste Magie, Magie mit Zaubermedizin oder mit Hilfe von Zombies werden allesamt als gleich wirksam betrachtet. Weder ist eine der Magieformen im Hinblick auf die Zielrichtung spezieller, noch kann die eine oder die andere schlechthin als „gut“ oder „böse“ eingestuft werden. Der Tod z.B. kann mit allen Magieformen herbeigeführt werden, gleich ob sie mit *Evans-Pritchards* Worten, auf „Zauberei“ oder „Hexerei“ beruhen. Richtig ist die Unterscheidung nur insoweit, als die Sangomas z.B. - im Gegensatz zu Hexen - keine unbewusste Magie anwenden. Jedoch können Sangomas mit der Hilfe von Zaubersprüchen auch ohne Substanzen arbeiten, womit ein weiteres Differenzierungskriterium *Evans-Pritchards* hinfällig wird. Das Kriterium der Abstammung, wonach nur die Zauberei innerhalb der eigenen Abstammungslinien angewendet werden kann, ist schließlich ein klarer Beweis dafür, dass die Unterscheidung zwischen Zauberei und Hexerei völlig künstlich ist, denn im südlichen Afrika zeichnet sich die Hexerei gerade dadurch aus, dass sie im sozialen Nahbereich, einschließlich der nächsten Familienangehörigen, angewendet wird.

Es muss daher angenommen werden, dass diese Differenzierung zwischen Zauberei und Hexerei in Südafrika sachlich nicht gerechtfertigt ist.

Die Unterscheidung von „Tag- und Nachtmagie“ unter einigen Sothostämmen[32] trägt im Grunde genommen die einzig mögliche Hauptdifferenzierung in sich: Gute Magie und schlechte Magie. Die schlechte (=böswillige) Magie wird vorwiegend von der Hexe oder dem Hexer ausgeübt, die gute Magie hingegen hauptsächlich vom Sangoma. Dieses Kriterium passt auch auf einige von *Evans-Pritchards* Vorstellungen, denn ein Sangoma kann durchaus schlechte, d.h. böswillige, Magie ausüben. Auch sind die

[31] Siehe z.B. Minaar et al, To live in fear, Seite 17 m.w.N. .
[32] Vgl. Minaar et al, To live in fear, Seite 17.

Frauen bei den Hexen überrepräsentiert, wohingegen die Mehrzahl der Sangomas männlich ist. Alleiniges Unterscheidungskriterium bezüglich des „Handwerks" ist die Zielrichtung des magischen Handelns. Nur so lässt sich erklären, dass unter südafrikanischer Kosmologie auch ein Sangoma (der nach *Evans-Pritchard* eindeutig „Zauberei" betreiben würde) bei Missbrauch seiner Fähigkeiten wegen Hexerei bestraft werden kann[33].

Selbst wenn irgendwann einmal eine Differenzierung zwischen Zauberei und Hexerei in Südafrika existiert haben sollte, so ist sie heute, nach der Gründung der Republik Südafrika und nach den damit einhergehenden Migrationswellen innerhalb der Stämme, in den Köpfen der Bevölkerung jedenfalls nicht mehr vorhanden. Die strukturellen Verbesserungen und der Fortschritt bei Kommunikation und Transport haben schließlich dazu geführt, neue Anforderungsprofile für die Magier der Neuzeit zu schaffen, die sich heute angesichts der zunehmenden Vermarktung ihrer Zunft vor allem durch vielfältige Fähigkeiten auszeichnen[34].

In der südafrikanischen Kosmologie ist die Hexe verantwortlich für individuelle oder kollektive Unglücksfälle[35]. Die Hexe wird für frühen oder mysteriösen Tod oder lang andauernde Krankheiten verantwortlich gemacht, ebenso für lange Dürre oder Viehtod. Im Gegensatz zum „Verantwortungsbereich" der Ahnen handelt es sich hierbei stets um schwerwiegende, bedrohliche oder besonders mysteriöse Vorgänge. Kann ein Todesfall nicht den Ahnen zugerechnet werden, so kommt nur die Hexe als Verursacher in Betracht, denn nach afrikanischer Tradition wird jeder Todesfall entweder den Ahnengeistern oder einer Hexe zugerechnet[36]. Die Assoziation der Hexe mit dem Tod erfüllt im wesentlichen die gleichen Funktionen wie bei den Ahnengeistern: Durch die Tatsache, dass mit dem Hexenglauben ein kosmologischer Grund vorliegt, mit dem man vor allem den plötzlichen und unerwarteten Tod erklären kann, wird ein dramatisches Phänomen erklärbar. Identifiziert man schließlich die verantwortliche Hexe und tötet sie, dann ist die Gefahr im Dorfe beseitigt; das Phänomen des „unnatürlichen Todes" innerhalb eines Sozialsystems ist also durch Hexenjagden gewissermaßen „kontrollierbar" geworden.

Kleinere Krankheiten, wie eine Erkältung oder eine Magenverstimmung, werden hingegen nicht notwendigerweise den Ahnen oder den Hexen zugerechnet. Hier erkennt der traditionell orientierte Südafrikaner, dass es durchaus untergeordnete körperliche Fehlfunktionen geben kann, die nicht auf magischem Wege herbeigeführt und folglich

[33] Siehe hierzu die zahlreichen Beispiele im zweiten Kapitel.
[34] Vgl. hierzu unten, Kapitel I 4.
[35] Vgl. statt vieler Krige/Krige, The realm of a rain queen, Seiten 269f; Niehaus, 63 (4) Africa 498 (1993), Seite 501 m.w.N.
[36] Siehe z.B. van Blerk, Sorcery and crime, 11 CILSA 330 (1978), Seite 332.

in kosmologischer Hinsicht bedeutungslos sind[37]. Andere leichte und die mittelschweren Krankheiten werden eher den Ahnen zugeschrieben. Steht hingegen eine spektakulär von bekannten Krankheitsbildern abweichende körperliche Fehlfunktion im Raum, wie etwa Epilepsie, Lepra, Lähmung oder Impotenz, so muss nach dem traditionell-afrikanischen Weltbild eine Hexe oder ein Hexer dafür verantwortlich sein. Das Gleiche gilt etwa für tödliche Autounfälle etc..

Aufgrund der Überschneidungen von „Verantwortungsbereichen" der Hexen mit denen der Ahnen ist für den schwarzen Südafrikaner oft nicht leicht festzustellen, welche von beiden magischen Mächten verantwortlich zu machen ist. Deshalb wird er auch bei persönlichen Unglücksfällen ohne Todesfall, so z.B. bei einem Hausbrand oder bei verschwundenem Vieh, den Sangoma aufsuchen, um den Grund dieses Unglücks herauszufinden. Stellt sich der Verdacht der Hexerei, holt der Betroffene vom Sangoma nicht nur die Auskunft über den magischen Ursprung der Begebenheit ein, sondern erkundigt sich auch nach der konkreten Person der Hexe, die für das Unglück verantwortlich ist. Beide Informationen kann nur der Sangoma dem Betroffenen geben.

Sobald man sich mit Hexen beschäftigt, stößt man unabwendbar auf die Frage, ob damit nur Frauen oder auch Männer gemeint sind. Im südlichen Afrika überwiegt der Frauenanteil unter den der Hexerei Verdächtigten, nämlich etwa im Verhältnis von 2/3 zu 1/3. Männer werden zwar allgemein weniger oft der böswilligen Magie bezichtigt, verglichen mit Frauen aber meist als die mächtigeren und aggressiveren Hexer angesehen[38]. Letzteres hat vor allem damit zu tun, dass unter den Sangomas bisher ein klares Übergewicht der Männer bestanden hat. Traditionelle Heilkunst ist von der Konzeption ebenso in das kosmologische Gesamtbild eingebaut wie Gott, die Ahnen oder Hexen. Ebenso wie zur Heilung können einzelne Substanzen zur böswilligen Verhexung eines anderen eingesetzt werden. Insbesondere die Anwendung tödlich wirkender Medizin wird somit eher mit männlichen Hexen in Verbindung gebracht als mit weiblichen.

Es ist noch nicht sicher erforscht, woher der Hexenglauben in das südliche Afrika gelangt ist; Spekulationen darüber gibt es unzählige. Ein Richter des Provinzgerichtes für das Nordkap mutmaßte vor einigen Jahren, dass die Buschmänner den Glauben von Angola nach Südafrika gebracht haben könnten[39]. Von Seiten der Rechtsanthropologen wurde dieser Ansatz jedoch aus guten Gründen verworfen[40]. Insbesondere wurde die Ansicht des Gerichtes mit Hinweis auf die sozialen Strukturen der Buschmänner abgelehnt, die aufgrund ihrer nur segmentären sozialen Organisation schon aus Gründen

[37] Siehe für die Nördlichen Sotho Hammond-Tooke, The meaning of misfortune, Seite 95.
[38] Niehaus, 63 (4) Africa 498 (1993), Seite 503
[39] S. v. Mathoka and others, 1992 (2) SASV 443 (NCPA), Seite 448
[40] Vgl. die Ausführungen des Sachverständigen Prof. Vorster in S. v. Mathoka and others, 1992 (2) SASV 443 (NCPA), Seiten 448ff und dessen diesbezüglicher Aufsatz in 17 (3) S.Afr.J.Eth. 69 (1994).

des Überlebens keine Hexenverfolgung zuließen. Des weiteren fanden deutsche Anthropologen heraus, dass bei den Buschmännern schon immer alternative Konfliktlösungsmechanismen existierten, welche die sozialen Funktionen eines Hexenglaubens hinfällig machten[41]. Weitere Erklärungsversuche, insbesondere der Ansatz von *Bogomas* und *Broster*[42] (beide gehen davon aus, dass die Hexerei ein Import der Hebräer nach Südostafrika sei) müssen mangels hinreichender Anhaltspunkte als spekulativ bezeichnet werden.

Bei der Betrachtung der Funktionen und näheren Ausprägungen des Hexenglaubens sind viele Parallelen zwischen europäischen und afrikanischen Vorstellungen augenfällig. Wenngleich auch niemals endgültig geklärt werden wird, ob es sich bei dem Hexenglauben um ein importiertes oder um ein indigenes System handelt, so muss man heute sicherlich davon ausgehen, dass christliche und europäische Wertungen diesen Teil der afrikanischen Kosmologie im Gebiet Südafrikas zumindest mitgeprägt haben.

Betrachtet man die einzelnen sozialen und psychologischen Funktionen der Hexen im heutigen südlichen Afrika, so muss feiner differenziert werden als bei den Ahnen.

Auf psychologischer Ebene dient die Hexe primär der Erklärung von schwerwiegenden Unglücksfällen. Wie bei den Ahnen führt dies dazu, dass man durch die Tötung der Hexe eine Gefahrenquelle beseitigen und somit das Schicksal ein wenig beeinflussen kann. Des weiteren, und auch dies ist ein psychologisches Phänomen des Hexenglaubens, kann die Hexe als Grund für die Exkulpation des Individuums für eigene Unzulänglichkeiten oder Versäumnisse dienen[43]. Für Blitzschlag in ein Haus in den Bergen ist nicht etwa der Hauseigentümer verantwortlich, der - wie unter den südlichen Bantu üblich - eine Metallkappe auf das Strohdach gesetzt hatte, sondern eine Hexe. Wird eine Person deshalb schwer krank, weil sie lange nicht zum Arzt zu gehen gewagt hat, hilft die Erklärung, die Krankheit sei auf die Hexerei eines anderen zurückzuführen, die eigene Unzulänglichkeit zurücktreten zu lassen. Sogar in bezug auf gescheiterte Ehen sehen sich oft nicht die Partner verantwortlich, sondern beschuldigen eine dritte Person der Hexerei[44].

---

[41] Eibl-Eibesfeldt, Die !Ko-Buschmann-Gesellschaft, Seite 175 m.w. N.

[42] Bogomas, 1967 S.R. NADA 44ff, stützt seine Ansicht ausschließlich auf Bibelquellen und verbindet diese frei mit nicht näher erläuterten Vermutungen, dass die Hebräer im 9.Jahrhundert vor Christus mit dem ostafrikanischen Festland Kontakt hatten. Im Grundsatz geht auch Broster, Amagqira, Seite 34 davon aus, aber auch sie zieht ihre Schlussfolgerungen im wesentlichen aus der Bibel. Nach ihrer Ansicht haben die Hebräer den Hexenglauben über Westafrika ins südliche Afrika gebracht.

[43] Bennett/Scholz, 12 CILSA 228 (1979) , Seite 229.

[44] Hexerei wird im Raum der südlichen Bantu als eine der häufigsten Scheidungsursachen angegeben. Zu Einzelheiten vgl. Marwick in : Fortes/Dieterlein: African systems of thought, Seite 173.

Dieses afrikanische Denkmuster der Exkulpation für eigenes Handeln wird von den südafrikanischen Weißen oft als grobe allgemeine Verantwortungslosigkeit abgetan. Das verringerte Bewusstsein für Eigenverantwortlichkeit basiert aber auf einem Grundwert, der sich durch das gesamte südafrikanische Wertesystem zieht: Die Gemeinschaft ist alles, das Individuum nichts. Dieses Grundwertesystem reflektiert die Bedürfnisse der früher nur rudimentär oder segmentär organisierten Gesellschaften, die mit den extremen afrikanischen Lebensbedingungen zurecht kommen mussten. Das Überleben ganzer Stämme und vieler Familien war in Gefahr, wenn Streitereien, Eigensucht oder Uneinigkeit die internen Strukturen der vormaligen Jäger- und Sammlergesellschaften schwächten. Deshalb muss man auf sozialer Ebene den Hexenglauben als wirkungsvolles Normdurchsetzungssystem verstehen: Indem sozialschädliches Verhalten als Hexerei angeprangert wird und die Verursacher verjagt oder gar umgebracht werden, können die Grundwerte der afrikanischen Gesellschaft mittels kulturell anerkannten Mechanismen durchgesetzt werden.

Unter den Anthropologen wird *Evans-Pritchard* aufgrund seiner Untersuchungen in den Dreißiger Jahren auch als Begründer dieses sozialen Verständnisses der Hexenverfolgungen auf dem afrikanischen Kontinent verstanden[45]. In der Folgezeit übertrug ein junger Amerikaner dieses soziale Grundprinzip des Hexenglaubens im Jahre 1947 von den Azandé auf die südlichen Bantustämme[46]. Der Gedanke des sozialen Systemverständnisses wurde später von allen Anthropologen im südlichen Afrika übernommen und gilt seither als herrschend[47].

Dem kann sicherlich auch noch heute, nach den politischen und sozialen Umwälzungen, zumindest für alle südafrikanischen Stämme zugestimmt werden. Der Glaube an Hexen stellt ein unverzichtbares Element im kosmologischen Verständnis der schwarzen Südafrikaner dar. Darüber hinaus fungiert der Hexenglaube auf sozialer Ebene als Normdurchsetzungssystem, indem er ein eigenes Sanktionssystem in sich birgt: Wer gegen die allgemeinen Moralvorstellungen verstößt, muss damit rechnen, von der Dorfgemeinschaft als Hexe bezeichnet und entweder getötet oder verbannt zu werden.

Angesichts des Einflusses der Weißen und des wirtschaftlichen Fortschrittes hat sich das traditionelle Verständnis dessen, was sozialschädlich ist, natürlich verändert[48]. Grundsätzlich ist jedoch alles beim Alten geblieben: Hexenglauben wirkt sich stabilisierend auf die althergebrachten und die neu definierten afrikanischen Grundwerte aus.

---

[45] Evans-Pritchard, Witchcraft, Oracles and Magic among the Azandé, Seiten 63-83 sowie 99-106

[46] Kriel Louw, Witchcraft among the Southern Bantu: Facts, Problems, Policies, Diss. Yale, 1947, Seite 96

[47] Siehe z.B. Marwick, Sorcery in its social setting, Seite 221; Monica Hunter Wilson, Reaction to conquest, Seite 317; Nadel, Witchcraft in four African societies, Seite 28, jeweils m.w.N.

[48] Welche Verhaltensnormen heutzutage mittels Hexenbeschuldigungen noch durchgesetzt werden, wird im folgenden Kapitel unter dem Aspekt der Viktimologie detailliert beschrieben.

Mit der Zeit, insbesondere unter dem Einfluss der technischen Modernisierung, verschob sich die Funktion des Hexenglaubens mehr und mehr von der Erklärungsebene auf diese soziale Durchsetzungsebene. Insbesondere unter dem Einfluss der Weißen, die plötzlich für Einheimische völlig fremde Tugenden nach Afrika brachten, diente die Hexerei auch als Mittel, sich von den aufgezwängten Grundwerten der Weißen zu distanzieren. Mehr und mehr wurde z.B. als Hexe angesehen, wer sich mit den Weißen zu weit anfreundete oder sich in der fremden, ertragswirtschaftlich ausgerichteten Welt der Weißen besser zurecht fand. Vor allem die wirtschaftliche Erfolgsorientierung war der schwarzen Kosmologie vorher völlig fremd gewesen. Konsequenz dessen war, dass der Hexenglaube immer mehr dazu verwendet wurde, nicht nur Todesfälle, sondern auch die aus Sicht eines Afrikaners unverständlichen Werte der Weißen, ihr Streben nach Gütervorrat und nach wirtschaftlichem Gewinn zu erklären. Strebte ein Einheimischer entgegen den afrikanischen Wertvorstellungen einen wirtschaftlichen Gewinn an, so setzte sich dieser regelmäßig der Beschuldigung der Hexerei aus[49]. An diesem Phänomen zeigt sich die fundamentale Kraft des Hexenglaubens: Selbst die fremdländischen Wertvorstellungen der Weißen wurden in die kosmologischen Erklärungsbilder der schwarzen Afrikaner integriert. Im Süden Afrikas, wo sich mit dem Apartheidsgedanken eine deutlich erkennbare Rassentrennung durchgesetzt hatte, wirkte die Unkenntnis der grundlegenden schwarzen Kosmologie umgekehrt in der weißen Bevölkerung sicherlich als wesentlicher Faktor für das gegenseitige Miss- und Nichtverstehen.

Zusammenfassend stellt sich die Hexe im sozialen Gefüge des südlichen Afrikas also als „outlaw" dar, der moralische Werte und Gemeinschaftsrechtsgüter[50] verletzt. Hexenverfolgungen im südlichen Afrika dienen primär als Mittel, die Gemeinschaft von sozial unverständlichem und destruktivem Verhalten zu befreien[51]. Zeitweise wird eine allzu auffällige Identifikation mit europäischen Werten als Hexerei geahndet[52]. Bei der Renaissance afrikanischer Werte, wie sie in Südafrika nach der Wende in den letzten Jahren zu spüren ist, wird dadurch die Verschmelzung der afrikanischen mit der postkolonialen weißen Kultur erschwert.

---

[49] So etwa Fisiy / Geschiere in : Werbner / Ranger (Hrsg.): Postcolonial identities in Africa, Seiten 193f

[50] Bennett / Scholz, 12 CILSA 228 (1979) , Seite 229

[51] So auch Marwick, 22 (1) Africa 120 (1952), Seiten 121ff mit weiteren Nachweisen und den alternativen soziologischen Ansätzen, die sich aber auf kleine Stammeseinheiten bei den Cewa beschränken.

[52] Dieses Phänomen ist nicht neu. Schon Kriel Louw beschrieb dies im Jahre 1947 in Witchcraft among the Southern Bantu, Seite 186.

3. Der Tokoloshe

Neben den Ahnen und der Hexe spielt noch eine weitere Figur in den traditionellen Weltanschauungsmodellen eine wesentliche Rolle: Der Tokoloshe. Um dieses Wesen ranken sich Fabeln und Schauergeschichten. Wie später[53] zu zeigen sein wird, führt die Angst vieler schwarzer Südafrikaner vor diesem koboldähnlichen Wesen manchmal sogar zu Gewaltkriminalität.

Der Tokoloshe ist nach der südafrikanischen Kosmologie ein kleines und behaartes Wesen männlichen Geschlechts, welches große Menschenähnlichkeit besitzt. Der Tokoloshe ist jedoch nur so groß, dass er „bis zum Knie eines Mannes" reicht. Er besitzt der Überlieferung zufolge ein außerordentlich großes Geschlechtsteil und kommt in vielen Kulturen Afrikas in dieser oder in ähnlicher Form vor[54]. Er mag Süßigkeiten, fürchtet sich vor Salz und ist verantwortlich für alle Arten von Belästigungen und Missgeschicken. Er ist von seiner Grundausrichtung her ebenfalls destruktiv, im Unterschied zu den Hexen beschränkt er sich jedoch auf ungeordnete kleinere Sticheleien. Diese werden heute größtenteils als Ärgernisse hingenommen, ohne einen schwerwiegenden Grund dahinter zu vermuten. Der Tokoloshe wird vor allem für körperliche Leiden und einzelne Auffälligkeiten (wie z.B. das Verschwinden von Gegenständen, aber auch ungewollte Schwangerschaften !) verantwortlich gehalten. Seine Streiche spielt das koboldartige Wesen allerdings nur sehr bedingt mit magischen Mitteln; der Tokoloshe wird dafür mit unangenehmen profanen Handlungen in Verbindung gebracht: Er bestiehlt, betrügt, schwängert und würgt sein Opfer, ohne notwendigerweise magische Mittel einzusetzen.

Die große Angst in der schwarzen südafrikanischen Bevölkerung vor diesem behaarten Wesen drückt sich vor allem durch den Brauch aus, die Betten durch Unterlegen eines Backsteines zu erhöhen. Man vermutet, dass der Tokoloshe aufgrund seiner geringen Größe dann nicht mehr auf das Bett springen, sich dem Schlafenden auf die Brust setzen und diesen in Bedrängnis bringen kann. Diesen Brauch befolgt man in Polizeistationen genauso wie in Hotels oder gar in staatlichen Krankenhäusern[55].

Der Tokoloshe wird auch mit verschiedenen Geisteskrankheiten verbunden. Unter den Tswana z.B. kennt man eine Geisteskrankheit, die nach traditioneller Kosmologie damit erklärt wird, dass die „Person einen Tokoloshe hat", also von ihm „besessen" ist.

---

[53] Siehe unten, Kapitel II 1 b) .

[54] Ähnliche Figuren findet man weiter nördlich z.B. bei den Kaonde in Zambia („Kayewera", Plural: „Tuyewera") oder in Zimbabwe bei den Vakaranga den „cituxwani", der bis auf seine Einbeinigkeit dem Tokoloshe sehr ähnlich ist.

[55] Nach Angabe des staatlichen Oranje-Hospitaal in Bloemfontein steht etwa jedes zweite Krankenbett auf Backsteinen.

Nach der Tradition können nur „besessene“ Personen, Kinder vor der Initiation[56] und manche Sangomas den Tokoloshe sehen.

Interessant ist eine erhebliche Veränderung der Stellung des Tokoloshe innerhalb der traditionellen Kosmologie. Bis vor einigen Jahren sah der traditionelle Afrikaner den Tokoloshe als den gehorsamen Vertrauten einer Hexe an, der lediglich deren Anweisungen ausführte, größtenteils nicht auf magischem, sondern nur auf profanem Wege. Teilweise wurde mir berichtet, dass der Tokoloshe der Hexe früher sogar sexuell ergeben gewesen sei und seine Existenz ganz und gar von der Hexe abhing. Bei meinen Nachforschungen in den Jahren 1997 und 1998 habe ich allerdings festgestellt, dass vor allem unter den SeSotho der Tokoloshe zunehmend als von der Hexe gelöst betrachtet wurde. Tatsächlich brachte kaum einer der Befragten den Tokoloshe überhaupt mit der Figur der Hexe zusammen; im Gegenteil wurde mir berichtet, dass er für Missgeschicke aufgrund eigener destruktiver Motivation verantwortlich und nicht von einer Hexe „ferngesteuert“ sei. Diese Vorstellung eines autonomen kleinen Kobolds war schon länger bei den Xhosa bekannt, deren Traditionen von den SeSotho offensichtlich teilweise übernommen wurden. Die Eigenverantwortlichkeit des Tokoloshe bei den Xhosa setzte allerdings voraus, dass er nach dem Tod einer Hexe nicht an die nächste Hexe übergeben, im gewissen Sinn also „herrenlos“ wurde. Im Glauben der Xhosa stellte dieser Fall aber nur die Ausnahme von der Regel dar; grundsätzlich glaubte man aber auch dort, dass der Tokoloshe nur auf Geheiß der Hexe handele[57].

Durch die langsame Verschiebung der Grundcharakteristika des Tokoloshe innerhalb der südafrikanischen Kosmologie wurde in die Systematik des Weltverständnisses eine neue, autonome Figur eingefügt. In europäischen Begriffen wurde aus dem Gehilfen der Hexe ein eigenständiger Kobold, dessen Untaten nach heutigem Verständnis nicht mehr einer „übergeordneten“ Person zurechenbar sind. Die Sangomas greifen heute bei vielen Beratungen von Unglücksopfern auf den Tokoloshe als Übeltäter zurück. Dies geschieht insbesondere dann, wenn sich keine nahestehende Person als magische Verantwortlicher anbietet. Die Sangomas müssen sich dadurch nicht auf eine bestimmte Person als Verursacher festlegen und vermeiden Streit zwischen potenziellen Kunden innerhalb ihres Einzugsgebietes, die sie sonst der Hexerei bezichtigen müssten. Durch diese „marktpolitische Maßnahme“ haben sich die Prinzipien des Schutzes gegen die böswilligen Taten des Tokoloshe verändert: Nach der traditionell-afrikanischen Kosmologie war zur Bekämpfung des Tokoloshe die Tötung der Hexe nötig, die ihn führte. Nach den moderneren Formen der Tokoloshebekämpfung, die heute bei den SeSotho vorherrschen, reicht in der Regel die Anwendung von Zaubermedizin, um sich des lästigen Kobolds zu entledigen. Die Taten des Tokoloshe werden nicht als Mahnung

[56] Vgl. oben, Einleitung bei Fußnote 1.
[57] Vgl. hierzu Hammond-Tooke, 40 (1) Africa 25 (1970), Seite 29.

verstanden, auch nicht als Personifikation des Unglückes. Der Tokoloshe handelt nach heute vorherrschender Ansicht in der Bevölkerung autonom und steht daher außerhalb des sozialen Normdurchsetzungssystems.

4. Der Sangoma

Als die weißen Einwanderer ins südliche Afrika kamen, trafen sie dort auf eine Gestalt, deren Grundcharakter sie sich nicht erklären konnten. Die schwarzen Einwohner nannten ihn überwiegend „Sangoma"[58]. Er stellte sich den Weißen dar als eine Mischung aus Arzt, Weissager, Medium, Zauberer und Kräuterapotheker. Man rechnete ihn ausschließlich der magischen Welt zu und gab ihm kurzerhand den Namen „Witchdoctor".

Diese Bezeichnung spiegelt die grundlegende Fehlvorstellung des weißen Mannes über diese Gestalt wider: Der „Hexendoktor" hat nach afrikanischem Vorstellungsbild mit der Hexe nichts gemeinsam; vielmehr stellt er sogar das Gegenteil einer Hexe dar. Weniger falsch ist die Bezeichnung als „Doktor". In der Tat wird dem Sangoma fast ausschließlich Gutes zugeschrieben. Unter der traditionell-afrikanischen Kosmologie ist der Sangoma ein „Guter Doktor", der die Menschen aufgrund seiner magischen Fähigkeiten beschützen und heilen kann, auch von magisch bedingten Einflüssen und Krankheiten. Zwar räumt man allgemein ein, dass der Sangoma selbst magische Kräfte besitzen muss, mit denen er die böswillige Magie der Hexen bekämpft. Manchmal wird er wegen dieser Macht sogar regelrecht gefürchtet, im Extremfall auch selbst der Hexerei beschuldigt. Er wird aber trotzdem nicht als „Krimineller" im Sinne der afrikanischen Kosmologie verstanden, sondern als Heiler und vor allem als Kontrolleur der magischen Kräfte, bei dem lediglich die Gefahr besteht, dass er manchmal seine magischen Kräfte missbraucht[59].

Die im südlichen Afrika tätigen Anthropologen immerhin übernahmen das fehlerhafte Verständnis des „Hexendoktors" nicht. Man orientierte sich an den Grundprinzipien *Evans-Pritchards* und teilte, wie bereits geschildert[60], die magische Welt in „Tagma-

[58] Die Bezeichnung „Sangoma" stammt aus der Sprache der SeSotho und wird im gesamten Gebiet der Republik Südafrika zumindest verstanden, in vielen Sprachen im südlichen Afrika direkt verwendet. Unter den Zulu heißt die Person „izangoma"; unter den Xhosa hält sich alternativ die Bezeichnung „amaghira". Die Northern Sotho und die Shona verwenden zum Teil einfach die Bezeichnung für „Arzt", „Nganga". Aus Gründen der Verständlichkeit wird fortan einheitlich der Begriff „Sangoma" verwendet; nur wo regionale Unterschiede Bedeutung erlangen, finden die anderen stammesbezogenen Bezeichnungen Anwendung.

[59] Kriel Louw, Witchcraft among the Southern Bantu, Seite 22

[60] Siehe oben, Kapitel I 2. Krige, 1 Theoria 8 (1947), Seiten 9ff. Diese Differenzierung beruhte wie gesagt vor allem auf den Begriffen der Nord-Sotho, deren Begriffe für „gute" Magie und „schlechte" Magie mit „Tag- und Nachtmagie" übersetzt wurden.

gie“ und „Nachtmagie“ ein, wobei man die Sangomas ausschließlich mit „Tagmagie“ assoziierte. Spätere Untersuchungen versuchten, diese Unterteilung noch weiter zu treiben und man begann teilweise sogar, aufgrund einer fehlgehenden grundsätzlichen Assoziation der Tagmagie mit Männern und der Nachmagie mit Frauen, sprachliche Unterschiede zwischen den einzelnen Stämmen zu erklären[61]. Die einzig sinnvolle Unterscheidung in Tag- und Nachtmagie nach den verwendeten Mitteln und dem angestrebten Zweck der magischen Handlung, ging hinter den starren Prinzipien *Evans-Pritchards* völlig unter. Dies führte zu krassen Fehlvorstellung und Vorurteilen unter Anthropologen und schließlich auch in der weißen Bevölkerung gegenüber den Sangomas.

Die Haltung der weißen Südafrikaner gegenüber den Sangomas stand in krassem Gegensatz zu der positiven Grundeinstellung der Einheimischen. Schon vor vielen Jahrzehnten gerieten die Sangomas unter starken Beschuss von Seiten der Kolonialherren. Als der südafrikanische Volksheld *General Jan Smuts* im Jahre 1929 einen Gastvortrag an der Universität Oxford hielt[62] sagte er:

> „... *der wirkliche Herrscher in Afrika ist heute wie vor Tausenden von Jahren der Sangoma; der einzige, der ihn wirksam bekämpfen kann ist der wissenschaftliche, moderne Sangoma. Begrüßenswerterweise verstärken unsere Christlichen Missionen mehr und mehr ihr medizinisches Engagement. Medizinische Missionierung ist die eigentliche Aufgabe der Mission in Afrika. Die Teufel in Afrika sind Hexenglaube und Seuchen, mit denen ausschließlich die moderne Medizin fertig werden kann.*“

Schon 1929 waren die Fronten somit klar: Nach Ansicht der Kolonialherren war der Sangoma schon deshalb gefährlich, weil er auf Dorf- und Stammesebene eine fast unbeschränkte spirituelle und somit indirekt politische Macht besaß. Die weißen Kolonialherren setzten ihm den christlichen Gott und ihre militärische Stärke entgegen. Es wird aber später aufzuzeigen sein[63], dass weder Christentum noch unbeirrte Kolonialisierung, schließlich noch nicht einmal die repressive Kulturpolitik des Apartheidregimes in Südafrika in der Lage waren, diese Machtstrukturen zu ändern. Im Gegenteil muss man heute in der Republik Südafrika davon ausgehen, dass die spirituelle Struktur, getragen von den Sangomas, sehr viel einflussreicher ist als zum Beispiel das Militär oder die Polizei. Dies ist vor allem darauf zurückzuführen, dass die Sangomas

---

[61] Siehe z.B. Minaar et al., To live in Fear, Seite 15, deren Differenzierung viel zu weit geht und in sich widersprüchlich ist. So wird zum Beispiel behauptet, dass unter den Zulu der Sangoma „Nyanga“ und die stets weibliche Hexe „Sangoma“ genannt würden. Die Untersuchungen des HSRC in dieser Sache sind durchweg von Widersprüchen geprägt und spiegeln kaum die soziale Realität, sondern eher typisch weiße Kategorisierungen wider.

[62] „Africa and some world problems“, Rhodes Lecture in der Universität Oxford, 1929, veröffentlicht in Oxford, 1930.

[63] Vgl. unten, Kapitel I 6.

in den Untergrund getrieben wurden und dadurch (nicht mehr kontrollierbar) ihren Einfluss in Ruhe erweitern konnten[64]. Das Prinzip der Rassentrennung trug ebenfalls dazu bei, dass die Sangomas ihre Strukturen innerhalb der isolierten Homelands und Townships ungestört ausbauen konnten. Die Konzentration schwarzer Kultur führte in den betroffenen Gebieten zu einer weiteren Intensivierung der kosmologischen Vorstellungen.

Nach dem Zusammenbruch des Apartheidsystems, der Auflösung der Homelands und Townships und insbesondere nach der endgültigen politischen Wende in Südafrika im Jahre 1994 sind die hergebrachten, kolonial geprägten Beschreibungen und Definitionen der Sangomas hinfällig geworden. Der Hauptgrund hierfür sind die großen Wanderbewegungen der Stämme, die mit dem Ende der Homelandpolitik einhergingen. Hierdurch wurden stammesbezogene Eigenheiten der Sangomas innerhalb Südafrikas verwischt und aus der Vermischung der einzelnen afrikanischen Stämme bildeten sich neue magische wie traditionellmedizinische Praktiken.

Aber nicht nur die regionalen Unterschiede bei den Sangomas verschwanden; auch die typischen Berufsbilder veränderten sich. Während man noch vor einigen Jahrzehnten von einer sehr feinen Spezialisierung der Sangomas ausging, ist die moderne Praxis bei den Sangomas aufgrund von materiellen Interessen von dem Bestreben geprägt, einen möglichst großen Tätigkeitsbereich abzudecken.

Ältere Untersuchungen trennten die reinen Medizinmänner von den Weissagern; zum Teil wurde noch weiter differenziert[65]. Es bildete sich eine wahre Kultur der Verfeinerung heraus, denn jede neue anthropologische Untersuchung war bestrebt, noch feinere Differenzierungen nach Tätigkeitsbereichen zu (er-)finden. Aber schon in früheren Zeiten gab es gegenläufige Tendenzen in der anthropologischen Wissenschaft. Gerade aus den Reihen derjenigen, die selbst umfangreiche Feldforschungen durchgeführt hatten, wurde teilweise heftig bezweifelt, ob die relativ grobe Unterscheidung zwischen Weissagern und traditionellen Heilern der Realität entspräche[66].

[64] Die Frage der politischen Vormachtstellung der Sangomas äußert sich auch in den typischen Kriminalitätsformen in Verbindung mit dem Hexenglauben. Auf diesen Punkt wird daher im zweiten Kapitel genauer eingegangen.

[65] Zum Teil ging man sogar so weit, zwischen „Kopfschmerzärzten, Rückenschmerzärzten, Magenärzten" etc. zu differenzieren, vgl. Hammond-Tooke, Boundaries and Belief, Seite 103f, der hauptsächlich die Untersuchungen früherer Feldforschungen zusammenfasst und deren Ergebnisse und Definitionen frei übernimmt. An der zum Teil haarsträubend realitätsfremden Differenzierung wird die bereits genannte erhebliche Schwäche der anthropologischen Untersuchungsmethoden evident: Erkenntnisse, die in einem Dorf gewonnen werden, werden ohne Rückversicherung auf ganze Stämme übertragen. Dadurch ergibt sich im vorliegenden Fall ein verwirrendes, oftmals diametral entgegengesetztes Bild der Realität, wie hier bei den Tätigkeitsbereichen der Sangomas.

[66] Siehe z.B. Ashton, Medicine, magic and sorcery among the Southern Sotho, Seite 3 ; Gelfand, The African witch, Seiten 116/117 (wo er darstellt, dass etwa 2/3 der Sangomas sowohl Weissager als auch traditionelle Kräuterärzte seien) und ders. in Shona religion, Seite 110.

Diejenigen, deren anthropologische Arbeit sich im wesentlichen in der Zusammenfassung älterer Quellen erschöpfte, beharrten jedoch darauf, dass es sehr viel weiterreichende Spezialisierungen gebe[67].

Heute wird man davon ausgehen müssen, dass die einzelnen magischen und paramedizinischen Berufe auch früher nicht streng voneinander getrennt waren[68]. Als die Migrationswellen im Lande einsetzten und mit den einwandernden Volksgruppen auch neue magische Praktiken ins Land kamen, wurden die Aufgabenbereiche noch stärker vermischt. In dem Bestreben, Kunden durch einen umfassenden Service zu gewinnen, praktizierten diejenigen, die man früher als „traditionelle Heiler" bezeichnet hatte, heute Magie, um den Patienten vor der böswilligen Kraft einer Hexe zu schützen.

Lediglich die Berufsverbände der traditionellen Heiler bestreiten bis heute, dass es Verbindungen zwischen Magie und traditioneller Medizin gibt. In der Tat wächst die Anzahl der praktizierenden Heiler, die auf Zaubermedizin weitgehend verzichtet und nur die traditionell überlieferten Kräuter und Wurzeln verwendet. Aber auch diese müssen sich der Weissagung bedienen, um die Krankheiten zu diagnostizieren, wenngleich auch die Behandlung dann mit rein physischen Mitteln geschieht. Dies ergibt sich sogar aus den Standesrichtlinien der Berufsverbände[69].

Die nötigen medizinischen Mittel und Grundstoffe für Mixturen erhalten die Sangomas von einer weiteren Berufsgruppe, die sich allerdings gegenüber den Sangomas weitestgehend abgrenzt: Die traditionellen Apotheker. Deren Aufgabenbereich beschränkt sich ausschließlich auf den Vertrieb von Kräutern, Farbstoffen, Teilen von Tieren und, wie bei europäischen Apothekern, mittlerweile auch auf Kurzdiagnosen von kleineren Krankheiten sowie den Verkauf des dazugehörigen Heilmittels. Insbesondere Krankheiten, die der Patient selbst lokalisieren kann, wie z.B. Nierenbeschwerden, Halsentzündungen etc. werden vom traditionellen Apotheker selbst diagnostiziert. Seine eigentliche Einkommensquelle ist jedoch der Verkauf der Heilmittel. Er besitzt keine Kenntnisse über Weissagung.

Auch erscheint eine Differenzierung zwischen dem traditionellen Arzt und dem Sangoma etwas gekünstelt. Allein aus dem Tätigkeitsfeld der Sangomas, die den Patienten hinsichtlich weltlich wie magisch induzierter Krankheiten beraten, ergibt sich, dass diese in jedem Falle Kenntnis von Magie besitzen müssen. Zudem beraten sie ihre

[67] So z.B. Hammond-Tooke, Boundaries and belief , Seiten 103ff, der sich darauf beschränkt, ältere Quellen zu verwenden.
[68] Vgl. neben den genannten anthropologischen Studien z.B. den Fall R. v. Sakutemba, 1945 (1) P.H H.4 (SR) (=1944 S.R. 168), in dem klar wird, dass bereits vor vielen Jahrzehnten keine Trennung zwischen Weissagung und traditioneller Medizin bestand.
[69] Die Mitgliedsausweise der Sangomas enthalten auf der Rückseite entsprechende Hinweise.

Patienten auch bei der Durchführung von „Säuberungsaktionen", mit denen das Haus oder die Hütte gegen den Einfluss der böswilligen Magie eines anderen geschützt wird. Auch dieses Prinzip von Magie und Gegenmagie passt natürlich in die Einkommensbestrebungen der magischen und paramedizinischen Praxis; in meinen Forschungsgebieten wurde mir nicht selten davon berichtet, dass sich die Sangomas untereinander und auf dem Rücken der Patienten mit Mitteln böswilliger Magie und Schutzmagie bekämpften. Diese Konflikte wirken stets marktstützend.

Nach alledem wird klar, dass die einzig wirklich sinnvolle Unterscheidung innerhalb der südafrikanischen Kosmologie die zwischen Hexen und Sangomas ist. Aus Sicht der traditionellen Heiler lässt sich noch die Gruppe der reinen Kräuterheiler und der traditionellen Apotheker ausgrenzen; letztere sind reine Händler, besitzen keinerlei magischen Einfluss und fallen deshalb gänzlich aus dem kosmologischen Weltbild im südlichen Banturaum heraus.

Die Konsultation eines Sangomas beginnt in der Regel mit der Schilderung des körperlichen oder sozialen Problems, welcher der eigentliche Weissagungsakt folgt. Die im südlichen Afrika am häufigsten vorkommende Form der Weissagung ist das „Werfen der Knochen"[70]. Sie werden allgemein „ditaola" (auch . „hakata") genannt. Es handelt es sich um eine kleine Sammlung von Knochen, Muschelschalen, Schneckenhäusern und manchmal auch Steinchen oder Glasperlen. Die Zusammensetzung der ditaola gestaltet jeder Sangoma individuell; hier gibt es keine spezifischen Regeln. Ausgesucht werden die ditaola nach den einzelnen Anweisungen der Ahnen. So dauert es oftmals Jahre, bis ein ganzes Set zusammengekommen ist[71]. Innerhalb des Sets bezeichnen die einzelnen Gegenstände allgemein gefasste Personen (z.B. „eine dem Patienten sehr nahestehende Person", „ein Ahnengeist" oder „ein junger Mann"), Adjektive („gut", „böse", „glücklich" etc.) und einige Abstrakta (wie z.B. „Streit", „Zuneigung", „Tod" etc.). Aus der Zusammenschau und der einzelnen Positionierung der auf eine Unterlage geworfenen Gegenstände „liest" der Sangoma die spezifischen Problemstellungen und schlägt Lösungen vor. Durch stetige Rückversicherungen der einzelnen Erkenntnisschritte bei dem Patienten erkennt der Sangoma, ob er auf einer realistischen Fährte ist oder nicht. Bei Gruppenkonsultationen ist es deshalb üblich, dass die gefundenen Zwischenergebnisse des Sangomas lauter oder leiser von den Anwesenden beklatscht werden. Auf diese Weise sieht der Sangoma auch hier den Weg seiner Prognose vorge-

---

[70] Für einen beispielhaft detaillierten Überblick siehe Gelfand, Shona Religion, Seiten 114ff, der die Weissagung der Shona beschreibt, die allerdings repräsentativ für das gesamte südliche Afrika ist und nur in kleinen Details von denen der südafrikanischen Stämme abweicht.

[71] Entsprechend hoch ist auch der Wert eines vollständigen Sets; schon zu Zeiten der Apartheid musste man dafür bis zu einer ganzen Herde Vieh bezahlen, vgl. Ashton, Medicine, Magic, and Sorcery among the Southern Sotho, Seite 10.

geben. Der Sinn der Weissagung besteht meist also nur in einer Bestärkung bereits bestehender Verdachtsmomente und in deren „magischer" Bestätigung.

Ein wesentliches Element bei der Weissagung ist die Projektion einer körperlichen Fehlfunktion oder eines Missgeschickes in soziale Kategorien. In der Regel ermittelt der Sangoma zuerst, ob es sich um ein rein körperliches oder um ein magisch induziertes Gebrechen handelt. Wie oben erwähnt[72] kommen für Letzteres entweder die Ahnen oder im ungünstigeren Fall eine Hexe in Betracht. Handelt es sich also um eine magisch verursachte Krankheit oder um einen Unglücksfall, so wird die Befragung der Knochen sofort in einer anderen Richtung fortgesetzt. Der Sangoma findet über seine Zwischenprognosen und Rückfragen z.B. ein sozialschädliches oder zumindest unmoralisches Verhalten des Klienten heraus, auf das er die Krankheit zurückführen kann. Entdeckt er ein solches, so wird der Sangoma die Ahnen verantwortlich halten, findet er keines und handelt es sich von den Symptomen um eine schwerere Krankheit, so muss herausgefunden werden, ob hinter der Krankheit oder dem Unglücksfall eine böswillige Hexe steht. Im schlimmsten Fall richtet sich die Weissagung dann auf die Frage nach der Person der Hexe, die üblicherweise im sozialen Nahbereich unter den Feinden des Patienten gesucht wird[73].

Im Diagnosegegenstand erkennt man den eigentlichen Unterschied zwischen traditioneller und moderner Medizin: Die traditionell afrikanische Form der Diagnose schließt im Gegensatz zur modernen Medizin neben der medizinischen Indikation die soziale Ursache der Krankheit mit ein. Indem der Sangoma körperliche Beschwerden auf eine soziale Ebene überträgt, wird das Problem nach den oben genannten Grundsätzen für den medizinischen Laien erklärbar und für ihn dadurch auch kontrollierbar. Dadurch empfindet der Patient eine Befriedigung und im Falle der Hexerei nicht selten eine Bestätigung bereits bestehender Feindschaftsverhältnisse. Diese komplette Analyse der medizinischen wie der sozialen Indikationen ist der Grund, warum die große Mehrheit der Befragten in den von mir untersuchten Gebieten den Sangoma dem westlichen Arzt vorzieht; eine rein medizinische Erklärung der Krankheitsursache stellt nach traditioneller Ansicht nur eine unvollständige Diagnose dar[74].

Diesem Prinzip der Zweigliedrigkeit der Diagnose folgend, sind alle üblichen traditionellen Behandlungsformen darauf ausgerichtet, sowohl die medizinische als auch

[72] Siehe oben, Kapitel I 1., 2. und 7.

[73] Dieser Aspekt beeinflusst auch die typischen Opfergruppen bei Hexentötungen und wird daher im zweiten Kapitel eingehend beleuchtet.

[74] In Botshabelo/ Oranje Freistaat dürfte der Anteil der Bevölkerung, der den Sangoma einem modernen Arzt vorzog, weit über 80 % liegen. Auch bei der o.g. schriftlichen Befragung der Jurastudenten ergab sich, dass etwa ein Viertel der Studenten bereits selbst einen Sangoma konsultiert hatte (24,6%), immerhin zusätzliche 22,4 % antworteten, dass zwar nicht sie selbst, aber ein Mitglied ihrer Familie einen Sangoma konsultiert habe.

die soziale Ursache der Krankheit oder des Unglücksfalles zu bekämpfen. Die medizinische Indikation erfordert in der Regel die Anwendung von traditioneller Medizin, die entweder aus Wurzeln oder Kräutern, Teilen von Tieren oder im Extremfall sogar aus Teilen des menschlichen Körpers[75] gewonnen wird. Auf der paramedizinischen, sozialen Ebene erfordert die Behandlung im Falle der Zurechnung zu den Ahnen ebenso eine Beschwichtigung derer selbst; in der Regel geschieht dies durch die Opfergabe von Tieren. Zur vollständigen Wiedergutmachung gegenüber den Ahnen im Falle von amoralischem Vorverhalten ist jedoch auch Reparation nötig. Während meiner Feldforschungen erlebte ich viele Fälle, in denen der Sangoma dem Patienten z.B. die Anweisung gab, gestohlenes Vieh wieder zurückzugeben, sich für beleidigendes Verhalten zu entschuldigen oder Schadensersatz für erlittene Körperschäden zu leisten. Unter dem Druck der Vorstellung, die oben erwähnte Kokwana[76] fräße anderenfalls den Patienten von innen auf, kamen alle Patienten diesen Auflagen sofort nach.

Insoweit arbeiten die Sangomas also auch als Medien zwischen dem Patienten und seinen Ahnen. Kommt ein Patient mit einem seltsamen Traum oder einem unerklärlichen Unglück zum Sangoma, wird dieser seine ditaola werfen und den Kontakt zu den Ahnen herstellen. Die in Zentralafrika üblichen Diagnose- und Behandlungspraktiken der Trance sind im südlichen Afrika nur bei den Stämmen üblich, die mit den Shona in Berührung waren. Man muss heute davon ausgehen, dass diese Meditationsform auf dem Gebiet der heutigen Republik Südafrika lediglich in der Nordprovinz vereinzelt angewendet wird.

Stellt sich letztlich heraus, dass eine Hexe hinter einem Unglück oder einer Krankheit steht, wird der Sangoma dem Patienten eine Schutzmedizin verschreiben oder ein Schutzritual anordnen. Diese Magie wird nicht als böswillig verstanden, obwohl sie gegenüber der Hexe offensiv wirkt. Die praktische Durchführung von Schutzmagie findet im wesentlichen durch Platzierung von rituellen Gegenständen an gewissen Stellen in der Hütte des Bedrohten oder durch die Verabreichung von zumeist übelschmeckender Medizin statt. Die Verwendung von „Glücksbringern“, d.h. magischen Gegenständen, die am Körper mitgetragen werden, um Unheil abzuwehren, findet nur noch teilweise unter den Sotho Anwendung und ist bei den Nguni kaum mehr zu beobachten.

Aus seiner Tätigkeit heraus resultiert eine spezifische Gefahr für den Sangoma: Die Tatsache, dass er die Fähigkeit besitzt, Hexen wirksam zu bekämpfen, bedeutet einerseits Sicherheit für seine Patienten. Auf der anderen Seite bedeutet dies für den betroffenen Patienten aber auch, dass der Sangoma sehr starke magische Kräfte besitzen

[75] Siehe dazu unten, Kapitel II 1. d).
[76] Siehe bereits oben, Kapitel I 1.

muss, um die Hexe überhaupt wirksam bekämpfen zu können. Des weiteren weiß der Sangoma, welche Schutzmaßnahmen gegen böswillige Magie bei seinen Patienten angewendet wurden. Er kennt in der Regel auch die „Schwachstellen“ dieser Schutzmaßnahmen. Der Sangoma besitzt folglich genügend Kenntnisse, um seinem eigenen Patienten im Wege der böswilligen Magie gefährlich werden zu können, er wendet sie lediglich nicht gegen seinen Patienten an. Manchmal wendet sich aber das Blatt; insbesondere wenn auffällig viele seiner Patienten sterben, wird der „gute Doktor“ unter Umständen selbst der böswilligen Magie bezichtigt und als „Hexe“ umgebracht[77].

Die Tätigkeit der Weissagung und Heilung stellt die Nahtstelle zwischen Hexerei, den Ahnengeistern und der traditionellen Medizin dar. Alle drei Konzepte werden in der Person des Sangomas zu einem zusammenhängenden kosmologischen System vereinigt, mit dem sich sämtliche Geschehnisse auf Erden erklären lassen.

a) Regeln für den Berufsstand der Sangomas nach traditionell afrikanischem Recht

Die herausragende Position des Sangomas im sozialen Gefüge der afrikanischen Gesellschaften wird durch die Existenz vieler traditioneller Regeln über seinen Beruf reflektiert. Diese Grundregeln und Bräuche sind bisher nur rudimentär erforscht und in der weißen Bevölkerung weitgehend unbekannt[78]. Das hat zum einen seinen Grund darin, dass es je nach Volks- und Stammeszugehörigkeit sehr unterschiedliche Bräuche gibt, die sich kaum in feste Kategorien pressen lassen. Zum anderen ist diese mangelnde Kenntnis auch darauf zurückzuführen, dass die weißen Juristen mit diesen Regeln seit der Einführung kolonialer Gesetze über Sangomas nicht mehr in Berührung kamen. Die später darzulegenden kolonialen Regeln über Zwangslizensierungen oder die Beschränkungen der Betätigungsfelder standen in krassem Gegensatz zur afrikanischen Tradition und wurden folglich von den schwarzen Sangomas nicht anerkannt. Dies hatte eine Trennung zwischen kolonial-moderner und afrikanischer Heilkunst zur Folge, so dass auch die medizinische Forschung der Weißen bedauerlicherweise nicht von den Erkenntnissen der Sangomas profitieren konnte. Erst heute, mit der Institutionalisierung der staatlich gebilligten Berufsverbände, den sogenannten Traditional Healers Associations, werden diese Erkenntnislücken langsam geschlossen und erste zaghafte Annäherungsversuche der traditionell - afrikanischen Heilkunst an die High-Tech Medizin zeichnen sich ab.

Das Bestreben der weißen Einwanderer, die Sangomas strengen Regeln zu unterwerfen, resultierte zum großen Teil aus der Furcht des Weißen Mannes vor deren Macht.

---

[77] Auch bezüglich dieses Phänomens vgl. unten, Kapitel II 3. a) cc).
[78] Vgl. die kompakten Darstellungen bei Bekker, 9 de jure 89 (1976) und Crawford, Witchcraft and Sorcery in Rhodesia, Seiten 303ff.

Es bildeten sich bald Vorurteile und Fehlvorstellungen. Unter anderem wurde die Frage aufgeworfen, ob das traditionelle Banturecht überhaupt Regeln bzgl. der Sangomas kannte. *Dlamini* schrieb in diesem Zusammenhang, dass das Gewohnheitsrecht keinerlei Berufsqualifikationen, Praxisvorschriften oder gar Kontrollmechanismen für Sangomas vorsehe, dass die Sangomas vielmehr „völlig ungestört vor sich hin praktizieren durften“[79]. Nach dem heutigen Erkenntnisstand hat er nur teilweise Recht. Wie im gesamten afrikanischen Gewohnheitsrecht gibt es natürlich auch über Sangomas keine geschriebenen Regeln. Da aber, wie später zu zeigen sein wird, auch die mündlich überlieferten traditionellen Verhaltensregeln der Bantustämme durchaus als „Recht“ im Sinne der modernen Definitionen angesehen werden müssen[80], dürfen diese nicht unbeachtet bleiben. Die Frage der praktischen Durchsetzung der nachstehenden Bräuche war und ist selbstverständlich eine andere.

aa) Der Ruf in den Berufsstand

Grundsätzlich kann nach den traditionellen Regeln uneingeschränkt jede Person Sangoma werden. Es gibt keine allgemeinen Anforderungen, etwa bezüglich Herkunft, Geschlecht, Familienstand oder Alter. Auslösendes Moment für den Beginn einer Berufsausbildung als Sangoma ist eine Berufung in den Berufsstand, die von den Ahnengeistern ausgeht. Tendenziell werden hiervon überdurchschnittlich viele Personen betroffen, deren unmittelbare Vorfahren ebenfalls Sangomas waren. Dieses Übergewicht familiär vorbelasteter Personen wird durch die traditionelle Erbregel bei den südlichen Bantu gefestigt, nach der der älteste Sohn eines Sangomas die magischen Instrumente, die Zaubermedizin, Berufskleidung und alle anderen magischen Gegenstände erbt. Deshalb ist es eher wahrscheinlich, dass er von seinen Vorfahren berufen wird, um das Familienwerk fortzusetzen. Außer bei den Zulu, wo diese Rufe nur innerhalb der direkten Abstammungslinie erfolgen können[81], kann bei den anderen Stämmen im südlichen Afrika der Ruf von innerhalb oder außerhalb der direkten Abstammungslinie kommen.

Die Berufung in den Stand des Sangoma erfolgt durch Träume, durch Krankheiten oder andere körperliche Anzeichen, manchmal auch durch all dies zusammen. Unter den Zulu und den Sotho berichtete man, dass die Ahnen einen Schmerz im Brustkorb und in den Schultern hervorriefen, um eine Person zu berufen[82]; bei den Zulu wurde mir auch von chronischen Kopfschmerzen und Fieberanfällen berichtet, die ein direktes Zeichen für einen Ruf seien. Ebenso können weniger spektakuläre körperliche

---

[79] Dlamini, 1985 Obiter 80, Seite 87
[80] Vgl. hierzu unten, Kapitel III 1. .
[81] Eine Ausnahme ist hierbei der Ruf der Ehefrau durch die Ahnen des Ehemannes.
[82] In der Sprache der Zulu heißt diese Form der Krankheit „umhlabathi“, vgl. Berglund, Zulu thought patterns and symbolism, Seite 91 und den Bericht der Untersuchungskommission 1996 , Seite 27.

Zeichen auf einen Ruf hindeuten, z.B. ständiges Gähnen, Schluckauf, Niesen oder Schlaflosigkeit[83]. Hierbei muss angemerkt werden, dass die Zulu sehr wohl wissen, welche körperliche Ursache hinter diesen körperlichen Zeichen stehen, dass Niesen auch durch Schnupfen oder Gähnen durch Müdigkeit bedingt sein können. Fühlt sich eine Person aber gar nicht müde und gähnt trotzdem, oder niest sie, obwohl sie keinen Schnupfen hat, wird eine magische Ursache dahinter vermutet. Treten diese Zeichen gehäuft auf, so wird der Betroffene seinerseits einen Sangoma aufsuchen, der den Ursprung dieser Zeichen feststellt. Wenn sich herausstellt, dass die Ahnen diese Zeichen zum Ruf in den Berufsstand gesendet haben, so wird in der Regel auch der spezifische Ahne bestimmt, von dem der Ruf stammt.

Nach Empfang des Rufes in den Sangomastand hat der Berufene zwei Möglichkeiten: Die Annahme des Rufes oder eine ritualisierte Ablehnung des Ahnenwunsches[84].

Glaubt der Berufene, einen triftigen Grund zu haben, dem Ruf nicht nachkommen zu müssen, so wird er sich vom Sangoma dahingehend beraten lassen, wie der rufende Ahnengeist wieder beschwichtigt werden kann. In der Regel geschieht dies durch Meditation und durch Opfergabe von Vieh. Nach diesem Sperrungsritual verschwinden die körperlichen Zeichen des Rufes in der Regel wieder, wenn das Ritual korrekt nach den Anweisungen des Sangoma durchgeführt wurde. Aber selbst die Durchführung solcher Sperrrituale schützt nicht vor weiteren Rufen in der Zukunft. Hinzu kommt, dass insbesondere in kleinen Dörfern der soziale Druck, dem Wunsch der Ahnen zu folgen und Sangoma zu werden, sehr stark ist. Nicht selten wurde mir von schwerwiegenden sozialen Repressalien wie etwa Isolation oder materiellen Benachteiligungen berichtet, denen sich eine Person ausgesetzt sah, die sich gegen den Ruf gesperrt hatte. So ist bisher noch kein einziger Fall bekannt, in dem es einem Berufenen auf Dauer gelungen wäre, diesen sozialen Repressalien zu entgehen. Früher oder später wurden alle Berufenen zu Sangomas.

Wird der Ruf der Ahnen völlig ignoriert, also weder positiv beantwortet noch ein Sperrungsritual durchgeführt, droht dem Berufenen eine Geisteskrankheit, die nach traditioneller Ansicht der Zulu unter Umständen sogar zum Tode führen kann[85].

---

[83] Berglund, Zulu thought patterns and symbolism, Seite 137 mit weiteren Beispielen und Nachweisen.

[84] Die Zulu nennen dies „Ukuwethula idlozi“ (=“Sperrung der Ahnen“).

[85] Bei den Zulu ist diese Krankheit unter dem Namen „ukuhlanya“ bekannt.

In der Regel werden deutlich mehr Frauen als Männer berufen[86]. Daraus kann man aber nicht auf das Geschlechterverhältnis bei den tatsächlich praktizierenden Sangomas schließen. Ganz im Gegenteil: Männer sind hier leicht überrepräsentiert. Auch fällt auf, dass Frauen in der Regel kurz nach der Pubertät oder in der menopausalen Phase berufen werden. Insoweit überlagern sich die Labels für einen Ruf mit denen für eine Hexe. Höchstwahrscheinlich sind die sozialen Umorientierungen in diesen Lebensphasen ausschlaggebend für die erhöhte Zahl der Rufe in den genannten Altersgruppen bei den Frauen[87].

Mit einer positiven Antwort auf den Ruf des Ahnengeistes beginnt in den meisten Stämmen ein auffälliges Verhaltensschema: Der Berufene sondert sich ab und begibt sich in der Regel an die Orte, die nach traditioneller Ansicht als „Wohnorte" der Ahnen angesehen werden[88]. Unter den SeSotho ist es z.B. üblich, eine solche Seklusionsperiode (in der Regel mindestens zwei Monate) in der Nähe von Gewässern zu verbringen. Während dieser Zeit lebt der Berufene sexuell abstinent und nimmt nur genau vorgeschriebene Fastennahrung zu sich; er meditiert und tritt in persönlichen Kontakt mit den Ahnen. Schon hier fangen die Ahnen an, magische Fähigkeiten an den Berufenen zu übermitteln.

bb) Die Ausbildungsphase

Nach der Seklusionsphase beginnt der Berufene mit der praktischen Ausbildung. Die praktische Ausbildung dient neben der körperlichen Erholung von der Berufungskrankheit und von den Folgen der Seklusion vor allem dem Erlernen der berufsspezifischen Fähigkeiten. Die Ausbildung besteht aus einer praktischen Lehrzeit, in der der Lehrling meistens bei seinem Ausbilder wohnt. Der Ausbilder wird entweder von den Ahnen während der Berufungsphase oder vom Lehrling selbst ausgewählt[89]. Anfangs stehen vor allem das Auffinden von Wurzeln und Kräutern sowie deren Wirkungsweisen und Anwendungen im Mittelpunkt der Ausbildung, später die Weissagung und die Formen der Schutzmagie. Die Lehrzeit dauert je nach Volkszugehörigkeit und Ortsüblichkeit mindestens eineinhalb und maximal fünf Jahre[90].

---

[86] Broster, Amaqghira, Seite 22 ging so weit zu sagen, dass das Verhältnis zwischen Männern und Frauen etwa 1:5 betrage.
[87] Details siehe unten, Kapitel II 3. b) bb). Zu beachten ist hierbei auch die besondere rituelle Stellung der Frau während der Menopause, vgl. Brindley, 9 S.Afr.J.Ethn. 120 (1986).
[88] Vgl. hierzu schon oben, Kapitel I .1
[89] Berglund, Zulu thought patterns and symbolism, Seiten 140ff m.w.N. und Details.
[90] Dlamini hingegen geht davon aus, dass es keine zeitliches Minimum für eine solche Ausbildung gebe, vgl. Dlamini, 1985 Obiter 80, Seite 86. In meinen Forschungsgebieten bei den nördlichen Sotho und den SeSotho waren Zeiten zwischen zwei und vier Jahren üblich. Broster berichtet von den Xhosa Ausbildungszeiten von drei bis fünf Jahren, siehe Broster, Amaqghira, Seite 22.

Auch während der Ausbildungsphase bleibt der Lehrling hinsichtlich Alkohol, Rauchen und Sex abstinent. Dies erklärt sich im Bestreben nach ritueller Reinheit[91] und dient neben dem gesundheitlichen Aspekt vor allem der geistigen Ausgeglichenheit und der Annäherung an die Ahnengeister. Auch wird diese rituelle Reinheit dazu gebraucht, die Fähigkeiten des Meisters zu übernehmen. Während der Ausbildungsphase lebt der Lehrling gleichermaßen von den übrigen Stammes- oder Familienmitgliedern strikt getrennt. Zu dieser Absonderung und Abstinenz kommt auch in der Ausbildungsphase eine strenge Diät.

Die psychischen Vorgänge, die vor allem auf diese Abstinenz und Diät zurückzuführen sind, sind leider noch kaum erforscht. Fest steht jedoch, dass die Diät beim Lehrling nach ein paar Wochen Hypoglykämie hervorruft, also einen Zustand, der Halluzinationen verursachen kann oder zumindest begünstigt. Die Xhosa sehen in dieser Phase die eigentliche Lernphase und nennen den mentalen und körperlichen Status „ukuthwasa". Weiße Psychiater haben ausgeführt, dass die typischen Zeichen von „ukuthwasa" (Angstzustände, Panikzustände, Hysterie und Halluzinationen gekoppelt mit introvertiertem Grundverhalten) verlässliche Anzeichen von Schizophrenie, evtl. sogar Zeichen von epileptischen Psychosen sein können. Auf diese voreiligen Schlussfolgerungen haben weiße Anthropologen während der Zeit der Apartheid ihre These gestützt, die Sangomas seien Psychopathen, die lediglich ihre Geisteskrankheit in sozial anerkannte Riten kleideten[92].

In der letzten Phase der Ausbildung ist es dem Lehrling gestattet, unter der Aufsicht des Meisters eigene Patienten zu heilen und vereinzelt sogar erste Kunden mit Weissagungen zu betreuen. Eine aktuelle Entwicklung, die ich in den letzten Jahren unter den Northern Sotho und unter den SeSotho beobachten konnte, ist die Einführung einer förmlichen Abschlussprüfung. Nachdem der Meister von seinem Lehrling den Eindruck bekommen hat, dass er im traditionellmedizinischen Umgang mit den Patienten geübt und verlässlich ist, findet eine teilweise sehr ungewöhnlich ausgestaltete Prüfung statt. In Botshabelo (Free State) ist es z.B. bei einigen Sangomas üblich, dass der Meister einen Gegenstand im Umkreis von etwa 50-60 Kilometern versteckt, den der Prüfling dann innerhalb weniger Tage finden muss. Meistens handelt es sich um einen großen oder in sonstiger Hinsicht auffälligen Gegenstand. Bei diesen Prüfungen werden vor allem zwei Dinge geprüft: Um den Gegenstand in dem großen Suchgebiet schnell zu finden, muss der Prüfling beweisen, dass er soziale Kontakte nutzt. Diese sozialen Kontakte und soziale Intelligenz stellen die unerlässliche Grundlage für seine spätere Weissagungstätigkeit dar. Zum anderen holt der Meister auf diese Weise in der

---

[91] Die Xhosa fürchten eine rituelle Verunreinigung, die sie „Umlaza" nennen, welche die magischen und spirituellen Fähigkeiten des späteren amaqghira (=Sangoma) beeinträchtigt.
[92] Siehe Broster, Amaqghira, Seiten 23-28 mit weiteren Nachweisen.

Dorfgemeinschaft eine Stellungnahme der Bewohner über seinen Schülers ein: Ist die Öffentlichkeit bereit, mit Hinweisen auf den zu suchenden Gegenstand zu helfen, so kann dies als soziale Akzeptanz gewertet werden. Bleiben Hinweise aus der Bevölkerung aus, so wird der Schüler das gesuchte Objekt angesichts des großen Suchgebietes nicht finden. Ein solches Ergebnis deutet also darauf hin, dass er nicht die soziale Intelligenz, nicht die nötigen Kontakte, oder nicht den Respekt bzw. die Unterstützung in der sozialen Umgebung findet, in der er praktizieren soll.

Unter dem wachsenden Einfluss des Geldes innerhalb der Berufsgruppe der Sangomas ist es auch möglich, einzelne magische oder paramedizinische Kenntnisse von einem Sangoma zu erkaufen. Diese Praxis bezieht sich jedoch überwiegend auf Heilmittel und Zaubermedizin und weniger auf Wahrsagung. Die Erfahrung zeigt, dass auf diesem Wege überwiegend Kenntnisse über böswillige Magie verkauft werden, zumeist in Verbindung mit Zaubermitteln. Insbesondere in den suburbanen Gegenden haben die Sangomas diese zusätzliche Einkommensquelle entdeckt[93]. Mittlerweile finden sich sogar Sangomas, die auf die traditionellen Ausbildungswege völlig verzichten und ihr Wissen nur noch gegen Geld an die Novizen weitergeben. Die derart „Ausgebildeten“ verfügen nach vorherrschender Ansicht in der Bevölkerung im Ergebnis zwar über die gleichen Fähigkeiten wie ein traditionell Angelernter. Sie genießen aber weder in der magischen Welt noch bei den einfachen Leuten ein hohes Ansehen. Im Gegenteil: Wird bekannt, dass ein magischer Laie sich insbesondere Mittel für böswillige Magie verschafft hat, ist die Wahrscheinlichkeit sehr hoch, dass es zu einer Hexenbeschuldigung gegen ihn kommt.

cc) „coming out“ / Initiation

In den meisten Stämmen und Völkern des südlichen Afrika findet die Initiation[94] des „Jungsangomas“ im Heim der Familie statt[95]. Dies hat den Grund, dass die Ahnen den Ort im Blick behalten und das Heim in der Regel einer der Orte ist, an denen die Ahnen ständig spirituell gegenwärtig sind. In allen Stämmen muss der Sangoma zur Initiation seine Haut oder zumindest sein Gesicht mit rotem oder weißem Lehm beschmieren. Der rote Lehm repräsentiert die Erde, wo z.B. nach dem Glauben der Zulu die Ahnen leben. Die weiße Farbe repräsentiert die rituelle und spirituelle Reinheit, die während der Ausbildung erreicht wurde. Die letzten Tage vor der Initiation

[93] Larson, 12 (4) S.Afr.J.Ethn. 131 (1989), Seite 133

[94] Diese Initiation darf nicht mit den oben genannten Initiationsschulen verwechselt werden. Bei den Initiationsriten für Sangomas, die durch den Ausbilder und durch die Dorfgemeinschaft durchgeführt werden, sind in der Regel neben der Familie und Bekannten vor allem benachbarte Sangomas anwesend.

[95] Siehe z.B. (für die Zulu) Berglund, Zulu thought patterns and symbolism, Seite 162.

verbringen die Novizen meist an den rituellen Orten, an denen man die Ahnen vermutet; bei den Zulu schlafen sie auf der nackten Erde. Der Grund hierfür ist, dass das letzte Quentchen magischer und traditionellmedizinischer Kräfte von den Ahnen (die man bei den Zulu unter der Erde wähnt) auf den Novizen übergehen soll. Das eigentliche Initiationsritual ist eine öffentliche Belobigung des Novizen; anschließend findet ein großes Fest mit Opfergaben an die Ahnen statt.

dd) Approbation / Praxisregeln

Erreicht ein Novize den Status eines Sangoma, bedeutet dies aber noch nicht, dass er von nun an überall und frei praktizieren darf. Nachdem bei den traditionellen Heilern ein Trend zur Professionalisierung vorherrscht, muss zumindest seit einigen Jahrzehnten erst eine formelle Approbation von einer der halboffiziellen Traditional Healers Associations eingeholt werden. Diese wird gegen Gebühr erteilt. Die Approbation, die mit der Ausstellung einer schriftlichen Lizenz einhergeht[96], dient der Erfassung und in individueller Hinsicht auch als Berufszeugnis. Schon aus dieser Lizenz ergibt sich der gewohnheitsrechtliche Status des Herbalisten: Er darf traditionelle Medizin praktizieren, darf Weissagung betreiben und Initiations- und Beschneidungsschulen leiten. Die Erlaubnis erstreckt sich räumlich auf ganz Afrika[97].

Bevor der Sangoma sich niederlassen und mit der Praxis beginnen darf, ist zudem die Erlaubnis des Häuptlings oder des Ortsvorstehers nötig. Dies hat einen triftigen Grund: Genauso wie die Kolonialherren den großen Einfluss der Sangomas fürchteten, tun dies bis heute auch die Häuptlinge. Man muss davon ausgehen, dass die Häuptlinge und Ortsvorsteher nur solche Sangomas in ihrem Gebet praktizieren lassen, die ihnen ergeben sind. Die Angst der Weißen stellt sich demnach heute als berechtigt heraus. Der Stamm der Shona ging so weit, die Praxis als Sangoma ohne Erlaubnis des Häuptlings unter schwere Strafe zu stellen[98]. Die vordergründige Motivation dieser Strafe war, dass man die heimliche Praxis des Sangomas als böswillige Magie fürchtete. Eigentlich dürfte aber seit jeher das Interesse der Häuptlings an festen Machtstrukturen Hauptgrund für diese Strafbarkeit sein; der Lizensierungszwang war eher ein Machtregulativ als ein materiell gerechtfertigtes Kriterium.

---

[96] Siehe bspw. die Lizenz der Traditional Healers Association der Nordprovinz.

[97] Herkunft, Geschichte und Hintergründe der Lizensierungen von seiten der Traditional Healers Associations sind kaum bekannt. Fest steht jedoch, dass es sich nicht um eine durch den Staat eingeführte, sondern um eine autonom von den Sangomas entwickelte Institution handelt. Die Lizensierungen durch die Traditional Healers Associations dürfen nicht mit den Lizensierungspflichten gegenüber den staatlichen Provinzen aufgrund Kolonialgesetzgebung verwechselt werden, vgl. sogleich unten Kapitel I 4 b). Es muss vermutet werden, dass die Lizensierungs - und Ausweispflicht kein ursprüngliches Banturecht darstellt, sondern erst mit der Gründung der ersten Traditional Healer's Associations Bedeutung erlangt hat. Nichtsdestoweniger ist die allgemeine Akzeptanz sehr hoch, so dass diese Regeln mittlerweile zum „Gewohnheitsrecht" gezählt werden können.

[98] Goldin / Gelfand, African Law and custom in Rhodesia, Seite 234

Die Behandlung eines Patienten durch den Sangoma beginnt mit einer eindeutigen Handbewegung: Schon vor der eigentlichen Behandlung wird eine erste Gebühr fällig. Diese erste Gebühr heißt bei den Xhosa „ulugxa", was übersetzt soviel bedeutet wie „Schaufel" (mit der der Sangoma die Wurzeln gräbt). Unter den SeSotho heißt die erste Gebühr übersetzt „für das Öffnen der Medizintasche". In urbanen Gegenden wird Zahlung in südafrikanischen Rand erwartet, in ländlichen Gebieten zahlt der Patient in Naturalien. Ist die Behandlung erfolgreich, wird zusätzlich ein Erfolgshonorar fällig; verfehlt die Behandlung ihren Zweck, bleibt es bei der ersten Gebühr. Stellt sich andererseits heraus, dass aufgrund eines Kunstfehlers die Behandlung sogar Schaden angerichtet hat, so sieht das einheimische Deliktsrecht einen zivilrechtlichen Schadensersatzanspruch des Patienten (schlimmstenfalls seiner Hinterbliebenen) gegen den Sangoma vor[99].

Heute wie vor Jahrzehnten sind die Gebühren der Sangomas enorm hoch. Schon immer kostete die Kräuterbehandlung oder die Weissagung mindestens einen Kopf Kleinvieh[100]. 1997/1998 stieß ich während meiner Feldforschungen auf Gebühren in Höhe von R 50 bis R 200[101] für eine einfache Diagnose ohne Medizin, etwa R 50 bis R 200 für eine Weissagung, R 500 für einen tödlich wirkenden Zauberspruch und R 2000 für die Behandlung einer normalerweise tödlich verlaufenden Krankheit wie AIDS oder Ebola. Soll in einem Dorf eine Hexe ausgeschnüffelt oder vertrieben werden, so wird ein Pro-Kopf-Betrag erhoben; in der Regel verlangt man pro verdienendem Einwohner R 10-20. Bei den geringen Einkommen in der Bevölkerung (das Einkommen eines Farmarbeiters in der Nordprovinz liegt bei etwa R 600 / Monat) sind dies ganz beträchtliche Summen, die zum einen das hohe Ansehen des magischen Berufsstandes widerspiegeln, zum anderen den Markt für Scharlatane attraktiv machen.

Natürlich lässt sich darüber streiten, ob diese hohen Gebühren angemessen sind. In bezug auf biomedizinisches Wissen habe ich während meiner Feldforschungen etwa 150 Sangomas befragt und stieß auf solche, deren Wissen über den menschlichen Körper etwa dem eines europäischen Dreijährigen entsprach; auf der anderen Seite hatten die erfahreneren Sangomas ein zumindest empirisch erlangtes Wissen über die Wirksamkeit einiger traditionellen Kräuter. Der bereits genannte Aspekt, der den Sangoma dem modernen Arzt nach Ansicht der Schwarzen überlegen macht, ist vor allem die Tatsache, dass er nicht nur das körperliche Gebrechen erkennt, sondern auch den sozialen Grund. Dieses Denkmuster entspricht der traditionell afrikanischen Denkweise und erklärt Krankheiten für den traditionell lebenden Patienten viel eindeutiger. Indem der Sangoma sich auch in der Lage wähnt, Hexerei und Ahnenwillen zu erken-

---

[99] Goldin / Gelfand, African Law and custom in Rhodesia, Seite 275; Labuschagne / van den Heever, 28 CILSA 422 (1995)
[100] Ashton, Medicine, Magic, and Sorcery among the Southern Sotho, Seite 5
[101] Ein Euro entspricht etwa 6,5 Südafrikanischen Rand (Mai 2000).

nen, liefert er dem Patienten einen „Rundumservice“ und ist dadurch den modernen Ärzten aus Sicht der Schwarzen weit überlegen. Die schwarze Bevölkerung ist folglich sehr viel eher bereit, eine solche Leistung mit einer hohen Geldzahlung zu honorieren, als viel Geld in eine medizinische Leistung zu investieren, die sie nicht versteht.

Die Weissagung zur Heilung verknüpft wie erwähnt magische Elemente mit denen der Medizin. Über den diagnostischen Bereich hinaus wird Weissagung traditionell auch angewendet, um die Zukunft vorherzusagen. Im Bereich der Zukunfts-Weissagung ist die traditionelle Regelungsdichte (etwa im Unterschied zum Bantu - „Arzthaftungsrecht“) gering; in den Standesregeln der Sangomas findet sich nur der Satz, dass der Sangoma nicht unbedacht falsche Informationen wiederholen sollte, wenn er die Knochen wirft[102].

b) Koloniales Recht zu Status und Praxis der Sangomas

Die Kolonialherren wollten der schier unbegrenzten Macht der Sangomas schon früh mit den Mitteln des Gesetzes Einhalt gebieten. Dies sollte im wesentlichen durch eine gesetzliche Einschränkung des Tätigkeitsfeldes und durch genauere staatliche Kontrolle der Sangomas geschehen. In KwaZulu/Natal entwickelte man dazu besonders fein ausgeprägte Gesetze[103], die heute allgemein in Vergessenheit geraten sind.

Zunächst wurden für die Gebiete Kwa-Zulus in Anlehnung an rhodesische Vorschriften Gesetze erlassen, die die Praxis der Sangomas zum Gegenstand hatten. Bald folgten Regeln für Zululand im Code of Zulu Law. Bis in die jüngere Zeit versuchte man in KwaZulu/Natal, durch ständige Gesetzesänderungen den Berufsstand der Sangomas zu kontrollieren. Noch in den Jahren 1967 und 1981 war das Apartheidregime davon überzeugt, durch Anpassung der Gesetze an moderne Gegebenheiten die Sangomas von ihrer traditionellen Berufsausübung abhalten oder dieselbe zumindest erschweren zu können[104].

Die drei Hauptstoßrichtungen dieser Gesetze waren: 1) über eine öffentlich-rechtliche Lizensierungspflicht einen Überblick über die Zahl der Herbalisten zu bekommen, 2) durch eine Begrenzung der Lizenzerteilung auf reine Kräuterheilkundler die als gefährlich eingestuften Tätigkeiten der Weissagung und der anderen magischen Akti-

---

[102] Siehe bspw. die letzte Seite eines Sangoma-Ausweises.

[103] Für einen detaillierteren Überblick siehe Dlamini, 1985 Obiter 80; Bekker, 9 De jure 89 (1976). Hintergrundinformationen zum Berufsstand der Sangomas aus der Sicht der Weißen finden sich bei Booyens, 56 (3) Koers 479 (1991) und 17 (2) S.Afr.J.Ethn. 54 (1994) sowie bei Stott, 1973 S.A.Med.J. 334.

[104] Vgl. Chapter 13 des Code of Zulu Law, Proclamation R 195 aus 1967 und Kapitel 11 des KwaZulu Act on the Code of Zulu Law No 6 aus 1981.

vitäten zu unterbinden und 3) durch staatliche Regulierung der Gebühren den wirtschaftlichen Einfluss der Sangomas zu beschneiden.

Die Lizenzvergabe erfolgte auf Antrag des Herbalisten durch das Ministerium für Gesundheit und Wohlfahrt. Mit der Prüfung des Antrages und der Erteilung wurde der Native Commissioner beauftragt, der die Erlaubnis nach Zahlung einer Gebühr und nach förmlicher Prüfung des Antrages für jeweils ein Jahr erteilte. Sie konnte unbegrenzt häufig um ein Jahr verlängert werden[105]. Diese Regelung sollte offensichtlich den Sinn haben, die Sangomas an die weiße Verwaltung zu binden und den Weißen damit einen Überblick wenigstens über Identitäten und Anzahl der Sangomas zu verschaffen.

In materieller Hinsicht verlangten die Gesetze, dass der Antragsteller reiner „Herbalist", also ausschließlich Kräuterdoktor war. Konnte dem Antragsteller nachgewiesen werden, dass er als „witchdoctor" praktizierte, also z.B. Weissagung betrieb, wurde ihm keine Erlaubnis erteilt oder eine bereits erteilte Lizenz wieder entzogen. § 129 des Natal Code sah darüber hinaus für derartige Übertretungen Gefängnisstrafen vor[106]. Dieser Regelung lag der Gedanke zugrunde, dass an einem reinen Herbalisten eigentlich nichts Falsches oder für die Kolonialregierung Gefährliches festzustellen war, solange die Leute zu ihm Vertrauen hatten und sie nicht von ihm betrogen wurden. Mit den modern ausgebildeten Ärzten wollte man andererseits die Kräuterdoktoren aber auch nicht gleichstellen; konsequenterweise wurden den Herbalisten solche Tätigkeiten verboten, die üblicherweise den Apothekern, medizinischen Ärzten und den Zahnärzten vorbehalten sein sollten.

Erwartungsgemäß bekamen die Gerichte bald Schwierigkeiten mit diesen kolonialgesetzlichen Regeln. Einer der Hauptstreitpunkte entwickelte sich aus dem Grundsatz, dass Weissagung und Heilung nach traditionell-afrikanischer Kultur nicht getrennt werden können. In Süd-Rhodesien hatte man sich deshalb entschlossen, der afrikanischen Kosmologie einen Schritt entgegenzukommen: Das dortige Appellationsgericht entschied, dass im Falle einer typischen Weissagungsheilung auf den gesamten Akt abzustellen sei, der im Falle einer Krankheitsdiagnose eindeutig vom Bestreben des Heilens geprägt sei. Die Weissagung sei als Diagnoseform (im Unterschied zur Vorhersage zukünftiger Ereignisse) lediglich untergeordnetes Ritual und daher kein Grund, eine Lizenz nicht zu erteilen[107]. Während man in Rhodesien also einen Blick für kulturelle Gegebenheiten hatte, entschied man sich in KwaZulu/Natal für einen harten Kurs: Warfen die Sangomas ihre Knochen, wurde ihnen die Lizenz entzogen;

---

[105] §§ 119, 120 II der Proklamation R 195 / 1967 und § 87 I-IV des KwaZulu Act /1981 (s.o.FN 95)

[106] Mittlerweile ist diese Vorschrift aufgrund des Erlasses des Witchcraft Suppression Act im Jahre 1957 nicht mehr anwendbar.

[107] R. v. Sakutemba, 1945 (1) P.H. H.4 (SR) (=1944 S.R. 168)

kamen sie mit ihren Praktiken den westlichen Medizinern zu nahe, verfuhr man auf der Grundlage von Kompetenzregelungen im Standesrecht der modernen Ärzte ebenso[108].

Die Vorschriften hinsichtlich der Gebühren waren hingegen weitgehend konsistent mit den o.g. traditionellen Regeln; eine Höchstgrenze für Gebühren war nicht festgeschrieben worden[109]. Offensichtlich hatte man gedacht, dass die Gebührenhöhe schon allein deshalb nicht regelungsbedürftig war, da angesichts der niedrigen Einkommen der Patienten ohnehin nicht mit großer Zahlungskraft zu rechnen sei. Streitigkeiten zwischen den Sangomas und den weißen Gerichten entwickelten sich in diesem Punkt lediglich im Hinblick auf die „Berufshaftpflicht" der Sangomas und die Rückzahlung der Gebühren im Falle der Anwendung regelungswidriger Praktiken[110].

Der praktische Einfluss der Gesetze in KwaZulu/Natal blieb jedoch gering. Neben mangelnder praktischer Durchsetzbarkeit litten die Gesetze vor allem an dem bereits genannten grundlegenden Fehler, dass man davon ausging, Heilung und Weissagung voneinander trennen zu können. Sowohl die Sangomas als auch deren Patienten betrachteten das anders. Ein Sangoma konnte sich schlicht nicht an diese Gesetze halten, wenn er in Übereinstimmung mit der afrikanischen Weltanschauung praktizieren wollte. Zudem war der Anwendungsbereich dieser Vorschriften von vornherein zu klein: Gerade die kritischen Personen, die eigentlich kontrolliert werden sollten, nämlich die Quacksalber, die Weissager und Hexenausschnüffler wurden einfach aus dem überwachten Personenkreis hinausgestoßen und mussten fortan heimlich praktizieren. Der Versuch, den künstlich geschaffenen Berufsstand der traditionellen Kräuterdoktoren staatlich zu institutionalisieren, scheiterte also hauptsächlich daran, dass dieser Berufsstand nicht alle kosmologisch notwendigen Gebiete abdecken durfte.

Nachdem klar geworden war, dass die Versuche gescheitert waren, die Kompetenzen der Sangomas auf die unschädlicher Kräuterdoktoren zurückzustutzen, konzentrierte man sich auf eine andere Maxime: Die Schaffung einer einheitlichen, von allen Sangomas getragenen Berufsethik. Die Untersuchungskommission in der Nordprovinz ver-

---

108 Siehe zur Illustration den Fälle R. v. Ngcobo, 1943 A.D. 118 (Umfang der zulässigen Praxis); die bemerkenswerte Diskussion, ob der Herbalist ein Stethoskop verwenden dürfe oder nicht wurde eingehend behandelt in den Entscheidungen R. v. Sitole, 1939 NPD 192; Ndhlovu v. R., 1942 NPD 397 und R. v. Ndowonde, 1946 P.H. K.118 (NPD). Für interessante Einzelfälle bezüglich des restriktiven Kurses des Provinzgerichtes für Natal vgl. Hlatshwayo v. R., 1938 NPD 410; Mfeka v. Rex, 1939 NPD 118 oder R. v. Masikane, 1948 (2) P.H. K.140 (NPD). Für weitere Beispiele siehe Stafford/Franklin, Principles of Native Law and the Natal Code, Seiten 204-207 m.w.N.

109 Vgl. § 122 des Natal Code; § 89 (1) des KwaZulu Act.

110 Für Beispiele und Nachweise siehe Stafford/Franklin, Principles of Native Law and the Natal Code, Seiten 207f. Der Native Appeal Court für die östliche Kapregion und den Oranje-Freistaat vertrat hier die Ansicht, dass Verträge zwischen einem nicht lizensierten oder seine Erlaubnis überschreitenden Sangoma und seinem Kunden trotz des Verstoßes gegen die Bestimmungen des Lizenzwesens gültig seien, vgl. Kwayeni Nodume v. Mahangaza Conana, 1930 NAC (C&O) 52.

breitete 1996 den Vorschlag, eine Selbstverwaltungskörperschaft der Sangomas mit staatlicher Beteiligung zu schaffen, um vor allem solchen Praktiken ein Ende zu bereiten, die als medizinisch höchst gefährlich erschienen. Besonderes Augenmerk wurde hierbei auf die angebliche Behandlung von AIDS und Ebola, aber auch auf das Verschreiben von Muti menschlichen Ursprunges gelegt[111]. In der Konzeption dürfte die konstruktive Regulation durch Selbstkontrolle eher von den Sangomas getragen werden als die alten kolonialen Vorschriften aus KwaZulu-Natal. Ob eine ganze Kultur, die im wesentlichen aber im Fortleben der Ahnengeister einer einzelnen Abstammungslinie wurzelt, und in der solch unterschiedliche Betätigungsfelder existieren wie bei den Sangomas, letztendlich einer solchen Selbstkontrolle durch eine Standesorganisation unterstellt werden sollte, muss allerdings in Frage gestellt werden.

c) Die sozialen und kosmologischen Funktionen des Sangoma

Abgesehen von dem erwähnten psychologischen Effekt, dass der Patient glaubt, sein Schicksal erklären und mit Hilfe des Sangoma kontrollieren zu können, sind die Hauptfunktionen des Sangoma eher kollektiver Art. Zusammengefasst übernimmt er die folgenden sozialen und kosmologischen Funktionen:

Seine soziale Funktion besteht im wesentlichen darin, durch die Diagnose von sozialen Ursachen bei Krankheiten konkrete Streitigkeiten aufzudecken und einen „medizinisch-sozialen“ Lösungsvorschlag zu erarbeiten. In diesem Punkt nutzt der Sangoma seine Macht und seinen Beruf als Konfliktlösungsinstrument.

Auf kosmologischer Ebene besteht die wesentliche Funktion des Sangoma in einer Verknüpfung der einzelnen kosmologischen Elemente zu einer Sinneseinheit. In der Hand des Sangomas werden die einzelnen Elemente des südafrikanischen Weltbildes eng miteinander verbunden. Der Sangoma bestimmt, ob eine Krankheit auf die Ahnengeister, Hexen oder eine medizinische Indikation zurückzuführen ist. Er hilft mit Schutzmagie gegen Blitzschlag und Tokoloshe. Indem der Sangoma somit magische, religiöse und medizinische Elemente zusammenführt, ist er als Repräsentant einer einheitlichen Weltvorstellung zu sehen, in der jedes Phänomen erklärbar und durch ihn kontrollierbar ist. Die Vereinheitlichung von Weissagung und Medizin macht ihn zur Schnittstelle aller kosmologischen Gewalten[112].

---

[111] Vergleiche den Bericht der Untersuchungskommision der Nordprovinz 1996, Seiten 64-80.

[112] In R. v. Sakutemba, 1944 P.H. H.4 (SR) (=1944 S.R. 168) erkannte das Gericht schon die zwingende Einheit zwischen Weissagung und Medizin. Dieser Einheitsgedanke wurde aber bis heute von den Gerichten nicht wieder aufgenommen, geschweige denn fortentwickelt.

Der Sangoma vereinheitlicht in seiner Person aber nicht nur diese Weltsicht, er verstärkt und konserviert sie auch. Indem er die Angst der Patienten vor ihrem Schicksal ausnutzt und ihnen das Gefühl gibt, mit seiner Hilfe das Schicksal kontrollieren zu können, schafft er eine stabile und konstante Weltsicht. Wer zu zweifeln wagt, hat mit magisch induzierten Krankheiten zu rechnen. Jede erfolgreiche Behandlung stärkt diese Weltsicht bei dem Patienten; Misserfolge bei der Behandlung werden der böswilligen Hexerei eines anderen zugeschrieben, also wiederum systemimmanent erklärt. Jede Heilmaßnahme, gleich ob im Ergebnis erfolgreich oder nicht, stärkt somit auch den Glauben an Hexen und Ahnengeister. Der Sangoma sorgt auch für eine Überlieferung der Traditionen von Generation zu Generation: Durch das Recht, die Initiationsschulen[113] zu betreiben, kann der Sangoma die Initianten in der afrikanischen Kosmologie unterrichten. Dies ist ein wesentlicher Bestandteil der Initiationsschulen, in denen die jungen Mitglieder der Stämme auch heute noch in den Erwachsenenstand erhoben werden.

Alles in allem muss man folglich davon ausgehen, dass der Sangoma in der südafrikanischen Kosmologie die Schnittstelle zwischen den kosmologischen Elementen der Ahnen, der Hexen mit ihren Verbündeten und der Medizin untereinander und in bezug auf den Menschen darstellt.

5. Prinzipien der südafrikanischen Magie

Die Beteiligten am magischen Leben bedienen sich verschiedener Wege, Magie gegen Personen anzuwenden. Sowohl in der Vielfalt wie auch in den konkreten Anwendungsmechanismen unterscheiden sich die afrikanischen Praktiken stark von den früheren europäischen Formen der Magie, die sich im wesentlichen auf die Anwendung von Zaubersprüchen und von Zaubermitteln beschränkte. Die nachstehend aufgeführten magischen Prinzipien reflektieren den aktuellen Stand der Zaubertechnik im Oranje Freistaat und in der Nordprovinz der Republik Südafrika. Veränderte Sozialstrukturen und wirtschaftliche Verhältnisse haben zur Weiterentwicklung der Magie ebenso beigetragen wie die oben genannte zunehmende Generalisierung der Sangomas, die eine weitestgehende Verknüpfung der einzelnen magischen Techniken zur Folge hatte. In bezug auf die mit der Hexerei zusammenhängende Kriminalität, insbesondere den Hexenmorden, kommt diesen Techniken höchste Wichtigkeit zu. Die weißen Strafgerichte hatten vor allem deshalb Schwierigkeiten, sich mit dem bedrohenden Element der Magie auseinanderzusetzen, weil ihnen deren grundlegenden Prinzipien unbekannt waren. Im folgenden sollen deshalb die gängigsten Praktiken und Grundregeln dargelegt werden.

---

[113] Zum Begriff der Initiationsschule siehe oben, Einleitung, bei Fußnote 1.

a) Unbewusste Magie

Eine sehr wichtige Magieform der südafrikanischen Kosmologie ist die unbewusst ausgeübte, stets böswillige Magie. Sie wird ausschließlich von den Hexen betrieben und wird äußerst gefürchtet. Während die Hexe schläft, kann sie ihr Opfer verhexen; schon ein Traum, in dem das Opfer stirbt, kann diese Folge im Wege der magischen Kausalität herbeiführen. Im Extremfall weiß die Hexe also gar nicht einmal, ob sie jemanden verhext hat[114]. Diese Form der Magie findet ihren Grund darin, dass die afrikanische Kosmologie eine logische Begründung dafür liefern muss, warum man eine Hexe bestrafen soll, die nichts von ihrem Tun weiß. Die Tatsache, dass einige Hexen angesichts der Todesstrafe ihre Schandtaten gestehen und andere nicht, wird dadurch erklärbar gemacht. Weiß die Beschuldigte nicht, dass sie einen Menschen verhext haben soll, so kann die Dorfgemeinschaft sie immerhin noch der unbewussten Magie bezichtigen und der Hexenmord findet auf diese Weise seine Rechtfertigung.

b) Magie durch Gedanken

Auf bewusster Ebene, aber noch ohne Ritual oder andere körperliche Betätigung, kann böswillige Magie allein durch Gedanken ausgeübt werden. In weiten Teilen Südafrikas glaubt man, dass schon böswillige Gedanken, in denen dem Opfer ein Unglück gewünscht wird, diese Folge direkt herbeiführen können. Die generelle Differenzierung zwischen „Zauberei“ und „Hexerei“ fand hier ihren Hauptanknüpfungspunkt. Ganze Generationen von Anthropologen behaupteten, Magie könne nur mit Hilfe eines Rituals, zumindest aber eines Zauberspruches betrieben werden; Hexerei hingegen wirke in der Regel allein durch böse Willenskraft. Genaugenommen zeigt sich hier aber lediglich eine weitere Form der Magie, die auf dem gleichen Grundprinzip wie die unbewusste Magie arbeitet: Eine Folge in der Außenwelt kann nicht nur auf profan-physikalischer Ebene herbeigeführt werden, sondern wird auf Ebene der Magie durch Gedanken oder Worte direkt bewirkt.

Diese Form der Magie, die *Gluckmann* bereits in den 60iger Jahren bei den Barotse[115] vorfand, ist im gesamten südlichen Afrika vorherrschend; in der Republik Südafrika wurde dieses Phänomen von weißen Anthropologen erst vor kurzem eindeutig identifiziert. *Berglund*[116] fand bei den Zulu heraus, dass diese den Zorn als Grundlage der Hexerei betrachten. Nicht gerechtfertigter, aggressiver Zorn wird unter den Zulu sogar mit Hexerei gleichgesetzt. Zorn oder aggressive Gefühle gegenüber einem Mitmenschen sind der Hauptgrund, warum viele Hexen im Nachhinein ihre Taten gestehen; jede Form der Verachtung kann nach den allgemeinen magischen Prinzipien die ge-

[114] Stayt, The BaVenda, Seite 274; Junod, The life of a South African Tribe, Seite 509; Kriel Louw, Witchcraft among the Southern Bantu, Seite 32
[115] Gluckmann, The ideas in Barotse jurisprudence, Seite 235
[116] Berglund, Zulu thought-patterns and symbolism, Seite 315

wünschte Folge direkt herbeiführen. Strenggenommen ist folglich jede Person, die Hass oder Zorn hegt, eine Hexe. Lediglich das offene Label fehlt, um die Person als solche zu verfolgen.

c) Magie durch Worte

Magie durch Worte, insbesondere durch „Zaubersprüche", ist eine weitere vorherrschende Form der Magie im südlichen Afrika. Jedoch unterscheiden sich die Zaubersprüche von denen europäischer Prägung: In Europa musste ein bestimmter Zauberspruch zur Herbeiführung einer bestimmten Folge von der Hexe oder dem Zauberer erst gelernt werden, um angewendet werden zu können. Im südlichen Afrika gibt es eine solche Tradition, dass Zaubersprüche von Magier zu Magier weitergegeben werden, nicht. Die südafrikanische Variante der Magie durch Worte zeichnet sich durch fehlende Spezialisierung aus[117]. Das Grundsystem eines afrikanischen Zauberspruches ist, dass Wünsche oder Aussprüche, sobald sie in emphatischer Weise von einer Hexe oder einem Sangoma geäußert werden, unmittelbar den Erfolg im Wege der magischen Kausalität herbeiführen. Insofern läuft die Magie durch Worte mit der durch Gedanken parallel. Diese allgemeine Anerkennung von magischer Kausalität zieht sich bis in das Einheimischenrecht, wo diese im Deliktsrecht und im Strafrecht berücksichtigt werden darf[118]. Unter den Zulu wird dieses Prinzip methodisch leicht abgeändert: Da die Zulu den Hass als Grundlage der Hexerei betrachten, fungieren die Worte lediglich als „Träger des Hasses" und somit als Medium der magischen Kraft[119]. Nichtsdestoweniger ist diese dogmatische Unterscheidung für die magische Praxis irrelevant: Auch unter den Zulu glaubt man, dass der Ausspruch „Ngizokuthakatha!" („Ich verhexe Dich !"), im Wege der magischen Kausalität den Tod unmittelbar herbeizuführen geeignet ist[120].

Die Anerkennung der magischen Kraft der Worte im südlichen Afrika deutet zudem auf eine tiefergehende soziale Kategorisierung von Sprache hin. Es ist allgemeiner Glaube, dass auch die einfachen, nicht magisch motivierten Worte Träger von mystischen Kräften sein können. Insbesondere die Worte eines aufgrund Stärke, Alter oder beruflichem Stand Überlegenen tragen nach traditionell afrikanischem Weltbild gegenüber einem Unterlegenen eine mystische Kraft in sich. Die Worte eines Vaters an seinen Sohn z.B. tragen positive Kräfte in sich, die sich in Glück, Erfolg, Schutz und Frieden äußern, insbesondere wenn sie in Krisenzeiten ausgesprochen werden. Die

---

[117] Dies wurde bereits sehr früh entdeckt; schon *Junod*, The life of a South African tribe, Vol II, Seiten 360-370, erkannte dies in den Zwanziger Jahren.

[118] Siehe dazu unten Kapitel III 4. und 5.

[119] Siehe Berglund, Zulu thought-patterns and symbolism, Seite 293.

[120] In R. v. Dhlumayo, 1948 (2) SA 677 (A) , Seiten 682, erkannte das Gericht dies nicht und stufte die drohenden Zaubersprüche als „weltliche Drohung" ein. Siehe ebenso S. v. Mathoka and others, 1992 (2) SASV 443 (NK) 446 a.

Worte des Sangoma wirken durch die Medizin, die er verschreibt, und das insbesondere in den Fällen, in denen der Schutz vor fremder böswilliger Magie begehrt wird[121].

Böswillige Zaubersprüche sind einem einfachen Prinzip folgend aufgebaut: Normalerweise bedient sich die Hexe einer allgemeinen Ankündigung eines Unheils. Jede Person, die einer anderen irgendein Unglück vorhersagt, akzeptiert alleine schon für diese Vorhersage, dafür haftbar gemacht zu werden, wenn dieses in zeitlicher Nähe tatsächlich eintritt[122]. Einer der bekanntesten todbringenden Zaubersprüche in Südafrika bedeutet übersetzt „Du wirst den Sonnenuntergang nicht mehr erleben!“[123]. Hier wird ein Prinzip der böswilligen Magie deutlich: Indem der Hexer dem Opfer Gedankenspielraum lässt, damit es sich vor allen möglichen Gefahren wappnen möge, wird er bei diesem psychische Mechanismen in Gang setzen. Das Opfer fühlt sich schließlich tatsächlich bedroht. Das Spiel mit den Ängsten des Opfers funktioniert jedoch nur, wenn diese Drohungen so allgemein wie möglich gehalten werden. Selbst die Tatsache, dass der Hexende offenlässt, ob er auf die Vorgänge magischen Einfluss hat oder nicht, verstärkt dieses psychologische Phänomen. Das Ziel der Magie ist erreicht; zumindest der psychologische Bedrohungseffekt wird beim Opfer ausgelöst und versetzt es in einen Stresszustand.

Oftmals werden Worte auch mit Ritualen verbunden, um diese zu verstärken oder in eine bestimmte Richtung zu lenken. Die Venda kennen z.B. einen Ritus, bei dem ein böswillig wirkendes Pulver in die Richtung des Opfers geblasen wird; erst der Name, der dabei immer wieder gemurmelt wird, spezifiziert das Opfer und lenkt die magischen Kräfte auf diese konkrete Person[124]. Oftmals werden auch die sogleich darzustellenden magischen Praktiken mit Worten verknüpft; so ist z.B. die Verbindung von Zaubermedizin mit Sprüchen ebenso bekannt wie die Verknüpfung von Sprüchen mit Ansteckungs- oder Anknüpfungsmagie[125].

Gerade in der sehr allgemein gehaltenen Form der Zaubersprüche findet sich eine weitere Begründung dafür, dass viele der Hexerei Beschuldigte zugeben, jemanden „totgehext“ zu haben, obwohl sie selbst keinerlei magische Gerätschaft besaßen oder bisher nicht als Hexe aufgefallen waren: Allein die Worte, mit denen die beschuldigte Person in Wut oder Enttäuschung eine andere bedacht hat, reichen aus Sicht der magischen Traditionen aus, diese als Hexe anzusehen.

---

[121] van Rooy, The traditional world-view of black people in Southern Africa, Seite 16
[122] Minaar et al., To live in Fear, Seiten 16f
[123] Vgl. z.B. den Fall S. v. Mokonto, 1971 (2) SA 319 (A), Seite 321 D.
[124] Vgl. Kriel-Louw, Witchcraft among the Southern Bantu, Seite 18.
[125] Kriel Louw, Witchcraft among the Southern Bantu, Seiten 60ff

d) „Muti“ (Zaubermedizin)

Das Wort „Muti“ kommt von dem Zuluwort „umu thi“, welches „Baum, Busch, Kraut“ oder „Gift, Medizin“ bedeutet. Im Sinne von „traditioneller Medizin“ oder manchmal „Zaubermedizin“ ist es mittlerweile im ganzen südlichen Afrika verbreitet; lediglich unter den BaVenda gibt es zusätzlich den Ausdruck „mushonga“, was soviel wie „Zaubertrank“ bedeutet. Nach traditionell-afrikanischer Ansicht ist die Vergiftung einer Person ein Akt böswilliger Magie. Im Gegensatz zum europäischen Kulturraum besteht also zwischen Vergiftung und Verhexung nach südafrikanischer Kosmologie kein Unterschied.

Unter den südlichen Bantu sagt man dem Muti zweierlei Wirkungen nach, nämlich eine physische und eine magische. Hinsichtlich der physisch-medizinischen Wirkungsebene haben die Sangomas aufgrund empirischer Wahrnehmung erkannt, dass manche Kräuter oder Wurzeln einen Einfluss auf bestimmte pathologische Zustände besitzen[126] oder einen Menschen töten können[127]. Der zweite, weitaus wichtigere Effekt findet jedoch auf magischer Ebene statt. Diese magische Wirkung folgt im wesentlichen drei Mustern:

Das erste Muster ist, dass jeder der verwendeten Gegenstände, gleich ob tierischen oder pflanzlichen Ursprunges, seine eigenen Charakteristika hat. Ein Auge steht für einen scharfen Blick, ein Löwe für Stärke, Blut für Vitalität. Nach traditionell afrikanischem Verständnis geht man davon aus, dass diese Charakteristika auf den Menschen übertragbar sind, wenn er in magisch relevanter Weise mit den Gegenständen in Berührung kommt[128]. Dies kann beispielsweise durch Einnahme, aber auch schon durch Beisichtragen geschehen. In den Formen der direkten Anwendung, d.h. Essen, Trinken, Auftragen, wird die Wirkung sofort erzielt. Bei der indirekten magischen Anwendung von Muti, insbesondere wenn sich die böswillige Magie gegen eine nicht anwesende Person richtet, reicht es aus, dass die Charakteristika von einem Sangoma oder einer Hexe mit Kräutern vermischt und verbrannt werden.

---

[126] Man darf nicht einfach davon ausgehen, dass die traditionelle Medizin physiologisch wirkungslos ist. Teilweise werden die einzelnen Kräuter heute auch in der modernen Medizin wegen ihrer nachgewiesenen Wirkungen verwendet, siehe hierzu auch die Aufstellungen bei Broster, Amagqira, Seiten 120f; Bryant, Zulu medicine and medicine men, Seiten 103-115.

[127] Siehe z.B. R. v. Dhlumayo and another, 1948 (2) SA 677 (A), Seite 680.

[128] Siehe z.B. Minaar et al., To live in fear, Seite 15. Das Prinzip wurde vereinzelt „mimetic magic“ (imitative Magie) genannt, siehe Mabiriizi, 4 Zimbabwe Law Review 43 (1986), Seite 52; oder „symbolische Magie“, siehe Gelfand, The African Witch, Seiten 137ff. Die genannten Bezeichnungen haben sich aber nicht durchsetzen können.

Die zweite Grundregel zur Wirkung von Muti basiert auf dessen Ursprung[129]. Je nach der Herkunft des Wirkstoffes handelt es sich um ein stärkeres oder schwächeres Mittel. Ein Muti, welches man aus einer Wurzel oder Pflanze gewinnt, ist wirksam, aber relativ schwach. Verwendet man ein Tier zur Isolierung eines Charakteristikums, so wirkt das daraus gewonnene Muti stärker, als wenn man das gleiche Charakteristikum von einer Pflanze ableitet. Das stärkste Muti gewinnt man aus Körperteilen eines Menschen, die einem lebenden Körper entnommen werden. Letzteres hat damit zu tun, dass das Blut eines Menschen dessen Lebenskraft symbolisiert, welche den Körper noch nicht verlassen haben darf, wenn man die stärkste magische Wirkung des Körperteiles als Muti erreichen will. In besonders schweren Krankheitsfällen wird der Sangoma den Patienten also anweisen, sich solche Körperteile zu beschaffen[130]. Die jahrzehntelange Apartheid hat in diesem Aspekt noch ein weiteres Kriterium geschaffen, auf das ich vor allem in der Gegend der SeSotho immer wieder aufmerksam gemacht wurde: Obwohl Weiße mangels sozialer Nähe und aufgrund besserer Sicherheitsmittel seltener als Opfer für Muti verwendet werden, betrachtete man die Weißen lange als Grundlage für besonders starkes Muti, weil man sie stets mit Erfolg und Macht verband. Diese Regel ist selbstverständlich nicht traditionell überliefert, sondern stellt einen Exzess der Unterdrückungspolitik der Apartheid dar, der sich hier in der magischen Parallelwertung realisiert.

Das dritte Funktionsschema bei Muti ist das Prinzip von Gegenmagie. Nach traditionell afrikanischer Ansicht kann aus einem Gegenstand, der mit gewissen Charakteristika behaftet ist, ein Gegenmittel gegen ebensolche Träger von Charakteristika hergestellt werden. Beispielsweise geht man bei den SeSotho davon aus, dass man ein Muti gegen den Tokoloshe fertigen kann, indem man Körperteile des Tokoloshe, z.B. Haare, zusammen mit einer schädlichen Substanz verbrennt. Unter den nördlichen Sothostämmen wird ein Mittel gegen eine spezifische Krankheit dadurch gewonnen, dass man Körperteile eines an dieser Krankheit Verstorbenen als Muti verwendet. Auch kennen etwa die Tswana eine Geisteskrankheit[131], bei der man ein Gegenmittel unter Verwendung des Schädels eines an dieser Krankheit Verstorbenen herstellt.

Über diese differenzierten Wirkungsweisen des Muti legt sich jedoch die für den traditionellen Afrikaner wichtigste Klassifizierung: Die nach der Wirkung im Sinne von Gut und Böse. Auch im Bereich der Mutianwendung haben die Anthropologen oft

[129] Einen detaillierten Überblick über dieses Prinzip bietet Ashton, The Basuto , Seiten 307-316; siehe auch Seidman, 15 ICLQ 1135 (1966) , Seite 1147; Mabiriizi, 4 Zimbabwe Law Review 43 (1986), Seite 52.

[130] Dieser Aspekt hat zu einem strafrechtlich relevanten Phänomen geführt, welches als „Muti-Mord“ oder Medizinmord“ bezeichnet wird, siehe dazu unten Kapitel II 1. d).

[131] Es handelt sich hierbei um die sogenannte „Letswa“ -Krankheit, die , so glaubt man, durch Distanzmagie herbeigeführt werden kann, vgl. den Bericht der Untersuchungskommission der Nordprovinz 1996, Seite 25.

versucht, die Maßstäbe „Zauberei und Hexerei“, „schwarze und weiße Magie“ oder „Tag- und Nachtmagie“ anzulegen. Richtigerweise wird man allerdings, wie oben[132] bezüglich des Begriffspaares Hexerei / Zauberei dargelegt, auch hier eher nach „böswillig“ und „wohlwollend“ differenzieren müssen. Die offene Anwendung von Muti, z.B. durch den Sangoma oder auf Anweisung desselben durch seinen Patienten, wird im allgemeinen als wohlwollend erachtet und im Falle von Heilung oder Schutz gegen böse Magie sogar überaus begrüßt. Die heimliche Magie, bei der das Muti verdeckt mit dem Opfer in Verbindung gebracht wird, um es zu schädigen, wird als böswillige Hexerei betrachtet und gefürchtet[133].

In der offenen Anwendung verabreicht man Muti zum Essen oder Trinken; Muti kann aber auch über die Haut eingebracht werden. Da die Resorptionsfähigkeit der Haut unter den Sangomas weitgehend unbekannt ist, wird eine Flüssigkeit oder Salbe aufgetragen und die Haut an dieser Stelle dann eingeritzt. Insbesondere für Schutzmagie vor Hexerei wird dieses Verfahren verwendet. Eine weitere Anwendungsform ist das offene Ablegen des Muti. Soll zum Beispiel ein Haus vor böswilligem Blitzschlag geschützt werden, muss der Sangoma dort an mehreren genau bestimmten Orten sein Muti niederlegen. Für die magische Unterstützung in Gerichtsverfahren muss das Muti offen im Raum stehen; in der Regel wird es von einem Angehörigen auf den Zuschauerbänken verwahrt.

Bei der böswilligen Anwendung von Muti werden im wesentlichen drei verschiedene Verfahren angewendet, um die Substanzen dem Opfer heimlich zuzuführen. Erlaubt es die Konsistenz des Muti, greifen vor allem die Zulu oft darauf zurück, es unter das Essen zu mischen, nach dessen Genuss das Opfer die magischen Wirkungen zu spüren bekommt[134]. (Lediglich unter den nördlichen Sothostämmen wird diese Art der Anwendung, obgleich trickreich, nicht unbedingt als böswillige Magie angesehen[135].) Eine weitere Art der böswilligen Muti-Beibringung ist das „In-den-Weg-Werfen“ des Muti. Diese Art der Anwendung bewährt sich bei Kontaktgiften. In der Regel wird die Substanz so ausgebracht, dass das Opfer unwissend über das Muti hinwegläuft. Oftmals werden hierzu spitze Steine oder Glasscherben in einer Lösung getränkt und selbige vor dem Hauseingang des Opfers ausgelegt. Verlässt das Opfer das Haus, so kann das Muti über kleine Einritzungen in der Fußhaut resorbiert werden[136]. Im Ex-

[132] Vgl. oben, Kapitel I, 1. und 2.
[133] Das heimliche Beibringen von Muti ist auch nach dem einheimischen Strafrecht Anknüpfungspunkt für eine Strafbarkeit wegen „Schwarzer Magie“, vgl. unten Kapitel III 4.a) und Hunter, Reaction to conquest, Seiten 582ff; Marwick, The Swazi, Seite 243.
[134] Krige, The social system of the Zulu, Seite 323.
[135] Minaar et al., To live in Fear, Seite 17.
[136] Während meiner Feldforschungen 1997 und 1998 war unter den Sothostämmen besonders die Anwendung des sog. „sefolo“ - Mutis verbreitet. „Sefolo“ ist ein Kontaktgift, welches stark krebserregend und infektiös wirkt. Es wird entweder vor die Türschwelle des Opfers ausgebracht oder auf Wege zu dessen Haus. Nachdem die Person über das Muti gelaufen ist und eine Infektion stattfand,

tremfalle kann Muti auch ohne direkten Kontakt an das Opfer gebracht werden. Es gibt nämlich auch magische Rituale, die als Bindeglied zwischen der Medizin und dem Opfer dienen. Hierzu ist in der Regel erforderlich, dass der Name des Opfers ausgesprochen und das Muti in die Richtung des Opfers verstreut wird[137]. Bei solchen Kombinationen von Muti und Ritual entfaltet das Ritual als solches keine Wirkung; diese geht allein von dem Muti aus. Das Ritual dient lediglich als Vehikel, um die Wirkung des Muti an die betreffende Person zu bringen[138].

e) Anknüpfungsmagie

Eine wesentliche Magieform im südlichen Afrika ist die sogenannte Ansteckungs- oder Anknüpfungsmagie („contagious magic")[139], die in früheren Zeiten auch als „Verkörperungsmagie" („communionist magic") bezeichnet wurde[140]. Sie wird fast ausschließlich für böswillige Zwecke verwendet und ist im gesamten südlichen Afrika bekannt und höchst gefürchtet[141]. Grundlage für diese Magieform ist der Glaube, dass der menschliche Körper die „moya"[142] einer Person enthalte. Schafft es ein böswillig agierender Magier, Bestandteile des Körpers in seinen Besitz zu bringen, kann er die moya dieser Person verhexen und diese dadurch sogar umbringen. Oft geschieht dies unter Verwendung der sogenannten „insila" einer Person. Die „insila"[143] sind Körperüberreste wie Fingernägel, Haare oder Exkremente. Indem sie zusammen mit giftigen Kräutern verbrannt oder auf andere Art mit negativen Kräften vereint werden, kann das Opfer über seine moya in Krankheit oder Tod getrieben werden. Die große Angst vor

---

wird eine Krankheit ausgelöst, die als „xifula" bekannt ist. Es handelt sich hierbei um eine Krankheit, welche mit infektiösen Schwellungen an den Füßen beginnt, gefolgt von Krebsgeschwüren und Sepsis. Das Opfer stirbt normalerweise aufgrund der Sepsis an Herzstillstand, wenn die Beine nicht rechtzeitig amputiert werden. Für Details und Beispiele siehe auch Stadler, Generational Relationships, Seite 182 und Kriel Louw, Witchcraft among the Southern Bantu, Seiten 58ff. Monica Hunter, The Social System of the Zulu, Seite 293, bringt diese Praxis rituell mit den mystischen Bedeutungen der einzelnen Hüttenkonstruktionen, vor allem mit der mystischen Bedeutung der Türschwelle bei den Zulus zusammen. Teilweise wird „sefolo" auch mit Autounfällen in Verbindung gebracht.

[137] Für Details und weitere Nachweise siehe Kriel Louw, Witchcraft among the Southern Bantu, Seite 57.

[138] Van Rooy, The traditional world view of Black people in South Africa, Seite 17 geht sogar noch weiter: Das Ritual sei nur der Anknüpfungspunkt für das Muti, welches seinerseits nur der Träger der magischen Kraft sei. Die eigentliche Kraft gehe von den Worten des Sangomas aus.

[139] Zu Begriff und Details siehe Frazer, The magic art, Vol. I, Seite 13.

[140] So z.B. bezeichnet von Junod, The life of a South African Tribe, Seiten 369ff.

[141] Nachweise finden sich für die Northern Sotho im Bericht der Untersuchungskommission der Nordprovinz 1996, Seite 28; für die Zulu bei Berglund, Zulu thought patterns and symbolism, Seite 282; für die Kaonde und Lambas bei Melland, In witch-bound Africa, Seite 211, für die Lovedu finden sich Nachweise bei Jensen Krige /Krige, The realm of a rain queen, Seiten 253f. Auch weiter nördlich wird dieses Prinzip der Magie angewendet, vgl. für Botswana Larson, 12 (4) S.Afr.J.Ethn. 131 (1989), Seite 133; für Beispiele aus Tanzania siehe Willis, 38 (1) Africa 1 (1968), Seite 5.

[142] Zum Begriff der „moya" siehe oben Kapitel I bei Fußnote 3.

[143] Das Wort entstammt der Zulusprache, wird allgemein mit „body dirt" übersetzt und mittlerweile in ganz Südafrika verwendet.

Anknüpfungsmagie führte in meinen Forschungsgebieten sogar so weit, dass Friseure den Kunden deren abgeschnittene Haare in Plastik verpackten und zurückgaben. Alle Kunden des Friseurs verbrannten ihre Haare selbst, um nicht Gefahr zu laufen, dass sie einem persönlichen Feind oder Magier in die Hände fielen. Die extremsten Formen der Anknüpfungsmagie fand ich unter den Sotho: Bei den nördlichen Sotho reicht es aus, wenn man die Erde oder den Sand, auf den das Opfer vorher uriniert hatte, zum Magier bringt[144]; bei den SeSotho genügt sogar Sand aus den Fußspuren des Opfers. Die SeSotho glaubten, dass man damit zum Magier gehen könne, der die in diesem Sand enthaltene „moya" verhexe. Dazu muss er nach Vorstellung der SeSotho ein Ritual vollführen, indem er die Blätter eines bestimmten Baumes kaut und in einem Kreis um sich herum ausspeit. Murmele der Magier dazwischen den Namen seines Opfers, so viele SeSotho-Informanten, führe dies unmittelbar zu dessen Tod.

Insbesondere unter den Zulu herrscht zudem Angst davor, dass die Vertrauten der Hexe (früher also z.B. der Tokoloshe) die insila aufsammeln und zur Hexe bringen. Dabei fürchten die Zulu auch den Verlust jeglicher Gegenstände, die einmal in nahem Kontakt mit der Person waren, z.B. Kleidungsstücke[145].

Auffällig ist bei der Anknüpfungsmagie, dass sie sich teilweise mit den Prinzipien der Muti-Wirkungen überlappt. Objekte, die in Kontakt mit dem Opfer waren, können nach Durchführung magischer Handlungen als Mittel gegen die Ursprungsperson eingesetzt werden. Auf der anderen Seite behalten die Gegenstände ihre Affinität auch insoweit, als Charakteristika der Person durch diese Gegenstände an andere Personen übermittelt werden können[146].

f) Imitativmagie

Imitativmagie[147] wird manchmal auch „Symbolmagie" genannt und bezeichnet eine Magieform, die sich an die gleichen Grundprinzipien wie die Mutimagie anlehnt. Auch bei der Imitativmagie geht man von der Übertragbarkeit der Charakteristika eines Gegenstandes aus. Im Unterschied zu den bisher erwähnten Praktiken handelt es sich hierbei jedoch um eine Magieform, die nicht als böswillige Magie betrieben werden kann, sondern nur als wohlwollende. Die Charakteristika eines Gegenstandes, Tieres oder anderen Menschen werden im Unterschied zur Muti-Anwendung aber nicht über die Substanz des Trägers, sondern über Imitation aufgenommen. Imitiert eine Person z.B. einen Löwen, so geht nach Ansicht der südafrikanischen Magier dessen proto-

[144] Siehe hierzu auch Bericht der Untersuchungskommission der Nordprovinz 1996, Seite 28.
[145] Berglund, Zulu thought patterns and symbolism, Seiten 288f.
[146] van Rooy, The world view of black people in South Africa, Seite 17.
[147] Dieser Begriff wurde erstmals verwendet von Junod, The life of a South African tribe, Seiten 369f.

typisches Charakteristikum der Stärke und Unbesiegbarkeit auf sie über. Im heutigen Südafrika ist diese Magieform kaum noch anzutreffen. Rudimentär sind noch einige Techniken bekannt, die jedoch allesamt eher aus rituell-traditionellen Gründen praktiziert werden, nicht um auf magischem Wege einen bestimmten Erfolg zu erreichen. Bei den Sotho gibt es z.B. einen Brauch, nach dem bei der Beerdigung eines Junggesellen durch Skulpturen o.ä. eine Frau imitiert wird, damit der Junggeselle nicht „unverheiratet“ sterben muss[148]. Auch das Begräbnis eines Opfertieres im Heimatdorf gewissermaßen als Stellvertreter des Verschollenen oder in der Fremde begrabenen Familienmitgliedes dient eher rituellen Gründen (der in der Ferne Verstorbene soll zu Hause repräsentiert werden, um seinen Ahnen näher zu sein). Die genannten Traditionen haben zwar auch eine Imitation zum Gegenstand, jedoch nicht im strengen magischen Sinn, denn es geht nicht um die Übertragung eines Charakteristikums.

Ein Beispiel für eine typische Tradition, die der Imitivmagie entspringt, ist der Initiationstanz der Mädchen bei den Venda. Bei diesem Tanz bilden die Mädchen eine Schlange und imitieren so eine Python, die in der Tradition der Venda das Charakteristikum der Fruchtbarkeit in sich trägt. Durch diese Imitation sollte ursprünglich die Fruchtbarkeit der Schlange auf die Mädchen übergehen. Der eigentliche magische Sinn steht heute zwar nicht mehr im Mittelpunkt des allgemein als „Tradition“ verstandenen Initiationsrituals, ist aber wesentlicher Bestandteil[149]. Bei den SeSotho beispielsweise imitieren die männlichen Initianten bei den Beschneidungsritualen ein starkes Monster, dessen Stärke auf die jungen Männer übergehen soll. Hier verhält es sich ebenso[150].

Erneut wird deutlich, worum es bei den ritual- oder handlungsbezogenen Magieformen geht: Die Übertragung von Eigenschaften soll nicht auf physikalischem oder rationalem Wege, sondern über einen magischen Transfer durch Imitation herbeigeführt werden.

g) Magie durch Vertraute der Hexe

Böswillige Magie kann auch durch Helfer begangen werden, nämlich durch die Vertrauten der Hexe. Diese Vertrauten sind im wesentlichen der oben erwähnte Tokoloshe[151], Zombies (also „Untote“) oder auffällige Tiere (z.B. Ameisenbären, Hyänen oder Fledermäuse). In der Regel[152] besitzt jede Hexe ein paar dieser Helfer, die in

---

[148] Vgl. van Rooy, The world-view of black people in South Africa, Seite 18.
[149] Jensen Krige / Krige The realm of a rain queen, Seite 232
[150] Für weitere Beispiele zur Imitationsmagie siehe Hammond-Tooke, Boundaries and belief , Seiten 98f.
[151] Siehe oben, Kapitel I 3. .
[152] Eine Ausnahme hierzu stellen die uninitiierten Hexen und manche alte Hexen bei den Zulu dar, vgl. Berglund, Zulu thought patterns and symbolism, Seite 276.

ihrem Auftrag leichtere magische oder gar profane Aufgaben verrichten, um dem Opfer zu schaden. Die magische Tradition vom oben[153] bereits gesondert behandelten Tokoloshe hat seinen Ursprung unter den Nguni, genauer gesagt wohl unter den Zulus, von deren Gebiet aus sich diese Magieform in den Transvaal ausbreitete[154]. Die Verwendung von Zombies und Tieren ist schließlich eine regionale Besonderheit bei den nördlichen Sothostämmen[155]. Diese Magieformen sind heute weitverbreitet in der Nordprovinz und Mpumalanga und dringen derzeit immer weiter Richtung Süden vor. Unter den SeSotho hingegen spielt die Magie mit Hilfe von Vertrauten nur eine untergeordnete Rolle. Diese bestehende regionale Begrenzung ergibt sich vor allem aus zwei Gegebenheiten. Die typischen Tiere, die Vertraute der Hexe sind, kommen in den nördlichen Provinzen der Republik Südafrika weitaus häufiger vor als in den anderen Landesteilen. Hinsichtlich der Zombies muss angenommen werden, dass diese magische Tradition ursprünglich von den Shona betrieben wurde. Erst durch den Kontakt der Shona mit den Tsonga und dadurch auch mit einigen nördlichen Sothostämmen kam diese Magieform endgültig in das Gebiet der heutigen Republik Südafrika.

Die Assoziation einzelner Tiere mit Hexen folgt einem bestimmten Muster: Tiere, die seltsame, für die einfach lebenden Völker nicht erklärbare oder zumindest verwunderliche Eigenschaften besitzen, wurden seit jeher mit besonderer Skepsis beobachtet. Die besonderen Eigenheiten der Tiere wurden dann mit Hexerei erklärt. Eulen und Fledermäuse sind beispielsweise deshalb auffällig, weil sie nachtaktiv sind. Für den traditionellen Afrikaner, der unter einfachsten Umständen lebt und der sich den allgemeinen Gefahren der Natur stetig ausgesetzt sieht, ist dies höchst verwunderlich. Insbesondere in den nördlichen Provinzen ist es z.B. angesichts der vielen nachtaktiven Raubtiere gefährlich, sich nachts außerhalb des Dorfes aufzuhalten. Die Erklärung, wie die Eule in einer solchen feindlichen Umgebung bestehen kann, wird daher in der Magie gesucht und gefunden. Eine Hyäne fällt durch ihre markerschütternden Rufe auf und besitzt neben ihrer Nachtaktivität eine weitere, für den einfachen Afrikaner kaum erklärbare Eigenheit, nämlich Aas zu fressen, was auf eine Kumulation von Charakteristika der gefressenen Tiere, ähnlich einem exzessiven Muti-Konsum, hinausläuft. Auch hier werden also seltsame Eigenschaften mit Hexerei erklärt[156]. Unspektakuläre

[153] Siehe oben, Kapitel I 3. .
[154] Niehaus, 63 (4) Africa 498 (1993), Seite 503
[155] Siehe z.B. S. v. Lukhwa en 'n ander, 1994 (1) SASV 53 (A),Seite 59 b-f.
[156] Weitere typische Vertraute der Hexen sind Schlangen (Northern Sotho: sibiri); Paviane (Northern Sotho: noga) oder Stinktiere (Northern Sotho: katse). Teilweise wird auch auf den Ameisenbär verwiesen. (Vgl. hierzu bspw. auch den Mitgliedsausweis der Sangomas der Traditional Healers Association der Nordprovinz, auf dessen Vorderseite sich das Abbild eines Ameisenbärs befindet. Die Verbindung zwischen Sangomas und Ameisenbären ist allerdings noch weitgehend ungeklärt. Nach einzelnen Informanten sei de Ameisenbär auffällig, weil er - ähnlich wie der Sangoma nach Wurzeln - im Boden nach Ameisen grabe.) Für detaillierte Beschreibungen und weitere Beispiele für typische Vertraute der Hexe siehe Jensen Krige / Krige, The realm of a rain queen, Seiten 251ff; Mönnig, The Pedi, Seiten 72-75; Hammond-Tooke, Boundaries and Belief, Seiten 98f.

Tiere wie Gazellen oder Zebras werden in keinem der südafrikanischen Stämme mit Magie assoziiert.

Zombies hingegen haben einen weitaus spektakuläreren Hintergrund: Zombies sind Untote, d.h. Verstorbene, die auf Geheiß der Hexe aus den Gräbern auferstehen. Nach der Auferstehung werden die Zombies von der Hexe kontrolliert und verrichten Dienste für sie[157]. *Balic*[158] ordnete diese Magieform ursprünglich ausschließlich den männlichen Hexen zu und ließ offen, ob auch das unbewusste „Aufwecken" eines Zombies möglich sei. Nachweise in dieser Hinsicht finden sich bei den Zulu und bei den Pondo, wo Zombies entweder mit dem Spaten ausgegraben werden müssen oder mit Hilfe eines Ameisenbärs als einem Vertrauten der Hexe[159]. Vom kosmologischen Grundverständnis her wird das Aufwecken der Zombies in allen Stämmen gleich erklärt: Die Hexe bringt auf magischen Wegen nur das „isithunzi"[160] in den Körper zurück und erweckt die wesentlichen Körperfunktionen mit Muti[161].

Hinter der in den nördlichen Provinzen weitverbreiteten Furcht vor den Zombies verbergen sich die eigentlichen Grundlagen dieses Glaubens: Durch die Einführung eines Zombies in die Weltanschauung werden auf individueller Ebene Todesängste auf ein übernatürliches Wesen projiziert. Mittelbar wird durch den Zombieglauben auch der Glaube an Hexen gestützt, wird dem traditionell lebenden Afrikaner nämlich dadurch vor Augen gehalten, dass die Macht der Hexen auch über den Tod des Menschen hinaus wirken kann[162].

h) Blitzschlag

Das spektakuläre Naturereignis von Blitz und Donner wurde von den traditionell lebenden Afrikanern stets in besonders hohem Maße gefürchtet. Aus dieser Furcht heraus bildeten sich Erklärungssysteme, wie Blitze entstehen und vor allem warum so

---

[157] Details finden sich bei Stadler, Generational relationships, Seite 194; Balic, 272 New African 32 (1990), Seiten 32/33; Hammond-Tooke, Boundaries and Belief, Seiten 99f; Mönnig, the Pedi, Seiten 73; Jensen Krige / Krige The realm of a rain queen, Seite 251.
[158] 272 New African32 (1990), Seite 32.
[159] Krige, The Social system of the Zulu, Seite 326, für die Pondo siehe Monica Hunter, Reaction to conquest, Seite 289. *Hunter* berichtet auch davon, dass die Familie eines Verstorbenen scharfe Steine oder Dornen auf das Grab legt, um die Hexe davon abzuhalten, die Leiche wieder auszugraben.
[160] Schattenattribut, siehe oben Kapitel I, bei Fußnote 3.
[161] Siehe für Details z.B. Krige, The social system of the Zulu, Seite 326.
[162] Vereinzelt wird auch angenommen, dass bei den Zulu der Zombieglaube mittlerweile als Durchsetzungsinstrument für sexuelle Zurückhaltung dient. *Berglund* z.B. beobachtete, dass Zombies für die Übertragung von Geschlechtskrankheiten und AIDS verantwortlich gemacht werden. Dieser Glaube basiere auf der Annahme, der Vertraute der Hexe habe Geschlechtsverkehr mit der Hexe. Im Extremfall würden sogar Liebhaber eines verheirateten Zulu als Zombies betrachtet, siehe Berglund, Zulu thought patterns and symbolism, Seite 278-286 m.w.N.

viele Menschen von Blitzen getötet werden[163]. Alle diese Erklärungssysteme im südlichen Afrika unterscheiden zwischen zwei Formen des Blitzschlages, nämlich dem „natürlichen" Blitzschlag und dem magisch induzierten Blitzschlag. Fernes Donnergrollen oder Wetterleuchten wird stets als „natürliches" Gewitter betrachtet. Trifft ein Blitz aber ein Haus oder gar einen Menschen, rechnet man diesen Blitz der böswilligen Magie einer Hexe, manchmal auch einem aggressiven Sangoma zu[164].
In vielen südafrikanischen Stämmen hält man den sogenannten „impundulu"[165] für Blitz und Donner verantwortlich. Bei diesem handelt es sich um einen Vogel, der die Blitze aus einer Wolke schleudert. Wie Zombie und Tokoloshe ist auch er ein Vertrauter der Hexe und handelt auf ihr Geheiß. Man glaubt also, dass die Hexe den impundulu dazu benutzt, Menschen mittels Blitzschlag umzubringen[166]. Dieser Glaube war ursprünglich nur bei den Nguni zu finden, hat sich aber bereits vor Jahrzehnten auch bei den nördlichen Sothostämmen durchgesetzt[167].

Bei den Zulu bestand allerdings eine weitere Erklärung für den Blitzschlag: Gott selbst schicke manchmal einen Vogel als seinen Vertrauten, der den Menschen gewissermaßen zu sich hole. Diese Art des Todes wird nur in Ausnahmefällen als solche erkannt, weil sie vom Tod durch den Impundulu vorerst nicht zu unterscheiden ist. Erst ein Sangoma kann den Tod deuten. Die Todesart, durch den Blitzvogel Gottes geholt zu werden, ist hoch angesehen und setzt eine Beerdigungsprozedur in Gang, die sich von einer normalen Trauerzeremonie unterscheidet, weil der Betroffene nicht in den Ahnenstand erhoben, sondern bei Gott gewähnt wird[168].

---

[163] Die hohe Zahl der Opfer durch Blitzschlag in Südafrika dürfte vor allem dadurch bedingt sein, dass weite Teile des Landes baumlos sind. Dazu kommt die geographische Beschaffenheit des Landes: An der großen Randstufe steigen die feuchten Luftmassen vom indischen Ozean kommend steil an und treffen dort auf die erheblich kühlere, trockene Luft des Highvelds; in den Drakensbergen der östlichen Kapprovinz, in KwaZulu-Natal sowie in den östlichen Teilen der Nordprovinz und in ganz Mpumalanga gibt es deshalb sehr oft Gewitter, teilweise sogar täglich. Hinzu kommt die bereits genannte typische Bauweise der Rundhütten, deren Strohdach meist mit einer Blechkappe als Spitze versehen ist.

[164] Siehe z.B. Stadler, 55 (1) African Studies 87 (1996), Seite 92. In S. v. Mojapelo, 1991 (1) SASV 257 (TPD) hatte ein Angeklagter eine angebliche Hexe getötet, die vorher einen Menschen mit Blitzschlag umgebracht zu haben beschuldigt worden war. Der Versuch des Oberlandesrichters *Hartzenberg* (S. v. Mojapelo, 1991 (1) SASV 257 (TPD), Seite 258 (F)), dem Angeklagten zu erklären, dass es sich bei Blitzschlag um ein physikalisches Phänomen handele, scheiterte schon an der Unkenntnis des Richters, dass es nach afrikanischer Ansicht diese zwei verschiedene Formen von Blitzschlag gibt. Für weitere Fälle von böswilligem Blitzschlag siehe S. v. Dikgale, 1965 (1) SA 209 (A), Seiten 211 A und 212 B, wo das Opfer einer Hexentötung offenbar mit Tötungen anderer durch Blitzschlag sein Geld verdiente oder S. v. Motsepa en 'n ander, 1991 (2) SASV 462 (A), Seite 463 i.

[165] Zulu / Xhosa, z.T. auch „Umpundulu". Bei den Northern Sotho heißt der Blitzvogel „nonyana ya tdladi".

[166] Diese Ansicht findet sich in vielen Gerichtsentscheidungen zu Morden an angeblichen Hexen wieder, vgl. z.B. S. v. Motsepa and another, 1991 (2) SASV 462 (A); R. v. Bungweni and another, 1959 (3) SA 142 (ECD) oder der eben genannte Fall S. v. Mojapelo, 1991 (1) SASV 257 (TPD).

[167] Vgl. Jensen Krige/Krige The realm of a rain queen, Seiten 254f m.w.N. .

[168] Detaillierte Übersicht bei Berglund, Zulu thought patterns and symbolism, Seite 40.

In den nördlichen Provinzen der Republik Südafrika gibt es daneben noch weitere Erklärungssysteme für den Tod durch Blitzschlag. Eine besonders spektakuläre Erklärung ist der Glaube, dass eine Hexe auf einem Tablett magische Gegenstände (darunter ist immer eine Pfauenfeder) zusammen mit einem Hammer und einem Spiegel schüttele. Dem Glauben nach werden Hammer und Spiegel zusammen mit einem Mann in den Himmel projiziert und der Mann blendet sein Opfer zuerst mit dem Spiegel (Blitz), um dann auf die Erde herunterzufahren und sein Opfer mit dem Hammer zu erschlagen (Donner)[169].

i) Rituelle Magie

Obgleich rituelle Magie weniger oft als die bisher genannten Magiearten im südlichen Afrika vorkommt, finden sich regelmäßig Fälle, in denen für böswillige Magie ein Ritus allein ausreicht, um eine negative Folge bei einem Opfer herbeizuführen. Manchmal entsteht die Wirkung beim Opfer auch durch eine Verbindung von Ritus und einer anderen Magieform.

Im Wesentlichen folgen alle Riten dem Grundprinzip der psychologischen Induktion, welches oben bereits bei der Magie durch Worte dargestellt wurde[170]. Die Hexe führt einige, anderen Personen unverständliche Handlungen durch, die darauf abzielen, die psychologischen Mechanismen beim Opfer in Gang zu setzen. Dabei sollen die rituellen Handlungen entweder die Wirkung einer anderen Magieform (z.B. Muti) auf eine andere Person lenken oder die magischen Kräfte durch die rituelle Handlung selbst entstehen und unmittelbar auf das Opfer einwirken. Eine typische Mischform von ritueller Magie mit der Mutianwendung z.B. ist das Anbringen von Muti an den Schlafstellen des Opfers in Verbindung mit einem Aktivierungsritus: Insbesondere in den nördlichen Landesteilen ist der Glaube fest verwurzelt, dass eine nachts nackt im Dorf umherkriechende Frau einen Ritus durchführt, der geeignet ist, das in den Schlafstätten eines anderen heimlich angebrachte Muti zu aktivieren und das Opfer umzubringen. Nacktheit und Durchführung der Tat zwischen Sonnenuntergang und Sonnenaufgang sind strenge Voraussetzungen für die Wirksamkeit der rituellen Handlung[171].

Ein ähnlicher Akt, der allerdings von der magischen Konstruktion her vom erstgenannten Beispiel abweicht, ist bei den Venda bekannt. Die Hexe lässt durch einen Zau-

---

[169] Vgl. Niehaus, 63 (4) Africa, 498 (1993) , Seite 504. Weitere Erklärungssysteme, die den Blitzschlag in den Bereich der Anknüpfungsmagie bringen, finden sich im Bericht der Untersuchungskommission für die Nordprovinz, 1996, Seite 28.

[170] Siehe oben, Kapitel I 5. c).

[171] Siehe Larson, 12 (4) S.Afr.J.Ethn. 131 (1989), Seite 133; Minaar et al.: To live in fear, Seite 17. Beispiele aus der Gerichtspraxis: S. v. Dikgale, 1965 (1) SA 209 (A); S. v. Phuravhatha and others, 1992 (2) SACR 544 (VSC); S. v. Mathoka and others 1992 (2) SASV 443 (NC).

berspruch die Opfer in tiefen Schlaf fallen. Sodann kriecht sie nachts nackt mehrfach um die Hütte der Opfer und entzieht ihnen durch diese Handlung die Lebenskraft[172]. Im Unterschied zum erstgenannten Beispiel fließt hierbei die magische Kraft unmittelbar und allein aus dem Ritus; sie bedarf keines weiteren Mediums, um die gewünschte Folge herbeizuführen.

Insbesondere die genannten Beispiele der rituellen Magie machen deutlich, dass auch hier lediglich Verhaltensnormen durchgesetzt werden sollen: Anhand des Beispieles der nachts nackt im Dorf umherschleichenden Frau wird ersichtlich, dass hier der traditionelle Grundwert der sexuellen Zurückhaltung durchgesetzt werden soll. Wandert nachts eine Frau nackt um fremde Hütten und Schlafstellen herum, setzt sie sich also nicht nur der Gefahr von Eifersüchteleien, sondern eventuell sogar Hexereibeschuldigungen aus.

j) Die Astralprojektion

Sehr umstritten und noch nicht bis ins letzte Detail erforscht ist die Praxis der Astralprojektion. Offensichtlich handelt es sich hierbei um eine verhältnismäßig junge Magieform, die erst durch den Einfluss der kolonialen Staatsorganisation entstehen konnte. Bei der Astralprojektion verlässt der Geist des Magiers den Körper und fliegt durch die Luft, legt dabei große Entfernungen zurück und schadet dem Opfer, welches sich an weit entfernten Orten aufhält[173]. Frühere Untersuchungen haben gezeigt, dass diese Magieformen zumindest bei den Pondo und bei den BaSotho völlig unbekannt war[174]. Bis heute sind viele Fragen in dieser Richtung ungeklärt; insbesondere steht nicht einheitlich fest, ob diese Magieform bewusst praktiziert werden muss oder auch unbewusst ausgeübt werden kann. Unter den Zulu glaubt man, dass der Geist der Hexe sich in ihren Träumen völlig vom Körper loslöst, die Magie also unbewusst durchgeführt wird[175]. Ähnlich glaubt man bei den Venda, dass das Schattenattribut den Körper der Hexe verlässt und durch die Luft reist[176]. Bei den Zulu hingegen findet man auch vereinzelt die Vorstellung, dass insbesondere die jungen Hexen sich selbst mit Hilfe ihrer Vertrauten in die Luft begeben[177]. Bei meinen Feldforschungen unter den Se-

---

[172] Siehe Minaar et al., To live in fear, Seite 17.
[173] Motshegka, 25 (2) Codicillus 4 (1984), Seite 7; Fisiy/Geschiere in Werbner/Ranger (Eds.): Postcolonial identities in Africa, Seiten 193ff auf Seite 200.
[174] Ausdrücklich in diesem Sinne äußerten sich Junod, The life of a South African tribe, Volume II, Seite 508 (Basotho) und Monica Hunter, Reaction to conquest, Seite 295 (Pondo).
[175] Vgl. Berglund, Zulu thought patterns and symbolism, Seite 254. Nach *Berglund* glauben die Zulu dass diese Magieform von jenen ausgeübt wird, die morgens noch müde sind, wenn sie aufwachen.
[176] Kriel Louw, Witchcraft among the Southern Bantu, Seite 31.
[177] Siehe Berglund, Zulu thought patterns and symbolism, Seite 256.

Sotho traf ich mehrmals auf Sangomas, die behaupteten, ihre ditaola könnten fliegen und als Träger der magischen Kraft Taten verrichten.

Es muss allerdings angenommen werden, dass sich diese Form der Magie erst in diesem Jahrhundert entwickelt hat. Dies ergibt sich aus der veränderten Sozialstruktur nach der Kolonialisierung. Zuvor bestanden die sozialen Systeme vor allem in Familien- und Kraalseinheiten, höchstens Stammeseinheiten. Ein sozialer Austausch über den Nahbereich hinaus fand also kaum statt. Demzufolge bestand zu dieser Zeit auch keine Notwendigkeit zur Hexerei über größere Distanzen. Ein Einzelfall dieser Hexereiform wurde zwar aus den Zwanziger Jahren bei den Tswana berichtet[178], jüngere Forschungen bei den Xhosa haben die These unterstützt, dass es sich um eine sehr junge magische Tradition handelt[179].

6. Religion und südafrikanischen Kosmologie

Ein aus europäischer Sicht bemerkenswertes Charakteristikum der südafrikanischen Kosmologie ist, dass in ihr Hexenglaube, Ahnenkult sowie christliche, zionistische und mohammedanische Religionen nebeneinander existieren. Überraschend ist dies für den Europäer vor allem deshalb, weil es sich nach heutigem europäisch-christlichen Verständnis um nicht miteinander kompatible Systeme handelt. Auf dem europäischen Kontinent wurde nach den Wellen der Hexenverbrennungen der Glaube an Magie und Hexen fast völlig zurückgedrängt. Vor allem die dominante und aggressive Rolle der christlichen Kirchen führt in Europa zu einer Auslöschung des Hexenglaubens und der damit zusammenhängenden Kosmologie[180]. Bereits im spätrömischen Reich war der Hexenglaube einmal vom Christentum fast verdrängt worden, indem das Christentum mit seinem gottesbezogenen Weltbild ein vollständiges kosmologisches Erklärungssystem darstellte, welches die alten Erklärungssysteme ersetzen konnte[181].

Ganz anderer Auffassung ist man im südlichen Afrika: Hexenglaube, Ahnenkult, Glaube an Magie und Wunderheilung gehen hier mit der Religion christlicher, zionistischer oder muslimischer Prägung eine bemerkenswerte Symbiose ein. Innerhalb der südafrikanischen Kosmologie erhält die Religion ebenso einen festen „Zuständigkeitsbereich" wie die Hexen und die Ahnen. Die weißen Richter, die über die aus dem Hexenglauben resultierenden Straftaten zu urteilen hatten, taten dies aus einem europäisch geprägten,

---

178 So Shapera, The Crime of sorcery, Seite 20, der traditionelle Gerichtsentscheidungen zu einem Muti mit Distanzwirkungen (sog. „maromela") zitiert.
179 Hammond-Tooke, 40 (1) Africa 25 (1970), Seite 28.
180 Ausführliche Überblicke über diesen Vorgang bieten Thomas, Religion and the Decline of Magic sowie, kompakter, Sagan 49 Social Inquiry, Seiten 87ff.
181 Brown, Sorcery, Demons, and the rise of Christianity, in: Witchcraft: Confessions and accusations, Seite 28.

reformierten christlichen Hintergrund heraus und waren entweder nicht in der Lage oder nicht willens, bei der Beurteilung der Fälle ein afrikanisches Bild von Religion und Hexerei zugrunde zu legen.

Alle Sangomas, die ich während meiner Nachforschungen im Gebiet des Oranje Freistaates und in der Nordprovinz befragte, gaben an, gläubige Christen zu sein[182]. Gläubige Christen andererseits bekannten sich umgekehrt ebenso häufig zu Hexenglaube und Ahnenkult. Es sind Extremfälle bekannt, in denen sogar Pfarrer ihre Kirchen mit Muti behandelten, um mehr Besucher in den sonntäglichen Gottesdienst zu locken[183]. Einige Apostolische Priester bieten Weissagung und Mutianwendung als Dienstleistung im Namen der Kirche an[184]. Zwar wurde mir vereinzelt berichtet, dass insbesondere gläubige Christen sich schämten, öffentlich zu den traditionell afrikanischen Weltanschauungen zu stehen, jedoch wurde mir zeitgleich versichert, dass diese Leute dann eben „bei Nacht zum Sangoma" gingen. In anderen Teilen Afrikas war der Islam ebenso unfähig wie das Christentum im südlichen Afrika, die traditionell afrikanische Kosmologie zu schwächen, geschweige denn zu vernichten. Die treibenden Kräfte der großen Hexenjagden im Sudan 1974 waren beispielsweise hochangesehene Moslems[185]. Dort, wo der Islam im südlichen Afrika präsent war, wurde auch diese Religion in die afrikanische Kosmologie eingebaut; aus dem vormaligen Nyasaland sind z.B. Fälle bekannt, in denen traditionell afrikanische Weissagung mit Hilfe des Korans betrieben wurde[186].

Sehr offensichtliche Verbindungen zwischen Religion und afrikanischer Kosmologie werden seit jeher von der Zionistischen Kirche berichtet. Die Zionisten bauten vor allem darauf, dass nach deren Glaube Heilung von Krankheiten durch Weissagung anerkannt war. Als die Missionare aus den USA nach Afrika kamen, hatten sie gegenüber anderen Religionen den „Vorteil", auf bereits bestehende Strukturen bauen zu können; sie hatten es somit einfacher, ihre Glaubensrichtung durchzusetzen, indem sie sie einfach in die afrikanische Kosmologie einbauten. Diese Nähe der Zionisten zu den traditionell afrikanischen Weltanschauungsmodellen wurde ihnen aber auch zum Verhängnis; zahlreiche Verurteilungen zionistischer Priester nach den Hexenunterdrückungsgesetzen und Verwicklungen in typische Hexenkriminalität waren die Folge dieser

---

[182] Vgl. ebenso die Entscheidung R. v. Mogqi, 1935 EDL 214, Seite 215, wo der Angeklagte sich als Sangoma anpries, der die Verbindungen von Christentum und Magie besonders gut ausnutzen könne.
[183] Bericht der Untersuchungskommission der Nordprovinz 1996, Seite 28.
[184] Stadler, Generational Relationships, Seite 186, Bericht der Untersuchungskommission der Nordprovinz 1996, Seiten 30 und 50f; Broster, Amaqghira, Seite 117.
[185] Chukkol, 25 Journal of the Indian Law Institute 444 (1983), Seite 469; zur Frage der Kollision des Islam mit der afrikanischen Kosmologie siehe auch Nadel , 8 (4) Africa 423 (1935), Seiten 423f; Offiong, 53 (3) Africa 73 (1983), Seite 73.
[186] Marwick, Sorcery in its social setting, Seite 89

Annäherung[187]. Auch aus anderen Teilen Afrikas wurden von einigen spiritualistischen Kirchen ähnliche Verfahrensweisen berichtet; auch dort hatten die Kirchen mit der Angleichung ihrer Weltanschauung an die afrikanischen Gegebenheiten Erfolg[188].

Innerhalb der südafrikanischen Kosmologie entwickelte sich die Rolle der importierten christlichen Religion wie folgt: Bevor die Missionare im südlichen Afrika ankamen, kannten die meisten Stämme mindestens ein übergeordnetes Wesen, einen Gott, der nur vage beschrieben und insgesamt sehr weit weg vom Geschehen auf Erden verstanden wurde[189]. Dieser Gott oder diese Götter wurden als Schöpfer der Erde akzeptiert, aber nicht mit dem täglichen Leben in Verbindung gebracht. Als die christlichen Missionare im südlichen Afrika mit ihrer Missionarsarbeit begannen, begingen sie einen folgenschweren Fehler: In dem Willen, sich die Sympathie der afrikanischen Bevölkerung leichter zuteil werden zu lassen und um das Verständnis der christlichen Religionen zu fördern, ersetzte man den afrikanischen übergeordneten Gott einfach durch den christlichen. Aus afrikanischer Sicht änderte sich also nur der Name des Gottes. Teilweise sparten sich die Missionare sogar die Namensänderung: Bei den Pedi wurde bei der Übersetzung der Bibel für das Wort „Gott“ sogar der einheimische Name für den afrikanischen Himmelsgott „modimo“ verwendet[190]. Auch die Figur der Hexe konnte aus dem christlichen Weltbild übernommen werden; die Untersuchungskommission der Nordprovinz hat eindringlich darauf hingewiesen, dass die Einwohner der Nordprovinz die Bibel teilweise als Beweis für die Existenz von Hexen und darüber hinaus manchmal sogar als Legitimation zu deren Tötung ansehen[191]. Aus Zimbabwe wird berichtet, dass dort Fälle des Exorzismus mit afrikanischem Hexenglauben vermengt wurden[192]; auch hier ist also zu vermuten, dass die christlichen Missionare keine große Distanz zu den afrikanischen Weltanschauungsmodellen eingehalten haben.

Unzweifelhaft erkennen die Stämme im südlichen Afrika heute den christlichen Gott als höchstes Wesen in der Hierarchie der kosmologischen Ordnung an, obwohl sich ein völlig anderes Grundverständnis dahinter verbirgt[193]. Wie der afrikanische Gott wird der christliche Gott zwar als Schöpfer der Welt verstanden, er ist jedoch weit davon entfernt, irgendwelche Einflüsse auf das tägliche Leben zu haben. Wenn ein tradi-

---

[187] Siehe z.B. S. v. Dlamini, 1975 (3) SA 629 (NPD); S. v. Matala and others, 1993 (1) SACR 531 (A).

[188] Offiong, 53 (3) Africa 73 (1983) , Seiten 73f

[189] Die Sotho nannten ihn „modimo“;, die Zulu „Nkulunkulu“, die Xhosa „Dali“ oder „ Qamatha“; für weitere Bezeichnungen und Details siehe Hammond-Tooke, Creed and confession in South African ancestor religion, Seite 2.

[190] Siehe Mönnig, The Pedi, Seite 45; Hammond-Tooke, Boundaries and Belief, Seite 85. Bei den Shona geschah offensichtlich das gleiche, vgl. Gelfand, The African witch, Seiten 170f. Zu diesem Komplex vgl auch Porterfield, 66 (1) Church History 67 ff (1997).

[191] Bericht der Untersuhungskommission für die Nordprovinz, 1996, Seite 13

[192] Hayes, 23 (3) Missionalia 339 (1995), Seite 346 m.w.N.

[193] Van Rooy, The traditional world-view of Black people in Southern Africa, Seiten 5 und 12

tionell lebender Afrikaner mit alltäglichen Problemen konfrontiert wird, wendet er sich in der Regel an die Ahnengeister. Im Falle eines außergewöhnlichen Vorkommnisses oder Unglückes wird dieses ebenso den Ahnengeistern, den Hexen oder deren Vertrauten zugeschrieben; Gott wird wie gesagt als weit entferntes Wesen betrachtet, welches mit dem täglichen Leben nichts zu tun hat.

Neben der schlichten Verwechslung des afrikanischen mit dem christlichen Gott gab es noch weitere Gründe für das Scheitern der Missionare in ihrem Bestreben, Hexenglauben und Ahnenkult aus der Gegend des südlichen Afrika zu vertreiben. Untersuchungen haben gezeigt, dass man nach kurzer Zeit dazu überging, „geringere Übel" wie den Ahnenkult zu akzeptieren, da dieser nach Ansicht der Kirchen nicht mit dem Christentum kollidierte[194]. Ob diese Kompromisse der christlichen Missionare aufgrund der Annahme geschlossen wurden, das Christentum so schneller etablieren zu können, oder ob dies aus grober Verkennung des tatsächlichen Einflusses des afrikanischen Weltbildes geschah, ist bis heute ungeklärt.

Andere Studien sehen als Hauptgrund dafür, dass die Christianisierung den Glauben an Magie und Ahnen nicht aus den Köpfen der Einheimischen getrieben hat, darin, dass die in sich gespaltene christliche Kirche und deren viele Untergruppierungen im südlichen Afrika nicht in der Lage war, ein einheitliches Weltbild zu bieten, welches stärker war als die existierende afrikanische Kosmologie[195].

Mitursächlich war sicher auch die große Zurückhaltung der christlichen Missionare bei Fragen des traditionellen Krankheitsverständnisses. Die Missionare brachten das System des bio-medizinischen Heilens mit nach Afrika, von dessen Wirkung die afrikanische Bevölkerung nicht überzeugt werden konnte[196]. Der Versuch, den einheimischen Afrikanern zu vermitteln, dass Medizin und Heilkunst nach physiologischen Kategorien funktionieren, scheiterte zum einen deshalb, weil innerhalb der schwarzen Bevölkerung kaum humanbiologisches Wissen vorhanden war, auf dem man ein modernes Verständnis von Medizin hätte aufbauen können. Zum anderen behandelten die weißen Mediziner nicht die sozialen Ursachen der Krankheiten. Die „moderne" christliche Weltanschauung ließ aus afrikanischer Sicht mit der Heilkunst also einen wichtigen Lebensbereich offen und überließ ihn einer eigenen Disziplin. Das gleiche gilt für die Weissagung. Durch das Festhalten an traditioneller Medizin und Weissagung verblieben dem Sangoma seine wesentlichen Arbeitsfelder und Einflussmöglichkeiten. Aus den oben genannten Gründen hatte dies zur Folge, dass auch der Glaube an Magie und Hexerei konserviert wurde.

[194] Hayes, 23 (3) Missionalia 339 (1995); Kriel Louw, Witchcraft among the Southern Bantu, Seiten 235ff

[195] So etwa Kgatla, 23 theologia viatorum 140 (1996), Seiten 149f.

[196] ähnlich: Hayes, 23 (3) Missionalia 339 (1995), Seite 345

Unter den verschiedenen Erklärungsversuchen überzeugt vor allem der gesamtheitliche soziologische Ansatz, der im wesentlichen von *Audrey Richards*[197] begründet wurde: Durch die Kolonialisierung wurden afrikanische Grundwerte verändert und die vorher segmentär organisierte Gesellschaft völlig neuen Lebensbedingungen unterworfen. Die daraus entstehende Instabilität konnte das Christentum aufgrund eines folgenschweren Fehlers nicht auffangen. Nachdem die christlichen Missionare nämlich gemerkt hatten, dass sie trotz erheblicher Mühen die angestrebten Ziele nicht erreicht hatten und sich ein gesamtafrikanisches Weltbild mit einem christlichen Gott als kleinem Teil dieses Weltbildes durchzusetzen begann, versuchte man die radikale Missionierung. Das daraus resultierende resolute Auftreten der christlichen Missionare baute im wesentlichen auf Verängstigung und Drohung mit Höllenqualen auf und war somit wenig geeignet, den Glauben an Hexen zu erschüttern; vielmehr förderte es ihn geradezu noch im Zusammenspiel mit einer veränderten Grundwertordnung, in der sich viele der Einheimischen nicht zurechtfanden.

Alles in allem wird somit klar, warum die Zionisten größere Erfolge bei der Missionierung des Kontinentes hatten als die Christen: Die christliche Weltsicht ließ aus afrikanischer Sicht mangels Berücksichtigung der Heilkunde und der Weissagung viele Lücken offen, die die Zionisten durch ihren eigenen Glauben an Heilung durch Weissagung auffüllen konnten. Konsequenterweise hatten es die Zionisten auch einfacher, den Exzessen von Hexenmorden zu begegnen; durch den Einsatz ihrer Weissager konnten die Zionisten erreichen, dass ihre Anhänger zunehmend von Hexentötungen absahen, indem man den Afrikanern einfach das (in Zentralafrika teilweise etablierte) Prinzip der „Hexenheilung" nahelegte[198]. Durch die Anerkennung der Heilung durch Weissagung gelang es den Zionisten, den Afrikanern eine Weltsicht zu präsentieren, die alle wesentlichen Lebensbereiche abdeckte und mit der sich die afrikanischen Ureinwohner deshalb leichter identifizieren konnten. Innerhalb dieser neuen Weltsicht spielte die zionistische Religion eine übergeordnete Rolle. Hingegen wurden christliche Glaubensinhalte nur in die bereits bestehende afrikanische Weltsicht eingebaut; letztere regiert weite Teile der christlichen Bevölkerung noch heute. Dieses kosmologische Grundverständnis, dass der christliche Gott wie Hexen, deren Vertraute, die Ahnengeister und der Sangoma einen begrenzten Verantwortungsbereich haben, wird heute aus dem gesamten Afrika südlich der Sahara berichtet. Es bleibt zu bezweifeln, ob angesichts dieses stabilen kosmologischen Weltbildes im südlichen Afrika das Christentum jemals in der Lage sein wird, die aus dem Hexenglauben resultierenden,

[197] 8 (4) Africa 448 (1935), Seiten 458 und 460, gefolgt von Philip Mayer, Witches, Seite 15
[198] Hayes, 23 (3) Missionalia 339 (1995), Seite 347

im zweiten Kapitel dargestellten Exzesse zu beenden. Hoffnungen, die in dieser Richtung immer wieder geäußert werden[199], müssen als verfrüht bezeichnet werden.

Als Ergebnis bleibt festzuhalten: Jedes der genannten Elemente und jede der genannten Figuren hat in der südafrikanischen Kosmologie einen fest umgrenzten Aufgabenbereich. Gott wird zwar verehrt und wohlwollend als der Schöpfer der Welt verstanden, zugleich ist er aber so weit von den Geschehnissen auf Erden entfernt, dass er nicht mit dem täglichen Leben in Verbindung gebracht werden kann. Die Ahnengeister arbeiten als „kollektives Gewissen" , die Hexe mit ihren Vertrauten als Verantwortliche für Unglücksfälle. Der Tokoloshe kann entweder als Vertrauter der Hexe angesehen werden oder als Kobold mit Teufelscharakter. Der Sangoma vereint als Heiler und Weissager alle - positiven und negativen - kosmologischen Elemente in einer Person und stabilisiert das gesamte Weltbild.

Jedes Element übernimmt darüber hinaus die genannte feste soziale Funktion, ohne welche das gesamte afrikanische Wertesystem und sein Normdurchsetzungssystem kollabieren würden. Insbesondere die Hexe ist aus diesem Weltbild nicht wegzudenken. Die Hexe fungiert als Ventil der Gesellschaft. Streitigkeiten werden anhand von Hexereibeschuldigungen gelöst, andere Konflikte durch die Bedrohung der Anschuldigung vermieden. Die Durchsetzung von Verhaltensnormen erfolgt ausschließlich auf dem Gebiet der Magie, größtenteils über die Hexen. Überspitzt könnte man sagen, dass bei den sozialen Funktionen dem Hexenglauben eine essentielle Bedeutung zukommt; vernichtete man den Hexenglauben, so bräche mit dem gesamten kosmologischen Erklärungsbild mangels alternativer Normdurchsetzungsmechanismen auch das Wertesystem im südlichen Afrika zusammen[200].

Nicht nur die Missionare gingen fatalerweise davon aus, diese Weltsicht in „gefährliche" und „ungefährliche" Elemente teilen zu können. Nachfolgend wird dargestellt werden, dass die Kolonialherren auch als Gesetzgeber und als Richter diesen Fehler machten: Die „ungefährlichen Elemente" wie der Ahnenkult und traditionelle Kräutermedizin wurden durch das koloniale Recht toleriert, Hexerei und Weissagung hingegen verboten und mit Gesetzen bekämpft. Dieses konzeptionelle Missverständnis und das Unvermögen, die Untrennbarkeit der afrikanischen Weltsicht zu erfassen, führte zu einer Rechtslage, die heute für den traditionell lebenden Afrikaner ebenso unverständ-

---

[199] Der Bericht der LeRoux Untersuchungskommission, Seite 97, nannte 1992 Christentum und Religion als einzige Lösung des Hexenmordproblemes. Der Bericht der Untersuchungskommission der Nordprovinz 1996, Seiten 50ff und 60ff, sieht diesen Lösungsansatz sehr viel skeptischer.

[200] Lucy Mair hat den Hexenglauben einmal einen „maßgeblichen Teil des Glaubens an das Universum als moralisches Ordnungssystem" bezeichnet, siehe 4 Cahier des Etudes africaines 335 (1964), Seite 335. Nach meiner Ansicht muss man jedoch so weit gehen, den Hexenglauben als einen „unverzichtbaren Teil" des ethischen und moralischen Ordnungssystem zu bezeichnen, weil er gleichzeitig das Durchsetzungssystem für sozialkonformes Verhalten darstellt.

lich wie impraktikabel ist. Wie die Missionare duldeten auch Dorfpolizisten und Gerichte weite Teile der afrikanischen Kosmologie. Doch wenn ein Afrikaner seine Konsequenzen aus der „erlaubten“ afrikanischen Kosmologie zog und zum Beispiel aufgrund des Rates eines Sangoma eine Hexe verbrannte, trat die koloniale Staatsgewalt mit dem Schwert des Gesetzes zur Türe herein.

II. Kosmologiebezogene Kriminalitätsformen

Die oben genannten kosmologischen Vorstellungen bringen Handlungsmuster mit sich, die nicht selten dazu führen, dass ein Beteiligter gewaltsam ums Leben kommt. Weil die bisher überwiegend weiß besetzten Strafverfolgungsorgane kaum Kenntnisse über die südafrikanischen Weltanschauungsmodelle hatten, konnten die kosmologischen Hintergründe der Tötungen nicht, bzw. nicht ausreichend in deren rechtliche Bewertung einfließen. Die Täter wurden schlechthin als „kriminell" eingestuft und in der Regel schwer bestraft.

Betrachtet man die Einzelfälle der weltanschauungsbedingten Kriminalität näher, so erkennt man, dass diese meistens einer von sechs Fallgruppen zugeordnet werden können. Letztere sind bei näherem Hinsehen klar voneinander abgrenzbar und beruhen auf unterschiedlichen Vorstellungen und Motiven.

1. Typische Fallgruppen

Die spektakulärste Form des auf dem Hexenglauben beruhenden strafrechtlich relevanten Handelns sind die Hexentötungen, die entweder verdeckt in privatem Umfeld oder anlässlich von öffentlichen, großangelegten Hexenjagden auf Dorfebene stattfinden.

Die zweite Fallgruppe bilden die sogenannten Tokoloshe-Morde. Hierbei tötet eine Person einen Menschen, den sie irrtümlich für einen Tokoloshe gehalten hat. In diesen Fällen bringen die Betroffenen also eine angebliche Hexe oder einen angeblichen Tokoloshe ums Leben, um sich selbst vor deren böswilligen Taten zu schützen.
Die dritte Fallgruppe der kosmologiebedingten Straftaten sind die sogenannten „rituellen Tötungen". Sie zielen auf die Herbeiführung eines Erfolges im Wege der magischen Kausalität ab; die Tötungshandlung ist hierbei also ein Mittel der rituellen Magie.
Aus einem anderen Bereich der südafrikanischen Kosmologie, nämlich aus dem Glauben an traditionelle Medizin, stammt die vierte Form der weltanschauungsbedingten Kriminalität, die sogenannten Muti-Morde. Hier wird das Opfer umgebracht, um aus dessen Körperteilen traditionelle Medizin zu gewinnen. Ritualmorde und Muti-Morde richten sich also nicht gegen vermeintliche magische Aggressoren, sondern gegen unbeteiligte Personen.

Zwei weitere Formen der kosmologiebezogenen Kriminalität sollen hier nicht näher behandelt, sondern nur der Vollständigkeit halber kurz erwähnt werden: Die Kunstfehler der Sangomas und das sogenannte „Ordal".

Die Kunstfehler des Sangomas äußern sich in Tod oder Krankheit eines Patienten nach Anwendung einer traditionellen Medizin. Als Beispiel möge der Fall *R. v. Zanhibe*[1] dienen, in dem ein Sangoma versucht hatte, böse Geister aus dem Körper des Patienten zu vertreiben. Der Sangoma benutzte dazu heißen Wasserdampf. Der Patient erlitt schwerste Verbrennungen, an denen er kurz darauf verstarb.

Das Problem der ärztlichen Behandlungsfehler kann jedoch nicht beschrieben werden, ohne sehr tief in die Grundlagen der traditionellen Medizin einzudringen. Eine ausgiebige Erforschung und Darstellung der entsprechenden Hintergründe würde den Rahmen der vorliegenden Arbeit sprengen. Zweitens existieren fast keine Berichte oder Erfahrungswerte in diesem Bereich. „Unfälle" bei Behandlungen durch Sangomas werden aus Angst vor den Kräften des Sangomas nicht gemeldet, geschweige denn polizeilich verfolgt. Verlässliches Datenmaterial liegt bis heute nur sehr eingeschränkt vor. Die wenigen Informationen reichen nicht aus, um Regelhaftigkeiten finden zu können. Deshalb wurde auf eine nähere Darstellung verzichtet.

Ordale sind Proben, die dem europäischen Gottesurteil entsprechen. In vielen Teilen Afrikas verabreicht man den der Hexerei Verdächtigten ein Muti-Gift. Ein Unschuldiger, so glaubt man, erbricht die giftige Substanz und beweist damit seine Unschuld. Personen, die hingegen böswillige Hexerei betrieben haben, sterben durch das Ordal. Neben dem Giftordal waren früher auch andere Formen der „Hexenprüfung" üblich: Generell setzte man die Verdächtigen hochgefährlichen Situationen aus. Wie dringend das Problem war, zeigt sich schon im Gesetz: § 315 des Ghanaischen Strafgesetzbuches stellt nicht nur das Giftordal unter Strafe, sondern verbietet auch, dass „die Person zum Zwecke des Ordals" etwa „in kochendes Wasser gestürzt" oder „Krokodilen vorgeworfen" wird.

Im Gegensatz zu Nordrhodesien (heutiges Zambia), Tanzania und Zentralafrika sind derartige Ordale im südlichen Afrika jedoch nur extrem selten vorzufinden[2]. Obwohl das Hexereiunterdrückungsgesetz Südrhodesiens einen eigenen Straftatbestand gegen solche Ordale enthält[3], waren und sind solche Vorfälle auf dem Gebiet der heutigen Republik Südafrika zu keiner Zeit üblich. Lediglich von den Northern Sotho, die mit den Shona Rhodesiens in Kontakt waren, sind vereinzelte Durchführungen von Ordalen bekannt[4], die jedoch Ausnahmen darstellen. Aufgrund mangelnden Fallmaterials wurde von einer detaillierteren Darstellung auch in diesem Fall abgesehen.

---

[1] 1954 (3) SA 597 (TPD)
[2] Aus der Rspr. siehe z.B. Palamba s/o Fundikila, 14 EACA 96 (Tanganyika, 1947), aus der Lit. Rowlands/Warnier, 23 (1) MAN 118 (1988), Seite 127.
[3] Sec. 8 Southern Rhodesian Witchcraft Suppression Ordinance, Appendix I
[4] Siehe Krige, 11 (3) Africa 265 (1938), Seite 274.

Die verbleibenden vier Kriminalitätsformen, Hexentötungen, Tokoloshe-Morde, rituelle Tötungen und Muti-Morde sollen hingegen im folgenden beschrieben, voneinander abgegrenzt und die jeweiligen typischen Abläufe beschrieben werden.

a) Hexentötungen

Wie bereits erwähnt[5], kommen Hexentötungen zur heutigen Zeit in Südafrika sehr oft vor. Während meiner Untersuchungen fiel mir auf, dass viele der Befragten der Ansicht waren, dass in den letzten Jahren wieder mehr Hexen verbrannt oder auf andere Weise getötet worden seien als in den Jahren zuvor. Die stereotype Antwort auf die Frage nach dem Grund dafür war, dass es früher viel weniger Hexen gegeben habe[6]. Wie im vierten und im fünften Kapitel dieser Arbeit zu zeigen sein wird, ist anzunehmen, dass diese weit verbreitete Ansicht in der Bevölkerung zumindest zum Teil auf die Einwirkungen der weißen Kultur auf die bestehende afrikanische Kosmologie den Hexenglauben zurückzuführen ist.

Die Zahl der Hexenmorde war in den Zeiten politischer Instabilität stets besonders hoch. So waren diese Vorfälle parallel zu der Formation der Afrikanischen Befreiungsorganisationen in der Mitte der achtziger Jahre plötzlich sehr oft zu beobachten, ebenso nach der Freilassung Nelson Mandelas[7]. Vor allem in den nördlichen Landesteilen stieg die Zahl der mit dem Hexenglauben verbundenen Straftaten, insbesondere der Hexenmorde immer steiler an, je instabiler die politischen Strukturen wurden. Als die vormaligen Homeland - Regierungen in den Jahren 1989 / 1990 zu wanken begannen, erschütterten vor allem in Venda große Hexenjagden das Land und die benachbarten Provinzen. Die Polizeistationen berichteten von mehr als 400 Personen, die innerhalb weniger Tage allein in Venda Schutz vor dem jagenden Mob suchten; in der kleinen Polizeistation von Tohoyandou in Venda wurden 200 Schutzhaftsuchenden im März/April 1990 registriert[8]. Nach einer großangelegten Hexenjagd im gleichen Zeitraum, wegen der vier Personen verhaftet worden waren, begaben sich nicht weniger als 600 Menschen zur Polizei und gestanden ihre Teilnahme[9].

Die Verknüpfungen der kosmologieorientierten Straftaten mit den innenpolitischen Umwälzungen hat sich mit den „Reinformen" der nachstehend eingehender darzustellenden Praxis der Hexentötungen oder Muti-Morde vermischt und zu einer Verschiebung der Motivationen geführt. War früher die Angst vor den magischen Kräften

---

[5] Siehe Einleitung.
[6] Auch andere Anthropologen haben von dieser weitverbreiteten Ansicht berichtet, vgl. z.B. Hiltunen, Witchcraft in Ovambo, Seiten 30ff.
[7] Stadler, Generational Relationships, Seite 179
[8] Minaar et al., To live in Fear, Seiten 23 und 29
[9] Prinsloo/DuPlessis, 1989 (4) TSAR 617 , Seite 620

der Hexe der Auslöser für eine Hexentötung, so traten insbesondere in den späten achtziger und den neunziger Jahren immer mehr politische Aspekte hinzu. Der Einfluss der Politik auf die kosmologiebedingten Straftaten wird aufgrund seiner Wichtigkeit später noch ausführlich zu behandeln sein[10].

Obwohl schon zwei staatlich eingesetzte Untersuchungskommissionen sich mit den Hexenmorden der jüngeren Zeit befasst hatten[11], waren sie nicht in der Lage, verlässliche Statistiken über die Zahl der Opfer oder Täter zu erstellen. Verschiedene andere Quellen lieferten nur bruchstückhafte Informationen, aus denen sich die Brisanz des Themas erahnen lässt: Allein die vormalige Republik Venda (nun ein kleiner Teil der heutigen Nordprovinz) zählte, wenn man nur von den Verurteilungen durch die ordentlichen Gerichte ausgeht, von Januar bis April 1990 30 Massenattacken mit 45 Toten und 247 Angeklagten[12]. In den Gerichtsakten der ebenfalls im Norden Südafrikas gelegenen Homelands Lebowa sind für den Zeitraum von nur 10 Monaten 312 Fälle von Hexenjagden verzeichnet[13]. Im ehemaligen Nordtransvaal wurden innerhalb eines Jahres 650 Personen des Hexenmordes angeklagt; aus dem entlegenen Sekhukuneland wurde ein Fall berichtet, in dem 32 ältere Frauen auf einmal als Hexen verbrannt wurden[14]. Im Jahre 1985 zählte man im Nordtransvaal 84 Opfer von Hexentötungen. Auch aus Natal kommen bruchstückhafte, aber deutliche Zahlen. Im Jahre 1989 sollen allein an der Küste südlich von Durban 48 und im Jahre 1990 47 Menschen im Zusammenhang mit dem Hexenglauben umgebracht worden sein[15]. Die jüngsten verlässlichen Zahlen kommen aus der südafrikanischen Nordprovinz: In den ersten sechs Monaten des Jahres 1997 ermittelte die zwischenzeitlich eingerichtete Pietersburger Sondereinheit der Polizei in 150 Hexenmorden[16]. Zwischen 1990 und 1999 registierte man in der Nordprovinz insgesamt 3000 Fälle[17]. Die Polizei wusste sich angesichts dieser Zahlen kaum noch zu helfen; in Potgietersrus/Nordprovinz war schon im Mai 1994 ein fliegendes Sondereinsatzkommando gebildet worden, das Hexenjagden bereits im Vorfeld aufspüren und verhindern sollte. Die südafrikanische Polizei errichtete bereits 1994 zwei ganze Dörfer, in denen beschuldigte Hexen quasi

---

[10] Vgl. unten, Kapitel II 4.

[11] Die „Commission of Inquiry into Witchcraft Violence and Ritual Murders in the Northern Province of the Republic of South Africa", geführt durch den MEC for Safety and Security der Nordprovinz, Pietersburg, 1996 und die „Commission of Enquiry into the causes of the unrest in Venda during August 1988 and the investigation of ritual murders" („LeRoux-Kommission"), geführt vom ehemaligen Chief Justice Daniel Haarhoff le Roux, Republic of Venda 1989.

[12] Angaben des Staatsanwaltes in S. v. Matala, 1993 (1) SACR 531 (A), Seite 538.

[13] van den Heever, Lego-ethnological aspects, Seite 29.

[14] Mihalik/Cassim, 110 SALJ 127 (1993), Seiten 136, 137 und 139.

[15] Minaar et al., in: Violence in South Africa, Seite 193.

[16] Behrens, Süddeutsche Zeitung v. 12.9.1998, „Wo die Blitze zucken".

[17] Hund, 33 CILSA 366 (2000), Fußnote 1 m.w.N.

„unter Polizeischutz" wohnen können, nämlich in Acornhoek am Krüger-Nationalpark und in Matlola, ca. 60km von Pietersburg entfernt[18].

Bedenkt man, dass die genannten rudimentären Statistiken lediglich sehr kleine Gebiete der Republik Südafrika abdecken und weite Regionen wie QwaZulu oder Qwa-Qwa, die als Hochburgen des Hexenglaubens gelten, gar nicht erfasst werden, wird klar, um welche Dimensionen es sich hier handelt. Dazu kommt noch die erhebliche Dunkelziffer, die gegenüber den „üblichen" Tötungsdelikten weitaus höher liegen dürfte. Letzteres ist nicht nur auf mangelnde Polizeiorganisation in den betroffenen ländlichen Gebieten, sondern vor allem auf die Verfolgungsangst in der Bevölkerung zurückzuführen. Nicht weniger wurzelt sie aber auch im kulturellen Unverständnis der weißen Polizisten und bei den schwarzen Ordnungskräften schlicht auf Angst vor Magie.

Die eingangs genannte[19] Zahl von 800 Todesopfern jährlich durch Hexentötungen im Gebiet der Republik Südafrika ist daher als sehr zurückhaltende Schätzung anzusehen. Die im Rahmen meiner Nachforschungen informell befragten Polizeichefs schätzten Zahlen deutlich über 1000, teilweise bis zu 2000 Todesopfern jährlich. Die Zahl von 250 Opfern pro Jahr, die kürzlich in der deutschen Presse genannt wurde[20], bezieht sich nur auf die Anzahl der Verurteilungen und ist daher angesichts der praktischen Schwierigkeiten bei der Meldung und Aufklärung solcher Fälle und der daraus resultierenden erheblichen Dunkelziffer als viel zu niedrig anzusehen.

Die verschiedenen Formen der Hexentötungen sind sicherlich die spektakulärste Form der auf der afrikanischen Kosmologie basierenden Kriminalität. Bei entsprechenden Vorfällen in Zentralafrika ging man bisher stets davon aus, dass es sich bei den dort auftretenden Hexensäuberungswellen überwiegend um Spontanaktionen handelte, die jeglicher Organisationsstruktur entbehrten[21]. Im südlichen Afrika entdeckte man jedoch bald regelhafte Strukturen hinter den Hexentötungen. Schon die obergerichtlichen Entscheidungen in Hexenmordprozessen spiegeln die stereotype Organisation der Hexentötungen und immer wiederkehrende Elemente in Identifikationsprozeduren und bei den Bestrafungen[22] wider.

---

[18] Minaar et al. in: Violence in South Africa, Seite 194

[19] Siehe Einleitung.

[20] Behrens, Aberglaube bricht Gesetzeskraft, Süddeutsche Zeitung vom 1.7.1999, Seite 3.

[21] Wills in Witchcraft: Confessions and accusations 129ff, Seiten 129f; Marwick, 20 (1) Africa 100 (1950), Seite 111; Richards, 8 (4) Africa 448ff (1935).

[22] Aus der Vielzahl der obergerichtlichen Entscheidungen siehe für die letzten zehn Jahre: S. v. Phama, 1997 (1) SACR 485 (ECD); S. v. Magoro and others, 1996 (2) SACR 359 (A); S. v. Phokela A and another, 1995 (1) PH h.22 (A); S. v. Lukhwa en æn ander, 1994 (1) SASV 53 (A); S. v. Matala and others, 1993 (1) SACR 531 (A); S. v. Thonga, 1993 (1) SACR 365 (VSC); S. v. Phuravhatha and others, 1992 (2) SACR 544 (VSC); S. v. Mathoka and others, 1992 (2) SASV 443 (NCPA); S. v. Motsepa, 1991 (2) SASV 462 (A); S. v. Mojapelo, 1991 (1) SASV 257 (TPD).

aa) Typische Auslöser für eine Hexentötung

Wie bereits dargestellt, sind die Hexen nach der südafrikanischen Kosmologie verantwortlich für größere Unglücksfälle. Wenn solche Unglücksfälle auftreten und soziale Spannungen bereits vorhanden sind, ist der Boden für eine Hexereibeschuldigung bereitet.

Die meisten individuellen Hexentötungen und Massenhexenjagden werden durch Unglücksfälle im sozialen Nahbereich, zumeist in der Familie ausgelöst[23]. Typische solcher Unglücke sind zum Beispiel ein jäher Tod, Selbstmord, Krankheitswellen oder Blitzschlag.

Ein verfrühter, jäher oder sonst auffälliger oder ungewöhnlicher Tod gilt - wie bereits beschrieben - als von einer Hexe herbeigeführt, wohingegen der Tod eines alten Menschen durchaus als „normales" Ende des Lebens angesehen wird[24]. Selbstmord gilt, aufgrund eines allgemeinen Unverständnisses, warum man sich selbst umbringen sollte, stets als Akt böswilliger Hexerei. (Bei den Venda gingen die Häuptlinge sogar so weit, in jedem bekannt gewordenen Fall eines Selbstmordes die gesamte Familie und Nachbarschaft einzuberufen, um den für den Suizid Verantwortlichen sofort zu ermitteln.) Vor dem Hintergrund, dass böswillige Zauberei schon durch Gedanken ausgeübt werden kann, erscheint dieses skeptische Verständnis von Selbstmord nach afrikanischen Maßstäben durchaus logisch; in solchen Fällen wird stets derjenige als Hexe beschuldigt, der beim Selbstmordopfer den Entschluss zur Tat herbeigeführt hat. Häufig auftretende schwere Krankheiten lassen ein Dorf ebenso aufhorchen wie die Unfruchtbarkeit eines Ehepartners. Wie oben geschildert wird auch Blitzschlag oft als deutliches Zeichen für Hexerei angesehen.

Der rhodesische Fall *S. v. Ndhlovu and another*[25] mag als besonders drastisches Beispiel für eine auffällige Reihung von seltsamen Gegebenheiten gelten, die später eine Hexenjagd auslösten: Nach einer angeblichen „Verhexung" sah sich ein Familienvater in eine Kette merkwürdiger Unglücksfälle verwickelt. Etwa 1960 erlitt seine Frau eine Lähmung ihres rechten Beines. Im Jahre 1963 litt sein Kind an einer lebensbedrohenden Krankheit, ein Jahr später traf ein Blitz einen Baum in unmittelbarer Nähe. Kurz

---

[23] Siehe z.B. S. v. Phama, 1997 (1) SACR 485 (ECD), Seite 486 b (Tod der jungen Cousine); R. v. Dhlumayo, 1948 (2) SA 677 (A) Seiten 681f (Tod im Familienkreis) , R. v. Fundakubi and others, 1948 (3) SA 810 (A), Seite 820 (Tod im Familienkreis) ; S. v. Ganadi, 1984 (2) P.H. H. 154 (A) Seite 277 (Tod im Familienkreis) ; S. v. Mahtoka and others 1992 (2) SASV 443 (NC), Seite 446 b (Fehlgeburt und Tod der Ehefrau), S. v. Radebe, 1915 AD 98 (Tod von zwei Kindern des Angeklagten). Bei dem prominenten Fall S. v. Mokonto, 1971 (2) SA 319 (A) starben nach Vorhersage durch den Sangoma innerhalb eines Monats zwei Brüder des Angeklagten, siehe ibid., Seiten 321 H / 322 A.

[24] Die Zulu haben sogar zwei verschiedene Wörter für die beiden Todesarten; der „natürliche Tod" heißt „ukugoduka", wohingegen der magisch verursachte Tod „ukufa" genannt wird, vgl. Berglund, Zulu thought patterns and symbolism, Seite 79.

[25] 1971 (1) SA 27 (RAD)

darauf hatte seine Frau eine Fehlgeburt. Eine weitere Fehlgeburt im Jahre 1966 hatte die Sterilität seiner Frau zur Folge. Im Jahre 1968 fand der spätere Angeklagte einen Ameisenbär (der unter den Shona als besonders gefährlicher Vertrauter der Hexe gilt) in seiner Hütte vor. Als am 28.1.1969 schließlich ein Blitz sein Haus traf, brachte der Familienvater nach mehrfacher Konsultation eines Sangomas und des Häuptlings den vermeintlich verantwortlichen Hexer um und wurde schließlich von einem weiß besetzten Gericht wegen Mordes verurteilt.

bb) Identifizierung der verantwortlichen Hexe

Bei einer privaten Hexentötung wird normalerweise zunächst ein Isanusi[26] oder ein spezialisierter Sangoma in die Hütte des Betroffenen gerufen[27]. Das Dorf wird regelmäßig nicht benachrichtigt. Mit Hilfe der ditaola oder mit anderen Mitteln der Weissagung beschreibt der Gerufene die Eigenschaften der verantwortlichen Hexe und lenkt dabei die Verdachtsmomente und Phantasien der Klienten in eine Richtung, bis für letztere der Verursacher feststeht. Oftmals wird hierbei eine Person ermittelt, mit der schon seit längerem Streit besteht; das Wort des Sangomas wirkt dann eher verdachtsstärkend denn als konstitutive Auswahl. Das gesamte Ausschnüffelungsverfahren findet aber nicht öffentlich statt; die Angelegenheit bleibt innerhalb einer Familie oder eines Kraals.

Hexentötungen werden aber auch auf kollektiver Ebene durchgeführt. Hierbei ist die traditionelle Prozedur etwas anders: Auf Verdachtsmomente hin gibt der oder die von einem Unglücksfall Betroffene dem Häuptling oder Dorfvorsteher Bescheid. Dieser versucht oftmals zunächst auf eigene Faust, unter Befragung der Angehörigen seines Stammes einen Hauptverdächtigen festzulegen. Gelingt dies nicht, wird im Dorfe gesammelt, um einen professionellen Hexenausschnüffler zu Hilfe holen zu können. Es hat sich hierbei die Sitte etabliert[28], entweder mehrere Sangomas zu befragen oder einen bezahlten Sangoma von weit her zu rufen, der außerhalb des Dorftratsches sein „unabhängiges“ Urteil fällen soll. In der täglichen Praxis muss man jedoch davon ausgehen, dass den „unabhängigen“ Sangomas in Wirklichkeit bereits vor Betreten der Hütte des Häuptlings bedeutet wird, wen man für den Verantwortlichen hält; zumindest im Laufe der Ausschnüffelprozedur nimmt die versammelte Dorfgemeinschaft Anteil an der Meinungsbildung des Sangoma oder Isanusi, etwa indem Zwischenergebnisse durch Klatschen bestätigt werden[29]. Im Ergebnis dürfte das Urteil eines

---

[26] Isanusi = professioneller Hexenausschnüffler (bei den Nguni)
[27] Siehe z.B. S. v. Phama, 1997 (1) SACR 485 (ECD), Seite 486 f.
[28] Siehe Stadler, Generational Relationships, Seite 189.
[29] Meine Erfahrungen während der Feldforschungen wurden auch von anderen Anthropologen gemacht; vgl. nur Evans-Pritchard, Witchcraft, Oracles and Magic among the Azandé, Seiten 169-180 und 188-190. Weitere Nachweise finden sich bei Mertens, Eine gezielte Beschreibung, Seite 153.

Sangomas nur sehr selten vom Verdacht der Dorfbewohner oder des Häuptlings abweichen.

Die Ausschnüffelprozedur an sich geschieht entweder durch die traditionellen Weissagungsmethoden oder durch eine angespannte, folterähnliche Befragung sowie durch theatralischen Riten[30]. Oftmals werden die Verdächtigten auch einzelnen Befragungen nacheinander, verbunden mit Körperkontakt zu dem Sangoma ausgesetzt. Alle zur Ausschnüffelung geladenen Mitglieder des Dorfes müssen zu der Prozedur erscheinen; kommt ein Eingeladener der Aufforderung nicht nach, so macht er sich sofort selbst verdächtig[31].

Ob ein Betroffener die Hexerei privat verfolgt oder auf Dorfebene in die Öffentlichkeit zieht, hat mit der Art des Unglückes zu tun. Vergleicht man die typischen Fälle individuell durchgeführter Tötungen mit kollektiven Hexenjagden, so fällt auf, dass bei privaten oder intimen Vorfälle (Unfruchtbarkeit, Untreue eines Ehegatten etc.) aufgrund des Schamgefühles eher privat agiert wird. Ebenso werden Aggressionen innerhalb einer Abstammungslinie oder eines Clans eher privat ausgetragen. Im Gegensatz dazu wird die Hexenbeschuldigung aber dann in die Öffentlichkeit gebracht, wenn öffentliche Belange betroffen sind, wie etwa bei Krankheitswellen, Dürrezeiten oder Missernten.

Wer bei den kollektiven Hexenausschnüffelungsprozeduren nicht schon unter dem psychischen Druck seine Beteiligung an der böswilligen Hexerei gestanden hat, wird dies in der Regel sofort nach der Fällung des Schuldspruches durch den Sangoma tun. Das Geständnis in seiner Funktion als „Sicherheitsventil" ist der eigentliche Grund, aus welchem die informellen, privaten Hexenverfolgungen immer mit dem Tod des Opfers enden, öffentliche Hexenjagden hingegen nicht zwingend: Die Last des öffentlichen Geständnisses, die Erklärung für eine Reihe von Unglücksfällen gegenüber der Dorfgemeinschaft verantwortlich zu sein, wird als eine erste Form der Bestrafung angesehen. In einigen Fällen mag das Geständnis sogar geeignet sein, das kochende Blut der Dorfbewohner abzukühlen, wodurch ein erster Schritt zur Wiederherstellung des inneren Friedens im Stamm oder Dorf getan ist. Öffnet sich dieses soziale Sicherheitsventil hingegen nicht und bleibt der Druck etwa innerhalb einer Familie bestehen, so münden die aufgestauten Aggressionen des Opfers oder seiner Angehörigen oftmals in eine Gewaltanwendung gegen den vermeintlichen magischen Feind. Alternative Wege

[30] Berglund, Zulu thought Patterns and Symbolism, Seite 316; Broster, Amaqghira, Seite 79
[31] Kriel Louw, Witchcraft among the Southern Bantu, Seite 86; Crawford, Witchcraft and Sorcery in Rhodesia, Seite 211

der Konfliktlösung, wie etwa Verbannung statt Tötung der Hexe[32], sind im Falle einer privaten Hexenverfolgung daher nicht gangbar.

cc) Die Tötung der Hexe

Während der letzten Massenhexenjagden in der Nordprovinz wurden die „schuldigen" Personen entweder durch den wütenden Mob aus dem Dorf getrieben, zu Tode gesteinigt und verbrannt, oder sie wurden durch die „Halskrause" umgebracht. Letztere ist eine populäre Hinrichtungsart in Südafrika, bei der dem gefesselten Opfer ein Autoreifen über den Kopf gestülpt, mit Benzin übergossen und angezündet wird. Einer solchen Hinrichtung wohnt üblicherweise eine große Menschenmenge bei; berichtet wird im allgemeinen von etwa 30 bis etwa 600 Personen[33]. Obwohl insbesondere die Halskrause in Südafrika erst in den letzten zwanzig Jahren als spektakuläre Tötungsart bei öffentlichen Gewaltanwendungen und Massenausschreitungen verwendet wird, gibt es einen magischen Grund dafür, dass die Hexe verbrannt werden muss. Unter den Zulu gibt es ein Sprichwort: „kungasali nokunci". Wörtlich übersetzt heißt dies : „Nichts darf vom Schatten übrigbleiben". Man meint damit, dass nur durch die Verbrennung der Hexe mitsamt aller ihrer Gerätschaften und Substanzen sichergestellt wird, dass das „isithunzi" (Schattenattribut) ausgelöscht werden kann[34]. Unter den südafrikanischen Stämmen haben sich weitere, ähnliche Methoden herausgebildet. Sie zielen alle darauf ab, der Hexe nicht nur das Leben zu nehmen, sondern auch ihre magischen Kräfte für immer zu zerstören. Das Blut der angeblichen Hexe z.B. sollte nach traditioneller Ansicht nie auf den Boden gelangen, weil das Blut als Lebenskraft der Hexe und somit neben dem Schattenattribut als Träger der magischen Kraft angesehen wird[35].

Bei den individuellen Hexentötungen wurden diese Prinzipien stets beachtet. Insbesondere in den Massenhexenjagden der letzten Jahre wurden diese traditionellen Methoden jedoch zunehmend nicht mehr befolgt. Bis auf die Tatsache, dass die angeblichen Hexen stets auf besonders grausame Art und Weise umgebracht wurden und dass sich die „Halskrausen"- Methode großer Beliebtheit erfreute[36], lassen sich rückblickend in der jüngeren Zeit keine Regelhaftigkeiten hinsichtlich der Tötungsart feststellen. Dies

---

[32] So geschehen z.B. 1990 in Green Valley, wo acht Hexen verbannt wurden, vgl. Niehaus, 63 (4) Africa 498 (1993), Seite 521; Einzelheiten hinsichtlich der Verbannungsmöglichkeiten siehe Kapitel III, 4. c).

[33] Prinsloo/DuPlessis, 1989 (4) TSAR 617, Seite 620 m.w.N., siehe z.B. auch S. v. Lukhwa en 'n ander, 1994 (1) SASV 53 (A) oder S. v. Magoro and others, 1996 (2) SACR 359 (A), Seite 361a.

[34] Siehe hierzu oben, Kapitel I; darauf beriefen sich auch die Angeklagten in S. v. Mahtoka and others, 1992 (2) SASV 443 (NC), Seite 446ff.

[35] Siehe z.B. S. v. Mathoka, 1992 (2) SASV 443, Seite 446.

[36] Siehe z.B. S. v. Magoro and others, 1996 (2) SACR 359 (A), Seite 361 g; S. v. Motsepa en 'n ander, 1991 (2) SASV 462 (A), Seite 464 h.

findet zum einen eine Begründung darin, dass die Hexenjagden der letzten Jahrzehnte immer mehr von außerhalb der Kosmologie liegenden Motiven beeinflusst waren. Zum anderen lag es aber auch daran, dass insbesondere unter dem Einfluss der Menschenmassen, die die öffentlichen Hexenjagden betrieben, die nächstliegende Tötungsmethode gerade die beste war. Vielfach wurden deshalb bei den Hexenjagden einfach nur Steine oder Knüppel verwendet[37]. Da bei Massenhexenjagden oftmals nicht mehr die direkten Opfer der Hexerei die ausführenden Täter waren, sah man nicht mehr unbedingt die Notwendigkeit, die angebliche Hexe als solche „standesgemäß“ hinzurichten.

Aus der Sicht der weißen Richter stellten sich diese Hexentötungen stets als Akt der Barbarei dar und nicht als Konsequenz kosmologischer Überzeugungen. Meist konnte nur der äußere Ablauf der Hexentötungen vom Gericht überhaupt erfasst werden. Die einer Hexentötung zugrundeliegenden weltanschaulichen oder soziolgisch nachvollziehbaren Motive[38] oder gar die traditionell-rechtlichen Grundlagen solchen Handelns[39] wurden daher kaum in die Entscheidungsfindung einbezogen.

b) Tokoloshe-Tötungen

Tokoloshe-Tötungen beruhen auf Irrtümern des Täters über das Tatobjekt. Sie finden stets bei Nacht statt und folgen meist einem ähnlichen Muster: Die Täter, oftmals einfache Leute vom Land, erwachen aus den Träumen und bemerken plötzlich, dass eine kleine Gestalt sich in ihrer Nähe bewegt. Die Täter springen, oftmals noch im Halbschlaf, auf und bringen die kleine Gestalt affektartig um[40]. Immer sind Kinder die Opfer, meist sind es sogar Familienangehörige.

Es handelt sich dabei um Unglücksfälle. Sie ähneln sich in ihrem Ablauf so bemerkenswert, dass man davon ausgehen kann, es mit einer eigenen weltanschauungsbedingten Kriminalitätsform, nicht nur mit Einzelfällen zu tun zu haben. Die Zahl der Fälle von Tokoloshe-Tötungen, die die Obergerichte erreichten, spricht für sich[41].

---

[37] S. v. Dikgale, 1965 (1) SA 209 (A), Seite 211 D, S. v. Lukhwa en 'n ander, 1994 (1) SASV 53 (A), Seite 55 g; S. v. Maweke and others, 1971 (2) SA 327 (A), Seite 329

[38] Dazu unten, Kapitel II 3. .

[39] dargestellt unten im dritten Kapitel

[40] So der Fall in allen der genannten obergerichtlichen Entscheidungen. In R. v. Ngang , 1960 (3) SA 363 (TPD) überlebte das Opfer den Angriff knapp.

[41]Siehe z.B. R. v. Mbombela, 1933 AD 269; R. v. Ngang, 1960 (3) SA 363 (TPD); S. v. Jassane, 1973 (4) SA 658 (TPD); aktuell vgl. z.B. S. v. Ngema, 1992 (2) SASV 651 (Durban and Coast Local Division).

Dass eine Person eine andere in dem Glauben tötet, diese sei der Tokoloshe, mag aus europäischer Sicht nicht leicht verständlich sein. Bedenkt man jedoch die kosmologischen Hintergründe für die panische Angst weiter Teile der südafrikanischen Bevölkerung vor dem Tokoloshe[42], so wird klar, wie es zu diesen Irrtümern über das Opfer kommen kann. Der überwiegend nachtaktive Tokoloshe ist von seiner Größe her mit einem Kleinkind zu vergleichen. Entsprechende Fehlvorstellungen der Täter sind demnach zumindest erklärbar.

Vereinzelt wurden auch Fälle bekannt, in denen der Täter glaubte, einen anderen Vertrauten der Hexe umzubringen. Ein Beispiel hierfür ist der Fall *S. v. Neshiavha*[43], in dem der Angeklagte sich von mehreren Vertrauten, u.a. einer Hyäne und einem Stinktier verfolgt sah und dann eine Gestalt mit einer Axt umbrachte, die er für ein fledermausähnliches Tier hielt. Der sofort herbeigerufene Häuptling fand daraufhin die Leiche eines Kindes vor.

c) Rituelle Tötungen

Der Begriff „rituelle Tötungen“ wird in Südafrika bis heute sehr uneinheitlich gebraucht. Er findet oftmals ungenau als Oberbegriff für alle auf der afrikanischen Kosmologie beruhende Straftaten Anwendung und wird noch viel häufiger mit den Muti-Morden verwechselt[44]. Im Gegensatz zu den Muti-Morden, bei denen es einem Individuum darum geht, Körperteile des Opfers für sich oder für einen anderen zu erlangen, um daraus Muti-Medizin zu gewinnen, werden „rituelle Tötungen“ zu völlig anderen Zwecken durchgeführt.

Als rituelle Tötung bezeichnet man richtigerweise die Tötung eines anderen, bei der die Tötungshandlung als solche selbst ritualisiert und deshalb geeignet ist, auf magischem Wege einen Erfolg herbeizuführen. Der angestrebte Effekt des Rituals kann wertneutral sein. Oftmals werden diese Tötungen aber zum Zwecke einer kollektiven Bereicherung vorgenommen oder um Unglück von der Gemeinschaft fernzuhalten[45].

Ritualmorde waren auf dem Gebiet des heutigen Südafrika seit je her selten und kommen auch heute nur vereinzelt vor. Gegen Ende des 19.Jahrhunderts wurde zwar von

---

42 Siehe z.B. Scobie, Murder for Magic, Seite 87.

43 1990 (2) SACR 331 (A)

44 Beide staatlichen Untersuchungskommissionen (die Le-Roux-Kommission und die Untersuchungskommission für die Nordprovinz) verwendeten die Begriffe ebenso ungenau wie viele Gerichte, vgl. R. v. Fundakubi and others, 1948 (3) SA 810 (A), Seite 819.

45 In diese Richtung schon Prinsloo / DuPlessis, 1989 (4) TSAR 617, Seite 621; Minaar et al., To live in Fear, Seite 19. Mabiriizi, 4 Zimbabwe Law Review 43 (1986), Seite 51 hingegen will den Begriff „rituelle Tötungen“ nur für Tötungen verwenden, bei denen ein Menschenopfer aus religiösen Gründen vorliegt.

einer größeren Zahl dieser Tötungen berichtet, diese dürften aber schon damals Ausnahmefälle dargestellt haben. Man muss sogar davon ausgehen, dass rituelle Tötungen unter dem althergebrachten einheimischen Recht strafbar waren[46].

Die wohl am weitesten verbreitete Form der rituellen Tötung war das Umbringen von missgebildeten Babys. Ebenso wie eine Verformung des Neugeborenen wurde die Geburt von Zwillingen als ein „unnatürlicher Akt“ verstanden, der die Gemeinschaft spirituell verseuchte. Zwillingsgeburten wurden zudem als Vorboten von großem Unglück verstanden, wie etwa einer großen Dürre[47]. Das Töten eines oder beider Zwillinge in der Öffentlichkeit durch einen Sangoma konnte - so glaubte man - das drohende Unheil verhindern.

Anders stellte sich die Situation im ehemaligen Südrhodesien dar: Gegen Ende des 19.Jahrhunderts gerieten die Zwillingstötungen dort derart außer Kontrolle, dass in den Jahren 1910 und 1927 drastische Gesetze erlassen wurden[48]. In den genannten Vorschriften wurden die Häuptlinge verpflichtet, alle Todesfälle und jegliches seltsame Verschwinden von Personen dem Native Commissioner zu melden. Nachdem die Zwillingstötungen aber fortgeführt wurden, erließ man im Jahre 1931 ein Änderungsgesetz, nach dem die Häuptlinge jeden einzelnen Tod eines Zwillings dem Native Commissioner melden mussten, gleich ob das Kind natürlich oder unter seltsamen Umständen gestorben war.

Die Gerichte in Südrhodesien ahndeten solche Taten schwer. Üblicherweise wurden die Täter von Ritualmorden mit dem Tode bestraft[49]. Die Angeklagten verteidigten sich zwar stets damit, nach örtlichen Traditionen und Sitten gehandelt zu haben. Sie fanden bei den Gerichten damit aber kein Gehör. Die weißen Richter hielten in Fällen aber immerhin den Weg der Begnadigung offen, indem sie den Native Commissioners in der Regel sogar am Ende der schriftlichen Urteilsbegründung eine Umwandlung der Todesstrafe in eine lebenslange Haftstrafe nahelegten. Ob der harte Kurs der rhodesischen Gerichte tatsächlich dazu beigetragen hat, die Traditionen der Ritualmorde aus dem Land zu verbannen, kann dahingestellt bleiben. Der Appellationsrichter *Robert Tredgold* ging im Jahre 1960 in einer Ansprache zumindest davon aus, dass es allein dieser harten Gerichtspraxis zu verdanken sei, dass die Zwillingstötungen ein Ende gefunden hatten[50].

---

[46] Mittlebeeler, African custom and western Law, Seiten 178ff

[47] Mittlebeeler, African custom and western Law, Seiten 178ff m.w.N.

[48] Es handelte sich hierbei um die Natives Regulation Proclamation Order vom 3.10.1910, Sec. 37 (2) und 42 sowie um den Natives Affairs Act aus 1927, Sec. 24 (2); 28 (a) und 33.

[49] Mittlebeeler, African custom and western Law, Seiten 178ff m.w.N.

[50] Ansprache von Sir Robert Tredgold "The concept of Justice in Western Civilisation and its application to the Federation“ in der Conference on the Multi-Racial Sate, Rhodesian National Affairs Association, University of Rhodesia and Nyasaland, February, 20th, 1960.

Im nördlichen Transvaal war eine bestimmte Form von rituellen Tötungen weit verbreitet: Beim Bau von Häusern und Hütten, in denen ein Geschäft eröffnet werden sollte, wurden Babys in die Wände eingemauert, weil man sich hierdurch geschäftlichen Erfolg und Reichtum erhoffte[51]. Ausgefallene Opferriten wurden aus dem vormaligen Venda berichtet, wo man z.B. in den Tshatshingo Whirlpools Jungfrauen den Krokodilen zum Fraße vorwarf, um die Ahnengeister friedlich zu stimmen. Auch waren Menschenopfer üblich, bei denen die Leichen in den Feldern begraben wurden, um eine gute Ernte zu sichern[52]. Unter den Mashona waren lange Zeit Menschenopfer bei den Regenmachern üblich[53]. Heutzutage findet man Fälle der rituellen Tötungen in der Republik Südafrika nur noch sehr selten.

d) Muti-Morde

Muti-Morde hingegen treten heute immer noch mit unverminderter Häufigkeit auf. Wie bereits gesagt wurde, versteht man darunter die Tötung eines Menschen, um aus seinen Körperteilen Muti zu gewinnen.

Man hört oft die Ansicht, dass Hexentötung und Muti-Morde als die beiden Hauptformen der auf der afrikanischen Kosmologie beruhenden Kriminalität gleichermaßen auf dem Hexenglauben beruhen. Das ist jedoch nur zum Teil richtig. Hexenmorde setzen voraus, dass der Täter an Hexen glaubt. Ein Muti-Mord hingegen basiert auf dem traditionellen Verständnis von Krankheit und Heilung.

Die Muti-Morde erfolgen, anders als bei den teilweise öffentlich und aus einem wütenden Mob heraus begangenen Hexenjagden, in aller Heimlichkeit. Die Opfer stammen selten aus dem sozialen Nahbereich und haben mit einer konkreten Bedrohung, der sich der Täter ausgesetzt sieht, nie etwas zu tun. Immerhin wurden diese Hauptunterschiede von den südafrikanischen Gerichten erkannt; Muti-Morde und Hexenmorde werden heute ebenso wie vor einigen Jahrzehnten von den mit Weißen besetzten südafrikanischen Strafgerichten unterschiedlich behandelt.

aa) Hintergründe der Muti-Morde

Zunächst müssen zum besseren Verständnis die Muti - Morde von Morden durch Muti abgegrenzt werden.

---

[51] Hammond-Tooke, The structure of a Sotho world-view, Seite 102 m.w.N.
[52] Prinsloo/DuPlessis, 1989 (4) TSAR 617, Seite 621.
[53] Gelfand, Medicine and Magic among the Mashona, Seiten 29 und 154-156; Anonymous (Southern Rhodesia Native Affairs Department) 4 NADA 61 (1926).

Anthropologen haben festgestellt, dass die geheime Anwendung von Muti ebensooft wie Hexerei als magische Todesursache in Betracht kommt[54]. Muti kann nämlich als wirksames Tatmittel zu einer Tötung verwendet werden. Insbesondere die geheime Anwendung von Muti zur Tötung eines anderen Menschen wird traditionell als Hexerei verstanden. Deshalb war derjenige, der einen Mord durch Muti beging, nach dem Einheimischenrecht wegen der Praxis von böswilliger Magie, nicht wegen Mordes strafbar[55]. Die modernen Gerichte erkannten in diesen Fällen hingegen stets auf Mord, ließen die einheimischen Vorstellungen völlig außer Betracht und bestraften die Täter hart[56].

Die Täter, die eine andere Person mit der Hilfe von Muti töteten, bedienten sich unterschiedlicher Substanzen. Unter den nördlichen Sothostämmen wird zum Beispiel ein Nervengift verwendet, welches aus dem Gehirn und der Leber eines Krokodils zubereitet wird[57]. Unter den SeSotho wird eine aus dem Gehirn von Schafen gewonnene Substanz als Kontaktgift verwendet. Nachdem der Täter die Substanz auf spitzen Steinen oder Glasscherben in den Weg des Opfers gestreut hat, wird das Gift durch die Fußhaut resorbiert, führt innerhalb kürzester Zeit zu einer Sepsis und schlimmstenfalls zum Tode des Opfers. In meinem Forschungsgebiet Botshabelo/North im Oranje Freistaat war nach Auskunft der Leichenhäuser im Jahre 1997 bei etwa jedem zweiten unnatürlichen Todesfall Muti am Tatort aufgefunden worden.

Bei den eigentlichen Muti-Morden ist die Tötung des Opfers hingegen nicht das eigentliche Ziel des Täters; ihm kommt es in diesem Fall lediglich auf die Beschaffung von Körperteilen als Grundlage für benötigte Medizin an. Der Tod des Opfers ist oft nur gebilligte Nebenfolge.

Bevor die Muti-Morde aber näher betrachtet werden können, ist noch eine zweite, weitaus schwierigere Abgrenzung nötig. Südafrika beherbergt als multikultureller Staat nicht nur traditionell-afrikanische Magieformen, sondern auch indische. Unter den Indern ist ein Ritualmord bekannt, der dem afrikanischen Muti-Mord sehr ähnlich ist. Diese Todesfälle beschränken sich aber auf Südafrikaner indischer Herkunft und treten demzufolge überwiegend in KwaZulu-Natal auf. Nach der indischen Mythologie muss ein Weissager das Blut eines nicht volljährigen Junggesellen trinken, um den nächst-

---

[54] Vgl. die Zusammenstellung der Nachweise bei Merten: Eine gezielte Beschreibung, Seite 164.

[55] Vgl. unten, Kapitel III, 4. a).

[56] Vgl. z.B. R. v. Mkize, 1951 (3) SA 28 (A) oder R. v. Vilakazi and another, 1969 (2) P.H. H.217 (HCSwa).

[57] Tsonga: xiganama; Venda:Tshiganame; Northern Sotho : Sekanama. Die Namen beziehen sich allesamt auf den Rücken, was die Wirkungsweise dieses seltsamen, noch nicht näher erforschten Nervengiftes charakterisiert: Das Opfer verfällt in Krämpfe, insbesondere der Rückenmuskulatur, fällt hintenüber und stirbt, vgl. van Warmelo, Venda dictionary, Seite 399. Für einen Fall des aberratio ictus des Muti siehe The King v. Vilakazi, 1969 (2) P.H. H. 217 (HCSwa).

höheren kosmologischen Status zu erreichen. Äußerlich unterscheiden sich diese Fälle also nicht von afrikanischen Muti-Morden, in denen die Täter das Blut eines Mannes trinken, um dadurch ihre Lebenskraft zu erhöhen. In der polizeilichen Praxis sind diese Falle also schwer voneinander zu unterscheiden. In den wenigen dem Autor bekannten Fällen war die Unterscheidung neben der Herkunft des Opfers aber anhand einiger spezifischer ritueller Vorschriften der Tötungsweise bei der indischen Variante des Muti-Mordes möglich: Die Opfer bei den indischen Ritualmorden wiesen (ähnlich wie bei den typischen afrikanischen Muti-Morden, die auf Erlangung des Blutes als dem Träger der Lebenskraft ausgerichtet sind) zwar tiefe Schnittwunden entweder am Vorderkopf oder im Nacken auf, aus denen das Blut getrunken wurde. Sie waren anschließend aber abgewaschen worden. Nach indischem Tötungsritual muss das Opfer nämlich vor und nach der Tötung gewaschen werden, womit die Spuren des Blutvergießens üblicherweise verwischt werden. Informationen der SAPS zufolge treten in Natal solche Fälle bis heute vereinzelt auf; die Untersuchungskommission für die Nordprovinz fand heraus, dass solche Fälle auch im Gebiet des ehemaligen Homelands Venda vorkamen[58].

Eine weitere in der Praxis der Polizeiarbeit auftretende Schwierigkeit besteht darin, die Verbindung zwischen der Verstümmelung der Leiche und Mutigewinnung festzustellen und im Prozess zu beweisen. Insbesondere müssen die anderen, allgemein anzutreffenden Gründe, ein Opfer zu verstümmeln, ihm etwa die Augen herauszuschneiden oder den Kopf oder Gliedmaßen abzutrennen, von der spezifischen Muti - Motivation abgegrenzt werden. Hierbei helfen die Pathologen: Verletzungshandlungen, die durch Verstümmelung des Opfers dessen Identifikation erschweren sollen, sind oft wenig selektiv ausgeführt, wohingegen es dem Muti-Mörder auf einige wenige Organe ankommt, die zudem bei der Entnahme nicht beschädigt werden sollen. Gleiches gilt für die Unterscheidung eines Muti-Mordes von posttraumatisch bedingten Verstümmelungen der Leiche, dem sogenannten „overkill-syndrom". Bei letzterem wird außergewöhnlich brutale Gewalt angewendet, bedingt durch den traumatischen Schock der soeben durchgeführten Tötung, wohingegen die Gewalt gegen das Opfer eines Muti-Mordes wiederum sehr selektiv eingesetzt wird.

Die Sangomas sind an den Muti-Morden insoweit beteiligt, als sie das konkrete Körperteil, welches benötigt wird, genau beschreiben und dadurch manchmal auch den Opferkreis näher bestimmen. Niemals sucht der Sangoma ein konkretes Opfer selbst aus; er beschreibt lediglich die prototypischen Charakteristika, die später durch das Muti auf das Opfer übertragen werden sollen[59]. Der Betäubungs- oder Tötungsakt als

[58] Bericht der Untersuchungskommission für die Nordprovinz, 1996, Seite 26
[59] Z.B. in S. v. Malaza, 1990 (1) SACR 357 (A), Seite 358 h; Opfer war hier ein junger, starker, erfolgreicher Mann.

der „schmutzigere Teil" des Muti-Mordes wird dann dem Patienten und seinen Gehilfen überlassen. Die Entnahme der erforderlichen Teile erfolgt durch den Patienten selbst oder durch den Sangoma. Die Zubereitung anschließend fällt wieder allein dem Sangoma zu.

Die Vereinigungen der traditionellen Heiler bestreiten seit jeher strikt jegliche Teilnahme ihrer Mitglieder an solchem „höchst unprofessionellem Verhalten". Der zunehmende Einfluss des Geldes, verbunden mit der bereits genannten[60] Tendenz der Generalisierung der Sangomas, hat jedoch seine Spuren hinterlassen; tendenziell nutzen immer mehr Sangomas diese Tätigkeit als Einkommensquelle[61].

In den fünfziger Jahren geriet das Problem der ständigen Muti-Morde in Lesotho außer Kontrolle, so dass man gleich zwei voneinander unabhängige Untersuchungskommissionen einsetzte; eine war britisch dominiert, die andere afrikanisch[62]. Nach 1973, vor allem aber im Jahre 1982 (Tod des Königs Sobhuza II) erschütterten Wellen von Muti-Morden das unabhängige Swaziland[63]. In Südafrika hingegen wurde das Problem lange Zeit entweder nicht erkannt oder aus anderen Gründen völlig vernachlässigt; es sind keine eingehenden Studien über Muti-Morde bekannt, die älter als zwanzig Jahre sind.

bb) Muti-Morde in den letzten Jahren in der Republik Südafrika

Wie überall im südlichen Afrika wurden Fugzeugabstürze und Autounfälle von den Sangomas stets als willkommene Gelegenheiten gesehen, Menschenteile zur Muti-Gewinnung aus den Leichen herauszuschneiden[64]. Darüber hinaus wurden aber häufig auch Morde begangen, um Menschenteile zu erlangen. Zwar zählte die (stark durch die Regierung beeinflusste) LeRoux Kommission im ehemaligen Homeland Venda zwischen 1979 und 1991 lediglich 12 Fälle von Muti-Morden mit 18 Tätern, die allesamt mit dem Tode bestraft wurden. Die Zahlen sind jedoch wenig realistisch, da die Kommission (wahrscheinlich in der Absicht, die wachsende Krise des Staates Venda nicht zu beschleunigen) nur die publizierten obergerichtlichen Verurteilungen gezählt hatte[65]. Auch in Lesotho stiegen die Zahlen der Muti-Morde zu Beginn der achtziger

[60] Vgl. oben, Kapitel I, 4.
[61] Mabiriizi, 4 Zimbabwe Law Review 43 (1986) auf Seite 44.
[62] Zum einen war dies die „Jones Commission", deren Bericht fortan „Basutoland medicine murder report" genannt wird; das afrikanische Gegenstück war das „Committee Appointed by the Roundtable Conference on medicine murder", Maseru 1953. Die Kommissionen zählten zwischen 1942 und 1949 durchschnittlich acht Muti-Morde jährlich, die offiziell bekannt wurden: Während der fünfziger Jahre verdopppelte sich die Zahl auf einen Jahresdurchschnitt von 16 Morden pro Jahr. Für einen kompakten Überblick über die Vorfälle in Lesotho vgl. Mabiriizi, 4 Zimbabwe Law Review 43 (1986).
[63] Für einen Überblick über die Vorfälle in Swaziland siehe Evans, 52 (1) African Studies 27 (1993).
[64] Bericht der Untersuchungskommission für de Nordprovinz 1996, Seite 26; vgl. ferner den Basutoland medicine murder report, Seite 13 und Mabiriizi, 4 Zimbabwe Law Review 43 (1986), Seite 45 mit weiteren Einzelnachweisen.
[65] LeRoux-Commission Report, Seite 91

Jahre wieder drastisch an; in drei Massenverfahren wurden in Lesotho 1982 / 1983 zwanzig Personen überwiegend zum Tode verurteilt[66]. Die Zahlen der Untersuchungskommission in der Nordprovinz hingegen sprechen eine weitaus deutlichere Sprache, denn allein in dem winzigen Gebiet des vormaligen Gazankulu zählte man 52 Morde zwischen 1985 und 1995. Auch die Untersuchungskommission für de Nordprovinz hielt die bisher angenommenen Zahlen für viel zu niedrig[67]. Die bruchstückhaften Schätzungen und Zahlen, die ich während meinen Nachforschungen erhielt, stützen aber die These, dass bei wiederum äußerst vorsichtiger Schätzung in der Republik Südafrika von mindestens 100 - 150 Muti-Morden jährlich ausgegangen werden muss[68].

Auch bei dieser Form der kosmologiebezogenen Kriminalität treten einige bemerkenswerte Parallelen hinsichtlich der typischen Abläufe auf. Die publizierten obergerichtlichen Entscheidungen über Muti-Morde in der jüngeren Zeit[69] stellen demnach durchaus repräsentative Fälle dar.

Wie bei den Hexenmorden ist der Sangoma auch bei den Muti-Morden die ausschlaggebende Instanz. Besucht ihn ein Patient mit einer Krankheit, bei der nach Weissagung und empirischer Erfahrung des Sangoma die Anwendung von Muti aus Menschenteilen erforderlich ist, so wird er dem Patienten in der Regel beschreiben, welche Körperteile benötigt werden und welche Personengruppe als potenzieller „Spender“ in Betracht kommt. Die üblicherweise am meisten verwendeten Körperteile des Menschen sind hierbei die Genitalien des Opfers, das gelbe Fett des Unterbauches, Blut, innere Organe (insbesondere die am meisten durchbluteten, Lunge, Herz, Leber, aber auch Niere und Galle), die Sinnesorgane (vor allem Augen und Ohren) sowie der ganze Kopf.

Diese Körperteile werden nach den oben genannten Kriterien mit prototypischen Charakteristika belegt, die später übertragen werden sollen. Unter den Bantu sind einige Charakteristika besonders geschätzt, die mit den folgenden Organen verbunden werden: Leber, Niere und Galle gelten bei den Bantu als Sitz von Mut, Initiative und Angst. Augen verhelfen dem Konsumenten zu einem guten Überblick über die Vor-

---

[66] Mabiriizi, 4 Zimbabwe Law Review 43 (1986), Seite 44

[67] Bericht der Untersuchungskommission der Nordprovinz 1996, Seite 31.

[68] Die SAPS in QwaQwa berichtete mir von durchschnittlich 10 Fällen im Jahr, nach Angaben des staatlichen Leichenschauhauses und der Pathologie werden allein in Bloemfontein (zuständig für den Oranje Freistaat) jährlich etwa 3-4 Fälle festgestellt. Da man bisher davon ausging, dass der Oranje Freistaat völlig frei von solchen Vorfällen war, sind die letztgenanten Zahlen relativ hoch.

[69] Vgl. z.B. S. v. Munyai and others, 1993 (1) SACR 252 (A); S. v. Malaza, 1990 (1) SACR 357 (A); S. v. Makhwanya, 1984 (1) PH h.89 (A); S. v. Mavhungu, 1981 (1) SA 56 (A); S. v. Modisadife, 1980 (3) SA 860 (A); S. v. Sibanda, 1975 (1) SA 966 (RAD).

fälle des Lebens, das Blut repräsentiert die Lebenskraft[70]. Die Genitalien werden mit Fruchtbarkeit in Verbindung gebracht und verabreicht, wenn der Patient gravierende Beschwerden in dieser Hinsicht hat[71].

Wie bereits erwähnt, werden die Betäubungs- oder Tötungsakte nicht durch den Sangoma selbst, sondern durch den Patienten oder seine Helfer begangen[72]. Oftmals ist der Sangoma aber bei der Betäubung oder Tötung zugegen, um die Organe unverzüglich entnehmen zu können[73]. Dies ist vor allem deshalb nötig, weil die Organe nach den genannten[74] magischen Prinzipien noch von einem lebenden Menschen stammen sollten, um ihre ganze Wirkungskraft entfalten zu können. Insbesondere bei den inneren Organen ist dies von höchster Wichtigkeit; das Blut, welches die Lebenskraft repräsentiert, darf sie noch nicht verlassen haben. Hinzu kommt der Glaube einiger (nördlicher) Stämme, dass die Schreie des Opfers die eigentliche Wirkungskraft des Muti erst erwecken[75]. Die Entnahme der Organe geschieht also oft in der Grauzone zwischen Leben und Tod des Opfers; ohne Zweifel ist diese Tötungsart als besonders grausam einzustufen. Die Zubereitung der Menschenteile geschieht nach den oben genannten[76] Prinzipien; die Charakteristika werden vom Körperteil gelöst, auf den Patienten übertragbar gemacht und ihm z.B. in Form einer Aschelösung verabreicht[77].

Nach dem Tötungs- und Entnahmeakt geschieht etwas Bemerkenswertes: Die Leichenreste werden niemals begraben. Dies ist schon deshalb auffällig, weil das Töten zum Erlangen von Muti im traditionellen Recht als hochkrimineller Akt eingestuft wurde. Neben der Verfolgung wegen einfachen Mordes setzte sich der Täter auch der Gefahr aus, wegen „Schwarzer Magie" mit dem Tode bestraft zu werden. Wer unter diesen Umständen besondere Akribie bei der Leichenbeseitigung erwartet hätte, sieht sich allerdings getäuscht: Nach der Tötung wird die Leiche offen liegengelassen, vielleicht mit Blättern oder Ästen bedeckt, aber niemals mit Erde. Die Leichenbeseitigung in einem stehenden Gewässer ist üblich, manchmal wird der leblose Körper auch von einer Klippe geworfen, um die Tötung wie einen Unfall aussehen zu lassen. Ord-

---

[70] Weitere Beispiele in dieser Richtung befinden sich im Bericht der Untersuchungskommission der Nordprovinz, 1996, Seiten 24f und im LeRoux Commision Report, Seite 83. Für einen Beispielsfall bzgl. der Wirkung des Blutes siehe S. v. Malaza, 1990 (1) SACR 357 (A).

[71] Siehe z.B. S. v. Modisadife, 1980 (3) SA 860 (A), Seite 861 H.

[72] Der Muti-Mörder wird bei den Northern Sotho „u via" genannt; unter den Venda heißt der Muti-Mord „maemae". Vgl. für die typischen Tatbeiträge des Sangoma und des "Patienten" z.B. den Fall S. v. Sibanda, 1975 (1) SA 966 (RAD).

[73] Basutoland medicine murder report, Seite 16.

[74] Vgl. Kapitel I 5. d).

[75] Minaar et al., To live in fear, Seite 22.

[76] Vgl. oben, Kapitel I 5. d).

[77] Siehe z.B. S. v. Modisadife, 1980 (3) SA 860 (A), Seite 862 A. Eine weitere typische Verabreichungsform ist das Trocknen der Körperteile, die nach einigen Tagen mit Fett oder Talg von einer Ziege oder einem Schaf vermischt werden. Siehe für ein solches Beispiel S. v. Mavhungu, 1981 (1) SA 57 (A), Seite 62 F.

nungsgemäß beerdigt wird diese Leiche jedoch nie[78]. Dies hat im wesentlichen zwei Gründe: Der Sangoma wird den Täter anweisen, nach der Tötung und der Entnahme eine rituelle Waschung vorzunehmen, um sich von der Schuld zu reinigen[79]. (Im Unterschied zu den Indischen Ritualmorden wird hierbei allerdings nicht die Leiche, sondern der Täter selbst gewaschen.) Daraus resultiert beim Täter das Gefühl, die Sache habe sich für ihn erledigt. Ein dringendes Bedürfnis, die Leiche „sofort loszuwerden", entsteht dadurch beim Muti-Mörder nicht. Der zweite Grund ist ein rein kosmologischer: Insbesondere in den nördlichen Landesteilen ist die Ansicht vorherrschend, dass die Wirkung des Muti in dem Augenblick schwächer wird, in dem das Opfer begraben wird. Manche meiner Informanten betonten sogar, dass die Beerdigung die Wirkung des Muti gänzlich aufhebe.

Beim Nachtatverhalten der Täter fällt weiterhin auf, dass (anders als bei den übrigen Hexereibeschuldigungen) ein Muti-Mord auch unter erheblichem Beweisdruck niemals gestanden wird[80]. Dies dürfte teilweise darin begründet sein, dass auch das traditionelle Recht diese Taten als besonders verwerfliche Form der böswilligen Magie betrachtet hat[81]. Eine endgültige Erklärung für dieses Verhalten gibt es jedoch nicht.

Unter den Opfern der Muti-Morde befinden sich -im Gegensatz zu den Hexentötungen- auch Weiße. Meine Erfahrungen von den SeSotho haben die bereits von *Evans*[82] und der staatlichen Untersuchungskommission in der Nordprovinz[83] artikulierte Vermutung bestätigt, dass man aufgrund der Assoziation des Weißen mit wirtschaftlicher Macht, Besitz und Erfolg eben diese Charakteristika mit ihren Organen verbindet. Ein Weißer wird also deshalb umgebracht, weil man ihm die genannten Charakteristika allgemein zuschreibt. Zweitens wird ein Weißer viktimisiert, weil er aufgrund seiner wirtschaftlichen und/oder körperlichen Kraft als besonders starker Träger dieser Charakteristika angesehen wird. Nach dem oben genannten Wertigkeitsschema[84] steht er also im Wirksamkeitsspektrum für die benötigten Mittel ganz oben.

[78] So z.B. die Entscheidungen S. v. Modisadife, 1980 (3) SA 860 (A), S. v. Malaza, 1990 (1) SACR 357 (A), Seite 358 oder S. v. Mavhungu, 1981 (1) SA 57 (A), Seite 61 A; weitere Details hierzu finden sich im Basutoland medicine murder report, Seiten 16-18.
[79] Basutoland medicine murder report, Seiten 16-18
[80] Vgl. vor allem Nel/Verschoor et al., 15 (3) S.Afr.J.Ethn. 85 (1992), Seite 85.
[81] Siehe 3. Kapitel , 4. a) .
[82] Evans, 8 (4) Indicator South Africa 46 (1991), Seite 48
[83] Bericht der Untersuchungskommission der Nordprovinz, 1996, Seite 25
[84] Siehe oben, Kapitel I 5. d) .

2. Tätertypologien: Wer begeht Hexen- und Muti-Morde ?

Im folgenden werden typische Tätereigenschaften für Muti-Morde und Hexentötungen dargestellt. Tokoloshe-Tötungen und rituelle Tötungen bleiben dabei außer Betracht. Bei beiden Fallgruppen liegen keine umfangreichen Erhebungen vor, anhand derer man in verlässlicher Weise Tendenzen aufzeigen könnte.

Da der Hexenglaube bei Hexenmorden, der Glaube an die Wirksamkeit traditioneller Medizin bei Muti-Morden Grundvoraussetzung ist, muss der typische Täterkreis entsprechend eingeschränkt werden. Als Täter kommen nur Anhänger der traditionellen afrikanischen Kosmologie in Betracht. Der typische Täterkreis wird weiterhin von allgemeinen Faktoren eingegrenzt, die auf der ganzen Welt mit Tätern von Gewaltkriminalität verbunden werden, wie zum Beispiel das Geschlecht oder ein bestimmtes Alter. Wie zu zeigen sein wird, kommen neben diesen typischen Täterprofilen für Gewaltkriminalität im Bereich der kosmologiebedingten Straftaten noch traditionell bedingte Gründe hinzu, die den Täterkreis weiter einengen. Nichtsdestotrotz ist eine genaue Bestimmung des „typischen" Hexenmörders oder Muti-Mörders selbstverständlich angesichts der Vielschichtigkeit dieser Phänomene nicht möglich. Die folgende Darstellung soll deshalb lediglich Tendenzen aufzeigen und erhebt keinen Anspruch auf Vollständigkeit.

a) Wer glaubt an Hexen, wer an traditionelle Medizin ?

Es wurde bereits ausgeführt, dass der Hexenglaube und der Ahnenkult weit verbreitet sind und dass eine Umfrage ergeben hat, dass wohl etwa 75 % der Jurastudenten in Südafrika heute an Hexen glauben[85]. Nochmals muss darauf hingewiesen werden, dass der Glaube unter der ländlichen Bevölkerung sicherlich bei nahe 100 % liegt[86]. Diese Zahlen stimmen etwa mit früheren Untersuchungsergebnissen überein. Eine Umfrage an der University of South Africa brachte ans Licht, dass etwa 90 % der schwarzen Medizinstudenten ebenfalls an Hexerei glaubten[87]. Bei meiner eigenen kleinen Umfrage kam ich jedoch zu dem überraschenden Ergebnis, dass nur etwa ein Viertel der Jurastudenten einräumt, bereits einen Sangoma besucht zu haben. Ein weiteres Viertel berichtete, dass zwar nicht sie selbst, aber einer ihrer Familienangehörigen schon einmal einen Sangoma konsultiert habe[88]. Für diesen auffallend niedrigen Anteil gibt es eine Erklärung: Nach dem traditionellen Recht fällt der Besuch bei einem Sangoma

[85] Vgl. die Ergebnisse im Appendix I.
[86] So auch Marwick, Sorcery in its social setting, Seite 72.
[87] Vgl. Elliott, 14 (2) Africa Insight 109 (1984), Seite 109. Die gleiche Anzahl von Jurastudenten in Nigeria glaubt nach einer Studie aus dem Jahre 1977 dort ebenfalls an Hexen, vgl. Aremu, Criminal responsibility for homicide in Nigeria and supernatural beliefs, 29 ICLQ 112 (1980).
[88] Siehe die Ergebnisse im Appendix I für die genauen Zahlen.

unter ein Tabu, dessen Bruch nach Banturecht schwer bestraft wird[89]. Es ist deshalb zu vermuten, dass die tatsächlichen Zahlen der Patienten von Sangomas weit höher liegen.

Darüber hinaus muss darauf hingewiesen werden, dass man nicht ohne weiteres die weiße Bevölkerungsgruppe vom Hexenglauben ausnehmen darf. Insbesondere unter den ärmeren und schlecht ausgebildeten Weißen gab es zu Beginn des 20. Jahrhunderts viele, die einen Sangoma konsultierten[90]. Die sozialen Umschichtungen während der Apartheid haben dies abgeschwächt; heute dürften kaum noch weiße Südafrikaner der schwarzen Kosmologie anhängen. Dennoch muss man auch derzeit davon ausgehen, dass noch etwa 0,5 % der Sangomas weiße Hautfarbe haben; sie praktizieren jedoch keinerlei Weissagung, sondern beschäftigen sich nur mit Kräuterheilkunde. Als Täter von Hexen- oder Muti-Morden fallen Weiße deshalb völlig aus dem Täterprofil heraus; Täter bei Muti-Morden sind - wie bei Hexentötungen auch - ausschließlich Schwarze.

Durch die genannten Zahlen ist bereits deutlich geworden, dass der Einfluss von Bildung auf die traditionell-afrikanischen kosmologischen Vorstellungen geringer ist als man dies zunächst annehmen könnte. In der Tat fand ich die Zahlen in meiner Feldforschung bestätigt. Insbesondere unter den schwarzen Polizisten der Republik Südafrika fand ich einen extrem hohen Anteil von Personen, die fest in der traditionellen Kosmologie verwurzelt waren. Einige der Polizisten in Botshabelo / Free State waren sogar selbst Sangomas. Auch der Chef des Sondereinsatzkommandos in der Nordprovinz, der sich mit seiner Einheit auf die Ermittlung in Hexentötungen und Muti-Morden spezialisiert hatte, gestand dies im Jahre 1999 für die Beamten seiner Spezialeinheit ein[91]. Im Ergebnis ist heute wohl davon auszugehen, dass weder Berufsgruppe noch Bildungsstand erheblichen Einfluss auf den Glauben an Hexen oder traditionelle Medizin haben. Selbst die während meiner Untersuchung befragten Mediziner erkannten die Existenz von Hexen grundsätzlich an und sprachen Muti eine tatsächliche Wirksamkeit zu.

Dass der Hexenglaube nicht von der Mitgliedschaft in einer Religionsgemeinschaft abhängig ist, wurde bereits dargestellt[92]. Auch sind keine geschlechtsspezifischen Gewichtungen erkennbar: Männer glauben in gleichem Maße an die Grundsätze der afrikanischen Kosmologie wie Frauen. Ebenso ist die Intensität des Glaubens nicht vom Wohnort des Schwarzen abhängig. In meinen Untersuchungen fand ich die Er-

---

[89] Siehe zum Begriff des Tabu unten, 3. Kapitel, Einleitung.
[90] Mittlebeeler, African Custom and Western Law, Seite 142 m.w.N.
[91] Vgl. das Interview mit Seth Ntai, in Behrens: Aberglaube bricht Gesetzeskraft, Süddeutsche Zeitung vom 1.7.1999.
[92] Siehe oben, Kapitel I, 6.

gebnisse früherer anthropologischer Forschungsreihen[93] bestätigt, dass der Hexenglaube in Städten wohl genauso ausgeprägt ist wie auf dem Land.

Zusammenfassend lässt sich somit sagen, dass der Glaube an Hexen und die Wirksamkeit traditioneller Medizin weit verbreitet ist und kaum von Alter, Geschlecht, Bildungsgrad oder Religion abhängen dürfte.

b) Tätergruppen bei Muti-Morden und Hexenmorden

Bei den Tätergruppen fällt zunächst auf, dass Frauen an der Ausführung von weltanschauungsbedingten Straftaten regelmäßig nicht teilnehmen[94]. Bei Muti-Morden treten Frauen in der Regel überhaupt nicht als Tatausführende auf[95], ebenso bei individuellen Hexenmorden[96]. Bei den Massenhexenjagden beschränkt sich die Teilnahme von Frauen in den allermeisten Fällen auf ein Anstacheln der Vordermänner aus dem jagenden Mob heraus.

Ebenso strikt wie die Geschlechtsstruktur ist die Altersstruktur bei den genannten Delikten. Die Untersuchungskommission der Nordprovinz fand heraus, dass der typische Hexenmörder zwischen 14 und 38 Jahren alt ist, mit einem besonderen Schwergewicht auf der Altersgruppe zwischen 15 und 25 Jahren[97]. Bei den Muti-Morden ist davon auszugehen, dass dieser Altersdurchschnitt höher liegt. Ältere Menschen werden häufiger und schwerwiegender krank als junge; demzufolge dürfte ihr Anteil in der Tätergruppe wesentlich höher liegen als bei Hexentötungen. Verlässliche Zahlen sind hierzu jedoch nicht erhältlich.

Eine Typisierung der Täter nach Einkommens- und Bildungsschichten ist kaum möglich. In der Tendenz dürften die Angehörigen der oberen Mittelschicht oder der Oberschicht seltener in das tatsächliche Geschehen eingreifen; sie werden entsprechend seltener wegen Muti-Morden oder Hexentötungen angeklagt. Über die etwaige Mitwirkung reicherer Personen im Hintergrund existieren aber ebenso noch keine gesicherten Informationen[98].

---

[93] Dlamini, 1985 Obiter 80, Seite 83; Bericht der Untersuchungskommission der Nordprovinz 1996, Seite 12

[94] Bericht der Untersuchungskommission der Nordprovinz 1996, Seite 50

[95] Die einzige bekannte Ausnahme ist S. v. Mavhungu 1981 (1) SA 56 (A).

[96] Die einzige bekannte Ausnahme ist S. v. Mojapelo 1991 (1) SACR 257 (T).

[97] Siehe den Bericht der Untersuchungskommission der Nordprovinz , 1996, Seite 15, desgleichen Minaar et al., To live in fear, Seite 38 oder Stadler, 55 (1) African Studies 87 (1996), Seiten 96ff . Vgl. auch Stadler, Generational Relationships, Seiten 179ff.

[98] In vielen der Fälle, die vor die Obergerichte gelangten, handelte es sich bei den unmittelbaren Tätern um Arbeiter oder gar völlig ungebildete Personen, vgl. z.B. S. v. Mavhungu, 1981 (1) SA 56 (A).

Die Mitgliedschaft in christlichen oder muslimischen Gemeinschaften hat, wie bereits oben dargelegt, keinerlei Einfluss auf die Intensität des Hexenglaubens; ebenso muss angenommen werden, dass durch Religionszugehörigkeit das typische Täterprofil nicht beeinflusst wird.

Es wurde bereits angeführt, dass Hexenglaube und Vertrauen in Muti- Medizin sowohl in den Städten als auch auf dem Lande weit verbreitet sind. Eine oft diskutierte Frage ist hingegen, ob auch die daraus resultierende Kriminalität, nämlich vor allem Hexenmorde und Muti-Morde in Städten gleichermaßen oft wie in ländlichen Gegenden auftreten. Hier haben meine Nachforschungen die Ergebnisse vorheriger Untersuchungen bestätigt[99]: Der Hexenglaube ist heute in den Städten mit gleicher Intensität vorhanden wie auf dem Lande. Auch unterscheiden sich Formen und Häufigkeit der weltanschauungsbezogenen Kriminalität lediglich geringfügig. Dies dürfte auf die folgenden Faktoren zurückzuführen sein:

Auf dem Lande sieht sich der Mensch eher den Gefahren der Natur, wie Blitzschlag, Tornados, etc. ausgesetzt. Bei diesen Naturereignissen handelt es sich um vermeintlich klare Indizien für eine magische Tätigkeit. Diese Phänomene sind schon aufgrund ihrer Spektakularität besonders geeignet, Hexenmorde auszulösen. In den Städten sieht man sich einer solchen Gefahr nicht in gleichem Maße wie etwa in den ländlichen Gebieten des Nord-Transvaal ausgesetzt.

Zudem werden große Massen-Hexenjagden ausschließlich aus kleineren Städten oder Dörfern berichtet. Es ist anzunehmen, dass die Menschen dort zu solchen Taten einfacher zu mobilisieren sind als in Städten, wo oftmals größere Entfernungen zurückzulegen sind. Die hohe Intensität der sozialen Bindungen in kleineren Sozialsystemen wirkt stets als Katalysator für Hexereibeschuldigungen.

Andersherum muss die höhere Besiedelungsdichte in den Städten berücksichtigt werden. Sie bringt soziale Spannungen und Konflikte mit sich, die sich häufig in Hexereibeschuldigungen entladen. Reichtum, daraus resultierender Besitzneid, etc. förderten wohl ebenso wie neue Arbeits- und Wohnverhältnisse (vor allem die Formen der Wanderarbeit) die weltanschauungsbedingten Straftaten in Südafrika[100]. Alles in allem gilt daher festzuhalten, dass die genannten kosmologiebedingten Straftaten in ländlichen Gegenden etwa ebenso häufig vorkommen wie in den Städten.

---

[99] Siehe z.B. den Bericht der Untersuchungskommission für die Nordprovinz, 1996, Seite 12; Dlamini 1985 Obiter 80, Seite 83.

[100] Für eine komplette Analyse des Einflusses der Urbanisierung auf Hexen und Ahnenglaube siehe Mala, 15 (2) S.Afr.J.Ethn. 29 (1992) oder Hammond-Tooke, 40 (1) Africa 25 (1970).

c) Kulturell bedingte Besonderheiten der Täterprofile

Die oben genannten Zahlen weisen zunächst auf allgemeine Labels bei den Gewaltdelikten hin. Geschlechts- und Altersstruktur entsprechen dem typischen Täterprofil, welches man auf der ganzen Welt mit Mord und Totschlag assoziiert: Typischerweise ist der Täter männlichen Geschlechts und zwischen 16 und 25 Jahre alt.

Bei den hier behandelten Kriminalitätsformen wird der Täterkreis zudem von kulturellen Faktoren beeinflusst, welche eine noch deutlichere Überrepräsentation von jungen Männer unter den Tatausführenden bewirken dürften.

aa) Der Einfluss kultureller Faktoren auf die Täterprofile bei Muti-Morden

Bei den Muti-Morden kommt es bei den typischen Täterprofilen gegenüber den Hexenmorden zu einer leichten Verschiebung der Altersstruktur der Täter. Weil ältere Menschen öfter und schwerer krank werden, können ihnen auch Muti-Morde öfter zugeschrieben werden. Einflussreiche Personen nehmen kaum an der eigentlichen Ausführungshandlung teil. Nichtsdestotrotz hat die Erfahrung gezeigt, dass man die Angehörigen der Oberschicht allgemein zwar nicht mit der *Tötung* bezichtigt, sie aber sehr oft mit dem *Konsum* von Muti menschlichen Ursprungs verbindet[101]. Neben wirtschaftlichen Aspekten (Muti aus menschlichen Bestandteilen ist verständlicherweise sehr teuer[102]) beruht dieses Phänomen auf einem wichtigen historisch-traditionellen Grund. Im Gebiet des südlichen Afrika war den Stammesführern und den Häuptlingen die Konsumtion von Muti aus menschlichen Bestandteilen aufgrund eigenen Befehles nicht nur erlaubt, sondern sogar in der Bevölkerung akzeptiert. Aus Lesotho wurde beispielsweise berichtet, dass dort der Genuss menschlichen Mutis den höheren Häuptlingen durchweg gestattet war[103], in Swaziland traditionell dem König[104].

Es mag zunächst abwegig erscheinen, dass einzelnen Personen der Gebrauch von Muti menschlichen Ursprungs zugestanden wurde, andere deswegen jedoch als Hexen verbrannt wurden. Der Gedanke hinter diesen bemerkenswerten Ausnahmen von der Strafbarkeit wegen schwarzer Magie war, dass der König oder der Häuptling durch dieses außerordentlich starke Mittel seine Kraft stütze oder wiederherstellte, was letzt-

---

[101] Bericht der Untersuchungskommission der Nordprovinz 1996, Seite 25; LeRoux Commission Report, Seiten 77f.

[102] Beispielshalber sei hier auf den „Preis“ für die Ausführung eines Muti-Mordes bei S. v. Mavhungu, 1981 (1) SA 56 (A), Seite 63 A/B verwiesen: R 330.- (1978). Für die Tötung eines zweieinhalbjährigen Kleinkindes bezahlte der Auftraggeber in S. v. Munyai and others, 1993 (1) SACR 252 (A), Seite 254 g , R 200.- (1991).

[103] Basutoland Medicine Murder report, Seite 18; Mabiriizi, 4 Zimbabwe Law Review 43 (1986) , Seite 51

[104] Evans 8 (4) Indicator South Africa 46 (1991), Seite 47

endlich von Vorteil für das ganze Volk sei. Die Begrenzung auf die höchsten Herrscher hatte schließlich den Grund, deren Autorität nach unten hin abzusichern.

Die Rolle der einfachen Dorfhäuptlinge, die vom Status her zwischen den höchsten Herrschern und dem einfachen Volk standen, ist hierbei bis heute noch nicht ganz geklärt. Bevor die weißen Siedler ins südliche Afrika kamen, hatten die Häuptlinge sowohl die säkulare als auch die magische Herrschaft über den Stamm in ihren Händen[105]. Sie waren absolute Herrscher, die ihren Stammesmitgliedern zu deren Schutz verpflichtet waren. Bevor die Kolonialherren diese gewachsenen Strukturen entwurzelten, war der Häuptling also auch immer ein Magier; zumindest konnte er die nötigen Schutzriten durchführen. Sie bestanden nicht selten auch in der Konsumtion von Muti menschlichen Ursprunges. Um den Stamm vor Hexerei zu schützen, riskierten also viele Stammesmitglieder die Gefahr, Opfer eines Muti-Mordes durch die Gehilfen des eigenen Häuptlings zu werden[106]. Wie oft die einfachen Dorfhäuptlinge aber auf ihre Bevölkerung als Quelle für schutzbringendes Muti verwendeten, kann aber nur schwer geschätzt werden.

Erstaunlicherweise haben sich diese Traditionen rudimentär bis heute halten können. Zwar hat sich die Rolle der Häuptlinge unter der neuen Verfassung der Republik Südafrika entscheidend verändert[107]. Bei den allermeisten Mutimorden verdächtigt aber bis heute immer noch die Mehrheit der Bevölkerung vor allem Führungspersonen wie Häuptlinge oder Dorfälteste und andere besonders erfolgreiche Mitglieder der Gemeinschaft. Insbesondere wenn der Grund plötzlichen politischen oder wirtschaftlichen Erfolges nicht öffentlich bekannt ist, liegt die Anschuldigung nahe, dass die Person diesen mit Mitteln der schwarzen Magie, insbesondere durch ein außerordentlich starkes Muti, erlangt hat. Oftmals treffen die Anschuldigungen, einen Muti-Mord begangen zu haben, Lokalpolitiker oder reiche Geschäftsleute[108]. Da der Gebrauch von Muti nach der Tradition aber nur den Häuptlingen und Königen gestattet war, beschuldigte man die erfolgreiche Person daher indirekt der nicht erlaubten Praxis von schwarzer Magie[109]. Viele Anthropologen gehen deshalb heute davon aus, dass sich (ähnlich wie bei den Hexenbeschuldigungen) der Zorn der Bevölkerung bei dem Verdacht eines Muti-Mordes primär gegen den richtet, der auf Kosten anderer einen persönlichen Gewinn erwirtschaftete[110].

---

[105] Mihalik / Cassim 110 SALJ 127 (1993), Seite 130; Mabiriizi, 4 Zimbabwe Law Review 43 (1986), Seite 50

[106] Mihalik / Cassim, 110 SALJ 127 (1993), Seite 130

[107] Siehe hierzu Edzard Schmidt-Jortzig, Die Rolle der Traditional Leaders unter der neuen südafrikanischen Verfassung, 1998, mit ausführlicher Darstellung und vielen Nachweisen.

[108] Vgl. z.B. die Vorgänge bei den Unruhen in Venda 1989/1990, Le Roux Commission Report.

[109] Zum traditionellrechtlichen Verhältnis zwischen Tötungsdelikt und dem Straftatbestand der Schwarzen Magie vgl. unten, Kapitel III 4. a).

[110] Vgl. hierzu sogleich Kapitel II 2. b).

Die Untersuchungskommission für die Nordprovinz bestätigte diesen Ansatz nicht nur; die Ergebnisse gingen sogar noch viel weiter. Die Nachforschungen ergaben, dass bis heute die Häuptlinge ihren Untertanen befehlen, Menschen zur Mutigewinnung zu töten. Das so gewonnene Muti wurde in den bekannt gewordenen Fällen für die Regenzeremonien und für den Betrieb der Initiations- oder Beschneidungsschulen[111] benötigt[112]. Bei letzteren kommen Muti-Morde noch relativ oft vor: Am Ende des Initiationsritus, der den Jungen zum in der Gesellschaft angesehenen Mann machen soll, steht nämlich die feierliche Beschneidungszeremonie, bei der bis heute nicht selten Muti menschlichen Ursprunges zum Einsatz kommt[113]. Vereinzelt wird sogar von Fällen berichtet, in denen die Initianten auf Geheiß des Sangomas einen Mitschüler umbrachten, um Muti aus ihm herzustellen[114].

Zusammenfassend kann man sagen, dass die Initiationsschulen sicherlich eine gewisse Rolle bei vielen Muti-Morden haben. Diese Verbindung kommt nicht von ungefähr; Beschneidungsschulen wirken innerhalb der südafrikanischen Weltanschauung als Schnittstelle zwischen den Generationen. Wissen von und Respekt gegenüber der Magie werden den Heranwachsenden also gerade in der Phase ihres Lebens tief in das Bewusstsein gemeißelt, in der sie schon nach ihrem Alter in der Gruppe der Gewaltkriminellen überrepräsentiert sind. Da verwundert es nicht, dass die Teilnehmer dieser Schulen relativ oft mit Muti-Morden in Verbindung gebracht werden müssen.

bb) Typische Täterprofile bei Hexenmorden

Auch bei den Hexenmorden kommen viele traditionelle Faktoren hinzu, die den typischen Täterkreis weiter eingrenzen.

Noch extremer als bei den Muti-Morden wird das Durchschnittsalter der Täter durch die traditionellen Initiationsriten beeinflusst[115]. In den Initiationsschulen werden den Initianten durch den Sangoma neben anderen praktischen und magischen Aspekten des Lebens auch die typischen Gefahren der böswilligen Hexerei erläutert. Unter dem Eindruck der eben gelernten kosmologischen Zusammenhänge verstehen sich die männlichen Initianten oftmals als diejenigen, die aufgrund ihrer neu gewonnenen

[111] Vgl. zum Begriff der Beschneidungs- oder Initiationsschule schon oben, Einleitung, bei Fußnote 1.
[112] Vgl. den Bericht der Untersuchungskommission für die Nordprovinz, 1996, Seite 29.
[113] Bericht der Untersuchungskommission für die Nordprovinz, 1996, Seite 29.
[114] Vgl. (für Lesotho) den Basutoland medicine murder, Jones Commission Report, Seiten 24-26. Gerüchtehalber wurde mir während meiner Nachforschungen diese Praxis im Oranje-Freistaat ebenfalls zugetragen; eindeutig zu belegen ist sie jedoch nicht.
[115] Nicht weiter geklärt und sehr lückenhaft: Minaar et al., To live in Fear, Seite 91.

Kenntnisse in der Lage - und gegenüber der Gemeinschaft auch verpflichtet - sind, Hexen wirksam zu bekämpfen.

Ein weiterer Faktor hängt eng mit diesem bemerkenswerten Selbstbewusstsein der Jugendlichen zusammen: Das traditionelle afrikanische Gewohnheitsrecht billigte seit je her den Initianten während der Seklusionsphase einen traditionellen Schuldausschließungsgrund zu. Mit anderen Worten: Ein Initiant durfte während seines Aufenthaltes in der Beschneidungsschule Straftaten bis hin zum Tötungsdelikt begehen und war nicht strafbar[116]. Abweichendes, sozialschädliches und aggressives Verhalten wurde von den Initianten teilweise sogar erwartet; moralisch gesehen standen sie außerhalb des Wertesystems der Gemeinschaft. Diese Grundvorstellung hat sich bis heute halten können[117]. Viele Hexenjagden in der jüngsten Zeit, insbesondere die, bei denen die traditionellen Vorschriften, nicht genau beachtet wurden, müssen diesen Jugendlichen zugeschrieben werden[118].

Insbesondere bei den Hexenmord-Wellen der Jahre 1989/1990 und 1994 spielten darüber hinaus die Jugendorganisationen der nationalen Befreiungsparteien eine wesentliche Rolle[119]. Hexenjagden während der Unruhen, die zum Umsturz im Homeland Venda führten, waren repräsentativ für viele weitere Massenverfolgungen, mit denen die Jugendorganisationen, insbesondere des ANC, die unterdrückten Bürger des Landes mobilisieren konnten. Auch das besondere Engagement der ANC-Jugendorganisationen erklärt den höheren Anteil von Jugendlichen unter den Tätern. Die politische Dimension der Hexenjagden wirkt sich über das Täterprofil hinaus aus und soll deshalb unten[120] eingehender geschildert werden.

Die Rolle der Stammeshäuptlinge in Hexenmorden hingegen war weniger klar und ist bis heute ein umstrittenes Thema. Zu den Zeiten vor der Kolonisation Südafrikas waren die Häuptlinge die eigentlichen Anführer der Hexenjagden, indem sie kraft ihres Amtes auf Dorf- und Stammesebene die judikative Gewalt ausübten und gleichzeitig dazu magische Kräfte besaßen[121]. Sie lenkten die Hexenanschuldigungen in ihrem eigenen Sinne, um ihre Machtposition zu bewahren. Durch die weitestgehenden Kompetenzverluste aufgrund der Kolonialgesetzgebung[122] gerieten die Häuptlinge in ihren Gemeinschaften unter Druck. Die Stammesangehörigen verlangten von ihnen auch weiterhin, dass sie die Dörfer von Hexen freihielten. Dies beinhaltete auch die Bestra-

---

[116] M.W. Prinsloo, Die Inheemse strafreg van die Noord Sotho Seite 7
[117] Vgl. Stadler, Generational Relationships, Seiten 179ff.
[118] So auch van Kessel, 19 (4) Journal of Southern African Studies 593 (1993), Seite 610.
[119] Zu den genauen Gründen dafür und zu Einzelheiten der politischen Bewegungen siehe die Ausführungen unten, Kapitel II 4. .
[120] Vgl. unten, Kapitel II 4.
[121] Vgl. zu den Einzelheiten sogl. unten, Kapitel III 2.
[122] insbesondere durch den Bantu Administration Act von 1927.

fung von solchen Verdächtigen, die durch die Dorfgemeinschaft enttarnt wurden. Es ist sogar ein Fall bekannt, in dem der Häuptling seines Amtes enthoben wurde, weil er sich weigerte, eine angebliche Hexe zu bestrafen[123].

Heute muss man davon ausgehen, dass die Häuptlinge nicht mehr wie früher die Hexenjagden dirigieren und dadurch ihre eigene Machtposition stützen. Es ist vielmehr anzunehmen, dass die Hexenjagden gezielt durch die Sangomas gesteuert werden und die Häuptlinge hierbei keine wesentlichen Funktionen übernehmen. In dem oben angesprochenen Fall wurde der Häuptling nach seiner Weigerung in seinem Amt vom Sangoma abgelöst.

Zusammenfassend kann man also sagen, dass die treibende Kraft hinter der Ausführung von Hexenmorden und Hexenjagden eindeutig die Sangomas sind. Ausführende sind stets männlichen Geschlechtes und zwischen 15 und 25 Jahre alt. Hält man sich vor Augen, dass in früheren Zeiten vor allem ältere Männer nach althergebrachter Tradition die Hexenjagden anführten[124], so ist im Vergleich zur heutigen Praxis eine eindeutige Verschiebung der typischen Täterprofile festzustellen.

3. Typische Opfergruppen bei kosmologiebedingten Straftaten

Den überwiegend weißen Richtern stellten sich Hexen- und Muti-Morde oftmals als offensichtlich motivlose Taten dar[125]. Nur sehr selten ergibt es sich in einer Hauptverhandlung überhaupt, dass bei dem behandelten Tötungsdelikt ein magischer Hintergrund bestand. Viele Autoren aus dem Gebiet der Anthropologie und des Strafrechtes haben deshalb bereits gefordert, bei solchen, auf den ersten Blick „motivlosen" Taten, generell gerichtliche Sachverständige zu den kosmologischen Hintergründen anzuhören[126].

Während sich die Gerichte wenig mit den eigentlichen Hintergründen der Tat auseinandersetzten, wurden die kosmologischen Grundlagen in einigen anthropologischen und soziologischen Studien untersucht. Diese kamen allesamt zu dem Ergebnis, dass die Auslösemotivationen für weltanschauungsbedingte Tötungen (und damit die bewusste oder unbewusste Opferauswahl) aus völlig unterschiedlichen Lebensbereichen kommen, regelmäßig aber wiederum der Einfluss bestimmter Faktoren unverkennbar ist.

[123] Siehe Stadler, Generational Relationships, Seite 193.
[124] Stadler, Generational Relationships, Seiten 196f.
[125] Nel/Verschoor et al., 15 (3) S.Afr.J.Ethn. 85; Peacock, 2 Police Journal 121, Seite 123.
[126] Nel/Verschoor et al., 15 (3) S.Afr.J.Ethn. 85 m.w.N.

Zunächst fällt auf, dass die rein anthropologischen Arbeiten davon ausgehen, dass Hexenmordes aus Rache wegen des durch die Hexen angerichteten Schadens oder aus Furcht vor weiterem magischem Unheil begangen werden. Ein solcher Schluss deutet auf einen „reinen" Hexenglauben hin, der mit keinen anderen Motivationen konkurriert. Richtigerweise wird man mit den soziologischen Untersuchungen aber davon ausgehen müssen, dass eine Hexe nur sehr selten allein deshalb umgebracht wurde, weil man sich vor ihren magischen Fähigkeiten fürchtete oder weil sie dem späteren Täter Leid zugefügt hatte. In der Regel kommen bei Hexenmorden weitere Motivationen in einem vielschichtigen Zusammenspiel hinzu. Die Gerichtsurteile der vergangenen hundert Jahre spiegeln die enorme Spannbreite zwischen einem „reinen" Hexenmord, der aus purer Angst begangen wird[127] und einem klaren politischen Mord, bei dem der Hexenglaube lediglich als Feigenblatt für umstürzlerische Aktivitäten dienen sollte[128], wider. Die meisten Fälle liegen im Graubereich; typischerweise überlagern sich mehrere Motivationsschichten. Im allgemeinen darf man den Hexenglauben und die Angst vor böswilliger Magie als Basis für die Begehung von Hexenmorden halten. Aus dieser latent vorhandenen Motivation schöpfen sowohl diejenigen, die an Hexen glauben, als auch die wenigen Zweifler ihre Rechtfertigung für einen Tötungsakt. Man könnte den Hexenglauben daher als eine Art „latentes Motiv" bezeichnen, als die tragende Basismotivation. Oftmals bedarf dieses „latente Motiv" noch eines Auslösereizes, um den Täter schließlich zu einer Hexentötung anzutreiben.

Betrachtet man die Opfer von Hexenmorden, so erkennt man auch hier Auffälligkeiten, nämlich dass einige soziale Gruppen sehr viel häufiger als andere viktimisiert werden. Aus verschiedenen, anschließend darzustellenden Konfliktquellen schöpfen die Täter oftmals ihre Auslösemotivation. Diese individuelle Opferauswahl kann durch persönliche, sozio-kulturelle oder - wie später zu zeigen sein wird - politische Faktoren bedingt sein.

Bei den Muti-Morden lassen sich fest umrissene Opfergruppen nur schwerlich ausmachen. Jedoch gibt es auch für diesen Bereich der kosmologiebedingten Straftaten immer wiederkehrende Muster bei der Opferauswahl, auf die später eingegangen werden soll.

a) Typische Opfergruppen bei Hexenmorden

Bei den Hexenmorden fällt auf, dass die Geschlechtsstruktur unter den Opfern einen klaren Überhang weiblicher Opfer aufweist. Meistens sind Frauen aus dem sozialen Nahbereich betroffen. Auch die Altersstruktur der typischen Opfer von Hexentötungen

---

[127] R. v. Myeni, 1955 (4) SA 196 (A); S. v. Ndhlovu and another, 1971 (1) SA 27 (RAD); S. v. Mathoka and others, 1992 (2) SASV 443 (NC)

[128] S. v. Matala and others, 1993 (1) SACR 531 (A); S. v. Magoro and others, 1996 (2) SACR 359 (A)

ist augenfällig: Ältere Menschen werden sehr viel häufiger viktimisiert als jüngere. Des weiteren erscheint bemerkenswert, dass einzelne sozial geächtete Gruppen sich verhältnismäßig oft unter den Opfern von Hexentötungen befinden.

aa) Personen des sozialen Nahbereiches

Hexentötungen finden fast ausschließlich im näheren Lebensumfeld statt. Bei Massenhexenjagden werden oftmals Menschen aus der täglichen, unmittelbaren sozialen Umgebung getötet; individuelle Hexenmorde beschränken sich meist sogar auf den engsten sozialen Nahbereich[129]. Diese allgemeine Feststellung ist heute noch so aktuell wie vor hundert Jahren. Unter den nördlichen Sotho äußert sich diese Tendenz besonders augenfällig. Dort findet etwa ¼ der Anschuldigungen von böswilliger Hexerei zwischen Ehegatten statt[130].

Bei den Zulu gilt dies hingegen nur eingeschränkt. Aufgrund von abweichenden sozialen Systemen[131] findet die böswillige Hexerei bei den Zulu innerhalb der direkten Abstammungslinien ausschließlich durch den Gebrauch von Muti statt, wohingegen der Großteil der magischen Praktiken nur außerhalb der direkten Abstammungslinien angewendet wird[132]. Bei den Zulu werden die Anschuldigungen der Hexerei oft innerhalb einer Kraalsgemeinschaft erhoben; betroffen sind dann jedoch nicht die direkten patrilinearen Verwandten, sondern fast ausschließlich die bei den Zulu außerhalb der Abstammungslinien stehenden, eingeheirateten Frauen[133].

Natürlich gilt bei den Hexenmorden zunächst die bekannte kriminologische Feststellung, dass Tötungsdelikte als typische „Beziehungsdelikte" sehr viel öfter im sozialen Nahbereich stattfinden[134]. Darüber hinaus sind aber noch weitere kulturelle Faktoren dafür erkennbar. Die magischen Praktiken im südlichen Afrika setzen nämlich teilweise voraus, dass die Hexe mit dem Opfer direkt in Kontakt treten kann. Bei der oben geschilderten Anknüpfungsmagie[135] zum Beispiel ist es notwendig, dass sogar Teile oder Überreste des Körpers des Opfers von der Hexe erlangt werden. Dies ist nur im

---

[129] Siehe aus der Flut der sozialwissenschaftlichen Abhandlungen über dieses Thema die aktuellen Darstellungen von du Toit, 6 (3) Responsa Meridiana 230 (1993) m.w.N., Niehaus, 63 (4) Africa 498 (1993), Seiten 523ff oder Fisiy/Geschiere in Werbner/Ranger (eds): Postcolonial identities in Africa, Seiten 193, 197, jeweils mit weiteren Nachweisen. Aus den Fällen der Praxis siehe S. v. Franshishiko, 1977 (2) P.H. H. 170 (R), Seite 179 oder S. v. Ndhlovu and another, 1971 (1) SA 27 (RAD).

[130] Schapera, The Crime of Sorcery, Seite 16. Dem kann aus meiner Sicht zugestimmt werden, obwohl vor allem in den Fällen, in denen Geld im Spiel ist, das Opfer durch den Sangoma zwar nicht genau bestimmt ist, die Täter aber dann letztendlich doch auf eine Person in ihrem sozialen Nahbereich zurückgreifen, sobald sich eine Gelegenheit ergibt, vgl. S. v. Munyai and others, 1993 (1) SACR 252 (A) oder S. v. Mavhungu, 1981 (1) SA 56 (A).

[131] Vgl. hierzu unten Kapitel II 2. a) bb).

[132] So zuletzt Berglund, Zulu thought patterns and symbolism, Seite 268.

[133] Berglund, Zulu thought patterns and symbolism, Seite 305.

[134] Glatzel, Mord und Totschlag - Tötungshandlugen als Beziehungsdelikte.

[135] Siehe oben, Kapitel I 5. e).

sozialen Nahbereich ohne weiteres möglich[136]. Auch bei denjenigen Praktiken, die als „Entfernungsmagie“ eingestuft wurden, muss der Hexer den Namen des Opfers kennen und diesen bei der Vornahme der magischen Handlung aussprechen. Auch hier wird der Täterkreis also bereits durch die Magiepraxis von vornherein auf diejenigen Personen beschränkt, die einander zumindest namentlich kennen.

Ein weiterer magischer Grund für die Tatsache, dass Hexereibeschuldigungen nur im Nahbereich stattfinden, hängt mit den üblichen Schutzvorrichtungen gegen böswillige Magie zusammen. Wie oben erläutert[137] besteht die Möglichkeit, sich mit Hilfe des Sangomas durch Muti oder Ritual vor böswilliger Magie zu schützen. Trifft angesichts einer solchen „magischen Sicherung“ trotzdem etwa ein Blitz das Haus, so wird dies im allgemeinen als Indiz dafür gesehen, dass die böswillige Hexe die Sicherungsmechanismen gekannt haben muss. Weil zum Schutz vor Hexerei oftmals Muti an rituell genau festgelegten Stellen in der Hütte angebracht wird, nimmt man in diesen Fällen meist an, dass die Hexe sogar Kenntnis vom Hütteninneren gehabt haben muss. Auch kann von der Art der Schutzmagie auf deren Schwachstellen geschlossen werden, so dass eine Umgehung der Schutzvorrichtungen wiederum nur dem zugeschrieben werden kann, der diese genau kennt, was näheren Kontakt zum Opfer voraussetzt.

Auch die Weissagungspraxis der Sangomas beeinflusst die Opferauswahl und lenkt die Hexereiverdächtigungen hauptsächlich auf Menschen des Nahbereiches. Bei der Weissagung nennt der Sangoma bei Verdacht der böswilligen Hexerei wie erwähnt niemals eine konkrete Person, sondern beschreibt lediglich Charakteristika und überlässt die genaue Identifikation dem Patienten[138]. Schon dadurch ist der mögliche Opferkreis einer Hexereibeschuldigung von vornherein auf die Umgebung des Patienten beschränkt.

Die Auslöser sind üblicherweise Eifersucht, Neid, persönliche Rache oder Habgier. Eifersucht wurde teilweise als die am häufigsten auftretende persönliche Motivation bei Hexenmorden bezeichnet[139]. Als sekundäres Tatmotiv ist Eifersucht vor allem vor dem Hintergrund der traditionell-afrikanischen Ehe- und Familiengepflogenheiten zu sehen. In vielen afrikanischen Gesellschaften - im südlichen Afrika allerdings nur noch eingeschränkt - ist heute noch Polygynie üblich[140]. Dies führt zu Konflikten unter den einzelnen Ehefrauen. Es hat sich gezeigt, dass unter den Ehefrauen in einem polygynen

---

[136] So bereits van den Heever, Lego-ethnological Aspects of witchcraft in South Africa, Seite 9, Stadler, 55 (1) African Studies 87 (1996), Seite 93.

[137] Siehe oben, Kapitel I 4 c.

[138] Jensen Krige / Krige, The realm of a rain queen, Seite 268.

[139] Vgl. Minaar et al., To live in fear, Seite 29; Kriel Louw, Witchcraft among the Southern Bantu, Seite 93, jeweils m.w.N. . Auch in Zentralafrika gilt Eifersucht als treibende Kraft hinter vielen Hexenmorden, vgl. Lienhardt, 21 (4) Africa 303 (1951), Seite 315.

[140] Mutungi, The legal aspects of witchcraft, Seite 21.

Haushalt vor allem die Frau einem hohen Risiko der Hexereibeschuldigung von Seiten der Mitfrauen ausgesetzt ist, die besonders um die Aufmerksamkeit des Mannes kämpft[141].

Auch materieller Neid hat bei den Motiven für Hexentötungen stets eine ausnehmend bedeutende Rolle gespielt. Neid hat in Afrika eine kulturell weitaus tiefer gehende Bedeutung als zum Beispiel in Europa. Betrachtet man den afrikanischen Eigentumsbegriff, so entdeckt man, dass das südafrikanische Eigentumsverständnis von einer sozialistischen und egalitären Weltsicht geprägt ist. Es ist deshalb ein gewohnheitsrechtliches Prinzip in Afrika, dass Eigentum (mit Ausnahme einiger persönlicher Gegenstände) niemals dem Individuum, sondern immer dem Stamm oder Dorf zusteht[142]. Besitzt ein Stammesangehöriger mehr Eigentum als ihm „anteilsmäßig" zukommt, so setzt er sich dem Zorn der Allgemeinheit aus. Ein Mann, der schließlich sogar Geld auf ein Bankkonto einzahlt, wird als eine Art Dieb am Gemeingut angesehen, weil er sein Eigentum nicht der Gemeinschaft zugänglich macht[143]. Solcher Neid hat in der Vergangenheit immer wieder den auslösenden Impuls für Hexentötungen dargestellt.

Die Wechselwirkungen zwischen Eigentum und Hexereibeschuldigungen sind in anderen Teilen Afrikas bereits erforscht worden[144]. Im südlichen Afrika muss man ebenso davon ausgehen, dass gegenseitige Einflüsse bestehen. Äußerungen des Neides werden sich bei einer weit verbreiteten Armut weitaus deutlicher manifestieren als in einer Situation wirtschaftlicher Stärke. Eifersucht und Neid stehen nach dem südafrikanischen Grundverständnis so nahe an Hexerei[145], dass Hexereibeschuldigungen in Zeiten der Armut sicherlich sehr viel eher erhoben werden als sonst. Für die Republik Südafrika wurden diese Zusammenhänge bisher nur in kleineren, lokal begrenzten Untersuchungen bestätigt. Insbesondere in Zeiten der Dürre waren die Zahlen der Hexentötungen erheblich höher als nach guten Ernten[146]. Geht man also davon aus, dass solche Wechselwirkungen zwischen Eigentumslage und Hexereibeschuldigungen tatsächlich existieren, so wird verständlich, dass die sozialen Gegebenheiten im Südafrika gegen Ende der Apartheid die Hexentötungen sehr begünstigt haben; Armut und die schlechten Lebensverhältnisse in den Townships waren sicherlich geeignet, Güterverteilungskonflikte zu verstärken.

---

[141] Berglund, Zulu thought patterns and symbolism, Seite 272
[142] Vgl. Hammond-Tooke, The Bantu-speaking peoples of Southern Africa, Seiten 310f.
[143] van Warmelo, Venda Law, sec. 1062
[144] Siehe z.B. die vergleichende Untersuchung von Ardener, Witchcraft, economy, and the continuity of belief, in Douglas (ed.), Witchcraft: confessions and accusations, Seiten 141ff, der die Interferenzen zwischen der Häufigkeit von Hexenmorden und der Bananenmarktlage in Kamerun untersucht hat, oder Apter, Atinga revised: Yoruba Witchcraft and the Cocoa Economy 1950-1951 in Comaroff / Comaroff (eds.) , Seite 111.
[145] Vgl z.B. den Hexereibegriff bei den Zulu bei Berglund, Zulu thought patterns and symbolism, Seite 315 und oben, Kapitel I 5. a) und b).
[146] Niehaus, 63 (4) Africa 498 (1993) , Seiten 507f.

bb) Geschlechtsspezifische Opfertypologien

Bei den Hexenmorden fällt auf, dass bei den Opfern der Frauenanteil klar überwiegt. Das war aber nicht immer und nicht überall so: Als zum Beispiel der große Ethnologe *E.E. Evans-Pritchard* in den dreißiger Jahren seine Forschungsarbeiten bei den Ashanti durchführte, entdeckte er, dass im wesentlichen alte Männer der böswilligen Hexerei bezichtigt und deshalb getötet wurden[147]. Dies hatte insbesondere damit zu tun, dass bei den Ashanti im heutigen Zentral-Ghana vor allem alte Männer die magischen Berufsgruppen besetzten und daher Frauen nicht ohne weiteres mit Magie assoziiert wurden.

Im südlichen Afrika ist dies anders[148]. Obwohl die Organisationen der traditionellen Heiler nach eigenen Angaben heute etwas mehr Männer als Frauen zu ihren Mitgliedern zählen, ist -entgegen der Situation, auf die *Evans-Pritchard* stieß - zu beobachten, dass entschieden mehr Frauen wegen angeblicher Hexerei getötet werden als Männer. Die einzige Ausnahme sind die Hexentötungen bei den Zulu, die mit der geheimen Anwendung von Muti in Verbindung gebracht werden können, weil dies - wie oben geschildert[149] - auch als böswillige Hexerei betrachtet wird. Hier werden überdurchschnittlich viele Männer viktimisiert. Dies hat seinen Grund darin, dass man dort Männer eher mit der Anwendung von Muti assoziiert, Frauen hingegen mit unbewusster oder gedanklicher Magie[150].

Man kann davon ausgehen, dass unter allen bisher in der Nordprovinz als Hexe getöteten Personen etwa 2/3 weiblichen Geschlechtes waren[151]. Auch die Sichtung der Polizeiakten in Venda 1989-1991 ergab, dass sich der Frauenanteil bei den Opfern auf 63,5 % belief[152]. (Im weiter nördlich gelegenen Tanzania fand sich bisher das extremste Ungleichgewicht; unter den 3333 untersuchten Opfern von Hexenmorden befanden sich 76,3% Frauen[153].) Es existieren bereits einige Ansätze zur Erklärung dieses Phänomens, die über die üblicherweise aufgeführten Gründe (körperliche Unterlegenheit etc.) hinausgehen[154].

---

[147] Siehe dazu Evans-Pritchard, Witchcraft, Oracles and Magic, Seite 46ff; Mertens, Eine gezielte Beschreibung, Seite 211.

[148] Stadler, 55 (1) African Studies 87 (1996), Seite 95 vertritt hier die Gegenansicht. Nach der geringen Opferzahl, die seine Studie erfasst (43 Opfer in 41 Jahren), muss davon ausgegangen werden, dass dies eine regionale Ausnahme zur Regel darstellt.

[149] Vgl. Kapitel I 5.d).

[150] Berglund, Zulu thought patterns and symbolism, Seite 268.

[151] Bericht der Untersuchungskommission für die Nordprovinz, 1996, Seite 14.

[152] Minaar et al., To live in fear, Seite 27.

[153] Abrahams, Witchcraft in contemporary Tanzania, Seite 52; ähnliche Zahlen nennt auch Gelfand, The African Witch, Seiten 70f für die Shona.

[154] Siehe hierzu auch Minaar et al., To live in fear, Seiten 26 f, Brindley, 9 S.Afr.J.Ethn. 120 (1986) und den Bericht der Untersuchungskommission für die Nordprovinz, 1996, Seite 14.

1.) Zunächst gibt es dafür einen kulturellen Grund. Einige Völker im südlichen Afrika gehen davon aus, dass „alle Frauen gleich sind, weil alle Frauen Hexen sind“[155]. Unter den Zulu gibt es sogar ein Sprichwort „Hexerei resultiert aus dem Ärger der Frauen“[156]. Diese generelle Verknüpfung von Frauen mit Hexerei beruht auf der bei vielen Bantustämmen vorzufindenden Vorstellung, dass die Hexenkraft von Mutter zu Tochter übertragen wird. Dies geschieht entweder individuell durch die Muttermilch[157] oder kollektiv während der Initiationsriten[158]. Die Erklärung für diese Vorstellung liegt zum Teil wohl in der Mystifikation des mütterlichen Stillens, aber auch in der Mystifikation der stets geheimen Initiationsriten für Mädchen in der Pubertät. Es erscheint leicht verständlich, dass Frauen sich auch aufgrund ihrer sexuellen Attraktivität zudem einer generellen Mystifizierung ausgesetzt sehen, die leicht in eine Hexereibeschuldigung umschlagen kann. Die anthropologische und ethnologische Literatur hat diesen Mystifizierungsgedanken seit je her als einen der zentralen Gründe dafür betrachtet, dass Frauen öfter mit Hexerei in Verbindung gebracht werden als Männer[159].

2.) Auch die durch die Apartheidspolitik bedingte Veränderung der allgemeinen Arbeitsumstände trug dazu bei, dass Frauen eher als Hexen betrachtet und getötet wurden. Durch die Intervention der weißen Kolonialherren in schwarze Siedlungs- und Sozialstrukturen wurden Spannungen zwischen Männern und Frauen geschaffen, die geeignet waren, Hexereibeschuldigungen und Hexenmorde auszulösen oder zumindest zu begünstigen. Die Umstellung von segmentär organisierten sozialen Gesellschaften und Kraalswirtschaften, die im wesentlichen Selbstversorger waren, auf die durch Wanderarbeit und Beschäftigung in den (meist weit vom Wohnort entfernten) Goldminen geprägte Arbeitswelt der Apartheid brachte ihre eigenen Schwierigkeiten mit sich.

Zum Beispiel entstanden dadurch Probleme, dass viele Minenarbeiter ihren Lohn nicht an den heimatlichen Kraal schickten, sondern an die Ehefrauen. Dadurch fühlten sich insbesondere die Mütter der Arbeiter benachteiligt und richteten Anschuldigungen der Hexerei gegen ihre Schwiegertöchter, oftmals verbunden mit der Anschuldigung, an Krankheiten oder Armut der Mutter schuld zu sein. Die Ehemänner, regelmäßig nur ein- oder zweimal pro Monat zu Hause, misstrauten zudem ihren Ehefrauen. Untreue, die unter diesen Arbeitsbedingungen häufiger auftritt, wurde im südlichen Afrika seit

[155] Sprichwort unter den Venda, vgl. Minaar et al., To live in fear, Seite 27.
[156] „ubuthakathi buhambisana nolaka iwabasifazane“, vgl. Berglund, Zulu thought patterns and symbolism, Seite 268.
[157] Für die Tsonga: Kriel Louw, Witchcraft among the Southern Bantu, Seite 29; für die Lovedu, Krige/Krige, The realm of a rain queen, Seite 253; für die Pedi: Mönnig, the Pedi, Seite 72 und schließlich den Bericht der Untersuchungskommission für die Nordprovinz, 1996, Seite 14.
[158] Z.B. bei den Zulu, vgl. Berglund, Zulu thought patterns and symbolism, Seite 274.
[159] Brain, 81 African Affairs 371 (1982), Seite 375; Krige 1 theoria 8 (1947), Seite 10, Berglund, Zulu thought patterns and symbolism, Seite 279.

jeher mit Hexerei erklärt. Dies spiegelt sich z.B. durch den o.g.[160] Glauben wider, dass der Liebhaber ein Zombie sei, der der Hexe (also der Ehefrau) ergeben sei.

Durch die arbeitsbedingte Abwesenheit dürfte bei den Männern zudem öfter der -teilweise sicherlich berechtigte- Eindruck entstanden sein, dass die im Dorfe zurückgebliebenen Frauen Geheimnisse vor ihnen verbargen. Geheimnisse unter Frauen haben eine unglaublich wichtige Bedeutung in der südafrikanischen Kosmologie: Geheimnisse werden ebenso unmittelbar mit Hexerei assoziiert wie Haßgefühle[161]. Die Grenzen zwischen Geheimniskrämerei und Magie sind fließend.

3.) Auffällig ist zudem, dass bei den Nguni-Stämmen Frauen noch häufiger Opfer von Hexentötungen werden als bei den anderen Volksgruppen[162]. Dies ist um so augenfälliger, als dass (wie genannt) unter den Nguni die gesamte Muti-Magie fast ausschließlich den Männern zugeschrieben wird. Ganz offensichtlich spielen hier die besonderen Heirats- und Inzestregeln der Zulu und Xhosa eine wichtige Rolle. Sie weichen von den Heiratsregeln insbesondere der Sotho und Tswana ab und verändern die Position der Frau im Familiengefüge erheblich, was sich mittelbar bei den Opferzahlen von kosmologiebedingten Straftaten widerspiegelt.

Im Kulturraum der Sotho und Tswana sind sogenannte „bevorzugte Heiraten“ auch heute noch üblich. Im wesentlichen handelt es sich dabei um Hochzeiten zwischen den Angehörigen zweier Familien über Kreuz[163]. Dabei soll möglichst ein Sohn der eigenen Familie (A) die Tochter der anderen Familie (B) heiraten und umgekehrt auch eine Tochter der Familie (A) den Sohn der anderen Familie (B). Schon nach der ersten Eheschließung werden nach der Bantu - Tradition die übrigen „Über Kreuz-Paare“ gewissermaßen füreinander „reserviert“. Sogar ein bereits bestehendes Verlöbnis mit einer dritten, außerhalb der beiden Familien stehenden Person, kann ohne weiteres aufgelöst werden, wenn der „reservierte“ Partner dies fordert. Der praktische Grund für diese Regeln ist, dass der einmal gezahlte Brautpreis (von Familie A an Familie B) bei der zweiten Heirat wieder an die Ausgangsfamilie zurückfließt (von Familie B an Familie A). Dieses Prinzip des „zurückwandernden Brautpreises“ stärkt die Bindung zwischen den Ehegatten und somit auch zwischen den beiden Familien. Streitigkeiten werden geschlichtet und Scheidungen durch Intervention der Familien verhindert. Die engere Verknüpfung beider Familien hat auch kosmologische Konsequenzen: Beide

[160] Vgl. oben, Kapitel I 5. g) .
[161] Vgl. oben Kapitel I 5. b).
[162] Die gegenläufige Ansicht von Schapera, The crime of sorcery, Seiten 16 und 17, lässt sich nicht halten. Schon aus seiner eigenen Studie ergibt sich die Tatsache, dass bei den Lovedu weniger Konflikte gegen die Ehefrauen ausgetragen werden (6% der erfassten Fälle) als unter den Xhosa (11% der erfassten Fälle).
[163] Für Details siehe Olivier et al., Indigenous Law, Absätze 8 und 9 ; Bennet, Sourcebook , Seite 180 m.w.N.

Ehepaare verehren gemeinsame Ahnengeister, was sich wiederum stabilisierend auf das Verhältnis der Eheleute zueinander auswirkt und Anschuldigungen von Hexerei angesichts der gleichen kosmischen Abstammung kaum entstehen lässt[164]. Die „bevorzugte Heirat" wird folglich als besonders fest im Bande betrachtet; Scheidungen sind sehr selten.

Bei den Zulu und Xhosa hingegen gibt es keine solche „bevorzugten" und somit besonders stabilen Ehen. Im Gegenteil: Die Zulu und Xhosa haben sehr strenge traditionelle Inzestregeln, die Hochzeiten selbst unter nur weitläufig Verwandten auch heute noch völlig unmöglich machen[165]. Die weitverbreitete Ansicht unter den Ngunistämmen, dass die Ehefrau eine komplett fremde Person sein müsse, wirkt sich nämlich auch auf die Kosmologie aus: Bei einem Hochzeitsritus unter den Zulu schneidet die Braut mit einer Schere ein Band durch. Diese Symbolik bezieht sich auf die alten Familienbande, die gelöst werden. Dadurch wird auch der Kontakt zu den eigenen Ahnengeistern abgebrochen; mit der Heirat übernimmt die Frau nach dem Prinzip der patrilinearen Ahnenschaft[166] auch die Ahnengeister aus der Abstammungslinie des Ehemannes. In diesen Sozialstrukturen innerhalb der Familie ist die Position der Frau geschwächt, weil sie stets als Fremde betrachtet wird und in der Familie mangels gemeinsamer Ahnengeister auch keinen kosmologischen Rückhalt findet. Bereits *Monica Hunter* hat dieses Phänomen beobachtet und angedeutet, dass sich dies auf die Viktimisierung als Hexe auswirken könne[167]. Unter den Zulu hat *Berglund* schließlich herausgefunden, dass bei Konflikten magischer wie profaner Art der Übeltäter zunächst außerhalb des (polygynen) Haushaltes gesucht wurde. Wurde man außerhalb des Hauses nicht fündig, so suchte man den Übeltäter zwar innerhalb des Hauses, dort zuerst aber bei den Frauen, die nicht der Abstammungslinie oder dem Clan angehörten[168].

Sozial und kosmologisch gesehen befinden sich Frauen unter den Nguni folglich in einer viel schwächeren Stellung als bei den anderen Völkern. Dies dürfte eine Erklärung dafür sein, warum unter diesen Stämmen - verglichen mit anderen Bantustämmen - in der Tendenz überrepräsentativ mehr Frauen als Männer der Hexerei beschuldigt und deshalb getötet werden[169].

[164] Hammond-Tooke, Creed and Confession in South African ancestor religion, Seite 4
[165] Bennett, Sourcebook, Seite 180 m.w.N.
[166] Siehe oben, Kapitel I 1.
[167] Monica Hunter, Reaction to conquest, Seiten 43 und 307ff.
[168] Berglund, Zulu thought patterns and symbolism, Seite 305.
[169] Die Position von Nadel, Nupe Religion, der die viktimologischen Aspekte der Hexentötungen ausschließlich mit dem Spannungsfeld unter Ehegatten erklären möchte, ist zu extrem, vgl. ähnlich auch Abrahams, Witchcraft in contemporary Tanzania, Seite 20.

cc) Betroffene Altersgruppen

Opfer von Hexenmorden sind typischerweise ältere Menschen[170]; die meisten waren zum Zeitpunkt der Tat über 50 Jahre alt[171]. Angesichts der geringeren Lebenserwartung in Afrika ist dies ein sehr hohes Alter. Betrachtet man die einzelnen Motive hinter den Hexenmorden, so finden sich schnell Erklärungen für dieses Phänomen:

Neben den herkömmlichen Gründen für eine Überrepräsentation älterer Menschen unter den Opfern von Gewaltdelikten (höherer Reichtum, Erbschaftsstreitigkeiten, mangelnde Fähigkeit zur wirksamen Selbstverteidigung etc.) gibt es magisch - kulturelle Gründe, warum ältere Personen eher als Hexe getötet werden. Beispielsweise sagten Hexenjäger, denen es wirklich auf die Zerstörung der magischen Gefahrenquelle ankam, man habe kein Interesse daran gehabt, „Amateure“ umzubringen, sondern man wollte nur die alten, besonders erfahrenen und gefährlichen Hexen töten[172]. Diese Assoziation von Alter und steigender magischer Kraft wurde von den Anthropologen bereits früh entdeckt und herrscht bis heute im südlichen Afrika vor[173].

Oftmals werden zudem Sangomas der böswilligen Hexerei bezichtigt und getötet, wenn sich als Folge von fehlgeschlagenen Heilmaßnahmen die öffentliche Meinung im Dorfe gegen sie gewandt hat[174]. Sangomas selbst sind in der Regel ältere Menschen, denn zum Beispiel ist (wie oben genannt) einer der typischen Zeitpunkte für einen „Ruf“ durch die Ahnengeister die Menopause der Frau[175]. Auch die leicht nach oben verschobene Altersstruktur unter den Sangomas beeinflusst also das Durchschnittsalter der Opfer bei Hexenmorden.

Eine andere magische Vorstellung im südlichen Afrika wirkt sich hier seltsamerweise nicht aus: Das sogenannte Prinzip der „rituellen Reinheit“. In weiten Teilen des südlichen Afrika werden Neugeborene und sehr alte Menschen als „rituell rein“ angesehen. Alte und Neugeborene benötigen aufgrund ihres Verhaltens oder ihrer Physionomie

[170] Bezüglich typischer Einzelfälle siehe z.B. S. v. Dikgale, 1965 (1) SA 209 (A), Seite 211 G (60 Jahre); S. v. Mafu, 1992 (2) SACR 494 (A) , Seite 494 (62 Jahre).

[171] Minaar et al., To live in Fear, Seite 27: 75 %; Stadler, Generational Relationships, Seite 203: 80 %. Vergleicht man die Zahlen der letzten Jahre, so z.B. die Altersangaben im Bericht der Untersuchungskommission für die Nordprovinz, 1996, Appendix, so stellt man fest, dass die Altersgruppe zwischen 10 und 20 Jahren kaum vertreten ist und eine Gefährdung der Opfer erst ab 40 Jahren vorliegt. Ab ca. 50 Jahren schlägt die Opferkurve deutliche nach oben aus. Diese Zahlen stimmen übrigens mit den Untersuchungsergebnissen in Zentral- und Ostafrika überein, vgl. Heald, 21 (1) MAN 65 (1985), Seite 68; Abrahams/ Mesaki, Witchcraft in contemporary Tanzania, Seite 54.

[172] S. v. Matala and others, 1993 (1) SACR 531 (A), Seite 539. Hexen, die z.B. der besonders gefährlichen Magieform des Blitzschlages bezichtigt wurden, waren in der Regel mindestens 50 Jahre alt, vgl. z.B. S. v. Motsepa en 'n ander, 1991 (2) SASV 462 (A), Seite 464 f oder S. v. Ndhlovu and another, 1971 (1) SA 27 (RAD).

[173] Evans-Pritchard, Witchcraft, oracle and Sorcery among the Azandé, Seite 30.

[174] So in S. v. Dikgale, 1965 (1) SA 209 (A), Seite 212 B.

[175] Siehe oben, Kapitel I 4. aa) .

den besonderen Schutz der Ahnengeister. Ein Neugeborenes beispielsweise ist nicht in der Lage, für sich selbst zu sorgen. Gekoppelt mit sexueller Inaktivität glaubt man, dass dieses Neugeborene „rituell rein" ist, also sehr nahe bei den Ahnengeistern steht und deren besonderen Schutz genießt. Das gleiche glaubt man generell zwar auch von alten Menschen, insbesondere post-menopausalen Frauen, die ebenfalls sexuell inaktiv werden und körperliche Gebrechen entwickeln[176]. Nach der strengen kosmologischen Theorie müsste man deshalb erwarten, dass sie als den Ahnengeistern nahestehend betrachtet und deshalb durch diese von der Ausübung böswilliger Magie abgehalten werden. Das Gegenteil aber ist der Fall; die rituelle Reinheit scheint einer weit überproportionalen Viktimisierung von alten Menschen nicht entgegenzustehen. In der Tat ist die südafrikanische Kosmologie an dieser Stelle nicht ganz schlüssig. Man muss also davon ausgehen, dass die anderen Motivationsfaktoren die „rituelle Reinheit" der Alten überlagern und dass der Gedanke, die Alten stünden den Ahnengeistern besonders nahe, hinter diesen zurücktritt.

Faktoren außerhalb der südafrikanischen Kosmologie müssen ebenfalls berücksichtigt werden. Zu erwähnen ist hierbei vor allem der Aspekt des Generationenkonfliktes. In Zentralafrika bei den Cewa ging *Mary Douglas* davon aus, dass die Hexenjäger, die allesamt junge Männer waren, durch die Auslöschung der älteren Generation die Vorherrschaftstellung im Dorf erlangen wollten[177]. Auf dem Gebiet der heutigen Republik Südafrika fand *Stadler* jedoch heraus, dass Magie im allgemeinen und Hexerei im speziellen nicht nur mit dem Ziel bekämpft wurde, die ältere Generation mit einer sozial anerkannten Begründung zu töten oder zu verbannen. Ein weiterer Grund war wohl, dass gezielte Hexenjagden auch dazu dienten, bestehende Machtstrukturen zu festigen, indem man sich durch die Androhung ernsthafter Konsequenzen für böswillig-magisches Handeln Respekt im Dorfe verschaffte[178].

Auch wird berichtet, dass ältere Einwohner in den Dörfern teilweise gezielt Gerüchte über ihre angeblichen magischen Aktivitäten streuen, um die aufgrund des Alters verlorene Aufmerksamkeit des Dorfes wieder auf sich zu lenken. Ob der Generationenkonflikt als die wesentliche Begründung für eine weit überproportionale Viktimisierung von alten Personen angeführt werden kann, muss daher stark bezweifelt werden.

Dazu kommt die in der großen Mehrheit der Landbevölkerung tendenziell vorherrschende Ansicht, dass man in einem bestimmten Alter schlicht den Sinn seines Lebens erfüllt und folglich zu sterben habe. Diese Ansicht ist bis heute - wenn auch unausgesprochen - im südlichen Afrika noch ziemlich präsent. Eine Großmutter etwa hat ihre

[176] Für einen Überblick über das System der rituellen Reinheit siehe Brandley, 9 S. Afr.J.Ethn.120 (1986).
[177] Siehe Douglas, 37 Africa 72 (1967), Seite 74.
[178] Stadler, Generational relationships, Seite 185

„Lebenspflicht" erfüllt; sie wird als „nutzloses Glied der Gesellschaft" betrachtet[179]. Nach Erfüllung der Lebenspflicht entsteht deshalb oft die Frage, warum eine gewisse Person länger lebt als „nötig" (oder gar „als üblich"). Häufig wird dies mit Hexerei erklärt, was ebenso dazu beitragen dürfte, dass ältere Menschen unter den Opfern von Hexentötungen verhältnismäßig oft vertreten sind.

dd) Überrepräsentation von Sozialfeinden

Neben Alter und Geschlecht fällt eine weitere Regelmäßigkeit bei den Opfern auf: Hexereibeschuldigungen im südlichen Afrika treffen die schwächsten Mitglieder der Gesellschaft überproportional häufig[180]. Neben alten Frauen und alten Männern, vorzugsweise aus dem näheren Umfeld, werden die Hexereibeschuldigungen auch gegen solche Personen gerichtet, die ein sozialfeindliches Verhalten an den Tag gelegt haben. In dieser Regelmäßigkeit reflektieren sich traditionelle afrikanische Wertvorstellungen und Gedankenmuster; insbesondere bei den Hexenjagden, die aus einer Menschenmasse heraus begangen wurden, spielten diese sozio-kulturellen Faktoren sogar eine ungeheuer wichtige Rolle.

Oben wurde geschildert, dass Neid und Eifersucht oftmals die Auslösemotivationen für eine Hexenjagd sind. Wenn man über diese beiden Dinge spricht, stößt man unausweichlich auf kollektive traditionell-afrikanische Wertvorstellungen. Es fällt auf, dass viele weiße Anthropologen der sogenannten „limited cosmic good - doctrine" bei der Bewertung der kriminologischen Hintergründe bei kosmologiebedingten Straftaten einen großen Stellenwert beimessen[181].

Der Name dieser „Doktrin" entstammt übrigens nicht der afrikanischen Tradition. Der Begriff der „Begrenzung der kosmischen Güter" wurde von weißen Anthropologen schlicht erfunden, um der Erkenntnis, dass die Sozialorganisation im südlichen Afrika vor der Kolonialisierung eine egalitäre war, einen wissenschaftlichen Anstrich zu geben.

Die nachfolgend dargestellten Erkenntnisse einiger weißer Anthropologen sind deshalb unter dem Vorbehalt zu verstehen, dass die „limited cosmic good-doctrine" eine zwar in der Tendenz vorzufindende Regelmäßigkeit darstellen dürfte, die aber nicht als

---

[179] Stadler, Generational Relationships, Seite 112; a.A.: Brandley, 9 S.Afr.J.Ethn. 120 (1986), Seite 120 für die Zulu.

[180] Schon der Berufungsrichter Schreiner bemerkte dies in R. v. Fundakubi, 1948 (3) SA 810 (A), Seite 819; vgl. zuletzt die Thohoyandou Declaration, September 1998.

[181] Minaar et al., To live in fear, Seite 7; van Rooy, The traditional Worl-view of black people in South Africa, Seite 7; LeRoux-Commission Report, Seiten 76f; Brain 81 African Affairs 371 (1982), Seite 379. Die Doktrin wurde in der Sache zuerst näher beschrieben von Monica Hunter Wilson , 56 (4) American Journal of Sociology 307 (1951), Seite 308.

zwingender Automatismus zu verstehen ist. Nicht zu verkennen ist jedoch, dass das rudimentär sicherlich noch vorhandene Grundkonzept einer egalitären Sozialstruktur sich ebenfalls bei der Opferauswahl bei Hexentötungen auswirken dürfte. Deshalb soll, unter dem genannten Vorbehalt, kurz auf diesen Ansatz eingegangen werden, der sich unter einigen weißen südafrikanischen Anthropologen als einer der wesentlichen Erklärungsansätze für Hexenmorde etabliert hat.

Die Studien gehen davon aus, dass die traditionell verwurzelten Südafrikaner die Menge der „kosmischen Güter" grundsätzlich als begrenzt erachten. Der Begriff „kosmische Güter" umfasst nach Ansicht der weißen südafrikanischen Anthropologen alle Rohstoffe, sowie Tiere und Nahrungsmittel, aber auch Lebenskraft, Liebe, Gesundheit und Glück. Weil nach dieser Weltanschauungsformel nur eine absolut begrenzte Menge der materiellen und immateriellen Güter existiert, kann jeder Mensch sein „Guthaben" an kosmischen Gütern nur auf Kosten eines anderen erhöhen. Im täglichen Leben bedeutet dies, dass derjenige, der nach Gewinn strebt und sich beruflich engagiert, sozialfeindlich handelt, weil er die benötigten kosmischen Güter einem anderen wegnimmt. (Im Extremfall folgt daraus z.B. auch, dass derjenige, der viel älter wird als ein anderer, seine Lebenszeit auf Kosten eines anderen genießt, der dafür früher sterben muss.)

Innerhalb dieses Systems gibt es allerdings eine wichtige Ausnahme: Dem Häuptling erlaubt die Gemeinschaft, unbegrenzt viele Güter anzuhäufen[182]. Grund hierfür ist die Erwartung, dass der Häuptling diese Güter zum Nutzen seines Stammes verwenden möge. Unterhalb des Häuptlings geben weitere Abstufungen das Maß an, wieviele Güter dem Einzelnen zustehen. Die Menge des Gutes, welches ein Individuum besitzen darf, ergibt sich im wesentlichen aus dessen Alter, aus der Größe der Familie und der sozialen Position in der Gemeinschaft. Bedeutung erlangt diese „Gütermengenzuteilung" vor allem dann, wenn eine Person eines unteren Ranges unerwartet viele kosmologische Güter anhäuft. Die Gemeinschaft zieht daraus die kosmologische Konsequenz, dass eine solche überproportionale Verteilung zum einen sozialschädlich sei und zum anderen nur mit magischen Mitteln zustandegekommen sein könne. Beschuldigungen der böswilligen Hexerei oder eines Muti-Mordes sind oftmals die Folge[183].

Den weißen Südafrikanern, die sich nicht näher mit den traditionell afrikanischen Formen der Sozialorganisation beschäftigt haben, hat sich dieses Grundprinzip nie erschlossen. Verhaltensweisen, die von den Weißen oftmals pauschal als allgemeine Antriebslosigkeit der Schwarzen abgetan werden, sind eigentlich durch die afrikani-

[182] LeRoux Commission Report, Seiten 76f
[183] Minaar et al., To live in fear, Seite 7; van Rooy, The traditional world-view of black people in South Africa, Seite 8

sche Kosmologie bedingt. Die weißen Kolonialherren, die plötzlich gesellschaftliche Grundwerte wie Strebsamkeit, Disziplin oder Engagement ins südliche Afrika brachten, importierten Vorstellungen, die diesen afrikanischen Grundwerten zuwiderliefen; oftmals waren es sogar Vorstellungen, die traditionell direkt mit Hexerei in Verbindung gebracht wurden.

Aus dem grundsätzlich egalitären Verständnis und aus den natürlichen Lebensumständen im südlichen Afrika ergibt sich ein weiterer Grundwert der traditionellen südafrikanischen Gesellschaft: Streben nach Konformität und Harmonie innerhalb der Gruppe. Zu Zeiten der akephalen[184] und später der segmentären Gesellschaftsorganisation war unabdingbare Voraussetzung für das Überleben der gesamten Gruppe, dass diese egalitär ausgerichtete Sozialorganisation aufrecht erhalten wurde. Durch jahrtausendelange Praxis dieser Verhaltensregeln hat sich im südlichen Afrika schließlich ein Wertesystem gebildet, welches sich von den Vorstellungen der weißen Siedler deutlich unterschied. Noch heute sind diese Gemeinwerte in den sozialen Strukturen, vor allem in kleineren Dörfern, deutlich spürbar. Die Interessen der Gemeinschaft stehen allein im Mittelpunkt; individuelle Interessen treten daneben völlig zurück. Besonders krass zeigte sich dies bei der oben erwähnten Praxis, dass die Häuptlinge Muti-Morde zum Wohle des Stammes begehen durften und dies von den Stammesmitgliedern ausdrücklich gebilligt wurde. Sogar das individuelle Risiko, eines Tages selbst für Muti durch den Häuptling getötet zu werden, wurde dem Gemeinschaftsinteresse untergeordnet.

Besonders im Hinblick auf die letztgenannten Grundvorstellungen wird klar, was oben[185] bereits erwähnt wurde: Die Hexereibeschuldigung stellt in der Tat bis heute einen Mechanismus dar, mit dem sozialethische Werte durchgesetzt werden. Während man denjenigen, der gegen die „limited cosmic good-doctrine“ oder die Gebote der Harmonie und Konformität verstößt, der Gefahr einer Hexenbeschuldigung und schließlich sogar der Verbannung oder des Todes aussetzt, braucht derjenige, der in Übereinstimmung mit den afrikanischen Grundwerten lebt, nichts zu fürchten. So unglaublich dies aus europäischer, von Individualgrundrechten und Freiheiten geprägter Sicht erscheint: Die Sanktion einer Hexereibeschuldigung, sogar wenn sie in einem solch grausamen Akt wie einer Hexenverbrennung gipfelt, dient letztlich der Wiederherstellung von innerem Frieden und Harmonie innerhalb der Gemeinschaft. Betrachtet man die Opfergruppen der Hexenverbrennungen, so wird deutlich, dass diese bereits im ersten Kapitel genannten[186] sozialen Mechanismen ihre Anwendung fanden, wenn zum Beispiel Störenfriede oder sehr alte Menschen als Hexen getötet wurden.

---

[184] Akephal bedeutet „ohne Anführer“. Die Ureinwohner Südafrikas kannten lange Zeit außer den Kraalsherren keine weiteren Anführer, hatten also z.B.keine Häuptlinge.
[185] Siehe Kapitel I, 1.2 a.E.
[186] Vgl. oben, Kapitel I 2.

b) Typische Opfergruppen bei Muti-Morden

Bei den Muti-Morden sind typische Opfergruppen nur sehr schwer zu identifizieren. Dies liegt zum einen daran, dass diese Taten nur selten als solche erkannt und untersucht wurden und folglich kaum verlässliches Datenmaterial zur Verfügung steht. Zum anderen liegt dies aber auch in der Natur der Muti-Morde selbst: Wer das Opfer eines Muti-Mordes werden soll, bestimmt im wesentlichen der Sangoma, der das Muti verordnet.

Wie oben dargelegt, zeichnet es sich bei den Hexenmorden ab, dass die Opfer meist aus dem sozialen Nahbereich des Täters kommen. Bei Muti-Morden hingegen, wo das Opfer nur nach den nötigen Charakteristika beschrieben wird, stammt das Opfer nicht unbedingt aus dem Familien- oder Bekanntenkreis[187], jedoch meistens aus einem weiteren Kreis, wie z.B. der Dorfgemeinschaft. Dies hat mit der typischen Opferauswahl bei Muti-Morden zu tun: Auf der Basis des Ratschlages des Sangomas wird in der Regel ein Opfer gesucht, welches zwar nicht im unmittelbaren Nahbereich lebt. Letzteres wäre für den Täter auch viel zu auffällig; er würde sich damit u.U. selbst der Anschuldigung der Praxis schwarzer Magie aussetzen[188]. Auf der anderen Seite - und dies spricht regelmäßig wohl dagegen, einen völlig Unbekannten zu töten - müssen dem Täter wesentliche Parameter (Alter, Erfolg im Leben, eventuell besonders ausgeprägte Eigenschaften etc.) bekannt sein.

Ganz anders als bei den Hexenmorden stellt sich die Altersstruktur der Opfer bei Muti-Morden dar. Während bei den Hexentötungen ein klares Übergewicht bei den älteren Opfern vorzufinden war, sind bei den Muti-Morden jüngere Menschen überrepräsentiert[189]. Die dürfte sich vor allem damit erklären, dass man jüngeren Menschen einen höheren Grad an Lebenskraft zuschreibt, der sich nach afrikanischer Vorstellung auf die Wirksamkeit des Muti positiv auswirkt.

Opfer von Muti-Morden werden Männer und Frauen gleichermaßen; bei Betrachtung der Opfer in den bekannten Fällen ist kein Übergewicht auf Seiten der Frauen oder Männer festzustellen.

---

[187] Mabiriizi, 4 Zimbabwe Law Review 43 (1986), Seite 45.

[188] Vgl. hierzu unten, Kapitel III.

[189] Vgl. z.B. S. v. Munyai and others, 1993 (1) SACR 252 (A), wo aus diesem Grund ein zweieinhalb Jahre altes Kleinkind getötet wurde oder S. v. Modisadife, 1980 (3) SA 860 (A), wo ein Mädchen von 11 Jahren im Hinblick auf besonders stark vorhandene Fruchtbarkeitscharakteristika getötet wurde.

4.) Politischen Hintergründe von Hexenmorden

Über die vorgenannten Motivationen und Opfertypen hinaus ist bei den Hexentötungen im Laufe der vergangenen Jahrzehnte eine Verbindung zu politischen Entwicklungen immer offensichtlicher geworden. Die (macht-) politischen Aspekte von Hexenmorden und Massen-Hexenjagden soll deshalb etwas eingehender geschildert werden.

Hexentötungen dürften nie völlig frei von politischen Einflüssen gewesen sein. Die oben genannten sozialen Funktionen und Mechanismen von Hexereibeschuldigungen und Hexenmorden wurden oftmals gezielt missbraucht. Sobald diese Strukturen der Wertdurchsetzungsmechanismen funktionierten, benutzten sie anfangs Häuptlinge, später auch Politiker zunehmend zur Durchsetzung eigener Ziele, die außerhalb der afrikanischen Kosmologie lagen.

Auf der Ebene der Dorfgemeinschaften ist der Zusammenhang zwischen Politik und Magie besonders offensichtlich. Der politische Einfluss der Sangomas kann hier nicht hoch genug bewertet werden. Die Praxisregeln der Sangomas, vor allem der traditionellrechtliche Erlaubnisvorbehalt[190], bestätigen, dass die Häuptlinge schon immer eine große Furcht vor den Sangomas hatten. Obwohl letztere nach der Teilung der weltlichen von der magischen Herrschaft nur selten auch offiziell die politischen Machtpositionen besetzten, übten sie im Hintergrund Macht aus und zogen hinter dem Rücken der Häuptlinge die Fäden auf lokaler Ebene. Bei Wahlen zu Ämtern unterstützten oder unterdrückten sie einzelne Kandidaten bzw. nahmen durch ihre Weissagungen Einfluss auf lokale Entscheidungen von größerem wirtschaftlichen Ausmaß. Wahrscheinlich gerade wegen dieses großen Einflusses in den lokalen Strukturen erließen die Kolonialherren schließlich sogar spezielle Gesetze, mit denen man der Vormachtstellung der Sangomas zu Leibe rücken wollte[191]. Während man sich in Südafrika mit restriktiven Spezialgesetzen zufriedengab, wurden im benachbarten Mozambique drastischere Maßnahmen gegen die politische Macht der Sangomas ergriffen. Als die marxistische FRELIMO-Regierung die Führung des Landes übernahm, wurden Tausende von Sangomas (unter Applaus einiger Aktivisten der afrikanischen Befreiungsorganisationen aus Südafrika) in „Umerziehungslager" eingewiesen und auf marxistische Linie gebracht[192].

Sobald die afrikanischen Befreiungsorganisationen in Südafrika unter der Führung des ANC begannen, politischen Druck auf die damalige Apartheidsregierung auszuüben, hatten sie das gleiche Problem, das früher die weißen Siedler gehabt hatten: Die Sangomas waren nicht ohne weiteres bereit, ihren erheblichen lokalpolitischen Einfluss

---

[190] S.o., Kapitel I 4. a) dd).
[191] Siehe unten, Kapitel IV.
[192] Ein exzellenter Überblick über die Vorfälle findet sich bei Mihalik/ Cassim, 110 SALJ 127 (1993).

ohne Gegenleistung von seiten der Befreiungskämpfer aufzugeben. Offensichtlich wandten sich in diesem Zusammenhang im nördlichen Transvaal einige Sangomas an den ANC und wiesen die Befreiungsorganisationen darauf hin, dass ohne Kooperation mit den Sangomas eine Machtübernahme im Lande nicht zu bewerkstelligen sei[193].

Bisher war bei solchen Machtkämpfen keine einheitliche nationale Linie zu erkennen, die die Sangomas verfolgten. Zum einen wurde der Glaube an Magie als Mittel dazu verwendet, bestehende Herrschaftsstrukturen zu stärken. Zum anderen wurde der Hexenglauben aber auch dazu missbraucht, das Volk gegen bestehende Machtinstitute aufzubringen[194]. Betrachtet man das Phänomen der politischen Hexenmorde jedoch etwas genauer, so fällt auf, dass Hexereibeschuldigungen und Hexentötungen durch die Geschichte hindurch zu jeweils ähnlichen Zwecken instrumentalisiert wurden.

a) Hexenglaube: Früher ein Instrument zur Festigung bestehender Machtstrukturen

In vergangenen Zeiten wurde der Hexenglaube von den Häuptlingen und den Dorfältesten gezielt dazu eingesetzt, die eigene Macht zu sichern. Solange magische und profane Macht noch in einer Hand vereint waren[195], war dies für den Häuptling oder den Dorfvorsteher ein einfaches Spiel. Auch solange die Sangomas in Frieden im Dorf lebten und mit der Erlaubnis des Häuptlings praktizieren durften, war dies nicht anders. Sowohl Muti-Morde als auch gezielte Anschuldigungen der Hexerei gegen Störenfriede ließen sich als machtkonservierende Instrumente einsetzen[196]:

Diejenigen, die zu ambitioniert waren und zu einflussreich wurden, sahen sich der Gefahr ausgesetzt, vom Häuptling zu Opfern eines Muti - Mordes bestimmt zu werden. Die Begründung, warum es bei dringendem Muti-Bedarf ausgerechnet immer die erfolgreichen, aufstrebenden Menschen traf, dürfte oftmals - kosmologisch konsequent - darin gefunden worden sein, dass es sich bei ihnen um Menschen mit überdurchschnittlicher Lebenskraft handele, aus denen besonders starkes Muti zu gewinnen sei.

Auf der anderen Seite machten die Herrscher aber auch von den sozialen Mechanismen des Hexenglaubens Gebrauch. Das Prinzip war einfach: Gezielte Hexenanschuldigungen wurden durch den Häuptling verbreitet. Wenn das Blut der Stammesangehörigen schließlich kochte, stellte der Häuptling die betreffende Person vor sein eigenes Gericht und verurteilte unter dem Beifall der Dorfgemeinschaft den unliebsamen Kon-

---

[193] Mihalik/Cassim, 110 SALJ 127 (1993), Seite 137

[194] Geschiere: The modernity of witchcraft, Seite 55; ders.: 8 (1) Critique of Anthropology 37 (1988), Seiten 41ff; Rowlands/Warnier, 23 (1) MAN 118 (1988), Seiten 129f (für Kamerum)

[195] Vgl. oben , Kapitel I 4. c).

[196] Vgl. hierzu den LeRoux Commission Report, Seiten 77f.

kurrenten oder den persönlichen Feind zum Tode oder zur Verbannung. Unter den Tswana - Häuptlingen wurden auf diese Art Machtkämpfe innerhalb der Familien der Häuptlinge ausgetragen. Im Jahre 1928 zum Beispiel verbannte der Häuptling der Kwena, Sebele II, auf diese Weise seinen machtgierigen Onkel, den er nach einer umfangreichen Beweisaufnahme der Praxis der böswilligen Hexerei überführt zu haben behauptete[197].

In den wenigen Stämmen, bei denen das Giftordal zur Hexenüberführung bekannt war, wurde auch dieses ein Machtinstrument des Häuptlings. Außer ihm durfte niemand das Giftordal anwenden. Bei diesen offiziellen Ordalen hatte der Häuptling mit dem Giftbecher buchstäblich auch die Entscheidung über Leben und Tod in der Hand: Üblicherweise wurde durch kurzes Eintauchen des Fingers in den Becher vor der Weitergabe an den nächsten Verdächtigen ein stark wirkendes Gift in das Getränk eingebracht[198].

Die Hexereibeschuldigungen waren in zweierlei Hinsicht bemerkenswert für die Machtposition des Häuptlings: Erstens konnte er durch gezielte Hexereibeschuldigungen seine Konkurrenten und Feinde ausschalten und dadurch seine Macht stärken. Zweitens wurde insbesondere durch erfolgreiche Ausschnüffelungszeremonien und positive Giftordale der Glaube an Hexerei im Dorfe allgemein gefestigt; jeder Tote beim Giftordal und jeder vom Sangoma als Hexe Erkannte wurde als Beweis für die Existenz von Hexen angesehen. Dadurch wurde der Hexenglaube unmittelbar und indirekt der Häuptling nochmals in seiner Macht gestärkt, denn er wurde durch solche Taten von der Bevölkerung als Befreier des Dorfes von der bösen Macht der Hexen gefeiert und verehrt.

Nicht nur in Südafrika wurde der Glaube an Hexen auf lokaler und Stammesebene als machtstärkendes Mittel verwendet. In Rhodesien vertrieb zum Beispiel der König der Lobengula seinen Kanzler Lotje mit Hexereibeschuldigungen, nachdem er sich mit ihm überworfen hatte[199]. Aus Zentralafrika sind darüber hinaus Fälle bekannt, in denen sogar Staatsoberhäupter ihre Gegner der böswilligen Hexerei beschuldigten und dadurch ausschalteten[200].

---

[197] Schapera, Tswana Law, Seite 278. Für weitere Beispiele siehe Richards, 8 Africa 448 (1935), Seite 457.

[198] Auch in den westlichen Regionen von Zentral-Malawi wurden diese Methoden angewendet. Hier kam noch hinzu, dass dem Häuptling nicht nur das ausschließliche Recht zustand, Giftordale anzuwenden, sondern dass er auch die Fähigkeit besaß, Hexen bei Nacht zu erkennen. Dies versetzte den Häuptling in eine lokalpolitisch außerordentlich starke Position.

[199] Hollemann, Shona customary Law, Seite 18; Mittlebeeler, African custom and western Law, Seite 138

[200] Lucy Mair, Witchcraft, Seite 195 mit Beispielen und weiteren Nachweisen

b) Der politische Einfluss auf regionaler Ebene heute

Heute ziehen Sangoma und Häuptling nicht mehr an einem Strang. Im Jahre 1951 wurde den Häuptlingen durch die Apartheidsregierung die judikative und exekutive Gewalt weitgehend entzogen. Fortan galten sie als unterstes Glied der weißen Verwaltung[201]. Indem man somit den (offiziellen) Einfluss des Häuptlings auf lokaler und regionaler Ebene stark begrenzt (und ihn dadurch faktisch entmachtet) hatte, schuf man eine freie Bahn für den Sangoma, der fortan das magische Leben allein steuern konnte, ohne Rücksicht auf den Häuptling nehmen zu müssen. Durch die alleinige Herrschaft auf magischem Gebiet konnten Sangomas plötzlich eigene politische Vorstellungen anhand jener Mechanismen durchsetzen, die bis dato anzuwenden dem Häuptling vorbehalten gewesen war[202].

Die Sangomas anerkannten zwar weiterhin die noch formell existierende Verwaltungsposition des Häuptlings, setzten gegenüber anderen aufstrebenden Personen und gegenüber Fremden die Hexenbeschuldigungen aber genauso strikt ein, wie dies früher die Häuptlinge zur Sicherung ihrer Machtposition getan hatten. Der erhebliche Einfluss der Sangomas wurde vor allem zu der Zeit bedroht, als aufgrund der Entkolonialisierung die Homelands in ihrem Bestand bröckelten und die Völker im südlichen Afrika wieder zurück in die von ihnen beanspruchten Gebiete drängten. Bürgerkriege in den Nachbarländern Mozambique und Zimbabwe hatten bereits vorher weitreichende Migrationswellen ausgelöst, die auf lokaler Ebene die politischen und ökonomischen Machtstrukturen, vor allem aber den Einfluss der Sangomas in Frage stellten. Der weitere Zuzug von Indern nach Südafrika wurde ebenso als Bedrohung aufgefasst. Mit den anderen Völkern und Stämmen kamen also nach und nach fremde Kulturen nach Südafrika und andere Wertvorstellungen zogen ein. Die Fremden drängten in die Sozialstrukturen und fingen an, Einfluss zu gewinnen. Kumuliert mit anderen Motivationen entstand eine gespannte soziale Situation, die sich typischerweise in Hexenjagden entlud.

Eines der Völker, die im Rahmen der angesprochenen Wanderungsbewegungen in das nördliche Südafrika kamen, waren die Shona. Sie sollten die machtpolitische Seite des Hexenglaubens bald glimpflich zu spüren bekommen.

---

[201] Vgl. den Bantu Administration Act von 1951.

[202] Dieser Eingriff der Kolonialherren in bestehende Machtsysteme war der wesentliche Punkt, worin sich die Situation in Südafrika in den letzten Jahrzehnten von der Situation, die *Evans-Pritchard* in den dreißiger Jahren bei den Ashanti vorfand, unterscheidet. *Evans Pritchard* sprach den Medizinmännern der Ashanti jegliche politische Macht ab, vgl. Witchcraft, Sorcery and Oracles among the Azandé, Seiten 68 und 252. In einem solchen System, wie *Evans-Pritchard* es vorfand, galten die gleichen Strukturen wie früher im südlichen Afrika.

Die Shona kamen aus Rhodesien und Mozambique in das Gebiet der heutigen Nordprovinz der Republik Südafrika. Sie ließen sich nieder, gründeten eigene Siedlungen und traten zunehmend im öffentlichen Leben auf. So sahen die nördlichen Sotho die Shona manchmal als Eindringlinge an und ordneten die Mitglieder dieses Stammes gleich als potenziell böswillige Mitbürger ein. Von der Fremdenfeindlichkeit war es schließlich nicht mehr weit zu Hexenanschuldigungen. Bei den Shona kam als weiterer Faktor hinzu, nämlich dass sie unter den Stämmen im südlichen Afrika stets als hochmagischer Stamm betrachtet wurden; mit anderen Worten sind die Shona im südlichen Afrika das, was die Nupe, Haussa oder Yoruba in Zentralafrika sind[203]. Während des Bürgerkrieges in Mozambique, der zumindest teilweise auch gegen die Sangomas gerichtet war, flohen viele magische Praktiker über die damals faktisch offene Grenze nach Südafrika und ließen sich vor allem in der heutigen Nordprovinz und im heutigen Mpumalanga nieder[204]. Die Tatsache, dass sich die Shona mit den Tsonga mischten, führte dazu, dass langsam auch die Tsonga als hochmagischer Stamm in Südafrika betrachtet wurden, wodurch auch in den anderen Landesteilen viele Tsonga als magisch auffällig galten. Es sind sogar einzelne Vorfälle bekannt, in denen die Einwanderung von Shona sogar in unmittelbarer zeitlicher Nähe zu massenhaften Hexentötungen geführt hat. Die Kleinstadt Timbavati / Nordprovinz zum Beispiel erlebte ihre erste Massen-Hexenjagd im Jahre 1974, unmittelbar nachdem sich dort Flüchtlinge aus Mozambique niedergelassen hatten[205].

Diese Form des Missbrauchs der traditionellen Kosmologie im Hinblick auf Fremde ist auch in Zentralafrika bekannt. In Nigeria zum Beispiel wurden schwerwiegende Hexenjagden durch die Einwanderung angeblicher Magier aus dem Tschad und dem westlichen Sudan ausgelöst[206].

Es fragt sich, warum die Einwanderung von Fremden derart intensive soziale Spannungen in Afrika auslöste, die schließlich dazu führte, dass Fremde unter den Opfern deutlich überrepräsentiert waren und auch heute noch sind. Über die allgemeinpolitischen Schwierigkeiten hinaus, die durch Zuwanderung aus ärmeren Gebieten in reichere Gegenden entstehen, gibt es noch einige typisch afrikanische Gründe dafür. Zum einen kommt die Knappheit der lebensnotwendigen Ressourcen in den betroffenen Gebieten dazu. Zum anderen sind aber auch die magischen Grundprinzipien in den betroffenen afrikanischen Gebieten ein Auslöser dafür, dass Fremde und Einwanderer eher den Hexentötungen zum Opfer fallen als andere Personenkreise. Die Mystifizierung des Fremden trägt dazu bei, Gerüchte über eine angeblich außerordentlich hohe

[203] Mertens, Eine gezielte Beschreibung, Seite 12

[204] Für einen Überblick über die Vorkommnisse siehe den Bericht der Untersuchungskommission für die Nordprovinz, 1996, Seiten 28 und 48.

[205] Stadler, 55 (1) African Studies 87 (1996), Seite 100

[206] Chukkol, 25 Journal of the Indian Law Institute 444 (1983), Seite 468

magische Macht zu verbreiten. Während meiner Feldforschungen fiel mir auf, dass die Einheimischen in allen Forschungsgebieten stets Magier aus anderen Landesteilen als stärker und mächtiger ansahen als die aus der eigenen Nachbarschaft. Diese Mystifizierung des Fremden ist ein wesentlicher Teil der afrikanischen Kosmologie. Vor allem wird deutlich, wie schnell die Brücke vom Fremden zur Magie geschlagen wird und Anderssein nach afrikanischen Maßstäben oft als deutliches Zeichen für magisches Verhalten angesehen wird. Durch andere Wertmaßstäbe der Fremden entstehen zudem Spannungen mit dem einheimischen Wertesystem, die sich erst durch Hexenjagden entladen.

Neben den aus Nordosten einwandernden Shona entwickelten sich auch die Inder im Norden der heutigen Republik Südafrika zum Problem und wurden entsprechend oft als Hexen beschuldigt. Anders als in KwaZulu/Natal stellen die Inder im Norden des Landes eine Minderheit dar. Sie waren seit jeher als gute Händler bekannt und gingen auch in der Nordprovinz ihren Geschäften überaus erfolgreich nach. Erschwerend kam hinzu, dass überdurchschnittlich viele Inder Muti-Geschäfte betrieben[207], was ihnen von Anfang an den Ruf einbrachte, der Magie nahe zu stehen. Ihre geschäftliche Strebsamkeit kollidierte mit der egalitären Gesellschaftsordnung[208]. Übermäßiger Erfolg wurde auf magische Aktivitäten zurückgeführt, gemischt mit Besitzneid entstand eine gefährliche soziale Mischung. Als schließlich Gerüchte aufkamen, wonach die Regierung Ravele im Homeland Venda den indischen Händlern besondere Steuererleichterungen zuerkannt hätte, wurden Inder reihenweise als Hexen getötet[209].

In der überdurchschnittlichen Viktimisierung einzelner ethnischer Gruppen zeigt sich aber auch eine Struktur der Über- und Unterordnung der Stämme und Volksgruppen im südlichen Afrika. Diejenigen Stämme, die nach Ansicht der Befragten in meinen Feldforschungen am ehesten mit Hexerei in Verbindung zu bringen seien, gehörten überdurchschnittlich oft einem kleinen, untergeordneten Stamm an. Im wesentlichen beschuldigten meine Gesprächspartner Shona, Tsonga und Venda, die höchsten „Hexenquoten" zu haben. Dieses Label entsteht nicht nur aus der Tatsache, dass die genannten Stämme in Gegenden leben, die im südafrikanischen Vergleich fürwahr unterentwickelt sind. Es muss zudem angenommen werden, dass auch ein bloß diskriminatorisches Element mitspielt: Entstehen Spannungen (etwa in einem geschlossenen Dorfsystem), so greift man bis heute innerhalb des sozialen Nahbereiches überproportional häufig auf die Angehörigen dieser untergeordneten, vergleichsweise friedlichen und kleinen Stämme als Verursacher zurück. Selbst die Weißen übernahmen teilweise diese Etikettierung – offenbar aus Unkenntnis. Die oben beschriebene Annahme eines

[207] Bericht der Untersuchungskommission für die Nordprovinz, 1996, Seiten 26f
[208] Siehe oben, Kapitel II 3. a) dd).
[209] Bericht der Untersuchungskommission für die Nordprovinz, 1996, Seite 27

südafrikanischen Obergerichtes, dass der Hexenglaube ausgerechnet durch die Buschmänner der Kalahari nach Südafrika gebracht worden sei[210], ist z.B. in diesem Zusammenhang zu nennen. Auch hier wurden die Mitglieder einer überaus friedlichen und schwachen Volksgruppe, die innerhalb Südafrikas nur noch mit ein paar Hundert Mitgliedern vertreten ist, sogar durch ein staatliches Gericht fälschlicherweise als Importeure des Hexenglaubens und somit als eigentliche Übeltäter hinter den Hexenmorden bezeichnet[211].

Alles in allem wird der Hexenglaube heutzutage auf lokaler Ebene dazu genutzt, bestehende Machtstrukturen gegen Fremde abzusichern. Dies geschieht aber nicht, wie in den früheren Tagen, durch einvernehmliches Handeln von Häuptling und Sangoma gegen aufstrebende Elemente innerhalb der Gemeinschaft, sondern nur noch durch den Sangoma, der seine eigene Machtposition gegenüber Fremden dadurch absichert, dass er allgemeine afrikanische kosmologische Vorstellungen ausnutzt, um Hexenbeschuldigungen gegen die Personen zu richten, die ihm am ehesten die einflussreiche Position streitig machen könnten.

c) Hexenglaube als politisches Mittel des Umsturzes

Nach der Freilassung Nelson Mandelas, als das Apartheidregime sich zunehmendem Druck von Seiten der nationalen Befreiungsorganisationen ausgesetzt sah, wurden die Instrumentarien der weltanschauungsbezogenen Kriminalität nicht nur dazu eingesetzt, bereits bestehende lokale Machtstrukturen zu festigen: Auf nationaler Ebene wurde der Hexenglaube zunehmend auch als Mittel benutzt, einen politischen Umsturz im Lande herbeizuführen oder zumindest zu begünstigen. Im Prinzip ergriffen die Sangomas Partei für den ANC und andere Befreiungsorganisationen und steuerten unzählige Hexenjagden, die die innere Stabilität des Landes treffen und in einem zweiten Schritt die Hexenjäger der ANC-Jugendorganisation innerhalb der lokalen Strukturen emporbringen sollten.

Die Tatsache, dass Hexenglaube und hexereibezogene Kriminalität als Mittel zum politischen Umsturz eingesetzt wurden, ist für Afrika nicht neu. Seit Beginn der kolonialen Geschichtsschreibung wurden Verbindungen zwischen großangelegten Massenhexenjagden und umstürzlerischen Tendenzen berichtet. Es existieren z.B. Beweise dafür, dass der stammesübergreifende Aufstand der Maji-Maji im vormaligen Deutsch-Ostafrika gegen die Kolonialherren 1905-1907 sich aus einem Hexensäuberungskult

---

[210] S. v. Mathoka and others, 1992 (2) SASV 443 (NCPA), Seiten 447f.
[211] Vgl. auch unten, Kapitel V 3. b) .

heraus entwickelt hatte[212]. Auch im Kongo entwickelte sich eine ähnliche Bewegung (der sogenannte „Lukusu-Kult"), der in den dreißiger Jahren als Machtmittel gegen die weißen Einwanderer eingesetzt wurde[213]. In Kenia benutzten beide Seiten (die Briten und die einheimischen Girima) Hexenschwure: Die Einheimischen mobilisierten damit die Massen gegen die Briten, diese wiederum verbreiteten Gerüchte, nach denen alle Unterstützer der Rebellen von bösem Hexenzauber heimgesucht werden sollten[214]. Weiter südlich wurde vor allem Tansania von zwei großen Anti-Hexen-Wellen mit politischer Stoßrichtung heimgesucht, die das Land 1933/34 und 1964 erschütterten[215]. An diesen Beispielen zeigt sich, dass der Hexenglauben schon seit knapp hundert Jahren als Konfliktinstrument gegen die Kolonialherren instrumentalisiert worden ist.

Für die jüngere Zeit findet sich im südlichen Afrika als besonders krasses Beispiel für die Beteiligung der magischen Welt an Befreiungskämpfen der Bürgerkrieg in Zimbabwe. Dort übernahmen die sogenannten „Spirit Mediums"[216] und die Sangomas die führende Rolle des Umsturzes; manche führten sogar persönlich die paramilitärischen Einheiten an. Die Spirit Mediums selbst waren es, die durch gezielte Militärschläge schließlich den Staatspräsidenten Robert Mugabe in sein Amt einsetzten[217]. Die Dankbarkeit für die Unterstützung setzte sich weiter fort: Der vormalige Gesundheitsminister Zimbabwes, Herbert Ushewokunze, galt als Verbündeter der Spirit Mediums und gründete alsbald nach der Machtübernahme durch Mugabe die staatsnahe Zimbabwe National Traditional Healers Association (ZINATHA)[218]. Damit war die Zusammenarbeit zwischen Staatsgewalt und Sangomas sowie Spirit Mediums institutionalisiert und die alten Machtverhältnisse hergestellt. Wie in früheren Zeiten stehen die Sangomas in Zimbabwe heute also wieder auf der Seite des Staates.

In Südafrika fanden diese Entwicklungen nach gleichem Muster statt. Dreh- und Angelpunkt der „magischen Opposition" gegen das Apartheidregime waren die ehe-

---

[212] Ein Überblick über die Kulte findet sich bei Überblick bei Wills, Witchcraft- Confessions and accusations, Seiten 129ff, insbesondere 132 oder bei J. Iliffe, 8 (3) Journal of African history 495 (1967). Weitere Beispiele zur Instrumentalisierung des Hexenglaubens in Zeiten politischer Krisen bei den Pondo 1955 / 1963 finden sich bei Redding, 95 African Affairs 555 (1996); für den Zusammenhang von Hexerei mit den Steuerkonflikten 1880 in der Transkei vgl. Redding 22 (2) Journal of Southern African Studies 249 ff (1996).
[213] Wills, Witchcraft- Confessions and accusations, Seiten 129ff, insbesondere 132.
[214] Brantley, 49 (2) Africa 112 (1979), Seiten 119f mit weiteren Beispielen aus Zentralafrika.
[215] Willis, 38 (1) Africa 1 (1968), Seiten 7ff.
[216] „Spirit Mediums" kommen auf dem Gebiet des heutigen Südafrika kaum vor. Es handelt sich hierbei um Weissager, die überwiegend mit Trance und Hypnose arbeiten, um Kontakt zu den Ahnengeistern herzustellen.
[217] Zu diesen Vorfällen findet sich eine ebenso brillante wie ausführliche Darstellung bei David Lan, Guns and rain - Guerillas and Spirit Mediums in Zimbabwe; etwas kompakter bei Ranger, Religion and Witchcraft in Everyday Life in Contemporary Zimbabwe, Seiten 149ff. Aus Sicht der Staatspolizei werden die Vorfälle beschrieben bei Clark, Witchcraft and murder in Zimbabwe. Siehe dazu auch Wills, Witchcraft- Confessions and accusations, Seiten 129ff, insbesondere 132.
[218] Ranger in Kaasholm et al., Seiten 148ff , insbesondere 158

maligen Homelands, wo insbesondere die Jugendorganisation des damals noch im Untergrund operierenden ANC (die sog. „Comrades“) sich mit den Sangomas verbündeten. Gemeinsam machte man Front gegen die bestehenden staatlichen Strukturen, mit dem Ziel, durch wilde Hexenjagden und andere Gewaltakte zunächst die Homelands und dann das gesamte Südafrika in allgemeines Chaos zu stürzen und für die Weißen unregierbar zu machen[219]. Seit Beginn der achtziger Jahre war die Zahl von Hexenmorden und Muti-Morden kontinuierlich angestiegen[220]. Gegen Ende der Achtziger machten die Zahlen schließlich einen dramatischen Sprung. Obwohl die Strafgerichte ständig zu betonen bemüht waren, dass es sich bei Hexenmorden und Muti-Morden um vereinzelte Fälle handele[221], nahm deren Zahl plötzlich so unverhältnismäßig zu, dass sich das autonome Venda sogar genötigt sah, eine spezielle staatliche Untersuchungskommission einzusetzen[222].

Als erstes wurde die ANC-Jugend im ehemaligen Homeland Lebowa tätig. In einem einzigen Bezirk des Landes (Sekhukhuneland) wurden innerhalb weniger Wochen etwa 40 Menschen als Hexen getötet. Auslösender Faktor waren Verdachtsmomente über unnatürliche Tode von Gemeindemitgliedern, die von der ANC-Jugendorganisation sofort angeblichen Hexen im Dorf zugeschrieben worden waren. Anfangs hielten sich die von den Comrades angeführten Massen noch an die traditionellen Ausschüffelungs- und Tötungsregeln, später jedoch wurde das Opfer nur noch auf Zuruf aus der Menge heraus ausgesucht und getötet[223]. Im ganzen Land erhoben sich die Massen. Gelenkt von den Comrades und anderen Jugendorganisationen der schwarzen Befreiungsbewegungen stieg die Zahl der Hexentötungen, vor allem der Massen-Hexenjagden weiter drastisch an[224].

Besonders schwer wirkten sich die politisch motivierten Anti-Hexenbewegungen im ehemaligen Homeland Venda aus. Auslösendes Ereignis für die Unruhen war die Beerdigungsfeier für James Mikhosi Mahvina im August 1988. Bei der Feier kamen Gerüchte auf, der Verstorbene sei keines natürlichen Todes gestorben, sondern ein

---

[219] Für einen Gesamtüberblick insbesondere über die frühen Engagements der Comrades und anderer Jugendorganisationen insbesondere bei Hexenjagden siehe Ritchken, Comrades, Witches and the State, 1987.

[220] van Kessel, 19 (4) Journal of Southern African Studies, 593 (1993), Seiten 609ff

[221] Sie taten dies sogar noch bis in die Mitte der Neunziger Jahre hinein, vgl. S. v. Lukhwa en 'n ander, 1994 (1) SASV 53 (A); S. v. Matala and others, 1993 (1) SACR 531 (A), Seite 532 E.

[222] Es handelte sich hierbei um die bereits genannte „LeRoux Commission of Enquiry in to the causes of the unrest in Venda during August 1988 and the investigation of ritual murders und die Commission of Inquiry into Witchcraft Violence and Ritual Murders in the Northern Province of the Republic of South Africa“.

[223] Die genauen Opferzahlen sind nicht bekannt. Van Kessel, 19 (4) Journal of Southern African Studies 593 (1993) auf Seite 609 geht von 32 Toten aus; Niehaus, 63 (4) Africa 498ff (1993) vermeldete 43 Tote.

[224] Siehe z.B. Stadler, 55 (1) African Studies 87 (1996), Seite 88; Niehaus, 41 (3) African Studies Review 93ff (1998), oder (für KwaZulu-Natal) Minaar / Evans, Patterns of Violence, Seiten 215ff und 221/223.

Opfer von Offiziellen des Staates geworden. Konkret wurden einige höhere Staatsbeamte bezichtigt, James Mikhosi Mahvina im Rahmen eines Muti-Mordes umgebracht zu haben[225]. Dies war an sich nichts Neues; bereits ein paar Monate vorher hatte es mehrmals Verdächtigungen gegeben, dass einzelne Venda von staatlichen Organen für Muti getötet worden seien. Die Beerdigung von James Mikhosi Mahvina fand aber zu einer Zeit statt, als sich innerhalb der (angesichts der politischen Großwetterlage im südlichen Afrika) bereits geschwächten Regierung zusätzlich auch noch Machtkämpfe um die Nachfolge des verstorbenen Staatspräsidenten von Venda, Mphephu, abspielten[226]. Die Staatsminister Ramabulana und Tshivhase stritten erbittert um den Posten. In diesem Machtvakuum explodierte - ausgelöst durch den Verdacht, Politiker hätten James Mikhosi Mahvina für Muti umgebracht, um sich in dem Machtkampf zu behaupten - die Wut über die Homelandregierung. Mehrere hundert Teilnehmer an der Beerdigung fingen an, sich gegen den Staat zu erheben[227]. In allen Teilen des Landes brachen Hexenjagden aus. Genaue Opferzahlen fand die von der Regierung beeinflusste LeRoux-Kommission nicht heraus. Die Zahl der Entscheidungen, die die höchsten Gerichte erreichten[228], spiegelt jedoch die Dimension wider: Ausgehend von den Muti-Mord Beschuldigungen muss man von mehreren Hundert Toten innerhalb von neun Monaten 1989/1990 allein in dem winzigen Homeland Venda ausgehen.

Der kosmologische Nährboden für eine solche Überreaktion ist oben bereits erwähnt worden: Das traditionell dem Häuptling zustehende Recht, Muti-Morde zu seinen Gunsten zu begehen und die umgekehrte Folgerung, wonach unberechtigter Muti-Mord seit je her als unzulässige Praxis der schwarzen Magie betrachtet worden war[229]. Traditionell wurde derjenige, der ohne Erlaubnis einen anderen tötete, um Muti aus seinem Körper zu gewinnen, als Hexe angesehen.

In der allgemeinen Umsturzstimmung kehrte sich diese traditionelle Auffassung nun gegen den Staat, denn die Menschen gingen davon aus, dass die Mitglieder der Homeland-Regierung ihre hohe Stellung nur mit unlauteren Mitteln erreicht haben konn-

---

[225] LeRoux Commission Report, Seite 203. Nach traditioneller Ansicht handelt es sich bei einer Tötung eines Menschen zur Mutigewinnung grundsätzlich um einen Akt der böswilligen Magie, vgl. unten Kapitel III 4. a).

[226] Diesen zeitlichen Zusammenhang erkannte auch der südafrikanische Appeal Court. In S. v. Lukhwa en 'n ander, 1994 (1) SASV 53 (A), Seite 60 h heißt es z.B. „Hierdie tydelike verskynsel het skynbaar verband gehou met sosiale en politieke omwentelings in daardie land.".

[227] Eine ähnliche Begebenheit ereignete sich auch unter den Tswana in Botswana 1994 /1995, wo der angebliche Mutimord an einer Studentin zu Studentenaufständen geführt hatte, vgl. Burke, 73 (4) Anthropological Quarterly 204 (2000).

[228] S. v. Thonga, 1993 (1) SACR 365 (VSC); S. v. Phuravhatha and others, 1992 (2) SACR 544 (VSC); S. v. Matala and others, 1993 (1) SACR 531 (A); S. v. Lukhwa and another, 1994 (1) SASV 53 (A); S. v. Magoro and others, 1996 (2) SACR 359 (A); S. v. Phuravhatha and others, 1992 (2) SACR 544 (VSC); S. v. Matala and others, 1993 (1) SACR 531 (A)

[229] Vgl. Kapitel III 4. a).

ten[230]. Im unterentwickelten Homeland Venda hatte der Staat kaum Möglichkeiten zu reagieren. Es gab weder staatliches Fernsehen, noch Zeitungen oder Radiosender, die man zur Bekämpfung der Gerüchte und gegen die Massenhexenjagden hätte einsetzen können[231].

Obgleich viele Details der riesigen Hexenverfolgungswelle 1989/1990 in Venda im Unklaren liegen, brachten die darauffolgenden Untersuchungen interessante Erkenntnisse über die Strategien, mit denen die Jugendorganisationen bei der Massenmobilisierung so erfolgreich waren[232]. Die Frage, ob Mitglieder der Regierung tatsächlich Muti-Morde begangen hatten, um sich politische Macht zu sichern, konnte hingegen bis heute nicht geklärt werden.

Ein wesentlicher Grund dafür, dass man Regierungsmitglieder des Muti-Mordes und somit der Hexerei bezichtigte, lag in Südafrika letztendlich auch im Bantu Administration Act von 1951. Durch das Gesetz wurden die Häuptlinge formell vom autonomen Herrscher zu den untersten Gliedern der weißen Staatsverwaltung herabgestuft. In den Homelands behielten die Dorfvorsteher und Häuptlinge immerhin ihren hohen sozialen Status bei; ausnahmslos alle Minister des Homelands Venda und die meisten Parlamentarier waren Häuptlinge. Die Parlamentarier hatten sich vor 1989 offensichtlich mehrfach in die eigene Tasche gewirtschaftet und wurden so von der Bevölkerung mit besonderem geschäftlichem Erfolg assoziiert. Zum Neid in der Bevölkerung trat der Verlust des persönlichem Einfluss der traditionellen Anführer hinzu; die Häuptlinge hatten den Kontakt zu den Stammesangehörigen verloren. Die Legitimation der Macht kam seit 1951 nicht mehr aus den Stämmen und somit aus der Bevölkerung selbst, sondern nur noch indirekt durch Wahlen vom abstrakten Staat. Dies führte zu einer weiteren Trennung zwischen regierender Klasse und Stammesangehörigen. Die daraus entstehenden Spannungen wurden mit der traditionellen Vorstellung in Verbindung gebracht, dass besonders erfolgreiche Menschen, die ihre Macht auf unverständlichem Wege verliehen bekamen, dies nur aufgrund von Hexerei oder der Konsumtion von Muti menschlichen Ursprunges geschafft haben konnten. Der Nährboden für Hexereibeschuldigungen und Beschuldigungen des unberechtigten Muti-Mordes war geschaffen.

---

[230] Dieses Phänomen, dass Personen aus dem sozialen Bereich des Häuptlings oder der Regierung des Muti-Mordes beschuldigt werden, ist nicht gänzlich neu, wenn auch in diesem Maße und in der Konsequenz nicht so ernsthaft wie in Venda. In den Vierziger Jahren waren solche Beschuldigungen in Lesotho bereits gegen einzelne Angehörige der Häuptlingsfamilien aus der Bevölkerung heraus erhoben worden, siehe den Jones Commission Report, Seiten 57ff.

[231] Die LeRoux Kommission sah hierin den Hauptgrund für den Erfolg des Aufstandes, Vgl. LeRoux Commission Report, Seite 80.

[232] Detaillierte Überblicke über die Vorgänge finden sich bei Mihalik/Cassim, 110 SALJ 127 (1993), Seite 130; im LeRoux Commission Report und im Bericht der Untersuchungskommission für die Nordprovinz, 1996, Seiten 15 und 31.

Ein weiterer bemerkenswerter Faktor der erklärt, warum die nationalen Befreiungsorganisationen die Massen anhand dieser Verdächtigungen so schnell zu groß angelegten Hexenjagden aufwiegeln konnten, liegt auch in der Polizeipraxis. Offensichtlich getragen von einer traditionell bedingten tiefen Furcht vor Hexen ermittelte die Polizei insbesondere gegen die eines Muti-Mordes Beschuldigten seit jeher mit übermäßigem Verfolgungseifer[233]. Schon 1984 hatte der stellvertretende Chief Justice von Venda auf dieses bemerkenswerte Polizeiverhalten hingewiesen und dahinter untergrundpolitische Motivationen vermutet. Er verlangte sogar (damals noch erfolglos) ein Moratorium für die Vollstreckung der Todesstrafe für Muti-Mörder und die Einsetzung einer entsprechenden Untersuchungskommission. Als die Kommission schließlich ihren Abschlussbericht einreichte und aufgrund der innenpolitischen Entwicklungen bereits die Existenz des Staates auf dem Spiel stand, stellte sich heraus, dass der stellvertretende Chief Justice Recht gehabt hatte. Auch die LeRoux-Kommission bemerkte, dass die „polizeilichen Untersuchungsverfahren mit einem abnormalen, viel größeren Interesse durchgeführt wurden" und dass die Anklagebehörden ebenso unangemessen hart vorgingen[234]. Dies habe die politischen Bestrebungen der nationalen Befreiungsorganisationen begünstigt, weil dadurch Verdachte geschürt worden seien, die zu Aufständen und schließlich zum Zusammenbruch des Homelands Venda geführt hätten.

Später stellte sich heraus, dass James Mikhosi Mahvina, dessen Beerdigung den Massenaufstand in Venda ausgelöst hatte, nicht einem Muti-Mord eines Regierungsmitgliedes zum Opfer gefallen war, sondern schlicht Selbstmord begangen hatte[235].

Nach diesen Vorfällen in Venda ereignete sich eine Vielzahl von ähnlichen Aufständen und weiteren Massenhexenjagden, die von den Jugendorganisationen des ANC anderen afrikanischen Befreiungsorganisationen initiiert wurden[236]. Die 1996 in der Nordprovinz eingesetzte Untersuchungskommission fand heraus, dass die Mehrzahl der Bürger in der Nordprovinz die Jugendorganisationen der Befreiungsbewegungen mit den Hexenjagden in Verbindung brachten und dass die Mehrzahl der Bürger ferner eine politische Motivation hinter den Hexenjagden erkannte[237]. Die Befragten anerkannten, dass es ein wesentliches Ziel der Hexenjagden gewesen sei, das Land

---

[233] Hier zeigen sich überraschende Parallelen zu den Ereignissen, die in Lesotho zu den Einsetzungen von zwei Untersuchungskommissionen geführt haben: Im vormaligen Basutoland war die Polizei ebenfalls eine treibende Kraft in den gegen einzelne Häuptlinge gerichteten Aufständen. Auch hier wurden die Verfahren wegen Muti-Mordes gegen die Familien der Häuptlinge mit überdurchschnittlichem Interesse der Polizei durchgeführt, vgl. den Jones Commission Report, Seiten 60ff.

[234] Le Roux Comission Report, Seite 77/78, insbesondere Note 7.

[235] Mihalik/ Cassim, 110 SALJ 127 (1993), Seite 130 m.w..N.

[236] Siehe z.B. den Fall aus Port Shepstone (Süd-Natal) S. v. Mafu, 1992 (2) SACR 494 (A), wo die politische Motivation der Hexentötung sogar als strafschärfender Faktor (!) angesehen wurde. Weitere Nachweise finden sich z.B. bei Niehaus, 63 (4) Africa 498 (1993).

[237] Bericht der Untersuchungskommission für die Nordprovinz, 1996, Seite 15

instabil und für das Apartheidsregime unregierbar zu machen. In der jüngeren Literatur wurde sogar die Vermutung geäußert, der ANC habe noch heute ein Interesse am Fortbestand des Hexenglaubens. Eine Stimme der Lehre stellte sogar die These auf, dass mit der Machtübernahme des ANC afrikanische Traditionen eine „selektive Renaissance" erlebten; vor allem die Ahnenverehrung und der Hexenglaube seien unter der Regierung von Nelson Mandela wieder „hoffähig" geworden. In dieser Atmosphäre sei eine Verbindung zwischen nationalistischen Interessen und Hexenmorden nicht überraschend[238].

d) Hexentötungen heute - Tradition oder politische Waffe ?

Wie oben gezeigt wurde, haben vor allem die Hexenjagden ein politisches Motiv bekommen. Im südlichen Afrika wird der Hexenglaube heute gezielt dazu eingesetzt, Machtstrukturen gegenüber Fremden zu sichern. Darüber hinaus haben traditionelle Weltanschauungsmodelle auf dem afrikanischen Kontinent südlich der Sahara koloniale Systeme zu stürzen geholfen. Dies kommt allerdings erst seit einigen Jahren durch die Arbeit von Anthropologen und staatlichen Untersuchungskommissionen ans Licht. Während der Zeit der Apartheid konnten solche Zusammenhänge nur sehr schwer geknüpft und überhaupt nicht öffentlich ausgesprochen werden.

Es stellt sich aber die Frage, ob die sprunghafte Zunahme von kosmologiebezogenen Straftaten nach der Freilassung Mandelas[239] und nochmals nach der Machtübernahme des ANC in 1994[240] allein politisch motiviert ist. Obwohl man annehmen kann, dass mit der Machtübernahme der afrikanischen Nationalisten heute mehr Leute es wagen, Hexenglauben und weitere afrikanische kosmologische Vorstellungen offen zu zeigen, reicht dies zur Erklärung für die erhöhte Anzahl von Hexenmorden nicht aus. Wahrscheinlich muss man den zahlenmäßigen Anstieg der genannten Gewalttaten auch vor dem Hintergrund sehen, dass die Jugendorganisationen des ANC zur Massenmobilisation mit den Hexenjagden Geister riefen, die man jetzt, da die Macht im Lande übernommen wurde, nicht wieder loswird. Manche Stimmen in der Literatur äußerten sich sogar dahingehend, dass der Hexenglaube heutzutage deshalb so stark sei, weil man mit diesen traditionellen afrikanischen Vorstellungen die Folgen der Kolonialisierung, der Apartheid und des wirtschaftlichen Ungleichgewichtes besser ausbalancieren könne[241]. Da - wie oben dargestellt - Hexentötungen aber niemals Weiße betreffen, geht dieses letzte Argument wohl fehl.

---

[238] Mittlebeeler, African Custom and Western Law, Seite 161 m.w.N.
[239] Minaar et al., To live in fear, Seite 29
[240] Geschiere, The modernity of witchcraft, Seite 7
[241] so z.B. Ranger, Religion and Witchcraft in Everyday Life in Contemporary Zimbabwe, Seite 148, der diese Schlussfolgerung für die analoge Situation in Zimbabwe zog.

Eines steht jedoch fest: Nach der nationalen Befreiung von der Apartheid hat der Hexenglaube seine Charakteristika verändert. Es mag zutreffen, dass zu Zeiten *Evans-Pritchards* die Hexerei hauptsächlich als ein Erklärungssystem für Unglücksfälle nach den oben genannten Prinzipien verstanden werden musste. Wie die oben genannten Beispiele aus Deutsch Ostafrika 1905-1907, die Vorfälle im Kongo in den Dreißiger Jahren, die Aufstände in Tansania 1933/34 und Lesotho 1938-1949 zeigen, waren Hexenglaube und die daraus resultierenden Kriminalitätsformen stets aber auch ein Machtinstrument. Was *Geschiere* für Kamerun als „Die Modernität der Hexerei " bezeichnet[242], ist folglich alles andere als neu. Es muss vielmehr davon ausgegangen werden, dass die Intervention der Kolonialherren in politische und soziale Systeme in Afrika dazu geführt hat, dass afrikanische kosmologische Vorstellungen in ihrer konsequenten Anwendung als politische Waffe pervertiert wurden und dies seit dieser Störung der traditionellen Sozialsysteme durchgehend so war: Der Hexenglaube, so muss man heute annehmen, dürfte auch während der Zeit der Koexistenz von weißer und schwarzer Kultur im südlichen Afrika niemals völlig frei von politischen Aspekten gewesen sein.

---

[242] Siehe Geschiere, The modernity of Witchcraft, Charlotteville, 1997.

III. Hexerei und kosmologiebezogene Straftaten im traditionellen Banturecht

Bei der Beurteilung der Strafwürdigkeit der genannten Kriminalitätsformen muss man in Betracht ziehen, dass das heute in Südafrika offiziell vorherrschende Recht (eine Kombination aus dem britischen Common Law und römisch-holländischen Recht) kein ursprünglich afrikanisches Rechtssystem ist, sondern von den Weißen importiert wurde. Bevor die Kolonialherren gegen Ende des 17. Jahrhunderts ihre aus Europa mitgebrachten Gesetze und Vorschriften im südlichen Afrika etablierten, existierte dort aber schon ein traditionelles Rechtssystem, welches tief in der Kultur des Landes verwurzelt war, mit europäischen Vorstellungen von einem solchen jedoch kaum etwas gemeinsam hatte[1].

An der Schwelle zum 21. Jahrhundert ist das traditionelle Banturecht in Teilbereichen noch komplett vorhanden und existiert unter den Namen „einheimisches Recht", „Gewohnheitsrecht" oder „Afrikanisches Recht"[2] parallel zum „modernen" Rechtssystem weiter. In einigen Bereichen wurde das Banturecht teilweise in das „weiße Recht" integriert[3]. Obwohl die Rechtsregeln der Bantu formell nicht so einflussreich sind wie das moderne Recht, wurde es insbesondere nach Befreiung des Landes von der Apartheid immerhin als Rechtssystem anerkannt, welches innerhalb des „weißen Rechts" seinen eigenen normativen Charakter entfaltet, sofern letzteres dies zulässt.

1. Die Existenz von Banturecht und dessen Prinzipien

a) Die wesentlichen Grundzüge des Banturechts

Das Banturecht wurzelt in der segmentären und fragmentarischen sozialen Organisation der akephalen[4] Jägerstämme. Dieser Ursprung spiegelt sich bis heute in den wesentlichen, folgend dargestellten Grundzügen wider.

[1] Siehe zur Implementierung und zur Anerkennung des Kolonialrechts im südlichen Afrika die umfassenden Darstellungen bei Elias, 13 (3) African Studies (1954) und ders., 3 ICLQ 645 (1954).
[2] zu den Begriffen: Kerr, 1957 SALJ, 314 ff
[3] Vgl. z.B. den Customary Marriage Act von 1998 und sogleich unten.
[4] „Akephal" bedeutet soviel wie „ohne Anführer". Bis weit ins vergangene Jahrtausend hinein verharrten die Bantu in einem sozialen Organisationsgrad, der etwa dem der Jungsteinzeit entsprach. Das Häuptlingssystem prägte sich im südlichen Afrika erst relativ spät aus.

Das Recht der Bantu basiert auf vier Elementen: Pflicht, Brauch, Sünde und Tabu[5]. Ein wichtiges Merkmal dieser Rechtsordnung ist, dass hier nicht zwischen „allgemeinen Verhaltensregeln" (im Sinne eines „Brauchs") und „Recht" differenziert wird[6].

Aus europäischer Sicht fallen weitere Besonderheiten des Banturechts auf: Während die europäisch ausgeprägte, moderne südafrikanische Rechtsordnung davon ausgeht, dass das Recht alleiniges Normdurchsetzungssystem ist, stehen nach der Tradition der Bantu viele solcher Mechanismen gleichwertig nebeneinander: Ob ein Übeltäter durch das traditionelle Recht, durch Hexereibeschuldigungen, durch soziale Ächtung oder durch unorganisierte Selbsthilfe zu normkonformem Verhalten angehalten wird, ist nach dem Verständnis der Bantu gleichgültig. Das Recht mit seinen formalisierten Konfliktlösungsmechanismen stellt unter den Bantu lediglich eine von vielen Möglichkeiten der Konfliktbewältigung dar. Es nahm niemals eine solch herausragende Stellung ein, wie dies z.B. bei den weißen Südafrikanern der Fall war.

Ein weiteres wesentliches Charakteristikum des Banturechts ist dessen Inhomogenität. Dies hat vor allem historische Gründe. Bis weit ins 18. Jahrhundert pflegten die segmentär organisierten Stämme keine engeren sozialen Kontakte untereinander. Dies führte dazu, dass im südlichen Afrika eine Vielzahl winziger Rechtssysteme heranwuchs, deren Geltungsbereich sich oftmals nur auf eine Siedlung, meist sogar nur auf einen oder zwei Familienclans beschränkte.

Stammesübergreifende Regeln entwickelten sich immerhin in denjenigen Lebensbereichen, die für die Jäger und Sammler in den betroffenen Gebieten gleichermaßen lebenswichtig waren. Hält man sich vor Augen, dass in Südafrika noch heute 762 verschiedene Stämme leben, die sich zum Teil in weitere Untergruppierungen aufspalten[7], erscheint es angesichts der weitgehenden Isolation in der Vergangenheit verwunderlich, dass sich solche allgemeingültige Regeln überhaupt entwickelt haben. Zu verstehen ist dies nur, wenn man sich die Lebensumstände vor Augen hält, unter denen die afrikanischen Ureinwohner lebten, bevor die Kolonialherren nach Afrika

---

[5] Berger, 9 De jure 101 (1976) m.w.N.

[6] Elias, The nature of African Customary Law, Seite 29; Schmidt-Jortzig, Die Stellung der traditional leaders, Seite 29. Beide gehen aber davon aus, dass nicht jeder „Brauch" sofort zu „Recht" wird. *Schmidt - Jortzig* vertritt die Ansicht, dass drei Elemente vorhanden sein müssen, bevor aus einem Brauch „Recht" wird: 1.) Vorhandensein einer präzisen Regel, 2.) deren praktische Anwendung für einen nicht unerheblichen Zeitraum und 3.)ein „reasonableness"-Kriterium. Aufgrund von Erwägungen, die unten im Kapitel V 1. e) näher ausgeführt werden sollen, ist das dritte Element nicht unbedingt notwendig; „reasonableness", als normatives Element verstanden, entstammt nicht der afrikanischen, sondern der europäischen Rechtskultur. Berger, 9 De jure 101, (1976) vertritt die Gegenansicht. Aus seinem Ansatz, die Bantu unterschieden nicht zwischen „Recht" und „Brauch", ergibt sich, dass es sich nach seiner Ansicht nicht um ein Rechtssystem, sondern allenfalls um ein „rechtsähnliches System" handeln kann.

[7] Bekker/Maithufi, 17 (2) Tydskrif vir Regswetenskap 48 (1992), Seite 59, die bemängeln, dass nur bei 20 dieser Stämme überhaupt rechtsethnologische Untersuchungen durchgeführt wurden.

kamen: Harte klimatische Lebensbedingungen, Bedrohung durch wilde Tiere, Durst und Hunger erforderten überall gleichermaßen den Schutz der lebensnotwendigen Ressourcen. Vor diesem Hintergrund erscheint es nachvollziehbar, dass sich ausnahmslos in allen 762 Stämmen z.B. die Tradition entwickelte, die Reproduktionsfähigkeit der Frau durch einen Brautpreis[8] gegenzurechnen. Die schlichte Notwendigkeit, Nachkommen zu zeugen, um das eigene Überleben zu sichern, hat dieses rechtliche Prinzip hervorgebracht[9]. Die Tatsache, dass Viehdiebstahl härter bestraft wurde als Mord[10] ist ein weiteres Beispiel dafür, wie eng Normkonformität und Überleben früher zusammenhingen. Die soziale Gruppierung, die ihre Konfliktlösungsmechanismen am besten an die bestehenden Lebensumstände angepasst hatte, sicherte sich dadurch die besseren Überlebenschancen.

Diese Form des „Rechtsdarwinismus" wurde nicht nur in Afrika, sondern auch bei anderen Sammler- und Jägergesellschaften und bei weiteren segmentär organisierten Gesellschaften beobachtet. Faszinierenderweise haben sich - offenbar durch die Vorgabe von harten Lebensbedingungen - an vielen Orten der Welt unabhängig voneinander identische Regelungssysteme gebildet. Wesentliche Grundfragen einer jeden Gesellschaftsordnung, wie z.B. Eigentum, Inzest, Erbrecht, Konfliktlösungsmechanismen und deliktische Haftung wurden bei den Jägern und Sammlern der erforschten Frühgesellschaften ähnlich wie in den wenigen bis in unser Jahrhundert hinein existierenden segmentären Gesellschaften überall auf der Welt ähnlich geregelt[11].

Die Grundwerte, die diese allgemeingültigen und einige lokale Regeln des Banturechts hervorgebracht haben, existieren bis heute. Sogar die informellen Rechtssätze finden - wie später zu zeigen sein wird[12] - in der nicht-offiziellen Bantugerichtsbarkeit bis in die heutige Zeit hinein noch Anwendung.

Ferner ist das traditionelle Banturecht vom Prinzip der mündlichen Überlieferung geprägt, was in einer mangelnden Spezialisierung auf dem Gebiet der Rechtspraxis resultiert. Die Anwendung des Rechtes war den Häuptlingen oder Ältesten, somit Laien, vorbehalten; eine eigene juristische Berufskultur bildete sich im südlichen Afrika nicht. Das Recht wurde ausschließlich mündlich weitergereicht und bis vor wenigen Jahrzehnten nicht schriftlich fixiert oder gar kodifiziert[13], was dazu geführt hat,

---

[8] Das sog. „lobola" (=Brautpreis) ist in allen Stämmen im südlichen Afrika üblich.
[9] Der Grundcharakter des „lobola" hat sich natürlich verschoben; heute steht sicherlich der Ausgleich für die Arbeitskraft der Frau - die in den Haushalt des Bräutigams übergeht - im Mittelpunkt.
[10] Myburgh, Indigenous Criminal Law in Boputhatswana, Seite 92.
[11] Vgl. hierzu Wesel, Frühformen des Rechts in vorstaatlichen Gesellschaften, Seiten 71ff und 189ff, sowie ders., Geschichte des Rechts, Seiten 17ff.
[12] Siehe unten, Kapitel III 1 b) und c).
[13] Schmidt-Jortzig, Die Stellung der traditional leaders, Seiten 73-76 ; die daraus resultierenden Schwierigkeiten für die rechtsethnologische Forschung werden übersichtlich beschrieben bei Boonzaaier, Hofsake as toets by Regsoptekening, Seite 32.

dass sich das Banturecht dem außenstehenden Betrachter als insgesamt sehr vage darstellt. Es beruht, im Gegensatz zu den europäischen Rechtssystemen, eher auf generalklauselartigen, auslegungsbedürftigen Werteinschätzungen als auf abstrakten Regeln. In der mündlichen Überlieferung liegt auch der Grund dafür, dass das südafrikanische Banturecht weder eine formale und praktische Spezialisierung oder Systematisierung, noch eine Aufteilung in Straf- und Zivilrecht kennt und in diesem Zustand auch weiterhin verharrt[14]. Die Häuptlinge entscheiden den ihnen vorgetragenen Rechtsstreit bis heute allein aufgrund der vorgegebenen allgemeinen Regeln; Abstraktion oder allgemeingültige Verfahrensregeln sind bis heute unbekannt[15].

Einerseits mögen die vorstehend genannten Grundsätze des Banturechts aus europäischer Perspektive die Frage aufwerfen, inwieweit man überhaupt von einem Rechtssystem sprechen kann. Andererseits ist bei der Wertung dieses Systems zu berücksichtigen, dass die segmentär und fragmentarisch organisierten Gesellschaften ein Recht brauchten, welches sehr flexibel zu handhaben war und sich schnell an veränderte soziale und wirtschaftliche Verhältnisse anpassen konnte[16]. Überspitzt kann man also sagen: Jedes Sozialsystem suchte sich seine Konfliktlösungsmechanismen selbst.

Als die englischen Siedler nach Südafrika kamen, verbreitete sich unter ihnen vorschnell die Ansicht, dass die schwarzen Ureinwohner überhaupt kein Rechtssystem besäßen. Das traditionelle Recht der Bantu wurde von den Kolonialherren zunächst nicht zur Kenntnis genommen. Mit dem formalen Argument, dass die in Afrika vorgefundenen Gesellschaftsordnungen bei der Konfliktlösung keinen abstrakten Regeln zu folgen schienen, wurde begründet, dass dort keinerlei juristische Strukturen existierten. Zwar anerkannte man die Existenz von Sitten und Bräuchen; sie wurden aber keinesfalls als „Recht" im Sinne der damaligen Definitionen verstanden. Diese Ansicht hielt sich übrigens bis weit in das 20. Jahrhundert hinein. Noch im Jahre 1919 bemerkte zum Beispiel der Südafrikanische Appeal Court, dass *„einige Stämme so niedrig auf der Skala sozialer Organisation einzustufen sind, dass deren Anwendung und Vorstellung von Rechten und Pflichten mit den Institutionen einer zivilisierten Gesellschaft nicht korrespondieren können."*[17].

b) Englischer Positivismus und die Nichtanerkennung des Banturechts

Das mangelnde Verständnis für die „afrikanische Identität" des Banturechts ging einher mit jener Hauptströmung in der Rechtsphilosophie, die am Ende des 19.Jahrhunderts vor allem in England vorherrschend war: Dem analytischen Positivis-

[14] Bennett, Application of Customary Law, Seite 17; Myburgh, 6 (2) Codicillus 6 (1965), Seiten 8f
[15] Bekker/Maithufi, 17 (2) Tydskrif vir Regswetenskap 48 (1992), Seite 49 m.w.N.
[16] Boonzaaier, 17 (1) S.Afr.J.Ethn. 17 (1994), Seite 17.
[17] In re Southern Rhodesia, 1919 AC 211, Seiten 233/234.

mus. Nach dieser Lehre bestand die Funktion der Gerichte nicht mehr in der *Schaffung* von Recht, sondern nur noch in der Rechts*findung*. Recht wurde als ein logisches, in sich konsistentes Regelsystem zur Streitlösung betrachtet, welches unabhängig von anderen Normquellen existierte. Eine Konsequenz dieser Ansicht war, dass das Recht als gewissermaßen „autonome" Quelle von Verhaltensmaßregeln nicht unbedingt auch zu den Rechtssubjekten passen musste, die es regierte. Ein solches Verständnis von Recht kam den Kolonialherren natürlich sehr entgegen.

Die Ansätze *John Austins*, der als wesentlicher Verfechter des analytischen Positivismus gilt, stimmten zudem mit den Anforderungen, die *Max Weber* von Seiten der Philosophie an ein Rechtssystem stellte, überein. Dieser bezeichnete nämlich die Voraussehbarkeit als wichtigstes Merkmal eines Rechtssystems in einer kapitalistisch orientierten Gesellschaft[18]. Indem *Austin* das Recht als den „command of the sovereign" bezeichnete[19], separierte er das Recht von anderen normativen Quellen und stellte es über alle anderen existierenden Ordnungen, was natürlich wunderbar mit dem Vorhersehbarkeitskriterium *Webers* korrespondierte. Durch diese bemerkenswerte Verknüpfung wurde in der Rechtsphilosophie zwar eine Art „exklusiver Ansatz" des Rechts begründet, andererseits war die praktische Anwendung des Rechts aber auf Konfliktlösungen beschränkt.

Aus heutiger Sicht erscheint dieser Ansatz nicht mehr zeitgemäß; zum Teil wurde der Ansatz *John Austins* sogar für völlig verfehlt gehalten, weil er das Recht zu „Spielregeln für Streitigkeiten" degradiert habe[20]. Mit dem Begriff des „command of the sovereign" wurde zunehmend auch die Ansicht verbunden, dass dieser Wille des Souveräns nötigenfalls mit physischer Gewalt durchgesetzt werden müsse[21], was den Kolonialherren einerseits sehr gelegen kam, weil es die Durchsetzung der europäischen Werte in Afrika rechtfertigte. Zum anderen diente dies aber auch als Argument dafür, dass die Bantu kein Rechtssystem besäßen. Weil die Bantu nämlich keine nach außen hin erkennbaren Institutionen für eine Rechtsdurchsetzung (wie Gefängnisse oder Gerichtsvollzieher) hatten, wurde das Fehlen derselben als ein weiteres Indiz dafür angesehen, bei den Regeln der Bantu handele es sich nicht um Recht.

Eine weitere Voraussetzung für „Recht" im Sinne des englischen analytischen Positivismus war, dass es durch den Souverän oder den sonstigen politisch Übergeordneten aufgrund einer Legitimation in einem förmlichen Verfahren erlassen sein musste. Als

---

[18] Max Weber, Wirtschaft und Gesellschaft, Ausgabe Tübingen 1976, 2. Halbband, Seite 488. Der Gedanke der Rechtssicherheit wird losgelöst von Fragen des Kapitalismus als eigenständiger Wert schon hervorgehoben bei Thomas Hobbes, De cive, 1642, Kapitel I und V, sowie in der Einleitung und in Leviathan, Kapitel 26.
[19] Austin, Province of Jurisprudence Determined, vol. 1, Seiten 101ff
[20] Seidman, The State, Law, and Developement, Seite 32
[21] Vgl. hierzu Wesel, Frühformen des Rechts in vorstaatlichen Gesellschaften, 1985, Seiten 54f.

die englischen Kolonialherren in Südafrika begannen, die Strukturen der Eingeborenen zu erforschen, stellten sie fest, dass es in den segmentär, rudimentär und akephal organisierten Bantugesellschaften an eben diesem Souverän fehlte. Die Konsequenz war für die Kolonialherren klar: Die primitiven afrikanischen Gesellschaften besaßen mangels Souverän kein Rechtssystem.

Diese Ansicht (dass solche einfach organisierten Gesellschaften für die englischen analytischen Positivisten kein „Rechtssystem" hatten) wird heute als ein Nachteil der Austin'schen Lehre betrachtet; teilweise hat sich in Südafrika die Bezeichnung „Austinian Handicap" eingebürgert[22].

Dieser Ansatz *Austins* stempelte das Banturecht zu einer minderwertigen normativen Ordnung ab, die sich unterhalb dessen befand, was man seinerzeit als „Recht" verstand. Konsequenterweise interessierten sich die Juristen fortan nicht mehr für das Banturecht sondern überließen dessen Erforschung den Anthropologen und Ethnologen.

Der nächste Schritt, nämlich der Import der heimischen Rechtsordnung in das südliche Afrika, war nur eine weitere Konsequenz aus den Prärogativen des analytischen Positivismus: Nachdem die Kolonialherren keinen Herrscher fanden, der in ihrem Sinne „Recht" setzen konnte, setzten sie sich selbst als Souverän ein und brachten somit (nach ihrem Verständnis also „erstmals") Recht ins südliche Afrika. Dieses positivistische Rechtsdenken hat sich im südlichen Afrika aufgrund der langen Kolonialzeiten bis weit ins 20.Jahrhundert hinein halten können. Der berühmte Satz von Chief Justice *Tredgold* in seinem Urteil über den Hexenmörder *Jackson* im Jahre 1957 *„...the Law of England is the Law of England, even when it is extended to Nyasaland*"[23] belegt dies in beeindruckender Weise.

Tief verwurzelt im analytischen Positivismus pfropften die südafrikanischen Kolonialherren dem Land ihr eigenes, „mitgebrachtes" Rechtssystem auf[24], ohne auf Fragen wie Praktikabilität oder Durchsetzbarkeit des englischen bzw. römisch-holländischen Rechts zu achten. Durch den Import europäischer Rechtssysteme gestalteter sich die Ausbeutung der Kolonie und der Handel mit den Kolonialherren einfacher[25]. Koloniale Interessen erforderten lediglich eine unterwürfige Bevölkerung; eine praktikable Kon-

---

[22] Siehe z.B. Bennett, Sourcebook for Customary Law, Seite 4.
[23] The Attorney-General for Nyasaland v. Jackson, 1957 (6) R&NLR 443 auf Seite 449
[24] Die einzige Ausnahme war das britische Protektorat Bechuanaland (heutiges Botswana), welches größtenteils aus Ödland und der Kalahari besteht. In diesem für die Kolonialherren wenig interessanten Gebiet wurde es „public policy", die „Wilden" in ihrem „Nicht-Rechtssystem" weiter ungestört leben zu lassen, vgl. Bennett, Application of Customary Law, Seiten 40ff m.w.N..
[25] Seidman, The State, Law, and Developement, Seite 33

fliktlösung innerhalb der schwarzen Gesellschaft war nicht die primäre Aufgabe des Rechts in einem Kolonialstaat.

c) Die schrittweise Anerkennung des traditionellen Banturechts als Rechtssystem

Aber so gering die Wertschätzung für das bestehende einheimische Banturecht auch war, man konnte es schließlich doch nicht ganz ignorieren. Die Kolonialherren besaßen weder die notwendigen Mittel noch das nötige Personal, um ihre eigene Rechtsordnung einer illiteraten, nach europäischen Standards ungebildeten Bevölkerung erfolgreich aufzwingen zu können. Die Suche nach Kompromissen begann. Zunächst wurde es „public policy", dass man einige Banturegeln in geographisch begrenzten Gebieten tolerierte, sofern Kolonialinteressen nicht berührt wurden. Das Eherecht der Bantu, welches ausschließlich die persönliche Rechtssphäre der Schwarzen interessierte, wurde als erstes durch die Kolonialherren akzeptiert. Die Kolonialherren wollten damit den inneren Frieden stützen und somit das Risiko eines Aufstandes gegen die Besatzungsmacht verringern.

Das Eherecht war der Ausgangspunkt für die darauffolgenden Erwägungen, inwieweit man ein autonomes Banturecht in Südafrika grundsätzlich und auch in anderen Rechtsgebieten anerkennen sollte. Im bis heute andauernden Kampf um die Anerkennung des traditionellen Familienrechts spiegelt sich der Konflikt zwischen dem traditionell afrikanischen und dem importierten Kolonialrecht besonders deutlich wider.

Bei der Frage, inwieweit das koloniale Recht das traditionelle Strafrecht anerkennen konnte, insbesondere in bezug auf die strafrechtlichen Wertungen, wie mit Hexen zu verfahren sei, kommt natürlich ein weiterer Aspekt hinzu: Während die Anerkennung des traditionellen Familienrechts sich nicht auf koloniale Sicherheitsinteressen auswirkte, betraf das Strafrecht einen sicherheitspolitisch relevanten und somit für die Einwanderer ungemein wichtigen Bereich. Hier stand einer Anerkennung des traditionellen Rechts also noch ein weiterer Grund entgegen.

Der Streit um die Anerkennung des traditionellen Bantu- Familienrechts stellt gewissermaßen die „Reinform" des Konfliktes der widerstreitenden Rechtssysteme dar, weil Erwägungen außerhalb der Rechtspolitik, der Rechtsphilosophie und der Rechtstheorie fehlten. (Aus diesem Grund, und weil der Kampf der Schwarzen um die Anerkennung der traditionellen Eherechtsregeln besonders gut dokumentiert wurde, soll zunächst die graduelle Integration des Banturechts in das „moderne" südafrikanische Recht am Beispiel des Eherechts erklärt und erst dann auf die - wie gesagt aus kolonialpolitischen Gründen etwas „brisantere" - Frage der Anerkennung des Bantustrafrechts eingegangen werden.)

Als die britischen Siedler afrikanischen Boden betreten hatten und sich fragten, wie denn die Kolonien am leichtesten zu kontrollieren seien, war die Antwort bald gefunden: Die sogenannte „policy of indirect rule". Die Weißen setzten die Häuptlinge und Dorfvorsteher als unterste Glieder der britischen Verwaltung ein und regierten das einfache Volk somit mittelbar durch ihre eigenen Anführer. Man versprach sich davon eine höhere Akzeptanz der Kolonialmacht durch die Einheimischen.

Auf juristischer Ebene wurden bald darauf Strukturen geschaffen, die mit dieser „policy of indirect rule" korrelierten. Fragen, die lediglich die Rechtssphäre der Schwarzen berührten, wurden diesen weitgehend überlassen; Kolonialinteressen hingegen wurden mit dem englischen (auf burischer Seite mit dem holländisch-römischen) Recht abgesichert. Somit fand die „policy of indirect rule" ihren Niederschlag im Justizsystem[26].

Diese Doktrin verstärkte die Trennung zwischen schwarzer und weißer Rechtskultur. Es erscheint rückblickend sehr bemerkenswert, wie diese rechtsphilosophischen und rechtspolitischen Ansätze die Rassentrennung reflektierten und sogar verschärften. Durch die „policy of indirect rule" war die Kolonialherrschaft in wirtschaftlicher und politischer Hinsicht organisiert; der analytische Positivismus sorgte dafür, dass die rechtliche Kolonialisierung im britischen Einflussbereich auf dem schwarzen Kontinent sachlich gerechtfertigt erschien.

Im Laufe der Zeit wich man aber von diesem radikalen Ansatz ab. Langsam erkannte die Rechtstheorie an, dass einheimische oder „primitive" Sozialsysteme immerhin ein „Recht" im Sinne der Rechtstheorie besäßen. Die Positivisten des 20. Jahrhunderts hatten ihre Definitionen geändert und differenzierten nunmehr zwischen einfachen und entwickelten Gesellschaften, welche verschiedene Systeme der Normentwicklung, -handhabung und -durchsetzung hätten. *Hart* war der erste Positivist, der die Fesseln des „Austinian Handicap" abstreifte und akzeptierte, dass auch die segmentär und akephal organisierten Gesellschaften ein Rechtssystem haben[27]. Dies war deshalb möglich, weil er zum einen zwischen einfach und komplex organisierten Gesellschaften, zum anderen auch zwischen primären und sekundären Normen unterschied. In einfachen Gesellschaften, so *Hart*, beschränke sich die normative Grundordnung auf primäre Normen, also sozusagen das materielle Recht. Diese einfach organisierten Gesellschaften hätten jedoch keine sekundären Normen, die der Durchsetzung der Primärnormen dienten. Sekundäre Normen seien ein deutliches Zeichen dafür, dass es sich bei der betrachteten Gesellschaft nicht um eine einfache, sondern um eine kom-

[26] Bennett, Sourcebook for Customary Law, Seite 2
[27] Hart, The Concept of Law, insbesondere Seiten 89-98

plex ausgestaltete Struktur handele. Gleichwohl stellten die primären Normen für sich bereits „Recht" dar.

In Südafrika wurde diese neuen Strömungen in der englischen Rechtstheorie während der Kolonialzeit und während der Apartheid freilich nicht aufgenommen. Man vertrat weiterhin die Ansicht, dass die Abwesenheit von sekundären (also der Durchsetzung dienenden) Normen bei den Bantu ein Indiz dafür sei, dass es sich bei dem untersuchten System nicht um „Recht", sondern lediglich um eine „untergeordnete moralische Ordnung" handele[28].

Dabei missachteten die südafrikanischen Rechtsgelehrten und Richter aber nicht nur die neueren englischen Strömungen in der Rechtstheorie; auch einige besonders naheliegende Ansätze aus dem Bereich des römisch-holländischen Rechts wurden nicht aufgegriffen. Viele römisch-holländische Autoren - unter ihnen z.B. Grotius - anerkannten nämlich die normative Kraft des Brauchs und sahen darin sogar eine besonders hohe Legitimationsstufe[29]. Hinsichtlich der Legitimationsfrage wurden auch die Ansätze von *Max Weber* nicht verwendet, obwohl die römisch-holländisch geprägte Seite des südafrikanischen Rechts im übrigen einen durchaus engen Bezug zu den rechtstheoretischen Ideen *Webers* hatte[30]. Bei letzterem findet man nämlich ebenso wie bei *Hart* eine Typifizierung von Rechtssystemen nach deren Legitimationsgrundlage[31]. *Weber* differenziert zwischen drei Formen der Legitimation, nämlich zwischen charismatischer, traditioneller und (positivistisch !) rechtlicher Legitimation. Ein Normsystem kann also nur dann ein „Rechtssystem" sein, wenn es sich auf mindestens eine der genannten Legitimationen stützen kann. Im südlichen Afrika findet sich diese Legitimation zum einen in der Tradition, zum anderen in der charismatischen Form durch die allgemeine Akzeptanz der Bevölkerung. Diesen Grundideen folgend wäre das Bantu-recht nicht nur ein funktionierendes Rechtssystem verstanden werden müssen, sondern hätte - in der Begrifflichkeit *Webers* - auch noch eine besonders starke formelle Legi-

---

[28] Siehe z.B. Coertze, Die Familie-, erf- en opvolgingsreg van die Bafokeng van Rustenburg, 1971, Seite 1; vgl. zu diesem Komplex auch Fikentscher, Methoden des Rechts in vergleichender Darstellung, Band I, Frühe und religiöse Rechte, Tübingen, 1975, Seiten 60ff; Benda-Beckmann, Rechtspluralismus in Malawi, München 1970, Seite 22. Die Frage der Durchsetzungsmechanismen stellt teilweise bis in die heutige Zeit hinein einen wesentlichen Grund dafür dar, dass Juristen und Anthropologen unterschiedliche Auffassungen von Recht haben: Insbesondere der positivistisch denkende Jurist hält durch einen Souverän legitimierte Durchsetzungsnormen für ein nötiges Element einer Rechtsordnung. Der Anthropologe hingegen gesteht einem Rechtssystem zu, dass es sich anderer Mechanismen bedienen kann, um primäre Normen durchzusetzen. Dies können ökonomische, soziale, psychologische Strukturen sein. Eines dieser alternativen Durchsetzungssysteme ist - wie vor allem oben im zweiten Kapitel gezeigt - die Hexereibeschuldigung. An diesem Unterschied beider Ansätze wird deutlich, warum die Juristen derartige Schwierigkeiten haben, das Bantureccht als „Recht" zu verstehen, wohingegen die Anthropologen niemals daran zweifelten, dass die Bantu schon immer ein funktionierendes Rechtssystem besessen haben.

[29] Siehe Bennett, Application of customary Law, Seite 27, Fußnote 70 für zahlreiche Einzelnachweise.

[30] Bennett, Application of customary Law, Seite 27.

[31] Max Weber, Wirtschaft und Gesellschaft, 1.Halbband, Ausgabe Tübingen 1976, Seiten 122ff.

timation erfahren. Die politischen Gegebenheiten dürften aber ihren Beitrag dazu geleistet haben, dass diese Ansätze lange Zeit nicht ernsthaft aufgegriffen wurden.

Im Zusammenhang mit der Frage nach der formellen Legitimation eines einheimischen südafrikanischen Rechtssystems hatte man in der vormaligen britischen Kolonie Natal 1869 einen regional begrenzten Vorstoß gewagt. Man hatte versucht, das Einheimischenrecht „positivistisch-rechtlich" zu legitimieren. Im Jahre 1869 erließ man deshalb ein formelles Gesetz[32], welches zwar angebliche „Grundprinzipien des Bantu-Eherechts" kodifizierte, diese aber durch koloniale Vorgaben wieder weitgehend beschnitt. So wurden z.B. eine Obergrenze für Brautpreise und ein (aus Sicht der Einheimischen völlig systemfremdes) Zustimmungserfordernis der Ehefrau zur Eheschließung eingeführt. Dieses Gesetz war das erste Produkt einer staatlichen Untersuchungskommission, die bereits im Jahre 1852 eingesetzt worden war. Im Jahre 1891 schließlich wurde das Hauptwerk der Kommission als Gesetz bekanntgemacht: Der „Code of Zulu Law"[33] war eine erste umfassende Kodifikation des traditionellen Familienrechts, des Erbrechts, des Deliktsrechts und teilweise des Eigentumsrechts, bzw. dessen, was die Kolonialherren darunter verstanden. Er galt innerhalb der Britischen Kolonie am Indischen Ozean, dort natürlich aber nur unter Schwarzen und in Lebensbereichen, die keine Kolonialinteressen berührten. Obgleich dieses Gesetz den -an sich begrüßenswerten - Effekt haben sollte, die schwarzen Rechtsregeln auf ein festeres Fundament zu stellen, hatten die Europäer jedoch dabei übersehen, dass „kodifiziertes, einheimisches Recht" im Bereich der Bantu eine contradictio in se darstellte. Nach den oben genannten Prinzipien handelte es sich auch beim Zulurecht um ein Rechtssystem, welches wie alle anderen Banturechtssysteme völlig ohne Kodifikation, Abstraktion und Spezialisierung auskam und unter Laien mündlich überliefert wurde. Schon von Anfang an hätte demnach klar sein müssen, dass der Code of Zulu Law aufgrund dieser grundlegenden Abweichungen von wesentlichen Banturechtsprinzipien zum Scheitern verurteilt war.

Zu Gute halten muss man der Regierung der Kolonie jedoch, dass man nicht versucht hatte, von oben herab und aus kolonialen Motivationen heraus ein künstliches Gesetz zu schaffen, sondern ein multidisziplinäres Nachforschungskomitee unter Überwachung britischer Juristen einsetzte, welches vom Board of Native Administration auch aus der Bevölkerung und Häuptlingen rekrutiert wurde. Aus der Arbeit dieser Kommission erwuchs rückblickend aber ein Regelwerk, welches - verglichen mit den Banturegeln - viel zu inflexibel war. Eine Anpassung der Rechtsregeln der Bantu an die sich insbesondere im ausgehenden 19. und im 20. Jahrhundert dramatisch ändern-

[32] Act 1 /1869 (N)
[33] „Natal Code of Zulu Law", , Act No 1 / 1891

den Lebensumstände war durch die starre Kodifikation ebenso unmöglich[34] wie die Anpassung an veränderte öffentliche Bedürfnisse unter der Kolonialherrschaft. Die Häuptlingsgerichtshöfe mussten also fortan ein Gesetz anwenden, welches zwar angeblich die traditionellen Wertvorstellungen reflektieren sollte, in Wirklichkeit aber völlig ohne Bezug zu afrikanischen Wertvorstellungen und zu hergebrachten Traditionen war[35]. Argumentiert man auch hier mit den oben genannten Legitimationskriterien von *Weber*, so wurde durch die Kodifikation von traditionellem Banturecht die charismatische Legitimation und die Legitimation durch die verstorbenen Vorfahren (=Tradition), durch eine andere, nämlich die (positivistisch-) „rechtliche" ersetzt. Die parlamentarisch - demokratische Legitimation ist den afrikanischen Rechtsregeln aber (wie bereits erwähnt) völlig fremd. Auch rechtsdogmatisch war dieses künstlich geschaffene Einheimischenrecht also ohne eigene Wurzeln gewachsen. Abgesehen davon war die parlamentarische Legitimation für die Ureinwohner Südafrikas nicht nachvollziehbar und wurde schon deshalb niemals anerkannt.

Weiße Rechtswissenschaftler beharrten hingegen fest darauf, dass der geschaffene Code of Zulu Law den althergebrachten Traditionen entspreche. Dies zeigt sich daran, dass noch im Jahre 1987 das Gesetz geändert[36] wurde, ohne dass der Bestand des Gesetzes an sich in Frage gestellt wurde. Die vorangegangenen Gesetzesentwürfe bezüglich eines eigenen QwaZulu Code of Zulu Law im Jahre 1981[37] zeigen jedoch sehr deutlich, dass die dem Code of Zulu Law unterliegenden Wertvorstellungen eigentlich die der Weißen und nicht die der Zulus waren. Beispielsweise feierten sich die weißen Rechtswissenschaftler, als durch die Änderung 1981 der Gleichheitsgrundsatz zwischen Mann und Frau in den Code aufgenommen wurde. Diese geschlechtliche Gleichberechtigung war aber zu keinem Zeitpunkt ein Teil der traditionellen Rechtsregeln der Zulu sondern widerspricht im Gegenteil sogar früher wie heute den tragenden Prinzipien des patriarchalisch geprägten Zulurechts[38].

Eine erste formelle Anerkennung erfuhr das ungeschriebene originäre Banturecht von den Buren. Im Jahre 1885 war zum ersten Mal von „Einheimischenrecht" die Sprache, als im Transvaal den modernen Gerichtshöfen die Anwendung von ungeschriebenen Bantu-Rechtsregeln in zivilrechtlichen Streitigkeiten gestattet wurde, solange sie nicht Naturrecht und Moral widersprachen[39]. Die Briten waren gegenüber dieser formellen

[34] Dies lag vor allem an dem formellen Parlamentsvorbehalt bei Änderungen des Gesetzes. Erst 1927 durch den Native Administration Act (section 24 (1)) bekam die Verwaltung ein Änderungsrecht eingeräumt.
[35] Myburgh, Papers on indigenous law in South Africa, Seite 47
[36] Natal Code of Zulu Law Proclamation R 151 (1987)
[37] Vgl. Act No 6 / 1981 („Kwa Zulu Code of Zulu Law").
[38] So auch Henneke, Eingeborenenrecht vor südafrikanischen Gerichten, Seiten 173ff.
[39] Law No 4 of 1885 (T)

Anerkennung skeptisch[40], obwohl sie durch die 1852 eingesetzte Untersuchungskommission für das Einheimischenrecht bereits verlässlichere Erkenntnisse gesammelt hatten. In Natal übernahm man den burischen Lösungsansatz deshalb nicht; in der Kapprovinz bestritt man die Existenz von Banturecht schlechthin.

Nach Gründung der südafrikanischen Union im Jahre 1910[41] wurden Forderungen laut, einen einheitlichen politischen Kurs im Hinblick auf die Anerkennung des Banturechts zu verfolgen. Im Jahre 1927 setzte sich dann die burische Tendenz durch und das ungeschriebene Banturecht erfuhr im gesamten Südafrika formelle Anerkennung als vollwertiges Rechtssystem durch den Bantu Administration Act[42]. Das Gesetz regelte den Autonomiegrad, welcher dem schwarzen Recht und dessen Anwendung innerhalb der Kolonialstrukturen zugebilligt werden konnte. Allerdings ging die offizielle Legitimation des Banturechts mit einer Beschneidung der Kompetenzen der Häuptlinge einher. Insbesondere die judikative Gewalt der Häuptlinge wurde begrenzt. Solche Bereiche, die für weiße Interessen wie die innere Sicherheit oder den inneren Frieden relevant waren, wurden den Häuptlingen aus der Hand genommen. Im Zuge dieser Kompetenzbeschneidung wurde auch die traditionelle Strafgewalt der Häuptlinge - zumindest theoretisch[43] - fast völlig abgeschafft. Dies führte dazu, dass die Frage nach der Berücksichtigung des traditionellen Bantu-Strafrechts über Jahrzehnte völlig unbeachtet blieb.

Die Stoßrichtungen des Bantu Administration Act war klar: Solange koloniale Interessen nicht berührt wurden, sollte um des inneren Friedens willen bei Streitigkeiten unter Schwarzen deren einheimisches Rechtssystem Anwendung finden, jedenfalls soweit es nicht durch koloniale Interventionen wie den Code of Zulu Law abgeändert worden war. Selbstverständlich bestand ein Vorbehalt, nach dem die Kolonialgerichte einzelne Streitigkeiten an sich ziehen konnten.

Theoretisch blieb es für die kommenden Jahrzehnte zwar bei dieser Rechtslage. Den weißen Richtern stellte sich aber ein rein praktisches Problem: Die jahrhundertelange Missachtung des afrikanischen Einheimischenrechts hatte zu Informationsdefiziten über den Inhalt des traditionellen Rechtsregeln geführt. Da der Bantu Administration Act die Anwendung des Banturechts teilweise sogar verpflichtend vorschrieb, wandten sich die weißen Juristen plötzlich wieder an die, die sie Jahrzehnte lang verschmäht

---

[40] Siehe hierzu zum Überblick und mit vielen Beispielen aus dem gesamten britischen Einflussbereich in Afrika : Lewin, 20 (1) Journal of Comparative Legislation and International Law 16 (1938), Seite 16 m.w.N.

[41] Überblick über die geschichtlichen Entwicklungen bei Ross, A conscise history of South Africa, Cambridge, 1999.

[42] Act No 38 of 1927

[43] Wie unten zu zeigen sein wird , vgl. Kapitel IV, Fußnote 35, behielten die Häuptlinge ihre Strafgewalt unter der Hand aber bei.

hatten: Die Anthropologen. Diese hatten bis dato ihr Augenmerk auf soziale, wirtschaftliche und psychologische Normdurchsetzungsmechanismen gerichtet, was wie erwähnt mit dem streng positivistischen Bild der damaligen Juristen nicht zu vereinbaren war. Hinsichtlich des materiellen Inhaltes von Verhaltensnormen konnten die Anthropologen dennoch von großer Hilfe sein. Insbesondere durch die Beobachtung und Aufzeichnung der materiellen Verhaltensregeln trugen die Anthropologen durch ihre Aufzeichnungen sozusagen also zur „Rechtsfindung" bei[44]. Teilweise wird sogar gesagt, es sei vornehmlich den Anthropologen zu verdanken, dass das „einheimische Recht" als Disziplin überhaupt Eingang in die Rechtswissenschaft gefunden habe[45].

Der Bantu Administration Act von 1927 entstand dogmatisch nicht ohne Unterbau. Diesmal kam die rechtstheoretische Grundlage aus den USA. Ebenso wie beim Positivismus und der policy of indirect rule kann auch hier nicht verkannt werden, dass sich die jeweiligen modernen Strömungen der Rechtstheorie in den neuen Vorstöße bei der Frage nach der Anwendung des Banturechts widerspiegelten.

Als man in Südafrika nach Gründung der Union erkannte, dass kein Gesetz effektiv sein konnte, welches nicht auf einheimische Werte aufbaute, war dies die afrikanische Form der Erkenntnis, die sich in den zwanziger Jahren in den USA ausbreitete: Der Rechtsrealismus hielt seinen Einzug. Vor allem *Roscoe Pound* und *Olivier Wendell Holmes* hatten die Aufmerksamkeit der amerikanischen Rechtstheoretiker auf sich gezogen[46]. Das Schwergewicht der Rechtstheorie lag (nach Jahrzehnten der Suche nach einer Anwort, was das Recht *ist*) nun hauptsächlich darauf, was das Recht *tun kann*, insbesondere im Fall eines Rechtsbruches. Man hatte also die Richtung der Rechtstheorie geändert: Von einer „positivistischen Bestandsaufnahme" des Rechts wandte man sich mehr und mehr ab und konzentrierte sich auf eine funktionale Betrachtung.

In Südafrika stieß man aufgrund einer immer deutlicher werdenden Trennung zwischen schwarzer und weißer Rechtskultur mit diesem Gedanken auf offene Ohren. Nachdem ernsthafte und sicherheitsrelevante Konflikte zwischen kolonialem und einheimischem Recht entstanden waren und man zur Erkenntnis gekommen war, dass Recht durchsetzbar sein müsse, um nicht an normativer Kraft zu verlieren, fing man über die Grenzen KwaZulu/Natals hinaus an, einheimisches Recht zu studieren und anzuerkennen. In dieser Entwicklung spiegeln sich die wesentlichen Grundzüge des amerikanischen Rechtsdenkens dieser Zeit wider: Die neuen amerikanischen Realisten,

---

[44] Zur Methodik anthropologischer Feldforschung bei der Erfassung einheimischer Rechtssysteme siehe Boonzaaier, Hofsake as toets by Regsoptekening, S. 32 ff.
[45] Siehe Bennett, Application, Seite 20.
[46] Holmes hatte den Gedanken des Realismus bereits am Ende des 19.Jahrhunderts entwickelt, vgl. Holmes, 12 Harvard Law Review 444 (1899).

vor allem *Karl Llewellyn* und *E.Adamson Hoebel*, gingen davon aus, dass das Recht „in Aktion" studiert werden müsse. Dies sollte dadurch geschehen, dass man Konfliktlösungsmechanismen in der Praxis beobachtete[47]. Die Integration dieser Forschungsmethode in das südafrikanische Rechtsdenken und die Ausdehnung der Forschungen auf die soziale Matrix brachte Rechtswissenschaft und Anthropologie so nahe zueinander wie später nie wieder[48]. Aus der Hochzeit des Rechtsrealismus stammen auch die wenigen, verlässlichen Quellen des Banturechts.

Aufgrund unterschiedlicher, voneinander teilweise krass voneinander abweichender Forschungsmodelle haben sich Anthropologie und Rechtswissenschaft in den letzten Jahrzehnten leider wieder weit voneinander entfernt. In Südafrika kritisierte man in jüngerer Zeit, dass vor allem die anthropologische Feldforschung, die sich jeweils auf die Beschreibung einzelner Vorfälle beschränke, dadurch im Widerspruch stehe zum Ziel des Rechts, abstrakte und allgemeingültige Normen zu finden[49]. Diese bedauerliche Desintegration in einem Feld, in dem soziale Matrix und materielles Recht eng zusammenhängen, konnte bis heute leider nicht völlig überwunden werden.

Als klar war, dass die Zeiten der Apartheid langsam zu Ende gehen würden, wurden langsam Bestrebungen sichtbar, dem Banturecht einen klar umgrenzten Status im südafrikanischen Rechtssystem einzuräumen. Diese Entwicklung entzündete sich wiederum im traditionellen Familienrecht, welches wie dargestellt seit je her als „Primärschlachtfeld", zum anderen als Gradmesser der Integration des traditionellen Banturechts in das moderne Rechtssystem angesehen werden kann. Die South African Legal Commission befasste sich eingehend mit Fragen des traditionellen Eherechts und begann, ein einheitliches nationales Eherecht zu kodifizieren, welches mit den einheimischen Wertvorstellungen angeblich „in Einklang stehen" sollte[50]. Aber auch diese Form des „afrikanischen Gewohnheitsrechts" repräsentierte nicht die Vorstellungen des ursprünglichen, einheimischen Banturechts. Einige Stimmen der Literatur begannen sogar, zwischen dem „offiziellen" und dem „nichtoffiziellen" Gewohnheitsrecht zu differenzieren[51]. Abgesehen von der Tatsache, dass geschriebene abstrakte Regeln wegen der oben genannten Maximen des Banturechts schon formell kein Einheimi-

---

[47] Diese Tendenz wurde unter dem Namen „trouble-case-approach" bekannt, siehe Llewellyn, 44 Harvard Law Review 1222 (1931) ; Hoebel, The Law of the Primitive Man, Seite 28; Hoebel/Llewellyn, The Cheyenne Way, Seiten 20-29. Aktuellere Würdigungen des Einflusses der beiden Rechtstheoretiker auf das rechtsanthropologische Denken finden sich bei Bennett, Application of customary law, Seiten 20f oder Twining, 31 Modern Law Review 165 (1968).

[48] Eingehender zu diesem Problem: Labuschagne, 20 (2) S.Afr.Tydskr. v.Etn 55 (1997), 19 (2&3) S.Afr.Tydskr.v.Etn. 40 (1996) und spezieller auf den wünschenswerten Wissensaustausch zwischen Anthropologen und Strafrechtlern im Bereich der Hexerei ders., 21 (2) S.Afr.Tydskr.v.Etn. 78 (1998).

[49] Siehe z.B. Bekker /Maithufi, 17 (2) Tydskrif vir Regswetenskap 48 (1993) auf Seiten 58f, die die Unfähigkeit der anthropologischen Studie, generelle Normen zu erfassen, deutlich formulieren.

[50] Bennett, Sourcebook for customary law, Vorwort, Seite VII

[51] Bekker / Maithufi, 17 (1) Tydskrif vir Regswetenskap 48 (1992)

schenrecht darstellten, waren auch inhaltlich weitreichende Abweichungen vom ursprünglichen Banturecht kodifiziert worden. Seit der Einführung des Code of Zulu Law war man also hinsichtlich einer wirklichen Integration des Banturechts in das moderne südafrikanische Recht also keinen Schritt weitergekommen.

In den Homelands, die mit eigenen Gesetzgebungskompetenzen ausgestattet waren, versuchte man bis in die Neunziger Jahre hinein, das beste aus der Situation zu machen. Dort erließ man nach und nach Gesetze, die zwar immer noch als formelle Kodifikationen, keinesfalls aber als traditionelles Recht im Sinne einer ursprünglichen Rechtsordnung anzusehen waren. Inhaltlich waren diese Homelandgesetze jedoch sehr viel besser recherchiert und daher eher geeignet, den unmittelbaren Bedürfnissen und Interessen der Schwarzen Rechnung zu tragen. Aufgrund der streng begrenzten regionalen Anwendbarkeit konnten die - inhaltlich sicherlich zutreffenderen - Homelandgesetze aber keinen Einfluss auf die gesamte Rechtslage in Südafrika nehmen[52].

1988 hofften die integrationsfreundlichen Rechtsanthropologen auf eine Änderung der Lage. Mit der Verabschiedung eines neuen Beweisrechtes wurden die Gerichte nicht nur ermächtigt sondern sogar verpflichtet, auch das nicht geschriebene Banturecht anzuwenden[53]. Kurz vorher waren die mittlerweile von den Homelands erarbeiteten regionalen Gesetze teilweise in das nationale Eherecht aufgenommen worden[54]. Bei der praktischen Anwendung dieser Regelungen entstanden jedoch große Schwierigkeiten. Eine uneinheitliche Rechtsanwendung im Lande führte zu Konflikten innerhalb der Gerichtsbarkeiten. Wieder wurde aber nicht der Ruf nach einer besseren Erforschung des materiellen Rechts, sondern der nach eingehender Kodifikation laut, um das Einheimischenrecht für die Gerichte praktisch besser handhabbar zu machen. Wiederum wurden besondere Untersuchungskommissionen eingesetzt, die aber durch das Ende der Apartheid zunächst mit wichtigeren Problemen, wie zum Beispiel mit Staatsorganisation und Verfassung, befasst waren.

d) Das Banturecht im „neuen" Südafrika

Erst in jüngerer Zeit geht es zunehmend um die Grundfrage, wie die Kollision zwischen traditionellem und modernem Recht im „neuen" Südafrika generell behandelt werden soll. Die Interimsverfassung Südafrikas[55] machte 1993 einen weiteren Schritt in die Richtung einer Anerkennung des traditionellen Rechtssystems. Die Artikel 181ff behandelten primär zwar die Einflüsse der Häuptlinge im neuen Staatsgefüge, jedoch

[52] So hatten z.B. die Transkei einen „Marriage Act" (Act No 21 of 1978) oder Bophuthatswana einen Succession Act (Act No 23 of 1982) erlassen.
[53] Siehe sec. 1 (1) , (2) und (4) des Law of Evidence Amendment Act No 45 of 1988.
[54] Siehe den Marriage and Matrimonial Property Law Amendment Act No 3 of 1988.
[55] Act No 200 of 1993

wurde in Artikel 181 I klargestellt, dass deren Macht von einer verfassungsrechtlich geschützten Sphäre abgeleitet war, nämlich dem „indigenous law", was im Sinne von „ursprüngliches" oder „Einheimischenrecht" zu verstehen ist. Formell wurde die Existenz des Banturechts also nun sogar von der Verfassung anerkannt.

Mit der Bekanntgabe der endgültigen Verfassung der Republik Südafrika im Jahre 1996[56] wurde der Begriff des „indigenous law" abgeändert in „customary law", was soviel heißt wie „Gewohnheitsrecht". Die Artikel 211 und 212 der endgültigen Verfassung regeln zwar wieder primär die Einflussbereiche der Häuptlinge, jedoch stellt Artikel 211 III nun immerhin klar, dass die Gerichte das „customary law" anwenden *müssen*, sobald dessen Anwendungsbereich eröffnet sei, oder wo immer Gesetze mit Verweisen auf das „customary law" einschlägig seien. Die Änderung von „indigenous law" zu „customary law" geschah übrigens nicht zufällig, sondern hatte eine tiefere Bedeutung: Unter „indigenous law" verstand man das ursprüngliche Banturecht, welches vor der Einflussnahme der Kolonialherren in Afrika existierte. Der Begriff „customary law" hingegen trägt der Tatsache Rechnung, dass das Einheimischenrecht mittlerweile durch Änderung der Bräuche und Sitten nicht mehr dem „ursprünglichen" Banturecht entspricht. Während man hier auf den ersten Blick eine Schwächung der Position des traditionellen Rechts vermuten könnte, ist durch die Umformulierung eigentlich erstmals die dynamische Natur des Banturechts respektiert worden. Während man 1993 noch davon ausgegangen war, durch weitgehende Kodifikation das ursprünglich afrikanische Rechtssystem in seiner Existenz stützen zu können, erkannte man 1996, dass das weitere Streben nach Kodifikationen den dynamischen Prinzipien des Banturechts, den regionalen Besonderheiten und den Stammesunterschieden zuwiderlief.

Nach alledem wird klar, dass die trotz der Erkenntnis von 1996 immer noch stark spürbaren Tendenzen, Banturecht kodifizieren zu wollen, genaugenommen nichts anderes als Überbleibsel kolonialer Politik sind. Hinzu kommt, dass die Versuche einer Kodifikation bisher nur die Familienrechtsregeln der Bantu umfassten, zu einem ganz geringen Maße auch das Landeigentum- und Landpachtrecht und rudimentär das Erbrecht. Bis heute behandeln die südafrikanischen Darstellungen des Banturechts ausschließlich diese Rechtsgebiete[57]. Andere Gebiete wie das Deliktsrecht wurden im Verhältnis zu ihrer praktischen Wichtigkeit zu ungenau erforscht, Vertragsrecht und Mobiliarsachenrecht, Strafrecht sowie Staats- und Verwaltungsrecht wurden völlig vernachlässigt. Das Banturecht war durch die schier zwanghaften Kodifikationsbestrebungen der Kolonialherren und der Weißen während der Apartheid bis auf die Grundmauern demontiert worden. Durch das Schaffen von Kodifikationen im Bereich des Einheimi-

---

[56] Amendment vom 11.Oktober 1996
[57] Vgl. Bennett, Sourcebook for Customary Law oder Bekker et al., Indigenous Law.

schenrechts trugen also gerade diejenigen Juristen zur Zerstörung dieses Rechtssystems bei, die sich eigentlich dessen Erhaltung auf die Fahnen geschrieben hatten.

Wer nach der Grundsatzentscheidung in Artikel 211 III der neuen südafrikanischen Verfassung von 1996 auf eine Besserung der Umstände gehofft hatte, wurde durch die aktuellsten Entwicklungen wieder enttäuscht. Im Dezember 1998 wurde als Ergebnis langer Ausschussarbeit ein gewissermaßen „vorläufig endgültiges“ einheitliches (wiederum angeblich „traditionelles“) Eherecht präsentiert: Der „Recognition of Customary Marriage Act“[58]. Das Regelwerk wurde verabschiedet und im November 2000 nochmals ergänzt. Dieses Gesetz ist, gemessen an den Vorgaben der Verfassung, wieder ein Schritt zurück. Selbst in dem sensiblen Bereich des Eherechts wurden afrikanische Grundwerte den „modernen“ Menschenrechtsprinzipien geopfert. Das Gesetz geht zum Beispiel von einer Gleichberechtigung der Geschlechter aus, die im Banturecht aber nie existierte, dort im Gegenteil sogar heute zum Teil als grobes Unrecht empfunden wird[59]. Die Registrierung traditionell geschlossener Ehen und der Gerichtsvorbehalt bei den Scheidungen sind Fremdkörper in der afrikanischen Kultur. Das Unrecht, welches durch die Implementierung des Bantu Administration Act begangen worden war, wurde wiederholt und sogar auf die gesamte Republik ausgedehnt. Die Mahner, die bereits seit einigen Jahren gefragt hatten, wie gebräuchlich das Gewohnheitsrecht eigentlich sei[60], hatten mit ihrer Skepsis Recht behalten.

An diesem Punkt wird ein weiteres, im Moment unüberwindbar erscheinendes Hindernis für die Integration der traditionellen Rechtsordnung deutlich: der Grundrechtskatalog der Verfassung. Das Banturecht sieht sich nun den europäisch ausgestalteten Grundrechten gegenüber, die man gewissermaßen als letztes Relikt postkolonialer Rechtskultur bezeichnen muss. Obwohl sich das südafrikanische Volk in freier Abstimmung für die neue Verfassung ausgesprochen hat, bleibt anzuzweifeln, ob diese Grundrechte auch tatsächlich vom ethischen Grundverständnis der Bevölkerung getragen werden.

Es bleibt abzuwarten, wie der südafrikanische Verfassungsgerichtshof das Spannungsverhältnis zwischen dem Recht auf kulturelle Identität (Artikel 30 der Verfassung) sowie der Bestandsgarantie des „customary law“ aus Artikel 211 einerseits und den modernen Grundrechten andererseits behandelt. Vor allem wird zu hoffen sein, dass der südafrikanische Verfassungsgerichtshof bereit ist, das Banturecht auch jenseits des traditionellen Familienrechts anzuerkennen. Von Seiten der deutschen Literatur wurde bereits gefordert, dass ein traditioneller Rechtssatz des Banturechts generell vom

---

[58] Act No 120 of 1998, Government Gazette 2.12.1998, Seiten 2ff.
[59] Vgl. hierzu z.B. Henneke, Eingeborenenrecht vor südafrikanischen Gerichten, Seiten 173ff.
[60] Sanders, 1987 CILSA 405ff.

Schutzbereich des Artikel 211 der Verfassung umfasst sein müsse, sobald feststehe, dass der Rechtssatz tatsächlich existiere und genau bestimmt sei[61]. Dies entspräche zwar dem Wortlaut der südafrikanischen Verfassung, ließe jedoch Aspekte wie einen pluralistischen ordre publique völlig außer Betracht.

Es steht allerdings zu befürchten, dass die Grundrechte in der Bill of Rights der Verfassung nicht weit genug formuliert sind, um die traditionell-afrikanischen Vorstellungen mit zu umfassen. Schon werden erste Tendenzen im südafrikanischen Verfassungsrecht erkennbar, nach denen bei der Kollision zwischen dem Recht auf kulturelle Selbstbestimmung und anderen Grundrechten stets vom national einheitlichen Recht ausgegangen werden müsse, welches im Zweifel „modernes Recht" sei[62].

Waren es einst die weißen Siedler, die mit Bibel und Gewehren das Land kolonialisierten, so findet heute eine zweite Form der Kolonialisierung statt. Diesmal geschieht es durch europäisch oder amerikanisch orientierte, nicht der afrikanischen sozialen Wirklichkeit entsprechende Grundrechte, die von den südafrikanischen Gerichten über die einheimische Rechtstradition gestellt werden.

2. Banturecht vor den südafrikanischen Gerichten

Nachdem oben festgestellt wurde, dass das Banturecht heute prinzipiell als „Recht" im Sinne der Rechtstheorie verstanden wird, stellen sich die Fragen, wann und inwieweit welche südafrikanischen Gerichte das Banturecht anwenden müssen bzw. dürfen. Diese Anwendungskonflikte zwischen dem kolonialen englisch/römisch-holländischen Rechtssystem und dem traditionellen Banturecht werden in Südafrika unter dem Begriff „Collision of Laws", ähnlich dem Internationalen Privatrecht, abgehandelt.

Zu Zeiten des frühen Kolonialismus war die Anwendbarkeit des Banturechts überhaupt nicht geregelt. Nichtsdestotrotz wurde das Banturecht - wie bereits angedeutet - in einzelnen Fällen angewendet. Die von den südafrikanischen Gerichten zur festen Institution erhobene Abwägung, aus der sich ergeben müsse, welches Recht im konkreten Falle nun zur Anwendung kommen solle, führte alsbald zu einer Konfusion unter den Richtern. Noch zu Zeiten unmittelbar vor Gründung der Union von Südafrika hatten die unabhängigen Kolonien und Staaten keine einheitliche Meinung[63]. Wie oben

[61] Schmidt-Jortzig, Die Rolle der traditional leaders in der Verfassung der Republik Südafrika, Seite 74

[62] Siehe z.B. Henneke, Eingeborenenrecht vor südafrikanischen Gerichten, Seite 187, und Bennet, Human Rights, Seiten 47ff.

[63] Für eine detaillierte Übersicht über die Lage in den einzelnen Landesteilen siehe Henneke, Eingeborenenrecht vor südafrikanischen Gerichten, Seiten 2-13.

geschildert, hatte die Britische Kolonie Natal versucht, durch Kodifikation eines Banturechts eine Rechtsgrundlage zu bilden, die westliche Kapprovinz folgte der „Policy of non-recognition", im Transvaal verfolgte man einen Ansatz der teilweisen Anerkennung des Banturechts[64]. Im Oranje-Freistaat wurde nur in den schwarzen Territorien Banturecht auch durch koloniale Gerichte angewendet, dort allerdings fast vollständig. Spannungen zwischen den Buren und Engländern, die in Südafrika immer noch um die Vorherrschaft in einigen Gebieten kämpften, machten eine einheitliche Rechtsanwendung fast unmöglich. Die außenstehenden Protektorate auf südafrikanischem Territorium, so etwa Bechuanaland (das im wesentlichen dem heutigen Botswana entspricht), wendeten Banturecht an[65]. Dort behielten die Häuptlinge die umfassende Gerichtsgewalt in Zivil- und Strafsachen. Aufgrund des geringen strategischen Interesses wurde diese Praxis auch nach der Annektierung durch die Kapprovinz im Jahre 1895 beibehalten[66].

Mit dem Erlaß des Native Administration Act of 1927 wurde dann nicht nur der Status des Banturechts als Recht im materiellen Sinne bestätigt, in diesem Gesetz fanden sich darüber hinaus auch die ersten Regeln, die die praktische Anwendung von Banturecht vor den Gerichten zum Gegenstand hatten. Die Häuptlingsgerichtshöfe wurden als unterste Instanz für kleinere straf- und viele zivilrechtliche Streitigkeiten ausschließlich zwischen Schwarzen eingeführt. Sie wendeten überwiegend das traditionelle Banturecht an. Den Häuptlingsgerichtshöfen waren eigens gegründete Native Commissioner's Courts als erste Rechtsmittelinstanz übergeordnet. Auch dort wurde das traditionelle Banturecht angewandt, wenngleich auch mit den Einschränkungen des ordre public und des Naturrechts. Darüber hinaus war eine weitere Berufung von letztgenanntem Gericht zu anfangs zwei, später drei Native Appeal Courts möglich. Es bestand also eine separate, „schwarze" Gerichtsbarkeit über drei Instanzen in den Bereichen, die man den Schwarzen überlassen hatte, größtenteils also im Familienrecht. Artikel 14 des Gesetzes sah schließlich die Möglichkeit vor, vom Native Court of Appeals zur Appellate Division des Supreme Court of South Africa, somit in die „weiße" Gerichtsbarkeit zu wechseln. Von dieser Möglichkeit wurde aber so gut wie nie Gebrauch gemacht. Auf der anderen Seite existierte ein voll entwickeltes, „weißes" Rechtssystem mit föderaler Struktur und drei Instanzen; seit 1927 bis zum Ende der Apartheid bestanden in Südafrika also zwei separate Gerichtssysteme nebeneinander.

Diese strikte Trennung der schwarzen und weißen Rechtswege gab auch die Rechtsform vor, auf deren Grundlage die jeweiligen Gerichte arbeiteten: Vor den weißen Gerichten wurden das Common Law und das holländisch-römisches Recht, vor

[64] Vgl. z.B. das Law No 4 of 1885 (T), sec. 35.
[65] Ein Überblick findet sich bei Bennett, Application of Customary Law, Seiten 40ff m.w.N.
[66] Vgl. Henneke, Eingeborenenrecht vor südafrikanischen Gerichten, Seite 6.

schwarzen Gerichten das Banturecht angewendet, letzteres allerdings nur insoweit, als dies der Bantu Administration Act zuließ. Diese prozessualen Teilung trug entscheidend zur Trennung von Bantu- und Kolonialrecht bei und war letztendlich ein weiterer Schritt in Richtung auf eine völlige Rassentrennung.

Die Errichtung schwarzer Gerichtsinstanzen bedeutete wie bereits angedeutet aber nicht, dass unter Schwarzen ausschließlich Banturecht zur Anwendung kam. Die Häuptlings- und Dorfvorstehergerichte arbeiteten zwar auf Grundlage des Banturechts, jedoch war die Zuständigkeit dieser Gerichte praktisch so stark eingeschränkt, dass sie kaum Bedeutung hatten. Lediglich zivilrechtliche Streitigkeiten zwischen Schwarzen ohne Außenwirkung und geringe strafrechtliche Übertretungen durften vor dem Häuptling oder Dorfvorsteher verhandelt werden. Alle anderen, wichtigeren Streitigkeiten waren den (ausschließlich weiß besetzten) Native Commissioner's Courts übertragen worden.

Mit diesem Kompetenzverlust verschwand 1927 auch die Macht der Häuptlinge, Fälle der Hexerei juristisch zu lösen. Der koloniale Gesetzgeber hatte die Wichtigkeit dieses Punktes erkannt und im dritten Appendix des Bantu Administration Act sämtliche Streitfälle, die angebliche Hexerei zum Gegenstand hatten, ausdrücklich den Native Commissioner's Courts zugewiesen. In anderen Lebensbereichen, die die Kolonialherren nicht besonders interessierten (insbesondere bei Eigentumsfragen und im Eherecht unter Schwarzen), galt hingegen fortan zwischen Einheimischen ausschließlich das traditionelle Banturecht. Die Häuptlingsgerichtshöfe spielten aber lange Zeit gegenüber den Native Commissioner's Courts eine völlig untergeordnete Rolle, wohl allein schon deshalb, weil nur die Entscheidungen letzterer publiziert und konserviert wurden.

Die durch die Kolonialmacht eingesetzten Native Commissioners Courts waren ihrerseits an den Native Administration Act gebunden, der die Entscheidung, ob Banturecht in einem Rechtsstreit zur Anwendung kommen sollte, ausdrücklich den Gerichten selbst überließ[67]. Offensichtlich bestand aber schon innerhalb der Native Courts keine Einigkeit. Der Native Court of Appeals für die Kapregion und den Oranje Freistaat entschied z.B. im Jahre 1930, dass im Zweifelsfall Common Law anzuwenden sei[68]. Einige Jahre später entschied das selbe Gericht, dass es keine prima facie Anwendung des Common Law gebe, sondern dass aufgrund der Natur der Native Courts selbstverständlich Einheimischenrecht zur Anwendung kommen müsse, wenn die Frage der

[67] Vgl. Paragraph 11 (I) , wo bestimmt war, dass die Commissioner's Courts ein Ermessen hatten, Gewohnheitsrecht anzuwenden „in all suits or proceedings between Blacks involving questions of custom followed by Blacks... ... except on so far as it had not been repealed or modified."
[68] Nqanoyi v. Njobeni, 1930 NAC (C&O) 13

Rechtswahl nicht eindeutig zu beantworten sei[69]. Auf ein Rechtsmittel hin entschied schließlich der South African Appeal Court, dass Gerichtshöfe in jedem Einzelfall so lange nach Indizien wie „Natur des Streites, dessen Hintergrund“ etc. zu suchen haben, bis sich die Anwendung des einen oder des anderen Rechtes ergebe[70].

Von Integration, Harmonisierung oder praktischer Konkordanz der beiden Rechtssysteme war in keinem der Urteile die Rede. Bis heute ist dies vom Ansatz her die vorherrschende Ansicht. Obwohl der Bantu Administration Act im Jahre 1986 aufgehoben wurde[71], bestand die dort in § 11 (1) geregelte Zuständigkeitstrennung in Form des § 54 A (I) des Magistrates' Courts Act[72] weiter. Lediglich die von der weißen Judikative getrennten Formen der Native Commissioner's Courts und der Native Appeal Courts wurden aufgelöst; eine geringe richterliche Gewalt verblieb jedoch den Häuptlingsgerichtshöfen im Zivilrecht und - sehr eingeschränkt - auch im Strafrecht.

Im Jahre 1988 änderte sich die Lage dann nicht nur im Hinblick auf die materielle Anerkennung des Banturechts, sondern auch in bezug auf dessen praktische Anwendung. § 1 des Law of Evidence Amendment Act[73] sah zum einen vor, dass Banturecht nicht nur von den „schwarzen“ Gerichtshöfen, sondern auch von der „weißen“ Gerichtsbarkeit angewendet werden könne. Im Hinblick auf die bisherige strenge prozessuale Trennung zwischen Banturecht und Kolonialrecht bedeutete dies einen ersten Schritt aus einer „juristischen Apartheid“ heraus zu einer integrativen Handhabung dessen, was man vorher mit „Collision of Laws“ umschrieben hatte. Zum anderen war das Gewohnheitsrecht der Bantu nun auch dann anwendbar geworden, wenn nur eine der beiden Streitparteien Schwarzer war. Allerdings stand das die Anwendung des Banturechts unter einigen Vorbehalten. Der betreffende Rechtssatz müsse in seiner Existenz gesichert festgestellt und hinreichend bestimmt sein, und dürfe des weiteren nicht der „public policy“ oder dem Naturrecht widersprechen[74].

In der täglichen Anwendung entschieden die „weißen“ Gerichtshöfe fortan nur die Fälle nach dem schwarzen Gewohnheitsrecht, die von der althergebrachten Gerichtspraxis klassischerweise dem Banturecht zugeordnet worden waren. Brautpreisstreitig-

---

[69] Matsheng v. Dhlamini & another , 1937 NAC (C&O) 89, Seite 92; Yako v Beyi, 1944 (C&O) 72, Seite 77
[70] Ex parte Minister of Native Affairs: in re Yako v. Beyi, 1948 (19 SA 388 (A), Seiten 396ff
[71] Act No. 43 aus 1986 (§ 2)
[72] Act No 32 of 1944
[73] Act No 45 of 1988
[74] Vgl. § 1 des Law of Evidence Amendment Acts: „Section 1:
(1) Any court may take judicial notice of the law of a foreign state and of indigenous law in so far as such law can be ascertainted readily and with sufficient certainty: Provided, that indigenous law shall not be opposed to the principles of public policy or natural justice: Provided further that it shall not be lawful for any court to declare that the custom of lobola or bogadi or other similar custom is repugnant to such principles.“

keiten etwa, die schon aufgrund ausdrücklichen Hinweises des Gesetzes auch heute nicht gegen Naturrecht oder „public policy" verstoßen[75], Scheidungsrecht und teilweise auch Erb- und Deliktsrecht werden bis heute von den weißen Gerichtshöfen ausschließlich nach traditionellem Banturecht entschieden. Daneben arbeiten die Häuptlingsgerichtshöfe auf der Grundlage des traditionellen Banturechts. Heute bestehen etwa 1500 solcher „Eingeborenengerichte".

In der letzten Zeit sind Forderungen in der südafrikanischen Literatur laut geworden, eine ausschließliche Anwendbarkeit des Banturechts in „domestic matters" durch Gesetz auch über das Beweisrecht hinaus zwingend festzuschreiben[76]. Die in den siebziger Jahren aufgekommenen Tendenzen, sogenannte „people's courts"[77] in den Ballungsräumen zu schaffen, die ad hoc zur Konfliktlösung auf lokaler Ebene beitragen sollen, sind auch in diesem Zusammenhang interessant. Versähe man diese Gerichte mit Kompetenzen in den Bereichen der Mediation und des Täter-Opfer-Ausgleiches, so würde dies der langen Tradition des Banturechtes dahingehend Rechnung tragen, dass nun die Herstellung von Harmonie und guter Nachbarschaft innerhalb der kleineren sozialen Gruppierungen wieder möglich wäre.

Alles in allem lässt sich sagen, dass in Südafrika erfreulicherweise die Tendenzen zunehmen, Streitschlichtung und kleinere Rechtsstreite wieder dort zu lösen, wo sie entstanden sind, nämlich in den kleinen Gemeinschaften. Eine allgemeine Tendenz der Rückbesinnung auf Konfliktlösungsmechanismen aus der Zeit der präkolonialen afrikanischen Rechtskultur lässt sich hierbei - wie übrigens auch in Zentralafrika[78] - nicht verkennen.

Unten wird zu zeigen sein, dass das Problem der Anwendung von Banturecht im Bereich der kosmologiebedingten Straftaten von außerordentlich hoher Relevanz ist. Das Banturecht, vor allem das Bantu-Strafrecht konnte aufgrund des Vorbehalts des Gesetzes im Bereich der Hexerei nicht zur Anwendung kommen; der Weg zu den traditio-

---

[75] Vgl. § 1 (IV) des Law of Evidence Amendment Act No 45 of 1988.

[76] Siehe die Nachweise bei Bennett, Customary Law and Human Rights, Seiten 52f und ders.: Application of customary law, Seiten 105f.

[77] Bei diesen handelte es sich um Volkstribunale, die aus den betreffenden Bezirken gewählt wurden. Sie wurden durch die Bevölkerung errichtet, die der weißen Regierung vorwarfen, sie sei außer Stande die in den Homelands und Townships entstehenden spezifischen Problemstellungen (wie ausufernde Kriminalität etc.) nicht zu kontrollieren. Damit hatten die afrikanischen Unabhängigkeitsbewegungen sicherlich Recht. Nachdem sich herausstellte, dass diese Volksgerichte immer mehr mit mafiosen Strukturen durchsetzt waren, tolerierte die südafrikanische Staatsregierung diese Gerichtshöfe nicht mehr. Vgl. zu diesen Volkstribunalen auch unten, Kapitel III 3. und 7. sowie Henneke, Eingeborenenrecht vor den südafrikanischen Gerichten, Seiten 56f.

[78] Zur Bewältigung des Völkermordes in Rwanda wurde im Dezember 2000 die Wiedereinrichtung einer dezentralen Laiengerichtsbarkeit, des sogenannten „gacaca" („Gerechtigkeit auf der Wiese"), ähnlich den traditionellen Palavergerichten im rwandischen Parlament beschlossen. Mit der flächendeckenden Errichtung der Gerichte ist bis Mitte 2001 zu rechnen.

nellen Gerichten war ausgerechnet in dem sozial sensiblen Bereich der Hexereibeschuldigungen und der Hexentötungen versperrt[79]. Die weißen Gerichte verhandelten diese Fälle zwar, konnten die Grundsätze des Banturechts aber aufgrund der oben dargestellten Rechtslage lange Zeit nicht anwenden.

3. Das Bantu-Strafrecht

Infolge des Bantu Administration Act von 1927 befindet sich die Strafgewalt der Gerichte mit Ausnahme der Kleinkriminalität heute nicht mehr in der Hand der schwarzen Gerichtshöfe. Obwohl der Native Administration Act im Jahre 1986 aufgehoben und durch die viel moderneren, integrativen Vorschriften des Law of Evidence Amendment Act ersetzt wurde, verblieb die Strafgewalt fast völlig bei den staatlichen Gerichten. Die Häuptlinge müssen sich heute abgesehen von einer minimalen strafrechtlichen Kompetenz (nur sehr kurze Gefängnisstrafen und niedrige Geldstrafen) mit einer überwiegend zivilrechtlich ausgelegten judikativen Gewalt begnügen. Wie zu zeigen ist, hat dies bei Hexenkonflikten, die immer noch vor die Häuptlingsgerichtshöfe getragen werden, dazu geführt, dass seitdem strafrechtliche Streitigkeiten oftmals unter dem Deckmantel des Deliktsrechts[80] ausgetragen wurden. Im Rahmen der als „zivilrechtlich" bezeichneten Verfahren werden heutzutage z.B. drakonische Schadensersatzsummen in Hexereiprozessen verhängt, die über die Restitution hinaus auch die Bestrafung des Verursachers erreichen sollen.

Wendet man sich der Frage zu, inwieweit ein eigenes Bantu-Strafrecht überhaupt existiert hat, so stößt man bei der Suche nach einer Antwort auf große Erkenntnislücken, die durch die jahrzehntelange Nichtanwendung des traditionellen Strafrechts bedingt sind. Bis heute befassten sich nur wenige mit der Frage, ob und inwieweit es ein solches Bantu-Strafrecht überhaupt gab und ob es sich bis heute gehalten hat. Im Ergebnis wird man beides bejahen müssen.

Die Prinzipien des Bantu-Strafrechts spiegeln die rudimentäre, segmentäre und akephale soziale Organisation der Bantu vor der Kolonialisierung wider. Die Jäger- und Sammlergemeinschaften waren ursprünglich von einem besonders engen Zusammenhalt innerhalb der Gruppe geprägt. Die Mitglieder der kleinen sozialen Einheiten kannten sich untereinander sehr gut. Zusammenhalt war unabdingbare Voraussetzung für das Überleben der gesamten Gemeinschaft; schwer sozialschädliches Verhalten wurde deshalb stets als Verbrechen betrachtet und sanktioniert. Jeder Bantu wuchs somit in dem Bewusstsein auf, dass sozialschädliches Verhalten sofort dem Häuptling

---

[79] Vergleiche hierzu sogleich unten, Kapitel III, 4. und 7. sowie Kapitel IV, 3. und 4.

[80] Zu den Grundlagen des banturechtlichen Deliktsrechtes siehe Labuschagne / van den Heever, 17 (2) Tydskr.v.Regswetenskap 126 (1992) und dieselben , 1993 84) Tydskrif vir die Suid-Afrikaanse Reg 561.

oder sonstigen Anführern gemeldet werden musste[81]. Letztlich darf man davon ausgehen, dass diese Gemeinschaftsbindung sogar so weit geführt hat, dass keine individuellen, sondern nur kollektive Rechtsgüter existierten[82].

Für den europäischen Juristen des 20. Jahrhunderts ist darüber hinaus interessant, dass die Bantu niemals zwischen strafrechtlicher und deliktsrechtlicher Haftung unterschieden. Die traditionellen Häuptlingsgerichtshöfe lösten Fälle, die eine strafrechtliche und eine zivilrechtliche Haftung zum Gegenstand hatten, einheitlich in einem Verfahren und mit einem einzigen Urteilsspruch. Dies war nach dem Bantu Administration Act zwar offiziell verboten, denn die (Klein-) Strafgerichte der Häuptlinge sollten streng von den Zivilgerichten getrennt sein. Nichtsdestotrotz war die einheitliche Entscheidung eines Streits aber übliche Praxis; die entgegenstehenden Vorschriften des Bantu Administration Act wurden ständig missachtet[83]. Im vormaligen unabhängigen Homeland Bophuthatswana änderte man daraufhin sogar die Vorschriften dahingehend, dass die einheitliche Entscheidung von zivilrechtlichem und strafrechtlichem Aspekt institutionalisiert wurde. Generationen von Rechtsanthropologen sahen in dem ständigen Bestreben, Fragen der Kompensation und Fragen der Strafe in einem Verfahren zu entscheiden, den Beweis dafür, dass es niemals ein separates Bantu-Strafrecht gegeben habe[84].

Heute gilt aber als allgemein anerkannt, dass die Bantu ein Strafrechtssystem hatten, obgleich dies - ähnlich dem Adhäsionsverfahren im deutschen Strafverfahrensrecht[85] - prozessual mit dem Deliktsrecht zusammengefasst war. Diese Erkenntnis wurde zum einen darauf gestützt, dass die Schwierigkeit, ein separates Strafrechtssystem der Bantu überhaupt zu entdecken, vor allem in den afrikanischen Grundwerten begründet war. Was nach Ansicht der Bantu strafrechtlich relevant war und was nicht, konnte man nicht mit europäischen Maßstäben messen. Gleiches galt für das Deliktsrecht. Zum anderen setzte sich aber auch nach längeren Feldforschungen die Erkenntnis durch, dass es einen konzeptuellen Unterschied zwischen zivilrechtlicher und strafrechtlicher Haftung geben musste. Anthropologen hatten beobachtet, dass in manchen Fällen die Schadensersatzbeträge durch die Häuptlinge erhöht wurden, in anderen Fällen wiederum nicht. Weiterhin gab es seit je her z.B. die Todesstrafe oder die Verbannung, deren Existenz sich mit rein deliktsrechtlichen Erwägungen nicht erklären lässt.

---

[81] Vor allem der letztere Aspekt hat sich bis heute halten können, vgl. z.B. für die Nkuna Boonzaaier, 9 S. Afr. J. Ethn. 112 (1986), Seiten 116f; vgl. auch Minaar et al., To live in fear, Seite 10.
[82] Dieses Rechtsprinzip wurzelte in der oben genannten „limited-cosmic-good-doctrine".
[83] Myburgh / Prinsloo, Indigenous public law in Qwa-Ndebele, Seite 73; speziell für Fälle der Hexerei siehe van Niekerk, 24 de jure 277 (1991), Seite 283 oder Labuschagne, 10 de jure 310 (1977), Seite 310. Ein Fall aus der Praxis findet sich z.B. im Bericht der Untersuchungskommission für die Nordprovinz 1996, Seite 129, S. v. Elisa Boloka, Bochum , Case No. 80/95; (CR 133/08/95).
[84] Vgl. die Nachweise bei Elias, The nature of African customary law, Seiten 110ff.
[85] Vgl. §§ 403ff StPO.

Man muss ferner auch hier beachten, dass das Banturecht seit je her ein völlig unspezialisiertes Rechtssystem war, welches von Laien betrieben wurde und dessen Rechtssätze nur mündlich überliefert wurden[86]. Abstraktion war unbekannt; separate, spezialisierte Verfahren oder gar Gerichte konnten sich unter diesen Prämissen nicht entwickeln. Zudem darf man wiederum nicht vergessen, dass es dem Häuptling mit einer einzigen Gerichtsverhandlung und einem einzigen Urteilsspruch möglich gemacht wurde, sehr flexibel zu handeln, um möglichst schnell die überlebenswichtige Harmonie innerhalb der Gruppe wiederherzustellen.

Die Tatsache, dass deliktische und strafrechtliche Haftung sich im Banturecht oftmals überlappen, liegt aber vor allem darin begründet, dass das traditionell-afrikanische Strafrecht sich - ebenso wie das Deliktsrecht - ausschließlich am Erfolgsunrecht orientiert und das Handlungsunrecht völlig außer Betracht lässt. Verglichen mit modernen europäischen Strafrechtssystemen wird dem Aspekt der Kompensation und Sühne ein viel höherer Stellenwert zuerkannt. Eine Abschreckungsfunktion sollte das Bantu-Strafrecht nicht wahrnehmen. Konsequenterweise ist der Versuch eines Verbrechens nach Banturecht weder deliktsrechtlich noch strafrechtlich relevant. Einige Autoren gingen sogar so weit zu behaupten, dass das gesamte afrikanische Strafrecht die subjektive Seite der Strafbarkeit völlig außer Betracht lasse[87]. Als Beispiel hierfür wurde das Konzept der verschuldensunabhängigen strafrechtlichen Haftung der Eltern (i.d.R. des Vaters) für die Kinder bzw. des Kraalsherren für einen Geisteskranken angeführt[88]. Wie unten noch zu zeigen sein wird, wurde zur Zeit der uneingeschränkten Anwendung des Bantustrafrechts vor den traditionellen Gerichtshöfen auch die Praxis böswilliger Hexerei völlig verschuldensunabhängig bestraft.

Von einer unbegrenzt verschuldensunabhängigen strafrechtlichen Haftung bei allen Straftaten kann man dennoch nicht sprechen. In Fällen der Schuldunfähigkeit aufgrund Trunkenheit und bei Kindern bestehen bei den Bantu zweifellos Strafbarkeitsprivilegien[89], was zumindest darauf hindeutet, dass es Ausnahmen von dieser Haftungsform gab.

Das Bantu-Strafrecht war ferner - ebenso wie das gesamte Banturecht - von einer mangelnden Spezialisierung und von mangelnder Abstraktion geprägt. So wurde zum Beispiel bei den Anklagen meistens nicht nach einzelnen Tatbeständen differenziert: Sachbeschädigung und Brandstiftung wurden als ein Delikt angesehen, ebenso wurde

---

[86] Siehe Myburgh, 6 (2) Codicillus 6, Seiten 8f.

[87] Elias, The nature of African customary law, Seite 133 (der sich allerdings mit seinen Feststellungen auf den Seiten 141 und 143 selbst widerspricht); Lowie, Primitive Society, Seite 387

[88] Elias, The nature of customary law, Seiten 143f

[89] Siehe hierzu Verschoor, 1983 Tydskrif vir Regswetenskap, 20ff m.w.N. oder Labuschagne/ van den Heever, 16 Obiter 51 (1995).

nicht zwischen Betrug und Diebstahl unterschieden. Die tatsächliche Handlung war der alleinige Anknüpfungspunkt für die strafrechtliche Bewertung[90]. Vorgefasste Straftatbestände gab es nicht; strafbare Handlungen wurden nur mit einem einzigen Wort bezeichnet. Ein solches Strafrechtssystem entsprach den eingangs dieses Kapitels genannten Prinzipien der mündlichen Überlieferung und der mangelnden Spezialisierung: Einzelne Worte konnten überliefert werden, komplexe Tatbestände nicht. Ebenso trug eine solche Strafrechtsstruktur der Praxis Rechnung, dass die Häuptlinge stets den Einzelfall entschieden und auch nicht an Präzedenzfälle gebunden waren, in jeden Fall also neue tatbestandsauffüllende Erwägungen einfließen lassen konnten, um Rechtsfrieden und Harmonie innerhalb der Gruppe möglichst schnell und nachhaltig herstellen zu können.

Trotz oder gerade wegen der oben dargestellten „limited-cosmic-good-doctrine“, die in einer mangelnden Differenzierung zwischen Individual- und Kollektivrechtsgütern resultierte, gab es eine wichtige Unterscheidung: Taten, die sich gegen die Gemeinschaft richteten, wurden vom Unrechtsgehalt viel härter bestraft, als solche, die unmittelbar „nur“ ein Einzelinteresse betrafen. Zwei Beispiele: Bei den Bantu richtet sich ein Tötungsdelikt nach allgemeinem Verständnis nicht gegen das Opfer, sondern gegen den Stamm, vertreten durch den Häuptling. Konsequenterweise musste dem Häuptling in allen Fällen der gewaltsamen Tötung nur ein zivilrechtlicher Schadenersatz gezahlt werden. Nur in Ausnahmefällen stellte Totschlag eine Straftat dar; zum Beispiel bei gemeinschaftsbedrohender Tötung durch Hexerei. Diebstahl war ebenso bei den meisten Stämmen eine deliktische Handlung, nur ausnahmsweise eine Straftat. Viehdiebstahl wurde hingegen in allen erforschten Stämmen sofort mit dem Tode bestraft, weil eine solche Tat die Ressourcenverteilung der gesamten Gemeinschaft durcheinanderbrachte und deshalb die Gruppe in ihrem Bestand ernsthaft gefährdete. Diese Beispiele reflektieren eindeutig die Grundwerte der ursprünglichen Jäger- und Sammlergesellschaft: Sacheigentum bedeutete nichts, Vieh hingegen war Garant des Überlebens der gesamten Gruppe. In diesem Wertesystem wurden Übertretungen im Bereich der böswilligen Hexerei stets als besonders schwerwiegend angesehen. Die Praxis böswilliger Magie war bei den Bantu seit je her sicherlich das schwerstmögliche Verbrechen.

---

[90] van Niekerk, 24 de jure 277 (1991), Seite 283; ders.: A comparative study of the application of indigenous law in the administration of criminal justice, Seiten 57-60.

4. Hexerei und Bantu-Strafrecht

a) „Boloyi !" - Die Straftat der böswilligen Magie im Bantu-Strafrecht

Im gesamten Banturecht, nicht nur im Strafrecht, ist eine große Regelungsdichte auf dem Gebiet der Hexerei vorzufinden. Die Konsequenzen, die dem Täter im Falle eines nachgewiesenen Aktes der böswilligen Magie drohten, betrafen auch seinen familien- und eigentumsrechtlichen Stand[91]. Unglücklicherweise wurden in den Zeiten, in denen das Normdurchsetzungssystem der Bantu noch ungestört von den Kolonialherren funktionierte (also zu einer Zeit, in der buchstäblich jeder Todesfall auf Hexerei hin untersucht wurde), keine rechtsanthropologischen Feldforschungen betrieben, so dass das Rechtssystem der Bantu bezüglich Hexerei und ähnlicher Delikte nie in Aktion (also im Sinne des Rechtsrealismus) erforscht werden konnte[92].

Nachdem die Kolonialherren den großen Einfluss des Hexenglaubens auf die Bevölkerung und damit auf den inneren Frieden erkannt hatten, wurde wie bereits erwähnt durch den Bantu Administration Act von 1927 den Häuptlingen die Kompetenz zur Aburteilung von Fällen der Hexerei ausdrücklich entzogen[93]. Dies machte die Erforschung dieses rechtsanthropologischen Gebietes noch schwerer, denn Gerichtsprotokolle von Verfahren, die Banturecht zum Gegenstand hatten, sind heute nur von den traditionellen Instanzgerichten und zudem erst nach 1927 erhältlich. Die vorwiegend inoffiziell abgehaltenen Hexereiprozesse wurden in keiner Form systematisch dokumentiert; es sind lediglich bruchstückhafte Informationen erhalten.

Hexerei war im Bantu-Strafrecht aus den oben genannten Gründen ein Kapitalverbrechen. Die Kurzbeschreibung der Straftat erfolgte mit dem Begriff „boloyi" (teilweise auch: „baloi"), was von südafrikanischen Rechtsanthropologen überwiegend mit „Praxis schwarzer Magie" übersetzt wurde[94]. Nach den obigen Ausführungen erscheint der Begriff der „böswilligen Magie" hier angemessener[95]. In der Terminologie des heutigen deutschen Strafrechtes kann man hierbei von einem „konkreten Gefährdungsdelikt" sprechen, denn der Eintritt eines tatsächlichen Schadens war für eine Bestrafung nicht nötig. Die schiere *Existenz* als Hexe reichte aber zu deren Bestrafung noch nicht aus; es musste eine *sozialschädliche Folge drohen*, so dass Stammesinteressen schon vor einem konkreten Schadenseintritt berührt waren[96]. So wurde z.B. schon die Zubereitung von böswillig einsetzbarem Muti oder der Besitz von Menschenteilen oder

---

91 Vgl. hierzu später Kapitel III 4. c).

92 Dies bedauerte schon Gluckmann, The Barotse, Seite 238.

93 Vgl. den Bantu Administration Act No 38 of 1927, § 20 (I) in Verbindung mit dem Appendix 3.

94 Siehe Myburgh/Vorster, Indigenous Criminal Law in Bophuthatswana, Seiten 99f m.w.N.; Schapera, The Crime of sorcery Seite 2.

95 Vgl. oben, Kapitel I 2. .

96 Mittlebeeler, African custom and western law, Seite 138

Gift als strafbar betrachtet[97]. Auch die Durchführung magischer Riten, die böswilligen Inhalt hatten, reichte schon aus, um den drohenden Schadenseintritt zu indizieren

Wichtig war bei der Beurteilung der Strafwürdigkeit natürlich die Differenzierung nach „böswilliger“ und „guter“ Magie. Ein Sangoma, der mit magischen Mitteln einen Kranken heilte, wurde selbstverständlich nicht als Hexe angesehen und bestraft, sondern vom Dorf respektiert und gefeiert. Die Entscheidung, ob ein Mitglied des Stammes böswillige Hexerei praktizierte oder nicht, hing - wie im ersten Kapitel dargestellt - jedoch nicht von dessen Berufsstand ab: Auch ein Mensch, der nicht professionell Magie betrieb, konnte also wegen böswilliger Hexerei verurteilt werden, nämlich insbesondere dann, wenn er auf Geheiß des Sangomas in böswilliger Absicht Muti anbrachte oder magische Riten durchführte.

Prinsloo verlangt als weitere Voraussetzung der Strafbarkeit wegen böswilliger Magie einen Tatvorsatz[98], wobei er allerdings davon ausgeht, dass keine „als solche geborenen Hexen existieren, die unbewusst praktizieren“. Vor dem Hintergrund moderner anthropologischer Erkenntnisse ist diese Aussage nur noch eingeschränkt haltbar. Im Gegensatz zu anderen Teilen Afrikas muss man nämlich im Bereich der südlichen Bantu heute davon ausgehen, dass die Fähigkeiten der Hexerei erlernt oder sonstwie erlangt werden muss[99], also ein Minimum an kognitiven Voraussetzung bzgl. der Hexen*eigenschaft* verlangt werden muss. Die *Praxis* der unbewussten böswilligen Magie hingegen muss nach heutigen Erkenntnissen aber als eine sehr typische, wenn nicht gar als die typische Form der böswilligen Hexerei angesehen werden, so dass für dieses strafbarkeitsbegründende Merkmal nach europäischen Maßstäben weder Vorsatz noch Schuld vorliegen muss.

b) Das Strafverfahrensrecht der Bantu in Fällen der böswilligen Hexerei

Wie bereits oben erwähnt, waren die Prozeduren, denen sich die vermeintliche Hexe ausgesetzt sah, im südlichen Afrika auf deren Bestrafung gerichtet. Im Gegensatz zu den zentralafrikanischen Kulturen baute man hier nicht auf das Prinzip von öffentlichem Geständnis und Heilung der Hexe[100], sondern sah sich aufgrund der oben bereits dargestellten Sühnekultur genötigt, die Hexe einer öffentlichen Bestrafung zuzuführen, um inneren Frieden und Harmonie innerhalb des Stammes wiederherzustellen.

---

[97] Myburgh/Vorster, Indigenous Law in Bophuthatswana, Seite 99

[98] Prinsloo, Inheemse strafreg van die Noord-Sotho, Seite 18

[99] Vgl. oben Kapitel I 2. und 5. sowie Hanekom, Aspekte van die Religieuse Organisasie van die Mamabolo, in Eloff / Coertze (eds.): Ethnografiese Studies in Suidelike Afrika, Seite 123.

[100] Siehe zu letzterem Brantley, 49 (2) Africa,112 (1979), Seite 112 und Redmayne, Chikanga: An African diviner in Douglas (ed.), Witchcraft- Confessions and accusations, Seite 114.

Wenn verdächtige Vorkommnisse der im zweiten Kapitel geschilderten Art (also etwa Unglücksfälle in der Familie) auftraten, verpflichtete das Banturecht den Betroffenen zunächst, privat einen Sangoma zu konsultieren, um den Verantwortlichen herauszufinden. (Eine Ausnahme hiervon waren die Situationen, in denen die Hexe auf frischer Tat bei einer evident böswilligen magischen Aktivität angetroffen wurde. In diesen Fällen konnte die Hexe gleich zum Häuptling gebracht werden[101].) Die private Konsultation eines Sangomas wurde aus zwei traditionellrechtlichen Gründen vorgenommen: Erstens herrschte im Bantu-Strafrecht das Prinzip der Privatklage, so dass der Betroffene den Täter erst einmal selbst spezifizieren musste, um ihn anklagen zu können. Zweitens musste der Betroffene durch die Konsultation eines Sangoma das Risiko einer Verurteilung wegen übler Nachrede ausschalten; innerhalb des Bantu-Strafrechts wurde eine fälschliche Beschuldigung der Hexerei nämlich drakonisch, z.T. sogar mit dem Tode bestraft[102].

War nach dem Urteil des Sangomas ein Verdächtiger identifiziert, so wurde er anschließend von dem Betroffenen zum Häuptling gebracht, wo das eigentliche Strafverfahren stattfand[103]. Das Verfahren vor den Häuptlingsgerichtshöfen folgte im südlichen Afrika stets den Prozessmaximen des ursprünglichen Banturechts; viele dieser Traditionen haben sich bis heute halten können. Neben der bereits erwähnten Privatklage galten vor allem die Prinzipien der Öffentlichkeit des Verfahrens, die Inquisitionsmaxime, das Prinzip der freien Beweiswürdigung, Ermessen des Häuptlings hinsichtlich der Ausgestaltung des Verfahrens und Rederecht eines jeden Anwesenden[104].

Als besonderes Merkmal kam bei den südlichen Bantu hinzu, dass eine Unterstützung oder gar eine Vertretung des Angeklagten durch einen Verteidiger nicht zulässig war. (Andere afrikanische Stämme kannten zwar das Institut des Verteidigers; diese Stämme waren jedoch im Gegensatz zu den südlichen Bantu früh in Kontakt mit dem Islam gekommen, von dem der Strafverteidiger als Institution übernommen wurde[105].

---

[101] Vgl. z.B. S. v. Dikgale, 1965 (1) SA 209 (A), wo der Angeklagte diese Prozedur befolgte.

[102] Siehe zu letztgenanntem Delikt unten, Kapitel III 6. .

[103] In dem aufsehenerregenden Fall S. v. Mokonto, 1971 (2) SA 319 (A), hatte sich der Angeklagte ausdrücklich geweigert, diese Prozedur einzuhalten und hatte den Dorfvorsteher nie informiert. Als der Apellationsgerichtshof über die Tat zu entscheiden hatte, hätte er hier die Gelegenheit gehabt festzustellen, dass die Tat auch nach Banturecht rechtswidrig gewesen wäre. Damit hätte das Gericht die Grundlage für eine angemessene, fehlerfreie Aburteilung der Angeklagten in allen nachfolgenden Fällen schaffen können, in denen die traditionellrechtlichen Vorschriften ebenfalls nicht eingehalten wurden.

[104] Für Details des Strafprozessrechtes der Bantustämme siehe Prinsloo, Die inheemse strafreg van die Noord-Sotho, Seite 19; Myburgh, Indigenous Criminal Law in Bophuthatswana; Elias, Nature of customary law, Seite 135 und Chapter XII, 212 ff, Boonzaaier, Aspekte van die Bewysreg van die Tsonga, Seite 33, jeweils m.w.N.

[105] Diese Erkenntnis stammt von dem heimlichen Begründer der afrikanischen Rechtsanthropologie in Deutschland, Post, siehe: ders., Afrikanische Jurisprudenz, Seite 255 mit Details und weiteren Nachweisen.

Die Prozessrechtssysteme der Stämme, die sich an bestehende Rechtsinstitute des Islam anlehnten, folgten auch (im Gegensatz zu den südlichen Bantu) dem Prinzip des ernannte Richters. Andere afrikanische Strafprozesssysteme kannten also eine berufliche Spezialisierung und das System der Gewaltenteilung zwischen Häuptling (als Legislative und Kopf der Exekutive) und dem Richter (als Vertreter der Judikative).[106]) Der Verzicht auf einen Verteidiger stand zum einen im Einklang mit der Kultur der öffentlichen Vergeltung: Zum anderen manifestierte sich hier das gesteigerte Bedürfnis nach Harmonie und innerem Zusammenhalt durch Herbeiführung von Rechtsfrieden um jeden Preis, nötigenfalls auch durch ungerechtfertigte Tötung des Angeklagten. Weiterhin kann man an diesem prozessualen Detail auch erkennen, dass die Interessen der Gemeinschaft höher eingestuft wurden als die individuellen Interessen des Angeklagten. Angesichts der Tatsache, dass die Häuptlinge keine hauptberuflichen Richter und die privaten Ankläger völlige Laien waren, erscheint der Ausschluss einer professionellen Verteidigung im Hinblick auf die Waffengleichheit letztlich auch konsequent.

Beweisverwertungsverbote waren im traditionellen Strafrecht nur im Falle des Zeugen vom Hörensagen anerkannt. Dieser Beweisausschluss kam bei dem Verbrechen der schwarzen Magie sehr oft zum Tragen[107]. Der Gefahr, dass Gerüchte sich so lange aufschaukeln konnten, bis ein Unschuldiger starb, waren sich offensichtlich also auch die Häuptlinge bewusst.

Die Folter war früher ein zulässiges Mittel der Beweisgewinnung, insbesondere bei Kapitalverbrechen wie der Hexerei. Sie wurde jedoch verhältnismäßig selten angewendet, da die Hexen aus den oben genannten Gründen[108] in der Regel ohnehin geständig waren. In den Fällen, in denen die Angeklagten kein Geständnis ablegten, mussten sie entweder durch einen Sachbeweis oder durch das Zeugnis eines sachverständigen Sangomas oder eines Isanusi überführt werden. In einigen der Stämme, die von Rechtsanthropologen auf diese Praxis hin untersucht wurden, mussten mindestens zwei Sangomas unabhängig voneinander den Angeklagten als Hexe identifizieren. In anderen Gesellschaften wurde höchster Wert darauf gelegt, dass ein Sangoma von weit her geholt wurde, um den Schein der Unparteilichkeit zu wahren.

Formell war das Strafverfahren vor dem Häuptlingsgerichtshof zwar ein Privatklageverfahren, jedoch zogen die Häuptlinge aufgrund der Wichtigkeit der Sache das

---

[106] Milner, 84 ZStW 54 (1971)

[107] Unter den Tswana gab es ein Rechtssprichwort („moloi oatshwarwa"), nach dem bei Hexenprozessen sogar nur das Zeugnis dessen anerkannt war, der die Hexe bei ihrem magischen Treiben selbst beobachtet haben wollte, siehe Shapera, The crime of sorcery, Seite 19. Vor allem bei den Tsonga war der Zeuge vom Hörensagen streng verpönt, siehe Boonzaaier, Aspekte van die Bewysreg van die Tsonga, Seite 43.

[108] Siehe auch oben, Kapitel I 5 a).

Verfahren oftmals an sich und wirkten so gleichzeitig als Ankläger und Richter. Daher rührt auch die Tradition, dass nicht bei allen Stämmen der Sangoma vom Kläger, sondern zum Teil auch vom Häuptling als „Sachverständiger des Gerichts“[109] bestellt wurde. Die Kosten für den Spezialisten wurden im Dorf auf die Einwohner umgelegt. Das Rederecht eines jeden Anwesenden bei den Häuptlingsgerichten führte dazu, dass buchstäblich jeder Sangoma am Gerichtsort seine Meinung kundgeben durfte und vom Gericht gehört wurde. Auch dem Angeklagten war gestattet, seine eigenen Sangomas als Sachverständige in das Verfahren einzuführen, damit diese seine Unschuld darlegten.

Während im 19. Jahrhundert wie auch in der ersten Hälfte des 20. Jahrhunderts das Urteil des Sangomas als völlig ausreichend für eine Verurteilung betrachtet wurde, verlangten die inoffiziellen Häuptlingsgerichtshöfe in den 60'er und 70'er Jahren zunehmend andere Beweise. Dass eine Verurteilung auf die Aussage eines einzigen Sangomas gestützt wurde, kam kaum noch vor[110]. Neben den Aussagen von Sangomas gewannen deshalb die o.g. Sachbeweise und die Zeugenaussagen an Gewicht[111]. Damit die Zeugenaussagen geeignet waren, den Beweis für die Hexeneigenschaft des Angeklagten zu erbringen, musste eine eindeutig böswillige magische Handlung (etwa das Anbringen von böswilligem Muti oder das nächtliche Umkriechen einer Schlafstätte) dargelegt werden. Die Häuptlinge bewerteten die Zeugenaussagen in der Tendenz aber eher kritisch; viele Hexenprozesse endeten mit einem Freispruch, weil sich entweder herausstellte, dass das Muti in Wirklichkeit harmlos oder der Zeuge unglaubwürdig war. *Schapera*[112], der viele Hexenprozesse bei den Tswana beobachtet hatte, stellte fest, dass dort etwa drei Viertel der Prozesse in den ausklingenden sechziger Jahren mit Freisprüchen aus Mangel an Beweisen endeten.

Das Giftordal war zu keiner Zeit ein übliches Beweismittel bei den Hexenprozessen auf dem Gebiet des heutigen Südafrika. Es war bei einzelnen Stämmen zwar bekannt und wurde vereinzelt praktiziert[113], im wesentlichen wurde diese Form der Beweisgewinnung aber eher unter den nördlichen Bantu und den zentralafrikanischen Stämmen angewendet[114]. Erst durch die Wanderbewegungen der Stämme nach der Entkolonialisierung des südlichen Afrika wurde diese Beweismethode überhaupt in das heutige Südafrika importiert, hat sich aber bisher kaum etabliert.

---

[109] Krige/Krige; The realm of a rain queen, Seiten 205-209 (Lobedu).
[110] Schapera, The crime of sorcery, Seite 19 (Tswana).
[111] Ashton, Medicine, Magic, and sorcery among the Southern Sotho, Seite 240 (SeSotho), Schapera, The crime of sorcery, Seite 19 (Tswana).
[112] Schapera, The crime of sorcery, Seite 18
[113] So z.B. Einzelfälle bei den Pedi, Siehe Mönnig, The Pedi, Seite 79ff.
[114] Die Shona zum Beispiel kannten das Giftordal, vgl. Gelfand, The African witch, Seite 74.

c) Die Bestrafung der Hexe

Die Strafe für die Praxis böswilliger Magie lag im Ermessen des Häuptlings oder des Dorfvorstehers und hing davon ab, welche konkreten Auswirkungen der magische Akt gehabt hatte und inwieweit der soziale Friede im Dorf erschüttert war. Ebenso wurde die konkrete Gefährlichkeit des wegen böswilliger Magie Verurteilten bei der Strafzumessung einbezogen[115]. Die zentralafrikanischen Strafen für böswillige Magie, insbesondere das erzwungene öffentliche Geständnis[116], das Kahlrasieren und die Behandlung mit Muti[117], waren und sind im Gebiet des heutigen Südafrika wie bereits erwähnt nicht üblich.

Die mildesten Strafen, insbesondere für junge Magier, waren Geldstrafen[118]. War der Verurteilte ein zugelassener traditioneller Heiler, so wurde ihm die Lizenz entzogen[119]. Diese milden Strafen waren jedoch unüblich, da die Praxis böswilliger Magie ein Kapitalverbrechen darstellte.

Die regelmäßige Strafe für die Praxis böswilliger Magie war die Todesstrafe oder die Verbannung[120]. Obwohl dies heute weitgehend in Vergessenheit geraten ist, war letztere in vergangenen Zeiten eine ernsthafte Alternative zur Todesstrafe. Bei einigen afrikanischen Stämmen wurden Hexen ausschließlich verbannt; die Todesstrafe für Hexerei war dort gänzlich unbekannt[121]. Allerdings muss man die Verbannung als Strafform wiederum vor dem Hintergrund der südafrikanischen Lebensbedingungen sehen: Eine Verstoßung aus der Gruppe setzte den Verbannten direkt und allein der Bedrohung durch Hitze, Hunger, Durst und wilde Tiere aus, was oftmals einer Hinrichtung gleichgekommen sein dürfte.

Die Frage, warum man in früheren Tagen Hexen öfter verbannte, hat unter anderem einen magischen Grund. Es bestand nämlich früher schon darum keinerlei Interesse,

---

[115] Prinsloo, Inheemse Strafreg van die Noord-Sotho, Seite 19 m.w.N.
[116] Redmayne, Chikanga: An African diviner , in. Douglas (ed): Witchcraft - Confessions and accusations, Seite 114 m.w.N.
[117] Brantley, 49 (2) Africa, 112 (1979), Seite 112. Neuerdings wird berichtet, dass die Kahlrasur auch in der Nordprovinz vereinzelt vorgenommen wurde, siehe den Bericht der Untersuchungskommission für die Nordprovinz, 1996, Seite 29. Für Beispiele weiter nördlich siehe Brietzke, Witchcraft and the law in Malawi, Seite 9 (für Zambia und Malawi).
[118] Prinsloo, Inheemse Strafreg van die Noord-Sotho, Seite 19.
[119] Schapera, The crime of sorcery, Seite 19.
[120] Siehe die Nachweise bei Schapera, The crime of sorcery, Seite 9 (für die Nguni i.e.S., Zulu, Tsonga, Venda, Pondo, Bhace, Swazi, Pedi und SeSotho), oder die Nachweise bei Myburgh, Indigenous Criminal law in Bophuthatswana, Seite 100, oder Prinsloo, Inheemse Strafreg van die Noord-Sotho, Fußnote 85. Diese traditionellrechtliche Konsequenz war auch in der Rechtsprechung bekannt, siehe R. v. Hlupo, 1969 (4) SA 98 (RAD), Seite 100.
[121] So z.B. bei den Nupe, vgl. Nadel , 8 (4) Africa 423 (1935), Seite 433; bezüglich der Stämme in Zambia siehe Mwansa, 4 Zimbabwe Law Review 21 (1986), Seite 26. *Mwansa* sieht als Grund dafür, dass man „das Unrecht nicht durch den Tod eines anderen noch größer machen" wolle.

eine Hexe zu töten, weil die meisten Stämme nicht an Distanzmagie (wie z.B. die Astralprojektion) glaubten[122]. Schaffte man eine angebliche Hexe aus dem Dorf, so konnten die klassischen Praktiken der böswilligen Magie, wie etwa die Anknüpfungsmagie, nicht mehr ausgeübt werden und die Gefahr war somit beseitigt. Mit der Verbannung ging üblicherweise die Konfiszierung des Eigentums der verurteilten Hexe und die Zerstörung der magischen Paraphelia einher[123]. Beide Elemente der Bestrafung sollten der Hexe ihre magische Macht nehmen; durch die Verbannung war die Anknüpfungsmagie für die Hexe nicht mehr praktikabel, durch die Zerstörung der Gegenstände auch keine der anderen Magieformen. Deshalb liegt der Schluss nahe, dass in früheren Zeiten eine Hexe nur dann getötet wurde, wenn sie nicht wirksam verbannt werden konnte.

Die Verbannung von Hexen hat in Südafrika eine lange Tradition. Bereits der frühere König der Zulu Cetshwayo (1856 bis 1881) verbannte mit großer Regelmäßigkeit angebliche Hexen. Auch vom König der Barotse Lewanika wurde berichtet, dass er im Jahre 1889 einige Hexen offiziell verbannte. Zu diesem Zweck waren spezielle Gegenden ausgewiesen worden, in denen die wegen Hexerei Verurteilten (manchmal auch Beschuldigte) unter Beobachtung durch einen strengen Häuptlings leben mussten. Man wollte herausfinden, ob die angeschuldigten Personen tatsächlich magische Tätigkeiten ausübten. Ließ sich ein solcher Beweis nicht erbringen, so wurden die Hexen wieder freigelassen.

Vor allem bei den Venda hatte sich eine regelrechte Verbannungskultur gebildet, die bis heute fortbesteht. Dort verbannten die Häuptlinge Hexen an die Grenzen des Stammesgebietes, insbesondere in die Gegend um Kuthuma / Sinthunule. Die Untersuchungskommission für die Nordprovinz fand heraus, dass diese Praxis bis vor kurzem unter den Venda noch oft praktiziert wurde. Bis heute sieht man z.B. die Helena Trust Farm und Phola Park in Acornhoek als typische Verbannungsorte an[124]. Sogar vom letzten Staatspräsidenten des Homelands Venda weiß man, dass er selbst einige der Hexerei Beschuldigte in ein Dorf namens Tshitwi zwangsumsiedelte; im vormaligen

---

[122] Vgl. oben, Kapitel I 5. j).

[123] van Warmelo, Venda Law , Part 3 (divorce), 455, Section 1096 (1948); Stayt, The BaVenda, Seite 282. Vgl. aus der Praxis z.B. S. v. Mathoka and others, 1992 (2) SASV 443 (NCPA), Seite 446.

[124] Beide Gegenden stellten sich nach Augenscheinnahme als besonders strukturschwach heraus. Die Historie dieser Orte ist jedoch interessant. Diese Hexendörfer in der Nordprovinz entstanden zwischen Polizeistationen, in die während großer Hexenverfolgungswellen in den Jahren 1989/1990 Hunderte von Verfolgten mit ihren Familien strömten, die Schutzhaft begehrten. Die Polizei wusste sich nicht anders zu helfen, als die Verfolgten direkt neben ihren Polizeistationen wohnen zu lassen. Vgl. hierzu den Bericht der Untersuchungskommission 1996, Seiten 33 ff mit konkreten Zuordnungen. Vor kurzem intervenierten die südafrikanische Staats- und die Landesregierung. Man versuchte, die klägliche Wohnsituation durch gezielte Bauprojekte zu verbessern, was jedenfalls zum Teil gelungen ist.

Gazankulu verbannte man Hexen in das Dorf Savulani im Gigani Distrikt[125]. Angebliche Hexen aus der Gegend um Pietersburg werden noch heute in ein Dorf namens Tlading umgesiedelt[126]. Der Name ist sowohl spektakulär als auch treffend: „Tlading" heißt auf deutsch „Wo sie Blitze werfen".

Die zweite übliche Strafe für die Praxis böswilliger Magie war die Todesstrafe; sie ist auch heute noch üblich.

Es gab seit je her im südlichen Afrika eine Vielzahl von Hinrichtungsmethoden, so dass sich hier nur schwer allgemeingültige Regeln aufstellen lassen, wie Hexen getötet werden mussten. Sehr verbreitet war das Verbrennen von Hexen, meist zusammen mit den magischen Paraphelia[127]. Hinter dieser Todesart stand das Bestreben, dass „nichts vom Schatten übrigbleiben" dürfe, dass also das Schattenattribut vollständig zerstört werden müsse, um jegliche Überbleibsel magischer Macht auszulöschen. Andere übliche Tötungsmethoden waren Steinigung, Prügeln, Ertränken und das Herabstürzen von einem Felsen[128]. Die Todesstrafe wurde üblicherweise durch Männer vollstreckt, die dazu vom Häuptling ausgewählt worden waren[129]. Teilweise wurde auch berichtet, dass die Todesstrafe kurz nach der Verkündung durch die bei der Verhandlung anwesenden Männer ad hoc vollstreckt wurde[130].

Obgleich sich die Hinrichtungsmethoden auf den ersten Blick als Barbarei darstellen, muss dies vor dem Hintergrund der traditionell afrikanischen Sühnekultur gesehen werden. Nur eine möglichst schnelle, öffentliche Retribution war geeignet, Rechtsfrieden und Harmonie innerhalb des Stammes wiederherzustellen, ohne dass die Stabilität der Gruppe weiter litt. Insbesondere die Tatsache, dass das Dorf die Vollstreckung selbst in die Hand nahm, zeigte deutlich das Bestreben der Bevölkerung, sich selbst von Hexen zu reinigen. (Relikte dieser Tradition finden sich in den wilden Hexenjagden in der Nordprovinz gegen Ende der achtziger Jahre.) Die Würde des Häuptlings verhinderte dessen direkte Teilnahme an der Tötung, obwohl dieser als Repräsentant der Interessen des Dorfes eigentlich dafür prädestiniert gewesen wäre.

---

[125] Bericht der Untersuchungskommission für die Nordprovinz, Seite 15.

[126] Vgl. Behrens, Aberglaube bricht Gesetzeskraft, Süddeutsche Zeitung vom 1.7.1999, Seite 3; und ders., Wo die Blitze zucken, Süddeutsche Zeitung vom 12.9.1998, Seite 12.

[127] Vgl. Berglund, Zulu thought-patterns and symbolism, Seite 305. Auch in Zentral- und Nordafrika war dies die allgemein anerkannte Methode der Hexentötung, vgl. Heald, 21 (1) MAN 65 (1986), Seite 65.

[128] Vgl. die Darstellungen im Bericht der Untersuchungskommission für die Nordprovinz, 1996, Seite 29 oder Myburgh, Criminal Law in Bophuthatswana, Seite 100; Prinsloo/Myburgh, Inheemse publiekreg in Lebowa, Seiten 223f oder van den Heever, Lego-ethnological aspects, Seite 10.

[129] Siehe Myburgh, Indigenous public law in KwaNdebele, Seite 133 m.w..N.

[130] Vgl. Post, Afrikanische Jurisprudenz, Seite 256.

Neben der strafrechtlichen Sanktion zog die Praxis böswilliger Magie auch delikts-rechtliche und familienrechtliche Folgen nach sich. Insbesondere unter den Tswana war es üblich, dass der Verurteilte sein Opfer von den Folgen der böswilligen Magie heilen musste. Dieser Akt wurde „dirolola“ genannt, was soviel wie „rückgängig machen“ bedeutet. Auch unter den Kgatla bestand eine Pflicht zur „Heilung“; hier musste der Verurteilte allerdings einen Sangoma finden, der sich in der Lage sah, den Geschädigten von dem Hexenzauber zu befreien[131]. In familienrechtlicher Hinsicht galt Hexerei als absoluter Scheidungsgrund[132]. Vor allem unter den Tswana handelte es sich hierbei nicht um eine Option des betroffenen Ehegatten, sondern um eine feste Rechtsfolge, dass die Ehe als aufgelöst galt[133]. Ehescheidung als Sanktion konnte vom Häuptling also einfach verkündet werden und schloss stets die Rückgabe des „lobola“ (=Brautpreises) ein. Auch in das Eherecht wirkte somit die traditionell-afrikanische Vorstellung von Harmonie und Frieden innerhalb der Gemeinschaft hinein.

Viele Fälle von Hexentötungen, die vor die Obergerichte gelangten, waren in voller Übereinstimmung mit den genannten Regeln des Banturechts ausgeführt worden[134]. In den Strafurteilen wurde die Befolgung dieser Regeln von den weißen Richtern kurzerhand als „primitiv“ oder „barbarisch“ bezeichnet. Die Fälle, in denen die Täter die traditionellen Regeln befolgt hatten, waren aus Sicht des Banturechts selbstverständlich nicht strafbar.

5. Die Strafbarkeit des Täters bei einer informellen Hexentötung

Es stellt sich nun die Frage, welche Rechtsfolgen das Bantu-Strafrecht an die formlose, individuelle Tötung einer Hexe knüpfte, die nicht nach Durchführung eines öffentlichen Tribunals durch das Dorf, sondern durch Betroffene auf eigene Faust und ohne Rückversicherung im Dorfe getötet wurde.

Die Tötung eines anderen stellte in allen Stämmen ein zivilrechtliches Delikt dar, aber nur in einigen ein strafrechtliches Vergehen. Unter dem Banturecht zog die Tötung eines anderen Menschen in der Regel also eine deliktsrechtliche Sanktion nach sich, soweit die Tötung durch profane Mittel geschah. In der Mehrzahl der Stämme musste

---

131 Schapera, Tswana Law , Seite 277; Mwsana, 4 Zimbabwe Law Review 21 (1986) , Seite 27.
132 Vergleiche zum Beispiel den Fall Maxobongwana v. Funda and another (1 NAC 273) sowie die Nachweise bei Whitfield, South African Native Law, Seiten 136ff. Stellte sich schließlich heraus, dass die Anschuldigung, bei dem Ehepartner handele es sich um eine Hexe, falsch gewesen war, so bestand ein traditionelles Recht der Frau, nicht mehr zu ihrem Ehegatten zurückkehren zu müssen, vgl. Bekker , Seymour's customary law in South Africa, Seite 192.
133 Vgl. Schapera, The crime of sorcery, Seite 19.
134 Siehe z.B. S. v. Motsepa en 'n ander, 1991 (2) SASV 462 (A) oder S. v. Ndhlovu, 1971 (1) SA 27 (RAD), dort nach vergeblichem Mediationsversuch des Häuptlings.

Vieh als Schadensersatz geleistet werden, um das Überleben der Hinterbliebenen sicherzustellen[135]. Nur in einigen Stämmen griff man im Falle der Tötung eines Menschen überhaupt zu strafrechtlichen Konsequenzen. Das Töten eines anderen durch im Wege der böswilligen Magie wurde stets mit Tod oder Verbannung bestraft.

Im Ergebnis stimmten alle Rechtssysteme bei den Bantu darin überein, dass auch derjenige, der als Betroffener eine Hexe ohne Befolgung der oben genannten offiziellen Prozedur tötete, straffrei ausging[136]. Die genaue Erklärung dafür, warum diese Fälle als nicht strafwürdig erachtet wurden, ist nicht leicht zu finden, insbesondere da die Rechtfertigungs- und Entschuldigungsgründe des Banturechts nicht vergleichbar sind mit den „defences" des Common Law oder den korrelierenden Regeln im römisch-holländischen Recht.

Zunächst muss festgestellt werden, dass bis heute nicht ganz klar ist, ob das Einheimischenrecht überhaupt zwischen Rechtfertigungs- und Entschuldigungsgründen differenzierte. *Myburgh*, der eine Erhebung über das Bantu-Strafrecht in Bophuthatswana durchgeführt hat, geht in seinem Werk bis heute fest von einer solchen Trennung aus, ohne nähere Gründe dafür zu nennen[137]. Als traditionelle „Rechtfertigungsgründe" nennt er: Notwehr, Notstand, Unmöglichkeit, Einwilligung und Befehlsnotstand. Über diese auch in anderen Rechtssystemen bekannten Rechtfertigungsgründe hinaus habe es bei den Bantu noch einige typische afrikanische rechtfertigende Elemente gegeben, nämlich Satisfaktion, institutionalisierte Handlung[138] und Disziplin[139]. Anerkannte Entschuldigungsgründe seien Provokation[140], die Teilnahme an einer Initiationsschule[141] und (allerdings nur in manchen Stämmen) Trunkenheit. Bei Entschuldigungs- und Rechtfertigungsgründen handelte es sich aber ebenso wie bei den Straftatbeständen nicht um abstrakte Regeln, sondern nur um Einreden, die gewissermaßen als materielles Argument gegen die Strafbarkeit im Einzelfall erhoben werden konnten. Da sie - ähnlich wie die Straftatbestände - jeweils nur mit einem Wort charakterisiert wurden, waren auch die Einreden nur grob umrissen.

Angesichts dieser nicht besonders feinen Differenzierung innerhalb der „Verteidigungsargumente" erscheint es überaus unwahrscheinlich, dass die von *Myburgh* dar-

---

[135] Für eine Übersicht über die deliktsrechtliche Haftung bei den einzelnen Volksgruppen siehe Labuschagne/van den Heever, 28 CILSA 422 (1995).

[136] Die Rechtslage deckt sich mit der in Zentralafrika, vgl. Heald, 21 (1) MAN 65 (1986), Seite 66.

[137] Myburgh, Indigenous Criminal Law in Bophuthatswana, Seiten 14ff.

[138] Unter diesen Rechtfertigungsgrund fielen nach traditionellem Banturecht z.B. die oben beschriebenen Ritualmorde.

[139] Für Details bezüglich der einzelnen Rechtfertigungsgründe siehe Myburgh, Indigenous Criminal Law in Bophuthatswana, Seiten 14ff.

[140] Dies war lange Zeit umstritten, dürfte nun aber geklärt sein, vgl. Labuschagne/van den Heever, 16 Obiter 51 (1995), Seiten 55ff m.w..N.

[141] Vgl. hierzu oben Kapitel I 1. 4 a) dd).

gelegte Differenzierung zwischen Entschuldigungs- und Rechtfertigungsgründen im Bantu - Strafrecht jemals existiert hat. Ein konzeptioneller Unterschied zwischen entschuldigenden und rechtfertigenden Einreden (etwa verschiedene Rechtsfolgen oder ähnliches) ist nicht überliefert. Es ist vielmehr anzunehmen, dass es sich bei dieser Klassifizierung auch hier um ein durch weiße Rechtsanthropologen von außen aufgesetztes Schema handelt, welches zu keiner Zeit in der tatsächlichen Rechtspraxis Niederschlag fand.

Ob der individuelle Hexenmörder nun deshalb straflos ausging, weil man sein Handeln nicht als „Unrecht" empfand, oder ob eine solche Tat zwar gegen das Rechtsgefühl der Bantu verstieß, aber als „entschuldigt" galt, ist nicht erforscht[142].

In der Rechtsanthropologie hat sich jedoch die Meinung durchgesetzt, dass derjenige, der einen anderen als Hexe tötete, ohne die formelle Prozedur einzuhalten, sich vor den traditionellen Gerichten nicht auf individuelle Rechtfertigungsgründe, wie zum Beispiel Rache, berufen durfte[143]. Dies ergibt sich aus der Grundstruktur des Banturechts, nach dem es keine ausschließlichen Individualrechte gibt, sondern nur kollektive Rechtsgüter[144]. (Dies spiegelt sich übrigens auch im Bereich der Notwehr / des Notstandes wider. Nur ganz vereinzelt finden sich afrikanische Bezeichnungen für eine individuelle Notwehr („boiphemelo" oder „phemelo"), die vom Wortsinn her aber eher auf die individuelle Verteidigungs*handlung* abzielen[145].)

Hingegen gilt es festzuhalten, dass die Bedrohung eines Dorfes durch eine Hexe zu jeder Zeit als eine Gefahr angesehen wurde, die auf die Gemeinschaft als solche zielte. Deshalb zog man in der Rechtsanthropologie die Konsequenz, dass auch die informelle Tötung nicht als Unrecht verstanden wurde und deshalb die Strafbarkeit des Täters ausscheide, weil eine Art „öffentlicher Notstand[146]" vorliegen müsse. Bei meinen Befragungen fand ich diese These immerhin so weit bestätigt, als dass keiner der Befragten eine solche Hexentötung als „Unrecht" empfand.

---

[142] Eine Differenzierung nach „Entschuldigungs"- und „Rechtfertigungsgründen", wie sie von Myburgh im Banturecht vorausgesetzt wird, hätte zumindest in einer Befragung nach diesen Kriterien erforscht werden müssen, was aber unterblieben ist.

[143] Vgl. Prinsloo, Inheemse Strafreg van die Noord-Sotho, Seite 18.

[144] Vgl. z.B. Labuschagne/van den Heever, 28 CILSA 422 (1995), Seite 423; Myburgh, Law and justice , in Hammond-Tooke (ed.): The Bantu speaking tribes of South Africa, Seite 297. Dies ging so weit, dass auch bei Sexualdelikten nicht etwa Rechtspositionen der oder des Betroffenen als verletzt angesehen wurden, sondern wiederum kollektive Rechtsgüter der Gemeinschaft, vgl. Boonzaaier, 19 (2&3) South African Journal of Ethnology 61ff (1996).

[145] Ebenso fand Boonzaaier, 15 (3) S. Afr. J. Ethn 68 (1992) bei den Nkuna von Ritavi rudimentäre Elemente eines Individualrechtsgüterschutzes. Ob dies aber als Beweis für die These Myburghs angesehen werden kann, es gebe einen Katalog von Rechtfertigungsgründen und von Entschuldigungsgründen, muss bezweifelt werden.

[146] Prinsloo, Inheemse Strafreg van die Noord-Sotho, Seite 18,; Krige/Krige, The realm of a rain queen, Seite 205; Myburgh, Indigenous Criminal Law in Bophuthatswana, Seiten 20f.

Die Rechtfertigung des individuellen Hexenmörders schlug im Banturecht auf die deliktsrechtliche Ebene durch[147]; der Hexenmörder blieb also auch von Schadensersatzforderungen des Häuptlings in eigener Sache oder als Stellvertreter der Hinterbliebenen verschont.

6. Üble Nachrede durch falsche Hexereibeschuldigungen

Generell war der Ehrenschutz im Banturecht nicht besonders ausgeprägt. Es muss davon ausgegangen werden, dass Beleidigung oder üble Nachrede grundsätzlich nicht einmal eine zivilrechtliche Schadensersatzhaftung auslösten[148]. Um so erstaunlicher ist, dass die fälschliche Beschuldigung, ein anderer sei eine Hexe, bei fast allen südafrikanischen Stämmen sanktioniert wurde. Zwar reichte die Strafbarkeit nicht so weit wie bei den Dingka im heutigen Sudan, wo eine falsche Beschuldigung selbst als ein Akt der böswilligen Hexerei betrachtet und mit sofortiger Hinrichtung des Verdächtigers und seiner Familie bestraft wurde[149]. Dennoch wurde bei den südlichen Bantu die falsche Beschuldigung schwer bestraft. Sogar die gemäßigten Native Appeal Courts belegten den Beschuldigenden mit hohen Ausgleichszahlungen in Form von Vieh[150]. Selbstverständlich war nur die „falsche" Anschuldigung strafbar, was im Rahmen des Beleidigungsverfahrens durch den Sangoma festgestellt wurde.

Auch auf familienrechtlicher Ebene zog die fälschliche Hexereibeschuldigung eine Konsequenz nach sich: So wie bei der „richtigen" Bezichtigung der böswilligen Magie der Ehegatte ein Scheidungsrecht innehatte, so stand dies ebenso dem fälschlich beschuldigten Partner zu[151].

7. Muti-Morde im Banturecht

Wie erwähnt war im Banturecht, insbesondere bei den Sothostämmen, die Tötung eines anderen nicht unbedingt strafbar. Zwar existierte in allen Völkern des südlichen

---

[147] Labuschagne/ van den Heever, 28 CILSA 422 (1995), Seite 423.
[148] So z.B. Bekker, Seymour's customary law for Southern Africa, Seite 343. Dies gilt jedoch nicht für alle Stämme; von den traditionellen Gerichtshöfen der Basotho sind einige Verurteilungen wegen Beleidigung überliefert, vgl. die Entscheidungsreferenzen bei Duncan, Sotho Law and Customs, Seite 110.
[149] Vgl. hierzu Lienhardt 21 (4) Africa 303 (1951), Seite 312.
[150] Siehe Mwansa, 4 Zimbabwe Law Review 21 (1986), Seite 25; für Beispielsfälle aus den traditionellen Gerichtshöfen siehe Simanga v. Nasawuji, 4 NAC 337 (1918); Mnyabi v. Mjewe 1940 NAC (C&O) 5; Nopanjwa v. Mahlambisa, 1954 NAC (S) 98.
[151] Goldin/Gelfand, African law and custom in Rhodesia, Seite 151 m.w.N.

Afrika die o.g. ausgeprägte zivilrechtliche Haftung[152]. In den Fällen, in denen die Tötung jedoch sozialschädliche Auswirkungen hatte, die über den bloßen Verlust eines Stammesmitgliedes hinausgingen, wurde der Täter über seine deliktische Haftung hinaus bestraft. Einer dieser Fälle war der klassische Muti-Mord.

Der Grund für die Bestrafung von (unberechtigten) Muti - Morden war aber nicht die Tötung eines Menschen, sondern der Verdacht der Praxis schwarzer Magie. Die Strafbarkeit wegen böwilliger Hexerei umfasste nämlich schon die bloße Zubereitung von Muti aus Teilen eines menschlichen Körpers[153]. Ferner war jede Handlung, die auf Zubereitung oder Konsum böswilligen Mutis gerichtet war, von der Tatbeschreibung „Boloyi" erfasst.

In der Konsequenz konnte ein Täter, dem zwar eine Tötung, nicht aber die Mutizubereitung bewiesen werden konnte, nur nach Deliktsrecht zu Schadensersatz verurteilt werden. Andererseits hatte der Täter, dem man zwar die Zubereitung des Muti, nicht aber die Tötung beweisen konnte, mit der Todesstrafe wegen der Praxis böswilliger Magie zu rechnen. Gleiches widerfuhr demjenigen, der Muti menschlichen Ursprunges verwendete oder gar selbst konsumierte[154].

Wie bereits erwähnt bestand in einigen Gebieten eine praktische Ausnahme von dieser strafrechtlichen Haftung: Der Häuptling, der durch den Genuss von Muti menschlichen Ursprunges Kräfte sammeln wollte, um sie dem Dorfe zugute kommen zu lassen, wurde deshalb nicht bestraft[155]. Es ist noch nicht erforscht, inwieweit das Banturecht diese Ausnahme überhaupt vorsah oder ob es sich bei der Straffreiheit des Häuptlings eher um einen Machtmissbrauch von seiten des Häuptlings handelte, welcher durch stetige Wiederholung institutionalisiert wurde. Generell kannte das Bantu-Strafrecht nämlich eine strafrechtliche Haftung des Häuptlings, etwa bei ernsthaften Pflichtverletzungen[156]. Als traditionellrechtliche Privilegierung für den Häuptling kommt aber in Betracht, dass entweder das Wohlergehen des Stammes in Krisenzeiten als rechtfertigendes Element angesehen wurde (in Form eines „Stammesnotstandes"), oder eine allgemeine Immunität des Häuptlings als oberstem Gerichtsherren und Kopf aller Gewalten innerhalb seines Stammes. In der Anthropologie hat sich die Ansicht durchgesetzt, dass der Häuptling zumindest innerhalb seines Herrschaftsgebietes gegen

[152] Siehe den Jones Commission Report, Seite 19; Labuschagne / van den Heever,28 CILSA 422 (1995); Elias, Nature of customary law, Seiten 138ff; ebenso bei den benachbarten Stämmen, vgl. Mwansa, 4 Zimbabwe Law Review 21 (1986), Seite 26 m.w.N.
[153] Myburgh, Indigenous Law in Bophuthatswana, Seite 99.
[154] Myburgh, Indigenous Law in Bophuthatswana, Seite 99
[155] Für Lesotho und Swaziland vgl. Evans, 8 (4) Indicator South Africa 46 (1991, Seite 47 und den Basutoland Medicine Murder Report, Seite 19; für das vormalige Venda siehe den Le Roux Commission Report, Seiten 77/78.
[156] Siehe hierzu Myburgh, Indigenous Criminal Law in Bophuthatswana, Seiten 36.

sämtliche strafrechtlich relevanten Beschuldigungen immun war[157]. Auch erscheint dies allein schon deshalb wahrscheinlicher, weil man vom Häuptling wohl kaum erwarten konnte, dass er sich zum Gegenstand einer Verhandlung vor seinem eigenen Gerichtshof machte, was einer Amtsenthebung seiner selbst gleichgekommen wäre.

Die deliktsrechtlichen Konsequenzen galten jedoch für jedermann weiter, auch für den Häuptling. Es war eine banturechtliche Selbstverständlichkeit, den Hinterbliebenen eines Muti-Mordes (auch im Falle einer „berechtigten“ Tötung) zivilrechtliche Kompensation zu zahlen. Aus dem Lesotho der vierziger Jahre wird berichtet, dass diese Kompensationszahlungen zum Teil sogar lange vor der Tötung selbst geleistet wurden[158].

8. Schlussfolgerung: Banturecht und Hexenmörder

Als Ergebnis lässt sich festhalten, dass das Banturecht Regeln zum Umgang mit kosmologiebezogenen Tötungen bereitstellte. Diese Taten blieben nicht gänzlich straflos, wie die Behandlung der Muti-Morde zeigt.

Alles in allem überrascht die traditionellrechtliche Regelungsdichte im Bereich der Kosmologie. Im Zusammenhang mit Hexen, den Ahnengeistern, Muti etc. gab es viele Regeln im Deliktsrecht, Familienrecht, Erbrecht[159] und im Strafrecht. In anderen Lebensbereichen, die aus heutiger europäischer Sicht viel wichtiger erscheinen (wie z.B. dem Warenverkehr oder der Stammesorganisation) gab es niemals so vielfältige Regeln. Die Masse von Gebräuchen und Regeln in bezug auf Weltanschauung und weltanschauungsbedingte Straftaten spiegelt die überaus wichtige Position der Magie im Weltbild und im täglichen Leben der Bantu wieder.

Die Straftat der böswilligen Magie („boloyi“) als sozialschädliches Kapitalverbrechen stand bei allen Straftaten, die im weitesten Sinne mit Hexerei zu tun hatten, im Mittelpunkt des Bantu-Strafrechts. Entgegen den Grundvorstellungen der zentralafrikanischen Stämme, nach denen Hexen „heilbar“ und die daraus resultierenden Konflikte auf dem Wege der Mediation beizulegen waren, entwickelte sich bei den südlichen Bantu eine sühneorientierte Bestrafungskultur für jede Form der böswilligen Magie. Die Rechtsregeln im südlichen Afrika gingen allesamt davon aus, dass Hexerei sozialschädlich, schlecht und überaus bedrohlich für das Überleben der Gemeinschaft war. Die strafrechtlichen Konsequenzen, die die Bantu aus dieser grundsätzlichen Wertung

[157] Myburgh, Indigenous Criminal Law in Bophuthatswana, Seiten 37 f m.w.N.
[158] Siehe den Jones Commission Report, Seite 19.
[159] Vgl. dazu oben Kapitel I 4. a) aa) .

zogen (also z.B. dass der Muti-Mörder das Verbrechen der böswilligen Hexerei betrieb oder dass der informelle Hexenmörder straffrei blieb) sind mit diesem Grundwert kongruent und in sich gesehen schlüssig. Das Recht stand auf der Seite derer, die glaubten, dass Hexerei in der Realität existiere.

Das Bemerkenswerte an den genannten Rechtsregeln ist, dass sie bis heute noch in den Köpfen der Menschen im Gebiet der heutigen Republik Südafrika präsent sind. Zu einem nicht zu vernachlässigenden Teil werden die Hexentötungen heute in voller Übereinstimmung mit dem traditionellen Banturecht begangen; zahlreiche Beispielsfälle dafür finden sich sogar in den Entscheidungen der mit weißen Richtern besetzten Obergerichte[160].

Die weiß besetzten Gerichte haben diesen Aspekt der Kollision von schwarzer mit weißer Rechtskultur im Bereich der Hexentötungen ebenso wie die weitgehende Kongruenz von schwarzem und weißem Recht bei den Muti-Morden niemals auch nur für erwähnenswert erachtet, geschweige denn in ihre Rechtsprechung einbezogen..

Auch die wilden Hexenjagden mit öffentlichen Tribunalen zu Beginn der neunziger Jahre, die auf den ersten Blick unorganisiert und durch Motive außerhalb der afrikanischen Kosmologie wesentlich mitgeprägt waren, gingen bei näherem Hinsehen mit dem traditionellen Recht konform. Ad-hoc-Tribunale in den örtlichen Gemeinschaften waren seit je her eine feste Institution im Banturecht. Aufgrund der allgemeinen Ignoranz gegenüber der traditionellen südafrikanischen Rechtskultur wurde diese Tatsache erst in den sechziger Jahren durch weiße Wissenschaftler entdeckt. Man fand z.B. heraus, dass die überwältigende Mehrheit der Rechtsstreitigkeiten unter Schwarzen nicht etwa vor den „offiziellen" traditionellen Gerichten, sondern vor informellen Tribunalen, den sog. „makgotla" (Singular: „lekgotla") verhandelt und geklärt wurde. Hatte man die „offiziellen" schwarzen Gerichtshöfe in der Hoffnung errichtet, damit einen probaten Konfliktlösungsmechanismus für Schwarze zu schaffen, so sahen sich die Verfechter dieser Rechtswegspaltung angesichts deren geringer praktischer Beiträge zur Konfliktlösung enttäuscht. Die „offiziellen" schwarzen Gerichtshöfe konnten die typischerweise in den Townships auftretenden Konflikte nicht angemessen lösen; ihre Urteile wurden folglich kaum beachtet. Eine Untersuchung in den achtziger Jahren hatte zum Ergebnis, dass nicht einmal 2 % der Immobiliareigentumsstreitigkeiten vor die offiziellen „Black Courts" getragen, sondern in Ad-hoc-Tribunalen ausgefochten wurden. In dieser Studie äußerten sich 95 % der befragten Townshipeinwohner dahingehend, dass die „Black Courts" kein hinreichendes Mittel zur Konfliktlösung seien,

---

[160] Vgl. hierzu z.B. die im Bericht der Untersuchungskommission für die Nordprovinz auf Seiten 121ff 1996 dargestellten Fälle Motetema CR No. 77/03/90 : S. v. Tau Moses Matlala and six others, Supreme Court Case No. CC 201 /92; Bochum Case No. 849/93 (CR 61/06/93) S. v. Freedy Rasebetja u.v.m. .

sondern dass die informellen Tribunale viel besser in der Lage seien, die typischen Streitigkeiten unter Schwarzen beizulegen[161].

Vor diese informellen Ad-hoc-Tribunale kamen angesichts der steigenden Kriminalitätsraten in den Townships und Homelands zunehmend auch Fälle des Straßenraubes, des Diebstahles und weitere ähnliche Delikte. Der weiße Staat war nicht in der Lage, die Kriminalität diesen Ausmaßes in den schwarzen Gebieten zu kontrollieren. Diese Taten, die von der Öffentlichkeit als großes Ärgernis und als Bedrohung für den sozialen Frieden gesehen wurden, kamen deshalb eher vor der Makgotla als vor der staatlichen Gerichtsbarkeit zur Verhandlung. Dieselbe Unzufriedenheit empfanden die Hexenjäger der späten achtziger und der neunziger Jahre; der Staat war unfähig, den Schwarzen bei der Lösung des Hexenproblems zur Seite zu stehen, welches für die Bewohner der Townships und Homelands von höchster Wichtigkeit war, vom weißen Staat jedoch niemals ernsthaft aufgegriffen wurde.

Wie in der Zahl der Hexenjagden spiegelt sich auch in der Anzahl der informellen Tribunale die politische Stabilität im Land Südafrika wider: Als 1985 der Staatsnotstand ausgerufen wurde, waren etwa 400 dieser „Makgotla" in ständigem Betrieb[162].

Versteht man die Umformulierung von „indigenous" zu „customary law" in der neuen südafrikanischen Verfassung und die Vorschriften des Beweisrechts im oben angedeuteten Sinne einer Anerkennung von erwiesenen Gewohnheiten, so müsste man in Zukunft ernsthaft darüber nachdenken, inwieweit die Makgotla in ihrem Bestand von der Verfassung geschützt werden. Faktisch jedenfalls hat sich das System im Bereich der Streitschlichtung über Jahrzehnte hinweg bewährt. In der Konsequenz müsste man sicherlich andenken, inwieweit auch die spontanen Hexentribunale mittlerweile Gewohnheitsrecht darstellen, bzw. inwieweit sich die „makgotla" nicht als Streitschlichtungsinstanz zur Klärung von Hexereibeschuldigungen nutzen ließen[163].

Formuliert man nun ein Zwischenergebnis, so liegt der Schluss nahe, dass die gesamte südafrikanische Kosmologie vom Banturecht als existent angesehen und entsprechend berücksichtigt wurde. Das traditionelle Recht stellte insbesondere für den Bereich der kosmologiebezogenen Straftaten ein in sich stringentes System dar.

Am Beispiel des Hexenglaubens im südlichen Afrika wird deutlich, dass Recht und kosmologische Vorstellung auch heute nicht immer strikt voneinander zu trennen

---

161 Hund/Kotu-Rammopo, 16 CILSA 179 (1983), Seite 183

162 Vgl. hierzu Bennett, Sourcebook, Seite 102, m.w..N. und Übersichten.

163 Wenig hilfreich ist sicherlich der jüngst Vorschlag, eigene „Hexereibeschuldigungsgerichte" einzusetzen, vgl. Hund, 33 CILSA 366 (200), Seite 388.

sind[164]. Solange diese Harmonie zwischen Recht und Kosmologie bestand, waren die sozialen Gefüge im Banturaum gefestigt und konnten den harten Lebensbedingungen im südlichen Afrika standhalten. Das traditionelle Normsystem bei den Bantu bezüglich Magie, Muti-Morden und Hexerei wurde von der gesamten Bevölkerung verstanden und getragen. Die weißen Kolonialherren konnten nach der Übernahme der Herrschaft im südlichen Afrika niemals mehr ein solch stabiles, einheitliches System von Recht und Weltanschauung herstellen.

[164] Vgl. zu diesem Aspekt in segmentären Gesellschaften und in Sammler- und Jägergesellschaften Wesel, Geschichte des Rechts, Seiten 27 und 41.

IV. Die staatlichen Hexereiunterdrückungsgesetze

1. Einführung und geschichtliche Entwicklung

Mit der Einwanderung der weißen Siedler geriet im 17. Jahrhundert das ausbalancierte traditionellrechtliche System aus den Fugen. Die Europäer brachten ihre eigenen Weltanschauungen und Rechtstraditionen mit ins Land. Für die Weißen war und blieb die Hexerei ein Hirngespinst in den Köpfen der primitiven Eingeborenen.

Der Kolonialismus störte die Harmonie in den einfach organisierten Gemeinschaften und brach soziale Strukturen auf. Die Kolonialherren erkannten die gewachsenen sozialen Strukturen nur zum Teil und missverstanden die afrikanischen Weltanschauungsmodelle völlig. Auch das Phänomen der Hexenverfolgungen wurde nicht verstanden. Die europäischen Einwanderer bemerkten lediglich, dass der Ahnenkult, der Hexenglaube und vor allem das kaum nachzuvollziehende tiefe Vertrauen in die Sangomas fest in der Bevölkerung verwurzelt waren. Bald erkannten die Kolonialherren aber auch, dass die südafrikanische Kosmologie für sie indirekt sogar gefährlich war: Die durch die Sangomas repräsentierte und auf diese zentrierte schwarze Weltanschauung war geeignet, koloniale Machtstrukturen zu untergraben.

Ab Mitte des 19. Jahrhunderts begannen die Kolonialverwaltungen, dieser Bedrohung mit den Mitteln des Strafrechts zu begegnen.

Im gesamten Afrika südlich der Sahara versuchte man, durch die Schaffung von speziellen Straftatbeständen in den sogenannten „Witchcraft Suppression Acts“[1], der hexereibezogenen Kriminalität Herr zu werden. Hinter diesen Spezialgesetzen stand jedoch die unausgesprochene Absicht, nicht nur den Hexenglauben, sondern das gesamte traditionell-afrikanische Weltbild völlig auszulöschen. Diese Form der "staatlichen Hexenjagd" mag dem europäischen Juristen im 21. Jahrhundert fremd erscheinen. Der Versuch, den Hexenglauben mit den Mitteln des Strafgesetzes zu bekämpfen oder ihn zumindest strengen Regeln zu unterwerfen, ist aber bei genauerer Betrachtung so alt wie die Strafrechtsgeschichte selbst: Als der babylonische König Hammurabi etwa 1750 v. Chr. sein 280 Paragraphen langes Regelwerk in Stein meißeln ließ, fanden sich gleich unter § 2 Regelungen zur Beschuldigung der Hexerei und zum Ordal. Im Falle einer „zutreffenden“ Beschuldigung verlor der Hexer sein Haus und

[1] „Gesetze zur Unterdrückung der Hexerei“; die Bezeichnung ist insoweit ungenau, als dass sich die Vorschriften nicht nur gegen den Hexenglauben richteten. Sie stellten darüber hinaus auch andere Teile der südafrikanischen Kosmologie, wie z.B. die Weissagung durch den Sangoma, unter Strafe.

sein Leben, im Falle einer „unzutreffenden" Beschuldigung wurde der Anschuldigende getötet[2].

Auch im mitteleuropäischen Kulturraum gab es weitreichende gesetzliche Regelungen, die auf die Bestrafung einzelner magischer Handlungen gerichtet waren[3]. Die frühen Hexengesetze entstanden zunächst natürlich nicht aus Angst um herrschaftliche Macht, sondern aus Furcht der Herrscher selbst vor Hexerei. Solange die Vertreter des Staates an Hexen glaubten, bestand ein staatlich legitimiertes Interesse daran, die schwarze Magie zu bekämpfen.

In England (von wo aus später einige der Hexengesetze mit den Kolonialherren nach Afrika importiert wurden) hatte man schon im Mittelalter versucht, durch entsprechende Strafgesetzgebung dem Hexenglauben entgegenzuwirken. Im Jahre 1219 wurde ein Strafgesetz durch den König von England erlassen, wonach *„eine Straftat begeht, wer Beschwörungen, Hexerei, Herbeirufen von Geistern sowie Zauberei praktiziert"*[4]. Etwa vierhundert Jahre später wurden einzelne magische Praktiken, wie das Aufsagen von Zaubersprüchen, durch eigene Gesetze unter Todesstrafe gestellt[5]. Vor dem Hintergrund, dass der Hexenglaube zu dieser Zeit noch weit verbreitet war, standen Ziele des Staates und allgemeine Vorstellungen der Kirchen und der Bevölkerung einander noch nicht im Wege: Kirche, Staat und Bevölkerung gingen gleichermaßen davon aus, dass Hexerei wirklich funktioniere und daher eine tatsächliche Bedrohung darstelle. Diese Furcht einigte alle staatstragenden Kräfte.

1736 wurde in England mit dem sogenannten "Witchcraft Act"[6] dann das erste spezielle Hexereiunterdrückungsgesetz erlassen. Es war erlassen worden, um den Hexenglauben endgültig aus dem Land zu vertreiben. Rechts- und kulturgeschichtlich war das Hexengesetz von 1736 ein Meilenstein: Erstmals wird dort eindeutig erwähnt, dass der britische Gesetzgeber nicht mehr an Hexen glaubte. Bestraft wurde nämlich nicht mehr *die Hexerei*, sondern derjenige, der *vorgab*, Hexerei zu betreiben. Diese Entscheidung des englischen Staates im Jahre 1736, nicht mehr länger auf der Seite

---

[2] Codex Hammurabi, Musee du Louvre, Paris. Übersetzung aus der Keilschrift nach Georg Friedrich Grotefrend, zitiert nach Ulrich Wesel, Geschichte des Rechts, Seite 84; vgl. auch Driver / Miles, Hammurabi, The Babylonian Laws, Vol. II, Seiten 13f.. Es muss davon ausgegangen werden, dass auch im ältesten wörtlich überlieferten Strafgesetz der Weltgeschichte, dem Codex Urnammu (Urnammu von Lagasch: Fürst der Sumerer in der dritten Generation der Ur, verfasst um 2100 v.Chr.), sich eine Regelung zur Hexerei befindet. § 10, der u.a. das Flussordal behandelt, ist leider nicht mehr ganz lesbar und daher mehrdeutig, vgl. Wesel, Geschichte des Rechts, Seite 75 und den Text bei Haase, Die keilschriftlichen Rechtssammlungen in deutscher Fassung, Seiten 6f.

[3] Vgl. z.B. den Straftatbestand der Zauberei, der mit der Todesstrafe belegt war in der Theresiana (1768), 58.Artikel, §§ 1 und 12 (zitiert nach Nachdruck, Graz, 1993).

[4] 33 Hen.8.c.3.

[5] 1 Jac.1.c.12 (1604).

[6] 9 Geo.2.c.25 (1736).

derjenigen zu stehen, die noch an Hexen glaubten, war eine Folge der Aufklärung in Europa. In Südafrika hingegen hat die gleiche Entscheidung der Kolonialverwaltungen etwa 150 Jahre später zu einer Reihe von kulturellen und juristischen Problemen geführt, deren Auswirkungen bis heute jedermann ersichtlich sind.

Obwohl die Geschichte des kolonialisierten Südafrika eng mit der britischen Geschichte verbunden war und obwohl die Kolonialisierung zu einer Zeit stattfand, in der in Europa unzählige Hexen verfolgt wurden, begann man im südlichen Afrika erst gegen Ende des 19. Jahrhunderts mit dem bis heute andauernden Versuch, den Glauben an Hexerei mit den Mitteln des Strafrechts auszulöschen[7]. Im Jahre 1879 erließ die Regierung der Kapkolonie auf dem Proklamationswege allgemeine Regeln, welche die Verwaltung der Transkei betrafen[8]. Unter diesen Regelungen befanden sich auch zwei Straftatbestände. § 14 der Proklamation bestrafte denjenigen, der *"Hexerei betreibt oder dies vorgibt, oder Handlungen vornimmt oder dies vorgibt, die gemeinhin als solche (Hexerei) angesehen werden"*, § 15 stellte den unter Strafe, der einen anderen *"fälschlicherweise der Hexerei oder einer anderen ebensolchen Handlung"* bezichtigte[9].

Verglichen mit den späteren Hexereiunterdrückungsgesetzen, die in Südafrika erlassen wurden, sind diese Vorschriften in zweierlei Hinsicht interessant: Zum einen vermied es der Gesetzgeber am Kap durch die Formulierung *„Hexerei betreibt oder dies vorgibt"*, eine klare Wertentscheidung zu treffen, ob Hexerei funktioniere und tatsächliche Folgen herbeiführen könne. Er stellte deshalb sowohl das aktive Betreiben der Hexerei, als auch das bloße Vorgeben, Hexerei zu praktizieren unter Strafe. Durch diesen Vorstoß auf zwei Ebenen stellten die Kolonialherren klar, dass es ihnen völlig gleich sei, ob der Staat oder der Täter selbst an Hexerei glaubte oder nicht. Die traditionell-afrikanische Weltanschauung an der Wurzel zu packen war das Ziel der Einwanderer; bestraft wurden deshalb vorsichtshalber sowohl die überzeugten Magier als auch die Scharlatane, die sich den weit verbreiteten Glauben zu Nutzen machten.

Weiterhin ist an der Vorschrift bemerkenswert, dass sowohl "Hexerei" als auch "alle sonstigen Handlungen, die gemeinhin als solche angesehen werden" bestraft wurden. Vor die schwierige Frage gestellt, wie ein Tatbestand zu fassen sei, der sämtliche in Südafrika üblichen magischen Handlungsweisen unter Strafe stellen konnte, entschieden sich die Kolonialherren für die vorgenannte, generalklauselartige Regelung. Dieser

---

[7] Alle folgend genannten Gesetze sind im Appendix II aufgeführt.

[8] Cape of Good Hope Proclamation 110 of 1879 ("Regulations for the Government of Transkei"), siehe insbesondere §§ 14 und 15.

[9] Die Tatsache, dass die Kolonialmacht 1879 Bedarf für eine gesetzliche Regelung der Hexereibeschuldigung sah, zeigt immerhin, welche Wichtigkeit man gegen Ende des 19.Jahrhunderts diesem Problem beimaß.

erste Angriff des kolonialen Gesetzgebers gegen den Hexenglauben war jedenfalls insofern stringent, als die direkte und indirekte Ausübung des Hexenglaubens in jeder Form einheitlich bestraft wurde. Diese eindeutige Wertentscheidung der weißen Gesetzgebung gegen alles Magische war für die schwarze Bevölkerung zwar ein erheblicher Einschnitt in Traditionen und Weltanschauungsfreiheit, aber immerhin klar und verständlich: Der Glaube an Hexerei sollte insgesamt ausgelöscht werden, ganz gleich ob es sich dabei um böswillige oder heilende, ernstgenommene oder nur vorgetäuschte Magie handelte.

Sieben Jahre später wurde die Proklamation von 1879 durch ein formelles Gesetz ersetzt. Das "Strafgesetzbuch für die Schwarzen Territorien"[10] enthielt ein eigenes Kapitel mit mehreren Straftatbeständen, für die im Gegensatz zur Proklamation von 1879 Höchststrafen vorgesehen waren[11]. Offensichtlich hatten die Kolonialherren herausgefunden, dass die südafrikanische Kosmologie Hexentötungen und Muti-Morde zwingend mit sich brachte. Vor dem Hintergrund der oben geschilderten[12], stereotyp ablaufenden Hexenkriminalität wurden deshalb vier Straftatbestände geschaffen[13]: § 171: Hexenbeschuldigung, § 173: Konsultation eines Hexendoktors in Sachen Hexenbeschuldigung, § 174: Magische Handlungen des Hexendoktors mit Verletzungsvorsatz und § 175: Der Einsatz von magischen Mitteln mit Verletzungsvorsatz durch jedermann. Bei einer Hexenbeschuldigung durch einen spezialisierten isanusi („Hexenausschnüffler"), der die Schuld an einem Unglück einer dritten Person zuschob, war in der unselbständigen Qualifikation des § 172 ein erhöhter Strafrahmen von fünf (statt zwei) Jahren Gefängnis vorgesehen.

Im Gegensatz zur Proklamation von 1879 waren also nur noch spezifische Handlungen mit Strafe bewehrt, die typischerweise zu den oben geschilderten Hexenmorden führten. Vom Normzweck her betrachtet sollten sich die neuen Vorschriften also weniger gegen den Hexenglauben als Weltanschauung richten, sondern eher gegen die daraus resultierenden Exzesse wie Hexenjagden oder Vergiftungen.

Das Gesetz aus dem Jahr 1886 löste eine fatale Fehlentwicklung aus: Obwohl § 175 (Einsatz magischer Mittel mit Verletzungsvorsatz durch jedermann) sehr weit gefasst war, also insbesondere die Bestrafung von böswilliger Hexerei ermöglicht hätte, wurde die Norm von Seiten der Kolonialherren nicht durchgesetzt. Die Strafverfolgung rich-

---

[10] Cape of Good Hope: Black territories' Penal Code, Act 24 of 1886, siehe insbesondere das elfte Kapitel, §§ 171 ff.
[11] Nach Milton / Fuller III E2, 1 handelte es sich hierbei um die erste gegen den Hexenglauben gerichtete Vorschrift.
[12] Siehe oben, Kapitel II 1.
[13] Vgl. für den Wortlaut der Normen Appendix II.

tete sich in der Praxis also nicht gegen die Hexen, sondern vorwiegend gegen die Sangomas[14].

Ein Grund für die Nichtanwendung des § 175 auf Hexen war sicherlich das Bestreben der Einwanderer, vor allem diejenigen Handlungen der Sangomas zu bestrafen, mit denen letztere ihren Einfluss gegenüber den Weißen zu erhalten versuchten, nämlich die Machtinstrumente der Hexenausschnüffelung. Zum anderen waren die Verstöße gegen §§ 171 und 173 (Beschuldigung der angeblichen Hexerei und Konsultation zwecks Hexenausschnüffelung) sachlich leichter nachzuweisen als ein Verstoß gegen § 175 (Praxis der böswilligen Magie).

Nach traditioneller afrikanischer Kosmologie richtete sich die weiße Strafverfolgung also schlicht gegen die falsche Person; aus Sicht der Einheimischen hatte der Staat somit für die Hexen Stellung bezogen.

Die Fronten verhärteten sich durch die Einführung des ersten ausdrücklich so bezeichneten "Hexereiunterdrückungsgesetzes" für die Kapkolonie im Jahre 1895[15]. Im wesentlichen hatte man die Straftatbestände zwar unverändert aus dem Gesetz für die Schwarzen Territorien übernommen. Der Kolonialstaat platzierte im Wortlaut der Vorschriften aber eine Aussage, die 1886 in dieser Deutlichkeit noch nicht gemacht worden war: Schon in der Überschrift des Gesetzes wurde klargestellt, dass der Staat nicht an Hexen glaubte, denn als Gesetzeszweck wurde die "Unterdrückung der Anschuldigung oder Praxis *angeblicher* Hexerei" genannt. Der gedankliche Umbruch, der in England bereits 1736 geschehen war, fand nun also auch Eingang in die südafrikanische Gesetzesterminologie. Somit war ein Regelwerk geschaffen, welches in offenem Konflikt mit dem Normgefüge der schwarzen Afrikaner stand: Die schwarzen Bewohner Südafrikas glaubten an die Existenz der Hexerei, das sie regierende weiße Gesetz tat dies hingegen nicht.

Neu war am Gesetz von 1895, dass die Kolonialherren nun auch versuchten, den Sangomas ihre wirtschaftliche Grundlage zu entziehen. In § 6 des Regelwerks wurde eine gesetzliche Fiktion eingefügt, wonach sämtliche Einnahmen aufgrund vorangegangener Tätigkeit wie Weissagung o.a. als unrechtmäßig erlangt galten[16]. (Bisher hatten die Gerichte im Rahmen der Betrugsstrafbarkeit vor dem Problem gestanden, dass sowohl der Sangoma als auch der Klient selbst im Prozess von der Wirksamkeit der magischen Handlung oder von der Richtigkeit der Weissagungen ausgegangen

---

[14] Vgl. z.B. R. v. Tiki, 1919 EDL 19; R. v. Mpambani, 1932 (2) PH H.159 (EDLD); R. v. Galeni, 1943 EDL 291.
[15] Cape of Good Hope "Act to Suppress the Imputation or Practise of Pretended Witchcraft", Act No.2 of 1895
[16] Vgl. den Wortlaut der Norm im Appendix II.

waren. Es hatte somit an dem im Common Law für die Betrugsstrafbarkeit nötigen Element der "false pretences"[17] gefehlt[18]. Dies wurde durch die Vorschrift geändert.) Dem Sangoma blieb nur die - praktisch nicht durchführbare - Möglichkeit des vollen Gegenbeweises. Die Verurteilung von Sangomas wegen Betruges war aufgrund dieser Beweislastumkehr nunmehr uneingeschränkt möglich geworden.

1891 waren auch in der britischen Kolonie Natal Vorschriften gegen die Hexendoktoren in die „Gesetze betreffend die Einheimischen" aufgenommen worden[19]. Im Unterschied zur Entwicklung am Kap, wo man mit immer enger gefassten, speziellen Tatbeständen arbeitete, hatte man in Natal auf eine breit angelegte gesetzliche Attacke gegen alle professionellen Magier gesetzt[20]. In § 268 wurde allein die Betätigung als Weissager, Regen- oder Blitzdoktor mit bis zu 6-monatiger Freiheitsstrafe belegt. Die gleiche Sanktion traf gemäß § 269 denjenigen, der in irgendeiner Sache eine der genannten Personen konsultierte, sowie auch Boten zwischen Auftraggeber und Magier. Alle anderen professionellen Magier wurden nach § 270 bestraft, wenn sie Wissen über schädliche Magie verbreiteten.

Die Berücksichtigung von Regen- und Blitzdoktoren in die Tatbestände war regional bedingt, da diese magische Praxis insbesondere im Hinterland von Natal weit verbreitet war. Das große Dilemma der Gesetzgebung in Natal war das gleiche wie am Kap: Die Gesetze richteten sich gegen den "guten" Hexenmeister und sahen keine Strafe für die "böse" Hexe vor, wie es nach traditionellem afrikanischen Recht eigentlich erforderlich gewesen wäre. Darin, dass 1891 in Natal schon die Betätigung als Sangoma bei Strafe verboten wurde, lag der bisher weitestgehende Eingriff in die afrikanische Weltanschauung auf dem Territorium der heutigen Republik Südafrika.

Die 1895 am Kap eingeführte Beweislastumkehr bezüglich der Einnahmen aus Weissagung wurde in Natal nicht in das Hexereibekämpfungsgesetz aufgenommen; auch nachdem einige Nachbarländer diese Regelung übernommen hatten[21] erfolgte keine nachträgliche Änderung. Dieses Versäumnis führte zu dem oben genannten Problem, dass nämlich das Täuschungselement der "false pretences" in Natal oftmals nicht nachgewiesen werden konnte und die Sangomas somit dort nicht wegen Betruges bestraft werden konnten. Auch das Fallrecht konnte diese Lücke nicht schließen[22].

---

[17] Vgl. hierzu Snyman, Strafreg, Seite 543.
[18] Vgl. z.B. R. v. Nqweshiza, 1948 (1) SA 106 (NPD) m.w.N.; R. v. Naidoo and Jenkins, 1938 GWLD 2 ; dagegen die älteren Entscheidungen R. v. Zillah, 1911 CPD 643 und R. v. Nothout, 1912 CPD 1037; näheres vgl. unten Kapitel IV 2. d).
[19] Natal Native Code, Law No.19 of 1891, Chapter 21, §§ 268-170.
[20] Vgl. den Gesetzeswortlaut im Appendix II.
[21] Vgl. im Appendix II § 9 des Witchcraft Suppression Act of Southern Rhodesia oder § 13 der Hexereiunterdrückungsproklamation von Nordrhodesien.
[22] In der Entscheidung R. v. Nqweshiza, 1948 (1) SA 106 (NPD) auf Seite 107 unten, stellte der Berufungsrichter Henochsberg fest, dass man nicht pauschal annehmen könne, jeder Eingeborene

Im Transvaal setzte man auf sehr hohe Gefängnis- und Prügelstrafen, um des Problems der Hexenkriminalität Herr zu werden. Bei der Schaffung des Transvaal'schen Strafgesetzbuches, welches 1904 im Wege einer Verordnung erging[23], wurde die Hexereibezichtigung durch einen Sangoma mit bis zu lebenslanger Freiheitsstrafe bestraft.

Im Jahre 1957 wurde dann erstmals ein umfassendes Hexereiunterdrückungsgesetz der Union der Südafrikanischen Staaten erlassen[24]. Dieses Gesetz wurde im Jahre 1970 inhaltlich geändert[25] und stellt bis heute in der Republik Südafrika geltendes Recht dar. Die Tatbestände gliedern sich heute wie folgt:

> „*1. Offences relating to the practice of witchcraft and similar practices.*
> *Any person who -*
> *(a) imputes to any other person the causing, by supernatural means, of any diseases in or injury or damage to any person or thing, or who names or indicates any other person as a wizard;*
> *(b) in circumstances indicating that he professes or pretends to use any supernatural power, witchcraft, sorcery, enchantment or conjuration, imputes the cause of death of, injury or grief to, disease in, damage to, or disappearance of any person or thing to any other person;*
> *(c) employs or solicits any witch doctor, witch-finder or any other person to name or indicate any person as a wizard;*
> *(d) professes a knowledge of witchcraft , or the use of charms, and advises any person how to bewitch, injure, or damage any person or thing, or supplies any person with any pretended means of witchcraft;*
> *(e) On the advice of any witch doctor, witch-finder or other person or on the ground of any pretended knowledge of witchcraft, uses or causes to be put into operation any means or process which in accordance with such advice or his own belief, is calculated to injure or damage any person or thing;*
> *(f) for gain pretends to exercise or use any supernatural power, witchcraft, sorcery, enchantment or conjuration, or undertakes to tell fortunes, or pretends from his skill in or knowledge of any occult science to discover where and in what manner anything supposed to have been stolen or lost may be found,...*"

---

wisse, dass Hexerei in Wirklichkeit nicht funktioniere. Vgl. hierzu auch die Entscheidung (für Griqwaland) R. v. Naidoo and Jenkins, 1938 GWLD 2.

[23] Ordinance No. 26 of 1904 (T), "Transvaal Crimes Ordinance", insbesondere Chapter D, §§ 29-34

[24] „Act to provide for the Suppression of the Practice of Witchcraft and similar Practices", Act No 3 of 1957

[25] Witchcraft Suppression Amendment Act No 50 of 1970

Auf den lang anhaltenden Druck von Seiten der weißen Richterschaft[26] wurden im Strafzumessungsteil des Gesetzes[27] die Strafen 1957 auf sehr hohem Niveau gehalten und die Tatbestände in einigen Punkten verschärft. Eine besondere Strafzumessungsregel[28] wurde für den „witchdoctor by habit and repute“ eingeführt, um eine bis zu 20-jährige Freiheitsstrafe für Sangomas zu ermöglichen.

Das Gesetz von 1957 enthält ferner eine nach europäischem Verständnis sehr bedenkliche Vorschrift:

> *„2. Presumption*
> *Where any person in respect of whom an offense referred to in paragraph (a) or (b) of section 1 was committed is killed, it shall be presumed, until the contrary is proved, that such person was killed in consequence of the commission of such offense.“*

Artikel 2 des Witchcraft Suppression Act bestimmt also, dass der Tod eines Menschen, der zuvor der Hexerei bezichtigt wurde, bis zur Erbringung des Gegenbeweises als durch die Anschuldigung selbst verursacht gilt. Der Sangoma ist nach dem Gesetz also bis heute gewissermaßen für den Tod des Beschuldigten durch Handlungen Dritter verantwortlich. Aufgrund dieser gesetzlichen Vermutung für eine Kausalität zwischen Hexereibeschuldigung und Tod des Beschuldigten können die Strafrichter den Tod des Opfers heute problemlos in die Strafzumessung einfließen lassen und die Sangomas für Verstöße gegen den Witchcraft Suppression Act mit Todesfolge schwerer bestrafen, ohne dass die weißen Richter in jedem Einzelfall die Kausalität zwischen Ausschnüffelung und Tod nachweisen müssen.

1970 wurde durch den Witchcraft Suppression Amendment Act[29] der jetzige Artikel 1 (b) eingeführt. Die Beobachtung typischer Abläufe bei Hexentötungen hatte ergeben, dass viele Weissagungen von Sangomas über Todesursachen und das Verschwinden von Gegenständen zu Hexenjagden führten. Folglich wurden auch diese Tätigkeiten unter Strafe gestellt.

---

[26] Vgl. z.B. die Voten von J. Hutton, J. Sampson und A.J.P. Kotzé in R. v. Tsungwana, 1919 EDL 25, Seiten 28-30.
[27] Vgl. Appendix II.
[28] Dieser systematische Wechsel vom Tatbestand zur Strafzumessungsregel verdeutlichte, dass durch die Regeln bezüglich des „witchdoctor by habit and repute“ in früheren Gesetzen die Sangomas nicht allein schon wegen ihres Berufes, sondern nur für bestimmte Tätigkeiten bestraft werden sollten. Vgl. in diesem Zusammenhang die Ansicht von Kotzé , A.J.P., in R. v. Tsungwana, 1919 EDL 25, Seite 25 a.E.
[29] Act 50 of 1970, „Witchcraft Suppression Amendment Act“

Die Bekämpfung von magischen Tätigkeiten auf dem Gebiet der heutigen Republik Südafrika mit dem Mittel des Strafrechts wurde im Jahre 1992 auf die Spitze getrieben. Das Homeland Lebowa erachtete die Vorschriften des Witchcraft Suppression Act von Südafrika als nicht mehr ausreichend, scherte aus den nationalen Hexereibekämpfungskonzepten aus und erließ ein eigenes Hexereiunterdrückungsgesetz[30]. Die Straftatbestände wurden angesichts der steigenden Unruhen in den Homelands Ende der achtziger und zu Beginn der neunziger Jahre nochmals erweitert und die Strafen nochmals verschärft. Als Reaktion auf einige regional übliche Prozeduren bei Hexenjagden stellte die Homelandregierung nun schon einfache, teilweise auch sehr unspezifische Vorbereitungshandlungen unter Strafe. Schon die Teilnahme an den Dorftribunalen war mit drakonischen Gefängnisstrafen bedroht. Artikel 1 (h) des Gesetzes belegte sogar den Fahrer eines Kraftfahrzeuges, der Menschen zu einer entsprechenden Dorfversammlung oder zu einem Isanusi fuhr, mit Gefängnisstrafen von bis zu fünf Jahren. Um Beweisschwierigkeiten zu umgehen, wurde noch eine weitere gesetzliche Beweislastregel eingeführt: Nach dieser wurde sogar (widerleglich) vermutet, dass der Fahrer eines Kraftfahrzeuges stets wisse, welchen Fahrgast er zu welchem Zweck wohin befördere.

Mit dem Zusammenbruch der Homelandstruktur sind diese überaus drastischen Gesetze heute glücklicherweise gegenstandslos.

1997 wurde der Witchcraft Suppression Act nochmals geringfügig geändert; die Prügelstrafen wurden wegen Verfassungswidrigkeit aus dem Gesetz genommen. Allein die Tatsache, dass das Gesetz nochmals an aktuelle Gegebenheiten angepasst und nicht einfach abgeschafft wurde, dokumentiert den ungebrochenen Willen der südafrikanischen Regierung, auch nach der Abkehr von der Apartheid an einem solchen Regelungswerk grundsätzlich festzuhalten.

Die „Unterdrückung des Hexenglaubens durch das Recht“ sollte aber nicht nur durch spezielle Straftatbestände erreicht werden. Auch auf dem Gebiet der Gerichtsorganisation und des Strafprozessrechts wurden Vorschriften erlassen, die ausschließlich gegen die kosmologischen Vorstellungen der einheimischen Bevölkerung gerichtet waren.

Durch den bereits erwähnten „Bantu Administration Act“ von 1927[31] war den Häuptlingen die richterliche Gewalt im Bereich der Hexerei ausdrücklich entzogen und auf die Kolonialgerichte übertragen worden. Man glaubte, dadurch die Hexenverfol-

[30] „Wet op Onderdrukking van Toorkuns“, Act No. 2 of 1992, vgl. Appendix II (heute wieder außer Kraft). Die autonomen Homelands (Siedlungsgebiete für Schwarze) innerhalb Südafrikas hatten eine weitreichende eigene Gesetzgebungskompetenz eingeräumt bekommen. Vgl. zur Konstruktion der Homelands Isert, Die Homeland-Politik in Südafrika.

[31] Act No 38 of 1927, § 20 (1) in Verbindung mit dem Dritten Anhang des Gesetzes

gung in staatliche Kanäle zu lenken und hoffte, so die Durchführung der inoffiziellen Hexentribunale endgültig verhindern zu können. In praktischer Hinsicht war diese Beschneidung der richterlichen Kompetenzen der Häuptlinge jedoch ohne spürbaren Effekt. Obwohl dies bisher nur bezüglich der traditionellen Häuptlingsgerichtshöfe in Rhodesien[32] und bei den Tswana[33] eindeutig feststeht, muss angenommen werden, dass die Häuptlingsgerichtshöfe im gesamten Südafrika (auch gegen das offizielle Gesetz) weiterhin Fälle von Hexerei behandelt haben[34].

Ein wesentlicher Grund dafür dürfte gewesen sein, dass im Banturecht, wie bereits dargelegt[35], keine strenge Unterscheidung zwischen zivilrechtlicher und strafrechtlicher Sanktion existierte. Zivilrechtliche Streitigkeiten (etwa um Schmerzensgeld wegen einer Beleidigung) durften noch vor den Häuptlingsgerichtshöfen verhandelt werden. So war es für die Häuptlingsgerichte naheliegend, Strafen für eine fälschliche Anschuldigung der Hexerei[36] als deliktische Sanktion zu verkleiden. Es sind sogar Fälle bekannt geworden, in denen der Angeklagte faktisch eine Geldstrafe für eine falsche Hexereibeschuldigung bezahlen musste, die aber als "Verfahrensgebühr" bezeichnet worden war[37]. Da formelle Protokolle in den traditionellen Gerichtshöfen nicht üblich waren, wurden diese Fälle der Umgehung des Bantu Administration Act erst spät bekannt; oftmals dürften sie überhaupt nicht entdeckt worden sein. In den aus Bechuanaland (dem heutigen Botswana) bekannt gewordenen Fällen hoben die District Commissioners diese Urteile wegen mangelnder Zuständigkeit der Häuptlinge allesamt wieder auf[38].

Eine weitere flankierende Maßnahme der Hexereibekämpfung betraf ein Homeland: Als die Transkei 1977 unabhängig wurde, änderte man noch im gleichen Jahr auf Anraten eines ehemaligen Strafrichters den Transkei Criminal Procedure Code[39]: Der Glaube an Hexerei durfte schon per legem keinen strafmildernden Umstand in Fällen des Mordes und des Totschlages darstellen. Dies führte dazu, dass bei vorsätzlichen Tötungsdelikten mit Bezug zum Hexenglauben die Todesstrafe die einzig mögliche

---

[32] Chavunduka, 8 (2) Zambesia 129 (1980), Seite 130
[33] Schapera, The Crime of sorcery, Seite 16 m.w.N.
[34] Van Niekerk, 24 de jure 277 (1991), Seite 283, sieht die Tatsache ebenfalls als offensichtlich an. Nach Auskunft von Chris Boonzaaier, Professor für Ethnologie an der University of Pretoria am 2.6.1998 (er hatte im Rahmen lego-ethnologischer Forschungen zahlreiche informelle Häuptlingsgerichtssitzungen bei den Tsonga verfolgt), seien etwa drei Viertel aller vor die Häuptlingsgerichtshöfe getragenen Fälle auf Hexerei bezogen.
[35] Siehe oben, Kapitel III 2. und 8.
[36] Vgl. hierzu oben, Kapitel III 6.
[37] Schapera, 2 African Studies 27 (1943), Seite 37.
[38] Vgl. die Nachweise bei Schapera, The crime of Sorcery, Seite 16.
[39] Siehe hierzu die Nachweise bei Mihalik / Cassim, 110 SALJ 127 (1993), Seite 140.

Sanktion war. In der Folgezeit wurden in der Transkei die meisten Todesurteile pro Kopf auf der Welt vollstreckt[40].

2. Zielrichtungen staatlicher Hexereibekämpfung und aktuelle Gesetzeslage nach dem Witchcraft Suppression Act

Der oben angeführte Witchcraft Suppression Act aus den Jahren 1957 und 1970 (in der Fassung von 1997) stellt auch nach dem friedlichen Übergang Südafrikas zu einer rechtsstaatlichen Demokratie noch immer geltendes Recht dar. Im wesentlichen sind drei mögliche Ziele des Gesetzes denkbar:

Erstens sollten die Ausschnüffelungsprozeduren und die Hexereibezichtigungen unterbunden werden. Dieses Ziel sollte erreicht werden, indem man die Bezichtigungen anderer Personen, durch magische wie nichtmagische Mittel und bereits die Konsultation eines „Witchdoctor" zum Zwecke der Unglückszurechnung unter Strafe stellte.

Das zweite Ziel des Gesetzgebers war ursprünglich wohl die Auslöschung der mit dem Hexenglauben verbundenen Weltanschauungsmodelle. Anders kann es nicht erklärt werden, dass eine Vorschrift existierte, die die Weitergabe magischen Wissens unter Strafe stellte

Drittens sollte den Sangomas die wirtschaftliche Grundlage entzogen werden. Mit der Weissagung wurde schließlich die Haupteinnahmequelle der Sangomas neben anderen berufsmäßig ausgeübten magischen Tätigkeiten ausdrücklich unter Strafe gestellt.

Bevor darauf eingegangen wird, inwieweit diese Strafgesetze zur Erreichung der genannten Ziele überhaupt geeignet waren und welche praktischen Auswirkungen sie in der Rechtsanwendung hatten, sollen die drei Tatbestandsgruppen eingehend untersucht und Problemfelder, denen sich die weißen Gerichte bei der Auslegung der Normen ausgesetzt sahen, genauer beschrieben werden. Die Schwierigkeiten bei der Anwendung der einzelnen Normen sind auffallend ähnlich. In der Rechtsprechung der südafrikanischen Obergerichte zu den Hexereiunterdrückungsgesetzen wird deutlich, dass vor allem die Unstimmigkeit der Tatbestände in sich, eine uneinheitliche Rechtsanwendung und eine mangelnde Kongruenz des Gesetzesrechts mit den kosmologischen Vorstellungsbildern der Schwarzen zu Schwierigkeiten führten. Daraus wird - wie schließlich zu zeigen sein wird - das Fehlgehen der Gesetze insgesamt ersichtlich[41].

---

[40] Mihalik / Cassim, 110 SALJ 127 (1993), Seite 140.
[41] Vgl. hierzu unten, Kapitel IV 3. b).

a) § 1 (a), (b) und (c) - stumpfe Schwerter im Kampf gegen die Hexentötungen ?

§ 1 (a), (b) und (c) lauten wie folgt:

> „*Any person who -*
> *(a) imputes to any other person the causing, by supernatural means, of any diseases in or injury or damage to any person or thing, or who names or indicates any other person as a wizard;*
> *(b) in circumstances indicating that he professes or pretends to use any supernatural power, witchcraft, sorcery, enchantment or conjuration, imputes the cause of death of, injury or grief to, disease in, damage to, or disappearance of any person or thing to any other person;*
> *(c) employs or solicits any witch doctor, witch-finder or any other person to name or indicate any person as a wizard; ...*"

Verstöße gegen die Norm werden im Falle des § 1 (a) und (b) mit Gefängnisstrafe bis zu zehn Jahren, Geldstrafe bis zu 1000 Rand (bis 1997 alternativ mit zehn Peitschenhieben) geahndet. Stellt sich heraus, dass eine der Taten durch einen „witchdoctor by habit and repute" begangen wurde, oder starb jemand als Konsequenz einer solchen Tat, so erhöht sich die Maximalstrafe auf 20 Jahre Gefängnis[42]. Ein Verstoß nach § 1 (c) wird mit Gefängnis bis fünf Jahren oder mit Geldstrafe oder beidem geahndet[43].

Durch die ersten drei Straftatbestände sollten wie bereits erwähnt primär die Hexentötungen unterbunden werden.

Betrachtet man die Normen etwas genauer, so erkennt man, dass § 1 (a) in zwei separate Tatalternativen zerfällt[44]. Die erste Alternative stellt denjenigen unter Strafe, der einen anderen der Verantwortung für seltsame Todes- oder anderen Unglücksfälle nach den oben genannten Prinzipien[45] bezichtigt. Bei der zweiten Tatalternative ist hingegen die Bezichtigung eines anderen als Hexe nötig, ohne dass ein Zusammenhang zu einem konkreten Geschehnis hergestellt werden muss. Aus afrikanischer Sicht wäre

---

[42] Vgl. § 1 (i) und (ii) Witchcraft Suppression Act. Zum Begriff des „witchdoctor by habit and repute" siehe sogleich unten, Kapitel IV 2. e). Die Peitschenhiebe entfielen aufgrund Gesetzes (Strafregswysigingswet 105 /1997).

[43] § 1 (iii) Witchcraft Suppression Act.

[44] Insoweit besteht ein Unterschied zu der Ansicht der Gerichte in Zimbabwe, die auf einer Abweichung in der Formulierung zwischen südafrikanischem und südrhodesischen Gesetzestext beruht. Die Parallelvorschrift aus Südrhodesien lautet:
„*3. Whoever imputes to any other person the use of non-natural means in causing any disease in any person or animal or in causing any injury to any person or property, that is to say, whoever names or indicates any other person as being a wizard or a witch shall be guilty of an offence...*". Die Gerichte in Zimbabwe vertreten angesichts der Formulierung „*that is to say*" die Ansicht, bei der Formulierung „*naming or indicating another as a wizard*" handele es sich lediglich um einen deskriptiven Appendix, vgl. S. v. Mbiri, 1982 (2) SA 519 (ZSC), Seite 520 E; R. v. Ntozonke, 1947 S.R. 59 (Bulawayo), Seite 59 (=R. v. Nyomoceke, 1947 (3) SA 9 (S.R. Bulawayo), Seite 9).

[45] Vgl. hierzu oben, Kapitel I 5.

es konsequent, beide Tatbestandsalternativen strikt zu trennen: Die Bezichtigung eines anderen als „Hexe" (2.Alt.) hat bereits schwerwiegende soziale Auswirkungen auf den derart Bezeichneten, der fortan gewissermaßen von seinen Mitmenschen beäugt wird und für ein eintretendes Unglück verantwortlich gemacht werden kann. Weitaus gefährlicher[46] im Hinblick auf die Gefahr einer Hexentötung ist jedoch die Übelszurechnung nach der ersten Tatbestandsalternative. Schon nach dem afrikanischen Grundverständnis schließt die Bezichtigung, im Wege einer magischen Kausalität für ein Unglück verantwortlich zu sein, die Anschuldigung als Hexe denknotwendig mit ein[47] und stellt somit gegenüber der zweiten Tatbestandsalternative die weit schwerwiegendere Handlung dar. Aus der traditionell-afrikanischen Perspektive wäre es demnach angezeigt, die Begehung der ersten Tatbestandsalternative härter zu bestrafen als die bloße abstrakte Bezichtigung eines anderen als Hexe. Dass sich diese Wertung nicht im Gesetz niederschlägt, sondern dass die beiden Tatbestandsalternativen die gleiche Strafandrohung nach sich ziehen, deutet bereits darauf hin, dass die Vorschriften aus der Sicht der Einheimischen nicht stringent ausgestaltet sind.

Die südafrikanischen Gerichte sahen sich immer wieder mit der Frage konfrontiert, ob zur Verwirklichung beider Tatbestandsalternativen eine ausdrückliche Bezichtigung durch Worte nötig sei, oder ob auch ein konkludentes Handeln hierfür ausreiche. Im Hinblick auf den telos der Norm und auf den gleichbleibenden Grad der Gefährdung bildete sich jedoch die einheitliche Ansicht aller Gerichte im südlichen Afrika, dass eine solche Bezichtigung auch konkludent erfolgen könne[48].

Im Unterschied zu § 1 (a), zu dessen Tatbestandserfüllung eine einfache Bezichtigung durch Worte ausreicht, bestraft der Absatz (b) die Übelszurechnung durch magische Praktiken. Hierzu nahm man eine katalogähnliche Liste von (aus Sicht des weißen Gesetzgebers angeblich typischen) magischen Handlungen in das Gesetz auf, um die praktische Anwendbarkeit der Norm zu erleichtern. § 1 (a) setzt also voraus, dass die Bezichtigung anhand profaner Mittel geschieht, das Unglück aber durch Magie herbeigeführt wurde. Der Tatbestand des § 1 (b) hingegen erfordert, dass die Bezichtigung auf magischen Tätigkeiten beruht, das Unglück hingegen muss nicht auf Magie beruhen[49]. Typische Verstöße gegen § 1 (a) sind also z.B. die wörtliche Bezichtigung eines anderen als Hexe, typische Fälle des § 1 (b) sind hingegen die Ausschnüffelungsprozeduren der Sangomas zum Zwecke der Übelzurechnung.

---

[46] Die Differenzierung nach Gefährlichkeit wurde bereits im Urteil R. v. Ntozonke, 1947 S.R. 59 (Bulawayo), Seite 59 angedacht.
[47] Siehe oben, Kapitel I 2.
[48] grundlegend hierzu: R. v. Ntozonke, 1947 S.R. 59 (Bulawayo), Seite 59.
[49] Diese Differenzierung hat sich in der Rechtsprechung festgesetzt, vgl. zuletzt S. v. Nyathi, 1978 (1) SA 289 (TPD), Seite 290 G/H.

§ 1(c) sanktioniert schon die erste Konsultation eines Sangoma durch eine Person, wenn ein Unglück gedeutet werden oder gar jemandem zugerechnet werden soll. Systematisch zieht der Absatz (c) gegenüber § 1 (a) und (b) die Strafbarkeitsgrenze nach vorn. Während bei § 1 (a) oder (b) der Boden für eine Hexentötung konkret bereitet ist, ist bei der Strafbarkeit der Konsultationshandlungen noch kein Opfer konkretisiert; es steht noch nicht einmal fest, ob überhaupt eine Hexe (oder vielleicht nur die Ahnen) für das Unglück verantwortlich sind[50].

Bei der praktischen Anwendung der Vorschriften durch die südafrikanischen Strafgerichte traten drei Problemfelder auf. Erstens hatten die Gerichte Schwierigkeiten bei der Auslegung der Tatbestandsmerkmale des „wizard“ und der „magical means“. Als zweiter Problemkreis wurde schwerpunktmäßig die Frage des „conduit pipe“, also der Wiedergabe der Meinung dritter Personen, in den Gerichtsentscheidungen behandelt. Drittens haben die Gerichte hinsichtlich des § 1 (c) im wesentlichen die Frage diskutiert, ob nach § 1 (c) auch der Teilnehmer an solchen Weissagungen bestraft werden solle, bei denen das zur Frage stehende Unglück nicht einer Hexe (somit einem Menschen), sondern einem Tokoloshe oder den Ahnengeistern zugeschrieben wurde. Auch hier entwickelte führte die Unklarheit über die Zielrichtung der Norm zu Anwendungsproblemen, die (vor allem aus afrikanischer Sicht) nicht selten zu völlig absurden Urteilen führte.

aa) „Wizard“ und „supernatural means“ : Auslegungsprobleme bei § 1 (a) und (b)

Der Witchcraft Suppression Act beschreibt den „wizard“ nicht näher. Dies wurde vielmehr den Gerichten selbst überlassen. Diese hatten jedoch Schwierigkeiten damit, die südafrikanische Weltanschauung in diesem Punkt mit der Rechtsterminologie in Einklang zu bringen.

Die südafrikanischen Gerichte gingen stets davon aus, dass „wizard“ ein „Mann sei, der Hexerei praktiziere“[51]. (Die konsequenterweise durch die Verteidigung in *S. v. Mafunisa*[52] aufgeworfene Frage, ob eine Frau auch „Mann“ im Sinne dieser Rechtsprechung sein könne, wurde vom Gericht bejaht.)

Diese Definition war natürlich wenig brauchbar und entsprach auch nicht den Wertungen der Schwarzen; vor allem fehlte eine Begrenzung auf böswillige Magie. Der Begriff „wizard“ war von den Gerichten vorschnell aus der europäischen Sicht definiert worden. Dieser Fehler war zuvor auch der Anthropologie unterlaufen: Wie bereits erwähnt, war unter Rechtsanthropologen lange Zeit „wizard“ definiert als „eine

---

[50] Siehe oben, Kapitel I 1.,2.

[51] R. v. Maruberera, 1968 (1) SA 206 (R), Seite 207

[52] S. v. Mafunisa, 1986 (3) SA 495 (V), Seiten 497 F-I

Person, die innerhalb des Feldes der Magie, üblicherweise mit Zaubersprüchen und / oder magischen Substanzen arbeitet". Dies ist aber - wie dargestellt - nach südafrikanischer Ansicht ebenso ungenau. Unter diesen Voraussetzungen wäre nämlich der Kräuterheiler ein „wizard", die Hexe, die nur durch Gedanken und nicht anhand von Zaubersprüchen oder magischen Substanzen Tod und Verderben herbeiführt, hingegen nicht. Man kann nicht davon ausgehen, dass § 1 (a) des Witchcraft Suppression Act denjenigen bestrafen wollte, der einen anderen der „Kräuterheilung" bezichtigte.

Auch aus der afrikanischen Weltanschauung heraus entsteht zudem ein logisches Problem bei der Suche nach einer zutreffenden Definition für den „wizard". Die oben dargestellte[53] zunehmende Generalisierung der Tätigkeitsfelder in der afrikanischen Magie lässt keine strikte Trennung nach Kräuterheilern, Weissagern, Sangomas, Regen- oder Blitzdoktoren mehr zu. Unter diesen Umständen erscheint eine genaue Definition des „wizard" nur sehr schwer möglich. Der aus der Literatur stammende Lösungsvorschlag *„any word, which indicates that the other person is a practitioner of the occult"*[54] ist nicht nur in dieser Hinsicht als kritisch anzusehen. Die letztgenannte Definition bringt das völlig systemfremde Element des Okkultismus ein und stellt zudem ebenfalls nicht auf den Zweck der Norm ab. Der Tatbestand richtet sich praktisch ausschließlich gegen die Bezichtigung einer anderen Person als *böswilliger* Magier, nicht schlechthin gegen die Bezeichnung als *praktizierender* Magier ohne Beachtung der Qualität seines Handelns als sozialschädlich oder als -günstig[55]. Solange dieser Differenzierung nicht durch eine angemessene Definition Rechnung getragen werden kann, wird der Tatbestand für den Normadressaten völlig widersinnig ausgefüllt.

In der ersten Tatalternative des Absatzes (a) stellt sich das Problem im Grunde ebenso. In den Gerichtsentscheidungen wurde anhand der Definition von *„by supernatural means"* immer wieder problematisiert, ob der Täter sein Opfer der *bewussten* Ausübung von übernatürlichen Kräften bezichtigen muss. In der Tat wird dies in der einzigen Publikation, die sich dem Witchcraft Suppression Act widmet, aus der Literatur gefordert[56]. Ein rhodesischer High Court hingegen ließ diese Frage ausdrücklich unbeantwortet; obwohl das Wort „use" ein kognitives Element in sich trage, müsse die Bezichtigung sich nicht unbedingt auf den „bewussten Gebrauch" von übernatürlichen

[53] Siehe oben, Kapitel I 4. .
[54] Milton / Fuller III, E 2, Seite 3, die sich offensichtlich auf S. v. Maruberera, 1968 (1) SA 206 (R), Seite 207 beziehen.
[55] Der Venda Supreme Court ließ dies in der Entscheidung S. v. Mmbengwa, 1988 (3) SA 71 (VSC), Seite 74 D, ausdrücklich unbeantwortet. Angesichts der instabilen politischen Verhältnisse in Venda zu dieser Zeit muss man davon ausgehen, dass das Gericht den Zweck der Vorschrift im innenpolitischen Interesse dahingehend verstand, dass nicht nur die aus einer Hexereibeschuldigung resultierenden Exzesse, sondern der Hexenglauben an sich bekämpft werden sollte. Deshalb wählte man hier wohl die für die Schwarzen ungünstigste Auslegungsmöglichkeit.
[56] Milton / Fuller III, E2, Seite 4.

Kräften beziehen, obwohl der Gebrauch von Magie selbst nur „aktiv“ von statten gehen könne[57]. Diese Differenzierung zwischen „bewusst“ und „aktiv“ ist verwirrend und sollte nicht ohne weiteres auf Südafrika übertragen werden.

An der Art und Weise, wie die südafrikanischen Juristen mit der Frage umgingen, ob Hexerei „bewusst“ ausgeübt werden müsse, zeigt sich wiederum eine deutliche Abweichung der traditionell-afrikanischen Vorstellung von Magie vom Vorstellungsbild der südafrikanischen Rechtsgelehrten. Nach dem oben Gesagten[58] ist eines der Hauptcharakteristika für böswillige Magie die Tatsache, dass sie völlig unbewusst ausgeübt werden kann. Böswillige Magie durch Gedanken oder gar Träume ist die am meisten gefürchteten Form der südafrikanischen Magie; sie wird ausschließlich mit einem böswilligen Ziel betrieben. Vor allem der unbewusste Gebrauch von übernatürlichen Kräften müsste demzufolge von § 1 (a) erfasst sein, um die Norm für den Normadressaten aus einem afrikanischen Hintergrund heraus überhaupt verständlich zu machen. (In diesem Zusammenhang ist es ebenso nur mit der Unkenntnis der weißen Strafrichter zu erklären, dass die Gerichte große Schwierigkeiten hatten, z.B. den Gebrauch des impundulu („Blitzvogel“) oder den Einsatz von Muti unter den Begriff der Magie zu subsumieren[59], obwohl dies nach der traditionellen südafrikanischen Auffassung zwingend einen Akt der Magie darstellt[60].)

Der Versuch, durch die Einführung des neuen § 1 (b) im Jahre 1970[61] die Strafbarkeit nach dem Witchcraft Suppression Act nochmals zu erweitern und nun auch die magische Ausschnüffelung von nicht durch böswillige Magie verursachten Unglücksfällen zu bestrafen, sah sich mit ebensolchen definitorischen Schwierigkeiten konfrontiert. Unglücklicherweise hatte man bei der Formulierung des § 1 (b) die tatbestandlichen magischen Aktivitäten einfach aus den englischen Gesetzen des 18.Jahrhunderts übernommen[62]. Konsequenterweise wurden in Südafrika im Wege der historischen Auslegung von § 1 (c) die altenglischen Fälle und Definitionen herangezogen. *Milton / Fuller*[63] definieren demzufolge „witchcraft“ als *„das Eingehen eines Pakts mit Geistern, Zauberern, aus dem heraus Einfluss auf den normalen Lauf der Natur genommen*

[57] R. v. Maruberera, 1968 (1) SA 206, Seiten 207 E/F.
[58] vgl. oben, Kapitel I 5. a) und b).
[59] Vgl. bzgl. des impundulu R. v. Galeni, 1943 EDL 291; für einen Fall der Muti-Anwendung siehe R. v. M'Pompi, 1920 JS 329 (T). Im Gegensatz dazu hatte ein südrhodesisches Gericht im Falle R. v. Mujuchwa, 1928 S.R. 41 (Bulawayo/Umtali), sich auf die Meinung des Native Commissioners verlassen, der sich gut in den Traditionen auskannte und dargelegt hatte, dass insbesondere die heimliche Anwendung von Muti als magischer Akt anzusehen sei. Hier liegt ein deutlicher Fall vor, in dem die Vorschriften des Witchcraft Suppression Act wenigstens nach afrikanischen kosmologischen Vorstellungen ausgelegt wurden.
[60] Siehe oben, Kapitel I 5. d).
[61] Durch den Witchcraft Suppression Amendment Act 50 of 1970.
[62] Siehe oben, Kapitel IV 1.
[63] Milton / Fuller , III E2, Seite 5.

wird", „conjuration" wird definiert als *„Herbeirufen von Geistern"*, und „enchantment" sei *„das Singen von magischen Worten, um einen Zauberspruch zu erzeugen"*.

Vergleicht man diesen Katalog mit den oben dargelegten Prinzipien der südafrikanischen Magie[64], so stellt man fest, dass die genannten Tätigkeiten mit den derzeit in Afrika üblichen magischen Praktiken nichts gemeinsam haben. Eine Geisterbeschwörung findet - wenn überhaupt - nur in bezug auf die Ahnengeister und auch dann ausschließlich in Südrhodesien statt[65]. Das Singen von Zaubersprüchen ist in Südafrika gänzlich unbekannt. Weitverbreitete Weissagungsmethoden (wie etwa die Handhabung der Ditaola[66]) werden hingegen nicht erwähnt.

Nach alledem wird klar, dass der Tatbestand des § 1 (b) durch die direkte Übernahme der englischen Vorstellungen von Hexerei nicht auf die südafrikanischen Verhältnisse passt. Auch bei der Auslegung der Norm lehnte man sich an Maßstäbe aus dem England des 18.Jahrhunderts an, was zu einer Inkongruenz von gesetzlicher Vorstellung und sozialer Matrix führte.

Beim Rückblick in die Geschichte der Hexereiunterdrückungsgesetze drängt sich dem Beobachter ein bemerkenswerter Aspekt auf: In puncto Definitionsschwierigkeiten war das erste Hexereiunterdrückungsgesetz aus dem Jahr 1879 den heutigen Definitionen überlegen. In diesem Gesetz war es untersagt, *„Hexerei zu betreiben oder Handlungen, die allgemein als solche aufgefasst werden*[67]". Zwar ist diese Formulierung im Hinblick auf die Bestimmtheit der Norm sicherlich bedenklich, jedoch hat dieser Ansatz einen entscheidenden Vorteil: Hexerei sollte aus der Perspektive der Betroffenen definiert werden. Indem der Gesetzgeber damals auf den common sense abstellte, öffnete er die Türen für einen realitätsnahen, weiten Hexereibegriff, der regionale Besonderheiten der magischen Praxis berücksichtigen konnte. Eine Einzelfallabwägung, ob zum Beispiel ein offensives Verhalten Hexerei darstelle oder nicht, war somit möglich. Eine solche Würdigung des Einzelfalles wäre heute dringend von Nöten; die festgefahrenen Ansichten der Gerichte, was Hexerei sei und was nicht, stehen dem aber entgegen.

Letztlich scheint es konsequent, die entsprechenden Tätigkeiten dem Vorstellungsbild der Adressaten zu entnehmen: Was böswillige Magie ist, deren Ausübung die Gefahr einer Hexenjagd in sich birgt, kann nur aus der Weltanschauung der Bantu heraus beurteilt und folglich nur aus deren Sicht definiert werden. Nur so kann eine Vorschrift

---

[64] Siehe oben, Kapitel I 5.
[65] Siehe hierzu oben, Kapitel I 4. c) und 7.
[66] Siehe oben Kapitel I 4.
[67] § 14 der Cape of Good Hope Proclamation 110 of 1879 ("Regulations for the Government of Transkei")

wie § 1 (b) Witchcraft Suppression Act überhaupt seine volle präventive Wirkung entfalten. Bei der aktuellen Fassung des Gesetzes kann davon ausgegangen werden, dass eine solche Präventionswirkung zumindest stark eingeschränkt ist, weil die Normadressaten nicht verstehen können, was das Gesetz eigentlich verbieten will[68].

bb) Die Frage des conduit pipe

Das zweite Problemfeld bei der Anwendung der Norm war der sogenannte „conduit pipe", also die Wiedergabe der Meinung eines anderen. In der Praxis war dies vor allem dann bedeutsam, wenn eine Person zum Zwecke der Unglückszurechnung zum Sangoma ging und anschließend dessen Meinung über eine bestimmte „Hexe" öffentlich bekannt gab.

Zur Klärung der Frage des „conduit pipe" waren gesetzessystematische Überlegungen angesichts des sehr speziellen und begrenzten Anwendungsbereiches der Vorschriften nicht möglich; ebensowenig konnten sich die Gerichte hierbei auf eine gefestigte afrikanische Rechtsprechung stützen. Allein die Tatsache, dass die Diskussion um den conduit pipe überhaupt Eingang in die Rechtsprechung zu § 1 (a) fand, ist bemerkenswert, denn hierbei handelt es sich um eine Problemstellung, die bisher allein bei den Beleidigungsdelikten diskutiert worden war[69]. Es liegt in der Tat nahe, dass die südafrikanischen Gerichte in der Praxis die Normen in die Nähe der Beleidigungsdelikte stellten.

Unter den Obergerichten hatte sich zunächst die Meinung durchgesetzt, dass bei einem „conduit pipe" keine Strafbarkeit nach dieser Vorschrift gegeben sei, denn der Tatbestand setze eine „persönliche Handlung"[70] voraus. Daraus wurde abgeleitet, dass derjenige strafbar sei, der sich die Ansicht des Sangomas zu eigen gemacht habe und daraufhin Dritten gegenüber diese Meinung vertrete[71]. In dem Fall, in dem der Besuch bei einem Sangoma oder Isanusi aber nur dem Zweck diene, den eigenen Verdacht über die Hexeneigenschaft eines anderen zu bestätigen, stelle sich das Problem des „conduit pipe" nicht[72]. Der Test, ob der Angeklagte die Meinung als seine eigene vertrat, sei subjektiv. Somit solle sich der Angeklagte wegen § 1 (a) strafbar gemacht haben, wenn seine Zuhörer die Aussage, ein Dritter sei eine Hexe, als seine eigene Aussage ansehen sollten[73].

---

[68] Siehe dazu sogleich unten Kapitel IV 3. b)
[69] Vgl. Snyman, Strafreg, Seiten 466ff.
[70] R. v. Nywelluna, 1928 TPD 66 ; R. v. Mpambani, 1932 (2) P.H. H.159 (EDL)
[71] Siehe R. v. Fukuse, 1938 EDL 393, Seiten 396f; R. v. Hlupo, 1969 (4) SA 98 (RAD), Seite 100 F.
[72] R. v. Mpambani, 1932 (2) P.H. H.159 (EDL)
[73] R. v. Hlupo, 1969 (4) SA 98 (RAD), Seite 98 G/H

Aus der älteren Rechtsprechung lässt sich somit herauslesen, dass § 1 (a) durchaus als beleidigungsähnliches Delikt angesehen werden könnte. Die Forderung nach einer „eigenen Handlung", bzw. einer Aussage, die der Täter sich zurechnen lassen muss, verdeutlicht, dass die Gerichte anfangs davon ausgingen, der telos der Norm richte sich nur gegen solche Personen, die originär das Gerücht in die Welt setzen, bei dem späteren Opfer handele es sich um eine Hexe.

Von dieser Rechtsprechung wich dann im Jahre 1980 der Supreme Court der Transkei ab. In *S. v. Nomgca*[74] hatte der Angeklagte einen anderen als Hexe beschuldigt, nachdem seine Vorfahren ihm dies in einem Traum übermittelt hatten. Diese Fälle kommen in Südafrika nur sehr selten vor; in Zimbabwe stellt sich diese Problematik hingegen häufiger, weil die dort üblichen spirit mediums die Aussagen der Vorfahren wiederholen[75]. Der Supreme Court des autonomen Homelands Transkei legte in seiner Entscheidung dann den eigentlichen Kern des § 1 (a) (und folglich auch (c)) offen: Ziel der Vorschrift sei es, potenzielle Opfer von Gewalttaten vor einer solchen Hexereibeschuldigung zu schützen. Deshalb mache es gar keinen Unterschied, ob der Angeklagte seine eigene oder eine fremde Meinung wiedergebe[76]. Damit war das Beleidigungselement faktisch verneint worden[77]. Die Vorschrift wurde dadurch faktisch zu einem allgemeinen Gefährdungstatbestand, der verhindern sollte, dass der Bezichtigte in einer Hexenjagd verfolgt wird. Somit war die Verteidigungseinrede des „conduit pipe" hier erledigt.

Der Supreme Court des Homelands Venda zitierte den Fall *Nomgca* im Jahre 1988, als eine weitere, rückblickend durchaus streitbare Entscheidung erging. Im Urteil aus Venda (*S. v. Mmbengwa and others*[78]) wurde der conduit pipe zwar unter dem Hinweis auf *Nomgca* verneint, jedoch war die Entscheidung im Hinblick auf den Sinn des Witchcraft Suppression Act und die durch ihn geschützten Rechtsgüter eher verwirrend als klarstellend. Im betreffenden Fall wurde ein Hexenjäger wegen Verstoßes gegen 1 (a) Witchcraft Suppression Act und wegen tätlichen Angriffs verurteilt. Der Angeklagte habe sich spätestens durch seinen tätlichen Angriff die Aussage des Sangomas zu eigen gemacht[79], hieß es hier lapidar. Die „doppelte Verurteilung" eines Hexenjägers wegen Verstoßes gegen den Witchcraft Suppression Act und wegen tätlichen Angriffs lässt keinen eindeutigen Rückschluss auf die eigentliche Zielrichtung der Vorschrift zu.

---

[74] 1980 (2) SA 707 (TkSC)
[75] Vgl. z.B., den Fall S. v. Bhumu, 1981 (2) SA 839 (ZAD), Seite 840 G.
[76] S. v. Nomgca 1980 (2) SA 70 (TkSC), Seite 709 B
[77] Diese Verneinung des Beleidigungselementes führt zu einer weiteren Lösung des Witchcraft Suppression Act von den traditionellrechtlichen Regeln, vgl. das Verbrechen der Üblen Nachrede durch falsche Hexereibeschuldigungen, oben Kapitel III 6.
[78] 1988 (3) SA 71 (VSC)
[79] S. v. Mmbengwa and others, 1988 (3) SA 71 (VSC), Seite 73 I

Nach der hergebrachten Ansicht sollte der Witchcraft Suppression Act im Rahmen einer Gefährdungshaftung also solche Handlungen unter Strafe stellen, die geeignet waren, eine Hexenjagd auszulösen. Indem der Venda Supreme Court allerdings wegen konkreter Gefährdung (Witchcraft Suppression Act) *und* wegen des Erfolgsdelikts (tätlicher Angriff) verurteilte, kam die Deliktsklassifizierung als konkretes Gefährdungsdelikt wieder ins Wanken. (Auch im Hinblick auf die „double jeopardy"- Klausel ist dieses Urteil überaus bedenklich, denn bei der Strafzumessung bezüglich des tätlichen Angriffs berücksichtigte das Gericht straferschwerend, dass der Angriff vom Willen einer Hexentötung getragen war. Umgekehrt erhöhte das Gericht die Strafe bezüglich des Vergehens nach § 1 (a) Witchcraft Suppression Act, weil dieses mit einem tätlichen Angriff verbunden gewesen sei.)

Im Ergebnis wird man nach diesem letzten Urteil wohl annehmen müssen, dass zumindest § 1 (a) und (c) sowohl ein Gefährdungs- als auch ein Beleidigungselement in sich tragen, wenngleich das Beleidigungselement hinter dem Gefährdungselement zurücktritt. Dies geht auch aus einer Entscheidung des Venda Supreme Court[80] hervor, in dem die Richter auf ein älteres Urteil eines Gerichts im Transvaal[81] Bezug nahmen. Dieses bemerkenswerte zweigliedrige Verständnis der Normen geht immerhin zur Hälfte mit dem traditionellen Rechtsverständnis einher: Wie oben dargelegt[82] kannte das traditionelle Banturecht eine Verantwortlichkeit für eine (falsche) Hexereibezichtigung als besonders schwere Form der Beleidigung. Diese Parallele zwischen modernem und traditionellem Strafrecht dürfte aber wohl nur ein Zufall sein.

cc) Die Vorverlagerung der Strafbarkeit auf die Konsultationen

§ 1 (c) stellt wie gesagt nicht jede Konsultation eines Sangoma unter Strafe, sondern nur die Fälle, in denen die Konsultation darauf gerichtet ist, eine Hexe zu identifizieren, was die Unglückszurechnung in einem Einzelfall teilweise mit umfasst[83].

Die rhodesischen Gerichte, deren Urteile in Südafrika genau verfolgt und im Bereich der Hexerei ständig als Präzedenzfälle verwendet wurden, begingen bei der Anwendung dieser Norm einen schweren Fehler, der von mangelnder Kenntnis von den Weltanschauungsmodellen im südlichen Afrika zeugte. Man urteilte in Rhodesien, dass die Zurechnung von Unglück an einen Vertrauten der Hexe, z.B. den Tokoloshe oder an

---

[80] Siehe S. v. Mafunisa, 1986 (3) SA 495 (VSC), Seite 499 D. Der Fall betraf zwar eine konkrete Anschuldigung im Sinne der ersten Tatalternative des Witchcraft Suppression Act, jedoch lässt sich diese Wertung ohne weiteres auf alle Delikte innerhalb der ersten Deliktsgruppe (§ 1 (a), (b), und (c)) übertragen.

[81] R. v. Tomani, 1946 (2) PH H.321 (T)

[82] Vgl. oben, Kapitel III 6.

[83] S. v. Ndhlovu, 1971 (1) SA 27 (RAD), Seite 30 G; Milton / Fuller, III, E2, Seite 6 m.w.N.

einen Zombie, den Tatbestand der Norm nicht erfülle[84]. Aus Sicht der afrikanischen Kosmologie ist dies paradox: Nach den oben dargelegten magischen Prinzipien[85] entsprach dies zumindest zur Zeit der Urteile nicht der Realität. Nach afrikanischer Ansicht stand früher hinter dem Tokoloshe, dem Impundulu oder dem Zombie immer eine verantwortliche Hexe, deren Befehle er als Vertrauter ausführt. Wendet man diese Prinzipien der südafrikanischen Magie an, so wird der Patient sich in der Regel nicht mit der Nennung des Impundulu zufrieden geben, sondern nach der Person der Hexe hinter dem Blitzvogel fragen. Erst durch die oben genannte[86], in den letzten Jahren zunehmend auftretende Abkoppelung des Tokoloshe von der Hexe, werden die genannten Urteile vor dem Hintergrund der afrikanischen Kosmologie stringent.

Über dieses Problem hinaus stellt sich die allgemeine Frage, inwieweit es der Bestrafung einer noch so weit vor der eigentlichen Gefährdung liegenden Handlung überhaupt bedarf. Im afrikanischen Vergleich finden sich tatsächlich viele ähnliche Vorschriften auf dem Gebiet der Hexereidelikte. Der 1992 im Homeland Lebowa verabschiedete Witchcraft Suppression Act[87] stellte wie genannt weitere typische Vorfeldhandlung von Hexentötungen unter Strafe. Bestraft wurde z.B. der Taxifahrer, der (Kenntnis wurde aufgrund einer gesetzlichen Vermutung unterstellt) Personen zu einem Sangoma zum Zwecke der Hexenausschnüffelung transportierte[88]. Der Gesetzgeber sah sich also genötigt, schon vor dem eigentlichen Ausschnüffelungsakt in den typischerweise zu einer Hexentötung führenden Kausalverlauf einzugreifen.

Die Vorverlagerung der Strafbarkeit auf Konsultationen, die sich aber genaugenommen mittelbar gegen die Hexentötungen richten sollte, entstand aus einem Sachzwang heraus. Die Kausalkette zwischen Ausschnüffelungsprozedur und Tötungsakt war in der Regel nicht nachzuweisen, bzw. war der Kausalverlauf durch einen „novus actus interveniens“[89] unterbrochen. Es bedurfte also eines konkreten Gefährdungsdeliktes, um diese Kausalitäts- und Beweisschwierigkeiten zu umgehen. Dass die eigentliche Gefährdung des potenziellen Opfers schon bei der Befragung des Sangomas bestand, ist nach den oben geschilderten Grundsätzen und angesichts der in Folge der Ausschnüffelungen ablaufenden Automatismen offensichtlich. Darum entschloss man sich, die Gefährdungen sehr weit nach vorne zu verlagern (sogar bis zum Taxifahrer !), um mit den Mitteln der Strafdrohung durch das materielle Strafrecht die genannten Beweisschwierigkeiten zu umgehen. Aber auch dieser Versuch, den Hexentötungen durch die erweiterte materielle Strafbarkeit zu begegnen, schlug fehl.

---

[84] Vgl. die zahlreichen Nachweise bei Milton / Fuller, III, E2, Seite 6, Fußnote 51.
[85] Siehe oben, Kapitel I 3.
[86] Siehe oben, Kapitel I 3.
[87] § 1 h) Lebowa Wet op die onderdrukking van toorkuns No 2 / 1992.
[88] Lebowa Wet op Onderdrukking van Toorkuns No.2 van 1992, § 1 (H)
[89] Vgl. zum überaus extensiven Verständnis dieses Instituts im südafrikanischen Strafrecht Snyman,4. Auflage, Seiten 83ff, mit vielen weiteren Nachweisen und unten, Kapitel V 2. a).

b) Bestrafung der Verbreitung von magischem Wissen

§ 1 (d) Witchcraft Suppression Act lautet:

> „*(Any Person who...)*
> *(d) professes a knowledge of witchcraft , or the use of charms, and advises any person how to bewitch, injure, or damage any person or thing, or supplies any person with any pretended means of witchcraft;...*".

Das vom Gesetz vorgesehene Strafmaß für einen Verstoß liegt bei maximal fünf Jahren Gefängnis, einer Geldstrafe von bis zu 500 Südafrikanischen Rand oder beidem[90].

Auf den ersten Blick stellt § 1 (d) eine klar definierte Norm dar. Die wesentlichen publizierten obergerichtlichen Entscheidungen, z.B. *Dlamini und Sikiti*[91] behandelten überwiegend prozessuale Fragen und warfen keinerlei schwerwiegende Probleme hinsichtlich der einzelnen Tatbestandsmerkmale auf. Trotzdem war *Dlamini* vom Sachverhalt her aber immerhin eine bemerkenswerte Entscheidung, denn ein zionistischer Priester wurde von der Anklage nach § 1 (d) Witchcraft Suppression Act wegen Verscheuchens des Tokoloshe und magischen Heilens freigesprochen. Das Gericht begründete dies damit, dass die übernatürlichen Tätigkeiten der Heilung und der Abschreckung des Tokoloshe in diesem Fall „eher auf zionistischem Glauben als auf Hexerei basierten"[92]. Diese offensichtliche Ungleichbehandlung zionistischer und afrikanischer Magie wird angesichts der Tatsache, dass die Zionisten Teile der traditionell-afrikanischen Weltanschauung direkt übernommen hatten, um so unverständlicher[93]. Getrieben von einem offensichtlichen Willen, die Zionisten nicht mit traditionell-afrikanischen Weltbildern zu assoziieren, machte das Gericht in Natal klar, gegen wen sich der Witchcraft Suppression Act richten sollte: Nicht gegen ein paar irrgläubige Europäer, sondern ausschließlich gegen die afrikanischen Traditionen und diejenigen, die sie befolgten.

Bei einem ersten Blick auf den Wortlaut der Norm erwartet man eine Vielzahl von Verurteilungen, denn jeder Sangoma, der sein Wissen an einen Novizen weitergibt, müsste sich wegen der Weitergabe von magischem Wissen strafbar machen. In der Regel wird - wie dargestellt- während der Lehrzeit auch solches Wissen vermittelt, welches sich zu negativen magischen Zwecken einsetzen lässt. Seltsamerweise ist aber keine einzige Verurteilung in einer solchen Fallkonstellation erfolgt. Ohnehin überrascht die geringe Anzahl der zu § 1 (d) ergangenen Entscheidungen. Zum einen mag ein Grund dafür sein, dass die Weitergabe von magischem Wissen nach der Tradition der südlichen Bantu unter ein absolutes Tabu fällt; der Bruch des Tabus wurde auf

---

[90] § 1 (iii) Witchcraft Suppression Act
[91] S. v. Dlamini, 1973 (3) SA 629 (N); S. v. Sikiti, 1962 (1) SA 493 (E)
[92] S. v. Dlamini, 1973 (3) SA 629 (N), Seite 632 A-D
[93] Vgl. hierzu oben, Kapitel I, 6. .

magischem Wege stets schwer bestraft. Zum anderen mag dies auch daran liegen, dass der Deliktscharakter der Norm bis heute nicht eindeutig geklärt ist. *Wayne, J.* forderte überaus deutlich, dass nicht nur in den Fällen des § 1 (a), (b), (c), sondern auch bei § 1 (d) eine *„tatsächliche oder potenzielle Verletzung der Rechte eines anderen"* gegeben sein müsse[94]. Richtigerweise wird man im Hinblick auf den Wortlaut der Norm aber auf dieses Erfordernis verzichten müssen. Während die ersten drei Tatbestände eindeutig gegen die Durchführung von Ausschnüffelungsprozeduren gerichtet waren (wo immer eine Gefahr für Leib oder Leben eines Bezichtigten besteht), stellt § 1 (d) ein abstraktes Gefährdungsdelikt dar. Der Wortlaut stellt lediglich darauf ab, dass die Verbreitung böswilliger magischer Mittel oder magischer Kenntnisse strafbar sei. Vor dem Hintergrund, dass die Norm sich nicht nur auf Personen, sondern auch auf Sachen bezieht und dass magische Kenntnisse beliebig oft und gegen beliebig viele Personen eingesetzt werden können, wird der Sinn der Norm klar: Hier soll die allgemeine Verbreitung von böswilliger Magie eingedämmt werden. *Milton / Fuller*[95], denen diesbezüglich teilweise zuzustimmen ist, lesen dies zwar unzutreffenderweise aus *S. v. Sikiti*[96], haben jedoch im Ergebnis recht.

Mit anderen Worten könnte man also davon ausgehen, dass § 1 (d) im Hinblick auf die allgemeine Unterdrückung des Hexenglaubens die eigentliche Zentralnorm darstellt. Während bei § 1 (a), (b) und (c) der Opferschutz mit in den telos aufgenommen wurde, steht § 1 (d) ohne solchen Opferbezug da.

c) § 1 (e) Witchcraft Suppression Act: Eine nutzlose Norm ?

Einen anderen Schutzzweck hat hingegen § 1 (e). Die Vorschrift lautet:

> *„Any person who ...*
> *(e) on the advice of any witch doctor, witch-finder or other person or on the ground of any pretended knowledge of witchcraft, uses or causes to be put into operation any means or process which in accordance with such advice or his own belief, is calculated to injure or damage any person or thing;... ".*

Das Gesetz sieht auch hier für einen Verstoß Gefängnisstrafe bis zu fünf Jahren, Geldstrafe bis zu 500 Südafrikanischen Rand oder beides vor[97].

---

[94] S. v. Sikiti, 1962 (1) SA 493 (ECD), Seite 494 H

[95] Milton/Fuller III, E2, Seite 8: „Das Vergehen besteht in der Anstiftung zu oder der Ermöglichung von Hexerei."

[96] Die Entscheidung trägt den Ansatz von Milton / Fuller nicht. *Wayne, J.* ging sogar genau vom Gegenteil (nämlich vom Erfordernis einer konkreten Gefahr) aus, vgl. S. v. Sikiti, 1962 (1) SA 493 (ECD), Seite 494 H.

[97] § 1 (iii) Witchcraft Suppression Act.

Auf den ersten Blick ist diese Norm gegen die Ausübung von böswilliger Magie gerichtet. Somit könnte man nach dem Wortlaut davon ausgehen, dass der südafrikanische Staat mit dieser Norm die böswilligen Angriffe angeblicher Hexen von dem betroffenen Individuum abhalten wollte. Aus der Sicht der schwarzen Bevölkerung wäre eine solche Anwendung der Norm überaus begrüßenswert.

Die Praxis sieht jedoch ganz anders aus. Zum einen werden Verstöße gegen § 1 (e) in der Regel von der Polizei nicht verfolgt[98]. Zum anderen haben die südafrikanischen Gerichte den praktischen Anwendungsbereich der Norm so weit beschnitten, dass für den einzelnen Betroffenen kein ausreichender Schutz vor böswilliger Hexerei mehr erreicht werden kann.

Auch § 1 (e) zerfällt in zwei Tatbestandsalternativen; der Täter muss entweder auf Anweisung eines „Witchdoctors" böswillige Magie ausüben oder aufgrund einer „vorgegebenen Kenntnis" von Magie. Die Gerichte forderten für eine Verurteilung nach der ersten Alternative, dass die Staatsanwaltschaft die Konsultation einer solchen Person beweisen müsse[99]. Kann dem Angeklagten nicht nachgewiesen werden, dass er zur Erlangung eines gefährlichen Zauberspruchs einen Sangoma oder eine andere Person des magischen Lebens konsultiert hat, muss ein Freispruch erfolgen. Handelt ein Angeklagter aufgrund der Anweisung einer Person, die kein Sangoma, Isanusi oder ein sonstiger professioneller Magier ist, so ist § 1 (e) ebenso nicht erfüllt[100], denn der Begriff „andere Person" muss nach Ansicht der südafrikanischen Gerichte eiusdem generis ausgelegt werden[101]. Durch diese Begrenzung wird dem Betroffenen, der aufgrund einer Anweisung von irgendeiner Hexe durch einen Laien angegriffen wird, der strafrechtliche Schutz verwehrt.

Weiterhin haben die südafrikanischen Gerichte die Anwendbarkeit dieses Tatbestandes dahingehend eingeengt, dass derjenige, der von der Anweisung des Magiers abweicht, nicht nach § 1 (e) strafbar ist[102]. Diese Einschränkungen erscheinen inkonsequent. Es erschiene eher sachgerecht, dass in den Fällen, in denen der magische Rat von einer Person außerhalb des magischen Berufsfeldes kommt oder wenn dem Rat eines Sangomas nicht genau gefolgt wird, das Verhalten immerhin nach der zweiten Alternative strafbar sein müsste. Das Gegenteil ist der Fall.

---

98 Bericht der Untersuchungskommission für die Nordprovinz, 1996, Seite 57.

99 Milton/Fuller, III, E2, Seite 6/7

100 R. v. Mtoko, 1949 (2) P.H. H.120 (S.R.)

101 Milton / Fuller führen dies auf eine der Stoßrichtungen des Witchcraft Suppression Act zurück, der sich gegen den Sangoma wendet. Vgl. zu diesem Aspekt auch R. v. Wirimayi, 1956 (1) SA 223 (S.R.), Seite 226.

102 S. v. Mashigo, 1967 (2) SA 307 (T); weitere Nachweise finden sich bei Milton / Fuller, III, E2, Seite 7.

Die vorherrschende Meinung in Südafrika ist, dass derjenige, der magische Prozesse in Gang setzt, ohne Hexe oder Zauberer zu sein, nur für die Konsequenzen seines Handelns, nicht aber für die magische Handlung selbst strafrechtlich zur Verantwortung gezogen werden kann[103]. In Südrhodesien hingegen ging man so weit, die Anwendbarkeit der zweiten Tatbestandsalternative auf professionelle Magier zu beschränken. Diejenigen Täter, die lediglich amateurhaft ihre magischen Fähigkeiten ausübten, wurden gar nicht erfasst. Nach Südafrika dehnte sich diese Rechtsprechung, die faktisch wiederum nur die Sangomas traf, nicht aus. Als Grund dafür wurde immer wieder angeführt, der südrhodesische Witchcraft Suppression Act weiche hinsichtlich dieses Tatbestandes in der Formulierung ab[104]. Diese Abweichung vom rhodesischen Recht ist zwar im Ergebnis, nicht aber in bezug auf die Begründung zutreffend. Zunächst muss festgehalten werden, dass eine Abweichung hinsichtlich des Wortlautes bei der ersten Tatbestandsalternative schlicht nicht besteht[105]. Gerechtfertigt ist die Nichtanwendung der rhodesischen Prinzipien aber dann dahingehend, als dass die politische Stoßrichtung bei den rhodesischen Witchcraft Suppression Acts, nämlich Macht und Einfluss der Sangomas zu beschränken, von den südrhodesischen Gerichten weitaus konsequenter durchgesetzt wurde, als das in Südafrika getan wurde. Die Entscheidung, nur professionelle Magier zu bestrafen, ist mit der Grundhaltung der rhodesischen Gerichte konform, stimmt im Ergebnis aber nicht mit den südafrikanischen Entscheidungen überein.

§ 1 (e) wurde aber nicht nur hinsichtlich des persönlichen Anwendungsbereiches, sondern auch in bezug auf die Tathandlungen so weit zurückgestutzt, dass die Norm fast ohne praktischen Anwendungsbereich verblieb. Die Frage, welche magischen Handlungen von § 1 (e) erfasst werden sollten, ist nach Ansicht des Transvaal'schen Provinzgerichtes danach zu beurteilen, ob ein tatsächlicher Schaden oder eine tatsächliche Rechtsgutsverletzung eintrete[106]. Im Hinblick auf die Formulierung der Norm („*...is calculated to injure...*") muss jedoch allein die Absicht, einem anderen Schaden zuzufügen, genügen. Versteht man das Wort „calculated" im Sinne von „erwartet" oder „beabsichtigt", so würde § 1 (e) 2.Alt. Witchcraft Suppression Act eine Schutznorm zugunsten der potenziellen Opfer magischer Angriffe darstellen; eine Beschränkung auf eine solche „Handlung mit Schadenszufügungsabsicht" entspricht auch genau den traditionell-afrikanischen Werten. Eine konsequente Anwendung des § 1 (e) 2.Alt hätte demzufolge dazu geführt, dass die schwarze Bevölkerung Südafrikas hinter

[103] Vgl. Milton / Fuller III, E2, Seite 7.
[104] Milton / Fuller III, E2, Seite 6, Fußnote 60
[105] Vgl. hierzu sec. 7 des Witchcraft Suppression Acts für Südrhodesien, Chapter 73 im Appendix.
[106] S. v. Mashigo, 1967 (2) SA 307 (TPD), Seite 309, wo das Gericht schon die Verbringung zum Kraal des Häuptlings zwecks öffentlicher Hexereibezichtigung als ausreichende Rechtsgutsverletzung ansah.

dieser Norm Schutz vor böswilliger Magie hätte suchen können, ohne dass erst ein reeller Schaden eingetreten sein müsste.

Die Dimension der (wohl eher zufälligen) Übereinstimmung des kolonialen Strafgesetzes mit afrikanischen Werten wurde von den Gerichten jedoch niemals erkannt. Die südafrikanische Literatur entwickelte zudem ein Grundverständnis, nach dem im Wege der parallelen Auslegung zwischen Witchcraft Suppression Act und einem Delikt der Beleidigung des Staatspräsidenten der Begriff „calculated" im Sinne von „wahrscheinlich" auszulegen sei. In der Entscheidung *S. v. Beyleveld*[107] wurde dies schließlich dann auch so beschlossen; eine Reihe anderer südafrikanischer Gerichte hatte bezüglich anderer Delikte, die den Begriff „calculated" enthielten, den gleichen Weg beschritten[108]. Die Gerichte forderten also, dass eine magische Handlung „wahrscheinlich" zu einem Schaden führen müsse, wobei die Gerichte es - wiederum aus der europäischen Weltanschauung heraus - stets als überaus unwahrscheinlich angesehen haben dürften, dass eine magische Handlung überhaupt zu einem Schaden führen könne. Somit war die weitere Konsequenz dieser Rechtsprechung offensichtlich: Bestand wenigstens die theoretische Möglichkeit, dass hier der südafrikanische Staat seinen Bürgern eine Schutznorm vor böswilliger Hexerei geboten hätte, wurde § 1 (e) durch die sachfremde Übernahme der „calculated"-Rechtsprechung faktisch zu einem Erfolgsdelikt ohne Anwendungsbereich umgedeutet[109]. So wurde der einzige Tatbestand, der mit den traditionell-afrikanischen Weltanschauungen konform gehen könnte, weil er nach seinem Wortlaut Handlungen der böswilligen Magie unter Strafe stellen kann, völlig sinnentleert. Die Gerichte haben zudem die Norm seit den siebziger Jahren nicht mehr angewendet.

d) Der Tatbestand der gewerblichen Magieausübung

Section 1 (f) lautet:

> *„Any person, who -*
> *(f) for gain pretends to exercise or use any supernatural power, witchcraft, sorcery, enchantment or conjuration, or undertakes to tell fortunes, or pretends from his skill in or knowledge of any occult science to discover where and in what manner anything supposed to have been stolen or lost may be found,".*

---

[107] S. v. Beyleveld and others, 1964 (1) SA 269 (TPD).

[108] Amoils v. Johannesburg City Council, 1943 TPD 386 , Seite 389; R. v. Kruse, 1946 AD 524; Seite 533; S. v. Nokwe and others, 1962 (3) SA 71 (T), Seite 73.

[109] Lediglich der Fall, dass der Täter sein Opfer mit einem physiologisch wirksamen Muti umbringt fiele demnach unter die Norm. Für ein solches Tötungs- oder Verletzungsdelikt hätte man aber keine eigene Vorschrift im Hexereiunterdrückungsgesetz benötigt.

§ 1 (f) des Witchcraft Suppression Acts bestraft also die Ausübung von Magie mit Gewinnerzielungsabsicht[110], wobei Gewinnerzielung allerdings nicht etwa wie beim Betrug zwingend mit einem Schaden auf der anderen Seite einhergeht.

Auffällig an dieser Norm ist, dass die einzelnen Tatbestandsmerkmale ohne wesentliche Veränderungen dem englischen Hexereiunterdrückungsgesetz von 1736[111] entnommen wurden. Das führte natürlich zu Anwendungsproblemen und zu Definitionsschwierigkeiten; bis heute ist unklar, welche Handlungen eigentlich unter die einzelnen Tatbestandsmerkmale fallen[112].

Das Problem hinter dem Wortlaut wird sofort offensichtlich: Mit Section 1 (f) sollte neben der kommerzialisierten Ausübung von böswilliger Magie und anderen magischen Dienstleistungen vor allem die Weissagung bekämpft werden, um den Sangomas ihre wichtigste Einnahmequelle zu nehmen. Hierzu war aus den folgenden Gründen ein Spezialgesetz erforderlich geworden:

Bis zur Einführung dieses Tatbestandes hatten die südafrikanischen Gerichte immer wieder versucht, den Sangoma, der eine Weissagung oder eine Heilung durchgeführt hatte, wegen Betruges zu verurteilen[113]. Den südafrikanischen Gerichten begegnete aber immer wieder das Problem, ob man überhaupt von einem Irrtum sprechen konnte, wenn beide Seiten eindeutig an die weissagerischen Fähigkeiten des Sangomas glaubten. Kurz vor der Einführung einer dem § 1 (f) entsprechenden Vorschrift im Transvaal wurde 1904 ein des Betruges angeklagter Sangoma aus diesem Grunde freigesprochen[114]. Im Jahre 1911, also vor Einführung des national einheitlichen Gesetzes, hatte das Provinzgericht für die Kapregion dargestellt, dass das Prinzip der Weissagung so absurd sei, dass man *prima facie* davon ausgehen könne, der Sangoma erfüllt stets den Tatbestand einer „false pretence“[115]. Nur ein Jahr später entschied das selbe Gericht sogar, dass der Sangoma, je länger er die Weissagung betreibe, umso eindeutiger feststellen müsse, dass Weissagung nicht funktioniere[116]. Wie die in diesem Punkt etwas

---

[110] Vgl. zum Begriff der Gewinnerzielungsabsicht S. v. Sikiti, 1962 (1) SA 493 (E), Seite 494 H.

[111] Siehe 9.Geo.2.c.25; später wurde dieses Gesetz durch den Vagrancy Act of 1824 (5 Geo IV c 83) ergänzt, welcher nochmals sowohl die Weissagung als auch die angebliche (= wissentlich scharlatanhafte) Weissagung unter Strafe stellte.

[112] Nachweise bei Milton / Fuller III E2, Seiten 13-15.

[113] Siehe z.B. R. v. Nqweshiza, 1948 (1) SA 106 (NPD) m.w.N.; R. v. Naidoo and Jenkins, 1938 GWLD 2; R. v. Masiminie, 1904 TS 560.

[114] Vgl. R. v. Masiminie, 1904 TS 560. Im Urteil befindet sich auch ein Vermerk, dass ebenfalls der Justizminister sich gegen eine Verurteilung ausgesprochen habe, vgl. Seite 561 unten.

[115] R. v. Zillah, 1911 CPD 645.

[116] R. v. Nothout, 1912 CPD 1037, 1041; gefolgt in R. v. Mgoqi, 1935 EDL 214, 216.

zurückhaltendere Entscheidung *R. v. Nqweshiza*[117] zeigte, war dieser radikale Ansatz jedoch im Lande durchaus strittig.

Nachdem die Hexereiunterdrückungsgesetze einen eigenen Tatbestand gegen die Weissagung des Sangomas bereitstellten, verlagerten sich die Probleme auf das Element des Täuschungsvorsatzes. Die Gerichte fragten, ob und inwieweit zur Verwirklichung des Tatbestandes ein Täuschungsvorsatz nötig sei. Ein Blick über die Landesgrenzen half in diesem Fall wenig; zwar war die überwiegende Meinung der Gerichte in Großbritannien der Ansicht gewesen, dass zur Verwirklichung dieser Tatbestände sehr wohl ein direkter Täuschungsvorsatz vorhanden sein müsse[118], jedoch fand sich außer einer Stimme in der Literatur[119] niemand in Südafrika, der Section 1 (f) WSA ohne weiteres parallel zu den britischen Hexereiunterdrückungsgesetzen aus dem 18. Jahrhundert auslegen wollte. Auch die Entscheidungen der rhodesischen Gerichte waren keine große Hilfe, denn dort war das Tatbestandsmerkmal „pretending" nicht im Sinne eines Tatbestandsmerkmales der „angeblichen Hexerei" verstanden, sondern als allgemeiner Hinweis darauf aufgefasst worden, dass Hexerei in Wirklichkeit nicht funktioniere[120].

Die südafrikanischen Gerichte haben diese Frage sehr unterschiedlich beantwortet. Im Transvaal ging man bei der Verurteilung der Sangomas unter der entsprechenden einzelstaatlichen Hexereiunterdrückungsvorschrift[121] zunächst davon aus, dass es sich hier um einen Tatbestand der „strict liability"[122] handele, der keinen Täuschungsvorsatz erfordere. Im einzelnen wurden beim Verkauf von magischen Heilmitteln[123] und bei der Weissagung mittels der ditaola[124] festgestellt, dass zur Erfüllung des Tatbestandes ein Tatvorsatz nicht erforderlich sei. Der Umbruch kam dann im Jahre 1948, als das Transvaal'sche Provinzgericht den Fall *R. v. Mohamed*[125] entschied. Hier kehrten die Richter ihre bisherigen Argumente um. Mit Hilfe der Wortlautauslegung anhand des Wortes „pretends" stellte das Gericht klar, dass nicht jedes *„Spiel mit dem Aberglau-*

---

[117] 1948 (1) SA 106 (NPD) m.w.N.; vorher war man auch in Griqwaland West einen anderen Weg gegangen, vgl. R. v. Naidoo and Jenkins, 1938 GWLD 2.Die diesbezügliche Entscheidung des Appellationsgerichtshofes R. v. I. Alexander (Pty.) Ltd. and others, 1946 AD 110 hingegen führte in der Begründung das Problem nicht an und rettete sich mit der bedenklichen Feststellung, dass sich nach Darstellung des Falles zumindest nicht das Gegenteil aufdränge, weshalb man vom Vorhandensein des Täuschungsvorsatzes ausgehen könne, vgl. S. 118.

[118] Siehe z.B. Davis v. Curry, 1 K.B. 109 (1918); dagegen siehe z.B. Stonehouse v. Masson 2 K.B. 828 (1921), wo das gesteigerte öffentliche Interesse als Begründung herangezogen wurde, die Taten seien „strict liability offences".

[119] Milton / Fuller III, E2, Seiten 13-15

[120] Siehe z.B. Wirimayi v. R., 1955 S.R. 240 (= 1956 (1) SA 223 (S.R.)).

[121] Section 34, Ordinance No 26 of 1904 (T), vgl. Appendix.

[122] also ein Tatbestand, der bereits durch die Erfüllung der objektiven Merkmale voll verwirklicht ist und kein Verschulden voraussetzt.

[123] R. v. Karam, 1921 TPD 278, Seite 280/281; vgl. auch Jansen v. R., 1939 (1) P.H. H.36 (TPD).

[124] R. v. Watson, 1943 TPD 38.

[125] 1948 (3) SA 196 (TPD).

ben eines anderen" zur Tatbestandserfüllung ausreiche, sondern zumindest eine *„geringe bewusste Täuschungshandlung"* vorgenommen und dem „Geschädigten" vorgegaukelt werden müsse, dass der Sangoma tatsächlich magische Kräfte anwende[126].

Dieser letztgenannten Ansicht schlossen sich dann auch die Gerichte hinsichtlich des Witchcraft Suppression Act 1957 an. Das Provinzgericht in Natal zum Beispiel hob hervor, dass eine solche Täuschung auch durch schlüssiges Handeln erfolgen könne, etwa durch die konkludente Vorspiegelung, das verkaufte Heilmittel sei vor dem Verkauf einer besonderen magischen Behandlung unterzogen worden, welche sich in besonderen magischen Fähigkeiten des Gegenstandes auswirke[127].

Nachdem die Gerichte nun also den Wandel vollzogen hatten und allgemein anerkannt war, dass es einer aktiven, von einem Täuschungsvorsatz getragenen Täuschungshandlung bedurfte, stellte sich die Frage des Anwendungsbereiches der Norm in Abgrenzung zum „normalen" Betrug. Weil bei beiden Vergehen diese Elemente vorliegen mussten, war das Abgrenzungskriterium, welches 1973 vom Provinzgericht Nordkap[128] festgelegt wurde, ebenso einfach wie zwingend: Voraussetzung für eine Verurteilung nach dem Witchcraft Suppression Act sei, dass der Täter entweder ausdrücklich oder konkludent eine magische Handlung vorgenommen haben müsse. Sei eine solche magische Tathandlung nicht gegeben, oder sei lediglich ein Erfolg versprochen worden, der aber nicht eintreten konnte, so sei wegen Betruges zu bestrafen[129]. Die übrigen Voraussetzungen des Betrugsdelikts, insbesondere die Kenntnis des Täters von der Falschheit seiner Behauptung, waren jedoch weiterhin erforderlich[130].

Zusammengefasst muss also festgestellt werden, dass schon einfachste Tätigkeiten der Sangomas und Herbalisten durch die Norm unter Strafe gestellt waren, wenn eine bewusste Täuschungshandlung nachgewiesen werden konnte. Obgleich der Anwendungsbereich des Section 1 (f) WSA dadurch wenigstens grob umrissen war, begegnen der Norm ernstliche Bedenken. In Natal waren die genannten Gesetze zur Lizenzierung

---

[126] 1948 (3) SA 196 (TPD), Seite 198.

[127] R. v. Butelezi, 1961 (1) SA 91 (NPD), Seite 93 A/B.

[128] S. v. Patel, 1973 (2) SA 208 (NC)

[129] S. v. Patel, 1973 (2) SA 208 (NC), Seite 217 D; der Sangoma hatte seinem Patienten ohne Vornahme einer weiteren magischen Handlung ein Kaninchenbein verkauft und dem Patienten vorgespiegelt, dies sei ein Heilmittel gegen Schmerzen. In Südrhodesien wurde angesichts des dortigen Witchcraft Suppression Act (Chapter 46), Artikel 3 und 9 zunächst angenommen, dass der Betrug die Strafbarkeit nach den Hexereiunterdrückungsgesetzen grundsätzlich verdränge, es sei denn, es stünden neben dem Vergehen der kommerziellen Weissagung etc. weitere Verstöße gegen andere Vorschriften des Gesetzes im Raum . Dann sei der Witchcraft Suppression Act vorrangig, vgl. R. v. Maposa, 1943 S.R. 194.

[130] So ausdrücklich R. v. Nqweshiza, 1948 (1) SA 106 (NPD), Seite 107 m.w.N. .; vgl. auch R. v. Naidoo and Jenkins, 1938 GWLD 2 ; etwas undeutlich aber auch bejahend R. v. I. Alexander (PTY.) LTD. and others, 1946 AD 110, Seite 118.

der Sangomas eingeführt worden[131], die typischen Handlungen der lizenzierten Sangomas wurden aber durch Section 1 (f) WSA unter Strafe gestellt. Dieser Widerspruch ist nur dadurch zu erklären, dass die Regierungsbeamten in Natal, auf deren Drängen der Erlaubnisvorbehalt eingeführt worden war, davon ausgegangen waren, dass es sich bei den „lizenzierten" traditionellen Heilern ausschließlich um reine Herbalisten handelte, nicht um Sangomas.

Wie bei den anderen Tatbeständen der Witchcraft Suppression Acts auch, stimmten die Verurteilungen nach Section 1 (f) nicht mit den traditionellen afrikanischen Vorstellungen überein. Es kann unterstellt werden, dass sowohl die Mehrzahl der Sangomas, wie auch der größte Teil deren Patienten uneingeschränkt an magische Fähigkeiten und die tatsächliche Wirksamkeit von Muti glauben, egal ob sie nun magisch oder physiologisch herbeigeführt wird. Hier stellt sich tatsächlich die Frage, inwieweit eine Behandlung durch den Sangoma überhaupt ein betrügerisches Element enthalten kann, geschweige denn überhaupt strafwürdig erscheint, wenn beide Seiten fest an die Wirksamkeit des Mittels glauben.

Für letzteres kann es nur eine Antwort geben: Durch die Einführung der Section 1 (f) wollte der Kolonialstaat die Sangomas in wirtschaftlicher Hinsicht treffen und ihnen die finanzielle Lebensgrundlage entziehen. Dies allein war der Grund, aus dem eine solche Norm in die Hexereiunterdrückungsgesetze eingefügt wurde. Der Schutz der Patienten vor „betrügerischen" Handlungen stand völlig im Hintergrund.

e) Die besondere Strafzumessung für den „witchdoctor by habit and repute"

Eines der wesentlichen Ziele des Witchcraft Suppression Act war die Entmachtung der Sangomas. Dies zeigte sich auch in der Strafzumessung, denn Sangomas, die den Verboten der Witchcraft Suppression Acts zuwider handelten, wurden erheblich schärfer bestraft als „normale" Täter. Bevor auf die besonderen Strafzumessungsregeln für den Sangoma eingegangen werden soll, muss noch bemerkt werden, dass der Glaube der Täter an Hexen für sich genommen keinen Einfluss auf die Strafzumessung hatte, weil bei den Vergehen nach dem WSA der Hexenglaube meistens unabdingbare Tatvoraussetzung war[132]. Auch für den seltenen Fall, dass ein Europäer einen anderen der Hexerei bezichtigte, wurde dargelegt, dass derjenige Täter, der nicht an Hexen glaubte, umgekehrt ebenso keine Privilegierung erfahren durfte[133].

---

[131] Siehe oben, Kapitel I 4. b).

[132] ausdrücklich in R. v. Philip, 1964 (4) SA 207 (S.R., Salisbury) , Seite 208 E

[133] Siehe R. v. Biljon, 1938 S.R. 179, Seite 180. In Südrhodesien gab es eine starke Bewegung in der Rechtspraxis, ausschließlich Schwarze nach dem WSA zu bestrafen. Es war allein auf Verfahrensprobleme zurückzuführen, dass sich dieser Ansatz nicht durchsetzen konnte, vgl. Mittlebeeler, Seite 142.

Die Witchcraft Suppression Acts enthielten also wie gesagt meist eine Strafzumessungsregel, nach der ein „Witchdoctor by habit and repute" entschieden härter als ein normaler Täter zu bestrafen war. Eine solche Norm befand sich bereits in sec. 172 des Gesetzes für die Kapprovinz von 1886[134]. Diese Norm war (entgegen einer abweichenden Ansicht[135], die darin eine Strafzumessungsregel sah) lange Zeit als eigener Tatbestand angesehen worden[136]. Der oberste Appellationsgerichtspräsident, *Kotzé, A.J.P.*, ging sogar davon aus, dass das Gesetz aus dem Jahre 1886 schon denjenigen bestrafe, der lediglich ein „Witchdoctor" *war*[137]. Nach der Neufassung des Gesetzes im Jahre 1957 wurde der Absatz des „witchdoctor by habit and repute" dann in die Strafzumessung übertragen. Professionelle Sangomas hatten fortan also mit Gefängnisstrafen von bis zu 20 Jahren zu rechnen, was gegenüber der sonstigen Maximalstrafe von 10 Jahren eine erhebliche Verschärfung darstellte, von der die Gerichts durchaus Gebrauch machten.

In der Praxis war die Norm überaus schwer handhabbar. Die in magischen Angelegenheiten unwissenden weißen Juristen hatten mit der Formulierung „witchdoctor by habit and repute" ein den Schwarzen unverständliches täterbezogenes Merkmal eingeführt. Bei der Auslegung dieses Merkmales waren die Gerichte meist überfordert. Nach h.M. musste nämlich der Nachweis dafür geführt werden, dass der Angeklagte nicht nur aufgrund einheimischen Brauchs Sangoma war, sondern dass er auch eine entsprechende Reputation hatte[138]. (Die Gegenansicht aus der südafrikanischen Literatur[139], die Gerichte müssten lediglich eines von beiden Elementen nachweisen können, hat sich angesichts des eindeutigen Wortlautes der Norm nicht halten können.)

Schon bei der Frage, wann denn ein Täter ein „witchdoctor" im traditionellen Sinne war, tauchten ernsthafte Schwierigkeiten auf. Während sich die Gerichte anfangs immerhin noch an den traditionellrechtlichen Voraussetzungen des Berufsstandes orientierten (ein Gericht forderte z.B. im Jahre 1893[140], dass der Angeklagte seine Seklusionsphase durchlaufen und die Initiationsriten vollständig durchgeführt haben müsse[141]), löste man sich mehr und mehr von dieser traditionsorientierten Auslegung

---

[134] Siehe Appendix.
[135] Der Verteidiger in R. v. Tsungwana, 1919 EDL 25, sah in sec. 172 des WSA 1886 (C) eine Strafzumessungsregel, welche insbesondere einen Verstoß gegen Sec. 172 mit einschließe. Die Anklage erhob insoweit die „ne bis in idem"- Einrede. Auch die Entscheidung R. v. Tiki, 1919 EDL 19, Seite 22 befasste sich mit diesem Problem. Die Entscheidung R. v. Galeni, 1943 EDL 291 ließ diese Frage ausdrücklich offen, verurteilte aber trotzdem in einem Fall, in dem der Angeklagte eine einzige Anschuldigung erhoben hatte.
[136] R. v. Tiki, 1919 EDL 19, Seite 22, wo das Gericht davon ausging, dass sec. 172 „first charge" sei.
[137] R. v. Tsungwana, 1919 EDL 25, indem er darstellte, dass sec. 172 keine Beschuldigungshandlung beinhalte.
[138] R. v. Tiki, 1919 EDL 19, Seite 22.
[139] Milton/Fuller, III E2, Seite 2, Fußnote 14.
[140] R. v. Singonyela, 10 CLJ 218 (1893), Seite 219.
[141] Vgl. hierzu oben, Kapitel I 4. a cc), dd).

und stellte eher auf die Anzahl der tatbestandlich relevanten Handlungen ab. Hatte eine Person mehr als einmal eine andere der Hexerei bezichtigt, sahen die Gerichte fortan darin einen Beweis, es mit einem „witchdoctor by habit and repute“ zu tun zu haben. In Einzelfällen wurde dies vermutet, wenn der Angeklagte wegen mehrmaligen Verstoßes gegen den WSA verurteilt worden war[142] oder wenn Zeugen berichteten, dass der Angeklagte schon öfter derartige Anschuldigungen vorgebracht habe[143].

Die weißen Gerichte hofften, durch diese Verlagerung von der traditionsorientierten zu einer rein empirisch beweisbaren Definition, Schwierigkeiten bei der Beweisführung umgehen zu können. Die Schaffung des neuen Kriteriums der „wiederholten Anschuldigung“ barg allerdings eine andere, von den Gerichten im voraus nicht erkannte Schwierigkeit in sich: Zeugen, die überhaupt Aussagen über die lokalen magischen Angelegenheiten machen wollen, sind bis heute schwer zu finden. Gerade die prominenten, besonders oft in Hexereibeschuldigungen verwickelten Sangomas sind in den Dorfgemeinschaften viel zu gefürchtet, als dass man Zeugen für zahlreiche Verstöße gegen den Witchcraft Suppression Act finden kann[144]. Dieses äußerst zurückhaltende Zeugenverhalten, welches an anderer Stelle noch eingehend geschildert werden soll[145], beruht vor allem auf der Sorge der Zeugen, dass der lokale Sangoma die üblichen Schutzvorrichtungen vor böswilliger Magie und infolgedessen auch deren Schwachstellen kennt.

Aber auch die Ansicht, nach der ausschließlich die traditionellen Banturegeln als tatbestandskonkretisierender Maßstab für den „witchdoctor by habit and repute“ ausschlaggebend sein sollten, begegnet ungeahnten Schwierigkeiten und kann deshalb nicht uneingeschränkt befürwortet werden. Das Hauptproblem sind die stammes- und volksbezogenen Unterschiede und Besonderheiten bei der Ausbildung zum Sangoma, denn nicht in allen Gruppen sind die Ausbildungsregeln gleich. Würde man für den „witchdoctor by habit and repute“ auf die Seklusionsphase abstellen, träfe man nach traditioneller Ansicht genau den Punkt, an dem der Initiant in der Kapregion üblicherweise seine magischen Kräfte erhält und somit zum Sangoma wird[146]. Bei den Venda hingegen müsste man auf die rituellen Initiationstänze abstellen, bei denen der Jungmagier seine magische Macht erhält; bei den Zulu hingegen auf die Nacht vor den Initiationsfeiern, in der er auf dem Boden schläft und seine magischen Kräfte von den Ahnengeistern aus der Erde erhält[147].

---

[142] R. v. Kukubula, 1959 (1) SA 286 (S.R.Fed.Sup.Ct.), Seite 286 H (fünf einzelne Anklagen unter sec. 3 WSA / S.R.)
[143] R. v. Tiki, 1919 EDL 19, Seiten 23f.
[144] Siehe z.B. die Begründung des Richters *Sampson* in seiner abweichenden Meinung in R. v. Tsungwana 1919 EDL 25, Seite 29.
[145] Vgl. unten, Kapitel V 4. a).
[146] Vgl. R. v. Sigonyela, 10 CLJ 218 (1893), Seite 219.
[147] Vgl. oben, Kapitel I 4. a) cc).

Es gibt also keine einheitlichen traditionellen Kriterien für den „witchdoctor by habit and repute". Auch innerhalb der einzelnen Provinzen bestehen wesentliche Unterschiede; zum Teil können einheitliche Regeln nicht einmal innerhalb einzelner Stammesgruppen erstellt werden. Bei der einzelfallbezogenen Definition des Sangoma könnte das Urteil von sachverständigen Anthropologen zwar hilfreich sein; die Uneinheitlichkeit der Traditionen innerhalb des Landes stehen aber einer einheitlichen, formelhaften Rechtsanwendung entgegen. Eine reine Einzelfallbetrachtung wäre zwar eine sachgerechte Lösung, sie wäre jedoch aufwendig und sehr kostspielig.

Am Begriff des „witchdoctor by habit and repute" zeigt sich wiederum deutlich, dass das weiße Strafrecht, welches auf schwarze traditionelle Lebenssachverhalte angewendet wird, nicht mit den ihm eigenen strengen, vorgegebenen Kategorien arbeiten kann. Um Einzelfallgerechtigkeit zu gewährleisten, müsste die Idee einer einheitlichen Rechtsanwendung hinterfragt werden, was wiederum den Vereinheitlichungsbestrebungen auch unter den einzelnen schwarzen Stämmen innerhalb der „neuen" Republik Südafrika zuwiderliefe.

f) Kausalitätsvermutungen in Hexereiunterdrückungsgesetzen

Auch die Gerichte waren sich im klaren darüber, dass eine Hexereibeschuldigung meistens zum Hexenmord oder zur Selbsttötung der beschuldigten Person führte[148]. Im südlichen Afrika waren sich die weißen Juristen darin einig, dass diese ernsten Konsequenzen als strafschärfende Elemente bei der Strafzumessung berücksichtigt werden müssen[149]. Die Gerichte standen bei den Strafzumessungserwägungen aber stets vor dem Problem, dass faktisch zwar eine Regelmäßigkeit zwischen Hexereibeschuldigungen und Tod oder Selbstmord der angeblichen Hexe bestand, sich dieser Zusammenhang aber kaum in die juristischen Kategorien bringen ließ. Lange Zeit fanden die Gerichte nicht den richtigen Hebel für die Lösung dieser Problematik. In Zimbabwe und Südafrika werden heute dazu unterschiedliche Instrumente verwendet.

Betrachtet man die Historie der diesbezüglichen Entscheidungen, so stellt man fest, dass auch hier die rhodesische Rechtsprechung wesentlichen Einfluss auf die Rechtslage in Südafrika hatte. In den dortigen Hexereiunterdrückungsgesetzen gibt es nämlich bis heute keine Vermutung für die Kausalität zwischen Ausschnüffelungen

---

[148] Siehe z.B. die Ausführungen des abweichenden Richters *Hutton* in R. v. Tsungwana, 1919 EDL 25, Seite 29 und die Antwort des Vorsitzenden Richters *Kotzé*, Seite 30, der entgegnete: „Die Ausschnüffelung führt unausweichlich zu einem Verbrechen: In vielen Fällen führt sie zu Mord, in anderen zu Brandstiftung oder zu beidem". Auch in Zimbabwe sind sich die Gerichte dessen bewusst, vgl. S. v. Bhumu, 1981 (2) SA 839 (ZAD), Seite 841 B.

[149] Für den hier noch nicht erwähnten Selbstmord siehe S. v. Ncube, 1975 (2) SA 390 (RAD), R. v. Chiangwa, 1945 S.R. 80; R. v. Kukubula, 1959 (1) SA 286 (F.C.); R. v. Philip, 1964 (4) SA 207 (S.R., Salisbury). Hinsichtlich des Mordes vgl. z.B. R. v. Tsungwana 1919 EDL 25, Seite 29.

und Hexentötung. Die Schwierigkeiten der rhodesischen Gerichte, die daraus entstanden und die schließlich 1970 zur Aufnahme einer bemerkenswerten Norm in den südafrikanischen Witchcraft Suppression Act führten, sollen zur Verdeutlichung der Problemstellung vorab dargelegt werden, bevor auf die südafrikanische Antwort auf die entstandenen Probleme eingegangen wird.

Die rhodesischen Ankläger mussten also eine durchgehende Kausalkette zwischen einer Hexereibeschuldigung und einer Tötungshandlung oder einem Selbstmord beweisen. Dies allein war oftmals schwierig genug. In ernsthafte Bedrängnis gerieten die Gericht aber dann, wenn zudem außergewöhnliche Umstände hinzutraten: Als sich der rhodesische Appelationsgerichtshof zum Beispiel mit dem Fall beschäftigen musste, dass zwei Sangomas unabhängig voneinander eine Person als Hexe ausgeschnüffelt hatten, die anschließend getötet wurde[150], entschlossen sich die Richter angesichts zweier möglicher Verursacher, einfach einen gegenüber den allgemeinen Regeln niedrigeren Kausalitätsstandard anzusetzen. Man stellte schließlich nur noch darauf ab, ob die Ausschnüffelung ein „wesentlicher Beitrag" zur Tötung gewesen war oder nicht[151].

Das Fehlen einer gesetzlichen Regelung der Strafzumessung bei Mord oder Selbstmord aufgrund einer Hexereibeschuldigung führte in Zimbabwe zu weiteren bedenklichen Entwicklungen. Es wurde in Frage gestellt, ob der auf eine Ausschnüffelung folgende Mord oder Selbstmord überhaupt noch als strafschärfend angesehen werden könne, oder ob dieser Gefährdungsaspekt nicht schlechthin seinen Niederschlag in einem höheren Strafmaß finden müsse. In der Entscheidung *S. v. Bhumu*[152] bemerkte der Appelationsgerichtshof, dass die ernsten Konsequenzen in jedem einzelnen Fall von Hexereibeschuldigungen auftreten könnten. Daraus wurde dann der Schluss gezogen, dass die Gefahr des Todes des der Hexerei Beschuldigten stets als strafschärfender Faktor zu berücksichtigen sei[153]. Eine derartige Ausuferung der Gesetze war allerdings auch in Zimbabwe zu keiner Zeit gewollt. Die Strafvorschriften waren schon immer als Gefährdungsdelikte ausgestaltet, die die immanente Gefahr einer Tötung bereits im außerordentlich hohen Strafmaß berücksichtigten. Eine nochmalige Berücksichtigung der großen Gefahren für das Opfer einer Anschuldigung würde somit eine Doppelverwertung von strafbarkeitsbegründenden Tatsachen darstellen. Es bleibt zu hoffen, dass die Gerichte in Zimbabwe dieser bedenklichen Praxis bald ein Ende setzen werden.

Faktisch resultierten die genannten Erwägungen in erheblichen Strafrahmenverschiebungen: Betrug die durchschnittliche Strafe für eine öffentliche Hexereibeschuldigung

[150] S. c. Ncube, 1975 (2) SA 390 (RAD)
[151] S. v. Ncube, 1975 (2) SA 390 (RAD), Seite 391 F
[152] 1981 (2) SA 839 (ZAD)
[153] S. v. Bhumu, 1981 (2) SA 829 (ZAD), Seite 841 C

in Zimbabwe zwischen neun und zwölf Monaten Gefängnis[154], so wurde in den Fällen, in denen tatsächlich ein Opfer getötet wurde, auf Gefängnisstrafen nicht unter drei Jahren erkannt, die in der Regel mit schwerer Zwangsarbeit verbunden wurden.

In Anbetracht der Probleme, vor die sich die zimbabwischen Gerichte gestellt sahen, versuchte man in Südafrika eine alternative Lösung: Durch die Aufnahme einer gesetzlichen Vermutung wurde die Kausalität zwischen der Hexereibeschuldigung und dem Tod des Beschuldigten einfach unterstellt. Somit wurden die o.g. Beweisschwierigkeiten umgangen. Die derzeit gültige Beweisregel im Witchcraft Suppression Act of 1957 wurde 1970 eingefügt und lautet:

> „*2. Presumption*
> *Where any person in respect of whom an offense referred to in paragraph (a) or (b) of § 1 was committed is killed, it shall be presumed, until the contrary is proved, that such person was killed in consequence of the commission of such offense.*“

Diese Beweislastumkehr sollte die Strafzumessung für die entscheidenden Richter erleichtern. Der Angeklagte musste nun also den vollen Gegenbeweis erbringen, dass die schwere Folge nicht aufgrund seines gefährdenden Vorverhaltens eingetreten war. Dieser Gegenbeweis ist den Angeklagten jedoch in keinem der publizierten Fälle gelungen.

Eine solche Beweislastumkehr führt neben allgemeinen verfassungsrechtlichen Fragen zu folgendem Problem: Schon nach dem Wortlaut umfasst die Vermutung des sec. 2 WSA nicht den Vorsatz des Täters, so dass der Beweis für einen solcher Tötungsvorsatz hinsichtlich des weiteren Kausalverlaufes von seiten des Staates noch erbracht werden musste[155]. In Rhodesien hatte man sich stets mit dem Verweis darauf beholfen, dass derjenige, der eine Hexereibeschuldigung begehe, sich stets der Gefahr des Todes des Opfers bewusst sein müsse, auch der Gefahr eines Selbstmordes[156]. Damit hatte man faktisch eine Beweislastumkehr in subjektiver Hinsicht eingeführt. In Südafrika hat sich in den Fällen, in denen der Täter sein Opfer in den Selbstmord treibt, mittlerweile die Meinung etabliert, dass ein „psychologischer Beitrag“ zum Selbstmord in der Regel auch die subjektiven Voraussetzungen der Strafbarkeit erfülle[157]. In den Bereich der Hexentötungen wurde diese Rechtsprechung jedoch nicht übernommen.

---

[154] Vgl. die Ausführungen des Gerichts in S. v. Big Boy Hlupo (ZAD judgement 138 / 69), unveröffentlicht aber wörtlich wiedergegeben in S. v. Bhumu, 1981 (2) SA 839 (ZAD), Seite 841 E.
[155] Hinsichtlich dieses Erfordernisses siehe die Hintergrundinformationen in R. v. Valacchia and another, 1945 A.D. 826 sowie den Überblick bei Paizes, 110 SALJ 493 (1993).
[156] R. v. Kukubula, 1959 (1) SA 286 (S.R.Fed.Supr.Ct.)
[157] Ex parte Die minister van justisie; In re S. v. Grotjohn, 1970 (2) SA 355 (A)

Zieht man den lange im südafrikanischen Strafrecht vorherrschenden Grundsatz hinzu, dass bei *„jedermann vermutet werden kann, dass er die natürlichen und naheliegenden Konsequenzen seines Tuns“* in seinen Vorsatz aufnimmt[158], dann erscheint es angesichts der von der Gerichten erkannten, fast gesetzmäßigen Unausweichlichkeit eines Todesfalls nach einer Hexereibeschuldigung angemessen, in solchen Fällen auch die subjektive Tatseite zu unterstellen, sofern man sich auf den bedenklichen Ansatz einer Beweislastumkehr für die Kausalität einlässt. Eine Auseinandersetzung mit diesem Problem durch die südafrikanischen Gerichte fand jedoch niemals statt.

Als im autonomen Homeland Lebowa im Jahre 1992 das dortige Hexereiunterdrückungsgesetz verabschiedet wurde[159], enthielt es weitere Gefährdungsdelikte, wie zum Beispiel die Personenbeförderung mit einem Kraftfahrzeug zu einer Ausschnüffelungsprozedur oder zu einer privaten Konsultation eines Sangomas zwecks Hexenbestimmung. Auch hier wurde eine allgemeine Regel eingefügt[160], nach der bis zum Beweis des Gegenteils unterstellt wurde, dass der Fahrer des Fahrzeugs wusste, dass er Personen zu einer Ausschnüffelungsprozedur beförderte. Ferner wurde vermutet, dass Personen, die Geld einsammelten, um einen Hexenausschnüffler zu bezahlen, Kenntnis von der folgenden Ausschnüffelungsprozedur hatten. Die Vorschrift lautete:

> „*(2) Wanneer dit ook al beweer word dat 'n persoon of persone byeengekom het vir die doel om fondse in te samel vir die doel om 'n toordokter aan te wys of om iemand as 'n toordokter te bestempel of enige persoon of groep van persone vervoer is of vervoer het vir die uitsluitlike doel om 'n toordokter te raadpleg, sal dit vermoed word dat sodanige persoon of groep van persone wel geweet het van die doel van sodanige byeenkoms of vervoers tensy die teendeel bewys word.*“[161]

Demnach musste also sogar der Führer des Kraftfahrzeuges positiv beweisen, dass er die Identität des Fahrgastes und den Grund der Fahrt nicht kannte. Eine derartige Ausdehnung der Strafbarkeit auf reine Vorbereitungshandlungen, verbunden mit Beweislastumkehr zuungunsten des Angeklagten stellt den drastischen Höhepunkt der Bekämpfung des Hexenglaubens und der damit einhergehenden Aktivitäten mit den

---

[158] R. v. Jolly, 1923 A.D. 176, Seiten 180-182; R. v. Ndhlovu, 1945 A.D. 369. Diese Entscheidungen sind jedoch vor dem Hintergrund zu sehen, dass sich die „versari in re illicita“ im südafrikanischen Strafrecht bis 1965 hatte halten können, vgl. dazu unten, Kapitel VI 1.

[159] "Wet op Onderdrukking van Toorkuns", Act No. 2 of 1992, vgl. unten Appendix.

[160] Sec. 2 (2) des genannten Gesetzes.

[161] „Wann immer es behauptet wird, dass eine Person oder mehrere Personen übereingekommen sind, Geld einzusammeln um einen Zauberdoktor zu bestimmen, um einen anderen als Zauberer zu bezichtigen oder irgendwelche Personen befördert oder befördert hat oder haben, um einen Zauberdoktor zu Rate zu ziehen, so soll vermutet werden, dass selbige Person oder Gruppe von Personen das Ziel der Übereinkunft oder der Personenbeförderung gekannt hat, es sei denn, dass das Gegenteil bewiesen wird.“

Mitteln des Strafrechtes dar. (Leider gingen die Gerichtsakten von Fällen aus dem autonomen Homeland Lebowa verloren; faktisch dürfte ein Angeklagter aber mit dem Gegenbeweis kaum durchgedrungen sein.)

Die Beweislastumkehr hinsichtlich des Kausalitätsverlaufes einer Hexentötung begegnet aus europäischer Sicht selbstverständlich höchsten Bedenken im Hinblick auf die auch in der neuen südafrikanischen Verfassung verankerten Grundsätze der Unschuldsvermutung[162] und des fairen Verfahrens[163]. Vor dem Hintergrund des südafrikanischen Rechtssystem erscheinen diese Bedenken jedoch weitaus weniger dramatisch; das südafrikanische Recht kennt solche Beweisregeln im Bereich des kodifizierten Strafrechts schon lange. So bestehen Beweislastumkehrungen z.B. auf dem Gebiet des Betäubungsmittelstrafrechts und im Rahmen der Gesetze über die nationale Sicherheit[164]. In bezug auf die neu eingeführten Grundrechte der südafrikanischen Verfassung hat der Verfassungsgerichtshof aber noch nicht über die Vorschriften entschieden. Bei der Bestrafung von Handlungen, die noch weit vor dem Eintritt einer schweren Folge stattfinden, bestehen zudem größte Bedenken, ob diese Vorschriften angesichts der von der südafrikanischen Verfassung festgeschriebenen Weltanschauungsfreiheit[165] Bestand haben können.

Die Anwendung derart drastischer gesetzgeberischer Maßnahmen zeugt von der Wichtigkeit, die man der Unterdrückung der afrikanischen Weltanschauung beigemessen hat. Die Bedrohung kolonialer Machtstrukturen durch die Sangomas und das Bestreben, Unschuldige vor dem Flammentod zu schützen, haben die Staaten im südlichen Afrika bewogen, derart einschneidende Gesetze zu erlassen.

Vergleicht man die heutige Rechtslage im südlichen Afrika, wo Gefängnisstrafen bis zu 20 Jahren auf den Sangoma zukommen, der einen anderen der Hexerei bezichtigt, mit der eingangs erwähnten Strafdrohung des § 2 des Codex Hammurabi[166], so stellt man fest, dass in Südafrika die staatliche Bekämpfung des Hexenglaubens zu Beginn des 21. Jahrhunderts noch immer eine herausragende Stellung innehat. Sie ist vergleichbar mit der Bedeutung, die der Sumererkönig Hammurabi diesem Thema etwa 1750 v.Chr. zugemessen hatte.

---

[162] Artikel 35 (3) (h) der südafrikanischen Verfassung.
[163] Artikel 35 (3) der südafrikanischen Verfassung.
[164] Vgl. z.B. sec. 10 des Abuse of Dependence-producing Substances and Rehabilitation Centres Act, Act No. 41 of 1971 (mittlerweile außer Kraft) oder Internal Security Act, Act No. 44 of 1950, Sec. 12 (1).
[165] Artikel 31 der südafrikanischen Verfassung.
[166] Vgl. oben, Kapitel IV, Einleitung.

3. Ziele und Auswirkungen der Hexereiunterdrückungsgesetze

a) Ziele der Vorschriften

Hinter dem Bestreben, unschuldige Personen vor einer Hexentötung zu schützen, stand das eindeutige Ziel, der schwarzen Bevölkerung den Glauben an Hexen und an die damit verbundenen übernatürlichen Kräfte aus den Köpfen zu treiben. Dieser Gedanke wurzelte aber nicht etwa in den religiösen Überzeugungen der weißen Einwanderer; das eigentlich durch die Gesetze angestrebte Fernziel war die Stabilisierung kolonialer Macht. Aus der Sicht der Kolonialherren gab es - wie bereits mehrfach erwähnt - in Afrika nach Überwindung des geringen militärischen Widerstandes der Einheimischen nur eine einzige wirkliche Opposition: Die Sangomas[167]. Insbesondere der hohe Einfluss der Sangomas auf lokaler Ebene bereitete den Einwanderern Sorge. Die Sangomas besaßen genug Macht, unliebsame Personen beseitigen zu können und beeinflussten überdies sogar die Ernennung von Häuptlingen, auf die sich die weiße Verwaltung immerhin verlassen können musste. Diese Machtposition basierte wie erläutert auf dem afrikanischen System von Furcht und Heilung und wurde von einer Ethnologin sogar einmal „Stachel im Gesäß des Kolonialismus" genannt, der „möglichst schnell entfernt werden" sollte[168].

Wie groß die Angst der Kolonialherren vor dem Einfluss der Sangomas war, zeigt ein Beispiel aus dem ehemaligen Südrhodesien: Noch im Jahre 1959 erließ man dort ein formelles Strafgesetz[169], welches bei zehnjähriger Gefängnisstrafe verbot, mit magischen Mitteln zum Widerstand gegen ein Gesetz oder zur Missachtung der Regierungsgewalt anzustacheln. Wie berechtigt diese Sorge des Staates Südrhodesien war, zeigte sich zwanzig Jahre später im Befreiungskrieg Zimbabwes, in dem die Sangomas und Spirit Mediums tatsächlich eine führende Rolle gegen die Kolonialherren übernahmen[170].

Im ganzen südlichen Afrika hat sich die Intention des Gesetzgebers lange nicht geändert. Die Gerichte machten zu keiner Zeit ein Hehl daraus, dass es bei den Hexereiunterdrückungsgesetzen nicht primär darum ging, das Leben von unschuldigen Männern und Frauen vor dem Tod durch Steinigen oder Verbrennen zu schützen[171]. Dies waren für die Kolonialherren nur sekundäre Ziele der Hexereiunterdrückungsgesetze. In Südrhodesien schloss man sogar aus der Tatsache, dass das Gesetz auch nach der Befreiung des Landes nicht abgeändert wurde darauf, dass auch die Zielsetzung des

---

[167] Siehe bereits oben, Kapitel II 4. a).
[168] J.D. Krige in Marwick: Witchcraft and sorcery, Seite 249
[169] § 38 Law and Order Maintenance Act No 38 of 1959 (S.R.)
[170] Siehe hierzu die detaillierte Beschreibung von Ian Currey, Guns and Rain, Berkeley, 1985 und bereits oben, Kapitel II 4. c).
[171] Siehe z.B. R. v. Hunda, 1956 (3) SA 695 (S.R.,Salisbury), Seite 697 C/D.

Gesetzes gleich geblieben sei, nämlich „jenen Teilen unserer Gesellschaft, die immer noch in einem mittelalterlichen Status zivilisatorischer Entwicklung“ stünden „ihre primitiven Aberglauben und Vorstellungen“ auszutreiben[172].

Als man langsam erkannte, dass es sehr schwer werden würde, den Hexenglauben durch Strafgesetze völlig aus dem Land zu bannen, wurde der Individualschutz von den Gerichten im südlichen Afrika immerhin formell als ein weiteres offiziell anerkanntes Ziel der Anti-Hexerei-Gesetzgebung anerkannt[173]. Der Vorsitzende Richter des rhodesischen Appellationsgerichtshofes traf den Nagel im Jahre 1971 auf den Kopf, als er sagte :

> *„Am Ende des vergangenen Jahrhunderts, als diese Gesetze eingeführt wurden, glaubte man, dass der Glaube an Hexerei so fest verwurzelt sei, dass es nicht möglich sein würde, Gesetze durchzusetzen, die auf die totale Zerstörung des Hexenglaubens ausgerichtet waren und dass es weiser sei, sich nur mit den übleren und schwerwiegenderen Aspekten seiner Praxis zu beschäftigen.“*[174].

Von letzterem Aspekt ist schnell eine Brücke zu einem dritten praktischen Ziel der Hexereiunterdrückungsgesetze geschlagen: Die Bestrafung der Sangomas wurde gegenüber den Möglichkeiten, die das allgemeine Strafgesetz bot, erleichtert. Verurteilungen wegen Mordes für eine Ausschnüffelung mit anschließender Hexenjagd waren wegen mangelndem Kausalitätsnachweis unter dem Common Law nur schlecht möglich gewesen[175]. Ebenso oft scheiterte eine Verurteilung an mangelnder Aussagebereitschaft der Zeugen aus dem Dorf, die entweder nicht aussagen wollten, oder den genauen Tatverlauf von der Ausschnüffelungsprozedur bis zur Tötung nicht vollständig beschreiben konnten[176]. Die Strafbarkeit der Sangomas wegen Anstiftung zu einem Tötungsdelikt aufgrund der Ausschnüffelung war auch im Hinblick auf den Vorsatz problematisch, denn oftmals nahmen die Sangomas über den Ausschnüffelungsakt hinaus keinerlei Tätigkeit vor, die als Anstiftungshandlung hätte angesehen werden können[177]. Die Staatsanwälte benötigten also zur Verurteilung der Sangomas Gesetze, bei deren Anwendung diese Beweisschwierigkeiten nicht entstanden und deren Tatbestandserfüllung leichter nachzuweisen war. In Form der Witchcraft Suppression Acts

---

[172] R. v. Philip, 1964 (4) SA 207 (S.R., Salisbury), Seite 208 G

[173] Siehe z.B. die Entscheidung R. v. Tsungwana, 1919 EDL 25, Seiten 29 und 30.

[174] R. v. Ndhlovu, 1971 (1) SA 27 (RAD), Seite 30 unter Bezugnahme auf eine Aussage des Richters Tredgold in R. v. Maposa 1943 S.R. 194

[175] Für einen Überblick über die Schwierigkeiten betreffend Kausalität siehe Bennett / Scholz, 12 CILSA 228 (1979) und unten, Kapitel V 2. a).

[176] Vgl. z.B. die Stellungnahme von Richter *Sampson*, concurring, R. v. Tsungwana, 1919 EDL 25, Seite 29.

[177] Vgl. z. B. R. v. Fundakubi, 1948 (3) SA 810 (A), Seite 819 S. v. Ndhlovu and another, 1971 (1) SA 27 (RAD), S. v. Mokonto, 1971 (2) SA 319 (A), S. v. Ganadi N. 1984 (2) P.H. h.154 (A) oder S. v. Motsepa en 'n ander 1991 (2) SASV 462 (A).

gaben die Kolonialherren den Staatsanwälten konkrete Gefährdungsdelikte an die Hand, die die Strafbarkeit der anschließenden Hexentötung auf leichter nachweisbare Handlungen vorverlagerten, ohne dass die Staatsanwälte im Prozess gegen den Sangoma den genaueren Hergang der Hexenjagd beweisen mussten.

Zusammengefasst hatten die Witchcraft Suppression Acts also die folgenden Ziele:
1.) Vertreibung des Hexenglaubens aus dem südlichen Afrika
2.) Schwächung der Sangomas als Störfaktor bei der Ausübung kolonialer Macht
3.) Opferschutz
4.) Beweiserleichterungen durch Vorverlagerungen strafrechtlicher Verantwortlichkeit.

b) Praktische Auswirkungen der Witchcraft Suppression Acts

Abgesehen von der Beweiserleichterung in bezug auf die Verurteilung der Sangomas, die zweifelsfrei durch die Hexereiunterdrückungsgesetze gewährleistet war, erreichte der koloniale Gesetzgeber die anderen Ziele nicht. Im Gegenteil: Die Zahl der Hexenmorde blieb auf sehr hohem Niveau, stieg nach Einführung dieser Gesetze sogar noch weiter an[178]. Es zeigte sich, dass die Gesetze keinerlei abschreckende Wirkung hatten[179]. Von Seiten der Gerichte, aus der Verwaltung und der juristischen Literatur wurden deshalb schon früh Bedenken gegen die Sinnhaftigkeit dieser Vorschriften geäußert. Bereits im Jahre 1891 wurde beispielsweise am Kap ein Artikel veröffentlicht, in dem der praktische Nutzen solcher Gesetze stark angezweifelt wurde, da sie nicht mit den Glaubensvorstellungen der Einheimischen vereinbar seien[180]. Auch in Rhodesien erkannte man das Fehlgehen der Gesetze bald. Nachdem die Witchcraft Regulation No. 16 im Jahre 1894 eingeführt worden war, meldete der Staatssekretär im Justizministerium der britischen Kolonie, *C. Bayley*, in seinem Bericht an die britische Krone zwar „höchst begrüßenswerte Ergebnisse“ der Hexereiunterdrückungsgesetze[181]. Er berichtete, dass in zwei Fällen Sangomas bei einer Hexenausschnüffelung zwar eine Person als Hexe erkannt hatten, sie jedoch die Dorfbewohner sofort darauf hinwiesen, dass es selbstverständlich nicht gestattet sei, die Hexen zu töten, weil das „Gesetz des Weißen Mannes dies verbietet“. Ironischerweise kam der Staatssekretär aber nicht umhin, einige Zeilen später einzuräumen, dass die beiden ausgeschnüffelten Hexen wenig später gleichwohl umgebracht worden waren. Im darauf folgenden Bericht an die britische Regierung äußerte sich dann der Oberste Eingeborenenkommissar für Südrhodesien dahingehend, dass die Ergebnisse augenscheinlich vorschnell ver-

---

[178] Bericht der Untersuchungskommission für die Nordprovinz, 1996, Seite 57; auch Hund, 33 CILSA 366 (2000), Seite 367 geht davon aus.
[179] Vgl. z.B. *Schreiner, J.A.* in R. v. Fundakubi, 1948 (3) SA 810 (A), Seite 819.
[180] Dulcken, 7 Cape Law Journal 204 (1891), Seite 209.
[181] British South Africa Company, Report of the Administration of Rhodesia, 1897-1898, Report of C. Bayley, Secretary of the Law Department, for the Year ending 31st March 1898, Seite 290.

meldet worden seien, denn das Vertrauen der Eingeborenen in die Hexenausschnüffeler sei so groß, dass diese Praxis sicherlich auch weiterhin Bestand haben werde[182]. Obwohl man die Bevölkerung über den Inhalt des Gesetzes und die damit zusammenhängenden Pflichten informiert habe, sei es ohne praktischen Erfolg geblieben.

Schaut man heute zurück auf über ein Jahrhundert Hexereiunterdrückungsgesetze, so finden sich einige zwingende Gründe dafür, dass der Hexenglaube nicht durch Strafgesetze aus dem südlichen Afrika vertrieben werden konnte. Im folgenden wird sich herausstellen, dass nicht die starke Zurückhaltung bei der polizeilichen Verfolgung und Anklage dieser Taten[183], sondern vor allem das Fehlgehen der oben dargestellten Regelungen selbst dies verursacht hat.

Aus Sicht der Einheimischen scheiterte das Gesetz schon daran, dass es schlicht gegen die falsche Person gerichtet war. Primär bekämpften die Witchcraft Suppression Acts den Sangoma, nach afrikanischer Kosmologie den „good guy", der den einfachen Mann gegen böswillige Hexerei beschützt. Demgegenüber wurde sec. 1 (e) wie dargestellt nicht in dem Sinne durchgesetzt, dass der einfache Mann bei der Polizei Schutz vor der bösen Hexe hätte erlangen können. Dass man den („guten") Sangoma mit zum Teil drakonischen Gefängnisstrafen belegte, die („böse") Hexe aber ungestraft davonkommen ließ, ist für den traditionell denkenden Afrikaner nicht verständlich. Während der Untersuchungen wurde dem Autor von vielen Befragten zugetragen, dass man davon ausgehe, dass der Staat Partei für die Hexen und gegen die Sangomas ergriffen habe und demzufolge nicht in der Lage sei, die Bevölkerung vor der böswilligen Magie der Hexen zu schützen[184].

Die traditionellen Gerichtshöfe haben bereits mehrfach ihre Unzufriedenheit über diese Regelung artikuliert[185], ebenso hat dies die ethnologische und anthropologische Literatur getan[186]. Trotz der warnenden Hinweise wurde die Strafbarkeit der Sangomas, wie oben dargestellt[187], entgegen diesen Warnungen immer weiter ausgedehnt. Die Möglichkeiten, die „böse" Hexe zu bestrafen, wurden hingegen immer weiter eingeschränkt. Dies ist ein wesentlicher Grund dafür, dass die Hexereiunterdrückungsgesetze keinen Einfluss auf die afrikanische Bevölkerung haben konnten.

---

182 British South Africa Company, Report of the Administration of Rhodesia, 1898-1900, Report of H.J. Taylor, Chief Native Commissioner for Matabeleland, for Period ending 31st March 1900, Seite 158

183 Vgl. hierzu die drastischen Stellungnahmen zu diesem Problem im Bericht der Untersuchungskommission für die Nordprovinz, 1996, Seite 57.

184 Vgl. in diesem Zusammenhang auch die Aussage des Angeklagten in S. v. Jassane, 1973 (4) SA 658 (TPD), Seite 660 A.

185 Vgl. Bericht der Untersuchungskommission für die Nordprovinz , 1996, Seite 54

186 Vgl. z. B. Kriel Louw, Seite 90.

187 Siehe oben, Kapitel IV 1. .

Das erste Hexereiunterdrückungsgesetz von 1879 hatte zwar eine sehr einschneidende Regelung dargestellt, indem viele magischen Handlungen pauschal unter Strafe gestellt worden waren. Die weitgehenden Verbote entsprachen zwar nicht den traditionellen Grundwerten. Indem sec. 14 die Ausübung von böswilliger Magie unter Strafe stellte, bestand aus der Sicht der einfachen Bevölkerung aber immerhin die ernstzunehmende Möglichkeit, auch die „richtige" Person, nämlich die „böse Hexe" zu bestrafen. In den neueren Witchcraft Suppression Acts fehlt eine solche Norm, bzw. wird nicht angewandt, obwohl das Begehren innerhalb der schwarzen Bevölkerung in Südafrika nach staatlichem Schutz vor böswilliger Hexerei ungebrochen stark ist[188]. Kann der Staat diesen Schutz nicht gewährleisten, so ist es nur eine logische Konsequenz, dass der einfache Bürger sein Schicksal selbst in die Hand nimmt, und durch Ausschnüffelungen und private Hexenmorde seine Schutzinteressen durchzusetzen versucht. (In diesem Zusammenhang kam es zu bemerkenswerten Geschehnissen: Dem Autor sind mehrere Fälle bekannt, in denen die Dorfgemeinschaften (in einem Falle sogar schon vor der eigentlichen Ausschnüffelung !) in der Nordprovinz Geld für einen auf Hexentötungen spezialisierten Strafverteidiger aus Pietersburg sammelten, um dem ausschnüffelnden Sangoma bei der anstehenden Anklage wegen Verstoßes gegen den Witchcraft Suppression Act wenigstens eine gute Strafverteidigung angedeihen zu lassen.)

Ein weiterer Grund für das Scheitern der Hexereiunterdrückungsgesetze lag darin, dass durch die Kriminalisierung der Ausschnüffelungsprozeduren das Phänomen der Hexenmorde zunehmend in den Untergrund getrieben und dadurch dem Zugriff des Staates entzogen wurde. Belege aus anthropologische Studien zeigen eindeutig, dass insbesondere mit Einführung und Durchsetzung des Witchcraft Suppression Act von 1957 die Zahl der Hexenmorde anstieg. Eine Studie aus dem Lowveld kommt zu dem Ergebnis, dass um 1970 (als Verstöße gegen den WSA von der dortigen Polizei besonders strikt verfolgt wurden) die Zahl der Hexenmorde drastisch anstieg[189]. Insbesondere, so die Studie, wurde von der Möglichkeit der Verbannung kaum noch Gebrauch gemacht; statt dessen wurden die angeblichen Hexen verhältnismäßig sehr viel häufiger im Rahmen von informellen oder privaten Hexenjagden kurzerhand umgebracht[190]. Aus dem oben dargelegten[191] sozio-kulturellen Unterbau der Hexenjagden wird deutlich, welche fatalen Folgen die Gesetze für die sozialen Balancesysteme hatten: Indem

[188] Der Autor teilt aufgrund seiner Feldforschungen insoweit die Erfahrungen anderer Ethnologen in diesem Punkt, vgl. z.B. die Ergebnisse von Brantley, 49 (2) Africa 112 (1979), Seite 131 oder Berglund, Zulu thought patterns and symbolism, Seite 305.

[189] Stadler, 55 (1) African Studies 87 (1996), Seite 96; vgl. hierzu auch Brantley, 49 (2) Africa, 112 (1979), Seite 130.

[190] Die Gegenansicht wird hier vertreten von Kriel Louw, Seite 90. Der Autor vertritt die Ansicht, dass die Witchcraft Suppression Acts dazu geführt hätten, dass angebliche Hexen nicht mehr getötet, sondern häufiger verbannt wurden. Er belegt seine Annahme jedoch nicht.

[191] Siehe oben, Kapitel I 2. .

man durch § 1 (a) und (b) die sozialen Kontrollmechanismen der Hexereibeschuldigungen kriminalisierte, wurden diese Kontroll- und Konfliktlösungsmechanismen, die vorher weitgehend von den Häuptlingen kontrolliert wurden, in den Untergrund getrieben. Die Möglichkeit einer Verbannung bestand im Rahmen dieser inoffiziellen, privaten Hexenverfolgungen natürlich nicht; hier konnten die Betroffenen höchstens das, was sie für Recht hielten, in die eigene Hand nehmen und die angebliche Hexe töten. Die Hexereiunterdrückungsgesetze haben demnach wohl eher bewirkt, dass die informellen Hexenjagden einen Aufschwung erlebten[192].

Ein dritter Grund für die praktische Nutzlosigkeit der genannten Gesetze ist der Mangel an verständlichen Begriffen und korrekten Definitionen. Dem Normadressaten bleibt unklar, welches Verhalten verboten und welches erlaubt ist. Besonders deutlich werden diese Schwierigkeiten bereits an der Definition der Hauptperson, denn der Gesetzgeber hat für den Sangoma den Terminus „witchdoctor" verwendet. Dieses Wort ist vor dem Hintergrund der schwarzen Traditionen per se nicht verständlich. Aus den Darstellungen oben[193] ergibt sich, dass lediglich die Bezeichnung „doctor" einen Bezug zum tatsächlichen Tätigkeitsfeld des Sangoma hat. Die Bezeichnung „witch" hingegen ist völlig unzutreffend, denn wie oben dargestellt ist „witch" schon konzeptionell etwas ganz anderes als ein Sangoma. Die ersten einschlägigen Gesetze aus der Kapregion enthielten wenigstens noch die Originalbegriffe aus den Bantusprachen, so dass immerhin dieses Verständnisproblem nicht auftrat. Die neueren Hexereiunterdrückungsgesetze mit dem „witchdoctor" als zentraler Figur sind nicht aus der Sicht der Normadressaten formuliert und können folglich von diesen nicht verstanden werden [194].

Die einzelnen Tatbestandsmerkmale sind zudem nicht so gefasst worden, dass sie regionale Unterschiede hätten mit aufnehmen können. Wenn z.B. noch im Jahre 1986 der Venda Supreme Court sich ernsthaft mit der Frage auseinanderzusetzen hatte, ob „witch" und „wizard" überhaupt gleichzusetzen seien[195], zeugt dies nicht von einer etwaigen Unkenntnis der common-law-Richter im Umgang mit geschriebenen Statuten, sondern von deren Unverständnis der Begriffe afrikanischer Kosmologie.

Der grundsätzliche Fehler der Witchcraft Suppression Acts lag aber schon in der Vorstellung, nicht alle Formen der afrikanischen Kosmologie gleichmäßig bestrafen zu

---

[192] Diese Verlagerung von den offiziellen Dorftribunalen in unorganisierte Hexenjagden wurde auch bei den Shona von *Gelfand* beobachtet, als die Verurteilungen nach dem rhodesischen Gesetz zugenommen hatten, vgl. Gelfand, The African witch, Seiten 77f.
[193] Vgl. Kapitel I 4. .
[194] Die Thohoyandou Declaration vom September 1998 kritisierte diesen Punkt ebenso.
[195] S. v. Mafunisa, 1986 (3) SA 485 (VSC)

müssen. Wie die Gerichte immer wieder verdeutlicht hatten[196], wurde nicht schlechthin jede magisch relevante Handlung als kriminell eingestuft. Weite Felder des magischen Lebens wurden als „ungefährlich“ betrachtet und waren nicht verboten, so zum Beispiel die gesamte Kräuterheilkunde, Initiationsschulen, Schutzmagie und Ahnenkult. Durch die staatliche Lizensierung der Herbalisten wurde schließlich ein wesentlicher Teilbereich der schwarzen Kosmologie sogar ausdrücklich gebilligt.

Versetzt man sich nun in die Lage eines traditionell orientierten Südafrikaners, erscheint die Trennung in gefährliche und ungefährliche Teile der Weltanschauung unlogisch. Wie bereits oben erläutert[197], bildet die afrikanische Kosmologie eine feste, untrennbare Einheit; das Herauslösen einzelner Elemente ist nicht möglich. Medizin, Ahnenkult, Hexenglaube, Schicksal und menschliche Existenz sind fest verbunden; der Sangoma verkörpert diese Einheit. (Erinnert sei hier an das Beispiel, dass eine Krankheit sowohl eine medizinisch-physiologische wie auch eine magische Ursache - Hexe oder Ahnengeist - haben kann.) *Seidman* bemerkte in diesem Zusammenhang bereits vor einigen Jahren, dass das afrikanische Strafrecht unzutreffenderweise zwischen Heilung und Hexerei unterscheide[198]. Diese Unterscheidung mag für den Europäer völlig eindeutig sein; sie steht jedoch in offensichtlichem Gegensatz zur afrikanischen Weltanschauung.

Betrachtet man das Phänomen der Hexenmorde unter dem oben dargelegten soziologischen Ansatz[199], so stellt der Hexenmord sogar das „Kernstück“ der afrikanischen Kosmologie dar. Der Versuch, allein die Hexenmorde zu kriminalisieren, alle anderen magisch relevanten Handlungen jedoch zu dulden, musste folglich deshalb scheitern, weil sowohl dem kosmologischen Erklärungssystem als auch den sozialen Ausgleichsmechanismen das Kernstück genommen wurde.

Die Untersuchungskommission für die Nordprovinz hat erwähnt, dass es sich schon aus dem Wortlaut der Hexereiunterdrückungsgesetze ergebe, der Staat glaube nicht an Hexen; Hexerei gebe es nicht, ohnehin sei sie verboten[200]. - Fatalerweise glauben die Normadressaten jedoch mehrheitlich an Hexerei. Dieses Auseinanderklaffen von „weißen“ Gesetzen und „schwarzer“ Wirklichkeit auf dem Gebiet des Strafrechts soll bereits hier als wesentlicher Grund für das Fehlgehen der Witchcraft Suppression Acts erwähnt und an anderer Stelle[201] wieder aufgegriffen werden.

---

[196] Vgl. z.B. R. v. Ndhlovu, 1971 (1) SA 27 (RAD), Seite 30 D, wo eine ältere Entscheidung (R. v. Maposa, 1943 S.R. 194, Tredgold, J.) zitiert wird.
[197] Siehe oben, Kapitel I 7.
[198] Seidman, 15 ICLQ 1135 (1966), Seite 1156.
[199] Siehe oben, Kapitel I 3. b).
[200] Bericht der Untersuchungskommission für die Nordprovinz, 1996, Seite 57.
[201] Siehe unten, Kapitel V.

c) Reform der Witchcraft Suppression Acts ?

Durch den Bericht der Untersuchungskommission für die Nordprovinz sind die Rufe nach Reformen der Witchcraft Suppression Acts lauter geworden. Inhalt des Berichtes war nämlich unter anderem ein Gesetzesvorschlag für einen „Witchcraft Control Act“[202], verbunden mit einer Regelung der Selbstverwaltung der Sangomas[203].

Die Untersuchungskommission schlug im wesentlichen vor, die Inkompatibilität des Gesetzes mit der afrikanischer Kosmologie dadurch auszugleichen, dass eine Person für die Verhexung einer anderen eine höhere Strafe zu erwarten habe als der Sangoma für die Ausschnüffelung.

Die Bestrafung von Hexe und Sangoma gleichermaßen wäre aus Sicht der traditionellen afrikanischen Kosmologie sicherlich logischer; der Normadressat könnte nun verstehen, dass der Staat einheitlich gegen den Hexenglauben vorgehen will. Schließlich entspräche ein solches Gesetz auch der Einheitlichkeit des afrikanischen Weltbildes. Voraussetzung wäre jedoch, dass die neu zu schaffenden Gesetze, aufgrund derer man die „böse Hexe“ bestrafen könnte, auch tatsächlich durchgesetzt werden können. Daran bestehen - angesichts der einschlägigen Erfahrungen mit dem bisherigen § 1 (e) Witchcraft Suppression Act - leider erhebliche Bedenken. Ähnlich schwierig dürfte sich die Beweislage bei solchen Delikten gestalten.

Ein solches Vorgehen wäre aber dennoch zu begrüßen. Eine Bestrafung der „Hexe“ würde der afrikanischen Kosmologie entsprechen; jetzt erhielte der Bürger vom Staat Hilfe bei der Hexenbekämpfung, was das Vertrauen des Bürgers in den Staat sicherlich stärken würde. Natürlich könnte ein solches Gesetz nicht so weit gehen, dass sich der Staat eindeutig die Partei derjenigen ergreifen müsste, die uneingeschränkt an Hexen glauben. Solche Vorschriften dürfen nicht, auch nicht indirekt, zur Legitimation von Mord verstanden werden. Wann immer aber eine sachgerechte Lösung des Problems der Hexentötungen erreicht werden soll, muss sich der südafrikanische Staat aber zumindest mit einem Fuß auf die Seite derer stellen, die sonst durch die Untätigkeit der Staatsgewalt zu Tätern würden. Der Staat muss den Bürgern zeigen, dass zumindest auf einen offensichtlichen Akt der Hexerei eine staatliche Reaktion folgt, und sei dies nur ein polizeiliches Verhör. Deshalb wäre es wünschenswert, einen Tatbestand zu schaffen, der vielleicht ähnlich der Beleidigung ausgestaltet werden könnte; ein solcher stellte sicherlich eine hinreichende Interessenwahrung für die dem Hexenglauben anhängende Bevölkerung dar. Auch aus europäischer Sicht wäre gegen einen solchen Tatbestand sicherlich nichts einzuwenden; viele Rechtsordnungen sanktionieren solche

---

[202] Siehe Appendix II. Die Thohoyandou Declaration, September 1998, sprach sich deutlich für eine Adaption dieser Vorschläge aus.

[203] Vgl. den Report der Untersuchungskommission für die Nordprovinz 1996.

Handlungen, die nach regionalem Verständnis als ehrverletzend verstanden werden müssen.

Des weiteren muss dringend eine Reform der Definitionen der Hexereiunterdrückungsgesetze erwogen werden. Rasiermesserscharfe und haarspalterische Definitionen, die dem Erfordernis der Bestimmtheit einer Strafrechtsnorm genügen, sind - wie aufgezeigt wurde - kaum geeignet, die Wirklichkeit des magischen Lebens im südlichen Afrika zu erfassen. Einzig durch die Verwendung der traditionellen Begriffe kann die Norm für den Adressaten verständlich ausgestaltet und gleichzeitig den verfassungsrechtlichen Anforderungen Genüge getan werden.

Nachdem selbst die Gerichte nicht mehr davon ausgehen, die Exzesse des Hexenglaubens mit den Mitteln der Hexereiunterdrückungsgesetze aus dem südlichen Afrika vertreiben zu können[204], müssen darüber hinaus auch alternative Konfliktlösungsmechanismen ernsthaft in Betracht gezogen werden[205].

Ein zwar verfassungsrechtlich bedenklicher, aber nichtsdestoweniger sehr interessanter Ansatz kommt aus Kenya und wird dort seit 35 Jahren praktiziert. Unter dem Witchcraft Act[206] kann der District Commissioner, nach Durchführung einer Untersuchung, eine Anordnung gegen den der Hexerei Verdächtigten erlassen, die letzteren zwingt, in einem anderen Bezirk zu wohnen. Wird eine Person nach dem Witchcraft Act verurteilt, so kann der Justizminister sogar die Deportation des Verurteilten nach dem „Aliens Act“ (sic !) anordnen. In Kenya hat sich der Staat damit auf die Seite derer gestellt, die an Hexen glauben, und ein altes Mittel der Konfliktlösung wieder etabliert, nämlich die Verbannung[207]. Obgleich diese Lösung nicht ernsthaft für Südafrika angeraten werden kann, so wird doch deutlich, um welch dringliches Problem es sich bei den Hexereibeschuldigungen handelt und wie weit auch die postkolonialen Staaten zur Lösung der Hexenkonflikte zu gehen bereit sind.

Es muss allerdings ernsthaft überdacht werden, inwieweit die judikative Gewalt zur Behandlung von Fällen der Hexerei wieder an die Dorfgemeinschaften (d.h. an die traditionellen Gerichtshöfe der Stammeshäuptlinge, Ortsvorsteher und Dorfältesten) zurückgegeben werden sollte. Die Rückübertragung von Zwistigkeiten um angebliche

---

[204] S. v. Ndhlovu and another, 1971 (1) SA 27 (RAD), Seite 31 A

[205] „Kosmologische Re-Orientierungsprogramme“ , wie vorgeschlagen von *Labuschagne*, 1990 (3) SACR 246, sind zum einen heute sicherlich verfassungsrechtlich bedenklich, zum anderen wohl auch kein erfolgversprechendes Mittel. Gleichwohl wurden derartige Maßnahmen von den *Frelimo* - Sozialisten im Bürgerkrieg von Mozambique angewendet; dort wurden Sangomas in Sammellager zusammengefasst und sollten einer Art „Gehirnwäsche“ unterzogen werden, vgl. Mihalik / Cassim, 110 SALJ 127 (1993), Seite 137.

[206] Witchcraft Act, Chapter 67, Laws of Kenya, 12.11.1925, in der Fassung der Änderungsgesetze Law No. 2/ 1964; 604/1963 und 124/1964, Secs. 8 und 9; zum Wortlaut vgl. Appendix I.

[207] Zur Verbannung im südlichen Afrika siehe bereits oben, Kapitel III 4. c).

Hexerei an diese Instanzen würde im Sinne einer „Konfliktlösung vor Ort" sicherlich den Vorteil bieten, dass die sozialen Spannungen dort behandelt werden, wo sie entstanden sind und wo sie sich auswirken, nämliche innerhalb der kleinen sozialen Gemeinschaften. Eine Schaffung einer Mediationsinstanz - mit der Möglichkeit eines Rechtsmittels an ein übergeordnetes staatliches Gericht - könnte dieser Konfliktlösung sicherlich zuträglich sein.

Bei einer solchen Rückübertragung judikativer Kompetenzen auf traditionell legitimierte Personen dürfen jedoch Fehler, die in anderen Staaten hierbei begangen wurden, nicht wiederholt werden. In Malawi z.B. wollte man dem Auseinanderklaffen von kolonialem Gesetz und afrikanischer Wirklichkeit dadurch begegnen, dass man im Jahre 1969 den traditionellen Gerichtshöfen weitreichende Zuständigkeiten übertrug[208]. Dies geschah jedoch unter der Bedingung, dass sich diese lokalen Gerichte dem Vorbehalt der formellen staatlichen Gesetze unterstellen mussten. Auf dem Gebiet der kosmologiebezogenen Straftaten hatte dies fatale Konsequenzen; die traditionellen Gerichtshöfe mussten bei Hexentötungen extrem harte Strafen aussprechen[209], obwohl dies eigentlich dem Sinn der Rückübertragung judikativer Gewalt an die traditionellen Gerichtshöfe zuwiderlief. Die traditionellen Richter, die man mit den prozessualen Mitteln ausgestattet hatte, die staatliche Gerichtsbarkeit den traditionellen Grundwerten der Bevölkerung näherzubringen, mussten nun Urteile fällen, die sich gegen eben diese Grundwerte richteten.

An dem genannten Beispiel Malawis wird klar, dass zur sachgerechten juristischen Lösung des Problems der kosmologiebezogenen Straftaten mit den hergebrachten Grundsätzen des kolonialen Verständnisses von Einheimischenrecht gebrochen werden muss. Das widersinnige Bestreben nach Kodifikation des Banturechts hat bereits bedenkliche Entwicklungen ausgelöst. Die weiterschreitende Kriminalisierung einzelner Teilbereiche hat das Auseinanderfallen von rechtlichen Wertungen und tatsächlichen Gegebenheiten deutlich verstärkt. Alles in allem kann beiden Tendenzen nur mit einer viel weitergehenden Flexibilisierung der materiellen Rechtsnormen und einer weitreichenden Entkriminalisierung entgegengewirkt werden.

Aber auch in prozessualer Hinsicht müssen dringend Maßnahmen ergriffen werden. Wie ernsthaft über eine Rückübertragung judizieller Kompetenzen auf die örtlichen Gemeinschaften erwogen werden muss, zeigt das aktuelle Beispiel Ruandas. Dort wird derzeit die Wiedereinführung der traditionellen, dezentralen Laiengerichtsbarkeit ange-

---

[208] Siehe den Local Courts Amendment Act , Law No 31 of 1969 (Malawi). Unter der Regional Traditional Courts (Criminal jurisdiction) Order No 2 of 1970 wurde den traditionellen Gerichtshöfen auch die Zuständigkeit über die gesamte Gewaltkriminalität (inklusive Mord) und Hexerei ausdrücklich übertragen.

[209] Vgl. hierzu die Beispiele bei Brietzke, 1972 East African Law Journal 1, Seiten 19ff.

sichts des Scheiterns der „modernen“ Justiz sogar für Fälle des Völkermordes vorbereitet[210]. Eine Rückübertragung der strafrechtlichen Kompetenzen in die Gemeinschaften, dies wird das Beispiel Ruandas zeigen, brächte auch den Vorteil, dass sich die Strafjustiz enger am Strafverfolgungsinteresse der örtlichen Gemeinschaften orientieren kann. Für viele afrikanische Gesellschaften muss eine dezentrale Laiengerichtsbarkeit derzeit als ernstzunehmende Alternative zur postkolonialen, formalen Gerichtsbarkeit gesehen werden; auch die Europäische Union hat sich in einem Beschluss[211] positiv zur Wiedereinführung traditioneller Mediationssysteme in Afrika geäußert und finanziert diese mit.

Unter diesen Voraussetzungen wäre die Schaffung eines aus der Sicht der Normadressaten definierten, beleidigungsähnlichen Straftatbestandes in Südafrika, zumindest für die Fälle der nach außen tretenden Hexerei, verbunden mit der Möglichkeit einer Mediation vor Ort durch traditionelle Richter, ein aussichtsreiches Mittel, den kosmologiebezogenen Straftaten zu begegnen. Das Ziele des Opferschutzes kann nur mit solchen Maßnahmen überhaupt erreicht werden, die in der Bevölkerung anerkannt sind und die das Strafverfolgungsinteresse der Mitglieder der einzelnen Gemeinschaften berücksichtigen kann. Solange hinter einer Mediation das förmliche Strafverfahren als letztes Mittel der Konfliktlösung bereitsteht, stünden einer solchen Wiederherstellung des Rechtsfriedens auch keine rechtsstaatlichen Bedenken gegenüber. Informelle, stets mit Tötungen verbundene Hexenjagden könnten dadurch zumindest eingedämmt werden. In einem solchen Rahmen dürfte eine zielgerichtete staatliche Intervention im Bereich der kosmologiebedingten Straftaten sehr viel erfolgversprechender sein als die bisherigen Mittel[212].

---

[210] Vgl. den Parlamentsvorschlag des Loi Organique in der Fassung vom 21.1.2000 des Justizministeriums.

[211] Beschluss der europäischen Kommission betreffend die Zusammenarbeit mit Rwanda, 10.7.1999.

[212] In Zimbabwe bemüht sich derweil die oben genannte, durch den Staat legitimierte ZINATHA (Dachorganisation der Vereinigungen der Traditional Healers) unter der Führung des ehemaligen Vizekanzlers der Universität in Harare, Chavhunduka, und mit der Unterstützung lokaler Häuptlinge eine Änderung des Witchcraft Suppression Act durchzusetzen; die Strafbarkeit solle sich ausschließlich auf die Anwendung typischer Mittel der böswilligen Magie beschränken. Die Sangomas und Spirit Mediums sollten, so der Präsident der ZINATHA in Mail & Guardian, 2.10.1997, nicht weiter in ihrer Tätigkeit beschränken werden, insbesondere sollten Hexenausschnüffelungen nicht weiter verboten sein.

V. Probleme bei der Anwendung des ungeschriebenen Common Law auf Straftaten mit magischem Hintergrund

Der südafrikanische Staat versuchte aber nicht nur mit den oben genannten Spezialgesetzen und den strafprozessualen Maßnahmen des Bantu Administration Act, den Glauben an Magie zu bekämpfen. Neben oder anstelle einer Bestrafung wegen Verstoßes gegen die genannten Hexereiunterdrückungsgesetze erwartet den Täter bei einem Mutimord oder einer Hexentötung bis heute eine Sanktion wegen Mordes oder Totschlages[1]. Letztere beurteilt sich nach dem ungeschriebenen, ursprünglich aus England übernommenen Common Law.

Bei dessen Anwendung traten bisher (ähnlich wie bei den Hexereiunterdrückungsgesetzen) Schwierigkeiten auf, die afrikanischen Lebenssachverhalte in die Kategorien des „modernen" Rechts einzuordnen. Wie bei den Spezialgesetzen wurzelten diese Anwendungsprobleme in der mangelnden Kenntnis der Strafrichter von den kosmologischen Gegebenheiten im südlichen Afrika. Darüber hinaus entstanden viele weitere Schwierigkeiten aber auch aufgrund von normativen Elementen im südafrikanischen Strafrecht, die nicht mit afrikanischen, sondern mit europäischen Werten aufgefüllt wurden. Einige Instrumente des ungeschriebenen Common Law wurden sogar gezielt pervertiert, um eine härtere Bestrafung derjenigen Täter zu erreichen, deren Handeln magisch motiviert gewesen war.

Bis heute ist es den südafrikanischen Juristen nicht gelungen, die beschriebenen Straftaten innerhalb des übernommenen Rechts angemessen zu bewerten. Insbesondere die folgend geschilderten Probleme bezüglich der Anwendung der im südafrikanischen Strafrecht üblichen Verteidigungseinreden[2] auf Straftaten mit magischem Hintergrund konnten bisher nicht gelöst werden.

---

[1] Zu Umfang und Details der Begriffe „Mord" und „Totschlag" nach dem südafrikanischen Common Law vgl. Snyman, Strafreg, Seiten 435 ff.

[2] Bei den Verteidigungseinreden („defences") handelt es sich um prozessuale Einwendungen, die die materielle Strafbarkeit des Täters ausschließen. Über diejenigen Einwendungen hinaus, die nach deutschem Recht Rechtfertigungs- oder Entschuldigungsgründe darstellen würden (wie etwa Notwehr oder Notstand), sind hiervon auch Irrtümer, Provokation, mangelnde Schuldfähigkeit usw. erfasst. Ein Überblick über das südafrikanische System der Verteidigungseinreden findet sich bei Snyman, Strafreg, Seiten 51ff. Für einen Überblick über die englischen Wurzeln dieses Systems vgl. Williams, 82 Columbia Law Review 209 (1982).

1. In Frage kommende Strafausschließungsgründe und deren Einschränkung mit Hilfe des „reasonable man"

In den Fällen, in denen die einer Hexentötung Angeklagten die Verteidigungseinreden der Notwehr, des Tatbestandsirrtums oder der Provokation erhoben, traten die aufgeworfenen Schwierigkeiten besonders deutlich zu Tage.

Zum einen gestaltet sich die Fassung eines Vorganges mit magischem Bezug unter die genannten spezifischen Verteidigungseinreden schon deshalb als schwierig, weil die komplexen traditionellen Weltanschauungsmodelle (die reale und irreale Elemente oftmals vermischen) nicht ohne weiteres mit den sachlich formulierten Voraussetzungen der einzelnen Verteidigungseinreden kompatibel sind. Die engen Definitionen der (zudem streng kulturgebundenen) Verteidigungseinreden dürften ebenso dazu beigetragen haben, dass sachgerechte Ergebnisse bisher nur sehr selten erreicht werden konnten.

Zu den Definitions- und Verständnisproblemen traten in der Gerichtspraxis auch Schwierigkeiten aufgrund des im Common Law allgemein angewandten „reasonable man test" hinzu. Der „reasonable man" ist - wie zu zeigen sein wird - ein abstrakter, objektivierter und hypothetischer Standard, bei dessen Anwendung allein danach gefragt wird, wie sich ein „vernünftiger Mensch" in der konkreten Situation an der Stelle des Täters verhalten hätte.

Bei den folgend einzeln dargestellten Verteidigungseinreden ist der „reasonable man" sehr unterschiedlich ausgestaltet. Die Verteidigungseinreden der Notwehr, des Notstandes, des Tatbestandsirrtumes und der Provokation haben zwar völlig unterschiedliche Wurzeln. Der „reasonable man" wurde bisher aber – dies wird jeweils nach der Darstellung der primären Anwendungsprobleme bei den einzelnen Einreden zu zeigen sein – mit großer Regelmäßigkeit zu Ungunsten dessen angewendet, der eines Hexenmordes angeklagt war.

a) Notwehr gegen magische Angriffe ?

Wie in den meisten Rechtssystemen schließt die Notwehr auch im südafrikanischen Strafrecht die Strafbarkeit des Täters aus, wenn eine Person eigene oder fremde Interessen gegen einen rechtswidrigen Angriff schützt und dabei Rechtsgüter des Angreifers verletzt[3]. Argumentiert nun ein Täter, er habe eine angebliche Hexe nur deshalb umgebracht, weil er sich gegen deren böswillige Magie habe verteidigen wollen, wäre

---

[3] Ein Überblick über das Notwehrrecht im südafrikanischen Strafrecht befindet sich bei Snyman, Strafreg, Seiten 102ff.

der Anwendungsbereich der Notwehreinrede eröffnet. Die südafrikanischen Gerichte prüften demzufolge, ob auch die näheren Voraussetzungen der Notwehr erfüllt waren.

Es mag zwar seltsam erscheinen, eine Anwendung des Notwehrrechts bei magischen Angriffen in Erwägung zu ziehen. Diese Konstellation war aber bereits in vielen Common Law - Staaten Gegenstand von Gerichtsentscheidungen. In den Vereinigten Staaten zum Beispiel wurde die Notwehreinrede in einem Fall, in dem sich ein Hausbewohner gegen ein angreifendes magisches Wesen gewehrt hatte, durch den Supreme Court sogar anerkannt[4]. Auch in vielen afrikanischen Ländern wurde das Problem der Notwehr gegen magische Angriffe mehrmals in höchstrichterlichen Entscheidungen behandelt. Dort hatten die Gerichte im Gegensatz zu den USA aber durchweg entschieden, dass in solchen Konstellationen entweder kein hinreichender „Angriff" von seiten der Hexe vorgelegen habe[5] oder dass zumindest der „vernünftige Mensch" in diesen Fällen keinen anderen Menschen umgebracht haben würde[6].

In Südafrika wurde die Notwehrproblematik bei magischen Angriffen erstmals im Jahre 1971 anlässlich des Falles *S. v. Mokonto*[7] vom obersten Appellationsgerichtshof thematisiert. Der Angeklagte hatte eine angebliche Hexe getötet, die nach seiner Ansicht zuvor seinen Bruder getötet hatte. Auf den Tod des Bruders angesprochen, belegte die angebliche Hexe den späteren Angeklagten mit dem Zauberspruch *„Du wirst den Sonnenuntergang nicht mehr erleben !"*. Dies ist nach südafrikanischer Tradition ein schwerwiegender magischer Angriff, der allein für sich schon ausreicht, im Wege der magischen Kausalität den Angesprochenen zu töten[8]. Deshalb brachte der

---

[4] Vgl. die Nachweise bei Bishop, Criminal Law, Seiten 218f und 219.

[5] Vgl. z. B. den Fall R. v. Erika Galikuwa, 18 E.A.C.A. 175 (Uganda, 1951) („it is difficult to see, how an act of witchcraft unaccompanied by some physical attack could be brought within the principles of English Common Law."). In Nigeria sperrte der Wortlaut des nigerianischen Strafgesetzbuches , § 286, die Anwendung der Notwehr mangels hinreichendem „Angriff". Dort wird nämlich das Tatbestandsmerkmal des „Angriffs" ebenfalls unter dem „reasonableness"-Kriterium betrachtet („reasonable apprehension of death or grievous harm").

[6] Konkomba v. R. , 14 W.A.C.A. 236 (1952, Goldküste), wo allerdings das Strafmaß offenblieb, weil das Gericht den Fall zwecks Begnadigung an die Exekutive weitergab; vgl. auch Attorney-General for Nyasaland v. Jackson, (1957) R.& N. 443, Seite 447. Auch in anderen afrikanischen Common Law Staaten endete dies mit schwerwiegenden Folgen. Hier sei zum Beispiel auf den Fall S. v. Kumwaka Wa Malumbi & 69 others, 14 K.L.R. 137 (Kenia) hingewiesen: Nachdem eine Frau zugegeben hatte, die Ehefrau eines Angeklagten zur Stummheit verhext zu haben, wurde sie vom wütenden Ehemann und den 69 weiteren Mitangeklagten umgebracht. Das Gerichte verhängte 60 mal die Todesstrafe und 10 mal Jugendfreiheitsstrafe. Wesentliche Begründung für das hohe Strafmaß war, *„for courts to adopt any other attitude in such cases, would be to encourage the belief, that an aggrieved party may take the law into his own hands"* . Vgl. auch den Fall Omenyi s/o Obuka, 10 E.A.C.A. 81 (Uganda, 1943), wo elf Angeklagte aus dem Acholi - Stamm zum Tode verurteilt wurden, weil sie einen weißen Arzt getötet hatten in der Annahme, es handele sich um einen menschenfressenden Magier. In allen genannten Fällen wurde Notwehr aus normativen Erwägungen innerhalb des „reasonable man test" abgelehnt.

[7] 1971 (2) SA 319 (A).

[8] siehe hierzu oben, Kapitel I 5. c).

Angeklagte die angebliche Hexe um. Die Verteidigung erhob im Verfahren die Einrede der Notwehr und legte dar, dass der Angeklagte durch den Zauberspruch mit dem Tode bedroht worden sei. Das südafrikanische Gericht wies die Notwehreinrede jedoch mit zwei Argumenten ab: Erstens fehle es bereits an einem hinreichenden Angriff, zweitens würde jedenfalls der „reasonable man" sich nicht durch einen Zauberspruch angegriffen fühlen, geschweige denn einen anderen Menschen deshalb töten[9].

aa) Ein „Angriff" durch Hexerei ?

Nach südafrikanischem Recht muss ein Angriff im Rahmen einer Notwehrlage die folgenden Kriterien erfüllen[10]: Er muss rechtswidrig sein, er muss sich gegen ein geschütztes Rechtsgut des Angegriffenen richten und noch andauern, bzw. unmittelbar bevorstehen.

Als der südafrikanische Appellationsgerichtshof im Fall *S. v. Mokonto*[11] über das Notwehrrecht des Angeklagten zu entscheiden hatte, wertete das Gericht den Zauberspruch „*You will not see the setting of the sun !*" nicht als Angriff auf Leib oder Leben des Mokonto. Das Gericht vertrat dazu die Ansicht, dass

> „*... die Verteidigungseinrede der Notwehr üblicherweise im Zusammenhang mit unmittelbarer Gefahr erhoben wird, wie sie sich bei einem erhobenen Messer darstellt. Diese physische Situation liegt hier nicht vor, die befürchtete Gefahr ist die eines übernatürlichen Todes*"[12] .

Die Richter bemängelten also, dass der magische Angriff physisch nicht zu fassen sei und lehnten eine Notwehrlage schon deshalb ab.

Auf das angebliche Erfordernis eines „physischen Angriffs" hatte sich bereits 20 Jahre zuvor der Appellationsgerichtshof für Ostafrika bezogen, als dieser einen ähnlichen Fall aus Uganda zu entscheiden hatte. Dort führte das Gericht aus, dass es schwierig sei, einen Akt der böswilligen Magie „*ohne begleitenden physischen Angriff unter das englische Common Law zu bringen*"[13]. Bemerkenswert bei dieser Entscheidung des ostafrikanischen Gerichtshofes ist die Offenheit, mit der hier auf ein Problem hingewiesen wird: Das Ostafrikanische Appellationsgericht spricht davon, dass ein traditionell-afrikanischer Akt der Hexerei nicht mit dem *englischen* Common Law in Einklang

---

[9] S. v. Mokonto, 1971 (2) SA 319 (A), Seite 324 B-E
[10] Zu Einzelheiten siehe Burchell, I, Seiten 72ff; Snyman, Strafreg, 4.Aufl., Seiten 103 ff m.w.N..
[11] 1971 (2) SA 319 (A)
[12] S. v. Mokonto, 1971 (2) SA 319 (A), Seite 324
[13] S. v. Erika Galikuwa, 18 EACA 175 (Uganda, 1951), Seite 175. In dieser Entscheidung bestätigte der Ostafrikanische Appellationsgerichtshof seine bisherige ablehnende Haltung in dieser Frage. Schon in den Entscheidungen R. v. Kajuma, 12 EACA 104 und R. v. Akope, 14 EACA 105 wurde ein Angriff durch Hexerei nicht als die Notwehr begründend angesehen.

gebracht werden könne. Die ostafrikanischen Richter stellten somit klar, dass sie nicht bereit waren, *ugandische* Varianten des in den Kolonien anwendbaren *englischen* Common Law zuzulassen. Dieser Hinweis reflektiert eindeutig die damaligen Machtverhältnisse auf dem Kontinent: Kolonialisierung fand auch mit den Mitteln des einfachen Strafrechts statt.

Im Unterschied zum ostafrikanischen Gericht versuchte der südafrikanische Appellationsgerichtshof im Fall *Mokonto* allerdings, die Frage nicht nach englischem, sondern nach südafrikanischem Recht zu entscheiden. Dabei konnten sich die Richter bereits auf eine Vielzahl von Entscheidungen sowohl aus dem Bereich der Hexentötungen als auch aus dem Bereich der Notwehr stützen. Die Haltung des ostafrikanischen Gerichts dürfte den südafrikanischen Richtern bei ihrer Entscheidung allerdings bekannt gewesen sein. Im Urteil hieß es, dass ein hinreichender Angriff hier nicht gegeben sei. Dies wurde zwar ohne Hinweis auf das *englische* Common Law festgelegt, aber mit der Bemerkung, dass das Recht bezüglich der Notwehr *auch in Südafrika* das Denken der „westlichen Zivilisation" reflektiere und deshalb im Notwehrrecht kein Raum für einen Angriff mit den Mitteln der böswilligen Magie sei[14].

Die dem Rechtsproblem der Subsumtion unter den Begriff „Angriff" zugrunde liegende Problematik wird deutlich, wenn man sich erneut[15] vor Augen hält, dass die schwarze südafrikanische Bevölkerung im Gegensatz zu den Strafgerichten keinen Unterschied zwischen physischen und metaphysischen Angriffen macht[16]. Dies ergibt sich ebenso aus den in Südafrika üblichen magischen Prinzipien, als auch aus dem abweichenden Verständnis von Verletzungen und anderen körperlichen Fehlfunktionen[17]. Chemische Substanzen, also zum Beispiel ein Gift, tragen lediglich die Worte des Magiers; jede Krankheit ist einer magischen Kraft zugeschrieben. Eine Einteilung offensiven Verhaltens in physische und nicht physische Angriffe ist nach afrikanischer Tradition also unlogisch.

Der pauschale Verweis des südafrikanischen Appellationsgerichtshofes auf das *„Denken der westlichen Zivilisation"* zur Konstruktion eines „physischen Angriffs" ist ebenso fragwürdig. Bereits an diesem Punkt ließe sich argumentieren, dass sowohl die englischen Wurzeln wie auch das holländisch-römische Recht sehr wohl Angriffe unter das Notwehrrecht fassten, die sich zum Beispiel gegen die Ehre eines anderen gerichtet hatten[18], also keinesfalls mit einer *„physischen Situation, wie sie sich bei einem*

---

[14] S. v. Mokonto, 1971 (2) SA 319 (A) , Seite 324 C
[15] Vgl. schon oben, Kapitel I 4. c).
[16] So auch, allerdings für die Kikerewe, Seidman, 15 ICLQ 1135 (1966), Seite 1142.
[17] Vgl. hierzu oben, Kapitel I 4. c) und 7.
[18] Auf dem Gebiet des römisch - holländischen Rechts ist hier vor allem Steyn zu nennen, der die fundamentalen Prinzipien für das Notwehrrecht begründet hat, vgl. Steyn, 49 SALJ 446 (1932), Seiten 446-448. Die südafrikanischen Gerichte sind diesem Ansatz gefolgt, vgl. zum Beispiel R. v. van

erhobenen Messer darstellt" vergleichbar waren. Ob ein beleidigender Angriff vorliegt oder nicht, wird schließlich nicht aus dem Denken der westlichen Zivilisation, sondern aus der Sicht des Angegriffenen beurteilt.

Darüber hinaus muss auch die Differenzierung magischer / nichtmagischer Angriff vor dem spezifischen Hintergrund einer Gesellschaft betrachtet werden, in der die Furcht vor böswilliger Hexerei noch allgegenwärtig ist. Aspekte der Autosuggestion oder der Psychosomatik müssen folglich bei dieser Bevölkerungsgruppe besonders stark beachtet werden.

Im Jahre 1961 warf der bedeutende englischer Strafrechtswissenschaftler *Glanville Williams* die Frage auf, inwieweit vielleicht der indirekte Einfluss einer magischen Attacke auf das Opfer durch dessen Autosuggestion dazu führen könne, dass man hier sogar noch von einem „physischen" Angriff sprechen könne[19]. *Glanville Williams* vertrat die Ansicht, dass in der Verhexung eines anderen zwar kein „physischer Angriff" zu sehen sei, aber immerhin ein „metaphysischer Angriff", welcher allerdings *physisch wirken* könne, indem er durch die psychologischen Mechanismen auf das körperliche Wohlbefinden des Opfers Einfluss nehme. (Genaugenommen handelt es sich hierbei um Erwägungen, die die Kausalität zwischen Verhexung und befürchtetem magischem Erfolg betreffen. Da diese Erwägungen aber bereits bei der Beurteilung der Angriffsqualität magisch offensiven Verhaltens anknüpfen, muss bereits an dieser Stelle darauf eingegangen werden.)

In der Psychiatrie spricht man bei den Todesfällen, die üblicherweise durch autosuggestive Mechanismen in Fällen des „Verhexens" auftreten, entweder vom „sudden death syndrome" oder vom „voodoo-death". Beide Begriffe sind sehr eng miteinander verknüpft; der „voodoo-death" stellt genaugenommen eine Untergruppe zum „sudden death" dar. Beide Syndrome sind in der Anthropologie und der Medizin ausreichend untersucht und in ihrer Existenz anerkannt[20].

Das Symptom des plötzlichen Todes oder der selbstinduzierten Krankheit im Falle von böswilliger Verhexung wird in der Medizin im wesentlichen an zwei Punkten festgemacht. Der Ausgangspunkt für die zwei älteren Ansätze sind die Einwirkungen von Reizen auf das vegetative Nervensystem. Die Gruppe um *Cannon* geht davon aus, dass es sich bei dem „voodoo-death" um eine Überreizung des Sympaticus handele[21]; die

---

Vuuren, 1961 (3) SA 305 (E). Hinsichtlich der Wurzeln im Common Law siehe Burchell, I, Seiten 75f m.w.N..

[19] Glanville Williams , Criminal Law, 2nd ed., Seite 652

[20] Umfangreiche Nachweise finden sich zum Beispiel bei Lex, 76 American Anthropologist 818 (1974) und bei Lewis, 24 (12) Social Sciences and Medicine 997 (1987).

[21] Cannon, 44 American Anthropologist 169 (1942)

Wissenschaftler um *Richter* hingegen favorisieren die These, dass eine Überstimulation des Parasympaticus vorliege[22]. Andere neurophysiologische Ansätze gehen von einer Störung beim sogenannten „tuning" des autonomen Nervensystems aus. Letzterer Ansatz dürfte augenblicklich wohl als herrschend in bezug auf autosuggestive Beschwerden bei „Verhexungen" angesehen werden[23]. Nach dieser Theorie soll sich das autonome Nervensystem durch einen kognitiven Impuls (in den Fällen des „voodoo-death" das Wahrnehmen der „Verhexung") nicht an die tatsächlichen, sondern an die vorgestellten Gegebenheiten anpassen („tuning"). Der Kreislauf und das Immunsystem eines gesunden Menschen, der sich aufgrund „Verhexung" todkrank wähnt, passen sich einem imaginären Krankheitszustand an, obwohl die Person tatsächlich körperlich gesund ist. „Soll" - und „Ist" - Zustand des vegetativen Nervensystems fallen folglich auseinander; dies führt schließlich im Extremfall zu einem pathologischen Zustand[24]. Besonders gravierende Fälle des „tuning" können durchaus zum Tode führen.

Bei den entsprechenden Untersuchungsreihen zum „sudden death-syndrome" stellte sich heraus, dass oft der Verlust nahestehender Personen oder Gefühle unmittelbarer oder schwerwiegender Bedrohung die direkten Auslöser sind[25]. Hält man sich den starken Glauben der schwarzen Bevölkerung an die tatsächliche Wirksamkeit böswilliger Magie vor Augen, so erscheinen die Zusammenhänge zwischen Verhexung als extrem stressauslösendem Impuls und psychosomatischer Induktion nicht fernliegend.

Neben der Tatsache, dass insbesondere in den nördlichen Landesteilen Südafrikas der Glaube an Hexen noch extrem stark verwurzelt ist, spielen auch die spezifischen Lebensbedingungen in den schwarzen Umgebungen eine große Rolle bei der Gewichtung dieser psychosomatischen Faktoren. Für die Bewohner eines Townships besteht eine körperliche Extremsituation, vor allem im Hinblick auf die dortigen hygienischen und medizinischen Verhältnisse. Buchstäblich jeden Tag könnte sich etwa ein Townshipbewohner eine Infektion zuziehen oder wegen verdorbener Lebensmittel sterben. Angesichts dieser rauhen Lebensumstände wirken sich psychosomatische Disbalancen viel schwerwiegender aus als etwa in einer europäischen Wohnumgebung. Da die angebliche Verhexung auch zu einer Art Selbstaufgabe, dem sogenannten „conservation-withdrawal-pattern"[26] führt, ist das vegetative Nervensystem nicht mehr in der Lage, Disbalancen wie etwa Infektionen etc. auszugleichen. Es ist naheliegend, dass unter solchen Umständen sehr viel häufiger ein Todesfall eintritt.

---

[22] Richter, 19 Psychosomatic Medicine 191 (1957)
[23] Lewis, 24 (12) Social Science and Medicine 997 (1987), Seite 1008ff
[24] Lex, 76American Anthopologist 818 (1974), Seite 818
[25] Lewis, 24 (12) Social Science and Medicine 997 (1987), Seite 1008
[26] Engel, 15 Canadian Psychiatrists Association Journal 527 (1970), Seite 536; Lewis, 24 (12) Social Science and Medicine 997 (1987), Seite 1008

Die Konstruktion des „voodoo-death“ reicht im Einzelfall selbstverständlich nicht zum Nachweis einer zum Tode führende Kausalität aus. Die Beweisfrage stellt sich aber nur bei der Beurteilung der Strafbarkeit der „Hexe“ hinsichtlich deren strafrechtlicher Verantwortlichkeit für den „sudden death“ des Opfers. Bei der Beurteilung, ob es sich bei einer böswilligen Verhexung um einen Angriff im Sinne des Notwehrrechts handelt, kann dieser Aspekt hingegen grundsätzlich berücksichtigt werden[27]. Die Richter in Südafrika haben jedoch bisher im Notwehrrecht weder den Ansatz von *Glanville Williams* über den physisch wirkenden magischen Angriff noch die letztgenannten medizinischen Studien berücksichtigt.

Es wäre zu wünschen, dass die südafrikanischen Gerichte in Zukunft den traditionellen Vorstellungen über böswillige Magie wenigstens insofern Rechnung tragen könnten, dass sie in einer böswilligen magischen Handlung einen Angriff im Sinne des Notwehrrechts sähen. Wie aufgezeigt, könnte dies bei Beibehaltung des „physical attack“-Erfordernisses durch eine Verknüpfung mit den Prinzipien des Voodo-Todes bewerkstelligt werden. Begrüßenswerter wäre aber, dass das Erfordernis des „physical attack“ im Hinblick auf die Weltanschauung der Bevölkerungsmehrheit zumindest bei kosmologiebedingten Straftaten gänzlich aufgegeben würde.

In bezug auf das Problem des „Angriffs“ durch böswillige Magie trat ein weiteres Missverständnis auf. Das Gericht verkannte in „Mokonto“ die zeitliche Wirkung eines Zauberspruches. Nach seinen Formulierungen ging das Gericht davon aus, dass ein Angriff lediglich drohte, nicht aber schon stattfand[28]. In der Sache änderte dies zwar nichts an der Tatsache, dass Notwehrrecht hier zu prüfen war, denn auch im südafrikanischen Strafrecht reicht aus, dass der Angriff unmittelbar bevorsteht[29]. (Zum Teil wurde dies in der südafrikanischen Literatur später sogar aus *Mokonto* gefolgert[30].) Die Annahme des Gerichts, der Satz *„You will not see the setting of the sun !“* stelle lediglich einen Angriff in Aussicht und der konsequente Umweg über den *bevorstehenden* Angriff ist nach traditioneller südafrikanischer Weltanschauung jedoch nicht zutreffend. Wie geschildert ist bereits der Ausspruch der bedrohlichen Worte geeignet, im Wege der magischen Kausalität direkt die Folge herbeizuführen; der Ausspruch *„Du wirst den Untergang der Sonne nicht mehr sehen !“* selbst löst Krankheit und Tod aus. Es bedurfte im Fall *Mokonto* aus traditioneller Sicht also keinesfalls des Umweges über eine „immanente“ oder „drohende“ Gefahr.

---

[27] Dass dem Angreifer die konkrete neurophysiologische Wirkungsweise der Verhexung nicht bekannt ist, ist aus Sicht des südafrikanischen Rechts irrelevant. Dies ergibt sich schon daraus, dass nach südafrikanischem Recht der Angriff nicht vorsätzlich begangen werden muss, vgl. Steyn, 49 SALJ 469 (1932), Seite 469; Burchell I, Seite 74 m.w.N.

[28] Siehe zum Beispiel den Begriff „apprehended“, S. v. Mokonto, 1971 (2) SA 319 (A) , Seite 324 C.

[29] Burchell I, Seite 76 m.w.N.

[30] Burchell I, Seite 76. Auch hier wird S. v. Mokonto, 1971 (2) SA 319 (A), Seite 324 C zitiert.

Die uneingeschränkte Berücksichtigung sämtlicher traditioneller afrikanischer Weltanschauung bei der Neudefinition eines „gesamt-südafrikanischen" Angriffsbegriffes bei der Notwehr wäre hingegen gefährlich. Wie oben ausgeführt[31] müsste vor allem die (typischerweise böswillige) Magie durch Gedanken ebenfalls als Angriff gewertet werden. Zwar muss im südafrikanischen Strafrecht der Angeklagte die notwendigen Tatsachen zur Begründung der Verteidigungseinrede selbst schlüssig darlegen[32]. Der Angeklagte befände sich in einem solchen Fall regelmäßig wohl in erheblichen Beweisnöten, die Beweislastregelung könnte einem Missbrauch also sicherlich effektiv entgegenwirken. Es verbleiben aber Zweifel: Im Extremfall einen Gedanken der angeblichen Hexe ausreichen zu lassen, um einen magischen Angriff auf Leib oder Leben zu konstruieren, der zur Tötung des Angreifers berechtigen soll, wäre zwar nach traditioneller Weltanschauung konsequent, ginge aber im Hinblick auf die praktische Handhabung dieser Verteidigungseinrede vor den Gerichten eindeutig zu weit.

Festzuhalten bleibt aber, dass das südafrikanische Strafrecht in Zukunft den Vorstellungen der Mehrheit der Bevölkerung Rechnung tragen und deshalb eine Anerkennung des magischen Angriffs nicht mehr pauschal ablehnen sollte.

bb) Der „reasonable man" im Notwehrrecht : Der normative Besen des Kolonialismus

Nachdem das Gericht in *Mokonto* schon keinen hinreichenden Angriff gegeben sah, verneinte es mit der „reasonableness" auch das zweite hier strittige Element bezüglich der Notwehreinrede. Im Urteil heißt es :

> *„In bezug auf die Rechtswidrigkeit des Handelns des Angeklagten , kann auch sein obskurer Glaube an den Fluch der Hexerei nicht als „vernünftig" angesehen werden. Hier etwas anderes anzunehmen würde das Recht wieder in dunkle Zeiten zurückwerfen."*[33].

Anders formuliert ging das Gericht davon aus, dass kein „vernünftiger Mann" sich durch böswillige Magie angegriffen fühle und konsequenterweise auch keine angeblichen Hexen umbringe.

Der Standard des *„reasonable man"* stammt aus dem englischen Common Law. Er wurde aufgrund der Überzeugung in das englische Recht eingeführt, dass es nicht dem Verteidigenden selbst überlassen sein dürfe, ob ein offensives Verhalten ihm gegenüber als Angriff im Rechtssinne zu qualifizieren sei. Vielmehr müsste dies anhand von objektiv nachprüfbaren Kriterien bestimmt werden. Ein Angriff sei folglich dann

---

[31] vgl. oben, Kapitel I 5. b).
[32] Siehe hierzu unten, Kapitel V 4. a).
[33] S. v. Mokonto, 1971 (2) SA 319 (A), Seite 324 C / D

gegeben, wenn ein „vernünftiger Mensch“ davon ausgehen dürfe, angegriffen zu werden. Entsprechend ging man lange Zeit davon aus, dass der Maßstab für die Bestimmung der Notwehrlage ein rein objektiver sei[34].

Um diesen technischen Ansatz hinsichtlich unangemessener Ergebnisse (insbesondere bei schwer einschätzbaren Bedrohungssituationen) abzufedern, betonten die Gerichte stets, dass dieser objektive Prüfungsmaßstab nicht zu einer Entscheidung des Gerichts *„aus der Perspektive eines Lehnsessel - Kritikers, der in kühler Überlegung nachträglich festlegt, was passierte“*[35] führen dürfe. Der objektiv - normative Grundcharakter des „reasonable man“ - Kriteriums blieb jedoch auch nach dieser Einschränkung erhalten.

Die amerikanischen Gerichte übernahmen diesen Ansatz[36], ebenso die südafrikanischen. Lediglich in Kanada hatte man den „reasonable man standard“ etwas subjektiviert, indem man Faktoren wie Alter, geistige Entwicklung etc. mit in die Einzelfallprüfung einbezog, um festzulegen, ob der Betroffene wirklich vernünftigerweise davon ausgehen konnte, angegriffen worden zu sein[37]. Die kanadischen Gerichte begründeten diese „eingeschränkte Subjektivierung“ damit, dass die zu berücksichtigenden Faktoren die Wahrnehmung von Gefahren und unklaren Situationen beim Täter und entsprechend auch dessen Reaktion beeinflussten. Würde man solche Faktoren außer acht lassen, so führe dies zu einer Diskriminierung zum Beispiel der angstvollen, unerfahrenen Kinder, die den Schutz des Gesetzes eher brauchten als andere.

In Südafrika wird schon seit langem eine generelle Subjektivierung des „reasonable man tests“ diskutiert. Vor allem im Bereich der Hexentötungen wird hinsichtlich des Hexenglaubens immer wieder ein individueller Maßstab gefordert[38]; durch Magie Angegriffene, die an Hexen glauben, sollten bei einer entsprechenden Verteidigungslage gerechtfertigt sein; Täter, die nicht an Hexen glauben hingegen nicht.

Der Forderung nach einer Subjektivierung des Standards begegnen jedoch systematische Bedenken. Wendete man eine rein subjektive Sichtweise bei der Notwehr an, so läge es tatsächlich in der Hand des Individuums zu bestimmen, wann ein Angriff auf ein Rechtsgut vorliegt und wann nicht. Eine Subjektivierung des „reasonable man“ erscheint daher zum Beispiel zur Beurteilung der Sorgfaltspflichtverletzung bei Fahr-

---

[34] Siehe zum Überblick Burchell I, Seite 79 m.w.N.
[35] Siehe auch hier Burchell I, Seite 79, Nachweise bei Fußnote 66. In Südafrika übernahm man dieses korrigierende Element in der Entscheidung R. v. Hele, 1947 (1) SA 272 (E), Seite 276.
[36] Siehe zum Beispiel die Nachweise bei De Vaughn v. Maryland, 100 ALR 2nd 761 (Maryland CA, 1963), Seite 767.
[37] Nachweise bei Labuschagne, 59 THRHR 661 (1996), Seite 664.
[38] van den Heever / Wildenboer, 18 de jure 105 (1985), Seite 105; Motshegka, 25 (2) Codicillus 4 (1984), Seite 11

lässigkeitsdelikten unbedenklich; im Rahmen der Notwehr, wo es in der Regel um körperliche Integrität oder im Falle des Hexenmordes sogar um das Rechtsgut Leben geht, kann sich ein rechtsstaatliches System diese Unwägbarkeiten nicht leisten.

Eine Subjektivierung des „reasonable man" ist auch angesichts der jüngeren Entwicklungen in der südafrikanischen Strafrechtsdogmatik abzulehnen, denn es gibt mittlerweile alternative Korrektive für subjektive Vorstellungen im Notwehrrecht. Unter dem Einfluss von *Burchell* und *Snyman* wurden alte „mens rea" - Dogmen aus dem englischen Common Law aufgebrochen; in der Strafrechtsdogmatik geht man mehr und mehr von einer Trennung zwischen „intent" (Vorsatz) und „culpa" (Schuld) aus. Mit der Ausgliederung der „culpa" war auch die Anerkennung der Putativnotwehr durch die Gerichte[39] möglich geworden. Anhand dieses neuen Instruments könnten theoretisch sehr viel sachgerechtere Entscheidungen auf dem Gebiet der Hexentötungen getroffen werden.

Diejenigen Stimmen, die sich in Südafrika immer noch für eine Adaption des kanadischen Prinzips der eingeschränkten Subjektivierung aussprechen, kritisieren die neueren dogmatischen Errungenschaften, insbesondere die Trennung nach (rechtfertigender) Notwehr und (entschuldigender) Putativnotwehr, als unzutreffend. Die diesbezüglichen Erwägungen kommen erstaunlicherweise weder aus dem Common Law noch aus dem holländisch-römischen Recht, sondern aus dem einheimischen Banturecht. *Labuschagne* vertritt hier den interessanten Ansatz, dass im „Neuen Südafrika" auch traditionelle banturechtliche Aspekte bei der Lösung dieser Frage zu berücksichtigen seien. Nach traditionellem südafrikanischem Strafrecht gibt es keine Putativnotwehr; es ist ferner - wie bereits bemerkt - mehr als zweifelhaft, ob eine Differenzierung nach Entschuldigungs- und Rechtfertigungsgründen im Banturecht überhaupt besteht[40]. Eine unterschiedliche Behandlung von Notwehr und Putativnotwehr sei vor diesem Hintergrund nicht zu rechtfertigen. Beide Rechtsinstitute beruhten auf Angst und Verteidigung; das Banturecht trage dem Rechnung, folglich solle dies wohl auch im neuen südafrikanischen Strafrecht gelten[41]. Der Ansatz *Labuschagnes* verdient daher insofern Anerkennung, als er um eine integrative Betrachtung des Instituts der Notwehr bemüht ist. Sein Ansatz kann jedoch aus strafrechtstheoretischen Gründen nicht durchschlagen.

Der „reasonable man" entspringt einer positivistischen Rechtsauffassung und findet seine Wurzeln in dem Gedanken, das Recht bestehe aus Normen und Normdurchsetzungsmechanismen. Bei Betrachtung des objektiven Standards dieses „vernünftigen Menschen" vor diesem Hintergrund erkennt man, dass das Konstrukt, das eigentlich

[39] Hierzu siehe gleich unten, Kapitel V 1. a) cc).
[40] Siehe oben, Kapitel III 5..
[41] Labuschagne, 59 THRHR 661 (1996), Seiten 666f

ein „Korrektiv der Vernunft" im Notwehrrecht sein sollte, letztendlich Mittel der Generalprävention geworden ist. Täterbezüge im Strafrecht können in diesem System nur durch ein zusätzliches Kriterium, nämlich durch das der „culpa", hergestellt werden, um sachgerechte Ergebnisse zu erzielen, ohne den reasonable man in seinen Grundstrukturen zu verkennen. Festzuhalten gilt, dass der objektive Standard des „reasonable man test" das aktuelle Unrechtsbewusstsein des Täters im Zeitpunkt der Tat völlig außer acht lässt. Der Standard des „vernünftigen Mannes" findet seine Rechtfertigung nicht in der Resozialisierung von Straffälligen, sondern in exemplarischer Abschreckung[42].

cc) Neue Lösungsansätze mit der Putativnotwehr ?

In der südafrikanischen Literatur wurde bereits bemerkt, dass der Fall *Mokonto* hätte anders entschieden werden können, wenn das Gericht hier eine Putativnotwehr angenommen hätte[43]. In der Tat drängt sich dem europäischen Leser dieser Gedanke sicherlich auf, zumal das Gericht ausführt, dass objektiv kein hinreichender Angriff mit den Mitteln der Hexerei durchgeführt werden könne, der Täter dies subjektiv aber glaube.

Den Hexenmördern stand dieses Rechtsinstitut aber nicht zur Seite, weil sein Bestand in der südafrikanischen Strafrechtsdogmatik jahrzehntelang umstritten war[44]. Zwar anerkannten die südafrikanischen Gerichte auch vor *Mokonto*, dass eine Putativnotwehr den „Vorsatz zum rechtswidrigen Handeln" ausschalte[45]; dem konnte aber mangels eines separaten Schuldelementes im Strafbarkeitsaufbau des südafrikanischen Strafrechts lange nicht Rechnung getragen werden. Erst nach der Lösung vom strengen englischen „mens rea" - Prinzip sowie der Trennung von Vorsatz und Schuld wurde dieses Rechtsinstitut überhaupt funktionabel. Aber auch nach der Anerkennung der Putativnotwehr stellte sich der „vernünftige Mensch" gegen die Täter: Bis 1993 wurde auch bei der Putativnotwehr der objektive „reasonable man test" angewendet.

Nachdem der „vernünftige Mensch" vor 1993 also auch nicht putativ an Angriffe durch böswillige Magie glaubte, war dieser Weg bis vor wenigen Jahren in den Hexenfällen deshalb versperrt. Ein wesentlicher Wendepunkt in der Weiterentwicklung der

---

[42] Vgl. hierzu auch die Ausführungen von Seidman, 28 MLR 46 (1965), Seite 57, zitiert von Motshegka, 25 (2) Codicillus 4 (1984), Seite 11.

[43] van der Merwe, 35 THRHR 193, Seite 196 (in diesem Zusammenhang ist auch die Ausführung von Glanville Williams , 65 LQR 491 (1949), Seite 491 interessant); den gleichen Ansatz vertrat für Rhodesien Feltoe, 15 (1) Rhod.L.J. 40 (1975), Seite 42. Van Niekerk, 89 SALJ 169 (1972) favorisierte eine Kombination aus Notwehr und Tatbestandsirrtum. Er kommt zu dem Ergebnis, dass in den Fällen eines „error bona fide" der Vorsatz ausgeschlossen sein könne.

[44] Überblick bei Burchell, I, Seiten 262f, Snyman, Strafreg , Seiten 111f, beide m.w.N.

[45] R. v. Atwood, 1946 AD 331, Seite 340, bestätigt von R. v. Hele, 1947 (1) SA 272 (EDL). Zur genauen Wirkung und weitere Nachweise siehe Burchell I, Seite 265 f und Snyman, Seiten 186f.

Putativnotwehr war dann aber die Entscheidung *S. v. Oliveira*[46], in der sich der Appellationsgerichtshof vom „vernünftigen Menschen“ bei der Prüfung einer Putativnotwehr abwandte und fortan einen rein subjektiven Standard anwendete[47]. Seitdem wird also bei der Putativnotwehr nur noch geprüft, ob der Täter tatsächlich und ernsthaft glaubte, einem Angriff ausgesetzt zu sein. In der genannten Entscheidung öffnete sich der südafrikanische Appellationsgerichtshof auch den neuen Strukturen der strafrechtlichen Verantwortlichkeit und versuchte nicht mehr, das Problem der Putativnotwehr über die „mens rea“ zu lösen, sondern ging erstmals in diesem Bereich von einer Trennung von Rechtswidrigkeit und Vorsatzschuld aus[48].

Nach dieser bemerkenswerten Kehrtwendung im südafrikanischen Strafrecht hat sich erstaunlicherweise in keiner veröffentlichten Entscheidung über Hexentötungen ein Verteidiger auf diese neu ausgestaltete Putativnotwehr bezogen. Dies liegt wohl vor allem daran, dass sich in Südafrika bei kosmologiebezogenen Straftaten eine feste Rechtsprechung hinsichtlich der Strafzumessung etabliert hat, wodurch die materiellen Verteidigungseinreden in der Gerichtspraxis vor allem bei Hexentötungen völlig verdrängt wurden[49]. Es bleibt abzuwarten, inwieweit die südafrikanischen Gerichte unter der neuen Dogmatik gewillt sein werden, in Fällen der Hexentötung, mit der sich der Täter einem magischen Angriff widersetzt, eine Putativnotwehr anzunehmen. Die dogmatischen Voraussetzungen liegen seit *S. v. De Oliveira*[50] jedenfalls vor; der „reasonable man“ steht dieser Verteidigungseinrede nicht mehr entgegen.

b) Tatbestandsirrtum in Fällen von Hexen- oder Tokoloshe-Tötungen ?

Auch bei der Beurteilung des Tatbestandsirrtums in den Fällen kosmologiebedingter Straftaten trat der „reasonable man“ zu Ungunsten der Angeklagten auf. Die Verteidigungseinreden des Tatbestandsirrtums wurden in der südafrikanischen Rechtspraxis bei kosmologiebedingten Straftaten dann erhoben, wenn der Täter nach seinem Vorstellungsbild glaubte, er töte keinen Menschen, sondern z.B. einen Tokoloshe oder einen anderen Gehilfen, bzw. die Hexe selbst, die nach seiner Auffassung kein Mensch

---

46 1993 (2) SASV 59 (A), Seiten 63/64.

47 Vgl. hierzu auch die Ausführungen von Labuschagne, 59 THRHR 661 (1996), Seiten 665/666.

48 Interessanterweise entwickelt sich die Rechtslage in Großbritannien genau entgegengesetzt. Die britischen Obergerichte betrachten Notwehr und Putativnotwehr unter der mens-rea-Dogmatik als ein einheitliches Rechtsinstitut. Die Gerichte stehen auf dem folgenden Standpunkt: „ The defence of self-defence is made out, if the defendant shows that he used such force in the defence of himself or another as was reasonable in the circumstances *as he believed them to be*.“ , R. v. Williams (1987) 3 All ER 411 (Kursivschrift des Autors), bestätigt in R. v. Beckford (1987) 3 All ER 425. Diese Angleichung von Notwehr und Putativnotwehr basiert deutlich erkennbar auf der fehlenden Differenzierung zwischen rechtfertigenden und entschuldigenden Verteidigungseinreden im englischen Strafrecht. Zu letzterem Punkt siehe Watzeck, Seiten 92-103.

49 Siehe dazu unten, Kapitel V 3. .

50 S. v. De Oliveira, 1993 (2) SASV 59 (A)

sei. Wie zu zeigen sein wird, greift die Einrede des Tatbestandsirrtumes derzeit bei kosmologiebedingten Straftaten aber nur teilweise durch.

Alle Rechtssysteme, die auf dem Common Law basieren, kennen die Maxime „ignorantia facti excusat". Das südafrikanische Recht bildet hier keine Ausnahme. Allerdings ist die Rechtsentwicklung hier, verglichen mit anderen Rechtssystemen, etwas ins Stocken geraten. Änderungen, die das Institut des Tatbestandsirrtums in anderen Common Law - Staaten erfahren hat, wurden in Südafrika nur sehr zögerlich umgesetzt bzw. lassen noch gänzlich auf sich warten. Die später darzustellenden südafrikanischen Gerichtsurteile zu Tokoloshe- bzw. Hexenmorden, bei denen die Verteidigungseinrede des Tatbestandsirrtums aufgrund mangelnder „reasonableness" des Irrtums abgelehnt wurde, sind allesamt unter dem Aspekt einer umfassenden Fehlentwicklung des südafrikanischen Irrtumsrechts zu sehen. Diese Fehlentwicklung, die in anderen Ländern bereits korrigiert wurde, soll deshalb folgend kurz dargestellt werden:

Die Missverständnisse begannen vor etwas mehr als einhundert Jahren in England. Im Jahre 1897 entschied der britische Appeal Court, dass als Erfordernisse für einen Tatbestandsirrtum neben der abweichenden Objektqualität („materiality of the mistake") noch zwei weitere Kriterien erfüllt sein müssen, nämlich dass der Irrtum ehrlich („honest") und vernünftigerweise nachvollziehbar („reasonable") sein müsse[51]. Die nachfolgenden Entscheidungen trennten die beiden Erfordernisse und entwickelten sie separat weiter. Dies führte dazu, dass sich die beiden Elemente immer weiter voneinander entfernten und schließlich völlig beziehungslos nebeneinander standen. Am Endpunkt dieser Entwicklung verstand man unter „honesty", dass der Täter überzeugt sein müsse, dass die tatsächlichen Gegebenheiten sich so verhielten wie er sich das vorstellte. Unter „reasonableness" verstand man, dass vernünftige, nachvollziehbare Gründe für den Irrtum vorhanden sein mussten. Diese Trennung der beiden Elemente wurde während der folgenden Jahrzehnte in England beibehalten.

Ab und zu wurde jedoch an der Trennung zwischen „honest" und „reasonable" gezweifelt. Schon ein paar Jahre vor deren Institutionalisierung stellte Justice *Lord Bramwell* fest, dass in all den vorangegangenen Urteilen Verwirrung darüber bestehe, ob „unreasonableness" lediglich ein Beweis für „dishonesty" sei oder ob „reasonableness" ein separates Kriterium darstelle[52].

Im Jahre 1937 zum Beispiel schlussfolgerte auch Chief Justice *Lord Atkin*, dass „*ein wirklicher Glaube an die vorgestellten Umstände*" per se schon einen Tatbestandsirr-

[51] „The absence of mens rea really consists in an honest and reasonable belief entertained by the accused of the existence of facts, which, if true, would make the act charged against him innocent.", Bank of Wales v. Piper, 1897 AC 389 (PC), Seiten 389 /390
[52] Derry v. Peek 14, Appeal Cases, Seite 352 (1889)

tum darstellen könne, völlig unabhängig davon, ob ein solcher Irrtum nachvollziehbar sei oder nicht[53]. Nachdem er 1949 in einem Urteil[54] die damals herrschende Meinung vertreten hatte, wechselte auch der Lord Chief Justice *Goddard* im Jahre 1951 ins Lager der Skeptiker und vertrat ebenfalls ab sofort die Ansicht, dass der Irrtum lediglich „honest" sein müsse und die Nachvollziehbarkeit des Irrtums lediglich ein Indiz für die Glaubwürdigkeit des Täters, keinesfalls aber ein separates Kriterium sei. Er schrieb sogar deutlich, es müsse den Gerichten freistehen, in Fällen, in denen die „honesty" des Irrtums des Angeklagten feststehe, auch dann einen Tatbestandsirrtum anzunehmen, wenn die Fehlvorstellung völlig abwegig und nicht nachvollziehbar sei[55].

Obgleich diese drei Präzedenzfälle sich eindeutig gegen eine separate Betrachtung der beiden Elemente richteten, hielten sich die Gerichte vor allem in der Nachkriegszeit strikt an die Trennung von „honest" und „reasonable". Wenngleich unter der Führung von *Glanville Williams*[56] immer wieder Angriffe gegen diesen Ansatz laut wurden, vertraten die englischen Obergerichte diese Ansicht weiter.

Erst 1975 änderte der Britische Appeal Court seine Rechtsprechung. Er gab das Erfordernis der „reasonableness" in einem Fall der Vergewaltigung (Irrtum über das Einverständnis des Opfers) völlig auf[57]. In der Folgezeit setzte sich dann die Ansicht durch, dass „reasonableness" lediglich in den Fällen eines Fahrlässigkeitsdeliktes geeignet sei, die „mens rea" auszuschalten. Zwar versuchten die Befürworter eines normativen „reasonableness" - Kriteriums im Jahre 1981, die Rechtsprechung auf den Einzelfall der Vergewaltigung einzudämmen[58]. Dieses Unterfangen führte aber nicht zum Erfolg. Im Jahre 1983 stellte der Court of Appeals klar, dass das „reasonableness" - Kriterium beim Tatbestandsirrtum völlig abgeschafft sei[59].

Seit 1983 muss der Angeklagte im englischen Recht also nur noch darlegen, dass er ernsthaft an nicht gegebene Tatumstände geglaubt hatte, bei deren Vorliegen er nicht strafbar gewesen wäre. Ein Nachweis, dass dieser Irrtum auf nachvollziehbaren Gründen beruhte, ist nicht mehr erforderlich. In der Folgezeit schlossen sich die meisten Common Law Staaten dieser Richtigstellung an und forderten beim Tatbestandsirrtum kein „reasonableness" - Kriterium mehr. Auch in Staaten des südlichen Afrika folgte

---

[53] Thorne v. Motor Trade Assn., 1937 AC, Seite 809
[54] Younghusband v. Luftig, (1949) 2 K.B. 354
[55] Eine detaillierte Darstellung der Reaktionen auf dieses Urteil findet sich bei Glanville Williams, Seite 201ff.
[56] ibid.
[57] D.P.P. v. Morgan, 1976 AC 182 (=(1975) 2 All ER 347)
[58] R. v. Pheekoo, (1981) 3 All ER 84 (=(1981) 1 WLR 1117)
[59] R. v. Kimber, (1983) 3 All ER 316 (1983) (= (1983) 1 WLR 1118)

man der Entwicklung; in Zimbabwe zum Beispiel vollzogen die Gerichte die Kehrtwende der britischen Gerichte im Jahre 1990 nach[60].

aa) Die Rechtslage in Südafrika

In Südafrika missachteten die Gerichte hingegen lange Zeit die Entwicklungen zu einer subjektiven Betrachtungsweise des Tatbestandsirrtums. Die „reasonableness“ wurde in Übereinstimmung mit der alten englischen Rechtslage als absoluter, normativer Faktor, getrennt von „honesty“ betrachtet. Das objektiv - normative Verständnis des Tatbestandsirrtums wurde selbst nach dem Einlenken des britischen Court of Appeals lange nicht einmal in Frage gestellt. In Südafrika musste ein Tatbestandsirrtum also weiterhin dem Standard des „vernünftigen Menschen“ entsprechen, also auf nachvollziehbaren Gründen beruhen. Dies führte dazu, dass der Tatbestandsirrtum faktisch auf einer objektiv - normativen Ebene geprüft wurde; die individuellen Vorstellungen des Täters über das Tatobjekt hingegen wurden gänzlich vernachlässigt.

Dieser Ansatz wurde auch von seiten der südafrikanischen Literatur vereinzelt angegriffen[61]. Man störte sich vor allem daran, dass der reasonable man als objektives Kriterium nicht in das Konzept der (subjektiv verstandenen) mens rea passte. Vor allem Mitte der fünfziger Jahre hatten die Gerichte in Südafrika nämlich mehrfach durch Urteile klargestellt, dass diesbezügliche Probleme ausschließlich auf subjektiver Basis gelöst werden dürften[62]. Schließlich, so die Literatur, sei der Tatbestandsirrtum nur zu den Zeiten, in denen auch die mens rea objektiv beurteilt wurde, dergestalt verobjektiviert worden, so dass nun eine Anpassung der Standards nötig sei[63].

Vereinzelt kamen auch in den obergerichtlichen Entscheidungen in Südafrika Zweifel am „reasonableness“ - Kriterium auf. Es ergingen einige Urteile, aus denen sich ergab, dass ein Tatbestandsirrtum nicht unbedingt nachvollziehbar sein müsse[64]. Es muss aber davon ausgegangen werden, dass diese gegenläufigen Urteile angesichts der politischen Großwetterlage in Südafrika gern überhört wurden. Während der Zeit der Apartheid war denjenigen, die weiße Standards ins Land bringen wollten, ein verobjektivierter, mit europäischen Normen aufgefüllter „vernünftiger Mensch“ als Beurteilungsmaßstab im Strafrecht sehr willkommen.

---

[60] S. v. L. 1990 (1) SACR 158 (Zimbabwe Supreme Court)
[61] Siehe zum Beispiel Burchell, 80 SALJ 46 (1964), Seiten 46ff.
[62] R. v. Nsele , 1955 (2) SA 145 (A); R. v. K. , 1956 (3) SA 353 (A)
[63] Siehe die Ausführungen von Burchell, I, Seite 49.
[64] Siehe zum Beispiel R. v. Mkize, 1951 (3) SA 28 (A); R. v. H. , 1944 AD 121, Seite 130.

Zeitgleich mit dem Aufbrechen der politischen Strukturen in Südafrika begann auch in bezug auf den Tatbestandsirrtum eine Umgestaltung, die allerdings noch nicht abgeschlossen ist. Zwar geht *Snyman* bereits davon aus, dass das „reasonableness“ - Kriterium in Südafrika abgeschafft worden sei[65]. Er stützt sich hierbei jedoch offenbar weniger auf eine allgemeine Änderung der Gerichtsauffassungen, sondern lediglich auf eine einzelne, zudem sehr streitbare Entscheidung des Transvaal'schen Provinzgerichtes aus dem Jahr 1980[66], in der das Gericht die Standards von Tatbestands- und Erlaubnisirrtum angleichen wollte. Tatsächlich ist der Umbruch aber noch nicht ganz vollzogen. Obgleich dies für wünschenswert erachtet wird, hat in Südafrika im Gegensatz zu den meisten anderen Common Law-Staaten noch keine endgültige Wiedervereinigung der Kriterien der „honesty“ und der „reasonableness“ stattgefunden. Der reasonable man lebt in der Rechtsprechung der südafrikanischen Gerichte also auch im Rahmen des Tatbestandsirrtums weiter.

bb) Tatbestandsirrtum und reasonable man bei Hexen- und Tokoloshe-Tötungen

Dieses von den englischen Gerichten übernommene und noch nicht wieder völlig aufgegebene Fehlverständnis hinsichtlich der Voraussetzungen des Tatbestandsirrtums wirkte sich für den Angeklagten bei kosmologiebezogenen Straftaten fatal aus. Wie zu zeigen sein wird, verneinten die mit Hexen- oder Tokoloshe-Tötungen befassten Gerichte überwiegend die „reasonableness“ des Irrtums und verneinten damit zum großen Teil einen Tatbestandsirrtum auch in den Fällen, in denen absolut sicher war, dass der Täter ernsthaft glaubte, keinen Menschen, sondern beispielsweise einen Tokoloshe zu töten.

Die südafrikanischen Gerichte wurden bei ihren Entscheidungen zudem von der Rechtsprechung der anderen Common Law - Staaten beeinflusst, in denen man sich ebenfalls mit der Problemstellung des Tatbestandsirrtums bei kosmologiebedingten Straftaten befasst hatte. Die Urteile, die den südafrikanischen Richtern als Vorlage gedient haben dürften, stammten aber aus einer Zeit, in der man auch in anderen Ländern noch von einer normativ-objektiven Betrachtung des „reasonableness“ - Kriteriums ausging.

In Kanada bezeichnete ein Gericht im Jahre 1897 zum Beispiel den Glauben an Hexen als „unreasonable“ und verwehrte die Verteidigungseinrede des Tatsachenirrtums einem Angeklagten, der sich gegen magische Wesen zur Wehr setzen wollte[67]. Auch in den afrikanischen Gerichten wurde ein Tatbestandsirrtum in solchen Fällen stets zurückgewiesen. Im Jahr 1954 urteilte der Appellationsgerichtshof für Westafrika[68]:

---

[65] Snyman, Strafreg, Seite 187.
[66] S. v. Sam, 1980(4) SA 289 (TPA).
[67] R. v. Machekequonabe, 28 Ont.R. 309 (1897)
[68] Mohamed Gadam v. R., 14 WACA 442 (Nigeria, 1954)

„No doubt a belief in witchcraft as the accused obviously has, is shared by the ordinary members of his society. It could however be a dangerous precedent to recognise that because of the superstition which may lead to such a terrible result as is disclosed by the facts of this case is generally prevalent among a community and is therefore reasonable. The courts must regard the holding of such belief as unreasonable and leave it to those who exercise the Royal power of mercy to say whether the sentence prescribed by law should be mitigated.“

In dieser Begründung wird überaus deutlich, dass der reasonable man als koloniale Waffe gegenüber den andersdenkenden Ureinwohnern eingesetzt werden sollte. In voller Kenntnis der Verbreitung des Hexenglaubens weigerte sich das Gericht, afrikanische Standards von reasonableness anzusetzen und verwies den Streit an die Exekutive mit der Empfehlung einer Begnadigung. Auch der ostafrikanische Appellationsgerichtshof vertrat eine kolonialpolitisch geprägte Ansicht. In einem Urteil aus dem Jahre 1947 heißt es[69] :

„A mere belief in witchcraft has been or is about to be exercised may be an honest belief but the suspicions of a person cannot said to be honest and reasonable. To hold otherwise would be to supply a secure refuge for every scoundrel with homicidal tendencies.“

Das sudanesische Strafgesetzbuch hingegen kannte das Kriterium der „reasonableness“ beim Tatbestandsirrtum nicht. In den beiden Entscheidungen zum Tatbestandsirrtum bei Hexenmorden[70] sah der Oberste Sudanesische Gerichtshof deshalb keinen anderen Ausweg mehr, als den Angeklagten nicht zu glauben; in beiden Fällen musste das Gericht darlegen, dass die Angeklagten entgegen ihren Angaben nicht unter der Vorstellung gehandelt hätten, es habe sich bei dem Opfer tatsächlich um eine Hexe gehandelt. Anderenfalls hätte das Gericht in beiden Fällen die Angeklagten angesichts der eindeutigen Norm des § 25 Sudanesisches Strafgesetzbuch (a.F.) freisprechen müssen.

Die früheren Entscheidungen der südafrikanischen Gerichte tragen eindeutig die Handschrift der älteren englischen Gerichtsurteile. Auch hier wurde in der Regel anerkannt, dass es sich - insbesondere beim Tokoloshe - nicht um einen Menschen handele, sondern gewissermaßen um ein „aliud“. Da der Irrtum zusätzlich aber auch noch „reasonable“ sein musste, konnte sich kein Angeklagter erfolgreich auf einen Tatbestandsirrtum berufen.

---

[69] Akope v. Karonon, 14 EACA 105 (Kenya,1947)

[70] Sudan Government v. Lohoyuk, 1961 S.L.J.R. 122 und Sudan Government v. El Nebi, 1965 S.L.J.R. 140

Erstmals wurde dies im Fall *S. v. Mbombela*[71] so beschlossen. Der Täter war von verängstigten Kindern darauf aufmerksam gemacht worden, dass sich in einer Hütte etwas Seltsames befinde. Der Angeklagte sah durch die Tür im Halbdunkel undeutlich eine Gestalt mit kleinen Füßen und dachte, es handele sich um den Tokoloshe. Er schlug mit einem Beil nach dem vermeintlichen Tokoloshe, der sich aber tragischerweise als der kleine Neffe des Täters herausstellte. Das Gericht lehnte einen Tatbestandsirrtum ab. Zwar sei das Gericht davon überzeugt, dass der Täter zum Zeitpunkt der Tat geglaubt habe, dass er den Tokoloshe tötete. Jedoch sei dieser Irrtum nicht „reasonable“[72]. Obwohl die Verteidigung für eine eingeschränkte Individualisierung des Begriffes „reasonable man“ plädiert hatte, sah das Gericht in dieser Rechtsfigur einen Mann mit „normaler Intelligenz, normalem Wissen und normaler Bildung“, was auf den Angeklagten als Schwarzen, der zudem in keiner besonders hoch entwickelten Gegend lebte, selbstverständlich nicht zutraf. Ein solcher durchschnittlich intelligenter Mann hätte - so das Gericht - niemals geglaubt, dass es sich bei dem Opfer um den Tokoloshe handelte. Die Entscheidung *Mbombela* erging allerdings zu einer Zeit, als man in Südafrika die Frage nach der mens rea noch anhand rein objektiver Kriterien prüfte. Zur damaligen Zeit hätte die Entscheidung also gar nicht anders lauten können.

In allen Fällen kosmologiebedingter Kriminalität mit Bezug zu Tatbestandsirrtümern, insbesondere bei den Tokoloshe-Tötungen, wurden in der Folgezeit die in *Mbombela* aufgestellten Grundsätze konsequent angewendet. Danach, so die Gerichte, müsse ein Tatbestandsirrtum „honest“ *und* „reasonable“ sein[73]. Im Ergebnis lehnten die weißen Richter bei kosmologiebedingten Straftaten einen Tatbestandsirrtum jeweils mit dem Hinweis ab, dass der reasonable man einem solchen Irrtum nicht erlegen wäre[74].

Im Jahre 1992 durchbrach ein lokales Gericht erstmals diese Barrieren im Fall eines Tokoloshe-Mordes. In *S. v. Ngema*[75] verurteilte das Gericht den Täter aufgrund eines Tatbestandsirrtumes nur wegen fahrlässiger Tötung. Leider lässt das Urteil jedwede Auseinandersetzung mit den vorangegangenen obergerichtlichen Entscheidungen vermissen. Es wird - unter völliger Außerachtlassung der bisherigen Rechtsprechung und ohne auf die Konstruktion des Tatbestandsirrtums einzugehen - lapidar festgestellt, dass der Angeklagte „offensichtlich nicht mit dem Vorsatz gehandelt habe, einen

[71] 1933 AD 269
[72] R. v. Mbombela, 1933 AD 269, Seite 272
[73] Snyman, Strafreg, Seiten 188 und 211
[74] R. v. Ngang, 1960 (3) SA 363 (TPD), Seite 364 F. In S. v. Jassane, 1973 (4) SA 658 (TPD) lässt das Gericht (erstmalig für ein Obergericht) die Frage offen. Zwar wird hier *Mbombela* wörtlich zitiert, ebenso wird Kritik aus der Literatur nach dem Umbruch hin zu einem subjektiven Verständnis des mens rea zitiert; da in diesem Fall aber noch die Verteidigungseinrede der Trunkenheit zur Verfügung stand, stützte das Gericht die Strafmilderung auf diesen Aspekt.
[75] 1992 (2) SASV 651 (Durban and Coast Local Division).

Menschen zu töten". Auf die weiteren Voraussetzungen des Tatbestandsirrtums, insbesondere auf das reasonableness-Kriterium, ging das Gericht nicht ein[76].

Alles in allem ist davon auszugehen, dass die Rechtsprechung bei der Beurteilung der tatbestandsbezogenen Irrtümer immer noch einen rein objektiv-normativen Standard anwendet. Dies hat mit den oben geschilderten Defiziten bei der Adaption englischer Gerichtsentscheidungen zu tun. Eine völlige Abkehr von der selbst durch englische Gerichte mittlerweile als Fehlentwicklung erkannten Trennung zwischen „honest" und „reasonable" lässt in Südafrika immer noch auf sich warten. Es bleibt jedoch zu hoffen, dass *S. v. Ngema* trotz seiner mangelnden Auseinandersetzung mit den dem Tatbestandsirrtum zugrundeliegenden Prinzipien wenigstens durch das Ergebnis der Entscheidung eine Entwicklung ins Rollen gebracht hat, die eine sachgerechtere Bewertung kosmologischer Vorstellungsbilder, wenigstens bei den Tokoloshe-Tötungen, ermöglicht.

cc) Gleichwertigkeit der Tatobjekte ?

Sollte Südafrika die längst überfälligen Korrekturen wie die meisten anderen Common Law - Staaten vollziehen und könnte sich der subjektive Ansatz der oben dargelegten Entscheidung aus *S. v. Ngema* also auch auf ein dogmatisch festes Fundament stützen, so stünde plötzlich eine praktische Frage im Vordergrund, nämlich die nach der Objektqualität von Tokoloshes und Hexen. Erst wenn sich ergäbe, dass Hexen und Tokoloshes keine Menschenqualität besitzen, könnte die Verteidigungseinrede des Tatbestandsirrtums in Zukunft uneingeschränkt durchgreifen.

Das Problem der Objektqualität von magischen Wesen wurde schon von den englischen Gerichten behandelt. Noch zu Beginn des 19. Jahrhunderts ließ sich ein englisches Gericht auf die Frage ein, ob ein Geist, vor dem sich der Täter gefürchtet hatte, Mencheneigenschaft besessen habe oder nicht. Der Fall ging in die englische Fachliteratur ein als der *„Hammersmith ghost case"*[77]. Der Angeklagte fürchtete sich vor einem Geist, der seit längerem die Nachbarschaft belästigt hatte. Als er vor seinem Haus in der Dunkelheit ein Geräusch hörte, rannte er zur Tür hinaus und schoß auf eine Gestalt, die er in der Hitze des Gefechts für den besagten Geist hielt, der sich dann allerdings als einer der Dorfbewohner herausstellen sollte. Das englische Gericht trat in die Beweisaufnahme ein und untersuchte, welche konkrete Vorstellung der Täter vom Tatobjekt hatte. Die Beweisaufnahme ergab, dass der Angeklagte glaubte, bei dem Geist handele es sich zwar grundsätzlich um einen Menschen, der allerdings von

---

[76] S. v. Ngema, 1992 (2) SASV 651 (Durban and Coast Local Division), Seite 655 d.
[77] The Old Bailey Sessions, January 18th 1804, „Accused Francis Smith for the offence of murdering Thomas Milward of Hammersmith". Besprechungen befinden sich in Lewis, 1958 CLR 664 , Seiten 666f und Mordin, An outlook for the devil in criminal law, Seite 27.

einem Geist besessen sei. Daraufhin verurteilte das Gericht den Mann wegen Mordes, da der Täter die Menscheneigenschaft grundsätzlich anerkannt hatte.

Obwohl die Verteidigungseinrede des Tatbestandsirrtums in der Regel aufgrund mangelnder „reasonableness" nicht durchgriff, untersuchten die Gerichte in Südafrika[78] ähnlich wie beim „Hammersmith ghost", welche Vorstellung der Angeklagte im einzelnen Fall vom konkreten Tatobjekt hatte. Die Gerichte gehen im Falle des Tokoloshes seit je her davon aus, dass es sich hierbei in der Vorstellung der Täter üblicherweise *nicht* um einen Menschen handele. Dies wurde bereits in der oben genannten grundlegenden Entscheidung *Mbombela*[79] festgestellt. Ein solches Verständnis ist unter der oben genannten traditionellen afrikanischen Weltanschauung völlig zutreffend, denn beim Tokoloshe handelt es sich nach Ansicht der Bantu tatsächlich nicht um einen Menschen, sondern nur um ein menschen*ähnliches* Wesen[80]. Kosmologisches Verständnis und juristische Wertung waren in diesem Punkt also deckungsgleich. Auch die Objektqualität von anderen Vertrauten der Hexe stand in den Fällen, in denen sich die eines Tötungsdelikts Angeklagten auf den Tatbestandsirrtum beriefen, niemals in Frage [81].

Weitaus schwieriger ist die Lage in den Fällen von Hexenmorden, in denen ein Angeklagter vorträgt, er habe die getötete Hexe nicht für einen Menschen gehalten. Vor dem Hintergrund der südafrikanischen Weltanschauung[82] ist eine solche Auffassung kaum nachvollziehar. Grundsätzlich wird die Hexe nämlich als Mensch angesehen; das „Schattenattribut" (also ein Bestandteil des Menschen) ist lediglich von einer böswilligen magischen Kraft „besetzt". Wendete man demzufolge streng afrikanische Maßstäbe zur Beurteilung der Objektqualität einer Hexe an, so ergäbe sich, dass eine Hexe selbstverständlich ein Mensch im Sinne des Strafgesetzes ist. Ein Tatbestandsirrtum bei einer Hexentötung wäre also mangels Ungleichwertigkeit der Tatobjekte in der Regel nicht anzunehmen.

In der Bevölkerung sind diese kosmologischen Vorstellungen allerdings sehr unterschiedlich ausgeprägt. Beispielsweise sprachen fast alle der im Rahmen meiner Feldforschung befragten Personen ohne magische Spezialkenntnisse von einer Hexe als Neutrum. Die ständige Wortwahl „...and then I killed *it*" der einer Hexentötung Ange-

---

[78] Dies geschah auch in anderen Teilen Afrikas, vgl. zum Beispiel Sudan Government v. Nur, 1959 S.L.J.R. 1.
[79] S. v. Mbombela, 1933 AD 269, Seite 270 unten. In S. v. Jassane, 1973 (4) SA 658 (TPD), Seite 658 B nimmt das Gericht sogar ausdrücklich in den Tenor auf, dass der Tokoloshe kein Mensch, sondern ein „geisterähnliches Wesen, ein übler Geist" sei.
[80] Siehe oben, Kapitel I 3.
[81] Vgl. z. B. den Fall S. v. Netshiava, 1990 (2) SACR 331 (A), in dem der Täter sein Opfer für eine riesige Fledermaus gehalten haben will. Die Fledermaus wird bei den Venda als Vertrauter der Hexe angesehen.
[82] Vgl. oben, Kapitel I Einleitung, 2.

klagten ist ein deutliches Anzeichen, dass eine Hexe aus Sicht der Betroffenen nicht unter die Differenzierung Mann / Frau fällt, sondern als geschlechtsneutrales Wesen verstanden wird, welches sich außerhalb von menschlichen Kategorien befindet. Nur die Sangomas waren auf Befragen in der Lage, eindeutig zwischen Menscheneigenschaft und Schattenattribut zu differenzieren.

Im Ergebnis kann bezüglich der Objektqualität einer Hexe der strenge afrikanische Maßstab bei vielen Tätern von Hexentötungen nicht als bekannt unterstellt werden. Eine sicherlich komplizierte Einzelfallprüfung, welches Vorstellungsbild beim Täter zum Zeitpunkt der jeweiligen Tat vorhanden war, ist demnach unentbehrlich. Auch hier könnten anthropologische Spezialisten sicherlich von großer Hilfe für die Gerichte sein, soweit diese keine Kenntnisse der südafrikanischen Weltanschauung besitzen.

c) Die „unvernünftigen Nichtengländer“ aus Südafrika und die Einrede der Provokation

Bei der Beurteilung kosmologiebezogener Straftaten (in erster Linie bei Hexentötungen) haben sich die südafrikanischen Gerichte regelmäßig mit der Verteidigungseinrede der Provokation beschäftigt. Diese steht jedem zu, der vom späteren Opfer so lange provoziert wird, bis er die Selbstbeherrschung verliert und sich auf der Stelle zur Tat hinreißen lässt. Die Provokationseinrede hat nach dem ursprünglichen englischen Verständnis allerdings keine vollständige Straffreiheit zur Folge. Der Täter kann lediglich nicht mehr wegen Mordes, sondern nur noch wegen Totschlages verurteilt werden[83]. In Südafrika gibt es - wie zu zeigen sein wird - unterschiedliche Ansichten über die Ausgestaltung dieser Verteidigungseinrede. Die südafrikanischen Gerichte kamen auch - dies erscheint besonders bemerkenswert - zu anderen Ergebnissen als einige andere Kolonialgerichte, die das britische Common Law anwendeten. Deshalb soll zunächst der Kurs der übrigen afrikanischen Obergerichte hinsichtlich der Provokationseinrede dargestellt werden.

aa) Angst vor Hexerei und Provokationseinrede in den anderen afrikanischen Common Law-Staaten

Auf dem afrikanischen Kontinent hat sich vor allem der East African Court of Appeals eingehend mit der Frage beschäftigt, inwieweit Hexenmördern die Provokationseinrede in entsprechenden Fallkonstellationen zugestanden werden sollte. Dort wurde diese Einrede vornehmlich in den vierziger und frühen fünfziger Jahren regelmäßig

[83] Für eine Übersicht über die englischen Wurzeln der Verteidigungseinrede der Provokation vgl. Kenny, § 117, Seiten 171 ff; für eine Einordnung der Einrede in deutsche Kategorien siehe Watzeck, Seiten 290ff.

erhoben[84]. Das Grundurteil des ostafrikanischen Appellationsgerichtshofes zur Provokationseinrede bei Hexentötungen stammt aus dem Jahre 1932[85]. Darin spricht das Gericht aus:

> „*Die Bedrohung durch Hexerei wurde* (als Verteidigung, d.A.) *durch das Gericht bereits mehrmals zurückgewiesen, mit Ausnahme der Fälle, in denen die Verteidigungseinrede einer schwerwiegenden und unmittelbaren Provokation bewiesen werden konnte. Wenn die Gerichte einen anderen als den genannten Standpunkt einnehmen würden, unterstützten sie damit die Vorstellung, dass eine verärgerte Partei das Recht in die eigenen Hände nehmen dürfe, und keine Ansicht könnte schädlicher oder mit größerer Gefahr für den öffentlichen Frieden und die öffentliche Ruhe verbunden sein.*"[86]

Obgleich das Gericht die Verteidigungseinrede aus rechtspolitischen Erwägungen verwarf, so ließ es also doch einen Notausgang offen: In den Fällen der *schwerwiegenden und unmittelbaren* Provokation könne ein Angeklagter, der sich auf seine Angst vor der Bedrohung mit Hexerei berief, die Provokationseinrede mit Erfolg erheben.

Im Jahre 1941 lagen dem ostafrikanischen Appellationsgerichtshof gleich zwei Fälle eines Hexenmordes vor, in denen aufgrund ernsthafter magischer Bedrohung in Erwägung gezogen werden musste, ob die genannten Voraussetzungen nicht vorlagen. In der ersten der beiden Entscheidungen[87] verneinte das Gericht die Provokation zwar aufgrund Beweisschwierigkeiten, legte aber erneut dar:

> „*... die Provokationseinrede basierend auf dem Hexenglauben kann erhoben werden, wenn eine eingebildete Verhexung oder die Bedrohung einer Verhexung bei dem Opfer solch schwerwiegende Angstgefühle herbeiführt, dass ihm die Kontrolle über sich selbst genommen wird und dadurch eingegeben wird, den Provokateur anzugreifen.*"

Bei genauer Betrachtung erkennt man, dass gegenüber dem Urteil aus dem Jahre 1932 die Standards somit deutlich gesenkt worden waren. Das Erfordernis der „Unmittelbarkeit" war verschwunden, allgemeine Erwägungen der Abschreckung und die Miss-

---

[84] Eine Übersicht über die Situation in Uganda findet sich bei Nsereko, 24 (1) Manitoba Law Journal 38ff (1996); die Lage in Kenia und den anderen ostafrikanischen Ländern wird dargestellt bei Mutungi, The legal aspects of witchcraft in East Africa, Seiten 40-49.
[85] R. v. Kumwaka wa Malumbi, 14 K.L.R. 137 (1932)
[86] R. v. Kumwaka wa Malumbi, 14 K.L.R. 137 (1932), Seite 137
[87] R. v. Sitakimatata s/o Kimwage, 8 EACA 57 (1941)

brauchsgefahr, die noch die früheren Entscheidungen mit geprägt hatten, wurden nicht mehr erwähnt.

Nur wenige Tage nach dieser Entscheidung lag dem Gericht ein weiterer Hexentötungsfall aus Uganda vor, in dem sich die Verteidigung auf Provokation berufen hatte. Mit *R. v. Fabiano Kinene*[88] mussten die Richter nun einen Fall entscheiden, bei dem hinreichende Beweise für ein *schwerwiegendes* provozierendes Verhalten vorhanden waren. Die Angeklagten glaubten, dass das spätere Opfer ein Hexer sei, der für den Tod verschiedener Familienmitglieder verantwortlich gewesen sei. Die Täter trafen ihn während einer offensichtlichen böswilligen magischen Handlung an; die Beweisaufnahme ergab, dass der später Getötete nachts nackt um die Hütte der Angeklagten gekrochen war und dabei Zaubersprüche gegen die in der Hütte Schlafenden ausgesprochen hatte[89]. In voller Übereinstimmung mit dem traditionellen ugandischen Recht[90] wurde der angebliche Hexer dadurch getötet, dass die Angeklagten ihm Gras in alle Körperöffnungen stopften, bis er starb. Das Gericht verkündete:

> *„Wenn die dargelegten Tatsachen ergeben, dass das Opfer in Gegenwart des Täters eine Handlung vornimmt, von der der Angeklagte und ein normales Mitglied seiner Gemeinschaft ernsthaft glauben, dass sie einen Akt der Verhexung darstellt, der gegen ihn oder eine andere Person unter seiner Obhut gerichtet ist, kann er soweit erzürnt sein, dass er seine Selbstkontrolle verliert und dass der Angriff auf die Person, die die Hexerei durchführt, dadurch induziert wird. In einem solchen Fall kann er sich auf die Verteidigungseinrede der Provokation berufen.“*[91]

Mit *R. v. Fabiano Kinene* war somit ein Präzedenzfall geschaffen, in welchem die Provokationseinrede einem Hexenmörder erstmals gewährt wurde. Bemerkenswert ist hierbei die Subjektivierung des „reasonable man“: Das Gericht spricht ausdrücklich davon, dass die Vorstellung des Angeklagten mit dem Maßstab eines *„normalen Mitglieds der Gemeinschaft, zu der der Angeklagte gehört“* gemessen werden müsse. Hierdurch war in Ostafrika de facto eine Subjektivierung der Standards vollzogen; ähnlich wie dies im Falle des mit den Worten *„Dummer Nigger“* Provozierten *Camplin*[92] mehr als dreißig Jahre später in England geschehen sollte.

---

[88] 8 EACA 96 (Uganda, 1941)
[89] Vgl. hierzu oben, Kapitel I 5. i).
[90] Seidman, 15 ICLQ 1135 (1966), Seite 1148 mit weiteren Nachweisen, die diese Übereinstimmung belegen
[91] R. v. Fabiano Kinene, 8 EACA 96 (1941,Uganda), Seite 97
[92] 1978 AC 705

Der Appellationsgerichtshof für Ostafrika bestätigte diese Entscheidung kurz darauf[93]. Danach übernahmen auch die anderen Gerichte (mit der Ausnahme Südafrikas) diesen subjektivierten „reasonable man test". Das bedeutete aber nicht, dass Hexenmörder fortan durch Erheben der Provokationseinrede die Todesstrafe vermeiden konnten: In der Mehrzahl der Fälle griff die Einrede schon deshalb nicht durch, weil die Provokationslage nicht hinreichend bewiesen werden konnte[94].

Die Subjektivierung des reasonable man bei der Provokation brachte den Beschuldigten bei Hexentötungen aber nicht nur Vorteile. Da die Gerichte nun peinlich genau darauf achteten, welche kosmologischen und magischen Vorstellungen in den betreffenden Gemeinschaften verbreitet waren, wurde zum Beispiel einmal ein Angeklagter wegen Mordes verurteilt, weil der Dorfbewohner aus seinem kulturellen Hintergrund heraus hätte erkennen müssen, dass der provozierende Akt nach traditioneller Ansicht keine in der Gegend übliche Praxis böswilliger Magie darstelle[95].

Nachdem die Gerichte jedoch aufgrund von Beweisschwierigkeiten mit der Provokationseinrede nicht sehr viel anfangen konnten und die Verteidiger in der Regel große Schwierigkeiten hatten, den Einfluss auf die Entschließungsfreiheit des Täters durch die Hexe darzulegen, entschloss sich der Appellationsgerichtshof für Ostafrika zu einer Korrektur der Rechtsprechung. Im Jahre 1951 stellte das Gericht einen Katalog von vier Kriterien auf, die allesamt erfüllt sein müssten, um einem Hexenmörder die Verteidigungseinrede der Provokation zugute kommen zu lassen[96]. Im einzelnen müssen vorliegen a) eine *starke Gemütserregung* beim Täter (nicht: Angst, nicht einmal Todesangst allein reicht hierfür aus), b) das spätere Opfer müsse eine Handlung vollführt haben, die *allgemein* und *subjektiv* und *ernsthaft* als Akt der Hexerei verstanden werde, c) der Glaube an Hexen allein reiche nicht aus, sondern es sei ein *zusätzlicher provozierender Akt* nötig und d) der provozierende Akt müsse *ein kriminelles Vergehen* darstellen.

Die Entscheidung stellt eine konsequente Weiterentwicklung der oben dargestellten Rechtsprechung dar. Durch diese vier Voraussetzungen wurden Beweisschwierigkeiten umgangen, ohne dass die Verteidigungseinrede der Provokation so weit ausgedehnt würde, dass ein Missbrauch zu befürchten wäre. Insgesamt wurde durch die Folgeentscheidung die Provokationseinrede bei Hexentötungen zwar eingeengt, jedoch ging diese Einschränkung auch mit Beweiserleichterungen für die Verteidigung einher.

---

[93] R. v. Kelement Maganga, 10 EACA 49 (1943)
[94] S. v. Mawole Konkomba 14 WACA 236 at 237 (1952, Goldküste); Kumataiaraf Mursei 16 EACA 117 (1939 , Tanganyika); Sikakimatata s/o Kumwage 8 EACA 57 (1941, Tanganyika); R. v. Akobe s/o Karuon 14 EACA 105 (1947, Kenya) ; R. v. Kafuna s/o Mbake 12 EACA 104 (1945 Tanganyika).
[95] R. v. Emilio Lumu, 13 EACA 144 (1946)
[96] Erika Galikuwa v. R., 18 EACA 175 (1951)

Insbesondere die Erfordernisse b) c) und d) sind enger gefasst und können leichter bewiesen werden. Die starke Gemütserregung zollte schließlich den Grundprinzipien der Provokationseinrede Tribut: Lediglich der außer sich geratende Täter sollte hiervon privilegiert werden, nicht bereits der Täter, der nur abstrakt an Hexen glaubte. Diese Klarstellung wurde jedoch zunehmend als Einschränkung verstanden; innerhalb des Zuständigkeitsbereiches des Appellationsgerichtshofes für Ostafrika griff man deshalb in der Folgezeit nicht mehr auf die Provokationseinrede zurück, sondern schloss sich einem neuen Trend an, lediglich Strafmilderungen für Hexenmorde im Rahmen der allgemeinen Strafzumessung zu gewähren[97].

In West- und Zentralafrika folgten die Gerichte in den dreißiger Jahren zunächst dem ursprünglichen kenianischen Ansatz, nach dem die Provokationseinrede für den Hexenmörder schon aus präventiven Gründen nicht zugänglich war[98]. Später, als der „reasonable man test" subjektiviert wurde, übernahmen neben den Common Law-Staaten auch diejenigen mit kodifiziertem Strafrecht den Ansatz, dass die „reasonableness" vor dem Hintergrund eines durchschnittlichen Mitglieds der betroffenen Gemeinschaft beurteilt werden müsse[99].

Die Haltung des Appellationsgerichtshofes für Westafrika war insgesamt jedoch weitaus skeptischer als die des ostafrikanischen Gerichts. Noch 1952 weigerte sich der Appellationsgerichtshof für Westafrika, die Beweiserleichterungen, die die Entscheidung *Galikuwa* 1951 für Ostafrika gebracht hatte, ebenfalls anzuerkennen. In einem Urteil heißt es lediglich, dass nur in äußersten Ausnahmefällen, *„in denen sich der Angeklagte in solch schwerwiegender Angst vor der unmittelbaren Bedrohung seines Lebens"* befinde, die Provokationseinrede bei Hexentötungen greife[100].

cc) Hexentötungen und Provokationseinrede in Südafrika

Während die Gerichte in allen anderen Kolonien und Post-Kolonialstaaten in Afrika nunmehr also die Provokationseinrede bei Hexentötungen immerhin als „Sicherheitsventil" zulassen und damit eine systemimmanente, praktikable Lösung gefunden haben, verfolgten die südafrikanischen Gerichte stets eine völlig andere Linie.

---

[97] Dazu sogleich unten, Kapitel V 3. .

[98] Siehe oben, Kapitel V 1 d) bb). Ein Beispiel ist die Entscheidung Sudan Government v. Ngerabaya, 1936 AC CP 253, 36. Weitere Nachweise finden sich bei Vasdev, Law of Homicide in the Sudan, Seiten 147f.

[99] Auf die Rechtsprechung des East African Court of Appeals hin wurde zum Beispiel § 53 (a) des ghanaischen Strafgesetzbuches in diesem Sinne abgeändert.

[100] Maawole Konkonba v. Queen, 14 WACA 236 (1952), Seite 237

Ursprünglich betrachtete man in Südafrika die Provokationseinrede ebenso wie in England als eine völlig außerhalb der allgemeinen Strafbarkeitsvoraussetzungen stehende Verteidigungseinrede. Bis 1970 ging man in Südafrika deshalb davon aus, dass es sich um eine „seperate defence" und eine „partial defence" handele, die also ausschließlich bei der Anklage wegen Mordes zum Zuge kommen und auch hier keine völlige Straflosigkeit, sondern nur eine Verurteilung wegen Totschlags herbeiführen könne[101]. Wie in England war auch im südafrikanischen Recht erforderlich, dass eine rechtswidrige Handlung den Täter soweit gereizt haben musste, dass er die Kontrolle über sich selbst verlor[102]. Im Unterschied zu England[103] war in Südafrika allerdings schon länger anerkannt, dass ein hinreichender provozierender Akt auch in einer verbalen Äußerung gesehen werden könne.

Die bereits unter dem Aspekt der Notwehr behandelte[104] Hexenmord - Entscheidung *S. v. Mokonto*[105] brachte den Wendepunkt in der grundlegenden Betrachtungsweise der Provokationseinrede. In dieser Entscheidung wurde die „seperate defence doctrine" verworfen und durch die sogenannte „general principles doctrine" ersetzt. Damit fiel die Einrede aus dem strengen offence / defence - System heraus und war fortan den allgemeinen Voraussetzungen der Strafbarkeit, vor allem der mens rea, später auch der Schuld, unterstellt. Die südafrikanischen Gerichte vertraten die Ansicht, dass diese Verteidigungseinrede vor allem auf der geringeren Schuld des provozierten Täters beruhe. Dieses neue Verständnis hatte zum einen zur Folge, dass sich die Angeklagten nicht nur gegen Anklagen des Mordes, sondern zum Beispiel auch gegen solche der Körperverletzung mit der Provokationseinrede zur Wehr setzen konnten. Zum anderen war nun mit der „general principles doctrine" auch völlige Straffreiheit aufgrund einer schwerwiegenden Provokation möglich. Die genannten Änderungen wurden in einem späteren Urteil des südafrikanischen Appellationsgerichtshofes nochmals ausdrücklich bestätigt[106].

Mokonto hatte also mit einem Schlag die Tür für eine völlig neue Sichtweise der Provokationseinrede geöffnet. Das Gericht nannte drei (genaugenommen sogar vier[107]) mögliche Ansatzpunkte für die Provokation[108]. Erstens könne eine Provokation im

---

[101] Zur Übersicht über die Provokationseinrede im südafrikanischen Recht siehe Burchell I, Seiten 201ff; Snyman, Strafreg, Seiten 235ff.
[102] Diese Erfordernisse wurden bereits in § 141 des Transkei Penal Code von 1886 kodifiziert.
[103] Dort wurde bis zur Einführung des Homicide Act im Jahre 1957 (§ 3) nur ein tätlicher Angriff als Provokation angesehen, vgl. schon Watts v. Brains, (1600) Cro. Eliz. 778.
[104] Siehe oben, Kapitel V 1. A) bb).
[105] 1971 (2) SA 319 (A)
[106] S. v. Campher, 1987 (1) SA 940 (A)
[107] Ein weiterer, vierter Ansatzpunkt für die Provokationseinrede betrifft lediglich Fragen der Fahrlässigkeit, die in den Fällen der Hexentötung allerdings unerheblich ist und deshalb hier nicht weiter dargestellt werden soll.
[108] S. v. Mokonto, 1971 (2) SA 319 (A), ab Seite 324 F

Extremfall so weit führen, dass sogar der Vorsatz des Täters ausgeschlossen sei, nämlich dann, wenn er aufgrund der Provokation zu keiner eigenen Willensbildung mehr fähig sei. Zweitens könne Provokation dazu führen, dass bei dem Täter keine Schuldfähigkeit mehr vorliegen könne. Drittens, und dies wurde bei dem Fall der Hexentötung durch den Angeklagten *Mokonto* angewendet, könne eine Provokation sogar ein deutliches Indiz dafür sein, dass der Angeklagte mit direktem Vorsatz gehandelt habe. In diesem Fall, in dem der Vorsatz nicht ausgeschlossen sei und auch die Schwelle der Schuldunfähigkeit durch eine Provokation nicht überschritten sei, könne eine Provokation sich strafmildernd auswirken. Der letzte Ansatz wurde im Ergebnis auf den des Hexenmordes angeklagten *Mokonto* angewendet.

Aus der kontinentaleuropäischen Sicht mag diese multifunktionale Ausrichtung der Provokation bemerkenswert erscheinen, denn die Verteidigungseinrede vereinigt nach dem südafrikanischen Verständnis Elemente des Vorsatzes, der Schuldfähigkeit, der Strafzumessung und der Fahrlässigkeit. Im konkreten Einzelfall greift aber nur einer der genannten Ansatzpunkte. Die Schuldunfähigkeit durch Provokation wird zum Beispiel nur dann angenommen, wenn der emotionale Stress sich langsam und über Jahre konstant aufbaut, bis er zu einem pathologischen Zustand führt[109]; dieser Ansatz wird vom südafrikanischen Appellationsgerichtshof generell sehr restriktiv gehandhabt[110]. Der Vorsatz kann im südafrikanischen Recht nur dann ausgeschlossen werden, wenn eine schwerwiegende Provokation die freie Willensbildung des Täters schwer beeinträchtigt und er deshalb nicht mehr „Herr seiner Entscheidungen" ist. Dieser Aspekt der Provokationseinrede setzt also am konativen Element des Vorsatzes an[111]. Hierbei muss allerdings beachtet werden, dass eine Provokation wie gesagt auch ein objektives Indiz für das Vorhandensein eines direkten Vorsatzes darstellen kann, insbesondere dann, wenn die unmittelbar provozierende Handlung bereits seit einiger Zeit beendet ist. Dies war in *Mokonto* der Fall; das Gericht nahm an, dass der Vorsatz des Angeklagten gerade deshalb vorhanden sei, weil er in der magischen Drohung einen Grund dafür gesehen haben dürfte, die angebliche Hexe umzubringen, auch und gerade weil er nicht affektartig, sondern erst einige Zeit nach der Verhexung gehandelt habe[112].

Der Aspekt, der dem Angeklagte *Mokonto* schließlich eine Strafmilderung einbrachte, war seine *„geringere moralische Schuld"*[113], die allerdings nur auf Ebene der Strafzumessung berücksichtigt werden konnte. Der südafrikanische Appellationsgerichtshof

---

109 S. v. Arnold, 1985 (3) SA 256 (A); S. v. Campher, 1987 (1) SA 940 (A) oder S. v. Wiid, 1990 (1) SACR 561 (A)
110 Burchell, I, Seiten 204ff; Snyman, Seiten 161ff
111 Burchell, I, Seite 205; Snyman, Strafreg, Seite 158
112 S. v. Mokonto, 1971 (2) SA 319 (A), Seite 327
113 Also nicht aufgrund einer geringeren rechtlichen Schuld. Zum bemerkenswerten Auseinanderfallen von rechtlicher und moralischer Schuld siehe unten, Kapitel VI 1..

hob hervor, dass ein Verbrechen als Reaktion auf einen Impuls, den das Opfer nicht aktiv beeinflusst habe, moralisch weniger verwerflich sei als ein Verbrechen, welches aus rein selbstgesetzten Gründen lange geplant und begangen werde[114].

Innerhalb dieser vielgliedrigen Verteidigungseinrede stellte sich - ebenso wie in England - die Frage, welchen Standard man zur Bewertung der Provokationseinrede ansetzen sollte. Insbesondere interessierte auch in Südafrika, ob zur Klärung des Vorliegens einer hinreichenden Provokation ein objektiver „reasonable man" oder ein „reasonable man" mit einigen Charakteristika (also z.B. Rasse oder Herkunft) des späteren Täters angesetzt werden sollte. Bei den Hexentötungen hat diese Fragestellung erhebliche Auswirkungen: Beurteilt man eine böswillige Verhexung aus Sicht eines traditionell denkenden Menschen, so liegt eine Provokation erheblich näher als aus der Perspektive eines Europäers.

Bis zur Entscheidung *S. v. Mokonto* im Jahre 1971 verwendeten die südafrikanischen Gerichte, den britischen Gerichten folgend, hierzu einen rein objektiven „reasonable man standard"[115]. Überhaupt war nicht nur das allgemeine Grundverständnis der Provokationseinrede, sondern auch die Auffassung, wie der „reasonable man" zu bestimmen sei, zunächst noch streng am britischen Recht angelehnt. Dies zeigt sich schon in der Auswahl des „reasonable man" im Bereich der Provokationseinrede: Der „reasonable man" war zum Beispiel in England verkörpert von einem fiktiven Mann, der von der Arbeit im „Clapham Omnibus" nach Hause fährt[116]. Konsequenterweise setzten die südafrikanischen Gerichte den „reasonable man" ein paar Jahre später in den „Seapoint Bus"[117] nach Kapstadt. Über Jahrzehnte lang regierte dieser Bus fahrende „reasonable man" die Überlegungen im Rahmen der Provokation. Im Detail definierte das Gericht in der „Seapoint Bus"-Entscheidung die Provokationseinrede wie folgt:

> *„Ein Tötungsdelikt, welches anderenfalls Mord wäre, kann zu einem Totschlag reduziert werden, wenn die Person, die den Tod verursacht, in einer Gefühlswallung und aufgrund einer unmittelbaren Provokation handelt. Jede rechtswidrige Handlung oder eine dementsprechende Beleidigung, die geeignet ist, jeden normalen Menschen der Kraft zur Selbstkontrolle zu berauben, kann die*

[114] Burchell, I, Seite 202; Snyman, Strafreg, Seite 235

[115] Nur in Einzelfällen wurde die Angemessenheit dieser Praxis bestritten. In R. v. Lloyd, 1941 CPD 162, Seiten 162f vertrat zum Beispiel der Verteidiger die Ansicht, dass zumindest die Frage der Strafmilderung aufgrund einer Provokation aus der subjektiven Tätersicht zu beurteilen sei. Er fand mit diesem Ansatz jedoch keine Zustimmung.

[116] Hall v. Brooklands Auto Racing Club, 1 K.B. 205 (1933), Seite 224

[117] R. v. Butelezi, 1925 AD 160

Provokationseinrede begründen, wenn der Täter unmittelbar darauf handelt, bevor genug Zeit vergangen ist, dass sich sein Gemüt beruhigen kann."[118]

Diese Entscheidung war die gedankliche Richtschnur für das südafrikanische Recht der Provokationseinrede bei kosmologiebezogenen Straftaten. Der südafrikanische Appellationsgerichtshof fühlte sich dem objektiven Standard eng verbunden[119]. Der „reasonable man", bekleidet mit einem grauen Flanellanzug und einem grauen Hut, der zehn Cent für seine Busfahrt nach Seapoint bezahlt hatte, das „Epitom des viktorianischen pater familias"[120], regierte die südafrikanische Rechtsauffassung bezüglich der Provokationseinrede.

Im Jahre 1959 wurde erstmals ernsthaft an der objektiven Betrachtungsweise des „reasonable man" gerüttelt. Dem südafrikanischen Gerichtshof wurde ein Fall vorgelegt, in dem ein Verteidiger anführte, dass sein betrunkener Mandant schon aufgrund von Alkoholeinfluss sehr viel leichter zu provozieren sei als der „reasonable man" im Omnibus nach Seapoint[121]. Es stellte sich also die Frage, inwieweit der Provokationsstandard subjektiviert werden konnte. Brisanterweise hatte die Britische Queens Bench fünf Jahre vor dem südafrikanischen Fall in einer gleichliegenden Konstellation entschieden[122], dass die Provokationseinrede stets aus der Perspektive des nüchternen „reasonable man" beurteilt werde und eine Subjektivierung abgelehnt. Die südafrikanischen Richter wandten sich hier aber von alten britischen Dogmen ab: Unter dem Beifall der Literatur[123] entschied der südafrikanische Appellationsgerichtshof, dass die Frage, inwieweit der Angeklagte in seiner Willensbildung durch die Provokation beeinträchtigt worden sei, unter Hinzuziehung des Umstandes seiner Trunkenheit zu beantworten sei.

Diese Entscheidung bereitete den Boden für eine völlige Abspaltung der südafrikanischen Gerichte von den übernommenen britischen Rechtstraditionen zur Provokationseinrede. Obwohl die südafrikanischen Gerichte zunächst noch zögerten, Provokationen unterhalb der pathologischen Schwelle schon zum Schuldausschluss führen zu lassen[124], begann in den sechziger Jahren mit dem Beginn der subjektiven Betrachtungsweise der mens rea auch eine langsame Verschiebung hin zu subjektiven Prüfungsstandards bei der Provokationseinrede[125]. Diese Annäherung der Provokationseinrede

---

[118] R. v. Butelezi, 1925 AD 160, Seite 162 /163 (Unterstreichung durch den Autor eingefügt).
[119] R. v. Tshashabalala, 1947 AD 1062, Seite 1062; R. v. Kennedy, 1951 (4) SA 431 (A), Seite 438.
[120] Dugard, 83 SALJ 261 (1966), Seite 261
[121] R. v. Krull, 1959 (3) SA 392 (A)
[122] R. v. McCarthy, (1954) 2 Q.B. 105 (C.C.A.)
[123] Burchell, 76 SALJ 385 (1959) ; Dugard, 83 SALJ 261 (1966), Seite 262.
[124] R. v. Krull, 1959 (3) SA 392 (A), Seiten 396f und 400.
[125] Siehe zum Beispiel S. v. Dlodlo, 1966 (2) SA 401 (A) mit zustimmender Besprechung von Dugard, 83 SALJ 261 (1966), Seiten 263ff.

an die Prinzipien der mens rea wurde zwar in Einzelfällen durchbrochen[126]; die herrschende Meinung in Südafrika ging jedoch seit den sechziger Jahren davon aus, dass die Provokationseinrede am Vorsatz ansetze. Zu dieser Zeit wurde das Vorhandensein von Vorsatz noch nach objektiven Kriterien bestimmt, was sich auch auf die Beurteilung der Provokationseinrede auswirkte.

Die Entscheidung im Hexentötungsfall *Mokonto* brachte 1971 also nicht nur bezogen auf die oben dargestellten grundsätzlichen Anwendungsbereiche der Provokationseinrede, sondern auch im Hinblick auf eine Subjektivierung der Standards die Wende. Das Gericht stellte dar, dass eine objektive Beurteilung des Begriffs „any ordinary person" nicht in das neue subjektive Grundverständnis der mens rea passe[127]. Mit anderen Worten: Das Gericht stellte fest, dass der Standard des „reasonable man" im Rahmen der Provokation rein subjektiv zu beurteilen sei; fortan sei nicht mehr danach zu fragen, wie der „normale" oder „vernünftige Mensch" auf eine Provokation reagiert hätte, sondern danach, wie der spezifische Angeklagte mit seinen Charaktereigenschaften und aus seinem sozio-kulturellen Hintergrund heraus auf die Provokation reagiert hätte. Der Prüfungsmaßstab für die Provokationseinrede war somit rein subjektiv geworden[128]. Vergleicht man diese Entwicklung mit der damaligen Rechtslage in England[129], so wird klar, dass das südafrikanische Recht sich an dieser Stelle total vom englischen Mutterland lossagte. Auch die Entscheidungen des Westafrikanischen und des Ostafrikanischen Appellationsgerichtshofes waren deshalb nicht übernommen worden.

Die Reaktionen in der Literatur auf diesen Umbruch waren zurückhaltend positiv. *Van Niekerk* stieß sich vor allem am „multidisziplinären" Ansatz der Provokationseinrede; die Provokationseinrede sei im Extremfall nach der Neudefinition gar nicht anwendbar, sondern das Recht der Geisteskrankheit oder das Recht zum Vorsatz[130].

Van der Merwe verstand das Urteil offensichtlich in dem Sinn, dass dem Angeklagten *Mokonto* die Strafmilderung nur aufgrund seiner geringeren Zurechnungsfähigkeit zugekommen sei. Er wandte sich in seinem Artikel gegen diesen vermeintlichen Ansatz und brachte vor, dass dies eigentlich ein Fall der Putativnotwehr hätte sein müssen, da dem Angeklagten lediglich das Unrechtsbewusstsein gefehlt habe[131].

---

[126] S. v. Lesch, 1983 (1) SA 814 (O). In eine ähnliche Richtung bewegte sich auch Strauss, 22 THRHR 14 (1959).
[127] S. v. Mokonto, 1971 (2) SA 319 (A), Seite 325 C
[128] Zum Überblick über den Umbruch siehe Snyman, Strafreg, Seiten 235f, 240 ; Burchell, I, Seite 214ff.
[129] Siehe oben, Kapitel V 1. d) aa).
[130] Van Niekerk, 89 SALJ 169 (1972), Seite 174
[131] Van der Merwe, 35 THRHR 193 (1972) , Seite 196

Im Ergebnis konnte der Angeklagte *Mokonto* allerdings nicht persönlich von den bahnbrechenden Errungenschaften des südafrikanischen Rechts auf dem Gebiet der Provokationseinrede profitieren. Trotz der weitreichenden Reform der Vorstellungen über Provokation und Vorsatz sah sich der Appellationsgerichtshof in einem Punkt nämlich noch an die ältere Rechtsprechung im Fall *Dlodlo*[132]gebunden, wonach die Provokationseinrede nur dann voll durchgreife und Mord zu Totschlag reduziere, wenn der Vorsatz völlig ausgeschlossen sei. Dies sei hier aber nicht der Fall. Demnach könne die Provokation lediglich bei der Strafzumessung berücksichtigt werden[133].

Seit der Entscheidung *Mokonto* kann dem typischen Hexenmörder also keine volle Provokationseinrede zugestanden werden, sondern nur eine auf der Provokation durch das spätere Opfer beruhende Strafmilderung[134].

dd) Das Problem des „kochenden Blutes“

Obwohl oben[135] dargestellt wurde, dass die meisten aller Hexentötungen unmittelbar nach einer böswilligen Verhexung begangen wurden, existieren einige Fälle[136], in denen die Gerichte schon deshalb keine Provokationseinrede zuließen, weil zwischen dem magischen Akt und der Tötungshandlung genug Zeit verstrichen sei, in der sich das Blut des Angeklagten wieder hätte beruhigen können. (Auch Strafmilderungen außerhalb der Provokationseinrede wurden deshalb zum Teil nicht gewährt[137].) Zwar wurden diese Fälle vor *Mokonto* entschieden, jedoch dürfte dieses Problem gerade bei einer möglichen subjektiven Betrachtungsweise der Provokationseinrede heute wieder auftauchen.

Das Argument, dass das Blut des Täters einige Zeit nach der Verhexung aufgehört haben solle zu kochen, widerspricht den oben dargestellten[138] psychologischen Funktionsprinzipien von offensiver Magie. Es ist der afrikanischen Magie nämlich immanent, dass der „Verhexende“ mit den Gedanken und den Ängsten des „Verhexten“ spielt. Obgleich der offensive magische Akt, also zum Beispiel das Aufsagen eines Zauberspruches, bereits beendet sein kann, so ist doch die Wirkung des Spruches unter Umständen noch längst nicht beendet. Die tatauslösende persönliche Verärgerung, die

[132] S. v. Dlodlo, 1966 (2) SA 401 (A)
[133] S. v. Mokonto, 1971 (2) SA 319 (A), Seite 326
[134] Zur weiteren Entwicklung der Strafzumessungsprobleme bei kosmologiebezogenen Taten siehe sogleich unten, Kapitel V 3. .
[135] Kapitel II 1 a).
[136] Vgl. zum Beispiel den prominenten Fall Regina v. Jackson, 1956 R. & N. LR (Nyasaland HC), siehe insbesondere Seite 667 a.E.
[137] Vgl. zum Beispiel den Fall R. v. Ncanana, 1948 (1) SA 399 (A), in dem der Angeklagte zwischen der angeblichen magischen Attacke (durch die die Eltern und ein Onkel des Täters getötet worden sein sollen) und der Tötung der angeblichen Hexe ganze sieben Jahre gewartet hatte.
[138] Vgl. oben, Kapitel V 1. a) aa).

die Provokationseinrede privilegieren will, tritt unter Umständen erst dann ein, wenn der „Verhexte" negative Veränderungen an sich selbst feststellt. Dies kann jedoch Tage, Wochen oder gar Monate nach der eigentlichen offensiven magischen Handlung sein. Dem müsste der nun herrschende, subjektive Ansatz der Provokationseinrede Rechnung tragen. Insbesondere muss nach dem subjektiven Ansatz geklärt werden, welche konkreten Auswirkungen der Betroffene bei sich selbst gespürt hat, die ihn anschließend motivierten, eine vermeintliche Hexe zu töten. Es muss ernsthaft in Betracht gezogen werden, dass lang andauernde Provokationen nicht nur die Ausnahme, sondern insbesondere in Fällen böswilliger Verhexung durch Zaubersprüche sogar die Regel sein dürften.

Im Punkt des „kochenden Blutes" fielen also rechtliche Kategorien und tatsächliche kosmologische Vorstellungen in der Bevölkerung auseinander.

ee) Hexentötungen und die neuen Ansätze zur Provokationseinrede: Eine Lösung ?

Die südafrikanische Rechtsprechung hat sich in den letzten zwei Jahrzehnten bei der Beurteilung der Hexentötungen gänzlich von der Provokationseinrede abgewandt und verlässt sich heute weitestgehend auf eine eigene, von der Provokationseinrede und *Mokonto* völlig losgelöste „Kultur der Strafmilderung"[139].

Verdeutlicht man sich, dass die Provokation nach heutigem Verständnis in Südafrika eine breite, flexible Verteidigungseinrede geworden ist, erscheint die Frage am Platze, warum die Strafverteidiger in den Fällen der Hexentötung nicht zumindest versucht haben, die Provokationseinrede unter den neuen Vorzeichen wieder zu erheben. Im Fall *Mokonto* hat das Gericht zwar keine vollständige Provokationseinrede angenommen und den Angeklagten wegen Mordes, wenngleich auch mit Strafmilderungen verurteilt. Die neue, flexible Handhabung der Verteidigungseinrede lässt jedoch durchaus sachgerechte Ergebnisse erwarten. Nachdem die Verurteilung der Hexenmörder wegen Mordes bereits überaus scharf kritisiert wurde[140], würde die Provokationseinrede nach den neuen Ansätzen teilweise wohl auch zu anderen Ergebnissen führen: Im Regelfall würde der Täter bei einer Hexentötung wegen Totschlages, in Extremfällen mangels Schuldfähigkeit oder Vorsatz überhaupt nicht verurteilt werden. Angesichts des sich immer mehr durchsetzenden „general principles approach" erscheint dies im Hinblick auf die verminderte Schuld des Täters sachgerechter als eine Verurteilung wegen Mordes, die lediglich mit der Option der Strafmilderung versehen ist.

---

[139] Zur Strafmilderung siehe sogleich unten, Kapitel V 3. .
[140] Van der Merwe, 35 THRHR 193 (1972), Seite 196

Die Handhabung der Provokationseinrede in den Fällen der kosmologiebedingten Kriminalität durch die südafrikanischen Gerichte lässt eine der Altlasten erkennen, die der „reasonable man" hinterlassen hat: Die südafrikanischen Richter wollten anscheinend um jeden Preis vermeiden, den Hexenmördern eine konkrete Verteidigungseinrede zuzugestehen, um nicht den Eindruck zu erwecken, der „vernünftige Mensch" in Südafrika glaube an Hexen.

d) Der „reasonable man": Das Trojanische Pferd des Kolonialismus

Hinter dem euphemistischen Begriff des „vernünftigen Menschen" verbarg sich in Südafrika zu Zeiten der Kolonialherrschaft und der Apartheid die Rechtfertigung für die unangemessen harte Bestrafung derjenigen Personen, die der südafrikanischen Weltanschauung anhingen. Ob im „neuen Südafrika" andere, realitätsnähere Maßstäbe zur Bewertung kosmologie- oder kulturbedingter Straftaten insgesamt gebildet werden können, bleibt abzuwarten.

Im Bereich der kosmologiebezogenen Straftaten sind zunächst drei Aspekte auffällig:

1.) Der reasonable man test wurde in der Rechtsprechung zu den Hexentötungen nicht einheitlich angewendet. Bei Notwehr und Tatbestandsirrtum wurde ein objektiv-normativer Standard angesetzt, bei der Provokationseinrede nach *Mokonto* ein rein subjektiver Maßstab.

2.) Bei kosmologiebezogenen Straftaten wurde der „reasonable man" durch die Gerichte zwar uneinheitlich, aber immer zu Ungunsten der Täter angewendet. Im Bereich der Tokoloshe-Tötungen[141] wie bei den Hexenmorden veränderten die Gerichte den reasonable man so lange, bis damit ein für den Täter ungünstiges Ergebnis begründet werden konnte.

3.) Der „reasonable man" trug stets die Wertungen der weißen Minderheit in sich, wurde in den Fällen der kosmologiebezogenen Straftaten aber immer auf die Angehörigen der schwarze Mehrheit in der Bevölkerung angewendet.

aa) Die uneinheitlichen Maßstäbe der Vernunft

Die uneinheitliche Anwendung von objektiven und subjektivem Maßstäben für „vernünftiges Verhalten" wurde in der Literatur bereits kritisiert[142]. In einer neueren

---

[141] anders lediglich in S. v. Ngema, 1992 (2) SACR 651 (D), Seite 655 e

[142] Seidman , 15 ICLQ 1135 (1966), Seite 1149 schrieb :„...ob ein Tatbestandsirrtum nachvollziehbar ist, wird mit dem Standard des „vernünftigen Engländers" gemessen. Die Nachvollziehbarkeit einer

deutschen Publikation zur Systematik der Rechtfertigungs- und Entschuldigungsgründe im englischen Strafrecht[143] hat sich *Watzeck* mit genau diesem Thema beschäftigt und kam für das englische Common Law zu einer Schlussfolgerung, die durch die letzten Änderungen der südafrikanischen Rechtsprechung im Bereich der Provokation zumindest für das südafrikanische Recht bestätigt wird: *Watzeck* sieht in den uneinheitlichen Maßstäben des „reasonable man" (objektiv-normativ bei Notwehr und eingeschränkt subjektiviert bei der Provokation) ein deutliches Indiz dafür, dass das englische Strafrecht entgegen der überkommenen Ansicht[144] zwischen Rechtfertigungs- und Entschuldigungsgründen unterscheide[145].

In der Tat ist es aus Sicht des kontinentaleuropäischen Rechtsdenkens stringent, die Frage nach Recht oder Unrecht anhand streng objektiver Maßstäbe, die Frage der Schuld dagegen rein am Individuum zu beurteilen. Aus deutscher Sicht korrelieren die Prüfungsmaßstäbe tatsächlich genau mit den Kategorien der strafrechtlichen Verantwortlichkeit. Dies könnte eine Erklärung für die unterschiedlichen Prüfungsmaßstäbe bei Notwehr bzw. Notstand und Provokation sein.

Im Ergebnis lässt sich für die kosmologiebezogenen Straftaten in Südafrika festhalten, dass der Ansatz unterschiedlicher Maßstäbe bei der Notwehr einerseits und bei der Provokation andererseits an sich weder Folge noch Instrument einer Diskriminierung oder eines restriktiven politischen Kurses gegen die einheimische Bevölkerung darstellte, sondern aus der Systematik des englischen Common Law resultierte. Ebensowenig sind die Schwierigkeiten hinsichtlich der Subjektivierung des Prüfungsmaßstabes beim Tatbestandsirrtum als diskriminierend zu werten. Diese Schwierigkeiten existieren in vielen Strafrechtssystemen der Welt und haben eher mit Beweisschwierigkeiten hinsichtlich der subjektiven Tatseite zu tun. Eine gezielte Schlechterstellung der schwarzen Bevölkerung in Südafrika war damit offensichtlich nicht beabsichtigt. Lediglich in seiner praktischen Anwendung beinhaltete der „reasonable man" unstreitig diskriminierende Elemente. Nicht das Konstrukt schlechthin, sondern die nähere Ausgestaltung desselben führte also zur mangelnden Kongruenz südafrikanischen Rechtsdenkens mit der schwarzen, traditionellen Weltanschauung.

Provokation hingegen wird gemessen an der Vorstellung, die ein Richter von der durchschnittlichen Person aus der Gemeinschaft des Angeklagten hat".

[143] Watzeck, Rechtfertigung und Entschuldigung im englischen Strafrecht, MPI, Freiburg, 1997

[144] Siehe zum Beispiel die vorsichtige Formulierung „Any attempt to categorize defences as justifications or excuses would, in the present state of law, be premature and is not made in the folllowing pages." in Smith/Hogan, Criminal Law, Seite 188.

[145] Watzeck,a.a.O., Seite 301ff

bb) Der „reasonable man" gestern: Statthalter europäischer Werte

Normative Rechtsbegriffe bergen stets die Gefahr, dass sie gegen Minderheiten oder unterlegene Bevölkerungsgruppen eingesetzt werden können. Dies geschah im kolonialen Afrika mit dem „reasonable man test", der mit Wertungen des europäischen Rechtsdenkens und der europäischen Vorstellung von Zivilisation aufgefüllt war. Besonders krass bekam dies der Angeklagte *Jackson* in dem gleichnamigen, vielzitierten Fall[146] einer Hexentötung im vormaligen Nyasaland zu spüren. Dort donnerte der „reasonable man" des späten englischen Kolonialismus auf den Angeklagten herab in Form des Satzes: *„The Law of England is the Law of England, even when it is extended to Nyasaland!"* [147].

Der „reasonable man" des südafrikanischen Strafrechts hatte zu allen Zeiten eine weiße Hautfarbe. Schon bei seiner Geburt im Jahre 1925[148] wurde er wie erwähnt in einen Omnibus von Kapstadt Downtown nach Seapoint gesetzt - also in eine damals rein weiße Umgebung. In Südafrika, wo der Kolonialismus direkt in die Apartheid überging, eignete sich ein solcher normativer Standard hervorragend zur Durchsetzung von europäischen Werten in einem fremden Land.

Der reasonable man war gewissermaßen das „Trojanische Pferd" der Kolonialherren auf dem Gebiet des Strafrechts: Hinter dem euphemistischen Ausdruck „vernünftig" verbarg sich eine repressive kolonialpolitische Generalklausel, die sich zunächst auf die englische Staatsgewalt stützte und nach englischen Maßstäben definiert wurde. Als die englische Kolonialmacht wich und die Apartheidsregime an deren Stelle traten, gab es bereits viele Präzedenzfälle vom Kaliber *Jacksons*, so dass der „reasonable man" als eigenständige Rechtsfigur des weißen Südafrikas hinreichend gefestigt war. Dadurch, dass die Kolonialherren den Mann im grauen Flanellanzug in Südafrika zurückließen anstatt einen repräsentativen Ureinwohner Südafrikas zum Wertehüter im Strafrecht zu ernennen, wurde eine europäische Grundausrichtung im Bereich des „reasonable man" für die kommende Generation zunächst festgeschrieben.

dd) Ansätze zu einer Neuausrichtung des „reasonable man" im „neuen Südafrika"

Nach dem politischen Umbruch in Südafrika und dem friedlichen Übergang zu einer freiheitlichen Demokratie westlicher Prägung stellt sich nun die Frage, wie der „reasonable man" angesichts der höchst unterschiedlichen südafrikanischen Kulturen in Zukunft aussehen könnte.

---

[146] The Attorney-General for Nyasaland v. Jackson, 1957 R.&N.L.R. 443 (RFedSC), vgl. auch die Vorinstanz Regina v. Jackson, 1956 R.&N.L.R. 666 (H.C.Nyasaland).

[147] The Attorney-General for Nyasaland v. Jackson, 1957 R.&N.L.R. 443 (RFedSC), Seite 449

[148] Hall v. Brooklands Auto Racing Club, 1 K.B. 205 (1933), Seite 224

Der „reasonable man" wird in England wie erwähnt vom *„Mann im Clapham Omnibus"* repräsentiert; in Amerika assoziiert man den „reasonable man" mit einen *„Mann, der hemdsärmelig den Rasen vor seinem Haus mäht"*[149]. Es wurde in diesem Zusammenhang bereits süffisant bemerkt[150], dass die große Mehrheit der Personen, die sich in Südafrika auf den öffentlichen Nahverkehr verlasse, schwarze Hautfarbe habe. Die überwältigende Mehrheit der Personen, die im täglichen Leben einen Rasenmäher bediene, sei ebenfalls schwarz. Die Konsequenz aus diesem Gedankenspiel, dass der „reasonable man" also schwarz ist und folglich höchstwahrscheinlich auch an Hexen glaubt, ist bisher noch nicht öffentlich artikuliert worden. Die bereits genannte Umfrage unter den Jurastudenten[151] spräche konsequenterweise sicherlich dafür, den Hexenglauben unter diesen Vorzeichen als „vernünftig" zu klassifizieren. Die weitere Konsequenz dessen wäre, dass jeder Südafrikaner bei einem Hexenmord unter strenger Anwendung der übernommenen „reasonable man" Doktrin, dieser allerdings ausgefüllt von einem Arbeiter aus Soweto, in der Zukunft uneingeschränkt durch Notwehr gerechtfertigt sein, oder zumindest die Provokationseinrede vollumfänglich erheben könnte.

Es stellt sich bei einer derartigen Konfliktlage die ernste Frage, wie der Begriff der „Vernunft" in einem Staat verstanden werden muss, der so gegensätzlich und pluralistisch ist wie Südafrika.

Heyns[152] geht davon aus, dass in der jetzigen Situation die „reasonableness" nach vier theoretischen Modellen bestimmt werden könne. Erstens könnte man den normativen Standard der reasonableness nach den Standards der regierenden Mehrheit bestimmen. Dieses System basiert auf einem demokratischen Grundverständnis. Führte man den Gedanken im Bereich der Hexentötungen oder Muti-Morde allerdings konsequent weiter, so müsste die Rechtsordnung diese beiden Formen des strafrechtlich relevanten Handelns gestatten. Zumindest müssten die Kriterien der „reasonableness" so weit der Weltanschauung der regierenden schwarzen Mehrheit angepasst werden, dass zum Beispiel eine Notwehr gegen Hexen möglich und Muti-Morde wegen Notstandes gerechtfertigt sein müssten. Der zweite Ansatz von *Heyns* ist ein radikal - pluralistischer Weg, nach dem alle Vorstellungen, gleich ob typisch schwarze oder typisch weiße, bei der Begründung der Strafbarkeit berücksichtigt werden müssten, solange sie beim Täter ernsthaft vorliegen. Dieser radikal pluralistische Ansatz ist sicherlich für den Staat Südafrika in der jetzigen Epoche des langsamen Zusammenwachsens von schwarzer und weißer Kultur der erfolgversprechendste. - Vor allem aus der schwarzen

---

149 Vgl. die Aussage von Greer, L.J. in Hall v. Brooklands Auto Racing Club, 1 K.B. 205 (1933), Seite 224.
150 Heyns, 107 (1) SALJ 279 (1990), Seite 279.
151 Siehe unten, Appendix.
152 Heyns, 107 (1) SALJ 279 (1990), Seite 283

Bevölkerung hörte ich bei meinen Feldforschungen immer wieder, dass man sich eine wissenschaftliche Untersuchung zur Entscheidung der Frage wünschte, ob es Hexerei gebe oder nicht. *Heyns* trug dem mit seinem dritten Ansatz Rechnung: Bei der Beurteilung der reasonableness sollte man ausschließlich rationale und wissenschaftliche Maßstäbe zum Ansatz bringen. Der vierte Ansatz begrenzt die Wertvorstellungen mit den Mitteln einer positivistischen Justiz, die „reasonableness" teilweise aus den Wertvorstellungen der weißen, teilweise aus der schwarzen Sicht definieren sollte, also eine Art „Rosinentheorie der Werte".

Ergänzend ist hier zu bemerken, dass eine „Schnittmengenbildung" ebenfalls in Betracht käme; lediglich die Grundwerte, die sowohl in der weißen als auch in der schwarzen Kultur vorhanden sind, könnte man als gefestigte Pfeiler eines Wertesystems dazu benutzen, weitere Regeln zu bilden. Dieser Lösungsansatz hätte allerdings eine „zwangsintegrative" Wirkung und den Verlust kultureller Identität zur Folge, der von der südafrikanischen Verfassung nicht gewollt ist[153].

Die Ansätze begegnen (vorbehaltlich der Begrenzung solcher Normen durch die 1994 in der südafrikanischen Verfassung neu eingeführten Menschenrechte) systematischen Bedenken. Gegen eine differenzierende Auslegung des „reasonable man" spricht schon die südafrikanische Verfassung. Zwar wurden in anderen Kolonialstaaten der Erde verschiedene Standards von reasonableness auf die Einheimischen und die Einwanderer angewendet[154]. Dies würde in Südafrika jedoch als eine klare Diskriminierung verstanden werden. Das Grundrecht der Gleichheit, die in der südafrikanischen Verfassung besonders stark ausgeprägt ist und eine Art „Grundnorm" der gesamten Verfassung nach dem Ende der Apartheid darstellt, muss vor allem auf dem Gebiet des Strafrechts gewährleistet bleiben. Zudem wäre eine solche Differenzierung schon nach dem einfachen südafrikanischen Recht nicht möglich, denn bereits vor einigen Jahren hatten die südafrikanischen Gerichte[155] festgestellt, dass eine Individualisierung des „reasonable man" im Hinblick auf die Rassenzugehörigkeit aus Gründen der Gleichheit vor dem Gesetz und der Einheitlichkeit der Rechtsordnung nicht möglich sei[156]. (Dieses Problem wurde auch im amerikanischen Strafrecht jüngst ausführlich diskutiert, wobei man auch hier das Problem der reasonableness innerhalb der Notwehr aus verschiedenen kulturellen Hintergründen in den USA als Beispiel dafür heranzog, dass „reaso-

---

[153] Wie bereits oben, Kapitel III 8. beschrieben, schützt die südafrikanische Verfassung die kulturelle Identität als ausdrückliches Individualgrundrecht.
[154] Feltoe, 4 ZimLR 60 (1986), Seite 63, Fußnote 7
[155] Vgl. zum Beispiel van Aswegen v. Minister van Polisie en Binnelandse sake, 1974 (1) PH J.1 (T).
[156] In diese Richtung auch Heyns, 107 (1) SALJ 279 (1990), Seite 280, der bemängelt, dass der „reasonable man test" zunehmend als „monolithisches Konzept" betrachtet werde, dessen Rechtfertigung sich nur aus einer „puristischen Auffassung von Fairness" herleiten lasse.

nableness“ als normativer Begriff in einer multikulturellen Gesellschaft nur schwer einheitlich definiert werden könne.[157])

Eine völlige Anerkennung aller in der Republik Südafrika vorhandenen Vorstellungen von „reasonableness“ könnte ein hinreichendes Lösungsmodell darstellen. Voraussetzung wäre allerdings, dass die Verwirklichung dieser Werte unter dem Vorbehalt der Grundrechte der betroffenen Personen stehen müsste.

Die von *Heyns* als drittes vorgeschlagene Verschiebung des normativen Problems auf wissenschaftliche Ebene ist abzulehnen. „Reasonableness“ ist kein objektives, sondern ein normatives Element. Bei den Problemen der „reasonableness“ in einer inhomogenen Gesellschaft geht es um tragende Grundwerte des Staates, also um rechtsethische Fragen, deren Beantwortung nicht auf die Naturwissenschaft delegiert werden darf, sondern von den staatstragenden Gewalten selbst erfolgen muss.

Der vierte Ansatz, nach dem die Gerichte gewissermaßen die „Rosinen“ aus den einzelnen in Südafrika geltenden Werten herauspicken, ist mit dem Grundgedanken der Prävention unvereinbar. Die Normbildung nach diesem Modell kann nur von den Gerichten ausgehen. Da die einheitlichen Werte noch nicht bestehen, kann der Normadressat solange also nicht ex ante bestimmen, welche Werte nun in seinem konkreten Fall anwendbar sind, bis sich einheitliche Werte im ganzen Land gebildet haben. Dieser Lösungsansatz würde gewissermaßen den zweiten Schritt vor dem ersten tun; der Staat könnte nur reagieren und ex tunc einzelne Werte bezüglich jedes einzelnen Falls anerkennen oder nicht. Eine Präventivwirkung der Strafe könnte sich bei den rechtlichen Problemfällen der radikal pluralistischen Gesellschaft (wie Brautentführung gegen den Willen der Entführten, Polygamie, Inzest etc.) mangels hinreichender Normsicherheit und Normkenntnis ex ante gar nicht erst entwickeln.

Nach der bisher geführten Diskussion wird klar, dass es bei der Frage nach der „reasonableness“ um die Definition der staatstragenden Grundwerte der neuen Republik Südafrika geht. Dass allgemeingültige Grundwerte in dieser so extrem pluralistischen Gesellschaft, die sich mit allen Zwischenstufen von einer High-Tech Gesellschaft in Kapstadt über die Arbeiter in Soweto bis hin zu den noch heute als Jäger und Sammler in der Kalahari lebenden Buschmännern zieht, nicht einfach zu bestimmen sind, liegt auf der Hand.

Erst wenn national einheitliche Grundwerte gefunden sind, wird das normative Kriterium des „reasonable man“ funktionstüchtig sein. Solange sich diese Rechtsfigur nicht

[157] Lee , Race and self-defense, Toward a normative conception of reasonableness, 81 MinnLR 367 (1996).

auf einen national einheitlichen moralischen und ethischen Wertekatalog stützen kann, ist sie zum Scheitern verurteilt. Spezifische Probleme, die nur innerhalb eines Teiles der Gesellschaft auftauchen, können mit den Normen des anderen Teiles der Gesellschaft nicht angemessen gelöst werden. So lange, bis die gemeinsamen Grundwerte der südafrikanischen Völker bestimmt sind, kann nur eine radikal individualisierte Bewertung der „reasonableness" zu sachgerechten Ergebnissen führen, wenngleich sie mit einer Ungleichbehandlung einhergeht. Die Summe der individualisierten Falllösungen kann auf lange Sicht helfen, die angestrebten gemeinsamen objektivierten Werte puzzleartig langsam zusammenzusetzen. Als Korrektiv für diese radikale Pluralität kommt bisher nur ein einziger Maßstab in Betracht, nämlich die vom Volk Südafrikas in unmittelbarer Abstimmung legitimierte Verfassung.

2. Weitere Probleme bei der Anwendung des südafrikanischen Strafrechts auf kosmologiebezogene Straftaten

Neben der planmäßigen Verdrängung schwarzer kultureller Werte aus dem südafrikanischen Recht durch das normative und mit weißen Wertungen aufgefüllte Element des „reasonable man" entstanden weitere Probleme bei der strafrechtlichen Würdigung von kosmologiebedingten Straftaten durch Konstellationen, die sich aus dem Bereich der „radikal pluralistischen Gesellschaft" ergaben. Diese Probleme lassen sich - wie später zu zeigen sein wird - wiederum auf einige wenige Ursachen zurückführen. Am Beispiel der Anwendungsschwierigkeiten, die im Rahmen der Kausalität auftreten, wird deutlich, wie weit rechtliche Kategorien und schwarze soziale Matrix voneinander entfernt sind. Anhand der Verteidigungseinrede der Geisteskrankheit schließlich soll exemplarisch gezeigt werden, zu welch bedenklichen Konsequenzen die Missachtung schwarzer kosmologischer Vorstellungen im Strafrecht führen kann.

a) Kausalitätsprobleme bei der Beurteilung von kosmologiebedingten Straftaten

Einer der Gründe, wegen denen man in Südafrika das dringende Bedürfnis sah, durch den Witchcraft Suppression Act die Ausschnüffelungsprozedur durch den Sangoma mit empfindlichen Gefängnisstrafen zu belegen, war, dass vorher in keinem einzigen Fall ein Sangoma wegen Totschlages oder fahrlässiger Tötung der angeblichen Hexe verurteilt werden konnte, der nicht unmittelbar an der konkreten Tötungshandlung beteiligt war. Nach südafrikanischem Recht scheitert eine Verurteilung des Sangomas wegen der Bezichtigung eines anderen als Hexe bisher an der Rechtsprechung der südafrikanischen Obergerichte zur Kausalität, die wichtige Elemente der schwarzen Kultur zumindest bis heute nicht hinreichend berücksichtigt hat[158].

Ohne Zweifel stellt der Akt der Ausschnüffelung durch den Sangoma für den Tod der betreffenden Person eine conditio sine qua non dar. Aus Sicht der afrikanischen Tradition ist in dem Ausschnüffelungsakt sogar die wesentliche Ursache für den Tod der angeblichen Hexe zu sehen. Das südafrikanische Strafrecht kann diese Verbindung aber nicht herstellen. Der Grund hierfür liegt bei den Theorien zur Beschränkung der Kausalität. Im wesentlichen folgt man hierbei drei Ansätzen[159]: Dem „test of adequate cause“ (der etwa der deutschen Adäquanztheorie im Zivilrecht entspricht), dem „test of proximate cause“ (aus deutscher Sicht eine Variante der Adäquanztheorie) sowie dem „novus actus interveniens“ test. Alle drei Beschränkungsansätze werden nicht strikt voneinander getrennt, sondern kumulativ angewendet; der südafrikanische Appellationsgerichtshof hat betont, dass nur die Gesamtschau aller Aspekte bei der Rechtsfindung berücksichtigt werden könne[160].

Bei der Beurteilung der Frage, ob ein Sangoma, der einen Muti-Mord angeraten oder eine Hexe ausgeschnüffelt hatte, wegen eines Tötungsdeliktes belangt werden könne, ist das spezifische Problem hinsichtlich der Kausalitätsfeststellung die Schwäche des novus actus interveniens test. Bisher wurde nämlich zwischen der Ausschnüffelung und dem Tod der Hexe der Entschluss zur Tötung der Hexe als ein die bisherige Kausalkette unterbrechendes Moment angesehen. Wie es zu einer solchen Entwicklung kommen konnte, liegt auf der Hand: Der südafrikanische Appellationsgerichtshof hat mehrfach bestätigt, dass nur „abnormale oder unwahrscheinliche Handlungen oder Geschehnisse die Kausalkette unterbrechen“ können[161]. Hierbei gebrauchte der Appellationsgerichtshof zur Bestimmung dessen, was „unwahrscheinlich oder abnormal“ sei, wiederum den Begriff „unreasonable“[162].

Der im Rahmen der Kausalität verwendete Begriff der „reasonableness“ hat mit dem oben dargestellten normativen Kriterium aber nichts gemeinsam; er bezieht sich nicht auf normative, weiße Wertungen, sondern beschreibt lediglich die objektive Nachvollziehbarkeit der Kausalkette. Handlungen Dritter, die vom Täter subjektiv vorhersehbar sind, können hingegen die Kausalkette nicht unterbrechen[163]. In diesem Spannungsfeld

---

[158] Ein Überblick über die genannte Problematik und die dazugehörende Rechtsprechung befindet sich bei Bennett / Scholtz, 12 CILSA 228 (1979).

[159] Für einen Überblick über die Ansätze zur Einschränkung der conditio sine qua non siehe Burchell, I, Seite 58; Milton, II, Seite 331 und Snyman, Strafreg, Seiten 79ff, jeweils m.w.N.

[160] S. v. Mokgethi, 1990 (1) SA 32 (A), Seite 40 , besprochen von Burchell, I, Seite 66.

[161] Siehe zuletzt S. v. Mokgethi, 1990 (1) SA 32 (A), Seite 39.

[162] Ibid.

[163] S. v. Goosen, 1989 (4) SA 1013 (A). Wie Paizes, 109 SALJ (1993), Seiten 493 ff festgestellt hat, handelt es sich hierbei richtigerweise nicht um ein Element des „actus reus“, sondern um einen Bestandteil der „mens rea“. Auch Burchell, I, Seite 66, Fußnote 94, stellt sich gegen die Ansicht des

zwischen „unwahrscheinlich und abnormal“ und „subjektiv vorhersehbar“ spielt sich ein Muti - Mord oder ein Hexenmord aus der Sicht des Sangomas nach südafrikanischen Kausalitätsmaßstäben ab. Bisher konnten die Gerichte aber nicht feststellen, dass eine Hexentötung nach einer Hexenausschnüffelung „subjektiv vorhersehbar“ war.

Die aus der Sicht des deutschen Strafrechts reichlich verwirrende Mischung aus subjektiver Vorhersehbarkeit und objektiven Kausalitätselementen ist darin begründet, dass die südafrikanische Strafrechtsdogmatik bis heute beide Elemente nicht streng voneinander trennt, sondern Literatur und Gerichte aus der „Zusammenschau der Umstände“[164] argumentieren.

An dieser Stelle muss unterstellt werden, dass die südafrikanischen Strafrichter, denen die fast gesetzmäßigen Folgen einer Hexenausschnüffelung nicht bekannt waren, jene Mechanismen nicht nachvollziehen konnten und deshalb eine Bestrafung der Sangomas wegen eines Tötungsdeliktes ausschied.

Tatsächlich wäre ein Brückenschlag in die schwarze Kosmologie für das südafrikanische Strafrechts aber dringend indiziert gewesen: Die subjektive Vorhersehbarkeit der Folgen eines strafrechtlich relevanten Handelns bestimmt sich nämlich nach völlig herrschender Ansicht stets aus dem konkreten Hintergrund des Täters und der Tat heraus. Schon in der Entscheidung *S. v. Loubser* im Jahre 1953 hat ein Provinzgericht ausdrücklich dargelegt, dass zur Beurteilung der Kausalität (einschließlich der subjektiven Vorhersehbarkeit) unterschiedliche Maßstäbe gelten könnten, je nachdem ob sich ein Vorgang in einem ländlichen Gebiet oder in der Stadt abspiele[165].

Hält man sich die stereotypen Vorgänge bei einem Hexenmord vor Augen, dann steht aus afrikanischer Kosmologie das Folgende fest: Der Sangoma weiß aufgrund seines kulturellen Hintergrundes, im Falle einer Wiederholungstat auch aus seiner empirischen Kenntnis[166], dass die Dorfgemeinschaft oder die unmittelbar Betroffenen die konkret bezichtigte Person wahrscheinlich töten werden. Auch ist die Tat in den wesentlichen Merkmalen vorherbestimmt. Wendet man also die Grundsätze aus der Entscheidung *Loubser* an, so bestimmt sich die objektive und die subjektive Vorhersehbarkeit der Hexentötung aus traditionell afrikanischer Sicht. Wie oben dargelegt ist die Tötung der Hexe mangels Möglichkeit der offiziellen Verbannung der afrikanischen Kosmologie folgend eine zwingende Konsequenz[167]. Die Sangomas hätten also

Richters *Van Heerder*, der die subjektive Vorhersehbarkeit als reines Element der Kausalität angesehen hatte.

164 S. v. Mokgethi, 1990 (1) SA 32 (A), Seiten 39-41; Snyman, Strafreg, Seite 85

165 R. v. Loubser, 1953 P.H. H.190 (W)

166 Die allgemeine Lebenserfahrung stellt ebenso einen Zurechnungsmaßstab dar, den man hier heranziehen könnte, vgl. S. v. Daniëls, 1983 (3) SA 275 (A), Seite 332 H.

167 Siehe oben, Kapitel III 8..

durchaus wegen eines Tötungsdeliktes verurteilt werden können; die Verurteilung wäre zumindest nicht an mangelnder Kausalität gescheitert.

Bei den Muti-Morden gestaltet sich die Bestimmung der Kausalität etwas schwieriger. Wie oben dargelegt wird der Sangoma bei seiner Diagnose niemals eine konkrete Person beschreiben, die der Patient töten soll. Die Beschreibung erfolgt nur nach allgemeinen Kriterien, die sich aus der Wirkung des benötigten Muti ergeben[168]. Beurteilt man die strafrechtliche Verantwortlichkeit eines Sangomas, der lediglich die wesentlichen Merkmale der zu tötenden Person beschreibt (also nicht an der Tat selbst oder an der Auswahl eines Opfers teilnimmt), so stellt sich in jedem Einzelfall die ernsthafte Frage, ob der Sangoma überhaupt noch wegen Anstiftung zum Mord strafbar sein kann, oder ob der konkrete Tatentschluss des Patienten ein „novus actus interveniens" ist.

Lediglich im Falle der Muti-Morde hätte eine Beweiserleichterung zur Bestrafung des Sangomas - wie sie durch § 1 (a) und (b) des Hexereiunterdrückungsgesetzes faktisch herbeigeführt wurde[169] - überhaupt ihre Berechtigung gehabt. Der Witchcraft Suppression Act hingegen richtete sich aber nicht gegen Muti-Morde sondern gegen Hexentötungen; es wurde also die Bestrafung derjenigen erleichtert, die man auch schon wegen eines Tötungsdeliktes anhand eines „schwarzen" Kausalitätsmaßstabes hätte verurteilen können.

Dem europäischen Leser drängt sich hier sicherlich die Frage auf, ob denn der Sangoma angesichts der Schwierigkeiten bei der Beurteilung der Kausalität nicht zumindest wegen Anstiftung zu einem Tötungsdelikt strafbar sein könnte.

Im südafrikanischen Strafrecht sind die der Anstiftung und die der Kausalität unterliegenden Konzepte eng miteinander verknüpft. Dies liegt an der oben genannten subjektiven Komponente der Kausalität. Betrachtet man die Muti-Morde vor dem Hintergrund der südafrikanischen Anstiftungslehren, so könnte man hier leicht zu einer Strafbarkeit der Sangomas wegen eines Tötungsdeliktes auch in den Fällen kommen, in denen die Kausalkette durch einen „novus actus interveniens", also einen autonomen Tatentschluss des Patienten, unterbrochen wäre. Hierbei hilft aber die einfache Struktur des südafrikanischen Strafrechts im Hinblick auf die Anstiftung. Die Strafbarkeit der Anstiftung zu Taten, die nach dem Common Law oder nach Spezialgesetzen strafbar sind, wurde erst 1956 in das südafrikanische Strafrecht eingeführt[170]. Nach südafrikanischer Ansicht besteht zwischen einer Anstiftung und dem abstrakten Auf-

---

[168] Vgl. oben, Kapitel II 1. d) aa), Kapitel I 5. d). .
[169] Siehe oben, Kapitel IV 3 a) und b).
[170] Artikel 18 (2) Wet op Oproerige Byeenkomste No 17 van 1956.

fordern zu Straftaten kein Unterschied. Dies ergibt sich aus dem Gesetzeszweck: Die Anstiftung wurde in Südafrika deshalb so weit gefasst, weil die damalige Gesetzgebung die Unterdrückung aufrührerischer Elemente gegen das Apartheidsregime betraf. Insoweit unterscheidet sich die Anstiftungsdogmatik völlig von den mitteleuropäischen Akzessorietätsmodellen. Typischerweise wurden also zum Beispiel die Verfasser von Flugblättern und Zeitschriften wegen Anstiftung zu völlig unbestimmten Straftaten, meist Tötungsdelikten, verurteilt[171]. Dementsprechend könnte man den Sangoma, der seinem Patienten den Rat erteilt, beispielsweise einen „jungen Mann, nicht älter als 15 Jahre“ zu töten und sein Blut zu trinken, zwar nicht wegen vollendeten Totschlags, wohl aber wegen Anstiftung zum Mord oder Totschlag bestrafen. In der Praxis ist dies aber noch nie geschehen.

Nach alledem wird klar, dass die Anwendungsprobleme mit der Kausalität, die schließlich - ein Jahr nach *Loubser* - zur Einführung der nationalen Witchcraft Suppression Acts und mit dem Witchcraft Suppression Amendment Act sogar zur Aufnahme von gesetzlichen Kausalitätsvermutungen zu Ungunsten der Sangomas geführt haben, hausgemacht sind. Hätten die südafrikanischen Gerichte die nach der Entscheidung *R. v. Loubser*[172] mögliche, nach kulturellem Hintergrund differenzierende Betrachtungsweise im Rahmen der Kausalitätsfeststellungen angewendet, so wären die genannten Probleme gar nicht erst entstanden. Lediglich auf die Unkenntnis der weißen Gerichte von den afrikanischen kulturellen Gepflogenheiten und dem kosmologischen Hintergrund der Hexenmorde ist es zurückzuführen, dass bisher keine Verurteilung eines Sangomas wegen eines Tötungsdeliktes (oder wegen Anstiftung dazu) Erfolg hatte.

b) Das Problem der Geisteskrankheit

Wie in den meisten Staaten Afrikas stellte sich auch in Südafrika immer wieder die Frage, ob die Täter bei kosmologiebezogenen Straftaten aufgrund „geistiger Umnachtung“ überhaupt bestraft werden sollten. Die Gerichte verließen sich hierbei weitestgehend auf psychiatrische Gutachten. In nicht wenigen Fällen wurden die Täter peinlichen Befragungen durch multidisziplinäre Kommissionen ausgesetzt[173]. Nicht selten wurden die Täter von Hexenmorden ohne Prozess einfach in psychiatrische Kliniken eingewiesen und dort jahrelang festgehalten[174]. Sogar in der Literatur wurde darüber

[171] Siehe Snyman, Strafreg, Seite 298 m.w. N.
[172] R. v. Loubser, 1953 P.H. H.190 (W).
[173] Verschoor / Nel et al, 15 (3) S.Afr.J.Ethn. 85 (1993).
[174] Einzelne Fälle und weitere Nachweise finden sich bei Bührmann, 7 SACL 252 (1983), Seiten 254ff.

nachgedacht, ob man Hexenmörder nicht einfach pauschal für geisteskrank erklären sollte[175]. Wie es zu solch bemerkenswerten Auswüchsen der - eigentlich als Verteidigungseinrede ausgestalteten - Rechtsfigur der Geisteskrankheit kommen konnte, soll anschließend dargestellt werden.

aa) Hexerei und Geisteskrankheit in anderen Rechtssystemen

Fast alle afrikanischen und viele andere Gerichte der sogenannten „ersten und zweiten Welt" mussten irgendwann im Laufe der Geschichte die Frage beantworten, ob derjenige, der an Hexen glaubt, geisteskrank und demzufolge schuldunfähig sei oder nicht. Viele dieser ausländischen Urteile beeinflussten die südafrikanische Rechtsprechung nachhaltig.

Zu Beginn des vergangenen Jahrhunderts hatte z.B. der U.S. Supreme Court[176] die Frage zu entscheiden, ob der Glaube an Hexen unter den Begriff der „Geisteskrankheit" fallen könne oder nicht. Anlass war ein Hexenmord, bei dem der Angeklagte sich auf die Bibelverse Exodus 22, 10[177] verlassen hatte und nach reiflicher Überlegung und Analyse weiterer Bibelstellen zu der Erkenntnis kam, dass er eine als solche verdächtigte Hexe umbringen dürfe. Dass der Richter *Peckham* in der Tatsacheninstanz die Jury belehrte, dieser Entschluss könne durchaus das Produkt eines umnachteten Geistes sein und die Jury über den Geisteszustand des Angeklagten entscheiden ließ, war nach Ansicht des U.S. Supreme Court nicht zu beanstanden; in extremen Fällen könne *„der Glaube an Hexen ein Indiz für eine Geisteskrankheit"* sein.

Im islamischen Einflussbereich des afrikanischen Kontinents wurde die Einrede der Geisteskrankheit bei Fällen der kosmologiebezogenen Straftaten durch die Gerichte hingegen stets abgelehnt. Die Gerichte im Sudan beispielsweise sahen selbst Täter, die nach Überzeugung des Gerichtes in einem Trancezustand auf Befehl der Ahnen eine angebliche Hexe getötet hatten, noch als uneingeschränkt schuldfähig an[178].

Die Rechtsprechung der nigerianischen Obergerichte zu kosmologiebedingten Straftaten in punkto geriet „insanity defence" unter heftigen Beschuss. Nach dem nigerianischen Gesetz beruht die Verteidigungseinrede der Geisteskrankheit auf einer „natürlichen geistigen Unregelmäßigkeit"[179]. Als die nigerianischen Obergerichte die Verteidigungseinrede bei Hexenmorden zurückwiesen, geschah dies unter Hinweise darauf,

[175] Seidman, 15 ICLQ 1135 (1966), Seite 1159.
[176] Hotema v. U.S. , 186 U.S. 413 (1901), Seite 419
[177] „...thou shalt not suffer a witch to live..."
[178] Siehe Vasdev, Law of Homicide in the Sudan, Seite 154 mit weiteren Beispielen aus dem Bereich der kosmologiebezogenen Straftaten.
[179] § 28 des Nigerianischen Strafgesetzbuches, „ natural mental infirmity"

dass das Gesetz nur von einer „natürlichen im Sinne von naturgegebenen" Unregelmäßigkeit spreche, wohingegen der Glaube an Hexen vom Menschen selbst beeinflussbar sei[180]. Die Literatur argumentierte dagegen und vertrat die Ansicht, dass Trunkenheit, die anerkanntermaßen ebenfalls zur Schuldunfähigkeit führen könne, sogar typischerweise selbst beigebracht sei und deswegen eine Verurteilung aufgrund Geisteskrankheit hätte unterbleiben müssen[181]. Von ihrem Standpunkt wichen die Gerichte in Nigeria dennoch nicht ab.

Die Entscheidung des obersten nigerianischen Gerichtshofes wurde bald schon im übrigen Afrika aufgegriffen. Der Appellationsgerichtshof für Ostafrika übernahm sie zwar zwei Jahre später[182]. Im Ergebnis hatte dies aber zu keiner Veränderung der Rechtsprechung in Ostafrika geführt, denn dort hatte man im Jahre 1956 die „insanity-defence" ohne tiefschürfende dogmatische Erwägungen schon deshalb abgelehnt, weil die eindeutige Mehrheit der Bevölkerung diesem Glauben anhänge[183]. Diese Entscheidung wurde in der Literatur begrüßt, weil man ja nicht *„das gesamte kenianische Volk für geisteskrank erklären"* könne[184].

Im gleichen Jahr, in dem die britische Entscheidung erging, artikulierte das höchste Gericht in Uganda allerdings deutliche Zweifel: „ *... ein Afrikaner, der fernab im Busch lebt kann vom Glauben, er sei verhext, so besessen sein, dass sein seelisches Gleichgewicht so gestört wird, dass man es als Geisteskrankheit beschreiben könnte.*"[185] Das Gericht in Uganda erklärte den des Hexenmordes Angeklagten daraufhin für schuldunfähig.

Für die afrikanische Rechtswissenschaft war die Entscheidung aus Uganda ein Donnerschlag. Uganda und Kenya hatten buchstäblich die selben Bestimmungen zur „insanity defence" in ihren Strafgesetzen; beide Länder orientierten sich aufgrund ihrer Kolonialverbindung mit Großbritannien an den englischen „McNaghten - Rules"[186]. Krampfhaft wurden deshalb ex post Erklärungen gesucht, warum die Rechtsprechung der Gerichte in diesem sensiblen Bereich voneinander abweichen konnte. *Mutungi*[187] führt dazu aus, dass schon die beiden Fälle nicht vergleichbar seien. Im kenianischen Fall sei der Glaube an Hexen lediglich ein Motiv gewesen, wohingegen im ugandischen Fall der Hexenglaube ein wesentlicher Auslöser für eine selbständige Geisteskrankheit gewesen sei. Aus heutiger Sicht erscheint diese Unterscheidung hingegen

---

[180] R. v. Alice Erixamremu, 1959 WRNLR 270; Willie v. State, 1 All Nigerian L.R. 152 (1968)
[181] Aremu, 29 ICLQ 112 (1980), Seite 117
[182] Tadoe Oyee s/o Duru v. R. , 1959 E.A. 407 (C.A.), Seite 410
[183] Philip Musiwi s/ o Musele, 23 EACA 622 (1956), Seite 625
[184] Mutungi, The legal aspect of witchcraft in East Africa, Seite 56
[185] Magata s/o Kachehakana, 1957 E.A. 330 (U) (= 8 Uganda Law Reports 294 (1956-7))
[186] Mutungi, The legal aspects of witchcraft in East Africa, Seite 51
[187] Mutungi, The legal aspects of witchcraft in East Africa, Seite 58

wenig sachgerecht. In beiden Fällen handelte es sich um einen typischen privaten Hexenmord. Dass das ugandische Gericht angesichts der insanity defence bei kosmologieorientierten Straftaten schlicht einen anderen rechtlichen Standpunkt vertrat, wurde aber 1978 klar, als erneut ein Hexenmörder für geisteskrank erklärt und nicht bestraft wurde[188]. In der Folgezeit stieß der ugandische Kurs allerdings dann international auf allgemeine Befürwortung[189].

bb) Hexenglaube und die Einrede der Geisteskrankheit vor den südafrikanischen Gerichten

Bevor auf die komplexe Frage eingegangen werden kann, ob auch im südafrikanischen Strafrecht die Verteidigungseinrede der Geisteskrankheit bei Hexentötungen regelmäßig greifen kann, müssen zunächst einige Grundlagen erläutert werden.

Ebenso wie das ugandische und kenyanische basiert auch das südafrikanische Recht in bezug auf Schuldfähigkeit hauptsächlich auf dem englischen Common Law. Die noch aus dem Jahr 1843 stammenden englischen „*McNaghten - Rules*"[190] prägen bis heute das Denken der südafrikanischen Richter; Änderungen wurden seitdem nur durch die eigens zur Anpassung dieser Regeln ernannte Untersuchungskommission 1967 (die sog. *Rumpff-Kommission*) und im Rahmen einer Strafprozessreform durch den Criminal Procedure Act 1977 eingefügt. Wie in den meisten Common Law - Rechtssystemen herrscht in Südafrika bis heute ein rein psychologisches Schuldverständnis vor, der auf die englische „mens-rea"-Dogmatik gestützt wird. Ansätze wie die deutsche „normative Schuldtheorie"[191] wurden in Südafrika nicht ernsthaft aufgegriffen. Das Element der Schuldfähigkeit wird bis heute also rein aus Sicht der Psychologie anhand von „kognitiven und konativen" Elementen beurteilt.

Inhaltlich besagen die Mc Naghten -Regeln:

> *„1.) Jeder Mensch gilt als geistig gesund, und bei jedem Menschen wird unterstellt, dass er für seine Taten verantwortlich gehalten werden kann, es sei denn, dass das Gegenteil bewiesen wird.*

---

[188] Okello s/o Kamuleti v. Uganda, Uganda Court of Appeals, Crim. App No 2 / 1978 (unveröffentlicht); das Gericht spricht dort von Angst vor Hexerei als„insane delusions" und von „a disease of mind".

[189] Nsereko, 24 (1) Manitoba Law Journal 38 (1996), insbesondere Seite 57

[190] Bei den Mc Naghten-Regeln handelt es sich um eine Note von Richtern auf eine Anfrage der gesetzgebenden Kammer des House of Lords zur Definition der Schuldunfähigkeit wegen Geisteskrankheit, siehe 8 ER 718 , Seite 722 (= 10 Cl.& Fin 200); zu den einzelnen Details sogleich unten. Eine detaillierte Übersicht über den Begriff der „insanity" im Common Law findet sich bei Fingarette, The meaning of Criminal Insanity.

[191] Frank, Aufbau des Schuldbegriffs, 1907 und ders., StGB, Anmerkung II vor § 51

2.) Um die Verteidigungseinrede der Geisteskrankheit erfolgreich zu erheben, muss bewiesen werden, dass der Angeklagte im Moment der Tat unter einem geistigen Defekt litt, der auf einer Geisteskrankheit beruht, so dass er die Natur und die Qualität seines Handelns nicht erkennt; sollte er letzteres erkennen, so reicht aus, dass er kein Unrechtsbewusstsein hatte.
3.) Eine Person, die lediglich unter einer partiellen Illusion leidet, aber in sonstiger Hinsicht nicht geisteskrank ist, muss im Hinblick auf ihre strafrechtliche Verantwortlichkeit in die Situation versetzt werden, die sie sich vorstellt."

Mit Ausnahme der dritten Regel wurden die Mc Naghten-Regeln unmittelbar in das südafrikanische Recht übernommen[192]; zusätzlich wurde später auf Drängen der Gerichte eine Regelung zum „unwiderstehlichen Impuls"[193] aufgenommen.

Obgleich sich die südafrikanischen Obergerichte bei der Klärung der Frage, inwieweit der Hexenglaube eine Geisteskrankheit im Sinne des Rechts sei, immerhin auf die Mc-Naghten-Rules und die darauf basierende Rechtslage verlassen konnten, sind die Entscheidungen der Obergerichte uneinheitlich und zum Teil nicht schlüssig.

Der südafrikanische Appellationsgerichtshof hatte im Jahr 1915 über einen Angeklagten zu entscheiden[194], der eine vermeintliche Hexe umgebracht hatte, nachdem letztgenannte angeblich seine zwei Söhne getötet hatte. Obwohl der Verteidiger die Verteidigungseinrede der Geisteskrankheit nicht ausdrücklich erhoben hatte, so wies er doch darauf hin, dass der Angeklagte die angebliche Hexe aus einer Wahnvorstellung heraus getötet habe, aufgrund derer er zum Zeitpunkt der Tat schuldunfähig gewesen sei. Der Appellationsgerichtshof wies das Argument damals entschieden zurück. Der Chief Justice *Innes* bemerkte, dass es *„... eine sehr weitreichende Entscheidung dieses Gerichtes wäre, wenn geurteilt worden wäre, dass man sich der strafrechtlichen Verantwortlichkeit für Verbrechen, die aufgrund des Hexenglaubens begangen werden, durch die Einrede der Geisteskrankheit entziehen könnte."*[195] Der Angeklagte wurde daraufhin zum Tode verurteilt.

1938 erging an einem Bezirksgericht ein erstes Urteil, in dem nicht mehr kategorisch ausgeschlossen wurde, dass bei kosmologiebedingten Straftaten der Hexenglauben per se zur Schuldunfähigkeit führen könne[196].
Richter Landsdown legte in diesem Urteil dar, dass

---

[192] R. v. Smit, 1906 T.S. 783, Seiten 785 und 786; R. v. Koortz, 1953 (1) SA 371 (A)
[193] Dazu sogleich unten.
[194] R. v. Radebe, 1915 AD 96
[195] R. v. Radebe, 1915 AD 96, Seite 97
[196] R. v. Biyana, 1938 EDL 310

„... ein Geist - obgleich er nicht so erkrankt ist, wie es eine Geisteskrankheit im rechtlichen Sinne erfordert - trotzdem einer Wahnvorstellung oder einem Irrglauben, oder einem anderen Defekt ausgesetzt sein kann."[197]

Der Richter betonte aber, dass die Verteidigungseinrede der Geisteskrankheit trotzdem nicht greife, da deren einzelne Voraussetzungen nicht vorlägen. Dennoch müsse man dem *„Irrglauben"* dadurch Rechnung tragen, dass man, wenn schon von keiner *rechtlichen* Schuldminderung, dann zumindest von einer *moralischen* Schuldminderung ausgehe.

Diese Linie verfolgten die südafrikanischen Gerichte in der Folgezeit weiter. Zwei Jahre später schrieb der Richter *Schreiner*:

„Der Glaube an Hexen ist kein mentaler Defekt, wie wir ihn verstehen. Aber der Hexenglaube hat die gleiche zwingende Natur und es manifestiert sich der gleiche Irrsinn, verglichen mit normalen Standards, den wir von Geisteskrankheiten kennen."[198]

Die einzige Entscheidung, die dieser Begründung entsprochen hätte, nämlich „guilty , but insane", blieb aus. Wiederum weigerte sich ein Gericht, den Begriff der „Geisteskrankheit" auf andere, über rein psychiatrische Krankheiten hinausgehende schuldausschließende Merkmale zu erweitern und verurteilte den Angeklagten wegen Mordes, allerdings mit mildernden Umständen.

Die frühen Urteile der südafrikanischen Gerichte hinsichtlich der Schuldfähigkeit von Hexenmördern lassen keine dogmatische Tiefe erkennen. Sie waren weniger auf Rechtsfindung ausgerichtet als auf eine Begründung der vom Gericht als angemessen erachteten Folge. Eine erste Auseinandersetzung mit den britischen Wurzeln der „insanity-defence" bei einem Hexenmord fand in *R. v. Molehane*[199] im Jahre 1942 durch das Provinzgericht für Griqwaland statt. Ein junger Mann hatte seine Mutter umgebracht, weil er glaubte, dass sie ihn böswillig verhext habe. Nachdem in der mündlichen Verhandlung die Verteidigungseinrede der Geisteskrankheit erhoben worden war, schrieb der Richter *Bok* in seinem Urteil:

„Für die Verteidigungseinrede der Geisteskrankheit muss Beweismaterial dazu vorliegen, dass der Täter aufgrund einer Geisteskrankheit oder aufgrund eines anderen mentalen Defektes die Natur oder die Qualität seines Handelns nicht erkennen konnte oder aufgrund dessen nicht erkennen konnte, dass sein Han-

197 R. v. Biyana, 1938 EDL 310, Seite 311f
198 R. v. Hugo, 1940 WLD 285, Seite 289
199 R. v. Molehane, 1942 GWL 64, Seite 68

deln rechtswidrig war, oder dass er sich einem unwiderstehlichen Impuls ausgesetzt sah, den er nicht kontrollieren konnte."[200]

Nach dieser Begründung (die eine treffende Kurzzusammenfassung des damaligen südafrikanischen Rechts zur Schuldunfähigkeit war) stellte das Gericht lapidar fest, dass der Glaube an Hexen für sich allein nicht unter diese Verteidigungseinrede gefasst werden könne. Seinen eigenen Worten zum Spott wies der Richter *Bok* den Angeklagten nach der Verurteilung aber trotzdem zur Untersuchung seines Geisteszustandes in eine entsprechende Anstalt ein. Dort kam man schließlich zu dem Ergebnis, dass kein hinreichender Defekt beim Täter vorliege[201].

Danach wurde es in Südafrika ruhig um die Verteidigungseinrede der Geisteskrankheit in den Fällen von Hexentötungen oder Muti-Morden. Die klaren Worte von Richter *Bok* hatten die Tür zur Schuldunfähigkeit verschlossen; die Gerichte beriefen sich lediglich auf *R. v. Biyana*[202] und attestierten den Hexenmördern mildernde Umstände[203]. Im Verborgenen existierte die Vermutung aber weiter, der Hexenglaube sei eine Form der Geisteskrankheit. Tatsächlich gab es einige Fälle, in denen Angeklagte viele Jahre lang in psychiatrischen Anstalten festgehalten wurden, weil man ihren Glauben an Hexen als pathologischen Zustand ansah, obwohl dies aus medizinischer Sicht wohl unvertretbar war[204].

Im Jahre 1978 fällte das Bezirksgericht für die Nördlichen Regionen einen Urteilsspruch[205], in dem der wegen eines Tötungsdelikts Angeklagte nicht bestraft werden konnte, weil er unter dem Eindruck seiner revoltierenden Ahnengeister unter ständigen Alpträumen litt. Das Gericht nahm hier Schuldunfähigkeit wegen Geisteskrankheit an. Im Urteil führten die Richter dazu aus, dass der traditionelle Hintergrund des Täters ebenso zu berücksichtigen sei wie sein Glaube an die Ahnengeister und die Macht des Sangomas, was - gepaart mit einem leicht hysterischen Zustand - im konkreten Fall zum Schuldausschluss führen müsse. Die Entscheidung wurde in der Literatur nur teilweise begrüßt. Zwar fand sie insofern Zustimmung als festgestellt wurde, dass der Geisteszustand eines Menschen nur vor seinem kulturellen Hintergrund bestimmt werden dürfe[206]. Im Punkt der Geisteskrankheit wurde allerdings dem Gericht widersprochen; der Glaube an die Ahnengeister sei keinesfalls ein Zustand, den man in

---

200 R. v. Molehane, 1942 GWL 64, Seite 68

201 Anmerkung des Herausgebers zu R. v. Molehane, 1942 GWL 72, Seite 73.

202 1938 EDL 310.

203 Siehe dazu unten, Kapitel V 3 a).

204 Siehe die Nachweise der auf Fragen der traditionellen Weltanschauung spezialisierten Psychiaterin Vera Bührmann, 7 SACL 252 (1983), Seiten 254-256.

205 S. v. Samuel Shivuri, 1978 SA Northern Region Circuit Court, No 325 / 78, unveröffentlicht, aber auszugsweise wiedergegeben bei Motshegka, 25 (2) Codicillus 4 (1984), Seiten 12f.

206 Motshegka, 25 (2) Codicillus 4 (1984,) , Seite 13; ebenso Vera Bührmann,1980 SAMedJ 817.

einem Krankenhaus heilen könne. Es sei eher zu vermuten, dass die Regierung einen Geächteten lebenslang in einem psychiatrischen Krankenhaus verschwinden lasse[207].

cc) Sind Hexenmörder geisteskrank ?

Heute stellt sich die Frage, warum die südafrikanischen Gerichte solche offensichtlichen Schwierigkeiten mit der Fragestellung haben, ob die traditionellen Weltanschauungen in irgendeiner Form die „insanity defence" begründen können. Prozessual können sich die Gerichte dieser Frage zunächst leicht entledigen.

Das Verfahren zur Untersuchung des Geisteszustandes des Angeklagten ist in den §§ 77f des südafrikanischen Strafprozessgesetzes[208] festgeschrieben. Stellt sich im Laufe des Verfahrens heraus, dass Zweifel am Geisteszustand des Angeklagten bestehen, so kann er mit Gerichtsbeschluss in eine psychiatrische Klinik eingewiesen werden, wo ein multidisziplinäres Komitee (bestehend aus Neurologen, Psychologen, Psychiatern, Sozialarbeitern, Beschäftigungstherapeuten und einem Juristen als Vorsitzenden) über den Geisteszustand befindet. Je nach Ausgang der Untersuchung wird der Angeklagte dem Gericht wieder übergeben (evtl. unter Hinweis auf eine verminderte Schuldfähigkeit[209]) oder er wird zum „Staatspatienten" erklärt und in eine psychiatrische Anstalt überwiesen. Das Gesetz sieht vor, dass der Staatspräsident die Entscheidung darüber fällt, wie lange der Aufenthalt in der Anstalt nötig ist; in der Praxis ist diese Entscheidung auf das Hospital Board oder den Untersuchungsrichter übertragen[210].

Bei Verdacht des Muti-Mordes, des Hexenmordes oder des Tokoloshe-Mordes werden die Angeklagten oftmals schon vor der eigentlichen Hauptverhandlung zur Untersuchung eingewiesen[211]. Dadurch kommen viele Fälle erst gar nicht an die Öffentlichkeit; obschon die Abschlussverhandlung über den Geisteszustand öffentlich ist, entbehrt sie natürlich der gesteigerten Publizität der Hauptverhandlung vor Gericht.

In materieller Hinsicht stellt sich in allen genannten Fällen die Frage, ob der Glaube an traditionelle Medizin oder Hexen und die daraus resultierende Furcht vor böswilliger Verhexung den Anforderungen des südafrikanischen Strafrechts an die Schuldunfähigkeit durch Geisteskrankheiten oder ähnliche Impulse entsprechen. Das südafrikanische Recht basiert auf den oben genannten englischen McNaghten-Regeln, die durch § 78 (1) des südafrikanischen Strafprozessgesetzes konkretisiert und folgendermaßen ausgestaltet wurden:

---

[207] Motshegka, 25 (2) Codicillus 4 (1984,) , Seite 13.
[208] Criminal Procedure Act, Act No 51 of 1977
[209] Vgl. § 78 (7) Criminal Procedure Act, Act No 51 of 1977.
[210] Vgl. § 29 des Mental Health Act No 18 of 1973.
[211] Verschoor / Nel et al., 15 (3) S.Afr.J.Ethn. 85 (1993)

„Eine Person, die eine Handlung begeht, welche eine Straftat darstellt, und die zum Zeitpunkt der Handlung an einer geistigen Krankheit leidet oder an einem mentalen Defekt, welcher die Person außerstande setzt
(a) die Rechtswidrigkeit ihres Tuns zu erkennen ; oder
(b) in Übereinstimmung mit der Erkenntnis, dass die Tat rechtswidrig ist, zu handeln,
ist strafrechtlich nicht verantwortlich für eine solche Handlung."

Das Gesetz geht von einer grundlegenden Dreiteilung des Begriffs „Schuldfähigkeit" aus: Neben dem kognitiven Element (die Person muss imstande sein, zwischen Recht und Unrecht zu unterscheiden) ist noch ein konatives Element erforderlich (die Person muss überhaupt in der Lage sein, ihr Verhalten zu kontrollieren, sie darf sich nicht etwa Impulsen hingeben, die das Empfinden von Recht und Unrecht überlagern). Das dritte Element, nämlich das affektive (emotionale) Element tritt bei der Frage der Geisteskrankheit völlig zurück[212].

Wie dargestellt ist zunächst erforderlich, dass der Täter eine Geisteskrankheit oder einen mentalen Defekt aufweist. Nachdem in der Rechtsprechung und in der Literatur erheblicher Aufwand zur Abgrenzung der beiden Begriffe betrieben wurde, hat sich mittlerweile die Ansicht durchgesetzt, dass beide Begriffe synonym zu verwenden seien[213]. Ausgehend vom Wortlaut der Vorschriften und von den Präjudizien nahm man lange an, dass zwingend ein auf biologischen Faktoren beruhender pathologischer Zustand vorhanden sein müsse, ohne dass die Gerichte jedoch die Verteidigungseinrede auf einzelne Geisteskrankheiten begrenzten[214]. Indem man ausschließlich biologisch verursachte Geisteskrankheiten unter den Begriff „insanity" fasste, blieben exogene Faktoren, wie zum Beispiel Alter, niedrige Intelligenz oder „kulturelle Unerfahrenheit" außer Betracht.

Durch das Erfordernis der „biologischen Ursache" war die Verteidigungseinrede zunächst auf die Fälle von Geisteskrankheiten oder biologisch bedingten Formen geistiger Zurückgebliebenheit begrenzt. Nach der älteren Rechtslage bestand also kaum eine Möglichkeit, den Hexenglauben per se unter die Verteidigungseinrede der Geisteskrankheit zu fassen. In *S. v. Chretien* [215] erweiterte der Appellationsgerichtshof die „biologischen Faktoren" aber um den Schuldausschließungsgrund der Trunkenheit. 1988 tauchte dann in der Entscheidung *S. v. Laubscher*[216] erstmals der Begriff der „nicht - pathologischen Schuldunfähigkeit" auf. Das Gericht erkannte damit erstmals

[212] Burchell, I, Seiten 162f m.w.N.
[213] Siehe Burchell, I, Seiten 164-165 m.w.N.
[214] Snyman, Strafreg, Seiten 156f.
[215] S. v. Chretien, 1981 (1) SA 1097 (A).
[216] S. v. Laubscher, 1988 (1) SA 163, Seite 167.

eine vorübergehende Störung des Geisteszustandes als Schuldausschließungsgrund an, die rein psychoreaktiv war, also keine biologischen Ursachen hatte, sondern auf schwerwiegende Vorfälle im Leben des Täters zurückzuführen war.

Trotz dieser Erweiterung hat sich der südafrikanische Appellationsgerichtshof bis heute noch nicht entschließen können, das Erfordernis eines pathologischen Zustandes gänzlich abzuschaffen. Das ist auch nicht ohne weiteres zu erwarten. Es liefe nämlich den Grundprinzipien des südafrikanischen psychologischen Schuldverständnisses entgegen, wenn man auf den pathologischen Zustand (und sei es auch nur ein temporärer psychotischer Zustand) ganz verzichten würde. Dieses Element hat also die Abkehr von dem Erfordernis der biologischen Kausalität und die Turbulenzen durch *S. v. Laubscher* bis heute überstanden.

An diesem Beispiel zeigt sich neben den Besonderheiten des psychologischen Schuldbegriffes auch die Systematik von „offence und defence“: Im südafrikanischen Recht darf eine „defence“ nur im Rahmen ihres begrenzten Anwendungsbereiches erhoben werden. Im Extremfall heißt das, dass zum Beispiel ein klarer Fall eines Schuldausschlusses außerhalb einer Geisteskrankheit materiell zwar vorliegen kann, er aber von der (vom Grundverständnis her prozessual verstandenen) Verteidigungseinrede der Geisteskrankheit nicht erfasst wird und deshalb ungeeignet ist, zur Strafbefreiung des Täters zu führen. Deshalb kann die Einrede der Geisteskrankheit nach heute h.M. in Literatur und Rechtsprechung nur dann erhoben werden, wenn ein pathologischer Defekt vorliegt, also z.B. bei lediglich vorübergehenden geistigen Umnachtungen wie etwa durch Alkohol, Provokation oder Drogenkonsum hervorgerufen, die auf externe Stimuli zurückzuführen sind[217]. Lediglich die (pathologische) *innere Auswirkung* konstanter externer Stimuli kann die Einrede der Geisteskrankheit begründen. Im Fall von fortgesetztem Alkoholmissbrauch etwa, kann nach südafrikanischem Recht das daraus resultierende delirium tremens als pathologische innere Auswirkung des extern zugeführten Reizes (Alkoholkonsum) die Schuldfähigkeit des Täters problemlos ausschließen.

Angesichts dieses restriktiven Verständnisses von Schuldfähigkeit erscheint es zunächst kaum nachvollziehbar, wie die Gerichte bei Angst vor Hexerei überhaupt einen pathologischen Zustand vermuten und den Angeklagten zur Kontrolle in ein psychiatrisches Krankenhaus einweisen konnten. Nach dem dargestellten Ansatz könnte die Angst vor Hexen einen pathologischen Zustand im Sinne des südafrikanischen Strafrechts lediglich herbeiführen, sie wäre aber niemals die Geisteskrankheit selbst.

---

[217] S. v. Stellmacher, 1983 (2) SA 181 (SWA), Seiten 187/188 und Snyman, Strafreg, Seiten 161f

In der Tat könnte es sich bei den Bedrohungen mit böswilliger Hexerei um einen der oben genannten exogenen Stimuli handeln, der eine interne Störung des Geisteszustandes herbeirufen kann. Dieser exogene Stimulus muss nach südafrikanischer Rechtslage auch aus der Perspektive des Betroffenen beurteilt werden[218]. Aus der Sicht eines typischen Täters, der fest an Hexen glaubt und aus einer sozialen Umgebung stammt, die seine Weltanschauung teilt, ist es nicht abwegig, dass er sich derartig in seine Angstzustände und Wahnvorstellungen hineinsteigert, dass sich daraus im Extremfalle ein pathologischer Zustand entwickelt. In der Tat wurde im Stamm der Yoruba eine Untersuchung über die psychologischen Auswirkungen des Hexenglaubens, insbesondere der Angst vor böswilliger Magie durchgeführt. Das Ergebnis war eindeutig: In extremen Fällen kann die Angst vor böswilliger Verhexung durchaus zu paranoiden Illusionen, Halluzinationen oder zu Angstpsychosen führen[219]. Auch können einzelne funktionale Psychosen einem übersteigerten Hexenglauben direkt zugerechnet werden[220].

Betrachtet man die oben genannte Entscheidung des ugandischen Gerichtes[221], nach der ein Täter, der in entsprechend traditionell geprägten Lebensumständen aufwächst, etwa aufgrund einer Angstpsychose nicht mehr zwischen Recht und Unrecht unterscheiden kann, so erscheint das Urteil „guilty, but insane" auch aus heutiger europäischer Sicht nicht mehr ganz abwegig. Angesichts der kaum nachvollziehbar großen Angst insbesondere der ländlichen Bevölkerung vor dem Tokoloshe kann nach meiner Ansicht nicht von vornherein ausgeschlossen werden, dass die Täter bei Tokoloshe - Tötungen im Zeitpunkt der (oft überstürzten) Tat unter temporären Halluzinationen leiden.

Als Zwischenergebnis ist also festzuhalten, dass in extremen Fällen langwieriger Bedrohung durch Hexerei durchaus ein schuldausschließender, pathologischer Geisteszustand bei kosmologiebezogenen Straftaten vorliegen kann. Zumindest eine Schuldminderung muss den Tätern zugestanden werden können. Diese Schuldminderungen entstehen aber nicht aufgrund des Hexenglaubens *per se*, sondern durch einen pathologischen Zustand, der darauf aufbaut.

In bezug auf die Ahnengeister haben oben bereits erwähnte neuere Forschungen[222] unter den Xhosa ergeben, dass zwischen dem Ukuthwasa[223] (Zustand des Novizen

---

[218] Vgl die bereits oben zitierte, nicht veröffentlichte Entscheidung S. v. Samuel Shivuri, 1978 SA Northern Region Circuit Court , No 325 / 1978.
[219] Lambo in : Kiev (ed.), Magic, Faith, and Healing, Seite 21 und Lambo, 101 J.Ment. Sci. 239ff (1955)
[220] vgl. hierzu Chukkol, 25 Journal of the Indian Law Institute 444 (1983), Seite 445.
[221] Magata s/o Kachehakana, 1957 E.A. 330 (U) (= 8 Uganda Law Reports 294 (1956-7)).
[222] Broster, Seiten 33f.
[223] Siehe oben, Kapitel I 4. a) aa), bb).

während der Ausbildungszeit zum Sangoma) und einigen anerkannten pathologischen Zuständen aus Sicht der westlichen Medizin bemerkenswerte Parallelen bestehen. An diesem Punkt wird ein anderes Problem deutlich, welches die Frage nach der Verteidigungseinrede der Geisteskrankheit in Fällen von Hexentötungen, vor allem im Hinblick auf die Neugründung der Republik Südafrika ebenfalls beeinflussen muss, nämlich das Problem der medizinischen Maßstäbe für eine Geisteskrankheit. Es steht fest, dass sämtliche Diagnosemethoden für mentale Abnormalitäten streng kulturgebunden sind[224]. Auch im traditionellen afrikanischen Recht erkennt man die Existenz von Geisteskrankheiten grundsätzlich an. Sie werden allerdings vor dem Hintergrund der traditionellen Weltanschauung betrachtet. Aus afrikanischer Sicht kann einer Person also nur dann eine Geisteskrankheit attestiert werden, wenn deren Handeln aus traditioneller Weltsicht keinen Sinn ergibt[225]. Selbst Strebsamkeit kann im Extremfall aus den oben genannten traditionellen Gründen[226] unter den Bantu also durchaus als Geisteskrankheit gelten. Innerhalb der afrikanischen Weltanschauung, in der keine strenge Trennung zwischen innerer und äußerer Realität vorliegt, ist die Aufstellung allgemeingültiger Normen hinsichtlich eines pathologischen Geisteszustandes folglich sehr schwierig.

Aus dem Blickwinkel der modernen Psychiatrie erscheint es aber immerhin nachvollziehbar, dass die südafrikanischen Gerichte in Extremfällen bei den Hexentötungen einen pathologischen Zustand des Täters, etwa aufgrund von Angstpsychosen, befürchteten oder annahmen.

Nach südafrikanischem Recht ist als Voraussetzung für die Schuldunfähigkeit neben dem Vorliegen eines pathologischen Zustandes erforderlich, dass der Täter *aufgrund der Geisteskrankheit* entweder außerstande war, die Rechtswidrigkeit seines Handelns zu erkennen oder dass er aufgrund dessen außerstande war, in Übereinstimmung mit dieser Erkenntnis zu handeln[227].

Spätestens an dieser Hürde scheitert die Verteidigungseinrede der Geisteskrankheit. Die Täter bei Hexenmorden sind nicht aufgrund des (u.U. pathologisch gesteigerten) Hexenglaubens unfähig, das Unrecht der Tat einzusehen. Im Gegenteil drängt sich an dieser Stelle die Vermutung auf, dass die meisten Hexenmörder nicht aufgrund eines etwaigen mentalen Defekts, sondern aufgrund ihrer traditionellen Überzeugungen handeln. Selbst in den Fällen, in denen sich der Täter in solche Angstzustände hineinsteigert, dass nach südafrikanischem Recht eine Geisteskrankheit angenommen werden kann, muss davon ausgegangen werden, dass dies nicht der ausschließliche Auslöser

[224] Bührmann, 1980 SAMedJ 817, Seite 819
[225] Bührmann, 1980 SAMedJ 817, Seite 819
[226] Vgl. die „limited cosmic good" - Doktrin, Kapitel II 3. a) dd).
[227] Für einen Überblick über dieses Element vgl. Burchell I, Seiten 169-174.

für die Hexentötung ist, sondern dass die Tat im wesentlichen kosmologisch bedingt ist. Das gleiche gilt für die Konstellationen, die man unter den „irresistible impulse" fassen könnte.

Die „klassische" Verteidigungseinrede der Geisteskrankheit steht dem Hexenmörder in der Regel mangels Vorliegen eines pathologischen Zustandes, spätestens jedoch aufgrund mangelnder Kausalität zum Unrechtsbewusstsein nicht zur Verfügung. Die Verteidigungseinrede der Geisteskrankheit ist allerdings die einzige Möglichkeit, nach dem psychologischen Schuldverständnis eine Straffreiheit mangels Schuldfähigkeit zu erreichen. Da die verminderte Schuldfähigkeit nach § 78 (7) des südafrikanischen Strafprozessgesetzes auf den gleichen Voraussetzungen aufbaut, kann auch mit diesem Instrument keine sachgerechte Lösung herbeigeführt werden.

dd) Hexenglaube und die neuen Entwicklungen der „insanity-defence"- Lösung in Sicht?

Während der vergangenen zehn Jahre wurde eine Tendenz offenbar, die Verteidigungseinrede der Geisteskrankheit aus den Fesseln der englischen „McNaghten"-Rules zu befreien und eine etwas flexiblere Handhabung der Regelungen zur Schuldunfähigkeit zu ermöglichen. Vor 1980 hatte es noch eine strenge Unterscheidung zwischen pathologischer und nicht-pathologischer Schuldausschließung gegeben. Unter die Insanity-defence fiel nur die pathologische Form. Die einzig anerkannte Ausnahme davon, dass lediglich pathologische Ursachen zur Schuldausschließung führen könnten, war die Einrede der Jugend[228]. Nachdem die o.g. Entscheidung *S. v. Chretien*[229] zu Beginn der achtziger Jahre den Weg eröffnet hatte, eine Schuldunfähigkeit auch im Falle schwerer Trunkenheit anzunehmen, wurden Tendenzen sichtbar, auf das Erfordernis eines *pathologischen* Zustandes, für den die Trunkenheit sicherlich einen Grenzfall darstellt, völlig zu verzichten. Auch vor diesem Hintergrund ist die dargestellte Entwicklung im Bereich der Provokationseinrede zu verstehen, dass eine Auswirkung von schwerwiegenden Provokationen auf die Schuldfähigkeit des Täters langsam zumindest konzeptionell anerkannt wurde.

Im Nachgang zu *Chretien* wurden Rufe laut, schwerwiegenden Stress oder andere emotionale Extremsituationen ebenfalls als mögliche Schuldausschließungs- oder -minderungsgründe anzuerkennen[230]. Das Hauptargument dafür war, dass es keinen Unterschied mache, ob der Täter aufgrund einer Geisteskrankheit oder aufgrund eines anderen Faktors unfähig war, die Rechtswidrigkeit seines Tuns zu erkennen oder in

---

[228] In Südafrika gilt ein Kind, welches noch nicht sein siebtes Lebensjahr vollendet hat, unwiderleglich als schuldunfähig, vgl. Snyman, Strafreg, Seite 174.
[229] 1981 (1) SA 1097 (A).
[230] Siehe zum Beispiel Ellis, 1986 de jure 340, Snyman, 1985 SALJ 240 (1985).

Übereinstimmung mit seiner gegenteiligen Ansicht zu handeln. Der Effekt sei jedenfalls derselbe.

Die Verteidiger brachten zudem immer häufiger die Frage ins Spiel, inwieweit sich emotionaler Stress auf das Einschätzungsvermögen der Täter auswirke, ob durch schweren Stress nicht ebenso wie durch Krankheit Hemmungsmechanismen abgeschaltet oder zumindest Hemmschwellen gesenkt werden könnten. Die Gerichte mussten sich notgedrungen mit diesen Fragen auseinandersetzen[231]. Nach kurzer Zeit erging eine erste Entscheidung[232] durch das Kap'sche Provinzgericht, in der der Angeklagte aufgrund schwerwiegenden emotionalen Stresses sogar für völlig schuldunfähig erklärt wurde. Im Jahre 1990 erging eine Entscheidung des südafrikanischen Appeal Courts[233], in dem die „Verteidigungseinrede der nicht-pathologischen Schuldunfähigkeit“ offiziell anerkannt wurde. Im Unterschied zur Provokation, die keine „volle Verteidigungseinrede“ war, konnte die Einrede des schwerwiegenden emotionalen Stresses die Strafbarkeit des Angeklagten auf der Schuldebene also völlig ausschließen[234].

Seltsamerweise wurde das Schlagwort des „schwerwiegenden emotionalen Stresses“ in den jüngeren Entscheidungen zu Muti-Morden und zu Hexentötungen nicht erwähnt. Anlass genug hätte es nach den vorangegangenen Diskussionen um diese Form der „nicht - pathologischen Schuldunfähigkeit“ durchaus gegeben; auch hätte es in einigen Sachverhalten, die vor die Obergerichte gelangten, ausreichend Anlass dazu gegeben, diese Frage zumindest zu erörtern[235].

Die Tatsache, dass die südafrikanischen Gerichte einen „ernstlichen schweren emotionalen Stress“ im Falle von Schulden und Eheproblemen attestiert und als Schuldausschließungsgrund anerkannt haben[236], macht es umso unverständlicher, warum dies bei Hexentötungen oder Muti - Morden nicht einmal erwogen wurde. Hinter dieser offensichtlichen Ungleichbehandlung steht wahrscheinlich die Politik der südafrikanischen Gerichte, die den Glauben an Hexen in keiner Form privilegieren wollten. Durch die flexiblere Handhabung der „insanity-defence“ könnte man aber immerhin einen anpassungsfähigen Mechanismus schaffen, welcher eine sachgerechte, einzelfallbezogene Lösung der meisten Hexentötungen und der Muti-Morde ermöglichen könnte.

---

[231] Siehe zum Beispiel S. v. van Vuuren, 1983 (1) SA 12 (A), Seiten 17 G/H.
[232] S. v. Arnold, 1985 (3) SA 256 (C), Seite 261-263.
[233] S. v. Wiid, 1990 (1) SACR 561 (A).
[234] Dies hatte auch schon Snyman, 1985 SALJ 240 auf Seite 245 gefordert.
[235] Vgl. nur S. v. Mathoka and others, 1992 (2) SASV 443 (NC) oder S. v. Motsepa en 'n ander, 1991 (2) SASV 462 (A) (Hexentötung direkt nach Tod eines nahestehenden Angehörigen durch Blitzschlag).
[236] S. v. Arnold, 1985 (3) SA 256 (C).

c) Verbotsirrtum ?

Viele Hexenmörder verstehen nicht, warum sie Unrecht begangen haben sollen. Alle Untersuchungen, die diesbezüglich durchgeführt wurden, hatten zum Ergebnis, dass Personen, die eine Hexe töteten, nach ihrer Tat im Dorfe regelrecht gefeiert wurden, weil sie die Gesellschaft letztlich von einem Übeltäter befreit häten[237]. Äußerungen von Angeklagten vor Gericht oder von Verdächtigen bei Vernehmungen zeugen davon, dass den Tätern oftmals bis zuletzt unklar geblieben sein dürfte, warum ein Hexenmord nach dem Strafgesetz überhaupt bestraft wird[238].

Die genannte Fehlvorstellung über die Rechtswidrigkeit der Tat entsteht nur bei einer Hexentötung. Im Falle eines Muti-Mordes ist schon die Ausgangslage eine andere; ein Muti-Mord wurde auch nach dem traditionellen afrikanischen Strafrecht als Unrecht aufgefasst und in der Regel mit dem Tode oder mit Verbannung bestraft[239]. Insoweit laufen die traditionellrechtlichen und modernen strafrechtlichen Wertungen also parallel.

aa) Der Verbotsirrtum im südafrikanischen Recht

Bis ins Jahr 1977 war eine Verteidigungseinrede des Verbotsirrtums im südafrikanischen Strafrecht unbekannt. Auch wenn ein Irrtum über rechtliche Wertungen unvermeidbar oder auf sonstige Weise entschuldbar war, wurde die Fehlvorstellung des Täters nicht als volle Verteidigungseinrede angesehen[240], sondern lediglich in einigen Fällen in der Strafzumessung berücksichtigt[241]. Diese Ansicht stützte sich auf das englische Recht[242]. Erst die Entscheidung *S. v. De Blom*[243] änderte dies. Durch eine Gleichstellung von Tatbestands- und Verbotsirrtum führte ab 1977 jeder erwiesene Verbotsirrtum automatisch zum Vorsatzausschluss[244]. Hierbei war es völlig gleichgültig, ob der Irrtum nachvollziehbar oder vermeidbar war oder nicht; wenn ein Verbotsirrtum vermeidbar oder erkennbar war, sei dies nach Ansicht des südafrikanischen Appellationsgerichtshofes lediglich bei der Beurteilung der Glaubwürdigkeit des Täters zu berücksichtigen[245].

---

[237] Siehe oben, Kapitel III 5.
[238] Siehe zum Beispiel S. v. Jassane, 1973 (4) SA 658 (TPD), Seite 660 A.
[239] Siehe oben, Kapitel III 4. c).
[240] Vgl. zum Beispiel S. v. Sachs, 1953 (1) SA 392, S. v. Lwane, 1966 (2) SA 433 (A); weitere Nachweise bei Snyman, Strafreg, Seite 200 und Burchell, I, Seiten 246f. Ein Überblick, insbesondere über die entscheidende Wendung des südafrikanischen Rechts durch S. v. De Blom findet sich bei Leistner, Der Irrtum über das Verbotensein der Tat im südafrikanischen Strafrecht.
[241] so zum Beispiel in S. v. Maweke and others, 1971 (2) SA 327 (A).
[242] Vgl. Smith / Hogan, Criminal Law , Seite 80f.
[243] S. v. De Blom, 1977 (3) SA 513 (A).
[244] Zur Konstruktion des Vorsatzausschlusses siehe S. v. De Blom, 1977 (3) SA 513 (A), Seite 529 und Burchell, I, Seite 246; kritisch dazu Snyman, Strafreg, Seiten 200ff.
[245] S. v. Sam. 1980 (4) SA 289 (TPA)

bb) Der Verbotsirrtum in Hexenmorden

Bisher ist noch in keiner publizierten obergerichtlichen Entscheidung erörtert worden, inwieweit dem Hexenmörder die Verteidigungseinrede des Verbotsirrtums überhaupt zugestanden werden könnte. Die bei den Hexentötungen in Betracht kommende Konstruktion eines „Irrtums über einen traditionellrechtlichen Rechtfertigungsgrund“ (bzw. über die Anwendbarkeit des traditionellen Rechtfertigungsgrundes) war zwar Gegenstand von südafrikanischen Gerichtsentscheidungen[246] im Bereich der Polygamie oder der „twala“ (= traditionelle Verlobtenentführung), jedoch war zur Zeit, in der die Urteile ergingen, die Relevanz des Verbotsirrtums im Hinblick auf sämtliche traditionellrechtliche Rechtfertigungsgründe noch nicht anerkannt. Die Gerichte kümmerten sich also nicht weiter um das traditionelle Banturecht und verurteilten - wenn sie nicht umhin kamen, die Bräuche der Bantu irgendwie zu berücksichtigen - aufgrund angeblicher Abweichungen von den vorgegebenen Traditionen[247]. Zum Teil wiesen die Gerichte auch einfach auf die Tatsache hin, dass ein einzelner Brauch, z.B. *„der barbarische Twala - Brauch kein anerkannter Rechtfertigungsgrund“*[248] sei. Vor dem Hintergrund eines zum Zeitpunkt des Urteils noch objektiv geprägten Verständnisses der mens rea ist dies nur konsequent; die Entscheidung hätte nicht anders ausfallen können. Nach der Abkehr vom objektiven Verständnis der mens rea könnte diese Frage unter Umständen heute anders beantwortet werden.

Vor *De Blom* kamen viele der Härtefälle beim Verbotsirrtum aus dem „Bereich der heterogenen Gesellschaft“ oder aus dem traditionellen Recht. Nach *De Blom* kam es allerdings zu keiner einzigen Entscheidung zum Verbotsirrtum im Bereich der traditionellen Rechtfertigungsgründe. Diese bemerkenswerte Zurückhaltung der südafrikanischen Gerichte wurde bereits 1985 in der Literatur kritisch erwähnt[249].

Offensichtlich erschien den südafrikanischen Gerichten eine konsequente Anwendung des in *De Blom* niedergelegten Grundsatzes des *error iuris excusat* im Bereich der kosmologiebezogenen Straftaten unangemessen. Nachdem das südafrikanische Recht nicht auf die „Vermeidbarkeit des Irrtums“ abstellt, fehlt jegliches normative Regulativ, welches der nötigen Anpassung von Grundwerten zwischen gegensätzlichen Kulturen innerhalb eines Landes Rechnung tragen könnte. Das einzige Regulativ, welches dem südafrikanischen Recht bleibt, ist das der mangelnden Glaubwürdigkeit des Angeklagten - ein wenig befriedigendes Ergebnis.

---

[246] Siehe zum Beispiel R. v. Mane, 1947 (1) SA 196 (EDL); R. v. Swaartbooi and others, 1916 EDL 170.

[247] R. v. Mane,1947 (1) SA 196 (EDL), Seite 198f.

[248] R. v. Swaartbooi, 1916 EDL 170, Seite 171.

[249] Leistner, Der Irrtum über das Verbotensein der Tat im südafrikanischen Strafrecht, Seite 91.

Angesichts deren näherer Ausgestaltung muss stark bezweifelt werden, ob ein Hexenmörder die Verteidigungseinrede des error iuris vor Gericht mit Erfolg erheben kann. Nach *De Blom* wäre dafür nämlich erforderlich, dass der Täter nicht weiß, dass sein Handeln *strafrechtlich* verboten ist[250]. Sonst läge bereits kein Irrtum vor. Es fragt sich deshalb, wie die Gerichte in dem Fall, dass der des Hexenmordes Angeklagte sich auf den *traditionellrechtlichen* Rechtfertigungsgrund der Hexerei beruft, auf die Verteidigungseinrede des error iuris reagieren werden. In meinen Feldforschungen wussten alle befragten Hexenmörder, dass das Töten von Menschen grundsätzlich durch das Strafrecht (der Weißen) verboten sei. Nach südafrikanischem Recht dürfte dies auch angesichts der Vorstellung, dass eine solche Tötung durch das traditionelle Banturecht gerechtfertigt sei, für eine volle Verurteilung ausreichen, denn in diesen Fällen bestünde schon keine hinreichende Irrtumsgrundlage. In einem ähnlich gelagerten Fall wurde bereits ein Buschmann, der sich - nachdem er seinen Nebenbuhler umgebracht hatte - auf den traditionellrechtlich eindeutig anerkannten Rechtfertigungsgrund der Rache berief, aus den selben Gründen uneingeschränkt wegen Mordes verurteilt: Das Gericht schloss kategorisch aus, dass es sich bei einem traditionellen Rechtfertigungsgrund um einen auch vom modernen Recht anerkannten Aspekt handele[251]. Solange der Täter anerkenne, dass nach modernem Recht eine solche Tat (auch entgegen den traditionellrechtlichen Geboten) verboten sei, läge kein Irrtum über den Verbotscharakter der Strafnorm vor.

Aus strafrechtstheoretischer Sicht ist dieses Ergebnis wenig befriedigend. Der Tatsache, dass beim Hexenmörder (obgleich er sich nicht im Sinne des Verbotsirrtums irrt) überhaupt kein Unrechtsbewusstsein vorliegt[252], kann aufgrund der engen Ausgestaltung der Einrede nicht Rechnung getragen werden. An diesem Beispiel wird erneut klar, dass das südafrikanische System der Verteidigungseinreden zu eng gefasst ist, um solche Problemstellungen sachgerecht zu lösen, die in der heterogenen sozio-kulturellen Struktur des Landes wurzeln. Selbst in den Fällen, in denen das südafrikanische Recht eine im Vergleich mit europäischen Rechtsordnungen „überbreite" Verteidigungseinreden bietet wie beim Verbotsirrtum, passen die rechtlichen Kategorien (Irrtum über ein Verbot) nicht auf den sozialen Sachverhalt.

---

[250] Snyman, Strafreg, Seite 201; Leistner, Seite 92

[251] R. v. Mukeiruib, 1938 SWA 4. Ähnliche Schwierigkeiten entstehen bei der traditionellen Brautentführung, dem sog. „Twala" oder auch „Ukuthwala"-Brauch, vgl. Labuschagne / Schoeman, 13 (1) Tydskrif vir Regswetenskap 33 (1988).

[252] so schon Labuschagne, Morele dilemma, 1990 (3) SACJ 246, Seiten 261f; ders. in 13 (1) Tydskrif vir Regswetenskap 33 (1988), Seiten 43-45

d) Die Grenzen des Handlungsbegriffs bei Tokoloshe-Tötungen

Nachdem also keine Möglichkeit bestand, eine der genannten Verteidigungseinreden in Fällen der kosmologiebezogenen Straftaten mit Aussicht auf Erfolg zu erheben, fehlte ein Instrument, um die krassen Sonderfälle, namentlich die affektartigen Tokoloshe-Tötungen, gegenüber den heimtückisch geplanten Hexenmorden oder Muti-Morden zu privilegieren. Als letzten Ausweg zogen die südafrikanischen Gerichte den Handlungsbegriff heran und verneinten in einigen Fällen der Tokoloshetötung schlicht die Handlungsqualität. An dieser verschrobenen Anwendung eines strafrechtlichen Standards wird die Hilflosigkeit der südafrikanischen Gerichte gegenüber kosmologiebezogenen Straftaten besonders deutlich: Indem man die Verteidigungseinrede des „Automatismus“ pervertierte, musste man zwar die Handlungslehre opfern, konnte letztendlich aber - wie zu zeigen sein wird - immerhin sachgerechte Ergebnisse erzielen.

In Südafrika ist das strafrechtlich relevante Handeln definiert als „willentliches persönliches Verhalten“[253]. Die dagegen gerichtete Verteidigungseinrede heißt „automatism“ und kann unzweifelhaft in den Fällen des Schlafwandelns, der Totalamnesie zur Zeit der Tat, bei Reflexen, bei einigen mentalen Defekten sowie extrem schwerer Trunkenheit und im Fall der fremdgeführten Handlung (vis absoluta) erhoben werden[254]. Die genannten Fallgruppen haben eines gemeinsam: Die durchgeführten körperlichen Handlungen unterstehen nicht der Willensherrschaft der betreffenden Person. Auf den ersten Blick erscheint eine Verbindung zu den Tokoloshe-Tötungen deshalb nicht besonders naheliegend.

Bei den Tokoloshe-Morden wird die Verteidigungseinrede des Automatismus oftmals in solchen Fällen erhoben, die aus dem Schlaf oder einer extremen Überraschungssituation heraus begangen werden[255]. Nachdem die naheliegenden Veteidigungseinrede des Tatbestandsirrtums hinsichtlich des Handlungsobjektes wie oben dargestellt lange Zeit nicht verfügbar war, griffen die südafrikanischen Gerichte in diesen „Überraschungsfällen“ zur Verteidigungseinrede des Automatismus, um zu sachgerechten Ergebnissen zu kommen. Hinsichtlich der Tokoloshe-Tötungen existierten - anders als bei den Hexentötungen - noch keine Präzedenzfälle, auf die man sich im Rahmen der Strafzumessung berufen konnte. Deshalb entwickelte sich in diesem Teilbereich der kosmologiebedingten Kriminalität eine bemerkenswerte Rechtsprechung, die sich mit der Frage befasste, ob ein „Tokoloshe-Mörder“ tatsächlich im strafrechtlichen Sinne „gehandelt“ habe.

---

[253] Siehe Burchell I, Seiten 76ff.

[254] Vgl. die Übersichten bei Feltoe, 19 (1) Zim.L.J. 12 (1979) und bei Snyman, Strafreg, 4. Auflage, Seiten 55ff.

[255] Siehe S. v. Ngema 1992 (2) SASV 651 (Durban and Coast LD); R. v. Ngang 1960 (3) SA 363 (TPD).

Als Beispiel möge hier der Fall *R. v. Ngang* dienen. Der Angeklagte hatte vor der Tat regelmäßige Alpträume gehabt, in denen er von einem Tokoloshe bedroht worden war. Als er eines Nachts aus unruhigen Träumen erwachte, sah er in einem Menschen den Tokoloshe, ergriff ein Messer und stach affektartig zu[256]. Das Gericht sprach den Angeklagten frei. Obwohl die Verteidigungseinrede des Tatbestandsirrtums nicht einschlägig sei, könne der Angeklagte mangels strafrechtlich relevanter Handlung nicht verurteilt werden. Der Angeklagte habe somnambulistisch (schlafwandlerisch) gehandelt[257].

Diese Entscheidung mag aus europäischer Sicht sehr bedenklich erscheinen. Hinter der Verneinung der Handlungsqualität in diesem Fall stehen jedoch zwei Gründe: Sechs Jahre vor *S. v. Ngang* hatte das Transvaal'sche Provinzgericht den Fall *R. v. Dlamini* entschieden, der ähnlich gelagert war, jedoch keinen Tokoloshe-Mord betraf[258]. Aufgrund der äußerlich einheitlichen Geschehensablaufes hatte das Gericht in *Ngang* offensichtlich angenommen, dass *R. v. Dlamini* der zugehörige Präzedenzfall sei[259] und die Entscheidung *Ngang* mit aller Gewalt unter die Automatismuseinrede gepreßt, die im Präzedenzfall Dlamini bereits bedenklich, angesichts des vom Gericht attestierten „bewusstlosigkeitsähnlichen Schlafes“ aber sicherlich eher indiziert war.

Die eigentliche Ursache hinter der Verneinung strafrechtlich relevanten Verhaltens bei Tokoloshe-Morden liegt in der dogmatischen Struktur strafrechtlicher Verantwortlichkeit in der Republik Südafrika. Aufgrund der Tatsache, dass ein finales Element beim strafrechtlichen Handlungsbegriff dort nicht allgemein anerkannt ist[260], sind die Grenzen zwischen Handlungs- und Schuldfähigkeit verwaschen. Trunkenheit[261] zum Beispiel kann ebenso Handlungsausschließungsgrund sein wie einige andere mentale Defekte, die nicht zwingend mit motorischen Störungen einhergehen müssen[262]. Die Automatismuseinrede hat sich zudem in der letzten Zeit immer weiter ausgedehnt. In den sechziger Jahren dachte man noch vorsichtig darüber nach, ob ein Automatismus überhaupt durch eine körperliche Ursache herbeigeführt werden könne[263]. Die in der

---

256 Siehe R. v. Ngang, 1960 (3) SA 363 (TPD).
257 Siehe R. v. Ngang, 1960 (3) SA 363 (TPD), Seite 366 E/F.
258 1955 (1) SA 120 (TPD)
259 Siehe R. v. Ngang 1960 (3) SA 363 (TPD), Seite 365 C-G, wo ganze Absätze der vorgenannten Entscheidung einfach zitiert und in keinerlei Zusammenhang zum vorliegenden Fall gesetzt werden.
260 Siehe zum Beispiel Du Plessis: "Hans Welzel's final-conduct doctrine- An importation from Germany we could well do without", 1984 SALJ 301, entgegnet durch Snyman, 1985 SALJ 120; wiederum entgegnet durch DuPlessis, 1985 SALJ 503.
261 S. v. Johnson 1969 (1) SA 201 (A); S. v. Piccione 1967 (2) SA 334 (NPD).
262 Siehe S. v. van Rensburg 1987 (3) SA 35 (TPD), S. v. Stellmacher, 1983 (2) SA 181 (SWA). Nichtsdestoweniger haben die südafrikanischen Gerichte vereinzelt darauf hingewiesen, dass zwischen der Automatismuseinrede und der Geisteskrankheit konzeptionelle Unterschiede bestünden, siehe zum Beispiel R. v. Ahmed 1959 (3) SA 776 (Witwatersrand LD).
263 Siehe für einen Überblick: Dugard, 1967 SALJ 131.

Folgezeit entwickelte Diskussion um einen „sane automatism“[264], vor allem nach der Entscheidung *S. v. Els*[265], dokumentiert eindeutig, wie weit der Handlungsbegriff in Südafrika verstanden wird. Mittlerweile ist sogar anerkannt worden, dass langanhaltender Missbrauch des Täters vor der Tat die „Automatism-defence“ begründen, also die Handlungsqualität seiner Tötungshandlungen ausschließen kann[266]. Auch schwerwiegender emotionaler Stress kann nach südafrikanischem Recht also dazu führen, dass der Täter nicht mehr strafrechtlich relevant *handeln* kann[267].

Diese Ausdehnung des Handlungsbegriffes hat ihre Ursache nicht zuletzt im oben erwähnten psychologischen Schuldbegriff. Dort, wo der psychologische Schuldbegriff zu eng erschien, wurde die Verteidigungseinrede des Automatismus benutzt, um sachgerechte Ergebnisse zu erreichen. Dies führte zu einer deutlichen Annäherung der beiden Verteidigungseinreden. Die Gerichte fühlten sich im Verlaufe dieser Entwicklung sogar immer häufiger dazu verpflichtet, darauf hinzuweisen, dass Automatismus und Schuldunfähigkeit unterschiedliche Verteidigungseinreden seien[268].

Gerade in den Fällen der Tokoloshe-Tötungen, wo sich wie gesagt noch keine „Kultur der Strafmilderung“ gebildet hatte wie bei den Hexentötungen[269], war die Verteidigungseinrede der Geisteskrankheit nicht verfügbar, weil das psychologische Schuldverständnis dies nicht zuließ. Fortan wurde in weiteren Fällen des Tokoloshe-Mordes die Lösung über die Verteidigungseinrede des Automatismus einfach übernommen[270]. Im Jahre 1978 erging eine Entscheidung[271] in Pietersburg, bei der das Gericht den Angeklagten zuvor mehrfach darauf hingewiesen hatte, dass er die Automatismuseinrede mit guter Aussicht auf Erfolg erheben könne. Die Verteidigung des Angeklagten, der aufgrund einer Eingabe der Ahnengeister während eines Traumes nach dem Erwachen eine Frau und ein Kind getötet hatte, erhob statt dessen die Einrede der Schuldunfähigkeit. Das Gericht erkannte diese aber nicht an und verurteilte den Angeklagten zum Tode.

Die Überdehnung der Automatismuseinrede wurzelt wie dargelegt in der Schwäche des psychologischen Schuldbegriffs und in einer mangelnden Differenzierung zwischen Schuldunfähigkeit, mangelndem Vorsatz, mangelnder Handlungsqualität und Geistesgestörtheit. In den Fällen der kosmologiebezogenen Kriminalität tritt ein weite-

---

[264] Vergleiche hierzu auch Schmidt, 90 SALJ 329 (1973), der mit seiner Stellungnahme die Diskussion um einen „sane automatism“ in Gang brachte.
[265] 1993 (1) SASV 723 (OPD)
[266] S. v. Potgieter, 1994 (1) SASV 61 (A), Seiten 61 c und 72f
[267] Siehe Ellis, 1986 de jure 340 für einen diesbezüglichen Überblick.
[268] Siehe die Nachweise bei Snyman, Strafreg, Seiten 55f.
[269] Siehe sogleich unten, Kapitel V 3. .
[270] Die erste Entscheidung in der Kette war R. v. Ngang, 1960 (3) SA 363 (TPD).
[271] 1978 SA Northern Region Circuit Court Case no cc 325/78, unveröffentlicht

rer Grund für die extensive Anwendung dieser Verteidigungseinrede hinzu: Die Verteidigungseinrede des Automatismus dürfte oftmals die letzte Möglichkeit gewesen sein, eine zwingende Strafmilderung zu erreichen, nachdem die Einreden der Notwehr, des Notstandes und der Irrtümer aufgrund des „reasonable man" wie dargestellt nicht mehr verfügbar waren. Indem man die Handlungsdogmatik opferte, um zu sachgerechten Ergebnissen in Extremfällen zu gelangen, konnte man für einen geringen Preis andere normative Standards (wie den reasonable man) retten.

e) Die schweren Defizite des materiellen Strafrechts

Nach all dem wird klar, dass sich das Problem der kosmologiebezogenen Gewalttaten und deren Ahndung außerhalb der Kategorien des südafrikanischen Strafrechts bewegt. Keine der klassischen Verteidigungseinreden ist uneingeschränkt anwendbar, sei es wegen des „reasonable man" oder einfach deshalb, weil die bisherigen Verteidigungseinreden nicht mit den natürlichen Sachverhalten kompatibel sind.

An den zuletzt genannten Aspekten der Kausalität, den Verteidigungseinreden der Geisteskrankheit, des Verbotsirrtums und des Automatismus werden ähnlich gelagerte Probleme deutlich: Aufgrund mangelnder Kenntnis der sozialen Prinzipien innerhalb der schwarzen Bevölkerung und den kosmologischen Vorstellungen der Bevölkerungsmehrheit wurden Verknüpfungen zwischen Recht und Weltanschauung nicht geschlagen, die sich zum Beispiel im Bereich der Kausalität zwischen Ausschnüffelung und Tötung der Hexe angeboten hätten. Das mangelnde Verständnis der traditionellen Vorstellungsbilder wird auch durch die immer noch anhaltende Diskussion, ob der Hexenglaube vielleicht eine Form der Geisteskrankheit sein könnte, dokumentiert. Bei der Diskussion um den error iuris fällt auf, dass hier eine Verteidigungseinrede deshalb nicht angewendet werden kann, weil wiederum rechtliche mit sozio-kulturellen Kategorien nicht kompatibel sind: Nach seinem kulturellen Empfinden begreift der traditionell denkende Afrikaner nicht, dass eine Hexentötung verboten ist. Die naheliegend erscheinende juristische Kategorie, nämlich der Verbotsirrtum, ist hier allerdings, wie aufgezeigt, schwerlich anwendbar. Diese mangelnde Anpassungsfähigkeit des Rechts an die natürlichen Gegebenheiten wird offensichtlich, wenn man sich die Not der Richter vor Augen hält, die schließlich in Extremfällen der Tokoloshe-Tötungen die Verteidigungseinrede des Automatismus pervertierten, um andere Standards mit allen Mitteln halten zu können.

Es wird offensichtlich, dass das materielle südafrikanische Strafrecht dem im Lande vorherrschenden radikalen Pluralismus nicht gewachsen ist. Die Kategorisierungen von materiellem Strafrecht und von traditioneller Weltanschauung sind im Bereich der kosmologiebedingten Straftaten nicht deckungsgleich.

3. Die Strafzumessung in Fällen des Hexen- und Muti-Mordes

Da also keine der angesprochenen Verteidigungseinreden bei Hexentötungen endgültig durchgriff und das materielle Strafrecht im engeren Sinn keine sachgerechte Lösung bereitstellte, konnten die Gerichte die oftmals als unangemessen hart empfundenen Strafen (in der Regel handelte es sich um die Todesstrafe) nur noch durch Strafzumessungserwägungen mildern. Gegenüber den vollen Verteidigungseinreden war dieses Instrument natürlich mit dem Makel der mangelnden Vorhersehbarkeit behaftet. Obgleich sich seit den dreißiger Jahren eine von den Verteidigungseinreden autonome „Kultur der Strafmilderung" bei Hexentötungen herauskristallisiert hat, sind die Entscheidungen hinsichtlich der Hexentötungen und der Mutimorde oftmals inhaltlich widersprüchlich und auch in der Rechtsfolge uneinheitlich[272].

a) Mildernde Umstände bei Hexentötungen

Bis weit in die dreißiger Jahre hinein war das Begehen einer Hexentötung einer der sichersten Wege, zum Tode verurteilt zu werden[273]. Erst im Jahre 1938 wurde die Entscheidung eines Untergerichtes im Ostkap publiziert[274], in der sich das Gericht für eine Strafmilderung in Fällen von Hexentötungen aussprach. Der Richter *Landsdown* beklagte sich zunächst darüber, dass der Gesetzgeber die Gerichte bei der Auslegung des Begriffes „mildernde Umstände" allein gelassen habe und definierte dieselben als *„Tatsachen, die mit dem Verbrechen in Verbindung stehen, die nach Ansicht von „reasonable men" geeignet sind, die moralische, wenngleich auch nicht die rechtliche Schuld zu mindern"*[275]. Obgleich das Gericht offene Zweifel an der political correctness dieser Entscheidung geäußert hatte[276], wurden dem Hexenmörder *Biyana* mildernde Umstände zuerkannt. Die Floskel der *„moralisch, wenngleich auch nicht rechtlich geminderten Schuld"* wurde zum geflügelten Wort der Gerichtsentscheidungen bei Hexenmorden[277]; ebenso wurde das Element des „reasonable man" hinsichtlich der „moralischen Schuld" auch gegen Ende der Apartheid im Rahmen der Strafzumessungserwägungen noch zugunsten des Angeklagten verwendet[278].

---

272 Als besonders krasses Beispiel möge hier die Entscheidung S. v. Netshiava, 1990 (2) SACR 331 (A) dienen, wo das Gericht (zusammengefasst) argumentierte, dass der „reasonable man" nicht an Hexerei glaube, dass der subjektive Glaube daran aber ein mildernder Umstand sein könne, weil die persönliche Vorwerfbarkeit reduziert sei. Das Gericht verurteilte den Täter dann wegen Fahrlässigkeit.

273 Siehe zum Beispiel die deutlichen Worte des Chief Justice Innes in R. v. Radebe, 1915 AD 96.

274 R. v. Biyana, 1938 SA 310 (Kokstad Circuit Division (=ECD)).

275 R. v. Biyana, 1938 SA 310 (Kokstad Circuit Division (=ECD)), Seite 311.

276 R. v. Biyana, 1938 SA 310 (Kokstad Circuit Division (=ECD)), Seite 312.

277 Noch 1972 wurde diese Definition wörtlich zitiert und zur Entscheidungsgrundlage gemacht, vgl. S. v. Muchimbi and another, 1972 (2) P.H. H.83 (HCR).

278 S. v. McBride, 1988 (4) SA 10 (A), Seite 11 D. Nichtsdestoweniger war dieses Erfordernis schon kurz nach seiner Einführung unter Beschuss geraten; in R. v. Lloyd, 1941 CPD 162, Seite 162/163 hatte das Provinzgericht für die Kapregion trotz vehementen Protests der Verteidigung noch an diesem Kriterium festgehalten.

Zwei Jahre später schloss sich auch ein örtliches Gericht im Westkap der Meinung an, dass der Einfluss des Hexenglaubens bei Hexentötungen strafmildernd berücksichtigt werden könne[279]. Allerdings sei nur dann von mildernden Umständen auszugehen, wenn eine der klassischen Verteidigungseinreden zwar naheliege, aber dennoch (z.B. aufgrund der oben geschilderten rechtlichen Probleme) nicht eingreife[280]. Diese Tendenz wurde auch von anderen Gerichten übernommen[281] und stellte für einige Jahre das dogmatische Fundament für die Strafmilderung bei Hexentötungen dar: Weil die Standards der engen Verteidigungseinreden bei Hexentötungen in der Regel nicht griffen, sollten die Gerichte wenigstens die Möglichkeit bekommen, dies durch Strafzumessungserwägungen zu korrigieren.

Eine weitere wichtige Entscheidung in Sachen Strafzumessung bei Hexentötungen erging mit *R. v. Fundakubi*[282] im Jahre 1948. Nachdem es sich bei den zuvor genannten Urteilen um solche der Provinzgerichte gehandelt hatte, nahm der südafrikanische Appellationsgerichtshof in diesem Fall erstmals ausführlich Stellung zur Frage, ob und warum bei den Hexentötungen mildernde Umstände zugunsten des Täters angenommen werden dürften. Das Gericht bemerkte, dass das Strafrecht bisher mit seinem Bestreben, den Hexenglauben auszulöschen, nicht besonders weit gekommen sei, und dass milde Urteile eher geeignet seien, diesem Ziel zuwider zu laufen[283]. Ein hartes Urteil sei bei Hexentötungen zudem allein schon deshalb angemessen, weil der Tötungsakt selbst meist mit unnötiger Grausamkeit vor sich gehe. Ebenso müsse straferhöhend berücksichtigt werden, dass viele Hexentötungen im Verwandtschaftskreis stattfänden. Schließlich berge die Praxis milden Strafens aufgrund des Hexenglaubens stets die Gefahr in sich, dass der Täter eine entsprechende Motivation schlicht vortäusche, um in den Genuss einer Strafmilderung zu kommen.

Obwohl man nach dieser Argumentation eigentlich ein hartes Urteil gegen *Fundakubi* und seine Mittäter erwartete, blieb das Gericht mit einer Strafe von sieben Jahren Zuchthaus für den unmittelbaren Täter[284] deutlich unter dem Strafmaß der vorherigen Entscheidungen. In den vorweg beschriebenen Fällen hatten alle Gerichte mindestens eine fünfzehnjährige Gefängnisstrafe anstelle der sonst fälligen Todesstrafe verhängt.

Der eingeschlagene Kurs, den Grund für die Strafmilderung aus den angrenzenden Verteidigungseinreden zu ziehen, brachte nicht nur Vorteile mit sich. Zum Teil wurde auch parallel zu den Verteidigungseinreden argumentiert, dass der Täter bei einem

[279] R. v. Hugo, 1940 WCD 285.
[280] Im konkreten Fall ordneten die Richter das Vorbringen des Angeklagten der Verteidigungseinrede der Geisteskrankheit zu, vgl. R. v. Hugo, 1940 WCD 285, Seite 289.
[281] Siehe zum Beispiel R. v. Molehane, 1942 GWL 64.
[282] R. v. Fundakubi and others, 1948 (4) SA 810 (A).
[283] R. v. Fundakubi and others, 1948 (4) SA 810 (A), Seite 819.
[284] R. v. Fundakubi and others, 1948 (4) SA 810 (A), Seite 822

Hexenmord aus dem gleichen Grund, aus dem er die Privilegien einer Verteidigungseinrede nicht genossen hätte, auch keine Strafmilderung erwarten dürfe. Schon drei Monate nach *Fundakubi* fällte der Appellationsgerichtshof z.B. ein dahingehendes Urteil. In *R. v. Ncanana*[285] hatte der Angeklagte sieben Jahre zwischen der angeblichen Verhexung (die im Tode seines Vaters resultierte) und der Hexentötung verstreichen lassen. Analog zur Vorgehensweise bei der Provokationseinrede[286] begründete das Gericht seine Entscheidung gegen mildernde Umstände damit, dass das „Blut nach sieben Jahren nicht mehr koche", und dass eine „provokationsähnliche" Situation hier eben nicht vorläge und deshalb auch keine Strafmilderung in Betracht käme[287].

Die unteren Gerichte hatten insgesamt Schwierigkeiten, *Fundakubi* im Grundsatz anzuerkennen und aufgrund mildernder Umstände auf die Todesstrafe zu verzichten. Offensichtlich waren die Provinzgerichte sehr viel näher an der sozialen Realität orientiert und erkannten die soziale Brisanz und die politische Schlagkraft der von den Sangomas gesteuerten Hexenmorde. Getragen von der Vorstellung, den Hexenglauben mit den Mitteln des Strafrechts doch noch besiegen zu können, verurteilten die unteren Provinzgerichte in voller Kenntnis des Präzedenzfalles die Hexenmörder weiter zum Tode, nun allerdings unter Hervorhebung besonderer schwerwiegender Umstände, die die allgemeine Regel der Strafmilderung für Hexenmörder aus *Fundakubi* überlagern sollten. 1955 verurteilte zum Beispiel ein erstinstanzliches Gericht in Natal einen Mann zum Tode, der nach Angaben des Gerichtes in voller Übereinstimmung mit dem Zuluglauben gehandelt und eine Hexe getötet hatte, die ihn zuvor persönlich bedroht hatte. Der Appellationsgerichtshof konnte die Entscheidung schließlich deshalb nicht abändern, weil das Untergericht in Natal weitere strafschärfende Aspekte hervorgehoben hatte (drei Opfer, im Schlaf überrascht), die nach Ansicht des Eingangsgerichtes die Todesstrafe auch angesichts *Fundakubi* rechtfertigten[288]. Ähnlich urteilte noch 1959 ein Provinzgericht am östlichen Kap[289].

Von der in *Biyana* und *Fundakubi* aufgestellten Richtlinie (Strafmilderung nur in solchen Konstellationen, die einer Verteidigungseinrede nahestehen und bei konkretem Vorfall im Nahbereich des Täters) wich der Appellationsgerichtshof zugunsten der Hexenmörder erstmals 1965 ab. Vom Gericht in Pietersburg kam die Berufung im Fall *S. v. Dikgale*[290] an den Appellationsgerichtshof. Der Angeklagte hatte einen Mann umgebracht, von dem im Dorf gesagt worden war, dass er Blitze beeinflussen könne

[285] R. v. Ncanana 1948 (2) SA 399 (A)
[286] Siehe oben, Kapitel V 1. d) dd).
[287] R. v. Ncanana 1948 (2) SA 399 (A), Seite 407 unten
[288] R. v. Myeni, 1955 (4) SA 196 (A), Seiten 197ff
[289] R. v. Bungweni and another, 1959 (3) SA 142 (ECD). Dort hob das Gericht hervor (Seite 146), es sei zu berücksichtigen, dass es sich bei den Opfern um „Unschuldige" gehandelt habe, weshalb keine mildernden Umstände in Betracht kämen.
[290] S. v. Dikgale, 1965 (1) SA 209 (A).

und dadurch bereits Schaden angerichtet habe. Eine konkrete Bedrohungssituation lag nicht vor, auch kein Schadenseintritt im Umfeld des Angeklagten. Das Gericht in Pietersburg verurteilte (nachdem der Richter den Angeklagten breit und ausführlich das Entstehen von Blitzen aus der modernen naturwissenschaftlichen Sicht belehrt hatte) in konsequenter Befolgung der Richtlinien des Appellationsgerichtshofes[291] ohne mildernde Umstände zum Tode. Der Appellationsgerichtshof hob das Urteil jedoch auf; ab sofort standen mildernde Umstände nicht nur denjenigen Hexenmördern zu, die sich oder ihre Familie einer akuten Gefahr ausgesetzt sahen, sondern auch solchen, die töteten, um *„eine soziale Plage und Gefahr für die Gemeinschaft“*[292] abzuwenden.

Mit *Dikgale* kam der eigentliche Umbruch in der Rechtsprechung. Hatten sich die vorangehenden Urteile allesamt noch an dem Prinzip orientiert, dass die Strafmilderung aus der Nähe der Fallkonstellationen zu anerkannten Verteidigungseinreden abzuleiten sei, so bildete sich nach *Dikgale* eine eigene, von diesen Ursprüngen völlig losgelöste „Kultur der Strafmilderung“ bei Hexenmorden. In den folgenden Urteilen wurden *Fundakubi* und *Biyana* zwar immer noch häufig zitiert; von den dort niedergelegten dogmatischen Wurzeln hatte man sich aber deutlich entfernt.

In Rhodesien steuerten die Gerichte bei Hexenmorden derweil einen anderen Kurs und spalteten sich dadurch bald vom restlichen Südafrika ab. Der Rhodesische Appellationsgerichtshof fällte 1971 ein bemerkenswertes Urteil[293], in dem die Wirksamkeit des Strafrechts bei der Bekämpfung des Hexenglaubens und der damit zusammenhängenden Kriminalität erstmals scharf angezweifelt wurde.

> *„Das Recht erlaubt der Hexerei, ohne Furcht vor dem Strafrecht in weiten Teilen des menschlichen Lebens zu existieren; und Personen, die unter gefälliger Betrachtung durch das Recht, in den Hexenglauben verwickelt werden, sind kaum beeindruckt, wenn plötzlich und viel zu spät das Recht zur Türe hereintritt und sie dafür bestraft, dass sie ihren Glauben in eine logische Konsequenz umgesetzt haben. Jede Strafe, die unter diesen Umständen verhängt wird, wird eher als magisch bedingte Fortsetzung des Übels betrachtet denn als Strafe. Eine Gefängnisstrafe ist wohl kaum ein geeignetes Mittel, einen Angeklagten davon zu überzeugen, dass sein Glaube an Hexen närrisch ist oder ihn zu überzeugen, dass es falsch ist, den Sangoma aufzusuchen um Unglücken aufgrund Hexerei zu entkommen... .“*[294]

---

[291] Vgl. die wörtliche Wiedergabe des Urteiles in S. v. Dikgale, 1965 (1) SA 209 (A), Seite 213 D.
[292] S. v. Dikgale, 1965 (1) SA 209 (A) , Seite 214 C/D.
[293] S. v. Ndhlovu and another, 1971 (1) SA 27 (RAD).
[294] S. v. Ndhlovu and another, 1971 (1) SA 27 (RAD), Seite 30 H - 31 A

Mit dieser „verbrieften" Berücksichtigung strafrechtspolitischer Ziele wurde in Rhodesien eine neue, im nachhinein aber nur vorübergehende Politik gegenüber Hexenmördern eingeläutet: Weitestgehende Strafmilderungen. Die Erwägung, dass eine strafrechtliche Sanktion eher als „Verlängerung des Unglücks" verstanden und ein hartes Urteil noch der magischen Kraft der Hexe zugeschrieben werde, führte schließlich zum endgültigen Wegbrechen der rhodesischen Gerichte vom südafrikanischen Kurs. Schon wenig später[295] erkannten die rhodesischen Gerichte endgültig, dass eine sachgerechte strafrechtliche Bewertung von Hexenmorden nur mit der Erwägung zu erreichen war, dass die Straftaten aus einer verminderten Unrechtseinsicht herrührten, die ihrerseits auf dem weit verbreiteten Hexenglauben basierte. Die südafrikanische Phrase von „*moralisch, wenngleich auch nicht rechtlich verminderter Schuld*" aus der Entscheidung *Biyana* wurde in Rhodesien über Bord geworfen und durch das aus (europäischer Sicht dogmatisch festere) Fundament des „verminderten Unrechtsbewusstseins" ersetzt.

Das rhodesische Gericht traf damit den Nagel auf den Kopf. Der Maßstab einer „moralisch, wenngleich auch nicht rechtlich verminderten Schuld" dürfte kaum geeignet sein, die inneren Vorgänge des Täters bei einem Hexenmord hinreichend zu erfassen. Das erheblich vorteilhaftere und zutreffendere Kriterium des „verminderten Unrechtsbewusstseins" der rhodesischen Gerichte wurde jedoch von den südafrikanischen Gerichte nie aufgegriffen.

Mittlerweile war in Südafrika der oben bereits ausführlich geschilderte Fall *S. v. Mokonto*[296] entschieden worden. Der Anknüpfungspunkt für die strafmildernden Umstände hatte sich nach *Mokonto* in Südafrika nochmals geändert: Die südafrikanischen Gerichte gingen nun davon aus, dass der Grund für eine Privilegierung der Hexenmörder bei der Strafzumessung in der besonderen psychischen Situation des Verhexten liege: Eine Brücke zur Schuldminderung war geschlagen, aber noch nicht beschritten.

Die folgenden Entscheidungen übernahmen die bisher aufgeworfenen Argumente nur teilweise. Zwar festigte sich die Ansicht, dass die Strafmilderung bei Hexenmördern in der verminderten persönlichen Vorwerfbarkeit wurzele[297], jedoch wurde das Strafprivileg wieder eingeschränkt. Es dürfe, so ein Gericht, 25 Jahre nach *Fundakubi* und nach erheblicher Fortentwicklung des Landes, nicht der Eindruck entstehen, der Glaube an Hexerei sei ein pauschaler Freibrief für kriminelles Verhalten[298]. Ferner sei nur derjenige Täter von dem Privileg erfasst, der selbst Opfer von Hexerei zu sein glaubte und seine Tat gegen den vermeintlich verantwortlichen Übeltäter persönlich richte, nicht

[295] S. v. Muchimbi and another, 1972 (2) P.H. H.83 (RHC).
[296] S. v. Mokonto, 1971 (1) SA 319 (A)
[297] S. v. Nxele, 1973 (3) SA 753 (A)
[298] S. v. Nxele, 1973 (3) SA 753 (A), Seite 758 A

gegen dritte Personen der magischen Welt. Damit änderte sich zwar der Ton des Appellationsgerichtshofes in den Urteilen, die Strafen blieben aber recht milde. Ein gemeinschaftlich begangener Mordversuch mit schweren Körperverletzungen an zwei angeblichen Hexen wurde etwa mit fünf Jahren Gefängnis bestraft[299], was im Südafrika der siebziger Jahre eine geradezu revolutionär niedrige Strafe dargestellt haben dürfte.

Als in Rhodesien der Bürgerkrieg ausbrach, zollten die Gerichte in der bereits untergehenden britischen Kolonie dem oben genannten großen Einfluss der Sangomas auf die Führung der paramilitärischen Einheiten im Bürgerkrieg auf der Seite von Robert Mugabe[300] Tribut. Der High Court in Salisbury (einer der Gerichtshöfe, die sich im Bereich der kosmologiebezogenen Straftaten in Südrhodesien stets als besonders progressiv hervorgetan hatten) verhängte für Hexenmorde wieder härtere Strafen, die als langjährige Gefängnisstrafen, stets verbunden mit „harter Zwangsarbeit“, faktisch nicht weit von der Todesstrafe entfernt waren. Zur Begründung hieß es: „ *Im Laufe der Zeit wird die Pflicht der Gerichte, primitive Vorstellungen, wie an die Existenz von Hexerei, weniger zu beachten, immer stärker und die Erfüllung dieser Pflicht kann am besten dadurch erreicht werden, dass man den Angeklagten, die durch solche Faktoren motiviert werden, weniger Sympathie zukommen lässt.*“[301]. Ohne ein einziges Wort zu den Grundlagen der Strafzumessung zu verlieren, berücksichtigte das rhodesische Gericht - so muss unterstellt werden - nur rechtspolitische und machtpolitische Faktoren.

In Südafrika hielten die Gerichte weiter an der Grundlage aus *Mokonto* fest: Eine geringere persönliche Vorwerfbarkeit sei der Grund für die Strafmilderung bei Hexenmördern[302].

Nach langen Jahren der Privilegierung bei der Strafzumessung wurde 1980 ein Todesurteil für einen Hexenmord verhängt und vom Appellationsgerichtshof bestätigt[303]. In diesem einen Fall waren die Voraussetzungen einer persönlichen Betroffenheit nicht gegeben; der Täter hatte gegen Bezahlung für eine Nachbarin eine angebliche Hexe getötet, nachdem er selbst von anderer Seite her böswillig verhext worden zu sein behauptet hatte. Das Gericht führte aus, dass keine persönliche Zwangslage oder unmittelbare eigene Angst vorgelegen habe und lehnte die Berücksichtigung von mildernden Umständen ab[304]. Fatalerweise zitierte der Appellationsgerichtshof die

---

[299] S. v. Nxele, 1973 (3) SA 753 (A), Seite 758 G
[300] Siehe oben, Kapitel II 4. c).
[301] S. v. Franshishiko & others, 1977 (2) P.H. H.170, Seite 179 (RHC, Salisbury).
[302] S. v. Mohlahla, 1978 (2) P.H. H.126, Seite 177
[303] S. v. Ngubane, 1980 (2) SA 741 (A)
[304] S. v. Ngubane, 1980 (2) SA 741 (A9, Seite 745 G / H.

Entscheidung *Dikgale* als präjudizielle Grundlage; bei genauerem Hinsehen geschah dies völlig zu Unrecht. Wie oben[305] dargestellt, hatte der Appellationsgerichtshof in *Dikgale* gerade auf das Erfordernis des persönlichen Bezuges verzichtet und eine Tötungshandlung im Willen, „...*eine soziale Plage und Gefahr für die Gemeinschaft*" abzuwehren, für privilegierungswürdig erachtet[306] . Das, was die Appellationsrichter zitierten, stammte aus der Entscheidung des Instanzgerichtes[307], dessen Urteil durch den Appellationsgerichtshof aber gerade aufgehoben worden war. Die Wertung der Entscheidung *Dikgale* wankte; es war wieder unklar geworden, ob ein Täter aus persönlicher Betroffenheit gehandelt haben musste, um Strafmilderungen für sich in Anspruch nehmen zu können, oder ob ihn ein Handeln gegen eine „*soziale Plage und Gefahr für die Gemeinschaft*" ohne konkrete Bedrohung vor der Todesstrafe bewahren konnte.

Wenngleich eine ganze Reihe von Präzedenzfällen zur Verfügung stand, waren die Entscheidungen der südafrikanischen Gerichte nun also wieder inkonstanter geworden. Zeichneten sich zu Zeiten von *Fundakubi* wenigstens grobe Linien bei der Strafzumessung für Hexenmörder ab, so waren diese Linien bis 1980 weitestgehend wieder verwaschen. Die Unzufriedenheit des Gerichts über die fehlende Beständigkeit im Bereich der Strafzumessungsregeln führte dazu, dass der Appellationsgerichtshof 1984 in einem Fall in bezug auf die Strafmilderungen bei jugendlichen Tätern ein Urteil erließ, von dem man sich Richtlinien für den Umgang mit „mildernden Umständen" erwartet hatte. Das Gericht stellte eine gegenüber dem Ausgangsfall *R. v. Biyana* erweiterte Definition für „mildernde Umstände" in den Raum[308]. Demnach seien mildernde Umstände solche Tatsachen, die entweder a) jede für sich einen Einfluss auf den Geisteszustand des Täters haben, oder b) dass mehrere Umstände in der Gesamtschau einen negativen Einfluss auf den Geisteszustand des Täters haben oder c) solche Umstände, welche die moralische, wenngleich auch nicht die rechtliche Schuld des Täters zu mindern geeignet seien[309]. Nur wenige Tage nach Erlaß dieses Grundsatzurteiles erging die nächste Entscheidung in Sachen Hexenmord. Wer allerdings darauf gehofft hatte, durch das neue Grundsatzurteil sei endlich mehr Konstanz auch bei der Beurteilung kosmologiebezogener Straftaten zu erwarten, sah sich enttäuscht: „ *Der strafmildernde Effekt eines solchen Glaubens kann nicht präzise formuliert werden*"[310] hieß es kurz im Urteil. Der Appellationsgerichtshof zitierte zwar einen Blumenstrauß von Entscheidungen, in denen Hexenmördern mildernde Umstände anerkannt worden waren, verlor aber kein Wort über den eigentlichen Anlass, aufgrund

[305] Siehe oben, Kapitel V 3.a).
[306] S. v. Dikgale, 1965 (1) SA 209 (A), Seite 214 C / D.
[307] Urteil des Noordelike Rondgaande Plaslike Afdeling (Theron, J.) , zitiert in S. v. Dikgale, 1965 (1) SA 109 (A), Seite 213.
[308] Vgl. zum Grundsatzurteil Biyana oben, Kapitel V 3.a).
[309] S. v. Ngoma, 1984 (3) SA 666 (A).
[310] S. v. Masemene, 1984 (2) P.H. H.114 (A), Seite 191.

dessen hier eine Strafmilderung in Betracht käme. Mit diesem Urteil verfestigte sich die bereits anklingende Tendenz bei den Hexenmordprozessen: Hatte man früher wenigstens versucht, die privilegierungswürdigen Anknüpfungstatsachen freizulegen, so gab man sich fortan lediglich mit den Zitaten vorangegangener Entscheidungen zufrieden. Es entwickelte sich zusehends eine vorbehaltlosen „Kultur der präjudiziellen Anerkennung"; in Fällen des Hexenmordes verwiesen die Gerichte nur noch darauf, dass der Glaube an Hexen stets als strafmildernder Umstand anerkannt worden sei.

Nachdem der Appellationsgerichtshof im Jahre 1984 mit einem Fall[311] beschäftigt war, in dem der Täter nicht konkret nachweisen konnte, dass seine Tat durch den Hexenglauben motiviert war, trat auf dem Gebiet der kosmologiebezogenen Straftaten eine lange Zeit des Schweigens ein. Die Obergerichte befassten sich angesichts der gespannten politischen Großwetterlage nicht mehr mit Fällen der Hexentötung.

Die nächste publizierte Entscheidung wurde im August 1990 vom Transvaal'schen Provinzgericht erlassen und stand schon unter dem Eindruck der aufrührerischen Geschehnisse in den nördlichen Landesteilen[312]. In *S. v. Mojapelo* [313]hatte eine junge Frau eine angebliche Hexe erschlagen, die sie und ihr Kind magisch bedroht hatte. Die Tat fand unmittelbar nach einem Blitzschlag statt, bei dem das Haus der Angeklagten getroffen worden war. In der Entscheidung erkannte das Gericht erstmals eine bestehende banturechtliche Tradition zum Thema Hexentötungen an. Der Richter *Hartzenberg* bemerkte sogar, dass er sich nicht sicher sei, ob straferschwerend zu berücksichtigen sei, dass die Angeklagte nicht die banturechtlich vorgeschriebenen Prozeduren befolgt habe[314]. Er verurteilte die Täterin dann allerdings zu einer Strafe, die so niedrig war wie bei keinem Hexenmord zuvor: Für einen Mord bekam die Angeklagte eine Gefängnisstrafe von drei Jahren, von denen 18 Monate noch zur Bewährung ausgesetzt wurden. Dadurch war eine völlig neue Qualität der Strafmilderungen erreicht; liefen die vorangegangenen Urteile im wesentlichen darauf hinaus, die unangemessen harte Todesstrafe durch eine mittel- bis langzeitige Gefängnisstrafe zu ersetzen, so war *Mojapelo* verglichen dazu fast schon ein Freispruch. Das außerordentlich niedrige Strafmaß ist nicht zuletzt dadurch zu erklären, dass das Transvaal'sche Provinzgericht zu einer Zeit entschied, als bereits die großen Massenhexenjagden in den nördlichen Homelands in vollem Gange waren. Angesichts der Brutalität der dortigen Hexenmorde ist es nachvollziehbar, dass das Transvaal'sche Provinzgericht unter den genannten persönlichen Umständen bei der Angeklagten *Mojapelo* zu einem solch niedrigen Strafmaß griff.

---

[311] S. v. Ganadi N., 1984 (2) P.H. H.277 (A).
[312] Siehe hierzu oben, Kapitel II 4. c).
[313] S. v. Mojapelo, 1991 (1) SACR 257 (T).
[314] Siehe zu den Implikationen des Banturechts oben, Kapitel III 4.b); S. v. Mojapelo, 1991 (1) SACR 257 (T), Seite 259 i.

b) Der Einfluss der Vorfälle in Venda auf das Strafmaß bei Hexentötungen

In den (sich 1989 und 1990 häufenden) Massen-Hexenjagden hingegen sprach das Transvaal'sche Provinzgericht eine andere Sprache: Zwei Männer, die eine korrekte banturechtliche Ausschnüffelungsprozedur durchgeführt und die daraufhin ausgesuchte Hexe getötet hatten, wurden vom Provinzgericht in der Entscheidung *Motsepa* zum Tode verurteilt[315]. Der Appellationsgerichtshof änderte das Urteil zwar auf eine Gefängnisstrafe von 22 Jahren ab, jedoch war der schärfere Ton der Gerichte im Vergleich zu den vorherigen Urteilen deutlich spürbar. Bemerkenswert war vor allem, dass der Appellationsgerichtshof die Tatsache strafschärfend wertete, dass keiner der Angeklagten unmittelbar von einer magischen Bedrohung oder Schädigung betroffen war. Gegenüber den früheren Urteilen, die strafmildernd berücksichtigt hatten, wenn der Täter selbst durch magische Drohungen betroffen war, stellte dies einen bemerkenswerten Wechsel der Perspektive dar.

Bei den Massenhexenjagden kamen im Unterschied zu den Individualhexentötungen aber noch weitere Faktoren hinzu, die sich ebenso auf die Strafzumessung auswirkten. Die Verteidigung in *Motsepa* versuchte, einen Zusammenhang zwischen der Massenhexenjagd und einem Fall der schweren Massenschlägerei herzustellen. Drei Jahre vor *Motsepa* hatte das Transvaal'sche Provinzgericht nämlich den Faktor des „Individualitätsverlustes" bei einer Massenaufruhr als strafmildernden Umstand berücksichtigt[316]. Bei diesem handelt es sich um ein psychologisches Phänomen. Der Täter verliert unter gewissen Umständen in einer Menschenmasse seine Selbstwahrnehmung und fokussiert die gesamte Wahrnehmung auf sein Umfeld, aus dem er dann seine tatmotivierenden Stimuli bezieht. Folglich ist dadurch die Fähigkeit des Täters, die Konsequenzen seines Handelns vorherzusehen sowie rationale und moralisch zutreffende Entscheidungen zu treffen, zumindest beeinträchtigt[317]. Zwar prüfte das Gericht dieses Phänomen auch in Motsepa, hielt einen hinreichenden Grad der psychischen Disbalance aber noch nicht für gegeben.

Im Gegensatz zum Kurs der Gerichte im Transvaal urteilte dann das Provinzgericht für das Nordkap. Der Fall war - verglichen mit den politisch motivierten Massenhexenjagden im Norden des Landes- völlig anders gelagert: Im Fall *Mathoka*[318] waren sieben Buschmänner des Mordes angeklagt. Die Situation war die eines „klassischen" Individualhexenmordes, brisanterweise allerdings innerhalb des Militärs. Aufgrund der Tatsache, dass der Sachverständige *Vorster* zugegen war und die anthropologischen Hintergründe der Tat erläuterte, konnte das Gericht diese hinreichend würdigen. Die

---

[315] S. v. Motsepa en 'n ander, 1991 (2) SASV 462 (A)
[316] S. v. Thabetha and others, 1988 (4) SA 272 (TPD)
[317] Vgl. das Sachverständigenurteil des Prof. Tyson in S. v. Thabetha and others, 1988 (4) SA 272 (TPD), Seiten 279ff.
[318] S. v. Mathoka and others, 1992 (2) SASV 443 (NCPA)

Angeklagten wurden daraufhin zu je 360 Stunden gemeinnütziger Arbeit verurteilt, die sie in ihrer Militäreinheit ableisten konnten. Das wesentliche Argument des Gerichtes für eine derart milde Strafe war, dass die Täter im Interesse der Gemeinschaft zu handeln geglaubt hatten[319].

Am Beispiel der Fälle *Motsepa* und *Mathoka* wird klar, wie unterschiedlich die Gerichte innerhalb Südafrikas die Geschehnisse bewerteten. Während das Gericht im Transvaal es als schulderschwerend angesehen hatte, dass die Angeklagten „nur“ im Sinne der Gemeinschaft gehandelt hatten (ohne selbst bedroht zu sein), war gerade dieser Aspekt der Hauptgrund dafür , dass das Gericht im Nordkap die außergewöhnlich niedrige Strafe von 360 Stunden gemeinnütziger Arbeit verhängte. Bei der Beurteilung der Geschehnisse dürfen jedoch - wie bereits angedeutet - die politischen Hintergründe nicht aus den Augen gelassen werden. Im Transvaal und in Natal (den wesentlichen Unruheprovinzen) waren die Massen-Hexenjagden in der Regel politisch motiviert[320], wohingegen am Nordkap einfache Buschmänner ihre unmittelbarsten Schutzbedürfnisse befriedigten. Man muss deshalb davon ausgehen, dass die Obergerichte in den nördlichen Provinzen und in Natal die politischen Umstände bereits als strafschärfend berücksichtigten.

Der Einfluss der Vorfälle in den nördlichen Homelands führte also zum einen zu einer Rückbesinnung auf alte Privilegien: Im Rahmen von Indvidualhexenmorden seien die traditionellen Gebräuche strafmildernd zu berücksichtigen; in Fällen politisch motivierter Hexenjagden zeichnete sich allerdings eine immer härtere Gangart der südafrikanischen Gerichte ab. Ein Gericht, welches ein Urteil im Zusammenhang mit einer Massen-Hexenjagd fällen musste, die durch die „Comrades“[321] in Port Shepstone / Natal initiiert worden war, war wohl deshalb weit weniger nachsichtig. Obgleich das Gericht das Vorhandensein von mildernden Umständen attestierte, wurde der Angeklagte zum Tode verurteilt[322].

Die Fälle aus den Massenunruhen in Venda erreichten den Appellationsgerichtshof im Jahre 1992. Im ersten Fall, *S. v. Thonga* [323], ließ die Staatsanwaltschaft die Anklage wegen Mordes aber noch aufgrund von Beweisschwierigkeiten fallen. Der Angeklagte wurde nur wegen schweren Landfriedensbruches verurteilt und erhielt neben einer Geldstrafe von R 200.- eine Gefängnisstrafe von sechs Jahren, die allerdings zur Bewährung ausgesetzt wurde.

---

[319] S. v. Mathoka and others, 1992 (2) SASV 443 (NCPA), Seite 450
[320] Siehe oben, Kapitel II 4. c).
[321] ANC - Jugendorganisation
[322] S. v. Mafu, , 1992 (2) SACR 494 (A)
[323] S. v. Thonga, 1993 (1) SACR 365 (VSC)

Der erste klare Mordfall im Rahmen der Unruhen in Venda kam 1993 vom Venda Supreme Court an den Appellationsgerichtshof[324]. Der Venda Supreme Court hatte drei junge Männer, die bei einer Massen - Hexenjagd eine angebliche Hexe getötet hatten, zum Tode verurteilt. Auf das Rechtsmittel hin wurde die Todesstrafe zumindest bei zwei der Angeklagten in eine lebenslange Freiheitsstrafe umgewandelt. Zur Begründung der Strafmilderung erwog der Appellationsgerichtshof die folgenden Argumente[325]: a) Identitätsverlust und Desensibilisierung der Täter, b) eine gewisse „Ortsüblichkeit“ derartiger Vorkommnisse in Venda und c) die politische Motivation der Tat. Verglichen mit den bisherigen Strafmilderungsgründen bei Hexentötungen[326] handelte es sich hierbei überwiegend um neue Erwägungen im Bereich der kosmologiebezogenen Straftaten, die aber durch die Geschehnisse in Venda bedingt waren.

Der Aspekt der Desensibilisierung war erst seit kurzem in der Rechtsprechung des südafrikanischen Appellationsgerichtshofes präsent[327]. Dieser Strafmilderungsgrund trägt der niedrigeren Hemmschwelle zur Gewaltanwendung Rechnung, wenn die Gewalt entweder aus einem wütenden Mob heraus angewendet wird, oder wenn sich der Täter über längere Zeit einem gewaltbereiten Umfeld ausgesetzt sah. Insbesondere bei Verurteilungen im Zusammenhang mit Aufständen in den Townships waren diese Strafmilderungsgründe vereinzelt zu Gunsten des Täters angewendet worden[328]. Nun sollten diese Aspekte auf die Vorkommnisse im ersten Fall einer Massen-Hexenjagd übertragen werden. Das Gericht führte zwar zunächst aus, dass Motivationen aus dem Bereich der „Mob-Psychologie“[329] sich auf die „moralische Schuld“ der Täter auswirken könnten. Im Ergebnis maß das Gericht jedoch beiden Aspekten, Desensibilisierung und Identitätsverlust, bei den Massen-Hexenjagden jedoch keine strafmildernde Bedeutung zu. Die beiden anderen Argumente (Politische Motivation und „Ortsüblichkeit“ der Hexenjagden) wurden vom Gericht allerdings anerkannt; bei zwei der drei Angeklagten führten diese Argumente schließlich zur Strafmilderung. Das Gericht stellte sich hier auf den Standpunkt, dass eine politische oder revolutionäre Motivation weniger verachtenswert sei als andere Motive, wie zum Beispiel Habgier oder Verdeckungsabsicht[330].

[324] S. v. Matala and others, 1993 (1) SACR 531 (A)
[325] S. v. Matala and others, 1993 (1) SACR 531 (A), ab Seite 537 d
[326] Siehe oben, Kapitel V 3. a).
[327] S. v. Matshili and others, 1991 (3) SA 264 (A), Seite 270 I - 271 G.
[328] Vgl. z. B. S. v. Ncaphayi en andere, 1990 (1) SACR 472 (A), wo auch die sozialen Spannungen, verbunden mit dem hier ebenfalls vorliegenden Aspekt der Jugend der Täter berücksichtigt wurden, oder auch S. v. Ramba, 1990 (2) SACR 334 (A) oder S. v. Mhanyile and others, 1991 (1) SACR 562 (A).
[329] S. v. Matshili, 1991 (3) SA 264 (A), Seite 270 I
[330] S. v. Matala and others, 1993 (1) SACR 531 (A), Seite 538 i/j, verweisend auf die o.g. Entscheidung S. v. Ncaphayi en andere, 1990 (1) SACR 472 (A), wo der „unrest factor“ ebenso wie das Alter der jugendlichen Täter ein schwerwiegender Strafmilderungsgrund war.

Schon dieses erste Urteil aus den Unruhezeiten in Venda verdeutlicht, dass die südafrikanischen Gerichte die konzeptionellen Unterschiede zwischen den individuellen Hexentötungen und den Massenhexenjagden in Venda während und kurz nach der Umbruchsphase des Landes erkannten. Hatten sich die Strafzumessungserwägungen bis dato um die Frage gedreht, ob eine „persönliche Betroffenheit" oder lediglich ein „Handeln im Interesse der Gemeinschaft" als Strafmilderungsgrund ausreiche, wurden die Strafmilderungsaspekte in *S. v. Matala* auf völlig andere Erwägungen gestützt.

Ein weiteres Novum bei der Strafzumessung in Fällen der Hexenjagden war, dass die Gerichte eingehend die Frage der Abschreckung erwogen. Im Fall *S. v. Lukhwa*[331] waren die Hexenjäger wegen der Tötung von neun angeblichen Hexen in Tateinheit mit Brandstiftung in zehn Fällen angeklagt. Der Venda Supreme Court hatte alle Angeklagten mit der Begründung zum Tode verurteilt, die Generalprävention erfordere dies. Schon unter dem Eindruck, dass der Todesstrafe vehemente verfassungsrechtliche Bedenken begegneten[332], suchte der Appellationsgerichtshof ein Argument, die Todesstrafe umgehen zu können. Schließlich befand der Appellationsgerichtshof, dass Hexentötungen ein „vorübergehendes Phänomen" und „seitdem nicht mehr aufgetreten" seien[333]. Nicht nur die Erkenntnisse der Untersuchungskommission für die Nordprovinz, sondern auch spätere Urteile zeigten aber genau das Gegenteil auf: Hexentötungen waren Mitte der neunziger Jahre deutlich auf dem Vormarsch und gewiss kein „vorübergehendes Phänomen".

Schon in der nächsten Entscheidung zu den Hexenjagden vertraten die Richter des Appellationsgerichtshofes dann auch wieder den entgegengesetzten Standpunkt: Die grauenhaften Verbrechen seien die Konsequenz eines immer noch weit verbreiteten Glaubens[334]. Obwohl das Gericht anerkannte, dass man je nach Intensität des Hexenglaubens auch vom Vorhandensein mildernder Umstände ausgehen könne[335], hob es die Aufgabe der Justiz hervor, der Bevölkerung zu zeigen, dass ein solches Verhalten in einer modernen Gesellschaft nicht toleriert werden könne[336]. Wie auch in den folgenden Entscheidungen[337] zu den Vorkommnissen in den ehemaligen nördlichen Homelands wurden wieder harte Gefängnisstrafen bei Hexenmorden verhängt und mit einer angeblichen Abschreckungswirkung begründet.

---

[331] S. v. Lukhwa en 'n ander, 1994 (1) SASV 53 (A).

[332] Dies resultierte schließlich in der Abschaffung der Todesstrafe durch das Verfassungsgericht in der Entscheidung Makwanyane, 1995 (3) SA 391 (CC) (=1995 (2) SASV 1 (KH)).

[333] S. v. Lukhwa en 'n ander, 1994 (1) SASV 53 (A), Seite60 g-i

[334] S. v. Phokela A. and another, 1995 (1) PH h.22 (A) auf S. 69

[335] S. v. Phokela A. and another, 1995 (1) PH h.22 (A) auf S. 68, irrigerweise bezugnehmend auf S. v. Lukhwa en 'n ander, 1994 (1) SASV 53 (A), auf S.57 f-j

[336] S. v. Phokela A. and another, 1995 (1) PH h.22 (A) auf S. 69

[337] zum Beispiel S. v. Magoro and others, 1996 (2) SACR 359 (A)

Nachdem die Prozesslawine aus Venda abgetragen und die Angeklagten bei Massenhexenjagden (in Abweichung von der bisherigen Rechtsprechung) wieder zu harten Gefängnisstrafen verurteilt worden waren, kam in der letzten bisher publizierten Entscheidung wieder ein Fall einer individuellen Hexentötung vor ein oberstes Provinzgericht[338]. Bedauerlicherweise folgte das Gericht aber nicht der milden Rechtsprechung der Obergerichte zu den Individualhexenmorden, sondern den politisch motivierten Entscheidungen aus der Zeit der Unruhen in Venda. Außerdem führte das Gericht aus, dass das moderne Umfeld den Täter zwinge, seinen Glauben zu unterdrücken[339]. Das Provinzgericht verurteilte den Täter schließlich zu einer empfindlichen Gefängnisstrafe, die nach den Worten des Gerichts geeignet sei, „eine Nachricht der Abschreckung an eine nicht mehr primitive Gesellschaft" zu übermitteln. Auch nachdem sich das „neue Südafrika" durch die Verfassung den Grundsätzen des Pluralismus verpflichtet hat[340], ist also mit keiner angemessenen Strafmilderung bei Hexentötungen zu rechnen.

Insgesamt lässt sich die Rechtsprechung zur Strafzumessung bei Hexentötungen also wie folgt zusammenfassen:

Bis weit ins 20. Jahrhundert hinein erfuhren die Hexenmörder keinerlei Privilegierung und wurden mit dem Tode bestraft. Erst seit *Biyana* im Jahre 1938, bekräftigt zehn Jahre später vom Appellationsgerichtshof in *Fundakubi*, gingen die Gerichte von einer Strafmilderung bei Individualhexentötungen aus. Die Strafmilderungen stützten sich entweder auf „provokationsähnliche" oder „notwehrähnliche" Ausgangssituationen, nur teilweise wurde anerkannt, dass schon ein Handeln „im Interesse der Gemeinschaft" sich strafmildernd auswirke. Die Strafen fielen bis in die siebziger Jahre hinein und waren üblicherweise im Bereich der mittleren Gefängnisstrafen (etwa 7-12 Jahre Gefängnis) angesiedelt. Während der siebziger Jahre, beginnend mit den Fällen *Ndhlovu*, *Muchimbi* und *Alimoni* hoben die Gerichte in Rhodesien dann die Strafen wieder an; *Franshishiko and others* war schließlich der Schlusspunkt in dieser Entwicklung: In den rhodesischen Gerichten war angesichts der politisch gespannten Lage die Meinung laut geworden, dass man solch „primitiven Irrglauben"[341] nicht länger tolerieren dürfe. In Südafrika blieb man allerdings trotz verschärftem Ton in den Begründungen bei der Politik der mittleren Sanktion.

Während der Vorfälle in den nördlichen Homelands traten die althergebrachten Überlegungen zur kosmologischen Konfliktlage der Täter allerdings wieder in den Hintergrund; Fragen der „Mob-Psychologie", der politischen Motive und der Ab-

---

338 S. v. Phama, 1997 (1) SACR 485 (ECD)
339 S. v. Phama, 1997 (1) SACR 485 (ECD), Seite 488 b
340 Vgl. die Präambel der Südafrikanischen Verfassung von 1996.
341 R. v. Franshishiko and others, 1977 (2) P.H. H.170 (HCR)

schreckungsmaxime traten an die Stelle der Anerkennung traditionellen Denkens. Mit der Berücksichtigung politischer Ziele wurde auch das Strafmaß wieder verschärft; wenngleich die Todesstrafe aufgrund der teilweise vehementen Strafmilderungen die Ausnahme blieb, so griff der Staat bei den Massenhexenjagden in Venda viel härter durch als zuvor.

Nach Abklingen der Unruhen stellt sich heute ein gespaltenes Bild dar. Während das Provinzgericht für das Ostkap klare Worte an die „nicht mehr primitive Gesellschaft" richtete und den harten Kurs der Obergerichte aus Venda beibehielt, häufen sich die Nachrichten, dass die Untergerichte in der besonders betroffenen Nordprovinz bei Massenhexenjagden sich heute an einen ungeschriebenen „Tarif" von einer Geldstrafe in Höhe von R 200.- pro Person und Opfer halten[342].

c) Die Strafzumessung bei Muti-Morden: Das Argument des „persönlichen Gewinns"

Völlig anders stellte sich die Strafzumessung bei den Muti-Morden dar. Die südafrikanischen Gerichte verurteilten die Täter fast immer zum Tode. Im Königreich Lesotho war die Todesstrafe von 1949 an bei nachgewiesenen Muti-Morden sogar faktisch unumgehbar[343].

Nachdem Muti-Morde lange Zeit als solche unentdeckt geblieben waren, die Gerichte stets von besonders bestialischen, primitiven Tötungen ausgingen und die Angeklagten deshalb zum Tode verurteilten begann sich erst im Jahre 1975 eine besondere Rechtsprechung herauszukristallisieren, die zumindest der Eigenart der Tat und der Motivation des Täters Rechnung zu tragen versuchte. Der Impuls hierfür ging vom Rhodesischen Appellationsgerichtshof aus. Im Jahre 1975 entschied man hier den Fall *S. v. Sibanda*[344], in dem ein Mann seine Großmutter getötet hatte, um Muti herzustellen, welches ihm beim Glücksspiel behilflich sein sollte. In diesem Fall machte es sich der rhodesische Appellationsgerichtshof allerdings sehr einfach: In der Begründung heißt es lapidar, dass hier nicht die typische Situation vorliege, in der ein Mensch von böswilliger Hexerei bedroht werde, sondern das Motiv schlicht Habgier sei. Das Privileg der Strafmilderung komme nur denjenigen Tätern zugute, bei denen das alleinige Motiv der Tötung das Überleben angesichts böswilliger Verhexung sei. Unter

342 Behrens, Südddeutsche Zeitung v. 1.7.1999, „Aberglaube bricht Gesetzeskraft". 200 südafrikanische Rand entsprechen etwa DM 60.- (Oktober 1999) und sind etwa ein Drittel des üblichen Monatsgehaltes eines Farmarbeiters.

343 Die Entscheidung R. v. Bereng, Gabashane and 11 others, Lesotho High Court 19/1948 präkludierte insofern die Berücksichtigung jeglicher mildernden Umstände. Für weitere Nachweise über die Rechtslage in der autonomen Bergenklave Lesotho siehe Mabiriizi, 4 Zimbabwe Law Review 43 (1986).

344 S. v. Sibanda, 1975 (1) SA 966 (RAD)

Berücksichtigung des Fernzieles des Angeklagten fällte das rhodesische Gericht dann ein einstimmiges Todesurteil[345].

Die Entscheidung *S. v. Sibanda* wurde fünf Jahre später vom südafrikanischen Appellationsgerichtshof übernommen. Im Fall *S. v. Modisadife*[346] hatte der Täter ein Kind umgebracht, um aus den Leichenteilen Muti zum Schutz gegen böswilligen Blitzschlag herzustellen, der ihm von seiten einer angeblichen Hexe angedroht worden war. Verglichen mit den klaren Fakten des rhodesischen Urteils hatte der südafrikanische Appellationsgerichtshof also einen Sachverhalt zu entscheiden, der sehr viel näher an einem Moment der persönlichen Bedrohung durch böswillige Magie lag, als dies bei *Sibanda* der Fall gewesen war. Das südafrikanische Gericht argumentierte hingegen, dass Taten , die unter dem Eindruck einer magischen Bedrohung begangen würden, allgemein weniger schwer zu bestrafen seien als die „üblichen“ Tötungsdelikte. Dieser Fall sei im Hinblick auf die Hexentötungen aber anders gelagert; hier gehe die Bedrohung nicht von der getöteten Person aus, sondern von einem Dritten. Der Angeklagte könne sich deshalb nicht auf mildernde Umstände berufen, weil er noch dazu ein Kind getötet habe. Des weiteren spräche gegen eine Strafmilderung, dass keine konkrete, sondern nur eine abstrakte Gefahr aus der Nachbarschaft gedroht habe, der sich der Täter schon durch Flucht hätte entziehen können. - Bei der Frage der Todesstrafe dürfte zudem die Grundeinstellung des Gerichtes gegenüber der traditionell - afrikanischen Weltanschauung eine wichtige Rolle gespielt haben. Das Gericht gab dem Angeklagten die Bemerkung mit auf den Weg, dass *„in den Zeiten, in denen wir jetzt leben, der Glaube an Hexerei eine solche Tat nicht weniger vorwerfbar erscheinen“*[347] lasse. Auch in den Folgefällen[348], von denen sich allerdings wiederum einer im Bereich des „gewinnbringenden“ Muti abspielte, wurde der Kurs des südafrikanischen Appellationsgerichtshofes uneingeschränkt beibehalten und die Angeklagten wurden zum Tode verurteilt.

Wie stark der Einfluss anthropologischer Expertise in den Fällen der Hexentötungen sein kann, hat bereits der Fall der Buschmänner gezeigt, die wegen eines Individualhexenmordes zu 360 Stunden gemeinnütziger Arbeit verurteilt worden waren, nachdem Prof. Vorster dem Gericht die Übereinstimmung des Tatbildes mit den kosmologischen Vorstellungen der Buschmänner erläutert hatte[349]. Im Fall *S. v. Malaza*[350], der vom obersten Provinzgericht für den Oranje-Freistaat zum Appellationsgerichtshof kam, war ebenso eine ausführliche anthropologische Expertise angefertigt worden. Der

---

[345] S. v. Sibanda, 1975 (1) SA 966 (RAD), Seite 967 E-H
[346] S. v. Modisadife, 1980 (3) SA 860 (A)
[347] S. v. Modisadife, 1980 (3) SA 860 (A), Seite 863 D
[348] S. v. Mavhungu, 1981 (1) SA 56 (A); S. v. Makhwanya, 1984 (1) P.H. H.89 (A)
[349] Siehe oben, Kapitel V 3. a).
[350] S. v. Malaza, 1990 (1) SACR 357 (A)

Sachverständige hatte nach der Darlegung der Fakten (der Angeklagte hatte bei sich einen erheblichen Verlust von Lebenskraft bemerkt, und fürchtete, bald zu sterben und nicht mehr für seine kranke Mutter sorgen zu können) bekräftigt, dass der Muti-Mord in Übereinstimmung mit den Traditionen[351] ausgeführt worden sei. In diesem Fall, in dem man besonderes Verständnis aufgrund der Sachkunde des Gerichtes hätte erwarten können, verglich der Appellationsgerichtshof die Geschehnisse aber nicht mit anderen Muti-Morden, sondern nur mit den üblichen Strafmilderungsaspekten, wie sie bei den Hexentötungen herangezogen wurden. Das Gericht führte schließlich aus, dass im Vergleich zu den Individualhexenmorden keine reduzierte persönliche Vorwerfbarkeit vorliege und verurteilte den Angeklagten zum Tode[352].

Im letzten Fall eines Muti-Mordes, der bisher vor den Appellationsgerichtshof kam, *S. v. Munyai and others*[353], wurde der harte Kurs der südafrikanischen Gerichte bestätigt. Ein Mann hatte ein zweieinhalb Jahre altes Kind getötet, um Muti zu gewinnen, mit dessen Hilfe er sein Geschäft in Ordnung bringen wollte. Lediglich sein Alter (der Hauptangeklagte war achtzig Jahre alt) rettete ihn vor der Todesstrafe. Anderenfalls, so betonte der Appellationsgerichtshof, wäre dies ein klarer Fall für die Todesstrafe gewesen: Das Gericht hatte strafschärfend berücksichtigt, dass zwischen Planung und Ausführung der Tat etwa vier Wochen vergangen waren, innerhalb derer sich der Täter hätte besinnen können. Nach Ansicht des Gerichtes spielten auch Sühne und Abschreckungselemente eine wesentliche Rolle bei der Verurteilung des Angeklagten[354].

Die Strafzumessungspraxis bei Muti-Morden ist deshalb schnell zusammengefasst: Die Gerichte verhängten in der Regel die Todesstrafe; nach Abschaffung derselben ist an ihre Stelle die lebenslange Freiheitsstrafe getreten. Innerhalb der verschiedenen Motive bei Muti-Morden wurde durch die südafrikanischen Obergerichte nicht differenziert; ein Muti-Mord aus Gewinn- oder Spielsucht wurde genauso mit dem Tode bestraft wie die Verzweiflungstat eines kranken Mannes, der durch die Tötung eines anderen lediglich sein Leben retten wollte.

d) Die Lösungsvorschläge der Literatur

Leider waren die Äußerungen aus der südafrikanischen Literatur zum Thema Strafzumessung bei den dargestellten Formen der kosmologiebedingten Straftaten überwiegend wenig hilfreich. Nur einige wenige konstruktive Ansätze wurden veröffentlicht.

---

[351] Siehe oben, Kapitel II 1. d) aa).
[352] S. v. Malaza, 1990 (1) SACR 357 (A), Seite 359 i-360a
[353] S. v. Munyai and others, 1993 (1) SACR 252 (A).
[354] S. v. Munyai, 1993 (1) SACR 252 (A), Seite 253 D und 255 E.

In die letzte Gruppe fällt sicherlich der Vorschlag *van den Heevers*, auch bei Muti-Morden generell von einer Strafmilderung auszugehen[355]. Zutreffend geht *van den Heever* davon aus, dass das Gericht in der Entscheidung *S. v. Modisadife* eine Strafmilderung bei Muti-Morden nicht generell ausgeschlossen habe[356]. Das Gericht differenziere zwar formell nach Tathergängen und Opfern, lege aber ebenso deutlich den Kern für eine eventuelle Strafmilderung dar, nämlich einen tiefen und intensiven Glauben an Hexerei[357]. Um dies festzustellen, so *van den Heever*, seien neben der Aussage des Angeklagten vor Gericht auch Untersuchungen im sozialen Nahbereich zu führen; es sei schließlich zu berücksichtigen, welche innere Verbundenheit des Täters mit der traditionellafrikanischen Weltanschauung vorhanden sei. Des weiteren sei es möglich, psychiatrische Gutachten über das tatsächliche Vorliegen einer starken subjektiven Verwurzelung im Hexenglauben als Beweismittel vorzulegen. (Für die Berücksichtigung psychiatrischer Gutachten hatte sich bereits vorher *Vera Bührmann* ausgesprochen[358].) *Van den Heever* stützte sein Argument für eine mildere Bestrafung der des Muti-Mordes Angeklagten nicht zuletzt darauf, dass aufgrund einer ähnlichen Konfliktlage sowohl bei einem Muti-Mord, bei dem sich ein Kranker dem Tode nahe sieht, als auch bei einem Hexenmord, der aus Angst vor der böswilligen Verhexung begangen wird, von einer geringeren persönlichen Vorwerfbarkeit auszugehen sei.

Die Ansicht *van den Heevers* ist insofern zu begrüßen, als eine einheitliche Lösung für alle kosmologiebezogenen Straftaten gefordert wird. Er geht jedoch von einer Voraussetzung aus, die schon in der Rechtsprechung der Obergerichte in Südafrika nicht ganz unstrittig ist: Der Glaube an Hexen allein ist, wie oben gesagt, nicht immer per se als Strafmilderungsgrund anerkannt gewesen[359]. Vergleicht man allerdings auch die oben genannten Voraussetzungen der Rechtsprechung für das zusätzliche Erfordernis der „persönlichen Betroffenheit"[360], so drängen sich die Parallelen zwischen „echten" Muti-Morden unmittelbar Kranker und den Hexenmorden förmlich auf. In beiden Fällen liegen Situationen vor, die „klassischen" Verteidigungseinreden ähneln, nämlich im Fall einer Hexentötung analog einer Notwehrlage, im Fall eines Muti-Mordes analog zum Notstand. Damit wäre auch eine weitere Voraussetzung erfüllt, die in der Rechtsprechung teilweise gefordert wurde[361].

---

[355] van den Heever / Wildenboer , 1983 (TSAR) 82.
[356] Van den Heever / Wildenboer zitieren hier den Richter Rumpff in S. v. Modisadife, 1980 (3) SA 860 (A), auf Seite 863 D.
[357] S. v. Modisadife, 1980 (3) SA 860 (A), Seite 862 (H)
[358] Vera Bührmann, 1980 SAMedJ 817f
[359] Vgl hierzu oben, Kapitel V 3.a).
[360] Siehe oben, Kapitel V 3. a).
[361] Siehe R. v. Biyana, 1938 SA 310 (Kokstad Circuit Division (=ECD)); R. v. Molehane, 1942 GWL 64; R. v. Fundakubi and others, 1948 (4) SA 810 (A).

Leider verfolgte *van den Heever* diese Ansätze nicht weiter. Nachdem wenig hilfreiche Beiträge von *Dhlohlo*[362] (der im wesentlichen bemerkte, dass eine Strafzumessungslösung nur ein Zwischenschritt in Richtung auf eine endgültige Lösung des Problems sei) und *Motshegka*,[363] (der in Verkennung der Umstände das Problem des Hexenglaubens im wesentlichen bei Kausalitäts- und Vorsatzfragen sah) sich nicht hatten durchsetzen können, änderte *van den Heever* 1985 den Ausgangspunkt seiner Argumentation[364]. Er versuchte, die Fälle der kosmologiebedingten Straftaten unter die Voraussetzungen zu subsumieren, die der Appellationsgerichtshof in der Entscheidung *S. v. Babanda* [365] für die Anerkennung von Tatumständen als strafmildernd angesehen hatte. Konkret hatte der Appellationsgerichtshof in dieser Entscheidung drei Voraussetzungen für eine Strafmilderung genannt: a) Der Umstand müsse die geistigen Fähigkeiten oder das Gemüt des Täters zu beeinflussen geeignet sein, b) ein solcher Einfluss müsse zur Tatzeit tatsächlich vorgelegen haben und c) geeignet sein, die moralische Schuld des Täters zu verringern. Nachdem van den Heever das Kriterium a) den Psychiatern überlassen wollte und Kriterium c) bereits nach seiner früheren Ansicht zweifellos auf den Hexenglauben per se zutreffe, führte er eine Vielzahl von objektiven Kriterien an, anhand derer sich bestimmen lasse, ob der Täter tatsächlich aus Furcht vor Hexerei gehandelt habe. Insbesondere sei zu berücksichtigen, ob der Täter sich in einem westlich oder afrikanisch orientierten Umfeld aufhalte, ferner der Wohnort, der Bildungsstand des Angeklagten und dessen Mitgliedschaft in einer Kirche[366]. Dies seien objektive Kategorien für die Beurteilung der Frage, ob bei dem Täter im Zeitpunkt der Tat tatsächlich ein tiefer Hexenglaube vorgelegen habe.

- Dies geschah offensichtlich mit dem Ziel, den Gerichten die Angst davor zu nehmen, den Hexenglauben per se trotz der großen Missbrauchsgefahr pauschal als Strafmilderungsgrund anerkennen zu müssen. Heutigen Erkenntnissen über die soziologischen Strukturen, in denen die Menschen in Südafrika an Hexen glauben, entspricht dies nicht mehr. Der Hexenglaube ist in Südafrika völlig unabhängig von einer Religionszugehörigkeit oder vom Bildungsniveau in der Bevölkerung verbreitet[367]. Als objektive Kriterien, die einen Missbrauch des Strafmilderungsgrundes erschweren sollen, dürften die genannten Kriterien nach heutigem Stand der Wissenschaften wohl kaum geeignet sein. -

Als sich nach der oben dargestellten Entscheidung *Phama* in den letzten Jahren wieder eine härtere Gangart der südafrikanischen Gerichte abzeichnete, beschäftigte sich

[362] Dhlohlo, 1984 De rebus 409, Seite 410
[363] Motshegka, 1984 (2) Codicillus 4 ff
[364] van den Heever / Wildenboer, 18 De jure 105 (1985).
[365] S. v. Babanda, 1964 (1) SA 26 (A), Seite 27 H - 28 A.
[366] van den Heever / Wildenboer, 18 De jure 105 (1985), Seite 109.
[367] Siehe hierzu oben, Kapitel II 2. a).

Jonck[368] nochmals mit dem Thema der Strafzumessung bei kosmologiebezogenen Straftaten. Ebenso wie *van der Heever* geht *Jonck* zwar einfach davon aus, dass Hexenglaube per se schon immer einen Strafmilderungsgrund dargestellt habe, was nach der oben geschilderten Rechtsprechung alles andere als geklärt ist. In der Konsequenz traf er allerdings den Nagel auf den Kopf: Das Unverständnis der Gerichte gegenüber dem Hexenglauben und die Auffassung, dass solche Weltanschauungen in einer „gebildeten Gesellschaft" nicht toleriert werden dürften, nannte *Jonck* „ethnozentrisch" und stellte die berechtigte Frage, inwieweit sich das Problem der Anerkennung der traditionellen Weltanschauung in einer so tiefgreifend pluralistischen Gesellschaft wie der südafrikanischen überhaupt lösen lasse.

e) Zwischenergebnis: Strafzumessung als Lösung ?

Begrüßenswert an der Handhabung der Hexenmorde durch die südafrikanischen Gerichte ist, dass die auslösenden Tätermotivationen überhaupt erkannt und behandelt wurden. In West- und Ostafrika hatte man sich zu den frühen Kolonialzeiten damit begnügt, in jedem Fall die Todesstrafe zu verhängen und es einfach in das Ermessen der Exekutive zu stellen, die Todesstrafe im Wege der Begnadigung durch lebenslange Haft zu ersetzen[369]. Insofern stellte die südafrikanische Lösung eine deutliche Verbesserung dar.

Die Problematik der kosmologiebezogenen Straftaten allein über die Strafzumessung lösen zu wollen, erscheint jedoch aufgrund der folgenden Punkte bedenklich:

1.) Zu bemängeln ist zunächst, dass die Rechtsprechung Hexentötungen und Muti-Morde unterschiedlich behandelt, ohne die kosmologischen Hintergründe bei Muti-Morden so zu berücksichtigen, wie dies bei den Hexenmorden geschehen ist. Nach den Grundprinzipien der südafrikanischen Kosmologie, die nicht zwischen Krankheit und magischem Angriff unterscheidet[370], ist eine solche Differenzierung zumindest in den Fällen, in denen ein Täter aus Todesangst tötet, völlig sachfremd. Auch im Hinblick

---

368 Jonck, 22 (1) Tydskrif vir regswetenskap 202 (1997).

369 Dies geschah zum Beispiel in Mohamed Gadam v. R., 14 WACA 442 (Nigeria, 1954) oder Kajuna s/o Mbake, 2 EACA 104 (Tanganyika, 1945). In letzterem Urteil bemerkte der Richter sogar explizit, dass der Glaube an Hexerei bisher stets durch den Gouverneur strafmildernd berücksichtigt worden sei. In Nord-Nigeria durfte die Todesstrafe nicht ohne Notifikation des Innenministeriums vollstreckt werden. Ein Gesetz regelte, dass die verurteilenden Gerichte die Exekutive auch vom bloßen Verdacht einer kosmologiebedingten Motivation unterrichten mussten, vgl. Seidman, 15 ICLQ 1135 (1966), Seite 1160. Gluckmann, Barotse, Seite 204 berichtet hingegen davon, dass die Gerichte in Nyasaland zur Verhandlung von Hexentötungen aus dem Gerichtshaus hinaus, unter den freien Himmel gingen. Durch diese Geste sollte klar gemacht werden, dass solche Fälle nicht vor den staatlichen Gerichten verhandelt werden sollten. Später verlegte man sich sogar darauf, die Fälle ohne Verhandlung einfach gleich dem britischen Distriktkommissionär zu übergeben.

370 Siehe oben, Kapitel I 5.).

auf die Diskussion einer „cultural defence“[371], mit der besonders offensichtliche Fälle aus dem Bereich der pluralistischen Gesellschaft gelöst werden sollen, erscheint eine einheitliche Lösung aller Fälle von kosmologiebedingten Straftaten erstrebenswert. Trotzdem muss anerkannt werden, dass Muti-Morde im Gegensatz zu Hexentötungen nach dem traditionellen Recht ebenfalls Kapitalverbrechen darstellten. Hierbei ist jedoch zu beachten, dass Muti-Morde nicht wegen eines Tötungsdeliktes, sondern wegen böswilliger Hexerei strafbar waren.

2.) Die Lösung im Rahmen der Strafzumessung ist auch aufgrund der großen Streubreite der Urteile auf der Rechtsfolgenseite unbrauchbar. Die Privilegierung des Hexenglaubens hat sich in Strafmaßen von 360 Stunden gemeinnütziger Arbeit[372] bis hin zur Todesstrafe[373] für ein und dasselbe Delikt mit ähnlichen Parametern niedergeschlagen. Diese Uneinheitlichkeit bildet auch vor dem Hintergrund des stare-decisis-Prinzips keine hinreichende Sicherheit für die Interessen des Angeklagten. Von einer einheitlichen Rechtslage, vor allem unter dem Aspekt der Gleichheit vor dem Gesetz, kann also deshalb keine Rede sein.

3.) Bedauernswert und für den Angeklagten besonders risikobehaftet ist auch die Tatsache, dass bis heute kein fixer Anknüpfungspunkt für die Strafmilderungen gefunden wurde. Zwar wird in der Literatur immer wieder dargestellt, dass sich schon der Glaube an Hexen per se bereits strafmildernd auswirke[374], dies ist jedoch, wie oben dargestellt nicht ohne weiteres der Fall und daher alles andere als eine verlässliche Basis für die Interessen des Angeklagten.

Demzufolge darf der Weg über die Strafzumessung nicht als pauschal angemessene Lösung für die Behandlung der Fälle der kosmologiebedingten Straftaten in Südafrika gelten.

4. Beweislastprobleme in Fällen der kosmologiebezogenen Straftaten

Wie ausgeführt stellte sich schon das materielle südafrikanische Strafrecht gegen eine sachgerechte Behandlung von kosmologiebezogenen Straftaten. Damit einher ging eine prozessuale Benachteiligung der Täter, die zu vielen Fehlurteilen bei Hexenmorden und Muti-Morden geführt haben dürfte.

---

[371] Anonymous, 99 Harvard Law Review 1293 (1996).
[372] S. v. Mathoka and others, 1992 (2) SASV 443 (NCPA)
[373] R. v. Bungweni and another, 1959 (3) SA 142 (ECD)
[374] Jonck, 22 (1) Tydskrif vir regswetenskap 206 (1998), Seite 207

Das eigentliche prozessuale Problem erwächst daraus, dass Hexen- und Muti-Mörder in der Regel ihre Motive für die Tat vor Gericht nicht darlegen wollen. Dies hat damit zu tun, dass es sich bei Angelegenheiten der Magie und der traditionellen Medizin um Tabus im traditionellrechtlichen Sinne handelt[375], deren Bruch schwer sanktioniert wird. In der Konsequenz stellt sich eine solche Tat den Richtern zunächst also als „offensichtlich motivlose Tat“[376] dar.

Dem traditionellrechtlich bedingten Schweigen steht die Verfahrensordnung im südafrikanischen Strafrecht, insbesondere das Prinzip des Parteiverfahrens, relativ hilflos gegenüber. Gelegentlich brachen deshalb die südafrikanischen Gerichte die Ketten des Parteiverfahrens und ermittelten auf eigene Initiative hin den eigentlichen Grund des Mordes. In einigen Urteilen finden sich dahingehende Feststellungen, dass die des Mordes Angeklagten niemals über ihren Hexenglauben sprechen würden[377]. Sogar in Fällen, in denen den Angeklagten anderenfalls die Todesstrafe drohte[378], schwiegen sich die Angeklagten über ihre Motivationen aus und gaben eine kosmologiebezogene Motivation nicht zu, aufgrund derer man mildernde Umstände bei der Strafzumessung hätte erwägen können.

In der jüngeren Zeit wurde dieses praktische Problem in der Literatur immer wieder artikuliert und Lösungen wurden eingefordert[379]. Nachdem die Gerichte bereit waren, wenn schon keine herkömmliche „defence“, so doch zumindest im Rahmen der Strafzumessung mildernde Umstände anzuerkennen, wäre es nur billig, wenn das südafrikanische Strafprozessrecht die Durchsetzung dieser materiellrechtlichen Erwägungen auch praktisch ermöglichte.

---

[375] Siehe hierzu oben, Kapitel III 1. .

[376] Nel / Verschoor et al., 15 (3) SAfr.J.Ethn. 85 (1992)

[377] In der Entscheidung S. v. Mokonto , 1971 (2) SA 319 (A) , Seite 322 H wird auf eine Aussage des Instanzrichters *Harcourt* (Zululand and North Coast Circuit Local Division) verwiesen, der einst in einem Urteil geschrieben hatte: „ Es ist überaus üblich, dass Bantu jegliche Handlungen der Hexerei bei nahestehenden Personen abstreiten.“ In R. v. Bungweni and another, 1959 (3) SA 142 (ECD), ging das Gericht sogar soweit, dem Angeklagten, der magische Motive während der Verhandlung hartnäckig bestritten hatte, in sein Urteil zu schreiben: „ Sie sagen, dass sie nicht an Hexen glauben. Wir denken, jedoch, dass sie da nicht die Wahrheit gesagt haben.“ Das Gericht berücksichtigte also unter Verstoß gegen das Parteiverfahren und entgegen dem Schweigen des Angeklagten einen Hexenglauben und bewahrte ihn somit vor dem Strang. Vgl. des weiteren den Fall S. v. Modisadife, 1980 (3) SA 860 (A), Seite 862c.

[378] S. v. Malaza 1990 (1) SACR 357 (A) ; S. v. Matala and others, 1993 (1) SACR 531 (A), Seite 536 a

[379] van den Heever / Wildenboer , 83 (1) TSAR „ Seite 84; Nel / Verschoor, 15 (3) SAfr.J.Ethn. 85 (1992)

a) Die Grundsätze der Beweislastverteilung bei mildernden Umständen

Aufgrund der Parteimaxime im südafrikanischem Strafprozessrecht obliegt es dem Angeklagten selbst, Tatsachen schlüssig vorzutragen, die im Rahmen der Strafzumessung strafmildernd berücksichtigt werden können. Die Beweislast liegt dann auf seiten des Staates, der beweisen muss, dass die Umstände im konkreten Fall nicht vorlagen[380].

Bis zum Ende der Siebziger Jahre hielt man in Südafrika streng an diesen Prinzipien fest. In der Entscheidung *S. v. Peterson*[381] durchbrach der Appellationsgerichtshof diese Regeln aber zuungunsten des Angeklagten; manchmal könne eine Strafmilderung nur nach vollem Beweis des mildernden Umstandes gewährt werden.

Im Bereich der kosmologiebedingten Straftaten stellte sich in der Praxis immer wieder die Frage, wie die Todesstrafe umgangen werden könne. Zwar bestand nach den südafrikanischen Strafprozessgesetzen die Möglichkeit, die Todesstrafe durch einen Juryspruch zu vermeiden, in dem auf Mord mit mildernden Umständen erkannt wurde. Jedoch schwiegen sich der Criminal Procedure Act von 1917[382] und der Code of Criminal Procedure von 1955[383] darüber aus, wer die Beweislast für solche mildernden Umstände trage. Feste Regeln existierten nur für Täter unter 16 Jahren und bei Kindstötung durch die Mutter.

Erstmals wurde die Frage, wer bei Tötungsdelikten die Darlegungs- und Beweislast für strafmildernde Umstände habe, in der Entscheidung *R. v. Lembete*[384] vom Appellationsgerichtshof behandelt. In diesem Fall entschied das Gericht, dass dem Angeklagte eine verringerte Beweislast bezüglich des Vorliegens strafmildernder Umstände auferlegt sei. Der Angeklagte müsse zunächst im Rahmen einer Abwägung nach „überwiegenden Wahrscheinlichkeiten"[385] darlegen, dass bei Begehung der Tat Tatsachen vorlagen, die sich strafmildernd auswirken könnten[386]. Dies ist bis heute geltendes Recht.

Auch nach der Einführung neuer Regelungen über den Komplex „Todesstrafe und strafmildernde Umstände" durch das Strafprozessgesetz von 1977[387] hielt der

---

380 Dies gilt auch im Falle einer vollen „defence", siehe schon das britische Urteil Woolmington v. D.P.P., 1935 A.C. 462, dem sich der südafrikanische Appellationsgerichtshof im Jahre 1945 anschloss, vgl. R. v. Ndhlovu, 1945 AD 369.

381 S. v. Peterson and others, 1980 (1) SA 938 (A9, Seite 938 G / H.

382 Vgl. Artikel 338 (1) Wet op die Kriminele Procedure en Bewijslevering No 31 of 1917; in der Fassung des Art 61 des Algemene Regswysingswet No 46 of 1935.

383 Vgl. Strafproseswet No 56 van 1955, Artikel 329 (1) i.V. m. Artikel 338 (1).

384 R. v. Lembete, 1947 (29 SA 603 (A).

385 sog. „ preponderance of the evidence".

386 R. v. Lembete, 1947 (2) SA 603 (A), Seite 610.

387 Vgl. § 277 (2) Act 51 of 1977.

südafrikanische Appellationsgerichtshof an dieser Rechtsauffassung fest[388]. Gegen diese Rechtslage wurde aber Protest laut. Im Fall *S. v. Theron*[389], in dem der Appellationsgerichtshof die Regelung auch angesichts des neuen Strafprozessgesetzes aufrechterhalten hatte, argumentierte der Verteidiger, dass die Strafmilderungen aufgrund von Umständen ausgelöst würden, die sich auf die *Schuld* des Angeklagten auswirkten. Da aus althergebrachtem Recht der Staat das Vorliegen der Schuld beweisen müsse[390], sei der Staat folglich auch dazu verpflichtet zu beweisen, dass keine schuldmindernden Umstände vorlägen[391]. Dagegen argumentierte der Staatsanwalt[392], dass es bei der Frage der Verurteilung um Schuld im *rechtlichen* Sinne gehe, bei der Frage der Strafzumessung um Schuld im *moralischen* Sinne, so dass den Staat nur die Darlegungslast hinsichtlich der *rechtlichen* Schuld treffe und es gerechtfertigt sei, diesen Einwand für das Element der *moralischen* Schuld nicht gelten zu lassen.

In *S. v. Theron* prallten bei näherem Hinsehen neben den zwei verschiedenen Grundkonzepten des südafrikanischen Strafrechts (die Wurzeln des Common Law sprechen eher für ein prozessual ausgestaltetes Verständnis der strafmildernden Umstände, der römisch-holländische Ansatz eher für den „generalisierenden" Ansatz nach der Strafbarkeitskategorie der Schuld) auch zwei divergierende Ansichten bezüglich eines einheitlichen Schuldverständnisses und einer Trennung zwischen „moralischer" und „rechtlicher" Schuld aufeinander[393]. Das Gericht entschied sich schließlich für die Meinung des Staatsanwaltes. Nach der älteren Rechtsprechung[394], betonte das Gericht, sei es schon immer Auffassung des Appellationsgerichtshofes gewesen, dass bei den mildernden Umständen lediglich moralisch schuldmindernde Umstände relevant seien, welche vom Begriff der Schuld im rechtlichen Sinne streng zu trennen seien. Eine unterschiedliche Behandlung bezüglich der Beweislast sei daher gerechtfertigt.

Im Ergebnis ist die prozessuale Handhabung von strafmildernden Umständen also durch deren materiellrechtlichen Charakter bedingt und umgekehrt.

b) Besondere Annahmen bei kosmologiebedingten Straftaten

Weil alle Angelegenheiten der Magie früher wie heute als Tabu betrachtet werden[395], sind die Täter bei Hexenmorden also schon deshalb benachteiligt, weil das Recht sie

---

388 S. v. Theron , 1984 (2) SA 868 (A), Seite 868 H.

389 S. v. Theron, 1984 (2) SA 868 (A).

390 Siehe hierzu zum Beispiel S. v. Fouche, 1974 (1) AA 96 (A), S. v. De Blom, 1977 (3) SA 513 (A).

391 Argumentation des Verteidigers Cooper in S. v. Theron, 1984 (2) SA 868 (A), Seite 871 B - G

392 Argumentation des Staatsanwaltes Henning in S. v. Theron, 1984 (2) SA 868 (A), Seiten 871 H - 872 G

393 Zu dem bemerkenswerten Auseinanderfallen von „rechtlicher" und „moralischer" Schuld siehe sogleich unten, Kapitel VI, 1..

394 S. v. Shabalala, 1966 (2) SA 297 (A), Seite 300 A-B

395 Siehe oben, Kapitel III 1. .

zwingt, dieses Tabu zu brechen. Des weiteren müssen viele Angeklagte weitere Details aus dem magischen Leben offenbaren, so zum Beispiel den Namen des Sangomas, der das spätere Opfer als Hexe bezeichnet hatte.

Zu dieser Benachteiligung, die schon durch die Grundprinzipien im südafrikanischen Strafprozessrecht bedingt war, tritt noch ein weiterer Umstand hinzu. Die Gerichte gehen bis heute davon aus, dass der Glaube an Hexerei sehr leicht zu behaupten, kaum zu beweisen, mithin also einfach als Tarnmantel für andere Motivationen zu gebrauchen sei[396]. Deshalb haben die südafrikanischen Gerichte die Beweiserfordernisse in einigen Fällen erhöht, in denen sich der Angeklagte auf den Hexenglauben berufen hatte. In der Regel wurde vom Angeklagten erwartet, dass er nicht nur die Ernsthaftigkeit seiner Vorstellungen darlegen, sondern auch die Kausalkette zwischen seinem Glauben an Hexerei und der Tat völlig aufdecken müsse[397]. Im Vergleich zu anderen Mördern, wie zum Beispiel einem alkoholisierten Täter[398], ist der Hexenmörder also eindeutig schlechter gestellt.

Es ist anzunehmen, dass neben der Angst der weißen Richter vor dem Missbrauch des Hexenglaubens als Strafmilderungsgrund auch deren weitgehende Unkenntnis von den kosmologischen Hintergründen, den sozialen Zusammenhängen und den banturechtlichen Implikationen des Hexenglaubens zu diesem Missstand geführt hat. Deshalb scheint es auch nicht überraschend, dass einzig der Supreme Court of Venda, der gewissermaßen schon aufgrund seiner geographischen Lage als besonders sachkundig in Sachen Hexentötungen oder Muti-Morden galt, an den Prinzipien des Appellationsgerichtshofes hinsichtlich der Beweislast bei kosmologiebedingten Tätermotivationen zweifelte. Im Tenor des Urteils *S. v. Thonga*[399] stellte das Gericht lapidar fest, dass die typischen Vorfälle bezüglich der Hexenjagden in Venda bereits gerichtsbekannt seien, und kein weiterer Beweis nötig sei[400]. Leider beschränkte man sich dabei aber auf die Vorfälle in Venda; das Gericht grenzte sogar den Zeitraum ein, in welchem es prima facie von dem Vorliegen kosmologiebedingter Motivationen ausging.

Neben der ungünstig verteilten Darlegungslast (entgegen den kosmologischen Implikationen und unter Bruch des Tabus) stellte sich den Tätern bei kosmologiebedingten Straftaten also zudem noch ein höherer Beweisstandard entgegen. Auch auf prozessualer Ebene verhinderte das südafrikanische Strafrecht eine sachgerechte Lösung des Problems.

---

[396] Siehe zum Beispiel R. v. Fundakubi, 1948 (2) SA 810 (A), Seite 820.
[397] S. v. Nxele, 1973 (3) SA 753 (A), Seite 757 C
[398] Ein Überblick über die strafmildernde Wirkung des Alkoholes bei Tötungsdelikten und der Beweislastverteilung befindet sich bei Feltoe, 4 Zimbabwe Law Review, 60, (1986), Seite 70.
[399] S. v. Thonga, 1993 (1) SACR 365 (VSC)
[400] S. v. Thonga, 1993 (1) SACR 365 (VSC), Seite 368 b , f-h

c) Das Schweigen der Angeklagten - Grund für eine Untersuchungspflicht des Gerichts ?

Von seiten der Literatur wurden einzelne Punkte immer wieder offen bemängelt. *Van den Heever* sprach sich zum Beispiel für eine Untersuchungspflicht des Gerichtes aus, wenn das Gericht „einen sinnlosen Mord ohne Motiv" zu bewerten habe und deshalb ein Hexenmord im Raum stehe[401]. Ebenso haben bereits andere Autoren darauf hingewiesen, dass der Einsatz von anthropologischen Experten bei der Aufdeckung von Muti-Morden hinter „motivlosen Morden" von großer Hilfe sein könne[402].

Gegen eine Untersuchungspflicht des Gerichtes spricht aber schon das Grundprinzip des Parteiverfahrens im südafrikanischen Strafrecht. Eine Ausnahmeregelung für einen so begrenzten Teil des Strafverfahrensrechts wie die kosmologiebezogene Kriminalität zuzulassen, wäre völlig systemfremd. Nichtsdestoweniger könnte der Einsatz von anthropologischen Sachverständigen in der gesamten Rechtsordnung (nicht nur des Strafrechts, sondern vor allem des Familien-, Erb- und Eherechts) von großer Hilfe bei der Feststellung von traditionellem Hintergründen sein, die aufgrund der Apartheid den Gerichten lange unzugänglich waren und deshalb als „Härtefälle aus dem Bereich der heterogenen Gesellschaft"[403] unter der Kategorie „unlösbar" verbucht wurden. Zumindest bis sich innerhalb der Richterschaft Grundkenntnisse über die traditionell afrikanischen Weltanschauungen durchgesetzt haben, könnten solche Sachverständigen auf Anruf des Gerichtes behilflich sein, allerdings dürfte sich eine solche Tätigkeit dann nicht auf Fragen des Hexenglaubens und Fragen des Strafrechts beschränken.

Ein weitaus schwerwiegenderer Grund gegen eine Untersuchungspflicht des Gerichtes liegt jedoch in der von der südafrikanischen Verfassung postulierten Weltanschauungsfeiheit und dem Individualgrundrecht auf kulturelle Identität. Wie bereits mehrfach erwähnt wurde, ist es ein unabdingbarer Bestandteil der traditionellen afrikanischen Weltanschauung, über Angelegenheiten der Magie und der damit zusammenhängenden Medizin nicht sprechen zu müssen. Ergriffe man inquisitorische Maßnahmen, etwa eine Untersuchung der Tathintergründe durch Anthropologen auf Anordnung des Gerichts (wie dies in einem Fall des Muti-Mordes schon geschehen ist[404]), begegnete dies starken Bedenken. Derartige Untersuchungen könnten die Weltanschauungsfreiheit des Angeklagten, insbesondere das traditionelle Schweigegebot direkt verletzen oder zumindest umgehen. Die Einverständniserklärung des Angeklagten ist daher eine Grundvoraussetzung für eine solche Praxis.

---

[401] van den Heever / Wildenboer, 1983 (1) TSAR Seite 84
[402] Nel / Verschoor et al.15 (3) SAfr.J.Ethn. 85 (1992)
[403] Leistner, Der Irrtum über das Verbotensein der Tat im südafrikanischen Strafrecht, Seite 91
[404] Vgl. Nel / Verschoor et al.15 (3) SAfr.J.Ethn. 85 (1992).

Die gesetzliche Möglichkeit einer anthropologische Expertise (mit Zustimmung des Angeklagten) kann andererseits dazu beitragen, eine der oben genannten Benachteiligungen zu beseitigen: Die Gerichte haben im Laufe der Zeit immer wieder die Argumentation der Angeklagten für das Vorliegen von strafmildernden Umständen zurückgewiesen, weil das Vorbringen der Angeklagten nicht ausreiche, den Umstand der Motivation durch Hexenglauben voll zu beweisen[405]. In diesen Fällen bezogen sich die Gerichte auf die verschärfte Beweislastregelung, dass der Angeklagte manchmal für die mildernde Tatsache den vollen Beweis zu erbringen habe[406]. (Eine weitere Gefahr besteht in diesem Zusammenhang für den Angeklagten aufgrund der immer wieder aufkommenden Meinung, dass auch die strafmildernden Umstände am „reasonable man standard" gemessen werden sollten[407].)

Nähme man an diesem Punkt die Hilfe von Anthropologen in Anspruch, könnten sachfremde Ergebnisse vermieden werden. Der Beweis von böswilliger Verhexung, etwa durch Riten, wird ohne anthropologische Bestätigung wohl kaum gelingen.

Festzuhalten bleibt aber, dass in Südafrika nicht nur das materielle Strafrecht, sondern auch das Strafprozessrecht mit den bisherigen Mitteln eine angemessene Verteidigung des Angeklagten und eine sachgerechte Würdigung der Tathintergründe nicht ermöglichte.

---

405 Siehe zum Beispiel den Fall S. v. Ganadi N. , 1984 (2) P.H. H.154 (A), Seite 277.
406 Siehe oben, Kapitel V 4. b).
407 Vgl. die Entscheidung S. v. McBride, 1988 (4) SA 10 (A), Seite 11 D.

VI. Ergebnis: Die Inkongruenz von traditioneller Weltanschauung und importiertem Strafrecht

Weder durch spezielle Straftatbestände oder das allgemeine Strafrecht, noch durch das Strafzumessungsrecht konnten bei der strafrechtlichen Bewertung von kosmologiebedingten Straftaten sachgerechte Ergebnisse erreicht werden. Das Strafverfahrensrecht wurde den komplexen Problemstellungen ebenfalls nicht gerecht. Das Fernziel des südafrikanischen Staates, mit den Mitteln des Strafrechts die Hexentötungen oder Muti-Morde zu unterbinden, wurde nicht erreicht. Neben den oben dargestellten Aspekten sind dafür mehrere übergeordnete Gründe verantwortlich, welche abschließend kurz dargestellt werden sollen. Sie wurzeln in Strafzweckerwägungen und schließlich in der Natur des Common Law selbst.

1. Die Trennung von „rechtlicher" und „moralischer" Schuld - Konsequenz des psychologischen Schuldbegriffes oder Divergenz von Recht und Moral ?

Es fällt auf, dass bei kosmologiebedingten Tötungen nach südafrikanischem Recht erhebliche Schwierigkeiten bestehen, Verteidigungseinreden zugunsten des Angeklagten anzuwenden, die an der Schuld des Täters ansetzen. Bis 1965 lag dies zum wesentlichen Teil am Prinzip des „versari in re illicita", welches im südafrikanischen Strafrecht als die „taint doctrine" bekannt war[1]. Nach der „taint doctrine" war der Täter, der sich unmoralisch, wenngleich auch nicht notwendigerweise rechtswidrig, verhalten hatte, für alle Konsequenzen aus seinem Handeln verantwortlich. Vorsatz oder Fahrlässigkeit hinsichtlich der aus dem Handeln resultierenden Folgen waren nicht erforderlich. Obgleich dieses Prinzip von den römisch-holländischen Juristen in Südafrika nicht übernommen wurde, fand es über die englischen Wurzeln Eingang ins südafrikanischen Strafrecht[2]. Nachdem das „versari in re illicita" im Fall *S. v. Bernardus* [3] 1965 über Bord geworfen worden war, akzeptierten die südafrikanischen Gerichte das Erfordernis der „vernünftigen Voraussicht des Erfolges"[4], wobei sich auch hier wieder das Kriterium der „reasonableness" gegen den Täter stellte.

Aber auch nach 1965 konnten die südafrikanischen Gerichte bei kosmologiebedingten Straftaten nicht auf die individuelle Schuld als „korrigierendes Element" zurückgrei-

---

[1] Für einen Überblick siehe Snyman, Strafreg, 146ff.
[2] Das englische Recht hatte „versari in re illicita" seinerseits vom kanonischen Recht übernommen, vgl. Glanville Williams, Textbook, Seite 272.
[3] S. v. Bernardus, 1965 (3) SA 287 (A).
[4] Siehe z.B. S. v. As, 1976 (2) SA 291 (A).

fen. Der wesentliche Grund hierfür war das krampfhafte Festhalten der Gerichte am reinen „psychologischen" Schuldbegriff. Das Element der Schuld wurde wegen der Koppelung an medizinisch - psychologische Standards als rein technischer Standard angesehen. Eine angemessene Berücksichtigung von normativen Erwägungen, die von den südafrikanischen Gerichten schließlich unter dem Begriff der „moralischen Schuld" abgehandelt wurden, ist in einem solchen System nicht möglich.

Andere Strafrechtsysteme hingegen, die sich am normativen Schuldbegriff orientieren, können mittels normativer Elemente die innere Konfliktsituation des Täters bei weltanschauungsbedingten Straftaten auf der Ebene der Schuld angemessen berücksichtigen[5]. Trotzdem wäre es wahrscheinlich zu hoch gegriffen, in der Einführung eines normativ orientierten Schuldverständnisses in Südafrika eine endgültige Lösung für die in dieser Arbeit geschilderten Konflikte zu sehen. Der normative Schuldbegriff könnte aber immerhin als ein mögliches Vehikel angesehen werden, kulturbedingte Vorstellungen in die Würdigung von weltanschauungsbedingten Straftaten einfließen zu lassen.

Zu beachten ist ferner, dass die südafrikanischen Gerichte bis heute noch stark von der „mens rea"-Dogmatik des englischen Common Law beeinflusst sind[6]. Eine normative Korrektur subjektiver Strafbarkeitsvoraussetzungen kann nur in den Kategorien der „mens rea" erfolgen. Das Unrechtsbewusstsein wird nach herrschender Ansicht der Gerichte in Südafrika in die Schuld projiziert; man nennt es dort den „farblosen Vorsatz"[7]. Nur unter Berücksichtigung dieses Prinzips ist verständlich, dass die südafrikanischen Gerichte zu dem Schluss kamen, dem einem Verbotsirrtum unterliegenden Täter fehle es am *Vorsatz*[8]. Die „mens rea", einst als Zugeständnis an die Menschlichkeit in die bis dato rein objektiv geprägte englische Strafrechtsdogmatik aufgenommen, hatte sich zu übermäßiger Größe entwickelt, stand deswegen den Hexenjägern nicht als Schutzschild zur Verfügung und kehrte sich schließlich bei der gerichtlichen Würdigung der Hexenmorde sogar gegen das Individuum.

Die Gerichte haben bei der Privilegierung der Hexenmörder im Rahmen der Strafzumessung stets betont[9], dass die Strafmilderungen ausschließlich wegen verminderter moralischer Schuld, nicht aufgrund einer verminderten Schuld im rechtlichen Sinne

---

[5] Vgl. z.B. zum deutschen Strafrecht BGHSt 35, 347 (Katzenkönig). Auch berücksichtigt das deutsche Strafrecht z.B. Angstzustände, vgl. BGH, NStZ-RR 1997, 227; BGH StV 1993, 467 L; 94, 303 (jeweils Angst vor Entzugserscheinungen) unter § 21 StGB immerhin als mögliche schuldmindernde Faktoren.

[6] Vgl. Snyman, Strafreg, Seite 69; für einen Überblick über das System der „mens rea" vgl. Smith / Hogan, Seiten 53 ff; Glanville Williams,Criminal Law, Seiten 30ff.

[7] „Colourless intent", vgl. Snyman, Strafreg, Seite 144. Nach deutscher Terminologie folgten die südafrikanischen Gerichte also der „strengen Vorsatztheorie", vgl. Herrmann, 1981 De Jure 39ff.

[8] S. v. De Blom, 1977 (3) SA 513 (A), Seite 532 E/F.

[9] seit R. v. Biyana, 1938 SA 310 (Kokstad Circuit Local Division), Seite 311 und R. v. Fundakubi and others, 1948 (4) SA 810 (A), Seite 811

gewährt wurden. Diese strikte Trennung ist zum einen durch den eben kritisierten engen, psychologischen Schuldbegriff begründet, der keinerlei Raum für normative Wertungen in sich birgt.

Letztendlich erscheint die Trennung von moralischer und rechtlicher Schuld im Vergleich zur Praxis in anderen Bereichen des Rechts widersinnig. Anhand des „reasonable man" wurde oben aufgezeigt, dass das südafrikanische Strafrecht in weiten Teilen mit normativen Kriterien versehen war, die die moralischen Wertvorstellungen der Kolonialherren und später der weißen Schicht im Lande durchsetzen sollten. Sogar im subjektiven Bereich der Provokationseinrede regierte der weiße Mann mit Hut und Flanellanzug im Bus nach Seapoint die Vorstellungen von dem, was eine Rechtsordnung als Provokation anerkennen dürfe und was nicht. Dass ausgerechnet im Bereich der Schuld moralische und rechtliche Elemente divergieren ist zwar bedauerlich, aber - wie dargestellt - eine zwingende Folge des streng psychologischen Schuldverständnisses in Südafrika.

Mit in dieses Problem hinein spielt auch ein grundsätzlicher Aspekt, der oben im Rahmen der Provokationseinrede bereits genannt wurde. Dort strebten zwei unterschiedliche Grundverständnisse von Provokation gegeneinander, nämlich der seperate defence- approach und die general approach-Doktrin. Nach der erstgenannten Ansicht wird die Provokationseinrede als separates Gebilde innerhalb der defence - offence Systematik des „klassischen", britisch orientierten Strafrechts betrachtet. Der general approach hingegen wurzelt in der römisch-holländischen Rechtstradition und nähert sich dem Begriff der Schuld aus der Sicht abstrakter Prinzipien bezüglich der strafbarkeitsbegründenden Faktoren. Am Beispiel der Hexenmorde wird somit ein wesentlicher Konflikt im südafrikanischen Strafrecht klar: Die Wurzeln des Common Law verpflichten die südafrikanischen Gerichte zur Beachtung von Präjudizien. Präjudizien, die aus der weißen Kultur stammen, müssen auch auf Fallkonstellationen angewendet werden, die der schwarzen Kultur entstammen. Insoweit ist das Prinzip vom „stare decisis" also viel unflexibler als das von abstrakten Kategorien durchzogene holländisch-römische Recht.

Bisher hat sich die abstrakte Betrachtung der Schuld als eigenständige strafbarkeitsbegründende Kategorie noch nicht durchsetzen können, so dass eine Reform des Schuldbegriffes hin zu einem normativen Schuldverständnis mit jeder Entscheidung, die auf der offence-defence-Systematik beruht, unwahrscheinlicher wird. Da die bestehenden Verteidigungseinreden die genannten Fallgruppen nicht erfassen können, ist die Problematik der Hexen- und Muti-Morde im südafrikanischen Strafrecht auf Ebene der Schuld nicht lösbar.

Nominell ist die Differenzierung zwischen moralischer und rechtlicher Schuld also auf die Enge des psychologischen Schuldbegriffs zurückzuführen. Hinter den phrasenreichen Begründungen der Gerichte zur Strafmilderung bei Hexenmorden stand jedoch auch die Erkenntnis der weißen Richter, dass sich das südafrikanische Strafrecht angesichts der Probleme aus dem Bereich der heteronomen Gesellschaft selbst in einem moralischen Dilemma[10] befand: Das Recht stand auf der Seite des Kolonialismus (später der Apartheid); die Richter hingegen sahen sich als moralische Instanz und somit als Puffer zwischen den Welten. Dass das Recht bei Hexenmorden in Südafrika sich zumindest nicht offen gegen die Moral stellte und den Hexenmördern in der Regel wenigstens die Todesstrafe erspart blieb, ist allein den Richtern der südafrikanischen Obergerichte zu verdanken, die durch die Schaffung einer „moralischen Schuld" die Schwächen des südafrikanischen Strafrechts auf dem Gebiet der „rechtlichen Schuld" ausglichen[11].

2. Abschreckung bei kosmologiebedingten Straftaten

In der letzten Zeit verwiesen die Gerichte bei den Entscheidungen über kosmologiebedingte Straftaten immer öfter darauf, dass aufgrund des Präventionsgedankens eine harte Bestrafung der Täter indiziert sei[12]. Es wurden oben[13] bereits mehrere Aspekte aufgeworfen, die daran zweifeln lassen, ob das Strafrecht im Bereich der kosmologiebedingten Straftaten überhaupt eine abschreckende Wirkung entfalten kann. Im wesentlichen können hierzu zwei Punkte angeführt werden: Zum einen wird in der Bevölkerung eine schwere Strafe für einen Hexenmord als Fortsetzung des magischen Übels verstanden. Eine schwere Strafe wird also posthum den magischen Kräften der getöteten Hexe zugerechnet. Zum anderen entfalten die Gefängnisstrafen, welche die Gerichte in den Fällen der Hexentötungen (nach Abschaffung der Todesstrafe auch in den Fällen der Muti-Morde) verhängt haben, allein deshalb keine abschreckende Wirkung, weil Inhaftierung nur sehr eingeschränkt als Übel verstanden wird[14].

---

[10] Labuschagne, 1990 (3) SACLJ 246

[11] Insoweit ist das Vorbringen von Seidman, 15 ICLQ 1135 (1966), Seite 1159 unzutreffend. Seidman bemängelt dort, dass die Richter notorisch an absoluten Straftheorien festhielten, ohne dem ethischen Auftrag der Rechtsfindung gerecht zu werden. Die Berücksichtigung des Hexenglaubens zumindest bei der Strafzumessung weist jedoch auf das Gegenteil hin.

[12] zuletzt S. v. Phokela A. and another, 1995 (1) PH H.22 (A); S. v. Magoro and others, 1996 (2) SACR 359 (A)

[13] Siehe oben, Kapitel VI 2.

[14] Seidman, 15 ICLQ 1135 (1966), Seite 1160 verknüpft hier Fragen des „exemplarischen Strafens" mit dem Unrechtsbewusstsein des Täters. Diese Ansicht ist nur dann gerechtfertigt, wenn man das rechtsethische Spannungsfeld bei kosmologiebedingten Straftaten zwischen dem mangelnden Unrechtsbewusstsein und der Sühnegedanken ansetzt. Mit der Frage der Abschreckung hat dies aber nichts zu tun.

Eine Abschreckungswirkung durch Strafe kann nur dann erzielt werden, wenn die Bevölkerung die Strafe als direkte Reaktion der Staatsgewalt auf ein rechtlich missbilligtes Verhalten des Täters versteht. Nötig wäre im Bereich der kosmologiebezogenen Straftaten also, dass die schwarze Bevölkerung zum einen die Tötung einer angeblichen Hexe als „verboten“ empfände. Zum anderen müsste die Bevölkerung die Gefängnisstrafen überhaupt als *staatliche* Sanktion verstehen.

Problematisch ist schon das erste Element. Bei den Muti-Morden liegt in der schwarzen Bevölkerung das Bewusstsein, dass durch eine solche Tat Unrecht begangen wird, unbestritten vor. Wie oben dargestellt[15] dürfte dieses Unrechtsbewusstsein in der afrikanischen Kosmologie begründet sein, die hier mit der rechtlichen Wertung übereinstimmt: Nach „modernem“ Recht und nach traditioneller Ansicht muss ein Muti-Mord grundsätzlich schwer sanktioniert werden[16].

Bei den Hexenmorden hingegen fallen wie erwähnt traditionelle und modern-rechtliche Wertungen auseinander. Wie bereits ausgeführt wurde[17], war auch das Scheitern der Hexenunterdrückungsgesetze dadurch bedingt, dass die Bevölkerung den Sinn der genannten Spezialgesetze nicht erfassen und eine Hexentötung auch nicht als Unrecht verstand, also kein Unrechtsbewusstsein in der Bevölkerung, geschweige denn bei den Tätern vorliegt. Durch die Schwäche der Regeln über den Verbotsirrtum[18] kann diesem Aspekt im materiellen südafrikanischen Strafrecht nicht hinreichend Rechnung getragen werden. Fragt man weiter, ob angesichts des mangelnden Unrechtsbewusstseins ein generalpräventiver Effekt eintreten kann, muss mehr als bezweifelt werden.

Hinsichtlich der „verlängerten Übelszurechnung“ (Strafe als magische Sanktion durch die Hexe) bleibt zu vermerken, dass dieser Aspekt nach Abschaffung der Todesstrafe an Bedeutung verloren haben dürfte, weil Gefängnisstrafen im Bereich der kosmologiebedingten Straftaten nur in beschränktem Maße eine abschreckende Wirkung haben. Wurde der Tod durch den Strang in früheren Zeiten als „Nachwirkung“ der böswilligen Hexerei der getöteten Hexe verstanden, so werden Gefängnisstrafen von der Außenwelt heute nur noch sehr eingeschränkt überhaupt als Übel empfunden. Nichtsdestotrotz wurde in der Vergangenheit von den Gerichten die Vermutung offen geäußert[19], dass der Hexenglaube aufgrund dieser gedanklichen Assoziation durch schwere

---

[15] Siehe oben, Kapitel III 4. a), 7..

[16] Dass die traditionellrechtlichen und neustrafrechtlichen Begründungen, warum der Muti - Mord bestraft werden solle, divergieren (nach traditionellem Recht war der Muti-Mörder strafbar wegen der Praxis schwarzer Magie und im modernen südafrikanischen Strafrecht, weil er aus Eigennutz einen anderen tötet), ist für generalpräventive Aspekte irrelevant. Insofern kommt es nur darauf an, dass der Täter die Tat überhaupt als verboten ansieht.

[17] Siehe oben , Kapitel IV 3. b).

[18] Siehe oben, Kapitel V 2. c).

[19] S. v. Ndhlovu and another, 1971 (1) SA 27 (RAD), Seite 30 H - 31 A

Strafen nicht geschwächt, sondern sogar noch gestärkt werde. Vor dem Hintergrund des unter der schwarzen Bevölkerung allgegenwärtigen Hexenglaubens wurde die Sanktion durch die Hexe stets viel mehr gefürchtet als die staatliche Sanktion mit den Mitteln des Strafrechts.

Ein bereits angesprochener Faktor, der die generalpräventive Wirkung der Bestrafung von Hexenmördern mindert, ist, dass die bei Hexenmorden übliche Gefängnisstrafe von der Öffentlichkeit bis heute nur sehr eingeschränkt als Strafe aufgefasst wird. Dies soll zur Vollständigkeit noch kurz erläutert werden. Die Bantutradition ist eindeutig eine Sühnekultur. Da Gefängnisstrafen zwar von einzelnen durchaus als Übel empfunden werden können, das Übel aber nicht als Sanktion nach außen tritt, kann nach traditioneller Sicht kein öffentlicher Rechtsfrieden entstehen. Die Gemeinschaft erhält keine Rückmeldung vom Leid des Täters hinter hohen Gefängnismauern, wie dies beim (öffentlichen) Vollzug der Todesstrafe noch der Fall war. Bis heute sind die südlichen Bantu dieser „Kultur der öffentlichen Sühne" noch sehr eng verbunden. Auch nach Verbüßung von langjährigen Gefängnisstrafen für Tötungsdelikte ist also der Rechtsfrieden für viele Betroffene noch nicht wieder hergestellt[20].

Zusammengefasst kann man also sagen, dass von einer strafrechtlichen Sanktion zumindest im Bereich der Hexenmorde[21] keinerlei generalpräventive[22] Wirkung ausgeht. Dies liegt erstens am mangelnden allgemeinen Verständnis dafür, dass Hexentötungen überhaupt verboten sind; zweitens wird die folgende Bestrafung nicht als staatliche Reaktion, sondern als Reaktion der Hexe auf deren Tötung verstanden. Drittens tritt die Gefängnisstrafe als Strafform nicht nach außen und wird folglich nicht als echte Sanktion verstanden.

3. Der Vergeltungsgedanke und kosmologiebedingte Straftaten

Im Bereich der Hexenmorde steht zudem die Vergeltungsfunktion des Strafens in Frage. *Seidman*[23] lobte einst die Errungenschaften des südafrikanischen Strafrechts, da mit der Politik, kosmologiebedingte Motivationen in der Strafzumessung besonders zu berücksichtigen, nicht nur der Abschreckungscharakter, sondern auch der Sühnecha-

[20] Vor diesem Hintergrund ist auch die Ansicht des schwarzen Rechtsgelehrten Mutungi, The legal aspects of witchcraft in East Africa, Seite 59 zu sehen, der die generelle Todesstrafe für Hexen fordert, die einen anderen durch böswillige Magie umgebracht haben.
[21] Anders bei den Muti-Morden. Wie oben dargelegt werden diese von Grund auf in der Bevölkerung als Unrecht empfunden; die Sanktion wird auch dem Staat zugeordnet. Die tendenziellen Bedenken gegenüber der Gefängnisstrafe als Strafform bleiben jedoch bestehen.
[22] Die genannte Bedenken bestehen - eingeschränkt - natürlich auch im Bereich der Spezialprävention. Auf die mangelnde Außenwirkung der Sanktion kommt es im Hinblick auf die Individualabschreckung selbstverständlich nicht mehr an.
[23] Seidman, 15 ICLQ 1135 (1966), Seite 1162

rakter erhalten bliebe. Dass diese Schlussfolgerung auf die Generalprävention, eingeschränkt auch auf die Spezialprävention, nicht zutrifft, ist bereits erwähnt worden. Auch im Hinblick auf die Vergeltungsfunktion des Strafens erscheint das Lob für die südafrikanische Lösung durch *Seidman* als unangemessen.

Wie in der Literatur immer wieder betont wird, setzt die Vergeltung im strafbegründenden Sinn nämlich voraus, dass der Täter eine *moralische* Schuld eingeht, die im Wege der staatlichen Sanktion verbüßt werden muss[24]. Nach dem Verständnis der schwarzen Bevölkerung lädt der Hexenjäger vor dem Hintergrund der traditionell-afrikanischen Weltanschauung aber schon gar keine moralische Schuld auf sich. Deshalb besteht innerhalb der schwarzen Bevölkerung unbestritten kein Bedürfnis für Vergeltung. Die weiße Gemeinschaft muss die diesbezüglichen Zweifel anerkennen. Selbst die südafrikanischen Gericht haben betont, höchste Bedenken zu haben, ob die Hexenmörder überhaupt moralische Schuld auf sich geladen hätten; schließlich wurden die Strafmilderungen oft mit einer verminderten „moralischen, wenngleich nicht rechtlichen Schuld" begründet. Letztendlich ist es also Vergeltungserwägungen auf seiten der südafrikanischen Richter zu verdanken, dass sich die Strafmilderungen bei Hexenmorden aufgrund dieser geringeren moralischen Schuld überhaupt durchgesetzt haben.

Es erscheint also durchaus naheliegend, dass auch der Strafzweck der Vergeltung eine Verurteilung der Hexenmörder nicht rechtfertigt.

4. Die Zukunftsaufgabe: Ein neues Strafrecht für eine heterogene Gesellschaft

Ein weiterer bemerkenswerter Aspekt ist, dass das südafrikanische Recht sich gegenüber dem Hexenglauben uneinheitlich verhält. Über die staatliche Lizensierungen von Sangomas hinaus (die zumindest als eine Art Billigung verstanden werden müssen) wird dem Hexenglauben im Familienrecht durch den Staat eine weitere wesentliche Wirkung beigemessen: Der Vorwurf der Hexerei wird sowohl bei einer nach traditionellem Recht geschlossenen Ehe[25] als auch im modernen südafrikanischen Familienrecht von den Gerichten als Scheidungsgrund anerkannt[26]. Dieses Auseinanderfallen von rechtlichen Wertungen ist nicht nur im Hinblick auf die gebotene Einheit der Rechtsordnung in Südafrika bedenklich. Auch aus der Sicht der Normadressaten ist ein solches Verhalten des Staates widersprüchlich und kaum nachzuvollziehen.

---

[24] Snyman, Strafreg, Seite 17

[25] Siehe Whitfield, South African Native Law, Seite 136 f; Bekker, Seymour's Customary Law in Southern Africa, Seite 192; Bekker et al., Indigenous Law, Seite 68, jeweils m.w.N.

[26] Vgl. zum Beispiel Cronje, South African Law of Persons and Family law, Pretoria, 1999.

In den anderen oben genannten Staaten, in denen die Hexenmörder generell zum Tode verurteilt, dann auf Hinweise der Justiz aber durch die Exekutive begnadigt wurden, zeigte sich, dass die Strafjustiz den genannten Formen der Kriminalität nicht angemessen entgegentreten konnte. Wissend, völlig unsachgemäße Urteile fällen zu müssen, wandten sich die Richter immerhin an die Exekutivorgane der Kolonialmächte und hielten sie zur Begnadigung der Täter an. Diese Praxis der Gerichte, Exekutivmaßnahmen als Sicherheitsventil für offensichtliche Fehlurteile zu institutionalisieren, deutete auf einen erheblichen Mangel an Anpassungsfähigkeit der kolonialen Rechtssysteme an die afrikanischen Lebensumstände hin.

Verglichen mit dieser Praxis stellt die rechtliche Würdigung der kosmologiebedingten Straftaten durch die südafrikanischen Gerichte eine geringfügige Verbesserung dar. Wenngleich auch die Handhabung der Strafzumessungslösung den oben genannten Bedenken begegnet, so dokumentieren die Richter immerhin, dass sie den Rechtsproblemen, die in einer heteronomen Gesellschaft wurzeln, wenigstens in Kategorien des Strafrechts (wenn auch nur im Rahmen des Strafzumessungsrechts), nicht auf informeller Ebene durch Gnadenakte begegnen wollen.

Das Problem der sachgerechten Beurteilung von Hexenmorden und den anderen genannten Kriminalitätsformen basiert auf einer krass divergierenden Weltsicht. Die überwiegende Mehrheit der schwarzen Bevölkerung im südlichen Afrika ist fest in der in Kapitel I beschriebenen Kosmologie verwurzelt. Das südafrikanische Strafrecht hat in Gesetzen und Richtersprüchen, mehrfach und eindeutig verdeutlicht, dass es nicht bereit sei, diesen weltanschaulichen Vorstellungen zu folgen. Hinter dem harten Kurs des südafrikanischen Rechts verbergen sich natürlich auch politische Erwägungen.

Anfangs, bis weit ins 19. Jahrhundert hinein, suchte das junge Kolonialrecht den Ausgleich zwischen einheimischen Wertvorstellungen und denen der Einwanderer. Die afrikanischen Eingeborenen wurden trotz andauernder militärischer Auseinandersetzungen nicht als ernsthafte Bedrohung betrachtet. Auf dem Gebiet der kosmologiebezogenen Straftaten wird dies durch das erste Hexenunterdrückungsgesetz aus der Kapkolonie[27] belegt, welches den Interessen der schwarzen Bevölkerung noch hinreichend Rechnung trug. Die „policy of indirect rule“, gewissermaßen die gemäßigte Form des Kolonialismus, hinterließ ihre Spuren auch im Strafrecht; im Bereich der Hexenunterdrückungsgesetze wurden nicht nur Kolonialinteressen durchgesetzt, sondern immerhin auch Grundbedürfnisse der Bevölkerung berücksichtigt, indem man die böswillige Hexerei selbst strafrechtlich ahndete.

[27] Siehe hierzu oben, Kapitel IV 1., Appendix.

Langsam änderte sich die Politik gegenüber den Eingeborenen. Als gegen Ende des 19.Jahrhunderts alle fremden Mächte im südlichen Afrika versuchten, koloniale Staatsstrukturen mit Gewalt zu errichten und zu festigen, erschien ihnen das Strafrecht als geeignetes Mittel, koloniale Wertvorstellungen durchzusetzen. Dies geschah auf dem Gebiet der kosmologiebezogenen Straftaten durch die Einführung und zunehmende Verschärfung der Hexenunterdrückungsgesetze; auf anderen Gebieten, wie z.B. der Bigamie oder der Inzucht wurde traditionell gebilligtes Verhalten ebenso hart bestraft. In anderen Bereichen wurde die koloniale Disziplinierung mit den Mitteln des „reasonable man" vorangetrieben. Dabei wurden weite Teile des Strafrechts mit europäischen Normen aufgefüllt, die traditionelle afrikanische Strafrechtskultur hingegen durch weitgehende Entmachtung der Häuptlingsgerichtsbarkeit völlig entwurzelt und vernichtet. Der Erlaß des Bantu Administration Act im Jahre 1927 war ein trauriger erster Höhepunkt in diesem Prozess, der Erlaß des nationalen Witchcraft Suppression Act ein weiterer.

Ob es ein politischer Fehler war, bei dem Versuch, einheitliche Werte zu schaffen, sich fast ausschließlich auf das Strafrecht zu verlassen, ist für Rhodesien bereits ernsthaft erwogen worden[28]. Für Südafrika lässt sich dies angesichts der repressiven Strafrechtspolitik während der Apartheid eindeutig bejahen. Als es gegen 1970 in den Nachbarstaaten Südafrikas innenpolitisch langsam zu brodeln begann und eine endgültige Lösung von den alten Kolonialsystemen, in vielen Ländern gar ein Bürgerkriege stattfanden, verstärkte der südafrikanische Staat das Bestreben, durch eine repressive Innenpolitik und durch eine strenge Anwendung des Strafrechts die Lage unter Kontrolle zu behalten. Dies wird im Bereich der Hexentötungen aus den Formulierungen der Gerichte, die an Schärfe vor allem zu den Zeiten der Unruhe Ende der Achtziger Jahre immer weiter zunahmen[29], auch an der weiteren Verschärfung des Witchcraft Suppression Act im Jahre 1970 ersichtlich. Im Bereich der strafrechtlichen Problemfälle, die aufgrund der heterogenen Gesellschaftsstruktur in Südafrika entstanden waren, bedeutete dieser Kurs eine weitere Verhärtung der Fronten zwischen den Rassen und ein bewirkte weiteres Ablösen des Strafrechts von der sozialen Matrix.

Gerade dies ist die Altlast, die es heute, im „neuen" Südafrika abzubauen gilt. Die südafrikanischen Strafgerichte stehen derzeit allerdings vor der Situation, Präzedenzfälle aus den Zeiten der Apartheid anwenden zu müssen. Wie die Gerichte, vor allem im Zusammenspiel mit dem neu geschaffenen Verfassungsgerichtshof, diese Problemstellung lösen werden, ist ungewiß.

---

[28] Mittlebeeler, African Custom and Western Law, Seiten 215 f.
[29] Siehe hierzu oben, Kapitel V 3. b).

Wie aufgezeigt, hat das Strafrecht in Südafrika als Mittel zur Schaffung von gleichgeschalteten moralischen und ethischen Werten versagt. Ändert man die Perspektive, so ist ebenso auffällig, dass das Strafrecht wohl gerade deshalb bei der Suche nach einer sachgerechten Lösung der Fälle aus dem Bereich der heterogenen Gesellschaft versagt, weil sich das Common Law in Südafrika nicht auf einheitliche Wertmaßstäbe stützen kann, wie sie beispielsweise im Mutterland des Common Law gelten.

Um voll funktionstüchtig zu sein, setzt nicht nur die Gestalt des „reasonable man", sondern das gesamte Common Law das Zugrundeliegen eines einheitlichen ethischen Codes voraus. Die Behandlung der kosmologiebedingten Straftaten vor den Gerichten in Südafrika zeigt, dass das Common Law am Fehlen dieser Voraussetzung scheitert. Ein einheitlicher ethischer Code ist in Südafrika nicht vorhanden. Zudem dürfte die dafür notwendige ethische und moralische Einheit im „neuen" Südafrika schon angesichts der grundsätzlichen Entscheidung der neuen Verfassung für Pluralität[30] in der näheren Zukunft schwer herbeizuführen sein.

Auf der Suche nach den Wurzeln für ein solches einheitliches ethische Normensystem, welches dem Strafrecht als Fundament dieen könnte, müssen alte Modelle weichen. Das südafrikanische Strafrecht ist nicht mehr das *„Recht von England, auch wenn es bis nach Nyasaland reicht !"*[31]. Mit der Gründung der Republik Südafrika und dem Übergang zu einer freiheitlichen Demokratie wurde die Entscheidung über Recht und Unrecht aus den Händen des Kolonialismus genommen und einem mehrheitsorientierten System übertragen. Nachdem mit dem Apartheidsregime auch der Import fremder Werte nach Südafrika beendet ist, beginnt die Suche nach einer Balance zwischen den bisher unterdrückten afrikanischen und den mittlerweile unbestreitbar existierenden europäischen Normen.

Es würde zu weit gehen, angesichts der kaum praktikablen Präjudizienbindung die Abschaffung des Common Law in Südafrika zu fordern, damit traditionelle afrikanische Wertvorstellungen im Strafrecht berücksichtigt werden könnten. Mit der holländisch-römischen Rechtstradition existiert zwar bereits ein alternatives Fundament für das südafrikanische Strafrecht; eine Berücksichtigung afrikanischer Werte könnte aber wie gezeigt auch systemimmanent im Common Law stattfinden. Dazu wäre aber erforderlich, dass unter anderem der normativen Rechtsbegriff des „reasonable man" neu definiert wird. Gelänge eine Neuausfüllung dieses Begriffes, dann könnte das ehemalige „trojanische Pferd des Kolonialismus" heute als Vehikel dienen, mit dem pluralistische Werte in das moderne Strafrecht im neuen Südafrika in der Post-Apartheidsära eingebracht werden könnten.

---

[30] Siehe die Präambel der südafrikanischen Verfassung vom 8.Mai 1996.
[31] The Attorney-General for Nyasaland v. Jackson, 1957 R.&N.L.R. 443 (RFedSC), Seite 449

In mehreren Ländern der Welt wurden mittlerweile die Schwächen des Common Law in einer heteronomen Gesellschaft aufgedeckt und es wurde nach Lösungsmöglichkeiten gesucht. Eine weitere, sehr aussichtsreiche Lösung ist die Schaffung einer neuen Verteidigungseinrede, einer „cultural defence", die in den Vereinigten Staaten bereits intensiv diskutiert wird[32] . Diese Verteidigungseinrede soll dann erhoben werden können, wenn der Angeklagte seine kulturell bedingten Interessen in den althergebrachten Verteidigungseinreden nicht hinreichend gewahrt sieht.

Die Einführung einer spezifischen Verteidigungseinrede, die in Südafrika im Fall der Hexentötung als einzige volle Verteidigungseinrede anwendbar wäre, umginge tatsächlich die Schwierigkeiten, die bei der Subsumtion des Hexenglaubens unter eine der hergebrachten Einreden auftreten. Auch wäre diese Verteidigungseinrede nach den amerikanischen Entwürfen flexibel ausgestaltet (Strafmilderungen bis hin zum vollständigen Strafausschluss) und könnte deshalb sachgerechte Ergebnisse im Bereich der kosmologiebedingten Kriminalität erzielen. Indem man eine „cultural defence" zwischen die schwarze Kultur und das weiße Recht setzt, könnte sich das Common Law im Hinblick auf sachgerechte Lösungen in pluralistischen Gesellschaften weiterentwickeln. Eine systemimmanente „cultural defence" wäre somit nicht nur ein Puffer zwischen den unterschiedlichen Kulturen, sondern auch ein Adapter zwischen den unterschiedlichen Verständnissen von Recht und Unrecht, die innerhalb der südafrikanischen Rechtsordnung aufeinandertreffen.

---

[32] Anonymous, 99 Harvard Law Review 1293 (1996)

Appendix I : Ergebnisse der Kurzumfrage

Die folgende Kurzumfrage wurde unter 357 schwarzen Jurastudenten der Universitäten Bloemfontein (UOFS); Pretoria (University of Pretoria); Mamelodi (VISTA University) verteilt und von diesen beantwortet.

You are kindly asked to fill out this questionnaire on the issues, which You heard about today. This poll is anonymous. Do not write Your name on the sheet. This poll is used for scientific use only and the results will be published. You do not break any taboo under any African tradition, if You answer correctly. Please feel free to make comments wherever appropriate.
Thank You for Your cooperation !

	Ergebnis	Prozent
1.) Witches do exist.		
a) Yes	278	77,9
b) No	7	2,0
c) Only in the minds of people	47	13,1
d) I do not know	25	7,0
2.) Do You think that You ancestors have influence on Your daily life ?		
a) Yes	206	57,7
b) No	75	21,0
c) I do not know	70	19,6
3.) Did You ever consult a Sangoma ?		
a) Yes	88	24,6
b) No	172	48,1
c) Not me, but a member of my family	80	22,4
4.) People who kill witches shall be tried in traditional rather than modern courts.		
a) I agree	201	56,2
b) I disagree	156	43,7
5.) People who burn witches shall be punished.		
a) Not at all	51	14,6
b) with extenuating circumstances	93	26,7
c) Like any other murderer	156	44,7
d) with a heavier sentence than a usual murderer	49	14,0

Appendix II: Die Hexenunterdrückungsgesetze im Wortlaut

Cape of Good Hope: Proclamation 110 of 1879, sec 14 & 15 ("Regulations for the Government of Transkei")

14. Every person practising, or pretending to practise, witchcraft, or other acts commonly regarded as such, shall be guilty of an offence punishable by fine, or imprisonment with or without spare diet and with or without solitary confinement, or whipping not exceeding thirty-six lashes, or by all or any of such punishments.

15. Any person falsely accusing another of practising witchcraft, or other such acts, shall be guilty of an offence punishable as in the last preceding regulation provided.

Cape of Good Hope: Black Territories' Penal Code Act 24 of 1886 Chapter XI, sec. 171 - 175[1], as amended by Proclamation No. 164 of 1919[2]

Imputations of witchcraft

171. Whoever imputes to any other the use of non-natural means in causing disease in any person or animal, or in causing any injury to any person or property, that is to say, whoever names or indicates another to be a wizard or witch (umtakati) shall be punished with imprisonment with or without hard labour for a term not exceeding two years, or with a fine or flogging not exceeding fifteen strokes, or any two or more of such punishments.

172. Whoever having named or indicated any person as wizard or witch, shall be proved to be by habit and repute a witch-doctor or witch-finder (isanusi) shall be punished with or without hard labour, for a term which may extend to five years, or with fine or flogging not exceeding fifteen strokes, or any two or more of such punishments.

Employing a witch-doctor

173. Whoever employs or solicits any witch-doctor or witch-finder (isanusi) to name or indicate any person as wizard or witch (umtakati) shall be punished with a fine not exceeding five pounds, and in default of payment to imprisonment, with or without hard labour, for a term which may extend to two months unless such fine be sooner paid.

---

[1] Ursprünglich hieß das Gesetz "Penal Code for the Transkeian Territories"; durch eine Proklamation noch im selben Jahr wurde der örtliche Anwendungsbereich des Gesetzes auf alle Eingeborenenterritorien innerhalb der Kolonie ausgedehnt. Im Jahre 1894 wurde das Gesetz ferner in Ost und West Pondoland für anwendbar erklärt; 1905 auch in Walvish Bay, siehe Kriel, Seite 199.

[2] 17. November 1919. Die Proclamation No. 164 of 1919 änderte die Höchststrafen gegenüber dem Gesetz von 1886 von zwei auf fünf Jahre Gefängnisstrafe.

Witch-doctors supplying advice or witchcraft materials with intent to injure

174. Any person professing to a knowledge of so-called witchcraft, or the use of charms, who shall advise any person applying to him how to bewitch or injure persons, property or cattle, or who shall supply any person with the pretended means of witchcraft, shall be punished with imprisonment, with or without hard labour for a term not exceeding twelve months, or with fine.

Persons using witch medicine with intent to injure

175. Whoever, on the advice of a witch-doctor, or of his pretended knowledge of so-called witchcraft shall, with intent to injure, use, or cause to be put into operation, such means or processes as he believes are calculated to injure any person or property, shall be punished by imprisonment, with or without hard labour, for a period not exceeding twelve months, or with fine.

Natal Native Code, Law No. 19 of 1891, Chapter 21[3]

Chapter XXI: Witch Doctors and Diviners

268. Whoever shall practise as an "Inyanga yo ku bula" or "Isanusi" (male or female diviner), or as rain doctor, or as lightning doctor, shall be deemed guilty of an offence.

269. Whoever by himself or by an agent or messenger, consults or employs a male or female diviner, or a rain or lightning doctor, as such, shall be deemed guilty of an offence, and the agent or messenger so employed, shall also be deemed guilty of an offence.

270. Any person professing for gain a knowledge of witchcraft or the use of spells or charms, or who shall advise any person applying to him to bewitch or injure persons or property, or who shall supply any person with the pretended means of witchcraft, shall be deemed guilty of an offence.

Natal Native Code, Act No.8 of 1897

Any person who shall contravene any of the provisions of Law No. 19, 1891, or of any Act amending the same, or of any rule or order made thereunder, for which a special penalty has not been provided, shall, upon conviction in the Court of an Administrator of Native Law, be liable to a fine not exceeding Ten Pounds Sterling, or to be imprisoned with or without hard labour for any terms not exceeding six months, or to a whipping not exceeding fifteen lashes. In the discretion of the Court, imprisonment and whipping may be joined and form part of the same sentence, or any one of the said

[3] Für Zululand vgl. Laws and regulations for the government of Zululand, Proclamation 11 of 1887.

classes of punishment may be awarded alone; or imprisonment may be awarded in conjunction with a fine as an alternative punishment, or by way of default in the payment of any fine; provided, however, that no woman shall be sentenced to be whipped.

Cape of Good Hope
Witchcraft Suppression Act, 1895
Act to Suppress the Imputation or Practice of Pretended Witchcraft, No. 2 - 1895

Be it enacted by the Governor of the Cape of Good Hope by and with the advice and consent of the Legislative Council and the House of Assembly thereof, as follows :-

1. Whoever imputes to any other person the use of non-natural means in causing any disease in any person or animal, or in causing any injury to any other person or property, that is to say, whoever names or indicates any other person as being a wizard or witch (in the Kafir language Umtakati) shall, on conviction, be liable to a fine not exceeding two Pounds sterling or in default of payment to imprisonment, with or without hard labour, for a period not exceeding fourteen days unless such a fine be sooner paid.

2. Whoever, having so named or indicated any person as wizard or witch as aforesaid, shall be proved at his trial under the last preceding section to be by habit and rep a witch-doctor or witch-finder (in the Kafir language Isanusi) shall be liable, on conviction, in lieu of the punishment provided by the last preceding section to a fine not exceeding fifty pounds, or to imprisonment, with or without hard labour for any term not exceeding two years, or to corporal punishment not exceeding thirty-six lashes or to any two or more of such punishments.

3. Whoever employs or solicits any such witch-doctor or witch-finder as aforesaid so to name or indicate any person as wizard or witch as aforesaid shall be liable, on conviction, to a fine not exceeding five pounds, and in default of payment to imprisonment with or without hard labour, for any term not exceeding two months unless such fine be sooner paid.

4. Whoever professes a knowledge of so-called witchcraft or of the use of charms, either as a witch-doctor or witch-finder, and shall advise or undertake to advise any person applying to him how to bewitch or injure any other persons or any property including animals, and any person who shall supply any other person with the pretended means of witchcraft shall, on conviction, be liable to the punishments provided by section two of this Act.

5. Whoever on the advice of a witch-doctor or witch-finder, or in the exercise of any pretended knowledge of witchcraft or of the use of charms, shall use or cause to be put into operation such means or processes as he may have been advised or may believe to be calculated to injure any other person or any property including animals, shall be liable on conviction to the punishments provided by section two of this Act.

6. Any money or other thing received by any person by way of payment or reward for or in respect of any exercise or pretended exercise of so-called witchcraft, or of the use of charms, or for or in respect of advising any person as to any mode or method of bewitching or injuring, by non-natural means, any other person, or any property, including animals, shall be deemed to have been obtained by false pretences by such first-mentioned person receiving the same.

7. This Act shall take effect on and after any date, not earlier than the first day of September, 1895, which may be fixed by any proclamation[4].

8. This Act may be cited as "The Witchcraft Suppression Act, 1895".

Transvaal Crimes Ordinance No. 26 of 1904

D. Witchcraft

29. Any person who imputes to another person the use of non-natural means in causing any disease in any person or property or in causing injury to any person or property or shall name or indicate another as a wizard or witch shall be liable upon conviction to imprisonment with hard labour for a period not exceeding five years.

30. Any person who having named or indicated another as a wizard or witch shall be proved to be by habit and repute a witch doctor or witch finder shall be liable upon conviction to imprisonment for life.

31. Any person who employs or solicits any witch-doctor or witch finder to name or indicate another as a wizard or witch shall be liable upon conviction to imprisonment with hard labour for one year.

32 Any person professing a knowledge of so-called witchcraft or the use of charms who shall advise any person applying to him how to bewitch or injure persons animals or other property or who shall supply any person with the pretended means of witch-craft shall be liable to imprisonment with hard labour for a period not exceeding ten years.

---

[4]In Kraft getreten am 15. Mai 1896, vgl. Proclamation No. 144 / 1896 vom 22. April 1896.

33. Any person who on the advice of a witch doctor or of his pretended knowledge of so-called witchcraft shall with intent to injure use or cause to be put into operation such means or processes as he believes to be calculated to injure any person or property shall be liable upon conviction to imprisonment with hard labour for a period not exceeding ten years.

34. Any person who for purposes of gain pretends to exercise or use any kind of supernatural power witchcraft sorcery enchantment or conjuration or undertakes to tell fortunes or pretends from his skill or knowledge in any occult science to discover where or in what manner anything supposed to have been stolen or lost may be found shall be liable upon conviction top imprisonment with hard labour for a period not exceeding one year.

Witchcraft Suppression Act 3 of 1957 as amended by the Witchcraft Suppression Amendment Act 50 of 1970[5]

Act to provide for the suppression of the practice of witchcraft and similar practices

1. Offences relating to the practice of witchcraft and similar practices.

Any person who -

(a) imputes to any other person the causing, by supernatural means, of any diseases in or injury or damage to any person or thing, or who names or indicates any other person as a wizard;

(b) in circumstances indicating that he professes or pretends to use any supernatural power, witchcraft, sorcery, enchantment or conjuration, imputes the cause of death of, injury or grief to, disease in, damage to, or disappearance of any person or thing to any other person;

(c) employs or solicits any witch doctor, witch-finder or any other person to name or indicate any person as a wizard;

(d) professes a knowledge of witchcraft, or the use of charms, and advises any person how to bewitch, injure, or damage any person or thing, or supplies any person with any pretended means of witchcraft;

(e) On the advice of any witch doctor, witch-finder or other person or on the ground of any pretended knowledge of witchcraft, uses or causes to be put into operation any means or process which in accordance with such advice or his own belief, is calculated to injure or damage any person or thing;

(f) for gain pretends to exercise or use any supernatural power, witchcraft, sorcery, enchantment or conjuration, or undertakes to tell fortunes, or pretends from his skill in

[5] Der Witchcraft Suppression Amendment Act setzte einen neuen Absatz 1 (b) ein; die nachfolgenden Absätze verschoben sich dementsprechend, wurden aber nicht geändert.

or knowledge of any occult science to discover where and in what manner anything supposed to have been stolen or lost may be found,

shall be guilty of an offence and liable on conviction -

(i) in the case of an offence referred to in paragraph (a) or (b) in consequences or which the person in respect of whom such offence was committed, has been killed or where the accused has been proved to be by habit or repute a witchdoctor or witch-finder, to imprisonment for a period not exceeding twenty years or to a whipping not exceeding ten strokes or to both such imprisonment and such whipping;
(ii) in the case of any other offense referred to in the said paragraphs, to one or more of the following penalties, namely, a fine not exceeding one thousand Rand, imprisonment for a period not exceeding ten years and a whipping not exceeding ten strokes;
(iii) in the case of an offense referred to in paragraph (c), (d) or (e), to a fine not exceeding five hundred Rand or to imprisonment for a period not exceeding five years, or both such fine and imprisonment;
(iv) in the case of an offense referred to in paragraph (f) to a fine not exceeding two hundred Rand or to imprisonment for a period not exceeding two years.

2. Presumption
Where any person in respect of whom an offense referred to in paragraph (a) or (b) of section 1 was committed is killed, it shall be presumed, until the contrary is proved, that such person was killed in consequence of the commission of such offense.

3. Repeal of Laws
The Laws mentioned in the Schedule to this Act are hereby repealed to the extent set out in the fourth Column of that Schedule.

4. Short title
This Act shall be called the Witchcraft Suppression Act, 1957.

Lebowa Wet op Onderdrukking van Toorkuns No.2 van 1992
1) Misdrywe met betrekking tot die beoefening van toorkuns en dergelike bedrywighede
Iemand wat
(a) aan iemand anders die veroorsaking van 'n siekte in of nadeel of skade aan iemand of iets deur middel van bonatuurlike middels toeskryf, of wat iemand anders as 'n towenaar bestempel of uitwys;
(b) in omstandighede wat daarop dui dat hy te kenne gee of voorgee dat hy van bonatuurlike mag, toorkuns, toordery, betowering of beswering gebruik maak, die

veroorsaking van die dood van, nadeel of leed aan, siekte in, skade aan of verdwyning van iemand of iets aan iemand anders toeskryf;

(c) 'n toordokter, towenaaruitwyser of iemand anders gebruik of versoek om iemand as ‘n towenaar te bestempel of uit te wys;

(d) voorgee dat hy oor kennis van toorkuns of die gebruik van toormiddels beskik, en iemand raadgee hoe om iemand of iets te toor, te benadeel of te beskadig, of iemand van beweerde toormiddels voorsien;

(e) op raad van 'n toordokter, towenaaruitwyser of iemand anders, of op grond van beweerde kannis van toorkuns, 'n middel of metreel gebruik of in werking laat stel wat volgens daardie raadof sy eie oortuiging daarop bereken is om iemand of iets te benadeel of te beskadig;

(f) vir wins voorgee dat hy bonatuurlike mag, toorkuns, toordery, betowering of beswering uitoefen of gebruik, of onderneem om waar te sê, o, of voorgee dat hy uit hoofde van sy bedrewenheid in of kennis van 'n geheime wetenskap ontdek waar en op watter manier iets wat veronderstel word gesteel of verloor te gewees het, gevind kan word;

(g) deelneem aan einige samekoms wat byeengeroep is vir die doel om enige toordokter, towenaaruitwyser of enige ander persoon te gebruik vir die doel om enige persoon as towenaar te benoem of te bestempel, of om fondse in te samel om enige sodanige toordokter of towenaaruitwyser te benoem of uit te wys;[6]

(h) enige persoon vervoer of handel op die instruksies van die eienaar van ‘n voertuig om enige persoon te vervoer vir die doel om 'n toordokterof towenaaruitwyser te raadpleg om 'n ander persoon aan te wys of te bestempel as toordokter; of enige persoon of persone toe te laat om hulleself so te vervoer om 'n toordokter te raadpleg met die gemelde doel;[7]

is aan 'n misdryf skuldig en by skuldigbevind strafbaar -

(i) in die geval van 'n in paragraaf (a) of (b) bedoelde misdryf, ten gevolge waarvan die persoon ten aansien van wie die misdryf gepleeg was, gedood is, of waar dit bewys is dat die bekuldigde uit gewoonte of volgens gerugte 'n toordokter of towenaaruitwyser is, met gevangenisstraf vir 'n tydperk van hoogstens twintig jaar of met lyfstraf van hoogstens sewe houe of met beide daardie gevangenisstraf en daardie lyfstraf;

---

[6]Redaktionelles Versehen; in Übereinstimmung mit dem Englischen Text muss Absatz (g) wie folgt gelesen werden:
"...deelneem aan einige samekoms wat byeengeroep is vir die doel om enige toordokter, towenaaruitwyser of enige ander persoon te gebruik **of te versoek** vir die doel om enige persoon as towenaar **te benoem of uit te wys**, of om fondse in te samel om enige sodanige toordokter, towenaaruitwyser of ander persoon te **gebruik of te versoek**;... " , vergleiche F.A. de Villiers / J. Beukman Wetbundel vir inheemse reg, Stellenbosch 1995.

[7]Redaktionelles Versehen, s.o. Fußnote 1, :
"enige persoon **of persoone** vervoer of handel op die instruksies van die eienaar van 'n voertuig om enige persoon **of persone so** te vervoer vir die doel om 'n toordokter of towenaaruitwyser te raadpleg om 'n ander persoon **uit** te wys of te bestempel as **towenaar**; of enige persoon of persone wat hulleself toelat om **(...)** so vervoer te word om 'n toordokter te raadpleg met die gemelde doel;"

(ii) in die geval van enige ander by genoemde paragrawe bedoelde misdryf, met een of meer van die volgende strawwe, naamlik 'n boete van hoogstens tween duisend Rand , gevanenisstra vir 'n tydperk van hoogstens sewe jaar en lyfstraf van hoogstens sewe houe;
(iii) in die geval van 'n in paragraaf (c), (d), (e), (g) of (h) bedoelde misdryf, met 'n boete van hoogstens vyf jaar of met beide daardie boete en daardie gevangenisstraf;
iv) in die geval van 'n in paragraaf (f) bedoelde misdryf, met 'n boete van hoogstens vie honderd rand of met gevangenisstraf vir 'n tydperk van hoogstens twee jaar.

2 Vermoedens
(1) Waar iemand teen aansien van wie 'n in paragraaf (a) of (b) van artikel 1 bedoelde misdryf gepleeg is, gedood word, word dit vermoed, todat die teendeel bewys word, dat so iemand ten gevolge van die pleeg van daardie misdryf gedood is.

(2) Wanneer dit ook al beweer word dat 'n persoon of persone byeengekom het vir die doel om fondse in te samel vir die doel om 'n toordokter aan te wys of om iemand as 'n toordokter te bestempel of enige persoon of groep van persone vervoer is of vervoer het vir die uitsluitlike doel om 'n toordokter te raadpleg, sal dit vermoed word dat sodanige persoon of groep van persone wel geweet het van die doel van sodanige byeenkoms of vervoers tensy die teendeel bewys word.[8]

3 Herroep van wette
Die (Suid-Afrikaanse) Wet op die Onderdrukking van Toorkuns 1957 (Wet 3 van 1957), word hierby herroep.

Draft Witchcraft Control Act, 1996

as proposed by the 1996 Commission of Inquiry into Witchcraft violence and Ritual Murders in the Northern Province of the Republic of South Africa

To provide for the control of the practice of witchcraft and similar practices

1.Offenses relating to the practice of witchcraft and similar practices

Any person who -

(a) without any reasonable or justifiable cause imputes to any other person the causing, by supernatural means, of any death, disease in or injury or damage to any person or thing, or who names or indicates any other person as a wizard or a witch;

[8] Redaktionelles Versehen, siehe Fußnote 1:
"Waneer dit ook al beweer word dat 'n **beskuldigde** persoon of persone byeengekom het vir die doel om fondse in te samel vir die doel om 'n toordokter **te gebruik** of om iemand as doel om fondse in te samel vir die doel om 'n toordokter te gebruik of om iemand as 'n towenaar te bestempel **of uit te wys** of vervoer **is of enige persoon of groep van persone vervoer het**, vir die uitsluitlike doel om 'n toordokter te raadpleg, dal dit vermoed word, dat sodanige persoon of groep van persone wel geweet het van die doel van sodanige byeenkoms of vervoer tensy die teendeel bewys word."

(b) in circumstances indicating that he professes or pretends to use any supernatural power, witchcraft, sorcery, enchantment of conjuration, imputes the cause of death of, injury or grief to, disease in, damage to or disappearance of any person or thing to any other person;
(c) employs or solicits any witch-doctor, witch-finder or any other person to name or indicate any person as a wizard or witch;
(d) does any act, which creates a reasonable suspicion that he is engaged in the practice of witchcraft;
(e) professes a knowledge of witchcraft, or the use of charms, and advises any person how to bewitch, injure or damage any person or thing, or supplies any person with any means of witchcraft;
(f) on the advice of any witch-doctor, witch-finder, or any other person or on the ground of any knowledge of witchcraft , uses or causes to be put into operation any means or process which, in accordance with such advice or his own belief, is calculated to injure or damage any person or thing;
(g) causes people to collect money, whether willingly or unwillingly, with the Intention to employ or solicit any witch-doctor, witch-finder or any other person to name or indicate any person as a wizard or witch;
(h) causes any witch-doctor, witch-finder or any other person, against that person's wish, to name or indicate any person as a wizard or witch;
shall be guilty of an offense and liable on conviction: -

(i) in the case of an offense referred to in paragraphs (a), (b) and (c) to imprisonment for a period not exceeding three years or to a fine not exceeding R 3000 (Three Thousand Rand) or to both such fine or imprisonment;
(ii) in the case of an offense referred to in paragraphs (d), (e) and (f) to imprisonment for a period not exceeding four years or to a fine not exceeding R 4000 (Four Thousand Rand) or to both such fine or imprisonment;
(iii) in the case of an offense referred to in paragraph (g) and (h) to imprisonment for a period not exceeding two years or to a fine not exceeding R 2000 (Two Thousand Rand) or to both such fine or imprisonment.

2. Repeal of Laws

The laws mentioned in the Schedule to this Act are hereby repealed to the extent set out in the fourth column of the Schedule.

3. Short title

This Act shall be called Witchcraft Control Act 1996.

Southern Rhodesia:
The Witchcraft Suppression Act[9]

To suppress the practice of pretended witchcraft, 18th August 1899

1. This Act may be cited as the Witchcraft Suppression Act (Chapter 73).

2. In this Act 'Witchcraft' includes the 'throwing of bones', the use of charms and other means or devices adopted in the practice of sorcery.

3. Whoever imputes to any other person the use of non-natural means in causing any disease in any person or animal or in causing any injury to any person or property, that is to say, whoever names or indicates any other person as being a wizard or a witch, shall be guilty of an offence and liable to a fine not exceeding two hundred dollars or to imprisonment for a period not exceeding three years, or to whipping not exceeding twenty lashes or to any two or more of such punishments.

4. Whoever, having so named and indicated any person as a wizard or witch, is proved at this trial under section three to be by habit and repute a witch doctor or witch finder shall be liable, on conviction, in lieu of the punishment provided by section three to a fine not exceeding five hundred dollars or to imprisonment for a period not exceeding seven years or to whipping not exceeding thirty-six lashes or to any two or more of such punishments.

5. Whoever employs or solicits any other person-
(a) to name or indicate any other person as a wizard or witch; or
(b) to name or indicate by means of witchcraft or by the application of any tests mentioned in paragraph (b) of section eight or by the use of any other non-natural means any person as a perpetrator of any alleged crime or other act complained of; or
(c) to advise him or any other person how by means of witchcraft or by any non-natural means whatsoever the perpetrator of any alleged crime or other act complained may be discovered;
shall be guilty of an offence and liable to a fine not exceeding fifty dollars, or, in default of payment, to imprisonment for a period not exceeding six months.

6. Whoever, professing a knowledge of so-called witchcraft or of the use of charms, either as a witch doctor or a witch finder, advises or undertakes to advise any other person applying to him how to bewitch or injure any other person or property, including animals, and any person who supplies any other person with the pretended means

[9] Das Gesetz basierte im wesentlichen auf der Witchcraft Regulation, No. 16 of 1894.

of witchcraft, shall be guilty of an offence and liable to the punishments provided by section four.

7. Whoever, on the advice of a witch doctor or witch finder or any other person pretending to have the knowledge of witchcraft or the use of charms, or in the exercise of any pretended knowledge of witchcraft or the use of charms, uses or causes to be put into operation such means or processes as he may have been advised or may believe to be calculated to injure any other person or any property, including animals, shall be guilty of an offence and liable to the punishments provided by section four.

8. Whoever -
(a) by the exercise of any witchcraft, conjuration, use of charms or of any other supernatural means pretends to discover where or in what manner any property supposed or alleged to have been stolen or lost may be found or to name or indicate any person as a thief or perpetrator of any crime or any other act complained of; or
(b) in the pretence of discovering whether or not any person has committed any crime or any other act complained of, applies or advises the application or causes to be applied to such person the 'boiling water test' (that is to say the dipping by such other person of any of his limbs or portion of his body into boiling water), whether such dipping is voluntary or compelled, or administers or advises or causes the administration of, to such other person, with or without consent, any emetic or purgative;
shall be guilty of an offence and liable to the punishment provided by section four.

9. Any money, animal or other thing received by any person by way of payment or reward for or in respect of any exercise or pretended exercise of so-called witchcraft or of the use of charms, or for or in respect of advising any person as to any mode or method of bewitching or injuring, by non-natural means, any other person or property, including animals, for or in respect of indicating any person who by non-natural means is supposed to have bewitched or injured any other person or any property, including animals, or for or in respect of the performance of any of the acts mentioned in Section Eight, shall be deemed to have been obtained by fraud, and the person so receiving such money, animal or other thing shall be liable to be prosecuted for fraud and to suffer such punishment as is by law provided for such offence.

Northern Rhodesia:
1. Proclamation No 5 of 1914

2. In this Proclamation
"Property" includes animals

"Witchcraft" includes the throwing of bones, the use of charms and any other means, process or device adopted in the practice of witchcraft or sorcery;
"Act complained of" includes any death, injury, damage, disease or calamity whether of an accidental or of a tortious character;
"Boiling water test" means the dipping into boiling water of the limbs or any portion of the body of a person.

3. Whoever
(1) names or indicates or accuses or threatens to accuse any person as being a wizard or witch; or
(2) imputes to any person the use of non-natural means in causing any death, injury, damage or calamity; or
(3) asserts that any person has by committing adultery caused in some non-natural way death, injury, damage or calamity;
shall be liable upon conviction to a fine not exceeding fifty pounds or to imprisonment with or without hard labour for any term not exceeding three years or to corporal punishment not exceeding twenty lashes or to any two or more of such punishments.

4. Whoever shall be proved to be by habit or profession a witch doctor or witch finder shall be liable upon conviction to a fine not exceeding one hundred pounds or to imprisonment with or without hard labour for any term not exceeding seven years or to corporal punishment not exceeding twenty-four lashes or to any two or more of such punishments.

5. Whoever
(1) by his statements or actions represents himself to be a witch doctor or witch finder or as having or exercising the power of witchcraft;
(2) professing a knowledge of witchcraft or of any non-natural processes of any kind advises or undertakes to advise any person how to bewitch or injure any other person or any property; or
(3) supplies any person with the pretended means of witchcraft;
shall be liable upon conviction to the punishments provided in section four.

6. Whoever shall
(1) by the exercise of witchcraft or any non-natural means whatsoever pretend or attempt to discover where and in what manner any property supposed or alleged to have been stolen or lost may be found or to name or indicate any person as a thief or as the perpetrator of any crime or any act complained of; or
(2) in the pretence of discovering or in the attempt to discover whether or not any person has committed any crime or any other act complained of administer or cause to be administered to any person with or without his consent any emetic or purgative or

apply or cause to be applied to any person with or without his consent the boiling water test or any test whatsoever; or
(3) instigate direct control or preside at the doing of any act specified in the foregoing part of this section;
shall be liable upon conviction to the punishments provided by section four.

7. Whoever employs or solicits any person
(1) to name or indicate any person as being a wizard or witch;
(2) to name or indicate by means of witchcraft or by the use of any non-natural means or by the administration of emetic or purgative or by the application of any test whatsoever any person as the perpetrator of any alleged crime or other act complained of;
(3) to advise him or any person how by means of witchcraft or by the use of any non-natural means or by means of any emetic or purgative test whatsoever the perpetrator of any alleged crime or other act complained of may be discovered;
(4) to advise him on any matter or for any purpose whatsoever by means of witchcraft or non-natural means;
shall be liable upon conviction to the punishments provided by section three.

8. Any person who is present at the administration to any person of any test the administration of which is punishable under the provisions of this Proclamation shall be liable upon conviction to a fine not exceeding ten pounds or to imprisonment with or without hard labour for any term not exceeding one year or for corporal punishment not exceeding twenty lashes or to any two or more of such punishments.
Provided that no person called as a witness to prove the administration of any test aforesaid shall be deemed to be an accomplice or to need corroboration as such by reason only that he was present at the administration of any test as aforesaid.

9. Whoever on the advice of any other person pretending to the knowledge of witchcraft or of any non-natural processes or in the exercise of any witchcraft or of any non-natural means shall use or cause to be put into operation such means or processes as he may have been advised or may believe to be calculated to injure any person or any property shall be liable upon conviction to the punishments provided by section four.

10. Every person professing to be able to control by non-natural means the course of nature or using any subtle craft means of device by means of witchcraft charms or otherwise to deceive or impose upon any other person shall be liable upon conviction to a fine not exceeding ten pounds or to imprisonment with or without hard labour for any term not exceeding one year or to corporal punishment not exceeding twelve lashes or to any two or more of such punishments.

11 (1) Any person who collects, makes, sells, or uses, or assists or takes part in collecting, selling making or using any charm or poison or thing which he intends for use either by himself or by some other person for the purpose of any act punishable by this proclamation shall be liable upon conviction to a fine not exceeding ten pounds or to imprisonment with or without hard labour for any term not exceeding one year or to corporal punishment not exceeding twelve lashes or to any two or more of such punishments.
(2) Any person who has in his possession any charms or poison or thing which he intends for use either by himself or by some other person for the purpose of any act punishable by this Proclamation shall be liable upon conviction to a fine not exceeding five pounds or to imprisonment with or without hard labour for any term not exceeding six months or to corporal punishment not exceeding six lashes or to any two or more of such punishments. A person found in possession of anything commonly used for the purpose of an act punishable by this Proclamation shall be deemed to have intended such thing for use for the purpose of an act punishable by this Proclamation unless and until the contrary is proved.

12. Any Chief or Headman who directly or indirectly permits, promotes, encourages or facilitates the commission of any act punishable by this Proclamation or who knowing of such act or intended act does not forthwith report the same to the Magistrate or a Native Commissioner of the district shall be liable upon conviction to a fine not exceeding fifty pounds or to imprisonment with or without hard labour for any term not exceeding three years.

13. Any person who shall receive or obtain any consideration whatsoever or the promise thereof for or in respect of the doing by such person of any act punishable under this Proclamation shall be, if he has actually received such consideration be deemed guilty of the offence of obtaining by false pretences and if he has not actually received such consideration but only the promise thereof be deemed guilty of the offence of attempting to obtain by false pretences and shall be liable upon conviction to punishment accordingly.
Any agreement for the giving of any consideration for or in respect of the doing of any act punishable by this Proclamation shall be null and void.

14. This Proclamation may be cited, for all purposes, as "The Witchcraft Suppression Proclamation, 1914".

Tanganyika Territory:
Ordinance No. 33 of 1928[10]
Laws of Tanganyika 1965 Rev. Witchcraft

An ordinance to provide for the punishment of Witchcraft and of certain acts connected therewith.

1. This Ordinance may be cited as the Witchcraft Ordinance.

2. In this Ordinance:--
"Witchcraft" includes sorcery, enchantment, bewitching, or the purported exercise of any occult power, or the purported possession of any occult knowledge.
"Instrument of witchcraft" includes anything used or intended to be used, or represented to possess the power, by supernatural means, to prevent or delay any person from doing any act which he may lawfully do, or to compel any person to do anything which he may lawfully refrain from doing, or to discover the person guilty of an alleged crime or other act of which complaint is made, or to cause injury to any person or property or to produce any natural phenomenon.

3. Any person who by his statements or actions represents himself to have the power of witchcraft, or who makes, uses, has in his possession, or represents himself to possess, or supplies to any other person any instrument of witchcraft, shall be guilty of an offence against this Ordinance.

4. (1) Whoever, otherwise than in laying information before a court, the police, a native authority, or other proper authority, names or indicates any person as being a witch or wizard by imputing to him the use of witchcraft with intent to cause injury or misfortune to any person or class of person or to cause injury to any property, shall be guilty of an offence against this Ordinance.
(2) If, in consequence of any imputation so made, an offence punishable under the Indian Penal Code or any other law is committed by any person to whom such imputation was made or communicated, the person making such imputation shall be deemed to have abetted such offence against this Ordinance.
(3) Nothing in sub-section (2) of this section shall prevent a person who has committed an offence under sub-section (1) hereof from being punished for that offence, provided that no person shall be punished twice for the same act.

[10] In der Fassung, die am 28. Dezember 1928 verabschiedet und lediglich durch die Ordinance No 25 of 1935 geändert wurde.

5. (1) Any person who commits an offence against this Ordinance with intent to cause death, disease, injury or misfortune to any community, class of persons, person, or animal, or to cause injury to any property shall be liable to imprisonment of either description for a period not exceeding seven years or to a fine not exceeding four thousand shillings, or to both such fine and imprisonment.
(2) Any person who commits an offence against this Ordinance without any intent such as it is described in sub-section (1) of this section shall be liable to a fine not exceeding one thousand shillings or to imprisonment of either description for any period not exceeding one year; provided that no proceeding for the enforcement of any penalty under this sub-section shall be taken without the consent of the Governor.

6. A person who abets or attempts to commit an offence against this Ordinance shall himself be guilty of such an offence.

7. Any person who employs or solicits any other person to discover or indicate by means of witchcraft the person guilty of any alleged crime or causing any loss, injury, fear, grief or annoyance suffered by himself or by another, shall be guilty of an offence against this Ordinance.

8. (1) If it shall be reported to a District Officer that a person is suspected of practising witchcraft, and the District Officer, after due inquiry, shall be satisfied that the person so suspected causes or is likely to cause fear, annoyance or injury in mind, person, or property to any other person by means of pretended witchcraft or is practising witchcraft for gain or reward, he may, for reasons to be recorded, order the person so suspected to reside in any specified locality within his district until such order shall be varied or revoked, and further or in the alternative may order such person to report to the District Officer or to a Native Authority at such intervals not being less than seven days as he shall direct until such order shall be varied or revoked.
(2) Any order made under this section shall with the reasons therefor be forthwith reported by the District Officer making the same to the Provincial Commissioner of his Province. Every such report shall be accompanied by a record of the inquiry. The Provincial Commissioner may suspend, reverse, or vary any such order and shall report such order and the action taken hereon to the Chief Secretary, and any such order of a District Officer or Provincial Commissioner may a any time be disallowed or varied by the Governor.
(3) The power of a Provincial Commissioner to vary an order under this section shall include a power to direct that the person in regard to whom the order is made shall reside in any specified locality within the Province and shall report, at such intervals as aforesaid, to any District Officer or Native Authority in such locality; and the power of the Governor to vary an order under this section shall include a power to direct that the person in regard to whom the order is made shall reside in a specified locality in the

Territory and shall report at such intervals as aforesaid to any District Officer or Native Authority in such locality.
(4) Any person who shall without lawful excuse refuse or neglect to obey an order lawfully made under this section shall be liable to a fine not exceeding one hundred and fifty shillings or to imprisonment of either description for a term not exceeding two months.

9. Nothing in this Ordinance shall affect the liability on any person to any penalty which he may incur under any other law, provided that not person shall be punished twice for the same act.

Kenya Law : Chapter 67 :
The Witchcraft Act
An Act to consolidate and amend the law relating to witchcraft

1. This Act may be cited as the Witchcraft Act.

2. Any person who holds himself out as a witchdoctor able to cause fear, annoyance, or injury to another in mind, person or property, or who pretends to exercise any kind of supernatural power, witchcraft, sorcery, or enchantment calculated to cause such fear, annoyance or injury, shall be guilty of an offence and liable to imprisonment for a term not exceeding five years.

3. Any person, professing a knowledge of so-called witchcraft or the use of charms, who advises any person applying to him how to bewitch or injure persons, animals or other property, or who supplies any other person with any article purporting to be a means of witchcraft, shall be guilty of an offence and liable to imprisonment for a term not exceeding ten years.

4. Any person, who, of his pretended knowledge of so-called witchcraft, with intent to injure, uses or assists to use or causes to be put into operation such means or processes as may be calculated to cause fear, annoyance or injury in mind, person or property to any person shall be guilty of an offence and liable to the like punishment as in section 3 of this Act provided.

5. Any person who is in possession of a charm or other article usually used in the exercise of witchcraft, sorcery, or enchantment for the purpose of causing fear, annoyance or injury to another in mind, person or property and who fails to show reasonable cause

why he should retain any such charm or any article in his possession, shall be guilty of an offence and liable to imprisonment for a term not exceeding one year or to a fine not exceeding one thousand shillings, or to both, such imprisonment and such fine, and the charm or other article shall be forfeited or destroyed or otherwise dealt with in such a way as the magistrate may direct.

6. Any person who accuses or threatens to accuse any person with being a witch or with practising witchcraft shall be guilty of an offence and liable to a fine not exceeding five hundred shillings or to imprisonment for a term not exceeding five years:
Provided that this section shall not apply to any person who makes an accusation to a District Commissioner, a police officer, a chief or any other person in authority.

7. Any person who employs or solicits any other person to name or indicate by the use of any non-natural means any person as the perpetrator of any alleged crime or other act complained of shall be guilty of an offence and liable to a fine not exceeding five hundred shillings or to imprisonment for a term not exceeding five years.

8. Any Chief who directly or indirectly permits, promotes, encourages, or facilitates the practice of witchcraft or the doing of any act contrary to the provisions of this Act, or who knowing the practice or pretended practice of witchcraft by any person does not forthwith report the same to a District Commissioner shall be guilty of an offence and liable to a fine not exceeding five hundred shilling or to imprisonment for a term not exceeding three years.

9. (1) When it is reported to a District Commissioner that a person is suspected of practising witchcraft, the District Commissioner, after due inquiry and having satisfied himself that the person so suspected is likely to cause harm to any person or property by means of pretended witchcraft, may for reasons to be recorded, order the person so suspected to reside in any locality within his district to be named by the District Commissioner, and alternatively or in addition to report at the office of the District Commissioner every seven days or at longer intervals until further orders.
(2) (a) Any order issued under this section shall with the reasons therefore be forthwith reported by the District Commissioner to the Provincial Commissioner of his Province.
(b) Every such report shell be accompanied by a record of the inquiry.
(c) The Provincial Commissioner shall have power to suspend, reverse, or alter any such order, and shall report such order and the action taken thereon to the Minister who shall also have power to suspend reverse or alter any such order.
(3) Any person, who without lawful excuse refuses or neglects to obey an order issued under this section shall be guilty of an offence and on conviction before a magistrate, not being the District Commissioner who made the order, shall be liable to a fine not

exceeding one hundred and fifty shillings or to imprisonment for a term not exceeding two months.

10[11]. When a person has been convicted of any offence under this Act, in addition to awarding any other punishment the trial judge or magistrate may recommend to the Minister that such a person be deported or restricted, and thereafter the provisions of the Deportation (Aliens) Act shall apply as if a certificate had been given and a recommendation made under paragraph (a) of section 5 of that Act, or, as the case may be, the provisions of the Deportation (Immigrant British Subjects) Act shall apply as if a certificate had been given and a recommendation made under paragraph (a) of section 3 or paragraph (a) of section 4, as the case may be, of that Act.

11. Nothing in this Act shall affect the liability to the death penalty of any person who by the use of witchcraft or under a pretence of trial by ordeal or of using any lot or charm commits wilful murder.

Uganda:
Chapter 108, Laws of Uganda, 1964
The Witchcraft Act[12]

An Act to Make Provision for the Prevention of Witchcraft and the Punishment of Persons Practising Witchcraft

1. (Omitted)[13]

2. For the purposes of this Act, "witchcraft" does not include bona fide spirit worship or the bona fide manufacture, supply or sale of native medicines.

3. (1) Any person who directly or indirectly threatens another with death by witchcraft or by any other supernatural means shall be guilty of an offence and on conviction shall be liable to imprisonment for life.
(2) Any person who directly or indirectly threatens to cause disease or any physical harm to another, or to cause disease or harm to any livestock or harm to any property of whatever sort of another by witchcraft or by any other supernatural means shall be guilty of an offence and on conviction shall be liable to imprisonment for a period not exceeding ten years.

[11] Deportation und Aufenthaltsbegrenzung wurden durch das Gesetz L.N. 124 / 1964 eingesetzt.
[12] Verabschiedet am 28. März 1976; die Normen ersetzten die Witchcraft Ordinance No 7 aus 1957 und den Witchcraft Act 15 aus 1965.
[13] Vgl. Acts of Parliament Act, section 12. Inhalt: "The short title is "Witchcraft Act" ."

(3) Any person who practises witchcraft or who holds himself out as a witch, whether on one or more occasions, shall be guilty of an offence and on conviction shall be liable to imprisonment for a period not exceeding five years.
(4) Any person who hires or procures another person to practise witchcraft or who for evil purposes consults or consorts with another who practises witchcraft or holds himself out as a witch shall be guilty of an offence and on conviction shall be liable to imprisonment for a period not exceeding five years.

4. Any person who, other than to a person in authority imputes the use of witchcraft to another shall, if any harm result to such other as a result of such imputation, be guilty of an offence and on conviction shall be liable to imprisonment for a period not exceeding five years.

5 (1) Any person, other than a person in authority acting in the course of his duty, in whose possession or control any article used in practising witchcraft is found, other than bona fide, for scientific purposes or as a curio, shall be guilty of an offence and on conviction shall be liable to imprisonment for a period not exceeding five years.
(2) In any prosecution under this section the prosecution shall be required to show that the article found is by common repute or belief an article which is used for the purposes of witchcraft, but shall not be required to show the particular purpose or significance of the article.

6. Notwithstanding the provisions of any law or practice in the contrary, where any person is charged with the commissions of an offence under the provisions of this Act, evidence may be adduced -
(a) to show the reputation of such person as a witch;
(b) to establish that by common repute any substance, means, process or ceremony proved to have been administered, used or performed, or attempted or caused or advised to be administered, used or performed is commonly administered, used or performed in the practice of witchcraft.

7. (1) A court (including a court which is empowered under section 9 of this Act to try cases under this Act) by which any person is convicted of an offence under this Act may, in addition to or in lieu of any other punishment which it is empowered under this Act to impose, make an exclusion order in relation to such person.
(2) An exclusion order made under this section shall prohibit, for such periods as may be stated therein, the person in respect of whom it is made from entering and remaining in a specified area including and surrounding the place in which the offence was committed. A court making an exclusion order may impose such other conditions as in the circumstances of the case may seem expedient for the purpose of preventing the person

in respect of whom the order is made communicating with persons in the area from which he is excluded.

(3) An exclusion order may be made against a person for a period not exceeding ten years on his first conviction or may be made for life on his second or subsequent conviction; and any such order made in relation to a person sentenced to a term of imprisonment shall commence on the date of the expiration of his sentence.

(4) Any person who contravenes the provisions of or any condition in an exclusion order shall be guilty of an offence and shall be liable on conviction to imprisonment for a term not exceeding twelve months.

(5) Any period spent by a person against whom an exclusion order has been made in prison or escaped from prison as a result of a conviction under subsection (4) of this section shall not count as part of the period he is excluded from any area by the exclusion order.

(6) On application made at any time by or at the direction of the Director of Public Prosecutions, the High Court may vary the terms and conditions of an exclusion order but shall not vary the order to the prejudice of the person against whom the order is made without giving such person an opportunity of being heard.

8. A court on convicting any person for an offence against this Act shall order the confiscation and destruction of any article brought before it either before or after the trial which the court is satisfied was or might have been used in the commission of the offence.

9. Any prosecution for an offence under this Act may be heard by a court established under the Native Courts Act, the African Courts Act, or the Buganda Courts Ordinance or under any written law replacing such Acts or Ordinance:

Provided that same as provided in sections 7 and 8 of this Act, nothing in this section shall be construed as empowering any such court to impose any punishment in excess of the powers conferred upon it under the Native Courts Act, the African Courts Act or the Buganda Courts Ordinance, as the case may be.

Peter Lang · Europäischer Verlag der Wissenschaften

Giuseppe Orsi / Kurt Seelmann / StefanSmid /
Ulrich Steinvorth (Hrsg.)

Recht und Kulturen

Frankfurt/M., Berlin, Bern, Bruxelles, New York, Oxford, Wien, 2000. 159 S.
Rechtsphilosophische Hefte.
Beiträge zur Rechtswissenschaft, Philosophie und Politik.
Herausgegeben von Giuseppe Orsi, Kurt Seelmann, Stefan Smid und Ulrich Steinvorth. Bd. IX
ISBN 3-631-36194-7 · br. DM 53.–*

Recht ist einerseits an Kulturen gebunden, tritt insbesondere in Form der Menschenrechte aber auch mit einem universellen Anspruch auf. Die Beiträge untersuchen dieses Spannungsverhältnis vor allem im Hinblick auf den Universalitätsanspruch und auf kulturübergreifende Rezeptionsvorgänge. Aber auch das Verhältnis der Menschenrechte zur staatlichen Souveränität und der moderne Kulturbegriff werden erörtert.

Aus dem Inhalt: Menschenrechte in Asien · Rezeption europäischen Rechts in Korea · Einheit der Menschheit und kulturelle Vielfalt · Menschenrechte und Rechtsstaatlichkeit · Subjektivität und Kultur